文山市

苗族优秀口碑古籍选

HMONGB BANGX DEUS LANGS GHOB ZENS NGOUX LOUL

罗永洪 ◎ 主编

文山市苗学会

YNKJ 云南科技出版社

·昆 明·

图书在版编目（CIP）数据

文山市苗族优秀口碑古籍选 / 罗永洪主编. -- 昆明 : 云南科技出版社，2024. 11. -- ISBN 978-7-5587-5454-8

Ⅰ. K280.744

中国国家版本馆 CIP 数据核字第 2024F7U502 号

文山市苗族优秀口碑古籍选

WENSHAN SHI MIAOZU YOUXIU KOUBEI GUJI XUAN

罗永洪 主编

出 版 人： 温 翔
责任编辑： 叶佳林
助理编辑： 侯玨宇
特约编辑： 侯 健
封面设计： 长策文化
责任校对： 秦永红
特约校对： 杨凤华
责任印制： 蒋丽芬

书　　号： ISBN 978-7-5587-5454-8
印　　刷： 昆明木行印刷有限公司
开　　本： 889mm × 1194mm　1/16
印　　张： 38.5
字　　数： 1255千字
版　　次： 2024年11月第1版
印　　次： 2024年11月第1次印刷
定　　价： 128.00元

出版发行： 云南科技出版社
地　　址： 昆明市环城西路609号
电　　话： 0871-64192752

编辑委员会

（本书图片由徐文学、项发兵、吴德华、罗永洪提供）

整理凡例

一、编纂目标：本书按国家法定苗文和规范的语言文字要求，确保口碑语料来源和成果资料转化的真实性和可靠性，遵照语音档案的记录方法，用忠实的科学态度进行翻译和解读，依法将文山市苗族濒危口碑语料整理成文字并汇编成册。积极探索成文后的苗族历史文化、哲学思维、语言技艺、习俗礼仪、审美艺术、价值取向、精神追求和时代价值等方面内容，以期将来得到多视角的运用和开发。

二、语料选材：文山市苗学会自成立以来，组织人员走访了全市 17 个乡镇（街道）500 余位民间艺人，采集收录了 1000 余首口碑语料，本书作品均从这些语料中选取。

三、篇目及行文：本书分为三大篇，共收录作品 102 首。其中，古歌篇有作品 45 首，包括婚姻古歌、孝道古歌和民俗古歌古辞；芦笙辞篇有作品 47 首，包括程式芦笙辞、散式芦笙辞和民俗芦笙辞；其他口碑篇有作品 10 首，包括故事传说和访谈语料荟萃。本书以苗语口碑语料为采集对象，按苗语语法和表达习惯进行行文断句，因苗族古歌古辞和芦笙辞多为上阕下阕格式，苗文和汉语译文大体以段对段翻译方式呈现。

四、版本及翻译：因文山市各地的口碑语料既有共同性又有差异性，每方面内容难以用一首为代表，因此收录荟萃 1 个及以上的版本供读者研究和对比。本书汉语译文仅供参考，如有翻译偏差，请参看苗文记录，暂不明、难以翻译的用音译或其他方式处理。

五、曲目结构：本书记录了长达 2550 余分钟的口碑语料内容。唱诵时长较长的语料，按内容和主题分章节梳理，为读者快速理解内容和把握梗概做出了指引。如书中最长唱诵达 3 小时 18 分钟的《大桌礼歌 Ngoux Nghol Naf Drongx》占到全书篇幅的 12%，其内容包罗万象，横向纵向涉及内容广、民俗扮演角色多、苗语古词丰富，胜似苗族孝道文化习俗的百科全书，有窥斑见豹的作用，类似的以章节处理，将会给读者带来阅读便利。芦笙文化的框架内容极其深奥，该书以《早餐芦笙辞 Ghenx Chaik》和《孤儿芦笙辞 Ghenx Ndrous Nzhuas》为例，尝试把程式和散式芦笙文化框架搭建起来，以期让读者从纲目上系统把握芦笙辞的组成结构和演奏规律。

六、注释处理：注释的对象主要是苗语原词实词，对汉译语译词原则上不进行注释。一般按以下几条标准进行注释：一是不常见的词语加以注释；二是虽常见但可能影响整句理解的词语加以注释；三是属于生僻词但通过上下文的整体理解可以推导大致意思的加以有限度的注释；四是完全不明白意思的生僻词，标注为“不明或待考”；五是音译字词的注释，重点是人物名称、专有名词及芦笙辞中出现的概念词，因芦笙辞概念的研究和考释涉猎者寥寥无几，几乎处于空白，采集整理者也不明就里，故多采用音译方式，如《芦笙“统辞”Tongt Ghenx》中的Mid Blual（咪巴）、Mid Nongb Nzhuk（咪哝祝）、Naf Blual（纳巴）、Nzuas Ghens Mof（爪庚磨）、Naf Nongb Nzhuk（纳哝祝）、Nzhouf Got Dud（奏咽独）、Nzhik Ghenx（致庚）等等；六是部分字词通过研究论证得出释义的，也将释义结论作为参考依据，目的是给人以思考和启发，供读者进一步研究和考释，如贞的甲骨文与苗族竹卦Zhenx实物、庚的甲骨文与苗族芦笙Ghenx等字在形、音、义上的联系；谤木（柱）与两棵“花杆”苗语总称Njex Bangs的渊源关系等等。另外，注释中苗文虚词省略，只列实词，特此说明。

七、背景介绍：本书每个作品末尾均有背景介绍，内容包括艺人基本信息、师承关系、使用场域等几个部分。艺人基本信息（含照片）是采集整理者唯一对艺人极大尊重的表达和表示致敬的方式，也是给读者有个可查可考可追溯的依据；师承关系的记录体现作品的传承源流，也说明作品不是艺人擅自杜撰的，更不是采集整理者凭空想象捏造出来的；使用场域的简要介绍，是为引导初学者较快懂得使用场合。

八、共同体意识体现：本书有大量的中华民族间各族交往交流交融关系的内容表达，如《劝孝歌Ngoux Khuab Xaof》中有专门固定唱诵汉语的段落，其目的是让非苗族的女婿及参与民俗活动的各民族都能知晓；婚姻、民俗古歌中也有各族在街市互相做生意的场景表述；书中还有很多苗汉古词语互相借用的例子，如三皇五帝传说时期的“Njex Bangs谤木（柱）”、甲骨文时期的“Zhenx贞”、约秦汉时期的“Fex Zik Nyangs飞子条”等。这些充分体现了从古至今在中国这个大家庭里各族历来如石榴籽一样紧紧抱在一起，“共同团结奋斗，共同繁荣发展”，这些就是中华民族共同体意识的生动表达和鲜活例子。这些关系中涉及各族大量的基础语料素材，其深度的文化信息和未解之谜就藏在这些朴素口碑里和汗牛充栋的古籍中，这需要创新理论和方法，也要求我们具有较高的苗族文化造诣和较深厚的汉语言文字学功底，亟待提升我们的比较研究水平和发现能力，进而为筑牢中华民族共同体意识做出更大的贡献。

序

中华文化是各民族文化之集大成，是古往今来生活在中华大地上的各族人民共同创造的，是各民族共有的精神家园，苗族是中华民族大家庭中的一员，苗族文化是中华文化的重要组成部分。在铸牢中华民族共同体意识征程中，既要尊重差异、包容多样，也要正视共性、增进一体，树立和突出各民族共享的中华文化符号和中华民族形象，增强各族群众对中华文化的认同，加强各民族交往交流交融，在交往中增进友谊，在交流中取长补短，在交融中相互认同，让中华文化更加灿烂辉煌，让各民族像石榴籽一样紧紧抱在一起，使中华民族共同体牢不可破。

文山市苗学会站在铸牢中华民族共同体意识的高度，收集整理出版《文山市苗族优秀口碑古籍选》，具有重要现实意义。苗族由于历史上没有形成统一的文字，过去没有自己的书籍文献，苗族文化多靠口耳相传，这给苗族文化传承带来不少问题。特别是口碑文化的变异性、易消失性特点，给苗族文化发展造成不少困难。当今时代，生活节奏加快，农村剩余劳动力大量进城务工，互联网和手机迅速普及等，对口碑文化传承发展造成极大冲击，有些甚至濒临灭绝，掌握的民间艺人寥寥无几，很难找到人解读。文山市苗学会对这种危机深有洞察，早在几年前就组织开展苗族口碑文化传承培训，并着手收集整理苗族口碑文化资料，用中华人民共和国成立后政府帮助创制的苗文，进行记录、翻译和整理，最终形成《文山市苗族优秀口碑古籍选》一书，十分难得。可以说，再不做这方面的工作，不仅是一种民族文化的损失，也是中华文化的损失，也将会留下极大的遗憾，令人痛惜。

本书采用苗汉对照的形式，分古歌篇、芦笙篇和其他口碑篇三大部分，每部分又分不同的类别，囊括了文山市几乎所有苗族口碑文化。有的讲解人类的起源，有的阐述苗族风俗习惯的来历，有的介绍祭祀的程序，有的训导晚辈如何做人等，内容涉及到苗族生产生活的方方面面。这些口碑文化，可以让人们深入了解苗族对人类历史发展的认识。其中，有不少对今天仍具有重要借鉴意义。例如《劝孝歌》有一段唱道：

啊……我与孝子们说，
生女来逗婆婆高兴；
养儿要送进学堂，
养女来逗婆婆开心，
养儿要送出门才会做买卖啊孝家！
你们才有好日子过啊孝子们。
生得姑娘在深闺，
帮你家理得好文字嘛，

生儿要在北京城做公务，
生女要在家中帮你来理财，
生儿要在北京城做文官！
你们才有清福享啊孝子们。

这对消除一些人不重视教育和重男轻女等思想，就有积极的作用。还有一段唱道：

你们为人处世啊，
不要恃强凌弱同室操戈，
要同仇敌忾一致对外。
立身处事啊，
若仗势欺人兄弟不睦，
那兄长将会与你分道扬镳，
小弟将会与你各奔前程！

这是教育人们为人处事要与人为善，与今天社会主义核心价值观中的“友善”相吻合，同样需要继承和弘扬。当然，由于认知和历史的局限，其中有的内容也可能存在糟粕。对此，我们要正确看待，充分理解当时的处境和人们对美好愿望的追求，采取科学的态度加以甄别。总体看，这些口碑文化，为人们认识一个民族和不同的文化提供了重要帮助，我们可以从中取其精华，为推动中华民族共有精神家园构建做出积极贡献。

丰富的内容除了让我们看到一个民族的历史与文化外，本书的出版，还让我们对一群执着于传承民族文化的艺人和收集整理者深表敬佩！由于没有文字，民间艺人们全靠口耳，从前人那里将那么多的唱词用心记下，真是难以想象。收集、整理和翻译这些口碑古籍，想必也是历尽艰辛。我知道，文山市苗学会组织开展这项工作，已经不是一年两年的时间了，所有的口碑唱辞，需要一首首去找民间艺人录音，接着要进行记录和翻译。记录需要反复核实，要认真甄别艺人之间的语言差别，翻译还要做到“信、达、雅”，这些都不是易事，特别是有些“古苗语”，艺人也不知所言，收集整理者要找到对应的汉语词，还要做到押韵，那就更难。因此，做这些工作的人，真的值得点赞！如果存在一些不妥甚至错误，应该也是可以原谅的，汉语的一本《诗经》，也不知道有多少代人校注过，有的问题一时弄不清，只有待后人去弥补，当务之急是抢救，这比翻译得如何更重要，不能因为翻译问题而眼睁睁看着民族文化的消失而无所作为。我们能把流传在民间的口碑文化收集、整理、翻译和出版出来，传承于世，这可以丰富人类的知识文化，利在当代，功在千秋，值得赞赏！

总之，《文山市苗族优秀口碑古籍选》的出版，是一件幸事。相信对构建中华民族共有精神家园，铸牢中华民族共同体意识，会起到积极的促进作用！在该书出版之际，欣然提笔，热烈祝贺！是为序。

熊玉有
2024年9月8日于昆明

目录

古歌篇 Jes Ngoux Loul

婚姻古歌 Ngoux Chongb Ngoux Gol \ 002

孝道古歌 Ngoux Deut Ngoux Khuab \ 075

412

芦笙辞篇 Jes Rangx Ghens

程式芦笙辞 Ghenx Gangb Ged \ 413

散式芦笙辞 Sangd Ghenx \ 485

民俗芦笙辞 Ghenx Jangx Jes \ 537

550

其他口碑篇 Jes Lol Ndrual Lol Zhes

故事传说 Lol Ndrual \ 551

访谈语料荟萃 Lol Zhes \ 587

后 记 Lol Souk \ 601

古歌篇

Jes Ngoux Loul

婚姻古歌
Ngoux Chongb Ngoux Gol

孝道古歌
Ngoux Deut Ngoux Khuab

民俗古歌古辞
Ngoux Loul Dlangb Khuat

婚姻古歌
Ngoux Chongb Ngoux Gol

婚姻习俗来源歌
Chongb Gol Houd Boul

婚姻习俗之源
Chongb Gol[1] Uat Jangl Lol

Ncaik daos guangd shif hot ngoux:

女方管事唱:

Ik...

Jenf fongf lik ris god naf let dak god zid nox ndrangl daof bel ot yenx khuat let dak draod zaik chongb muak[2]!

Jat god naf god zid nox ndrangl daof bel ot,

Troub chuax let dak mex dout houk,

Uat maod let dak mex dout naox ek!

Jat mex nyaob juax hnob zox ged let ndros god naf god zid nox ndrangl daof bel ot ndrel jux let deuf jenb hot zos jek,

God naf god zid nbet hot zos mex duax zos njuat god naf god zid nox ndrangl daof bel ot,

Zhit keuk dlex nof dout mex njaox[3] huak,

Yuad muab jangx chongb ged gol drout mex zaox ek!

咦……

尊敬的男方接亲贵客们啊!

女方的父母啊,

茶水已备好,

饭菜已备齐!

你们跋山涉水来,

与女方父母来把婚姻共同主持,

不拿劳累事务给你们做,

只要你们去追寻那婚俗根源呐!

Suk let god naf god zid nox ndrangl daof bel nat,

Troub chuax let dak mex dout houk!

Uat maod let dak mex dout naox guak,

Mex nyaob mex juax hnob zox ged let rangs,

God naf god zid nox ndrangl daof bel nat ndrel jux[4] let deuf jenb hot dangl guak ax!

Jat mex njet shuat nghel duax zos ek,

Naf tab zid nox ndrangl daof bel ot zhit keuk dlex nof drout mex nghouk huak,

Yuad keuk jangx chongb ged gol[5] drout mex dous ek!

女方的父母啊,

茶水已备好,

饭菜已备齐!

你们爬坡又上坎,

女方父母持杖主持等待你们亮相!

你们长途跋涉到这里,

女方父母不安排繁重事务给你们做,

只拿婚姻来源给你们追寻耶!

Jat mex njet shuat nghel duax zos drongx chongb lol zhit muax ek,

Drongx gol[6] lak zhit dout!

Drongx chongb zeuf haod dus duax huak?

Drongx gol zeuf haod dus let lol nik ek?

Jat mex boub mex bof mex yuad haik khat

god ek,

Let dak god zox gangb mol dout god zox ged muak!

Yeuf zux yeuf loul dout god aob lens zid menx gongb lol zid zhenf lik let ek.

你们来到，婚桌也没有，

姻椅也不见！

婚桌源何处？

姻椅从何来？

你们知道便告诉我，

我才知晓婚姻礼俗如何办啊！

男方的两位媒公和叔伯呀。

Dob daos menx rens hot ngoux:

男方媒人唱：

Ik...

Yenx zos lik ris god naf let dak god zid nox ndrangl daof bel nat duax duaf menx gongb lol erf menx gongb huak zux lous khuab zid nzeuf ek!

Suk let gus god naf god zid nox ndrangl daof bel ot,

God zid shab lol qif god zid lob drongx chongb huak,

God naf shab let qif yuad zhuf gol let jat drongx gol lol zhit muax huak.

Suk let god naf god zid nox ndrangl daof bel ot,

Nil yuad ndlad dout ngeuf shuad nongs nox uab[7] gus zhif nyaos ngoux bab ndrous douk[8],

Yuad mol zaox dout ndongt mangx[9] ghangb,

Dous dout ndongt zux ndongt loul[10] lut.

咦……

尊敬的女方大媒公和二媒公啊！

男方的父母，

父亲也愁如何摆婚桌，

母亲也忧怎么置姻椅。

男方的父母啊，

邀来那乌鸦拿起斧和锛，

找到那枫树的踪迹，

寻得那树源树种的踪影。

Muab mangx jab ndongt tod lous lox duab let lens[11] draod lol zos,

Jaox lol zhif dout lob drongx chongb drongx gol ndrel nzhox let ndraos drout ndrangl dol ek.

Ral nat god naf tab god zid mex yad bus chongb jek let mol ghed dout lob drongx chongb draod lol zos jek,

Let lol muab dout god naf god zid nox ndrangl daof bel ot beb buak drout jouf lenx dob nyangb draod souk gol let.

Suk let god naf shab qif god naf yad bus chongb lob drongx chongb zhit muax huak,

Drongx let gol lak zhit dout ek.

Jat god naf hab god zid mex yuad mol ndlad dout ngeuf shuad nongs nox uab zhif nyaos ngeuf ngoux bab ndrous douk,

Yuad mol zaox dout ndongt mangx ndongt tod ghangb jek,

Let muab ndongt mangx ndongt tod ndlous lox duab let lens draod lol zos ox.

将那枫木松树运回来，

制成婚姻桌椅置放在旷野。

从此我的父母才借来婚姻桌椅，

为三百六十对新人完婚。

男方父母也愁置办婚事无婚桌，

也忧如何摆姻椅。

邀来那乌鸦制成锛和斧，

寻得那枫木松树影，

才将那枫木松树运回来。

Jaox lol zhuf[12] dout lob drongx gol jek,

Suk let god naf god zid yuad uat chongb uat gol nil yuad mol ghed dout lob drongx chongb drongx gol draod lol jek,

Let lol muab dout god naf god zid beb buak drout jouf lenx dob nyangb draod shout gol nat,

Lak god naf tab god zid nox ndrangl daof bel nat yeuf zux yeuf loul mex bloub lens zid menx gongb mol zhenf lik[13] ex!

要经祭献当婚桌，

父母借来婚姻桌椅，

可帮三百六十对新人来完婚啊，

叔伯和四位媒公！

Ncaik daos guangd shif hot ngoux:

女方管事唱：

Ik...

Jenf fongf lik ris god naf let dak god zid mex nox ndrangl daof bel ot zid yenx qenb lol zid zux lous khuab zid nzeuf ek!

Suk let god naf god zid nox ndrangl daof bel nik shab nil qif nil yad bus gol[14] huak[15],

Uat jangl jangx chongb lol zhit muax,

Jes gol lak zhit dout,

Lenx dus let bof jangx chongb ghangb?

Dol dus let bof jes gol lut?

Renx genb[16] nchait zhit muax,

Genb guf[17] dub zhit dout,

Lenx dus bof dout renx genb ghangb?

Dol dus bof genb guf lut?

Renx genb let muax huak,

Genb guf let dout nat nik,

Mex yuad haik khat god,

Let daot god zox gangb mol daot god zox ged muak,

Yeuf zux yeuf loul lol god bloub lenx zid ex!

咦……

尊敬的男方父母和迎亲宾客！

女方父母虽心忧却要完成婚姻仪式，

婚礼也没有，

姻俗也没有，

谁人知道婚礼影？

谁人知晓姻俗踪？

人根也没有，

人种也没有，

谁知人根的影子？

谁晓人种的踪迹？

人根怎样才会有，

人种怎样才呈现，

请你们告诉我，

我才知道如何来完婚，

叔伯和四位媒公！

Dob daos menx rens hot ngoux:

男方媒人唱：

Ik...

Yenx zox zos lik ris god naf let dak god zid nox ndrangl daof bel nat zid yenx qenb lol zid naf jait zux lous khuab zid nzeuf ek!

Suk let gus god naf tab god zid mex yad bus chongb jek ex,

Renx genb lol zhif muax huak,

Genb guf zhif dout.

Renx Genb zhek but njongt lik nkaob dak Zux Gis Nblaol Ndox[18] huak,

Genb guf njongt let nkaob ghak Zux Gis Nblaol Deb[19] huak.

Yaos lenx dus bof dout renx genb ghangb?

Dol dus let bof Genb Guf lut ex?

咦……

尊敬的女方父母宾客们！

男方要来把婚完，

人根也造有，

人种也制得。

人根就在向天凸起的石柱上，

人种就在朝地凹陷的隧道中。

哪个知道人根踪影？

哪个知晓人种踪迹？

Yaos Nangx Naf[20] let bof dout Renx Genb ghangb,

Nangx Zid[21] let bof dout Genb Guf lut muak.

Nangx Naf keuk ngouk zab dongx[22] ngangs npaot ghak Zux Gis Nblaol Ndox jek,

Let zab hlaot renx genb ncend heud[23] nghel nblax deb huak.

Nangx Zid keuk ngouk zab dongx ngangs npaot ghak Zux Gis Nblaol Deb jek,

Zab nceud renx genb ncend heud nghel nblax ndrangl muak.

Renx genb ndros let muax huak,

Genb guf ndros let dout nat lak,

God bloub lenx zid menx gongb lol zhenf lik ex!

南母知道人根踪影，

南父知晓人种踪迹。

南母拿起铜剪闯进天凸石柱，

剪下人根洒满人间。

南父拿起铜剪爬上地凹隧道，

剪下人种遍地兴。

人根从此得兴旺，

人种从此得发展，

我的四位媒公啊！

Ncaik daos guangd shif hot ngoux:

女方管事唱：

Ik...

Jenf fongf let ris god naf let dak god zid nox ndrangl daof bel ot zid yenx qenb lol zid naf jait zux lous khuab zid nzeuf et!

Uat jangl gaox yuad dak renx genb jek yaos nangx naf let bof renx genb ghangb,

Nangx zid let bof genb guf lut guas?

Uat let nangx naf let muab dout renx genb lol,

Nangx zid muab genb guf lol dout guas.

Uat let nchait zhenb ndox lak zhenb zhit dout,

Zhenb deb lak zhenb zhit lol ek,

Zhenb ndox lak ndox dlaot ndox lik juak,

Zhenb deb lak deb dlaot deb ghak let nzhis et!

咦……

尊敬的男方父母及迎亲宾客们！

为何你们说南母知晓人根踪影，

南父知道人种踪迹？

南母才拿得人根来，

南父才寻到人种源。

那样争天也争不了，

争地也争不来，

争天天苍苍，

争地地茫茫耶！

Uat let jangl jangx chongb zhas zeuf haod dus duax huak?

Jes lix gol zhuak zeuf haod dus lol nik?

Gaox boub gaox bof jek yuad haik khat god muak,

Let daot god zox gangb lol daot god zox ged nat lak!

Lox yenl lit dlangb zhit jek zhof qif muak!

Zhof qif jek zhit qif jaox zhit sangt zhit gad[24] jaox zhit qif nad lox yens let dlangb zhit zhof qif muak!

那么婚俗哪里来？

姻亲源何处？

若你们知道便告诉我，

我才明白婚姻习俗之道！

问题问多了你莫生气啊！

生气你也莫要生闷气啊！

Dob daos menx rens hot ngoux:

男方媒人唱：

Ik...

Yens zos lik ris god naf let dak god zid nox ndrangl daof bel nat,

Teux sangt mol erf sangt sangb sangt lik raox lol nol dix jaox nol nbeul nol gud jaox nol nzeus,

Ib yenx khuat draod sangt chongb muak!

Suk let gus cuat nax nyaob cuat xongt,

Mex bloub lenx zid zhit xangb deut xangb

nend[25] duax jek,

Naf zaid aob daos jangx chongb ged gol zhit ndaot zhit muax muak.

Cuat nax nyaob cuat xongt,

Mex bloub lenx zid zhit xangb deut xangb nend zos jek,

Naf zid aob daos jangx chongb ged gol zhit ndaot dex shik lol muak.

咦……

尊敬的女方父母，

表哥、表弟、舅哥和舅弟，

所有亲朋好友和送亲宾客哟！

在往年往日，

你们四位父辈不迈开脚步来，

则双方父母的婚姻礼俗也不存在。

在往年往日，

你们四位父辈不迈开脚步到，

双方父母的婚姻礼俗也未显吉兆。

Lob xongt raox suk xongt nad jek,

Mex bloub lens zid xangb deut xangb nend duax jek,

Naf zid aob daos jangx chongb ged gol let ndaot muax muak.

Jangl bongb ndrongl lob xongt raox dangl nceud suk hmaot nad jek,

Jat mex bloub lenx zid xangb deut xangb nend zos jek,

Naf zid aob daos jangx chongb ged gol let ndaot dex ris lol muak.

Nax Hmongb bek touk yaos lenx dus sheud lol zhux drongx chongb?

Yaos Lex Lus tab Trud Nus[26] sheud lol zhux drongx chongb muak,

Lex Lus let keuk dout jangx chongb Trud Nus keuk dout jes gol,

Lex Lus muab jangx chongb ndros Trud Nus njongt lik kaot sheud bus gol jek,

Ndax deb suk dout lob drongx chongb drongx gol ndrel ndox lik raos drout ndrangl drongb ek.

时至今日，

你们四位父辈迈开脚步来相会，

双方父母的婚姻礼俗才呈现。

也是今时今日这个美好的夜晚，

你们四位父辈迈出脚步来团聚，

双方父母举办婚姻礼俗才得以圆满。

古时婚姻谁人来创始？

勒鲁和楚努来创始，

勒鲁创婚俗来楚努始姻亲，

勒鲁拿婚俗和楚努姻亲来枕在一起，

才在旷野山间开创婚姻礼俗。

Ncaik daos guangd shif hot ngoux:

女方管事唱：

Ik...

Jenf fongf let ris god naf let dak god zid nox ndrangl daof bel ot zid yenx qenb lol zid naf jait, zux lous khuab zid nzeuf ek!

Suk let gus drongx chongb lak zhux muax huak drongx lik gol bend zhux dout ek.

Uat let nax hnob touk ot,

Ngoux bab yaos ngeuf Shuad nox uab zhif,

Ndrous douk yuad yaos ngeuf Shuad nox uab guk ek.

咦……

尊敬的男方父母及迎亲宾客啊！

婚姻桌椅已备好。

远古的时候，

锛是老鸦制，

斧是老鸦造。

Uat let ngoux bab yaos uat jangl lol ek?

Ndrous douk uat jangl muax nik?

Suk gus god naf god zid nox ndrangl daof bel ot, zid yenx qenb zid naf jait zux lous khuab zid nzeuf.

Mex qenx zhenb haik khat god,

Let daot god zox gangb mol daot god zox ged muak!

God naf god zid nox ndrangl daof bel ot, zid yenx qenb lol zid naf jait,

Zux lous khuab zid nzeuf lox yenl let dlangd zhit zhof qif muak!

那么铸是怎么来？

斧又是如何有？

男方父母及迎亲宾客。

请诚心告诉我，

才好让我按礼节来操办！

男方父母及迎亲宾客，

切莫来生我的气！

Dob daos menx rens hot ngoux:

男方媒人唱：

Ik...

Yenx zos let ris god naf let dak god zid nox ndrangl daof bel nat,

Teux sangt mol erf sangt sangb sangt let raox lol nol dix jaox nol nbeul nol gud jaox nol nzeus ek,

Ib yenx khuat draod sangt chongb muak!

Suk let gus god naf god zid nox ndrangl daof bel ot zhek,

Nil yuad ndlad dout ngeuf shuad nongs nox uab drik nyaos ngoux bab guas!

Ngoux bab zhek yuad yaos dout ngeuf shuad nox uab mol muab dout hlout dlob zid jed[27] jaox lol zhif dout ngoux bab huak,

Jat ndrous douk jek yaos dout ngeuf shuad nox uab mol muab dout dongx dlangs naf jed[28] jaox lol zhuf dout ndrous douk jek et.

咦……

尊敬的女方父母，

表哥、表弟、舅哥和舅弟，

所有亲朋好友和送亲宾客哟！

男方那头的父母，

邀请两个乌鸦来背铸子呀！

铸是用黑铁父之躯来铸造，

斧是用黄铜母之躯来冶炼。

Ngeuf shuad nof uab let nbangx dout hlout dlob zid jed draod lol zos jek et,

Let muab jaox lol ndrof ndrongl shout njoux bob[29],

Njoux bob chuab duab lik ntreud jek hlout dlob zid jed let nyal dex duab bek sob muak.

Jat muab dongx dlangs naf jed draod lol zos nzhof ndrongl duax shout njoux bob,

Njoux bob chuab duab lik ntreud let jaox lol kaob ndreud lol shout njoux taid[30] muak,

Dongx dlangs naf jed let nyal duab bek nzaik jek.

Jat ngeuf shuad nox uab let dout lob qeut jaox zhek,

Let drik ngouk ngoux bab ndrous douk let mol zaox dout ndongt mangx ndongt tod ghangb lak!

God naf god zid nox ndrangl daof bel nat,

Teux sangt mol erf sangt sangb sangt lik raox lol nol dix jaox nol nbeul,

Nol gud jaox nol nzeus ek,

Ib yenx khuat draod sangt chongb muak!

老鸦把那黑铁父之躯背来，

丢在风箱口的锻造台，

风箱鼓风不断，黑铁父之躯被锤打变形变薄；

老鸦拿来黄铜母之躯放在风箱口铸造台，

风箱鼓风不断，黄铜母之躯被锻打变薄；

风机鼓风不断，

黄铜母身才被锻打成一块块薄片。

那两个乌鸦制造好斧铸，

背着铸斧去寻找那枫木松树踪影啊！

女方的父母，

一邀二邀再三邀，

邀请到表哥、表弟送亲的人们哟!

Dob daos menx rens hot ngoux:
男方媒人唱:

Ik...

Yenx zos let ris god naf let dak god zid nox ndrangl daof bel nat,

Teux sangt mol erf sangt, sangb sangt sangt let raox nox dix jaox nol nbeul nol gud jaox nol nzeus ek,

Ib yenx khuat draod sangt chongb muak!

Suk let god naf god zid nox ndrangl daof bel ot ndlad dout ngeuf shuad nongs nox uab jek,

Muab dongx dlangs naf jed draod lol zos jek hlout dlob zid jed muab lol dout guas!

Ngoux bab chuab duab lik treud njoux bob zhit muax ros jek,

God naf tab god zid let mol muab dout bloub ghaib bloub ok jaox lol zuak dout njoux bob shad jek,

Njoux bob chuab duab lik treud let muax ros jek,

Let muab dongx dlangs naf jed tab hlout dlob zid jed chuab duab lik treud shout njoux bob,

Let jaox lol ndouk lik ndreud mol shout njoux taid jek,

Hlout dlob zid jed tab dongx dlangs naf jed yangx gas duab bek nzaik jek.

Muab dout dongx dlangs naf jed tab hlout dlob zid jed ndouk lik ndreud shout njoux taid jek,

Chuab lik treud mol shout njoux bob muak,

Dongx dlangs naf jed tab hlout dlob zid jed let nyal bek duab bek sob ek.

Jat ngeuf shuad nox uab let drik ngouk ngoux bab ndrous douk mol zaox dout ndongt mangx ndongt tod ghangb,

Muab ndongt mangx ndongt tod draod lol bongb jek,

Let jaox lol puat pluad uat bloub shangb,

Jaox lol zhux dout lob mol drongx chongb muak!

咦……

尊敬的女方父母,

一邀二邀再三邀,

邀请到表哥、表弟送亲的人们哟!

男方父母请了老鸦,

带回来黄铜和黑铁啊!

铸放在无力的风箱边,

男方父母用鸡毛和鸭毛来扇风,

风箱吹起了强风,

炉火烧红了黄铜黑铁,

才把黄铜黑铁锻造,

黄铜黑铁熔化了。

在铸造台上锻打,

风箱呼呼地作声,

黄铜黑铁成薄片。

老鸦身背铸斧展翅寻枫木松树踪影,

把枫木松树带回人间,

拿去劈成四方,

把它做成婚桌哟!

Jat nil nad beb uat chongb uat gol,

Beb let mol ghed dout Lex Lus Trud Nus lob drongx chongb lol bongb jek,

Let jaox lol ndros beb zhuf dout naf zid aob daos mol nax ib teud rongt chongb muak.

Jat nil yad mol muab mangx jab ndongt tod draod lol zos jek,

Let muab mangx jab ndongt tod puat pluad uat bloub dlais jek,

Let jaox lol zhuf dout lob drongx gol jek!

Ral nat naf zid aob daos uat chongb uat gol let dout qeut ghed,

Let mol ghed Lex Lus Trud Nus lob drongx gol draod lol zos,

Naf zid aob daos let dout lob drongx gol nat lak.

Mex naf tab zid nox drangl daof bel nat,
Mex lox yenl let dlangb zhit zhof qif muak!
才让我们主持婚姻礼俗时，
借勒鲁楚努的婚桌来使用，
才让父母双方主持好婚事。
老鸦把枫木松树砍来，
将枫木松树劈四块，
拿来做成婚姻桌椅耶！
父母双方主持婚姻礼俗才有地方，
借到勒鲁楚努婚姻宴席，
父母双方知道婚姻礼俗。
男方的父母，
请你们莫要见怪哟！

背景介绍

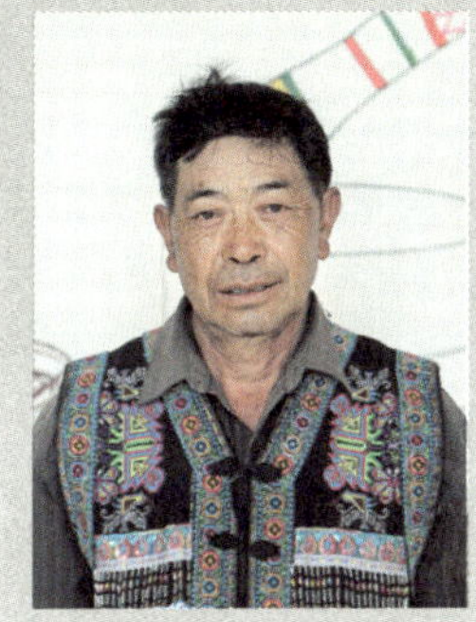
杨正华

唱诵者： 杨正华 Heux Yeus（1952—），男，文山市马塘镇汤坝村委会塘子寨村人，掌握当地苗族婚丧文化，擅长于苗族婚姻礼俗。

唱诵场域： 该歌是男方去女方家接亲当晚的程式套曲。接亲当晚，女方的媒公摆上婚桌迎接男方的媒公。邀请男方的媒公上桌后，女方的媒公以歌的形式问男方媒公“为何前来女方家？”“男方称来结亲，那么婚姻礼俗都没有，它源于何处？”只有男方的媒公一一回复或饮用罚酒后，才进行下一个仪式。

采集翻译： 罗永洪、熊文国、熊兴坛等。

注 释

[1] Chongb Gol：婚姻。Chongb指婚，Gol指姻。
[2] Muak：在古歌或一些生活用语中充当虚词，无实际意义。
[3] Njaox：做，抓，纠，带，喊。
[4] Ndrel Jux：立杖，持杖，主持。Jux指杖。
[5] Jangx Chongb Ged Gol：婚姻礼仪习俗。
[6] Drongx Chongb Drongx Gol：婚姻桌椅，指用于婚姻礼俗的桌椅。一般是两套八仙桌椅，设在正堂屋供男女双方媒人坐的桌子、椅子。需要注重的礼节是摆设时桌子的木板中缝线不得直冲正大门，缝线与正堂横向平行，以示对客人的尊重。
[7] Shuad Nongs Nox Uab：乌鸦，这里指精通使用锛和斧的人。用乌鸦表自谦。Shuad为古代族群的称谓。
[8] Ngoux Bab Ndrous Douk：锛和斧。Ngoux Bab指母锛，Ndrous Douk指公斧。苗族阴阳观念的体现。
[9] Ndongt Mangx：枫树。
[10] Ndongt Zux Ndongt Loul：专用于礼仪礼节的木材。
[11] Lous Lox Duab Let Lens：滑，滑落，顺势滑落。可简称为Lous Lens。
[12] Zhuf：奉祝，奉告。
[13] Zhenf Lik：证婚人。
[14] Bus Gol：婚姻仪式，与Bus Chongb 对应。
[15] Huak：充当虚词使用，无实际意义。
[16] Renx Genb：人根，指人的根源，把人最初的来源想象为种子，即人种。
[17] Genb Guf：根故，历史。“根”指根源、渊源，“故”指代故旧，即历史之意。
[18] Zux Gis Nblaol Ndox：喻指男性生殖器。Nblaol即箍，环形竹圈和铁箍等。Zux Gis意思不明，Ndox指天。
[19] Zux Gis Nblaol Deb：喻指女性生殖器。
[20] Nangx Naf：古代神名。Naf指母，母亲，女性，结合音义译为南母。
[21] Nangx Zid：古代神名。zid指“父，父亲，男性”，结合音义译为南父。
[22] Zab Dongx：铜剪。
[23] Ncend Heud：洒，均匀地洒。
[24] Gad：结、痂、疙瘩。Zhit Gad指不要有意见。
[25] Xangb Deut Xangb Nend：迈开脚步。文中表示迈开脚步，指来访和建立联系。
[26] Lex Lus tab Trud Nus：勒鲁和楚努。系音译，苗族传说中掌管婚姻礼俗的神，是苗族传说中创造婚姻的始祖。
[27] Hlout Dlob Zid Jed：黑铁父之躯，指冶炼铁的铁矿。
[28] Dongx Dlangs Naf Jed：黄铜母之躯，指冶炼黄铜的铜矿。
[29] Njoux Bob：风箱口，锻造、冶炼所需的鼓风机。
[30] Njoux Taid：铸台，锻造和煅打的垫台。

婚姻习俗溯源歌

Jangx Chongb Jes Gol Uat Jangl Lol

Heuf Khuat Qenb Khuat

迎客问候语

Daol Khuat Heuf Khuat

迎客

Ncaik daos duaf menx gongb: Uat dout Lex Lus Trud Nyongs[1] it mol nax it zos ghak shad duax des yof!

Voud daos duaf menx gongb: Zhit zos des.

Ncaik daos duaf menx gongb: Uat dout naf zid nox ndrangl daof lik ot[2] et, nchait gaox yeuf ghak gongb mit nyangx lol jaox yeuf dlangb it zid yil jaox yeuf ghak loul it, let mol nax it zos ghak shad duax das yof!

Voud daos duaf menx gongb: Zhit zos des.

女方管事：欢迎勒鲁楚妞婚姻之神光临现场，辛苦哟！

男方媒人：不辛苦。

女方管事：感谢男方父母、祖公和姨姑、舅父、叔伯的光临，你们辛苦啦！

男方媒人：不辛苦。

Drout Yenb

递烟

Ncaik daos guangd shif ndruab yenb drout dob daos dex khuat, haik dak: Uat dout god naf zid nox ndrangs daof lik ot it, zid duaf menx gongb mol gus ged mol erf menx gongb, ged mol gus ged zux ged ghak loul[3]. Ib mol teux zif, aob mol erf zif, sangb mol leuf sangb zif jaox lol drout zos dak ek? Ngeuf dob yenx yeus drik leuf ndrangt it muas, nol dix[4] gus jaox nol ghak nboul[5] it, nol gud jaox nol nzeus it mol nax it zos ghak shad duax zos nzod das yos!

Voud daos duaf menx gongb deb dak: Zhit zos des.

女方管事递烟给男方宾客，说道：欢迎男方父母、大媒公和二媒公，主持婚姻礼仪“祝老”。递一次烟来是一回，递两次烟来是两回，递三次烟来是三回，不知道都得到烟了没有？两位背礼者和表兄弟们，你们来得早来得辛苦哟！

男方媒人答：不辛苦。

Njet Drongx Rouf Daos

上座

Ncaik daos guangd shif dak: Yot... Naf zid nox ndrangs daof ot zid duaf menx gongb gab nyaob cix zhit cix et?

Voud daos menx rens deb: Nyaob cix nat lak.

女方管事邀约男方客人入席就座说：哟……我那边父母大媒公，你们来的人是否到齐有坐处了？

男方媒人答：都到齐有座位了。

Ncaik daos duaf menx gongb: Haik dak nchait zhit dout drongx nyaob zhit dout daos rouf nat zhes, god naf zid nox ndrangt daof ot zid duaf menx gongb ged zux ged ghak loul mex las yad khat god gax.

Voud daos duaf menx gongb dak: Yot... drongx las dout nyaob daos las dout rouf lak.

Ncaik daos duaf menx gongb dak: Yuad qenx zhenb ot.

Voud daos duaf menx gongb deb: Qenx zhenb lak.

女方大媒公开始说话：当心你们没有桌子来围凳子坐，如果没有的话，您可要告诉我哦。

男方媒人答：哟……围的桌子有，坐的凳子也有了。

女方媒人：要真心诚意的哦。

男方媒人答：真心诚意的了。

Jeud Yenb Lol Khaid Dus Lol
烟酒哪里来之问与答

Muab Dol Zhit Jaox Lol Uat Gangb Ged
拿什么来兴婚姻之礼

Ncaik daos guangd shif hot ngoux:

女方管事唱：

Yit... Rongt lol suk dout dex lol god duax leuf lak nat zhes,

God aob lens menx gongb gus mex lous lens zid zhenf ghak lik.

Uat let nat nos dangl ghak ntreud,

Suk dout hmaot nil nat zhes,

Uat let cuat nax nghel draod cuat xongt zhes,

Nchait god naf zid nox ndrangl daof lik ghak nat ngeuf nik langs yout zhes,

Uat gangb lol zhit chenx gangb,

Uat ged ndros nyaob draod zhit chenx ged et!

咦……接下来请听我说，

两位媒公及亲友。

现在问完了，

今天晚上呀，

往年今日呀，

请的管事不懂事，

行礼不成礼，

兴俗不成俗啊！

Nchait god ngeuf langx dob mit lit yout[6] zhes,

Nchait hnob nat zhes zhas yat hlangt drous god ged zux ged ghak loul it leuf gus mex ndlas et,

Zhox dangl leuf gus mex deut guas,

Nchait ndaox ndis touk lik nzod zhes,

Nchait god ngeuf langs yout zhes,

Mol leuf zox gangb gus zhas yuad dout ghous nzongx huak,

Mol dout zox ged ndros gus nyaob njuak[7] daot lik ghak daos[8]!

Uat let hnob nat dangl njuat ntreud zhes,

Nchait god langx dob aob lens yout nat zhes,

Nchait mol zox gangb las mol zhit tongb nat zhes,

Mol leuf zox ged mol zhit dout et.

Nchait yad mol leuf zox gus nuaf ghak lal,

Uat let xangf dout daox drongb ghak lik shuat[9] daox drongb ghak lik shab dex nik ndraox zhuas ndros gus zhas yat dloud bel ghak reud[10] zhes,

Zhas yat zox drous khuat leuf mex deut lol hlangt drous god khuat leuf mex ndlas zhes,

Nil lox yens dob xaob mib[11] zof qif[12] yok!

God aob lens ged zux ged loul gus mex bloub lenx zid yos nil!

请来管事不懂事，

要从“祝老”面前过，

踩到大家的脚要把大家来得罪，

以前，

我们两个不谙世事的管事，

捡了条直路走呀，

恐怕将大家得罪了。

到今天管事不谙世事，

礼节恐怕走不通，

婚姻礼仪恐怕行不了，

只会一旁照着做。

所行礼节杂乱又无章，

踩了客人的脚，

客人面前过*，
切莫把气生啊！
媒人和叔伯哟！

Voud daos duaf menx gongb deb dak: Yot... Zhenf gangb zhenf ged lak mad.

Ncaik daos nos ged zux ged ghak loul: Yot... Naf zid nox ndrangs daof ot, ged zux ged ghak loul nyaob khaid dus et ged zux ged ghak loul et ?

Voud daos deb: Nyaob ndeuf nat lak.

Ncaik daos guangd shif dak: Gab qenx zhenb las?

Voud daos deb: Et, duax nzod zos lis nat lak, houk ged zux ged ghak loul gangb yenb nat lak, khuat et...

Qenx zhenb lak.

女方唱完上段就递烟给对方，男方客人答：合情合理的嘛。

女方管事问：哟……那边父母，婚姻礼仪在哪里啊？

男方回答：在这里了。

女方管事确认道：真的吗？

男方客人答确认：我们早来晚到，请客人和管事抽烟……

真的了。

Ncaik daos guangd shif drout yenb, haik dak: Yot... Hot naf zid nox ndrangs daof ot ged zux ged ghak loul houk gangb yenb ged zux ged ghak loul... Yuad zhox khuat deut hlangt khuat ndlas gax.

Voud daos drout yenb, dak: Et... Zhox khuat deut hlangt khuat ndlas gax lak mangx.

Ncaik daos hod zhed guangd shif dak: Yot... Houk ged zux ged ghak loul gangb yenb nat.

Voud daos haik dak: Yot... Ged zux ged ghak loul duax nzod hend mangd.

Ncaik daos hod zhed guangd shif haik: Et, duax nzod zos lis[13] nat lak, houk ged zux ged ghak loul gangb yenb nat lak, khuat et!

女方管事递烟给对方，说：哟……请那边父母和婚姻礼仪的前辈尊者们抽支烟吧，要踩到客人脚，过客人面前了。

男方递烟给女方客人，说：啊……踩到客人脚了，从客人面前过了。

女方管事递烟给男方客人，说：哟……抽婚俗礼仪前辈尊者的一支烟。

男方客人回答道：哟……婚俗礼仪者前辈尊者来得早啊。

女方管事，说：啊……早来晚到，抽婚俗礼仪前辈尊者的一支烟，客人啊！

Dous Lex Lus ghangb Trud Nyongs Lut

寻找勒鲁和楚妞古俗

Ncaik daos guangd shif ndruab yenb drout khuat houk leuf, hot ngoux:

Yit...

Rongt lol suk lot dex lol god haik leuf it nat yok,

God aob lens menx gongb gus mex bloub lens zid zhenf lik:

Uat let cuat nax nghel cuat xongt nat zhes,

Nchait zhux dout god naf zid nox ndrangl daof lik ghak ot zhes,

Nif zhas yad muab zox lol zhif nyaos zox it,

Muax nend yenl gus mex zhas yad yongs nyaos nend,

Nchait nif souk chongb jaox souk lit gol,

Nif zhas yat zaox nyaos dout Lex Lus ghangb gus,

Dous nyaos dout touk lik ot Trud Nyongs ndraif nzhongd ghak nil zox jangs gol lik ghak bongb zhes.

女方管事请客人抽烟后，便开口唱道：

咦……

好话是这样说的哟，

两位媒公和叔伯证婚人：

*：苗族礼俗，把在行礼节时，从客人前面走过看作是一种不礼貌的行为。

往年往日，
男方父母呀，
把婚姻古规演绎得像模像样，
行的礼俗清晰又可见，
将婚姻礼俗从头至尾完美开展，
能与勒鲁古俗不走形，
与楚妞古风不走样。

Nchait suk dout naf zid nox ndrangl daof lik ot zhes!

Nif zhas yat souk chongb jaox souk lit gol[14],

Nif zhas yuad muab zox lol yongs nyaos zox et,

Muax nongb yenb[15] gus mex yaos zaox nyaos nend,

Nchait nil souk chongb jaox souk gol,

Nil zhas yat zaox nyaos dout Lex Lus ghangb gus,

Dous nyaos dout touk lik ot Trud Nyongs ndraif nzhongd[16] ghak nik zox jangs gol lik bend zhes.

男方父母呀！
能将婚姻礼俗从头至尾完美收官，
把婚姻礼俗演绎得像模像样啊，
烟种你们也寻得踪迹，
将婚姻礼俗从头至尾完美开展，
与勒鲁古风不走形，
与楚妞古俗不走样。

Nchait suk dout naf zid nox ndrangl daof lik ot zhes,

Nif zhas yat souk chongb jaox souk lik gol,

Nil zhas yat zhux jangs ghak lik yenb zhes, nil zhas yat jaox ghak raos let duax das zhaot dex deb ghuad luax shik ghak dlob zhes,

Nchait dex ghak yenb it zhas yat zeuf duax lol dol zhit zeux shik lik ghak hlob, nil zhas yat hlob dout nax ib nik dol gus jaox lol uat nzhuas ghak nchak[17],

Nif zhas yat mangs dout zeux shib zid ndrous ghak ngas[18] dob zeux[19] ndros zid ndrous lex Shuad[20] nax beb buak drout jouf lik dras[21].

Uat lit suk dout naf zid nox ndrangs daof lix ot zhes,

Nif zhas yat shouk chongb jaox shouk lis gol,

Nif zhas yat zeux jaos ghak lik yenb,

Nif zhas yat jaos raos dout dex deb ghuad luax shik lis ghak dlangs,

Uat lit dex yenb it zeux duax lol nyaob draod zhit zeux shik lis ghak hlangd[22],

Nif zhas yat hlob ghak raos nax duak nit dol gus jaox lol uat nzhuas ghak nchak,

Nif yat mangs dout zeux shib zid ndrous shuad dob zeux lol zid ndrous ghak ngas nat beb buak drout jouf lik ghak dras.

男方父母呀，
能将婚姻礼俗从头至尾完美开展，
能把烟种植于黑土中，
那烟叶生了却不长，
长成一棵开花结籽的烟草芽，
被切成三百六十刀烟丝拿来接待你们。
男方父母呀，
将婚姻礼俗从头至尾行完完美开展，
把烟根植在那黄土里，
那烟叶出土却不长，
长成了一棵开花结籽的烟草芽，
被切成三百六十刀烟丝拿来接待你们。

Nos Yenb

问烟

Dob daos nos:

男方问：

Uat let suk dout god naf zid nox ndrangs daof lik ghak nat zhes!

Nif zhas zeux souk chongb jaox lol draod souk lik gol,

Nil zhas muax zox yongs zhit dous zox et!

Muax nend yenl gus nyaob draod nil zhas zaox zhit doul nend,

Nchait nil souk chongb jaox souk lik gol,

Nil yuad zaox zhit dout Lex Lus ghangb,

Dous zhit dout touk lik ot Trud Nyongs ndraif nzhongt ghak nik zox jangs gol lik ghak bongb zhes.

女方父母呀！

能将婚姻礼俗从头至尾行完美收场，

不能把婚姻礼俗演绎得原模原样啊！

婚姻习俗古礼跟不上呀，

虽勉强将婚姻礼俗从头至尾行完美收场，

也跟不着勒鲁的古俗，

寻不到楚妞的古风。

Nchait suk dout naf zid nox ndrangl daof lik nat geus!

Fux yens zid guangd shif zhes pix njous[23] las dob zhit rongt ghak kheb lot[24],

Bual ghak hnyangl[25] dob zhit rongt leuf tix guas.

Nchait suk dout naf zid nox ndrangs daof lik ghak nat zhes!

Nil zhas zhit zeux jaos ghak lik yenb,

Nil yaos jaos zhit dout duax das shout del duad.

Dex ghuad luax shik lex ghak dlob, nchait nil dex yenb duax las dob zhit zeux hlob,

Nif zhas yat hlob dout nax ib nik dol jaox lol uat nzhuas ghak kob,

Nil zhas mangs dout zeux shib zid ndrous ghak shuad dob zeux lol zid zeux ngas it nax beb buak drout jouf lik ghak wox zhes.

女方父母呀！

管事嘴笨不开口，

心情沉重不好提。

女方父母呀！

不会栽种烟草，

没有收获在手上。

黑土栽烟也不长，

长茎又不长叶，

三百六十捆劣质烟叶拿来招待各位呀。

Nchait dex yenb las dob zhit suk yenb,

Dex nqot ndluas ghak lens[26] dob zhit suk dex nqot[27] et,

Uat let dex yenb lak zhas yat ruas ghak zat[28] suk dout dred nblongx suk lik ghak nghenb[29],

Dex nqot lol zhit suk lik nqot,

Dex nqot ndluas ghak lenl suk dout dred nblongx suk lik ghak tod[30] zhes,

Nchait god jaox lol uat ghak leul dout god naf zid nox ndrangl daof lik ot gus,

Ged zux ged ghak loul it zid duaf menx gongb geus erf menx gongb it zhes.

Nchait mex goul ghangb zhek mex nzaik dreud nax beb bangk draod ndruab lik ghangt et,

Zhit ghangb zhes mex muab nqok ghak teud ndros dout nax Mangb ndrous ghak Shuad dol nik dlex lol zhaot it zhis ghangt ndangt huak!

烟草不像烟草样，

烟叶破烂我脸羞，

烟草宽如芭茅草，

烟叶不像烟叶样，

烟草破败我脸红，

烟叶细如松树叶，

却拿来待我亲友。

爽则抽三口在喉，

不爽吸半口丢河中！

Nchait dex nqot las zhit suk nqot,

Dex nqot ruas ghak zat suk dout dred nblongx suk lik ghak tod et,

Nchait keuk drout nil nzaik ghak dreud nax beb bangk draod ndruab lik ghak ghangt[31].

Yaos ghangb zhes mex houk,

Zhit ghangb zhek,

Mex muab nil nqok ghak teud[32] ndros dout naf Mangb mid Shuad dol nik dlex lol it zhis ghangt ndangt yox!

God ged zux ged ghak loul mex bloub lenx zid yox nis!

烟叶不像烟叶样，

烟叶破烂我脸羞，

烟叶如树叶松针。

却捡来给你们抽三口在喉咙，

如若爽口你们吸，

不爽则吸半口抖落在河中！

我的亲友们哟！

Ncaik daos guangd shif nos khuat yenb: Yenb cuat zhit cuat?

女方管事再次确认，问道：确认发烟有没有遗漏？

Voud daos deb: Cuat lak!

男方客人答：没有遗漏，感谢！

Nos Khuat Jeud

问客人酒

Ncaik Daos Guangd Shif Nos:

女方管事问：

It...

Rongt lol suk dex lol god haik leuf lik nat yok!

God aob lens menx gongb gus mex aob lens zid zhenf lik.

Uat let hnob nat dangl njuat lik ghak ntreud zhes,

Zhas yat suk dout god naf zid nox ndrangl daof lik nat zhes,

Nchait nil yat njet bel daox shab duax ghak shuat zhes,

Nchait god naf zid nox ndrangt daof lix nat nbaox khuat ndros zaik ghak chongb it zhes.

Nchait mex yuad yenx yof zos njuat god naf zid nox ndrangl daof lik ot lob ndraos nblangs zhes.

咿……

好话如下哟！

两位媒公和证婚人。

今天啊，

你们跋山涉水不辞辛苦，

来到女方家，

迎接你们的人呀恐有不周，

将男方宾客迎接到堂屋上。

Nchait god naf zid nox ndrangl daof lix ot,

Nil zhas yat xenb nyaos nax ib mid shuangb beb jeud,

Jeud jeud yenx fongf[33] ib dos duax zos duab ghak njuat muak,

Nchait suk dout naf zid nox ndrangl daof lik ghak ot zhes ngeuf fux yens zid guangd shif zhes nif kheb njoux lak duax rongt haik,

Kheb lot nyangs duax rongt tix ndos das.

Uat let suk dout nax it yad njet bes daox shab ghak lik shuat it zhes,

Zos ncheud naf zid nox ndrangl daof lik nat nil lob lox ndraos lik ghak nblangs[34],

Uat let nil lob fuk dob shaot nyaos khuad.

男方的宾客，

仅兴得起小酒双杯，

酒来酒往已迎候多时，

两位迎福管事开口说，

张开嘴来提好事哦。

你们跋山涉水一路劳顿，

来到女方家堂屋上，

汗水还没有干。

Nchait suk dout god naf zid nox ndrangl daof lik nat zhes,

Nil dob xenb zhit doul nax ib nik shuangb kaob jeud,

Jeud jeud mol yenx fongf it duax zhit zos duab

ghak njuat zhes,

Nchait suk dout god naf zid nox ndrangl daof lik ghak nat ngeuf fux yens zid guangd shif zhes,

Nchait nil kheb njoux lak dob zhit rongt haik it,

Kheb lot nyangs nyaob draod lol zhit rongt tix ndos duab ghak das yof,

God aob lens ged zux ged loul gus mex aob lens zid zhenf lik yax!

女方父母，

兴不起小酒双杯，

酒来酒往来奉迎做不到，

女方两位迎福管事，

不好开口说来，

不好张嘴提事呀，

男方迎亲的宾客们！

(Hot ngoux nos khuat jeud dangl, ncaik daos loub jeud drout khuat houk...)

（女方唱完之后，为男方客人斟酒，邀约客人喝酒……）

Nongb Yenb Uat Jangl Lol

烟种从何来

Voud daos menx rens hot:

男方媒人唱：

It...

Rongt lol suk lout dix lol god haik lix ghak nat muak,

God ngeuf zid tix jaob[35] zid guangd shif:

Mol jat suk dout hnob nat dangl njuat ntreud zhes beb let zhas yat njet leuf juax jous juax pangb daox[36] gus,

Nghel leuf yif jouf yif pangb lis ghak hangd[37] et nil zhas yat yenx yos zos njuat dout god naf zid nox ndrangl daof lik nat zhes lob ndraos dangs[38] it muak,

Lob fuk lol zhit guaf shaot leuf khuad muak!

Mol jat suk dout god naf zid nox ndrangl daof lik ghak nat ek ngeuf tix jaob ngeuf zid guangd shif muak,

Nil zhas yat xenb nyaos dout gangb bangx yenb it duax zos lik ghak njuat yot nis,

Jat suk dout hnob nat dangl njuat ntreud zhes!

Suk dout god naf zid nox ndrangl daof lik ghak ot zhes,

Jat nil zhas nbaox khuat sangt lik chongb gus,

Nil zhas yat njet leuf juax jous juax pangb daox yif jouf yif pangb lik ghak hangd et,

Nil zhas yat yenx yos zos njuat dout god naf zid nox ndrangl daof lik ghak nat lob ndraos zhed muak,

Lob fuk zhit guaf shaot leuf hod et!

咦……

好话我要这样说，

尊敬的两位媒公和管事：

今天我们爬了九十九道坡，

跨过八十八道梁来到这边父母堂上，

汗水未干就得到了你们的热情招待呀！

父母这边尊敬的两位媒公和管事，

你们的婚姻以烟为媒的礼仪已经兴了，

今天呀！

我父母那边的迎亲队伍，

以及这里的各位送亲人，

他们爬了九十九道梁，

跨过八十八个道坡来到父母这边家中，

汗水未干就得到了你们的热情款待呀！

Uat let god naf zid nox ndrangl daof lik ghak nat ngeuf tix jaob ngeuf zid guangd shif et,

Nif zhas yuad xenb nyaos dout gangb bangx yenb it duax zos lik ghak nzod muak.

Jat zox lol god yuad haik leuf lik ghak nat muak:

Jat ndaox ndis draod touk lik ghak nzod et,

Jat ndox lol yenl yit[39] suk dout ghuad ghaib shik dlob[40],

Ndlax deb nchout lik jes[41] gus zhas yat yenl yit suk dout ghuad ghaib shik njik[42].

Jat ndaox ndis touk lik ghak nzod et,

Jat ndox lol khuad ghak kheud[43] beb zhangf juax[44] et,

Ndlax deb nchout lik jes gus ngis ghak ngos[45] suk dout beb zhangf drout[46] et,

Jat nongb yenb lol khuad ngis nguad[47] et,

Nongb yenb lol zeuf zhit muax et,

Uat lit jangl et nil nat nongb yenb zhas yat zeuf khaid dus duax et,

Mex zhas nit muab dout dol nongb yenb lol jaox lol xenb lis ghak nzod it?

Zox lol gaox yuad haik lit god et,

God muax lol god let ndros gaox haik lik yot muak,

God ngeuf tix jaob ngeuf zid guangd shif muak.

父母这边尊敬的两位媒公和管事，

你们的婚姻烟草情谊已早早地兴了。

我要来问几句：

远古的时候，

天空混沌如那黑鸡屎，

大地朦胧像那稀鸡粪。

远古的时候，

天干来有三丈九，

地旱来有三丈六，

烟种来干枯枯，

烟种没有发芽，

它从何而来哟，

你们为何能拿烟叶来接待？

请您务必要告诉我缘由啊，

我有话才好跟您说，

尊敬的两位媒公和管事。

Ncaik daos guangd shif hot:

女方管事唱：

It...

Rongt lol yot god aob lens zid minx gongb gus mex aob lens zid zhenf ghak lis.

Uat let gaox yat nos drous dex nat zhes,

Uat let suk dout nil nos dout ndaox ndis draod touk lik nzod,

Nzod lik draod touk ndex ot zhes,

Nchait nik nongb yenb gus lob ndox lol khuad kheud beb zhangf juax et,

Deb qeut khuad kheud nax beb zhangf lik drout,

Nchait dex nongb yenb lak dob zeuf zhit muax guas,

Nongb yenb zeux zhit dout zhes.

咦……

我的话就这样说，

尊敬的四位媒公和证婚人。

你们要问起这些问题，

很久很久以前，

天干干来有三丈九，

地旱旱来有三丈六，

烟种不发芽，

种烟不会长。

Nchait gaox yat nos dout nongb yenb qeut yaos zeux yenl khaod dus lol?

Nongb yenb qeut zeux yenl khaod dus duax zhes?

Nchait nongb yenb nil zhas yat zeux bleul dout dex bloub ghouk lik deb[48],

Uat let dex nongb yenb it nil nchait yad zeuf yenl dout dex bloub ghouk lik ndox[49].

Nchait hnob nat yaos dout naf zid nox ndrangl daof lik nat zhes yat souk chongb jaox souk lik gos zhes,

Nchait nil nongb yenb let lol bongb,

Nongb yenb let lol ghak zos nat yok,

God ged zux ged loul gus mex aob lens zid yos nil!

你们问起烟种生在哪里？

种烟长在何方?
烟种生在地的四方,
烟叶长在天的四角。
今天父母这边要用它做婚宴之物待客,
它才会落,
它才会到,
尊敬的四位媒公和证婚人哟!

Voud daos menx rens hot:
男方媒人唱:

It...

Ek dex lol yox god haik leuf lik nat yos nik,

Jat god aob lenx yob hluak yeuf zid guangd shif et!

Uat let mex kheb njoux dak et,

Yat haik dout ndaox ndis draod touk lik nzod nzod lik duax dak touk lik it ek,

Uat let et ndox lol khuad kheud beb zhangf juax huak,

Deb qeut khuad kheud beb zhangf drout et,

Uat let et nongb yenb it gaox dak haik zeuf yenl blouk gouf ndox et?

咦……
我的话要这样说,
两位年轻管事啊!
你们开口就说,
在很久很久以前,
天干有三丈九,
地旱有三丈六,
为何烟种长在天的四角啊?

Uat let nil nat god yat nos leuf gaox dak,

Uat let yaos leuf lenx dus bof hlaot nongb yenb ghangb et?

Zhangd dus bof hlaot nongb yenb lut et?

Gaox bof gaox boub gaox yat khat leuf god,

God let huex shenb hlaot[50] god let rongt ndros gaox haik yot nis!

现在我要问问了,
是谁看见了烟种踪影?
谁人发现烟叶痕迹啊?
若你知道就告诉我,
看我能否恍然大悟才好与你交谈哟!

Ncaik daos guangd shif hot:
女方管事唱:

Rongt lol yot god aob lens menx gongb zid zhenf lik,

Uat let suk dout mex yuad nos drous dex nat zhes,

Nchait suk dout ndaox ndis touk ghak nzod it, nzod lik draod touk ndex ot zhes,

Nchait nongb yenb zhes yaos zeuf yenl dex bloub gouf lik ndos,

Nongb yenb zeuf yenl dex bloub gouf lik bes.

尊敬的两位媒公和证婚人,
你们问起这些,
在远古的时候,
烟种生在天的四角,
烟叶长在地的四方。

Yat yaos dout ngeuf mid nongs zhix nongs ghak baos it,

Nil let bof dout nongb yenb ghangb;

Nil let yaos dout ngeuf mid nongs zhix nongs ghak baos[51] it,

Lol gus zhas yat bof dout nongb yenb lut guas.

Uat let geuf nik nongs zhix nongs ghak baos it,

Nil let dangt ndox nzas[52] zos njuat leuf dex bloub ghouk lik bel,

Nil let muab dout nongb yenb it njeuk ghak ndreud duax lol draod ndruab lik ghak zat[53] et,

Nil lol zhit lol nil zhas yat lol zos ndox nzhis dex duab ndangt yangs ghak hnob,

Nil zhas nuaf dout lob ndox nzhuab ndox hod duab ghak shit[54] zhes,

是那鹫鸟和报鸟，
知道烟种的踪影；
是那鹫鸟和报鸟，
晓得烟叶的踪迹。
那鹫鸟和报鸟，
振翅高飞来到地的四方，
拿得烟种吞入嗉囊，
欲飞将飞飞了半天，
见到了蓝天白云。

Uat let nil lox blangb it ndros zhas yat duax ndros chaib uat chaib,

Nil lox nbangb it ndlous ghak lenl dob zhit muax shik lik ghak shad[55] zhes,

Nil let shot bel ntraot duax das shout dex deb hout lit reb[56],

Nil let muab dout nongb yenb it njeuk ghak ndreud duax das draod ndruab ndlax shik lik deb,

Nil yat zeuf yenl dout nongb yenb zeuf yenl dout deb bloub gouf let ndos.

Nil ngeuf nongs zhix nongs ghak baos it,

Nil let dangt ndox nzas zos ntreud bloub ghouk lik ndos,

Nil let muab dout nongb yenb it lol gus njeuk draod lol zos et,

Nil lol zhit lol lol zos ndox nzhis draod dex duab ndangt yangs ghak gangb,

Uat let nil shaib ghak nzhongd ndox nzhuab it duax lol hod ghak lex shit nis.

鹫鸟报鸟肚子饿，
它们精疲力竭又无力，
栖息在大地石崖头，
将烟种啄了撒在大地上，
从此烟种生在了地的四方。
那鹫鸟和报鸟，
振翅高飞来到地的四方，
拿得烟种吞入嗉囊，
欲飞将飞飞了半路，
见到了蓝天白云。

Nil lox nbangb it dol gus nyaob draod zhit muax shik lis ghak shad,

Nil let shot ntreud duax lol draod shout dex deb hout lit nqaod[57],

Nil let njeuk ndreud duax lol draod ndruab lit zat,

Nil let muab khuad ghak kheud duax das draod ndlax deb shik let njangs[58].

Nchait deuf leuf ndox sob hout khoud[59] njis lenl[60] jaox sob chab[61],

Nchait zos dout yeuf sob xongt[62] zhes,

Yeuf sob zhas yat ndrongt nzas[63] zos njuat yeuf sob jaix[64] zhes,

Yeuf sob nil let duax tab draod ndros ghak lais[65],

Nil zhas jaox zos ntreud yeuf sob lol ged ghenl zhes[66],

Nchait nil dex nongb yenb it let buas del yox yus[67],

Buas deut duax lol draod sheud lik zhenl[68].

鹫鸟报鸟无力气，
栖息在大地石崖上，
将种烟吞了放入嗉囊，
拿来葬在刺椿树脚。
轮到家族祛灾星时节做祭头，
到了雷神爷之年岁呀，
到了春季春雷响，
到了雷响祭雷神，
到了春雷滚滚风雨交加时，
种烟复苏来抱手，
抱腿伸脚长起来。

Nchait deuf bleul yeuf sob xongt zhes,

Nil zhas yat gheuk dout zhox ndos ghak lik nyangs it,

Zos ghak ntraot duax lol shout dex deb ghouk lik nqaot et,

Zos ntreud yeuf sob xongt zhes,

Yeuf sob zhas yat ndrongt nzas dout yeuf sob jaix,

Yeuf sob ndros yat lais,

Zos ntreud yeuf sob lol et draod ged ghenl zhes,

Dex nongb yenb nil let buas del buas ghak deut nyaob draod ndros sheud lik zhenl nat yok.

God aob lens ged zux ged ghak loul gus mex bloub lens zid menx gongb yot nis!

到了雷神爷出来的时节，

雷神爷拉起天一角，

来到了大地之石崖上，

到了雷神爷出现的季节，

雷神爷轰鸣来帮忙，

到了雷电交加时，

那烟种复苏抱双手，

抱腿伸脚长起来。

尊敬的两位长辈和四位媒公哟！

Voud daos menx rens haik dak: Gab qenx zhenb nik?

男方媒人说：你们说的是否真心？

Ncaik daos hod zhed guangd shif deb dak: Qenx zhenb hlaot.

女方管事回答：很真心的。

Jangx Chongb Jes Gol

婚与姻的由来

Ncaik daos guangd shif hot:

女方管事唱：

It...

Rongt lol suk leuf dex lol god haik leuf let nat yot,

God aob lens zid duaf menx gongb gus mix aob lens zid zhenf ghak lik.

Uat let zhux dout ndaox ndis touk lik nzod it muas, uat let dex nax hnob gus nyaob draod touk lik nzod,

Uat let nil dak jangx chongb it mex dak mex zit jangx chongb jes lik gol it zhes?

Mex yaos muab dout nax dol zhit jaox lol dous dout ndex et?

咦……

好话我要这样说哟，

我尊敬的两位媒公和两位证婚人。

为何说在远古之时，

你们就兴了婚姻规矩？

你们拿什么规矩兴在前面？

Mex yuad zit jangx chongb[69] zhes,

Mex yat muab dout dol zhit jaox lol zos njuat ndongt nyaos houd[70]?

Uat let yaos mex boub it mex yat khat let god it muak!

Uat let jangx chongb it mex yat muab dout dol zhit jenf dout ndex[71]?

Jangx chongb lit ndlous ghak lenl[72] lol dis dout mex del guas,

Mex yat muab dout zhangd zhit lol ndouk dout houd et?

Jes gol let ndlaos lenl[73] lol dis dout mex deut ek,

Yaos mex bof mex boub it zhes,

Nif lak yat qenx zhenb haik let god it muak!

你们要兴婚姻古俗呀，

你们拿什么来头上戴？

你们若知晓要告诉我嘛！

你们拿什么来兴在前？

婚姻喜事才会落入你们手，

你们拿什么打理前面走？

婚姻喜事主动落在你前头？

如果你们看见了，

要真心告诉我嘛！

Nuaf god huex shenb ghak lik hlaot,

Nuaf god muax lol ghak rongt ndros mex haik kheb lob ndox zhens duax ghak ndul[74] it.

Gab bof rongt ndros mex tix yok!

God aob lens ged zux ged ghak loul gus mex bloub lens zid zhenf ghak lik!

看我是否能醒悟，

看我能否方便来回应。

是否好与你们提哟！

尊敬的两位媒公和证婚人！

Voud daos menx rens hot:

男方媒人唱：

It...

Rongt lol suk dout dex lol gus god haik lik ghak nat muak,

God ngeuf tix jaob ngeuf zid guangd shif muak!

Gaox dak gaox yat nos dout god dak,

Beb zit jangx chongb gus beb yuad muab dol zhit uat dol ndex guak?

Zit dout jes gol[75] et yuad muab dout dol nax dlangb zhit uat dol houd muak it?

咦……

好话我要这样说，

尊敬的两位媒人管事呀！

刚才你问到我，

婚姻喜事拿什么来兴在前呀？

姻缘礼俗用什么程序走在首呢？

Uat let jangl zox lol god yuad haik gaox uat lik nat muak,

Jat beb zit jangx chongb jes gol gus,

Yuad muab dout bangx yenb gus uat dol ndex huak,

Yuad muab dout box ghaib uat dout dol ghak lik houd muak et,

Beb jangx chongb let zit dout druax ndos ndrenl[76] suk njex shik reb[77] gus,

Jes gol zhas yat zit dout druax ndos ndrenl suk dout njex shik nqaod huak!

我要这样与你讲缘由，

我们兴婚姻习俗和古风，

烟草先走在前头，

母鸡开路在首位，

这样婚俗才稳稳当当如石柱，

姻缘才会妥妥帖帖如石崖啊！

Zox lol god zhas yat nos gaox uat lit nat et,

Uat let gaox kheb njoux lak gaox yuad tix dout dol Lex Lus uat dol ndex guas?

Gaox kheb lot ndox zhens duax ghak nyangs et,

Gaox zhas yat xik dout Trud Nus duax lol uat dol houd et?

我也要返来问你何缘由，

你开口便提勒鲁在前面？

为何出言便信誓旦旦，

要把楚妞置于首位啊？

Uat let Lex Lus naf zhas yad yaos hot let jangl et?

Lex Lus zid zhas hot et jangd zhes?

Gaox qenx zhenb haik khat god et,

God muax lol god let rongt ndros gaox haik nat ngeuf zid tix jaob zid guangf shif muak!

勒鲁的母亲名字怎么叫？

勒鲁的父亲名字如何称？

你要真心实意地告诉我，

我有话好与两位媒人和管事谈！

Ncaik daos guangd shif hot:

女方管事唱：

It...

Rongt lol suk dex nik god haik leuf let nat,

God aob lens menx gongb gus mex aob lenx zid zhenf lis.

Uat let suk dout hnob nat dangl ghak ntreud zhes,

Nil zhas yat suk dout hnob nat uat let gaox yat nos drous dex nat zhes?

Uat let god aob lenx it nif juax lot tix ndos zheus dak,

Gaox yat muab dout bangx yenb jaox lol zit jes lik gol et,

Gouf lot tix ndos ghak zheus gus,

Zhas yat muab dout box ghaib it jaox lol zit jangx shik lik ghak chongb.

咦……

好话我要这样说嘛，

尊敬的两位媒公和两位叔伯证婚人。

今天的礼俗将结束，

你为何要问起这些话呀?

九句你提起，

拿烟草来当先，

十句你说到，

拿母鸡开路在首位。

Uat let suk dout god dex nat et god sangd nos leuf gaox ib nit lot uat leuf nat et,

Uat let gaox zit jangx chongb zhas yat zit druax ndos ndrenl did dangf njex reb,

Jes gol gaox yad zit druax ndos ndrenl did dangf njex shik zhuat et,

Uat let jangx chongb gaox lak zhit huaf ghak beb,

Jes lik gol lak, gaox dob zhit guas nil ncuat et!

为何这样我问一句啊，

婚姻喜事望它稳如石柱，

姻缘连理望它固如磐石，

婚俗规矩还需来延续，

不让它有分叉!

Uat let gaox zit jangx chongb draod jes gol et,

Uat let gaox yat muab dout dex hnangb drik las shik gaox yaos muab dout dex nik hnangb draod lol nghangt et?

Uat let yaos gaox boub gaox yat haik leuf god it muak,

Nchait god huex shenb hlaot god let rongt ndros gaox haik yok,

God ged zux ged ghak loul gus mex aob lenx zid yox nil!

婚俗规矩要延续，

要拿口袋背还是拿袋子提?

若你知晓告诉我嘛，

看我是否醒悟方能与你提及!

Voud daos menx rens zhit dout deb lol.

男方媒人不作答。

Ncaik daos guangd shif zaik hot:

女方管事接着唱:

It...

Rongt lol yot god aob lens menx gongb gus mex aob lens zid zhenf lik.

Uat let mex dak:

Jangx chongb yaos mex zit dad,

Jes gol yaos mex zit druax et!

Jangx chongb nil lak zit druax dol ndrenl did dangf njex reb,

Jes gol mex lak zit druax dol ndrenl did dangf njex ghak zhuat.

咦……

好话我要这样说尊敬的两位媒公和证婚人。

为何你们说:

婚姻你们理清，

礼俗你们理完!

婚姻稳如石柱，

礼俗固如磐石。

Uat let ndaox ndis touk ghak nzod it zhes,

Uat let naf zid nox ndrangl daof lik ot ek,

Jangx chongb zhas yat nyaob ndrout lik ghak drongb,

Jes gol zhas yat ndous lenl duax dak nyaob

ndrout lik ghak zhuat ek.

Uat let jangx chongb it nil yat muab dout dol zhit jaox lol gus nil ndous ghak lenl nik nghangt lol boub jes lix gol it,

Zhas yat ndous lenl nyaob dout naf zid nox ndrangl daof lit ot dex duab ndrout lik zhuat,

Nil zhas yat muab dout dex zhangd nox ndos zhangd dol ghak zhit nil let nghangt dout jangx chongb ndous ghak lenl dit mex del,

Nif let nghangt dout jes lik gol it lol ntrat ghak lenl lol dit mex deut guas?

在很久以前啊，
你们父母那边，
婚姻在山间，
礼俗在山外。
婚姻拿什么跟礼俗在一块，
才落在父母那边山门外，
婚姻才由你们来操持，
礼俗才让你们来执掌？

Uat let yaos mex bof mex boub mex lak yat haik leuf god it zhes,

Nchait god huex shend hlaot,

Nuaf god muax lol gab rongt ndros leuf mex haik et kheb lot ndox zhens nyangs god hat rongt ndros leuf mex tix yok,

God aob lens ged zux ged ghak loul gus mex aob lens zid yot nis!

你们知道要告诉我呀，
我才会有所领悟，
有话我才与你们提哟，
尊敬的两位媒人和证婚人哟！

Voud daos menx rens zhit dout deb lol.
男方媒人不作答。

Ncaik daos guangd shif hot:
女方管事唱：

Rongt lol yot god aok lens menx gongb gus mex bloub lens zid yot nik,

Uat let ndaox ndis dlous ghak lenl gus nyaob zhas touk lix nzod it muak,

Nzod lis dlous ghak lenl gus draod touk lik dex ot zhes,

Uat let dex drongx rangs drongx ghak ruas it nif zhas zeuf zhit muax et,

Drongx rangs drongx ghak ruas dob zeuf zhit dout et.

Uat let yaos lenx dus it lol zhas yat keuk dout drongx rangs drongx ghak ruas dout mex draod ndros nyaob?

Uat let drongx rangs drongx ghak ruas[78] it yaos lenx dus lol keuk dout mex nghel draod ndros lik rouf muak?

Uat let mex lob drongx nat zhes jat nax hnob dangl ghak ntreud suk dout hnob nat zhes,

Uat let mex lob drongx nat yaos drongx chongb lak shik yaos drongx gol?

好话我要这样说啊，尊敬的两位媒公和证婚人，

时光悄然回转到远古，
久远岁月滑落到从前，
婚桌姻椅都没有，
姻椅婚桌也没得。
是谁拿到婚桌姻椅来给你们围？
是谁拿得姻椅婚桌来让你们坐？
光阴流逝至今日，
这桌椅是婚桌还是姻椅呢？

Uat let mex lob drongx nat zhes!

Uat let ndaox dis touk ghak nzod it,

Lob ndox ndros khuad ghak kheud beb zhangf lik juax et,

Deb qeut it lol khuad kheud nax dos beb zhangf lik drout,

Nat let gus lob drongx chongb[79] lak dob zeuf

zhit muax et drongx gol dob zeuf zhit dout!

Uat let nil yat ral nat yaos wef hox dol zhit mex drongx chongb lak dout nyaob,

Drongx gol nil dout rouf et?

Uat let mex boub it mex bof mex yat qenx zhenb haik leuf god it muak,

Jat god huex shenb hlaot god let rongt ndros leuf mex haik it yot!

Kheb njoux ghak let lal god let rongt ndros mex tix yot god aob lens zid menx gongb zid zhenf lik!

你们这桌子呀！

在很久以前呀，

老天干焦焦有三丈九，

大地干枯枯有三丈六，

婚桌都没有姻椅也不见！

为何你们却有婚桌来围，

有姻椅来坐？

如果知道要真心告知我嘛，

看我是否领会才好与你们说呀！

我才好开口与诸位谈，尊敬的两位媒公和证婚人！

Voud daos menx rens deb:

男方媒人答：

It...

Rongt lol suk leuf dex lol god haik leuf let nat yot,

God ngeuf fux yens zid guangf shif nik,

Uat let nif yuad nos drous dex nat zhes nchait drongx chongb it zhes!

Uat let ndaox ndis touk ghak nzod jes drongx[80] nil zhas yat muax bloub dol ghak xaob[81],

Uat let shout zhox[82] zhes nif zhas yat ruas ghak yenl muax dangl yif lob ndif ghak kaob[83].

Uat lit drongx chongb zhes,

Nil zhas yat ndrel ghak yenl[84] duax lol draod bongb ghak ntreud god naf zid nox ndrangl daof lix nat lob ndraos shik lik zhed.

咦……

好话我要这样说嘛，

尊敬的两位管事，

你们问起这婚桌呀！

婚桌有四个插销四只脚，

婚桌光滑平稳摆上八个碗八盏杯。

说到这婚桌呀，

才会稳当站立于我父母这边的堂上。

Uat let jes drongx god muax ghak langl it muax bloub dol ghak jes shout zhof zhes,

Zhas yat yuad dout ged zux ndros ged loul ghak ndrel,

Uat let mex yat nos dout lob drongx nat lol,

Drongx chongb zeuf yenl khaod dus duax guas?

Drongx gol zeuf yenl khaod dus lol et?

Uat let suk dout ndaox ndis touk ghak nzod zhes,

Nchait drongx chongb zeuf zhit muax et,

Drongx gol zeuf zhit dout et.

婚桌姻椅之四脚我们有，

还需要婚姻礼俗来支撑，

问起这婚桌姻椅的来源，

婚桌来自哪里？

姻椅出自何处？

要是像从前呀，

婚桌也没有，

姻椅也没有。

Uat let nil drongx zhes ndlous ghak lenl it,

Yaos longx songb shuf[85] it jaox zos bend ndros ghak ndouk,

Yaos dout songb longx shuf it lol gus duax lol bend ndod leuf dex nik songb longx shuf it,

Lol plik dout lob drongx chongb shik lix nbet et,

Yaos songb longx shuf it ndod raos lol,

Cait plik dout[86] lob drongx gol lik ghak dluab zhes!

Nchait god dex nat mol gus qenx zhenb haik leuf gaox lob nab yot,

God aob lens fux yens zid guangd shif yox nik!

今天婚桌姻椅摆堂中，

得到龙松树才由它而制，

砍来松龙树方由它而造，

是砍来了龙松树才取得婚桌之名啊，

是砍来了松龙树，

才制造成姻椅的样子呀！

我已真心告诉您了哟，

尊敬的二位管事！

Ncaik daos guangd shif hot:

女方管事唱：

Yit...

Rongt lol suk lout dex lol god haik leuf lik nat yok,

God aob lens menx gongb gus mex aob lenx zid zhenf lik.

Uat let mex dak yaos dout songb longx shuf it jaox lol draod ndros uat,

Uat let nongb longx songb shuf it yaos zeuf dout haod dus lol?

Songb longx shuf it yaos zeuf yenl haod dus duax et?

咦……

好话我要这样说啊，

我尊敬的四位媒公和证婚人。

婚桌姻椅是用松龙树来制成，

龙松树种在哪里生？

松龙树又从何处来？

Nil let dout ndod longx songb shuf lol plis dout lob drongx chongb leuf lik nbet et,

Nil let ndod raos songb longx shuf lol plis ghak ntreud dout lob drongx gol dluab,

Uat let mex ndod songb shuf longx it mex yaos zhangd dol zhit uat dol ndex ek?

Nil let ndod dout songb longx shuf guas mex yat muab zhangd dol zhit jaox lol ndouk dout houd?

Mex let ndod dout[87] longx songb shuf lol plis dout lob pangx dluab[88],

Plis dout lob drongx dluat,

Lol let plis dout lob drongx nbet zhes.

才砍龙松树来做婚桌，

才砍松龙树来做成婚桌的模样。

砍下龙松树拿什么放在前面？

砍下松龙树拿什么放在首位？

砍得龙松树来制成盘形，

制成桌子的形状，

才取了桌子的名称。

Uat let yaos mex boub it mex bof mex yuad qenx zhenb haik leuf god it muas,

Jat god huex shenb hlaot leuf god let rongt ndros mex haik yot,

Kheb lob ndox zhens ghak lik nyangs gus god let rongt ndros mex tix yot,

God ged zux ged ghak loul gus mex aob lenx zid menx gongb aob lenx zid yot nik.

知道要真心告诉我嘛，

我领悟了才与你们说，

开口提示我才好提，

尊敬的两位媒公和证婚人。

Voud daos menx rens hot:

男方媒人唱：

Rongt lol yok god ngeuf fux yens guangd shif nil,

Uat let nil yat nos drous dex nat zhes,

Uat let god zox lol haik leuf mex lot lik ghak nat zhes,

Uat let longx songb shuf zhes beb yad muab dout ngoux bab[89] draod lol ghak ndod,

Uat let songb longx shuf zhes beb yuad muab dout ndrous douk jaox lol draod ndros lik zab,

Uat let beb let muab dout ngoux bab it muab dout ndrous douk it jenf ntreud duax uat dout lik ghak ghoud et.

尊敬的管事，

你们问起这些问题，

我这样来回答：

龙松树拿锛来砍，

松龙树用斧来伐，

拿锛来做斧的影子。

Beb let muab dout ngoux bab it lol jenf dout ghangb,

Beb let muab dout ngoux bab jenf ntreud uat ndrous douk let nyangb at!

Uat let gaox yuad nos drous dex nat zhes,

Beb yat muab dout ndrous douk jaox lol ndouk lik houd,

Muab dout ngoux bab it jenf dout ghangb,

Beb let muab dout dex ngoux bab jenf ntreud uat dout dex ndrous douk let nyangb houd nik!

拿锛来敬奉在后，

拿锛来当斧的新娘！

你们问起这事情，

我们拿斧开路在前头，

我们把锛跟在后面，

拿锛来陪伴斧！

Voud daos menx rens deb:

男方媒人唱：

Yit...

Dex nat et god haik leuf let nat yot nil,

God ngeuf fux yens zid guangd shif et.

Uat let ek gaox dak:

Songb longx shuf zeuf yenl draod ndrangl dax et,

Muab hlaot ngoux bab it jaox mol zad yot et,

Longx songb shuf it zeuf yenl draod ndrangl dol,

Uat let muab hlaot dout dol ndrous douk duax lol draod ndros let nzol.

咦……

话我要这样回答哟，

尊敬的两位管事。

那么你们说：

松龙树生长在坝子，

拿起锛就去砍哟，

龙松树生长在平原，

拿起斧就去伐哟。

Uat let zox lol gaox haik leuf let gat ek,

Uat let god sangd leuf lox langs[90] it ndaox ndis touk lik nzod nzod lik jenb touk ot ek,

Uat let ek ngoux bab dob zeux zhit muax huak ndrous douk duax das zeuf zhit dout ek,

Uat let ek yaos muab nax zhangd dlangb zhit dik pluad ngoux bab dluab et,

Ngoux bab let ndous lenl duax zos juas ek?

这样说的话呢，

我想啊在远古的时候，

锛都还没有生成，

拿什么来给锛留踪影，

锛才能与大家相会？

Muab nax zhangd dol dlangb zhit dik pluad[91] ndrous douk lit ghak nbet et,

Dex ndrous douk let ndous lenl duax zos zhed et?

Gaox bof gaox boub ek gaox yat haik drout god,

God let huex shenb hlaot god let rongt ndros gaox haik yox,

God aob lenx yox dluab yeuf zid guangd shif[92] et!

用什么给斧取名，

斧才使用在世上？

你们知道了要告诉我，

我领悟了才好与你讲，

尊敬的两位管事！

Ncaik daos hod zhed guangd shif hot:

女方管事唱：

Yit...

Rongt lol yot god aob lens menx gongb gus mex aob lens zid zhenf ghak lik,

Uat let suk dout hnob nat dangl njuat lik ghak ntreud zhes,

Uat let ndaox ndis touk ghak nzod ngoux bab it dob zeuf zhit muax ek,

Ndrous douk lak dob zeuf zhit dout ek.

Uat let ngoux bab it zhes,

Nchait ndox ndros khuad ghak kheud beb zhangf juax et,

Nchait lob ndox lol yenl ghak yit suk dout puax nik ghuad lik ghak ghaib,

Deb qeut yenl yit suk dout puax nik ghuad ghaib shik lik dlob.

Uat let lob ndox gus yenl ghak it zhes,

Nchait dex ghaib zeuf zhit dout,

Ndrous douk zeuf zhit muax zhes.

Uat let ngoux bab it zhas yad dax suk dout ndaox ndis touk ghak nzod it zhes?

咦……

好话要这样说啊，尊敬的四位媒公和证婚人，

今天要是结束了，

远古时候锛都没有形成，

斧也没有生成啊。

那么锛子啊，

天干燥有三丈九，

天如一泡稀鸡屎，

大地似一坨黑鸡粪。

天地晃荡啊，

怕鸡都没有生成，

斧也没有形成哟。

锛为何被打制得这么精致？

Las cenx loul it luak zeux gus draod lol ngas,

Las yat ngas ghak lal duax lol draod ndruab lik ghak shab,

Las let muab dout ngoux bab it jaox lol draod ndouk lik dout,

Muab ndrous douk it jaox lol draox ndouk lik deuf zhes.

Las cenx loul it las zeux ndros blas ghak ngas[93] las let muab dout lob houd joul[94] jaox lol uat lik taid[95],

Muab dout lob ndris[96] jaox lol uat lik ghuk[97] ek,

Cax let muab dout ngoux bab nbet it plik deuf lol,

Nil let muab dout ndrous douk duax lol plik nyaos muax nat yok!

God aob lens zid menx gongb gus mex aob lens zid zhenf lik.

前人聪明睿智，

前人将睿智放心上，

才拿锛头来制成，

拿斧头来锻铸。

前人用膝盖来做铸台，

拿拳头来当锤，

才有锛子名来喊，

才有斧头名来称，

尊敬的两位媒公和两位证婚人。

Ngoux Bob Ndrous Taid Uat Jangl Lol

风箱和铸台怎么来的

Voud daos zid menx gongb deb:

男方媒公答：

Nchait zhit qenx zhenb baf? Ek... Ndaox dis touk nzod cenx loul dak, luak yaos muab ngoux bob ndrous taid jaox lol uat muas, uat let nchait zhit yaos lob houd joul jaox lol uat ghuk, muab lob loux ndris jaox lol uat taid nik? Zid guangd shif.

怕不是真话吧？啊……从前，人家说是用风箱和铸台来制成的嘛，恐怕不是用膝盖来做成锤，怕不是用拳头来做成铸台吧？尊敬的管事爷呀！

Ncaik daos guangd shif dak:
女方管事说：

Qenx zhenb hlaot nik! Ndaox ndis touk nzod, lob ndox lol yenl ghak yit suk dout puax nil ghuad lik ghak ghaib njik, deb qeut yenl yit suk dout puax nik ghuad ghaib shik lik dlob.

是真心话呢！从前呀，老天晃荡如坨稀鸡屎，大地晃荡如坨黑鸡粪。

Nchait ngoux bab ndrous douk zeuf zhit muax, las dex loul zeux ngas jek let muab lob houd joul jaox lol uat taid, muab lob njoux jaox lol uat bob ek, nil let muab lox ndris jaox lol draod uat ghuk, nil let muab houd jous jaox lol draod uat taid ek, nil let plik dout ngoux bab ndrous douk dluab tab nbet nat lak.

没有锛和斧，以前睿智者用膝盖来当铸台，用嘴来做风箱，将拳头来当锤，用膝盖当铸台，才有了锛和斧名称的由来。

Voud daos zid menx gongb nos:
男方媒公唱歌问：

It...
Dex nat ek god haik leuf let nat yot nil,
God ngeuf fux yens zid guangd shif ek:
Uat let ek gaox yat haik zos touk lik nzod ek,
Uat let ndox khuad kheud nghel muax beb zhangf drout ek,
Deb ngis nguad beb zhangf juax huak.
Uat let ndox yenl yit suk ghuad ghaib dlob,
Deb yenl yit suk ghuad ghaib njik ek.
Uat let god sangd nos gaox suk leuf let nat:
Uat let ngoux bob zeuf zhit muax huak,
Ndrous taid nghel duax das zeuf zhit dout ek,
Uat let ngoux bob zeuf yenl haid dus lol ek?
Ndrous taid zeuf yenl haid dus duax ek?
咦……
那我要这样说啊，
尊敬的两位管事：
你们说到远古时候啊，
天干有三丈六，
地旱有三丈九。
老天晃荡如黑鸡屎，
大地晃荡如稀鸡粪啊。
那我想要来问你们：
风箱也没有，
铸台也没有，
风箱从何处来？
铸台哪里生哟？

Uat let gaox boub gaox bof ek gaox yuad khat leuf god nik,
Nchait god gab huex shenb hlaot god let rongt ndros gaox haik yot nik,
God aob lens yox dluab it mol yeuf zid guangd shif ek!
你们知道要告诉我啊，
我领悟才好与你们讲哟，
尊敬的两位管事爷！

Ncaik daos guangd shif deb dak:
女方管事说：

Yot... God zox lol god jeuf haik let nad, dex loul las zeux lol draod las ngas, las jeuf muab houd joul jaox lol uat taid muab lob ndris lol uat ghuk jek, cait let hot dak ngoux bob ndrous taid, let zeuf dout muax nat huak.

哟……我这样说，古人们有智慧，他们就用膝盖做铸台，用拳头来当锤嘛，从此有风箱和铸台了，才有今天的故事了嘛。

Voud daos menx gongb hot:

男方媒公唱道：

Et...

God ngeuf fux yens zid guangd shif gaox haik gaox ged shoub shoub[98] ek,

Gaox yuad haik gaox jek god dob zhit boub.

God hnaod dout ndaox ndis draod touk nzod ek dex loul dak,

Ndox deb yenl yit suk puax ghuad ghaib njik suk leuf dex ghuad ghaib dlob ek,

Las dex ngoux bob let zeuf yenl dex houd zhuat ek,

Ndrous taid zeuf yenl duax dex nik sob lik nqaod.

啊……

两位尊敬的管事爷，

你们说的句句在理我却不懂。

我曾听那前人说呀，

天地如黑鸡屎晃荡，

风箱生在那岩头上，

铸台长在那石崖边。

Ed...

Muax hnob draod ndrangl ndox dus jek,

Nil zeux suk dob shuad ngas ek,

Nil mol dout daox drongb houd bel dex daox drongb shik zhuat ek,

Nil let dleuk ntreud dex ngoux bob ndrous taid ek let jaox lol juas nat et!

Zox lol yaos uat nad haik sub nik muak!

啊……

有朝一日呐，

有位小伙子他有智慧呀，

走到高山石崖上，

去解开风箱和铸台带来给大家使用啊！

故事是这样讲的哟！

Ncaik daos guangd shif deb dak:

女方管事答道：

Gaox haik tab god haik let dob yaos ib yangf nat hangk.

你说的与我想说的一样。

Pangx Tab Duangb Pangx

盘子和端盘

Nos Pangx Nbet

盘冠以何名

Voud daos hot:

男方媒公唱：

Et...

Dex nat ek god haik leuf lik nat mak ek,

God aob lenx yox dluab zid duangb pangx[99] it yot nik,

Uat let ek ndaox ndis draod jenb touk lik nzod ek, nzod lik duax das jenb touk lik it nil,

Uat let nax hmaot dangl ntreud shik hnob lik nat ek,

Uat let ek god aob lenx yox dluab zid duangb pangx it yot nik?

Uat let nif dak mex nghangt mex lob pangx gus draos ngangs nox nuas[100] duax zos duab lik njuat yot et,

Uat lit god nuaf dout mex nghangt pangx yens duax das jat muax zox sheut lix tit[101] et,

Uat nit mex nghangt mex lob pangx gus ngangs nox nuas draod duax shik zos et,

Uat nit mex lob pangx lol yaos uat leuf lenx dus nbet et?

啊……

听我这样说，

尊敬的两位端盘先生哟，

自远古之际到今晚，

婚宴程序将结束，

为何要端盘进来与大家相聚哟？

尊敬的两位端盘先生，

两位端着的盘挂有条箍形链条，

两位端盘到来呀，
你们端的盘冠以何名？

Uat lit et god aob lens yox dluat zid duangb pangx it yot et,

Uat let mex nghangt mex lob pangx gus ngangs nox nuas draod duax zos et,

God nuaf dout mex nghangt pangx lol das jat muax zox sheut lix zhox[102] et,

Uat let mex lob pangx gus zhas yat jat dout muax nyaos dout lenx dus lob rongt lol et,

Zox lol ek mex yat haik lik god,

God let huex shenb hlaot let rongt ndros god ngeuf yox dluab zid duangb pangx gat haik yot nil yak.

尊敬的两位端盘先生哟，
两位先生端着盘到来呀，
我看你们盘上挂有条绸缎链带，
盘中装有什么话题呀？
有话你们要告诉我，
我知晓了才与两位端盘先生讲。

Pangx Uat Jangl Lol
盘源自哪里

Ncaik daos dob duangb pangx deb:
女方端盘者答（唱）：

It...

Rongt lol suk let dex loul god haik leuf let nat yot nik,

Uat let beb nghangt dout lob pangx zhes,

Zhas yad ngangs ghak nuas it duax ndros baf ghak chongb gus nyaob drout ndros baf lik ghak gol[103],

Uat let ek beb pangx lol ndrous ruas it duax lol zhas yat muax bloub lob nik gouf et,

Uat let beb lob pangx nat zhes,

Yenx bend ndongt las yaos ndongt huangx xangb[104] leuf ghak kob muak.

咦……
好话我要这样说嘛，
我们手中的盘呀，
是为拜婚姻而使用，
漂亮的盘有四个角，
我们手中的盘呀，
本是用黄香树来做成。

Uat let beb lob pangx nat beb dak nghangt nox nuas it duax ndros mex baf chongb gus jaox lol draod baf lit gol,

Uat let beb shout ghangb pangx zhes,

Zhas yat dlait muax zox sheut lix zhox,

Shout pangx zhes,

Nil zhas yat ndrous ghak ruas gus muax bloub lob lix gouf muak.

Nchait ghangb pangx zhes,

Nil zhas yad ndrous ghak ruas dik muax zox sheut lix tit et,

Shout pangx beb nghangt ngangs ghak nox nuas duax lol baf chongb jaox lol baf ghak gol zhes.

Beb shout pangx et,

Yenx bend ndrous ghak ruas muax bloub lob lik gouf.

要来给婚姻添喜悦，
在盘底下，
挂上一条绸缎链带，
在盘上面，
长有漂亮的四个角。
在盘底下，
挂有箍形链子啊。
盘里的东西是为拜婚姻而来。
在盘上面，
本身带有四个角。

Nchait nil lob pangx lob nbet zhes,

Nchait yenx bend yaos ndongt huangx xangb kob nik,

God aob lens zid menx gongb gus mex aob lens zid yox nik.

盘的由来啊，

是用黄香树来做成。

尊敬的两位媒公和证婚人。

Duangb Pangx Uat Dol Zhit

端盘表达什么主题

Voud daos minx gongb nos:

男方媒公问（唱）：

It...

God aob lenx yox dluab zid duangb pangx it yot nil,

Uat let god zox lol it god daf xot leuf lox leul[105],

Yaos haik gaox mol leuf let nat ek,

God daf boub nyaos let dout ek.

Gaox nghangt gaox lob pangx gus zeuf yenl muax bloub fangb ek,

God nuaf gaox nghangt pangx zhes,

Jat muax zox sheut lex zhox ek,

God yat nos ek gaox,

Gaox dak gaox lob pangx yaos jat muax dout lenx dus lob rongt lik lot ek?

唉……

尊敬的两位端盘先生啊，

我的歌呀倒是唱不断，

想这样来说，

你们唱的我只是知道一点哟。

你们端着的盘生有四角，

端着的盘，

挂有绸缎链带一条呀，

我是想问你们，

盘中托有谁的好话呀？

Uat let god daf boub gaox nghangt gaox lob pangx gus ndrous renl muax bloub fangb ek,

God zox lol nos gaox dak haik gus,

Gaox nghangt pangx yaos jat muax zox sheut lik tit ek,

Gaox nghangt gaox lob pangx gus ngangs nox nuas draod duax zos ek,

Gaox lob pangx gus yaos uat leuf lenx dus lob rongt lik ghak nbet ek?

Zox lol ek gaox dob zhit dout haik leuf god,

Jat god huex shenb leuf god dob zhit rongt ndros gaox haik yot!

我知晓你们手上的盘漂亮有四角，

我依你们话说啊，

手中的盘有链子一根呀，

你们端着盘进来到堂上哟，

盘子借了谁的名义？

你们还没有告诉我，

我不知道怎么才好与你们说哟！

Ncaik daos duangb pangx deb:

女方端盘者答（唱）：

It...

Rongt lol suk let dex lol god haik leuf lit nat yot,

God aob lens zid menx gongb gus mex bloub lens zid zhenf lik!

Uat let mex yat nuaf dout god ghangb pangx zhes,

Zhas yat dik muax zox sheut lik tit ek,

Nchait god lob pangx ngangs ghak nuas duax zos zhed,

Yaos uat dout god naf zid nox ndrangl daof lik ot ged zux ged ghak loul gus mex bloub lens zid lox shik ghak nbet muak.

耶……

好话如我所说哟，

尊敬的两位媒公和四位证婚人！

你们果真要见到我的盘底呀，

系着链子有一根啊，

我端盘子来到堂屋中，

是用来做父母那边婚姻礼俗之名。

Nchait god nghangt pangx zhas yat dik muax zox sheut lik zhox shout pangx zhes,

Zhas yuad nghangt ngangs ghak nuas it duax zos dout,

Yaos muax lol rongt lol zhes,

Yaos dout god ged zux ged ghak loul gus mex bloub lens zid mol nax lot rongt lik lol yok,

God aob lens menx gongb gus mex aob lens zid zhenf lik.

盘中系有绸缎链带一条呀，

端盘来到堂上，

是有好话要说哟，

用来赞美婚姻礼俗之好哟，

尊敬的两位叔伯证婚人。

Voud daos menx gongb nos:

男方媒公问（唱）：

It...

God aob lens yox dluab zid duangb pangx it yof nil!

Uat let mex nghangt mex lob pangx gus ngangs nox nuas draod duax zos lik ghak njuat ek,

Uat let mex kheb njoux ghak lal dak,

Mex lob pangx lol uat dout ged zux ged ghak loul it mol bloub lens zid menx gongb mol nax dangl lob rongt lik nbet ek?

Uat let yenx bend yaos mex ghangb pangx dangf zhenb yaos jat muax zox sheut lik tit ek,

Uat let mex nghangt mex lob pangx gus ngangs nox nuas duax zos et,

Dangf zhenb mex lob pangx yaos uat nyaos dout ged zux ged ghak loul bloub lens zid ruas menx gongb it jat mol nax lot rongt lik lol ek?

Dangf zhenb yaos dout nghangt pangx yenl gus jat muax zox sheut lik zhox ek?

Uat let god aob lens yox dluat zid duangb pangx it yot nil,

Uat let god kheb njoux lak sangd nos gaox mol leuf lik nat yox nil?

咦……

尊敬的两位端盘先生哟！

你们端盘来到堂上，

为何还要开口说，

盘是用来代表四位媒公的好名誉？

盘子还挂有彩带链子，

你们端盘来到堂屋中，

盘子可真代表四位媒公的好言？

盘子当真系上了绸缎链子？

尊敬的两位端盘先生哟，

我想开口问你们为何这样做呢？

Uat let ndaox ndis touk ghak lik nzod,

Nzod lik jenb nat duax touk lik ghak it ek,

Uat let ndox yenl yit shik ghuad ghaib njik ek,

Deb ndros yenl yit shik ghuad ghaib dlob ek,

Uat let lob pangx duax zeuf zhit muax ek,

Pangx tit lol zeuf zhit dout ek?

Uat let lob pangx dak zeuf yenl khaid dus duax ek?

Uat let lob pangx lol zeuf yenl khaid dus lol et?

在远古之时，

久远之际，

天晃荡如稀鸡屎，

地晃荡如黑鸡粪，

盘子都没有呀，

盘箍哪里来啊？

盘子生于何处？

盘子长在哪里？

Gaox boub gaox bof nat gaox yat qenx zhenb haik lik god,

God let huex shenb hlaot ek god let rongt ndros mex haik yox,

God aob lens yox dluab zid duangb pangx it yot nik.

知道了你要真心告诉我，

我才好和你们讲哟，

尊敬的两位端盘先生哟。

Ncaik daos duangb pangx deb:

女方端盘人答（唱）：

It...

Rongt lol suk let dex lol god haik leuf lit nat

yot god aob lens zid menx gongb gus mex bloub lens zid zhenf ghak lik:

Nchait yaos dout ndaox ndis draod touk ghak nzod,

Nzod lik draod dout touk ndex ot zhes,

Nchait ndox draod khuad ghak kheud beb zhangf juax ek,

Deb qeut khuad kheud nax ndos beb zhangf lik drout,

Ndox ndros khuad nongb huangx xangb kob it dob khuad duas dangl ngouk.

Uat let yaos dout dex nongb huangx xangb it nil yat zeuf yenl dout dex bloub ghouk lik ndox?

Nchait yaos dout huangx xangb ndongt nongb huangx xangb ndongt lit zeuf yens dout deb bloub ghouk lik bel?

Uat let yat yaos dout dex gus ngeuf nik mid nongs zhix nongs ghak baos it,

Nil let bof dout nongb huangx xangb ghangb et.

咦……

好话如我所讲哟，我的两位媒公和四位叔伯证婚人：

在远古之时，

久远之际，

天干干来有三丈九，

地旱旱来有三丈六，

黄香科树种已灭绝。

黄香科树种为何生在天四角？

黄香科树种为何长在地四方？

那对鸷鸟和报鸟哟，

才看到黄香科树种生长的地方。

Nyaob dout ngeuf mid nongs zhix nongs ghak baos it bof dout dex nongb huangx xangb leuf ghak qeut et,

Uat let ngeuf nongs zhix nongs ghak baos nil let ndangt nzox ndros zhit ndangt nzas,

Nil yuad ndangt guas nzox nzas it ndros dout dex ghak bloub ghouf ndox,

Nil let muab dout nongb huangx xangb it njeuk ghak ndreud duax lol zhaot ndruab lik ghak zat ek,

Nchait nil lol zhit lol nil zhas yat lol zos ndox nzhis draod dex duab ndangt yangl ghak ged,

Nil nuaf ghak nzhongd dex ndox nzhuab ghak it zhes,

Zhas yat hod ndox zhens duax ghak lik shit et,

Nchait nil lob blangb it lak gus chaib uat chaib,

Nil lox nbangb lak geus nyaob draod zhit muax ghak shad et,

Nil let shot ghak ntreud duax lol draod shout dex deb khaod lik nqaot,

Nil let muab nongb huangx xangb it khuad ghak kheud drout ndlax deb shik lik ndrangl muak.

那对鸷鸟和报鸟哟，

它们见到黄香科树种踪迹，

飞遍天四角，

将黄香科树种啄了装进嗉囊中，

它们又悠扬飞行在半空，

那天空晴空万里，

一碧如洗，

它们肚子饿又饿，

翅膀长途飞翔无力气，

栖息在石崖头，

将那黄香科树种撒在干枯的大地上。

Nchait yaos dout dol mid nongs zhix nongs ghak baos it,

Nil yat ndangt nzox nzas zos ntreud dex bloub ghouk lit bel,

Nil let njeuk ghak ndreud duax lol draod ndruab lik ghak zat ek,

Nil let shot ghak nqaot duax lol zos ndox nzhis dex ndangt yangl ghak gangb,

Nil let shot ndox nzhis draod nuaf dout nik ndox nzhuab hod ghak shit ek.

Lob blangb las ndros chaib uat chaib et,

Nil lox nbangb yenl gus zhit muax ghak shad,

Nil let shot ghak hlaot duax shout dex deb ghouk lix nqaot et,

Nil let muab pluad nongb huangx xangb it zhaot

ghak pluad bof dout ndlax shik lis ghak deb yax.

那鸷鸟和报鸟啊，
振翅高飞飞到地四方，
啄了种子放进嗉囊中，
悠扬飞回到天空，
那天呀蓝天白云万里晴空。
它们肚子饿又饿，
翅膀长途飞行无力气，
才栖息在石崖上，
将黄香树种播在大地上。

Uat let deuf bleul ndox sob houd njis lenl jaox sob chab,

Uat let zos drout yeuf sob nzhongt yeuf sob lit nzhongt zos lit yeuf sob jaix ek yeuf sob ndros yuad lais,

Nchait zos dout yeuf sob ged ghenl zhes,

Nchait dex nongb huangx xangb it ndros dout huangx xangb kob let buas del yox yus buas deut duax zos draod sheud lik drenl ax,

Nil yat yaos dout nongb huangx xangb it deuf bleul.

Dex gus nongs zhix nongs ghak baos zhas yat njeuk ghak ntreud bongb ndlax shik lik ghak deb,

Dlongs tleud nax dlangs zhes nchait zhas yat deuf bleul yeuf sob gus yeuf sob kheb lik khaod nik,

Nongb huangx xangb it ndros dout huangx xangb kob nil let buas del yox yus buas deut lol let duax ndaot lik hlaot nat yox,

God aob lenx zid menx gongb gus mex aob lenx zid zhenf lik yax!

时光交替岁末到年首，
到了春季春雷响祭雷神，
春雷滚滚风雨交加时，
黄香树种才复苏抱手伸脚长出来，
黄香树种才会长出来。
那鸷鸟和报鸟将种子播撒在大地，
春雷滚滚万物挣扎破土出，
黄香树种抱手伸脚长出来哟，
尊敬的两位媒公和两位叔伯证婚人呀！

背景介绍

唱诵者： 杨自能 Leux Yeus（1972— ）、杨自友 Wuk Yeus（1968— ）、杨永洪 Baok Yeus（1961— ），均为文山市平坝镇石洞门村委会黄石洞村人，掌握当地苗族婚丧文化，擅长苗族礼俗古歌。三人均师从该村杨友安 Dinf Shent Yeus（1949—2020）。

杨自能

杨自友

杨永洪

杨友安

唱诵场域： 在新郎一方到新娘家去接亲当晚，新娘一方的“管事爷”，会以歌的方式询问新郎一方的媒公，如“婚俗都没有为什么来，来了是做什么，拿什么东西才能够撬动婚姻之门”等问题。

采集翻译： 罗永洪、熊文国、熊兴坛、王德静、项洪兵。

注释

[1]Lex Lus Trud Nyongs：释义见P9。

[2] Nox Ndrangl Daof Lik Ot（Nox Ndrangl Daof Ot）：那边。

[3] Ged Zux Ged Ghak Loul：祝老的婚姻习俗，指传统习俗。Zux Loul指祝老，苗族族群中较有威望的长辈。

[4] Nol Dix：哥哥，弟弟。

[5] Nol Nbeul：表哥，表弟。

[6] Langx Dob Mit Yout：指主事方两个管事。主事方管事谦称自己为小、为卑。

[7] Nyaob Njuak：一会儿，过一段时间，不久。

[8] Daot Lix Ghak Daos（Daot Daos）：四通八达，或通畅、顺畅。

[9] Daox Drongb Suat：山野，山野之中。

[10] Dloud Bel Ghak Reud：杂乱无章，混乱，如荒野里的草丛杂乱无章，这里形容做事不专业，是一种自谦的说法。

[11] Xaob Mib：不要。

[12] Zof Qif：生气，小气，有意见。

[13] Duax Nzod Zos Lis：早来晚到。

[14] Souk Chongb Jaox Souk Gol：（将）婚姻习俗礼仪从头至尾完成和完美收官。

[15] Nongb Yenb：烟种。

[16] Nzaif Nzhongd：深藏。

[17] Uat Nzhuas Ghak Nchak：指烟草不长叶只长尖儿的样子，暗指劣等烟草。

[18] Zeux Shib Zid Ndrous Ghak Ngas：Zeux Shib意思不明，疑为“匠门、名家、名门”。Zid Ndrous Ghak Ngas指聪明者，睿智者。Ngas指聪明，睿智，聪明伶俐。

[19] Dob Zeux：能工巧匠，手艺高的人，有本事的人，能说会道者。

[20] Zid Ndrous Lex Shuad：古代“刷”族群的帅哥、帅伙子。Shuad古代族群的称谓。

[21] Beb Buak Drout Jouf Lis Dras：三百六十刀（烟或纸），指将烟叶切成三百六十刀。

[22] Hlangd：发芽，抽叶。

[23] Pix Njous：嘴笨。

[24] Kheb Lot：张嘴，开口，出言。

[25] Bual Ghak Hnyangl：心情沉重，心情极坏，极为担心。

[26] Ndluas Ghak Lens：破败不堪。本文指劣质烟草。

[27] Nqot：烟，熏。此指烟草，烟丝，烟叶。

[28] Ruas Ghak Zat：细细的，细长的。

[29] Dred Nblongx Suk Lik Ghak Nghenb：叶细长如芭茅草。Nghenb原指芭茅草，本文中指劣质烟叶（草）。

[30] Dred Nblongx Suk Lik Ghak Tod：叶细长如松茅树叶。Tod指松茅树。本文指劣质烟草。

[31] Ndruab Ghangt：喉咙里，喉管，喉。Ghangt Ndangt指半喉咙，（吸烟）半吸状、半口状、半喉状。即烟的质量差得难过喉咙，指嫌弃。

[32] Nqok Teud：抖落，抖；不停地抖。

[33] Jeud Jeud Yenx Fongf：酒来酒往，迎奉双方酒来酒往。

[34] Ndraos Lik Ghak Nblangs：堂屋中。Nblangs同Dangs，即堂，堂屋。

[35] Zid Tix Jaob：两个媒人的别称。

[36] Juax Jous Juax Pangb Daox：九十九匹坡，指路途遥远。

[37] Yif Jouf Yif Pangb Hangd：八十八个山冲，指路途遥远。

[38] Ndraos Dangs：堂屋中。

[39] Yens Yit：混沌，含混，朦胧。

[40] Ghuad Ghaib Shik Dlob：黑鸡屎。

[41] Nchout Jes：萌发的枝和芽。

[42] Ghuad Ghaib Shik Njik：稀鸡屎，稀鸡粪。

[43] Khuad Ghak Kheud：干枯枯，干焦焦。

[44] Beb Zhangf Juax：三丈九。

[45] Ngis Ghak Ngos：干枯枯，干焦焦。

[46] Beb Zhangf Drout：三丈六。

[47] Khuad Ngis Nguad：干焦焦，同Khuad Ghak Kheud。

[48] Bloub Ghouk Lik Deb：地的四方。

[49] Bloub Ghouk Lik Ndox：天的四角。

[50] Huex Shenb Hlaot：恍然大悟，幡然醒悟。

[51] Nongs Zhix Nongs Ghak Baos：结合音义译为“鸷鸟、报鸟”，指神鸟。

[52] Dangt Ndox Nzas：在天空中飞舞，在空中翱翔。

[53] Zat：嗉囊，禽类的嗉囊。

[54] Ndox Nzhuab Hod Duab Ghak Shit：晴空万里，形容天空干干净净。

[55] Shad：生命，力气，力。

[56] Hout Reb：石峰上。

[57] Hout Nqaod：岩头上，石崖之上。

[58] Njangs：树名，是苗族祭祀中一种常用的树，方言称“刺包树”或“刺脑包树”，也称为“刺椿树”。

[59] Ndox Sob Hout Khoud：指在农历七月、八月和九月苗族家族祭祀时节。此民俗是苗族习俗中一种非常重要的家族祭祀，一般在农历七月和九月的初九日、十九日、二十九日举行，也有在十七日、二十七日举行，多见农历单日进行祭祀，未发现有双日祭祀的。别称有Dot Shob和Shout Khoud。

[60] Njis Lenl：转，循环，循环往复，来回。

[61] Sob Chab：立春后的节令时节，新春，春雷。

[62] Yeuf Sob Xongt：雷神爷的年岁，将雷拟人化。

[63] Ndrongt Nzas：（雷声等）轰鸣而来（过）。

[64] Yeuf Sob Jaix：雷神爷的季节。

[65] Lais：祭祀，祭献。

[66] Ged Ghenl：（雷雨声等）交织着、纠缠着，一阵阵地。

[67] Buas Del Yox Yus：悄悄抱手，指种子无声无息、静静复苏的样子。

[68] Buas Deut Duax Lol Draod Sheud Lix Zhenl：抱腿伸脚长起来，指种子等破土（壳）而出的样子。

[69] Zit Jangx Chongb：祭祀婚俗根源。苗族古歌中将婚姻二者区分得比较清楚，即婚是婚，姻是姻。婚是指女方一边所操持的礼俗程序；姻与之相反，即Zit Jes Gol。

[70] Ndongt Nyaos Houd：戴在头上。用什么标志戴在头上（挂名）才名正言顺，指使用什么才名正言顺，有名分。Box Ghaib（母鸡）和Trud Nyongs（楚妞）神是问题的答案。

[71] Jenf Dout Ndex：（用什么）敬在前。Bangx Yenb（烟草）和Lex Lus（勒鲁）神是问题的答案。

[72] Dlous Ghak Lenl：滑落，掉落，顺利。

[73] Dlaos Lenl：滚落，滑落，顺利。

[74] Ndox Zhens Duax Ghak Ndul：天震动的声音。本文中指“回应”和“提示”，同Ndox Zhens Duax Ghak Nyangs（掷地有声，信誓旦旦）。

[75] Zit Dout Jes Gol：祭祀和供奉姻缘（婚姻的根源）。

[76] Druax Ndos Ndrenl：稳妥，稳稳当当，安安贴贴。

[77] Njex Shik Reb（Njex Reb）：石柱。

[78] Drongx Rangs Drongx Ghak Ruas：婚姻桌椅，婚桌姻椅，夫妻桌椅。

[79] Drongx Chongb：婚桌，与Drongx Gol相对。

[80] Jes Drongx：桌子脚，支撑桌子的木架。

[81] Bloub Dol Ghak Xaob：四个插销。

[82] Shout Zhox：桌上。Zhox（桌）为汉语借词。

[83] Yif Lob Ndif Ghak Kaob：八套碗筷和酒杯。

[84] Ndrel Ghak Yenl：一排排站着，一排排（一堆堆）地站着。

[85] Longx Songb Shuf（Songb Longx Shuf）：汉语借词，结合音义译为“龙松树、松龙树”。

[86] Plis Dout：蜕变成。

[87] Ndod Dout：砍，砍来。

[88] Pangx Dluab：盘的影子。

[89] Ngoux Bab：铸；母铸。苗族传统文化中习惯将物拟人化，常以公母来区别，是阴阳观念的具体体现。

[90] Sangd Leuf Lox Langs：思来想去，三思。

[91] Dik Pluad：接，嫁接，取名。

[92] Yox Dluab Yeuf Zid Guangd Shif：管事爷。与Fux Yens Guangd Shif同，属别称。

[93] Zeux Ndros Blas Ghak Ngas（Zeux Ngas）：聪明，睿智。

[94] Houd Joul：膝盖，膝。

[95] Taid：铸台，铸垫。

[96] Ndris：拳头，拳。

[97] Ghuk：锤。

[98] Ged Shoub Shoub：头头是道，句句在理。

[99] Zid Duangb Pangx：端盘者，即抬盘送餐的人。苗族人重视“端盘”一事，喻指隆重集会，盛大宴会。

[100] Ngangs Nox Nuas：进，进来，走进来（去），爬进来（去）。Nox Nuas指慢慢地，慢悠悠地。

[101] Zox Sheut Lix Tit：箍形链条、链子。“链条”表示有什么议题（要讲）。Tit指箍，带。

[102] Zox Sheut Lix Zhox：绸缎链带。“绸缎带”比喻有重要的话题和内容等（要讲）。Zox指条，带；Zhox指绸，绸缎。Sheut指链，链子，链条。

[103] Baf Lik Ghak Gol：拜婚姻。

[104] Ndongt Huangx Xangb：黄香树。

[105] Xot Leuf Lox Leul：唱个不停，说个不止，连续不断地唱或说。

管事溯源歌

Jaox Nyangb Ghuat Ncaik Guangd Shif Lol

Zid Guangd Shif Hot Ngoux Nos:
管事问（唱）：

Ek dex nat haik let nad mak,

Ged zux ged loul[1] bloub lenx zid menx gongb zid zhenf ghak lik.

Uat let jangl uat haik longt hnob nat leuf ghak touk it,

Jangx chongb[2] nzas[3] lik ndrens duax ndruab jangs,

Mex keuk nax zhangd leuf dlangb zhit sheud lol zhuf jangx chongb ek jangx chongb let ndangb?

Uat let jangl jes lik gol[4] nzas ndrenl draod duax ndruab got[5],

Mex keuk zhangd leuf dlangb zhit sheud lol zhuf dout jangx chongb jes lik gol let ndrel nat yos?

Ged zux ged loul bloub lenx zid menx gongb zhenf ghak lik.

现在我要这样问啊，
四位媒公和证婚人。
在远古时候，
婚根深扎在根须间，
你们用何物来敬奉才浮现？
姻源缠绕在根蒂处，
你们拿何物敬奉它才立起来？
四位媒公和证婚人。

Zid Menx Gongb Deb:
媒人答（唱）：

Uat let dex nat haik let nad mak,

Ngeuf fux yens[6] ndangt chongb[7],

Ngeuf zid draod duax ndangt ghak khuat yos!

Uat let jangl gaox dak hnob nax leuf ghak touk,

Jangx chongb nzas ghak ndrenl duax ndruab jangs,

Beb keuk nax zhangd dlangb zhit sheud lol zhux jangx chongb ek,

Jangx chongb let ndangb?

现在我这样回答，
两位主婚管事，
来承担待客之事哟！
在远古时候，
婚根深扎在根须间，
我们用何物来敬奉，
它才显现出来？

Uat let jangl gaox dak hnob nat leuf ghak touk,

Jes lik gol nzas ndrenl draod duax ndruab got.

Beb keuk zhangd leuf dlangb zhit sheud lol zhuf jes lik gol let ndrel?

Dex nat haik let nad max,

Ngeuf fux yens ndangt chongb ek ngeuf zid draod duax ndangt ghak khuat ex,

Uat let hnob nat leuf ghak touk ek,

Jangx chongb nzas lik ndrens ek duax ndruab jangs.

在远古时候，
姻源缠绕在根蒂处。
我们拿何物来敬奉它才立起来？
现在我这样回答，
两位主婚管事和待客者哟，
在远古时候，
婚根深扎在根须间。

Beb keuk ngouk dout gangb bangx yenb ek bangt jeud dlex zal ral[8] sheud lol zhuf jangx chongb,

Jangx chongb let ndaot.

Jes lik gol yuad nzas ndrens duax ndruab got,

Beb keuk dout gangb yenb bangt jeud dlex zal ral zhuf dout jangx chongb jes lix gol let ndrel nat yos!

Ngeuf fux yens ndangt chongb ngeuf zid draod duax ndangt ghak khuat yos!

我们用烟酒来敬奉，

它才长出来。

姻源缠绕在根蒂处，

我们用烟酒水来敬奉它才立起来哟！

四位主婚管事和待客者哟！

Zid Guand Shif Nos:

管事问（唱）：

Uat let dex nat haik let nat max,

Ged zux ged loul bloub lenx zid menx gongb,

Uat let jangl gaox dak jangx chongb nzas ndrens duax ndruab jangs,

Mex keuk gaox bangx yenb bangt dlex zal ral zhuf jangx chongb ek,

Jangx chongb let ndangb.

现在我来问，

四位媒公和证婚人，

你们说婚根缠绕在根须，

是用烟酒来敬奉，

它才浮出来。

Uat let jangl cuat nax ek cuat hnob jangx chongb but ndrof nkaot naf zid lob ndruab blangs,

Mex keuk nax zhangd leuf dlangb zhit ek sheud lol duad jangx chongb leuf let got nbangb,

Jangx chongb let ndros mex faid gangb[9]?

Jes lik gol but ndof nzas[10] naf zid qangd ek jaox leuf ghak zhed,

Mex keuk zhangd leuf dlangb zhit sheud lol duad dout jes lik gol got del,

Jes lik gol let sheud zhenl ndros mex faid ged[11] yos?

往年往日婚姻沉睡在父母的正堂，

你们用何物来行婚姻之礼，

婚姻之道才通畅？

往年往日姻缘沉睡在父母的房里，

你们是拿何物来行姻缘之仪，

你们的路才通畅哟？

Zid Menx Gongb Deb:

媒人答（唱）：

Uat let dex nad haik let nat,

Aob lenx zid fux yens ndangt chongb ngeuf zid gus ndangt ghak khuat,

Uat let jangl cuat nax ek cuat hnob,

Jangx chongb but ndof nzas naf zid dex lob ek ndraos ghak blangs,

Beb keuk ngouk dout dol nongb ghaib ek duad jangx chongb got nbangb[12],

Jangx chongb let ndros beb faid gangb.

Jes lix gol but ndof nzas naf zid qangd jaox leuf ghak zhed,

Beb keuk ngouk dout nongb ghaib duad jes lix gol got jed[13],

Jes lix gol let ndros beb faid ged yos!

现在我这样回答，

四位主婚管事和待客者，

婚根沉睡在父母正堂，

我们用种鸡来扶它手臂，

我们的道它来开辟。

姻源沉睡在父母的房里，

我们拿种鸡来拉它手腕，

我们的路才通畅哟！

Zid Guangd Shif:

管事唱：

Uat let dex nat haik let nad,

Ged zux ged loul bloub lenx zid ek,

Uat let jangl gaox dak jangx chongb but ndrof nzas naf zid qangd jaox leuf ghak blangs,

Mex keuk ngouk dout dol nongb ghaib duad

jangx chongb got nbangb,

Jangx chongb let ndros mex faid gangb.

Jes lik gol but ndof nzas naf zid qangd jaox leuf zhed,

Mex keuk ngouk dout nongb ghaib duad jes lix gol got del,

Jes lix gol let ndros mex faid ged zhes!

现在我这样问，

四位媒公和证婚人，

你们说婚姻沉睡在父母的正堂，

是用种鸡来行婚姻之礼，

用种鸡来开辟婚姻之道。

你们说姻缘沉睡在父母的房里，

是拿种鸡来行姻缘之俗，

姻缘之路才畅通哟！

Uat let jangl cuat nax ek leuf dex cuat hnob,

Hait longt[14] nongb ghaib[15] zhos yaos yuad jaox dob xik gid[16] naos ghak laos[17] ek lob rongd nox shab dlaod leuf god juab yos!

Uat let jangl hnob nat nongb ghaib cof hangx dus cof zhangd dus,

Nil zhuak yaos yad lol njongt[18] ngouk god yeuf zux yeuf loul bloub lenx zid lob njoux qongt[19] juas?

Uat let jangl haik dout cuat nax ek leuf dex cuat hnob,

Uat let nongb ghaib jaox dob xik gid naos ghak laos rongd nox shab ek,

Rongd nox leuf ghak shab dlaod leud bof gouf juax jes yos.

Hnob nat nongb ghaib cof hangx dus cof zhangd dus,

Nil zhuak yaos yad mol njongt ngouk god yeuf zux yeuf loul bloub lenx zid menx gongb leuf lol njoux qongt ndit yos?

往年往日，

种鸡在深山老林家里领着一群儿女在林间寻食相依为命哟！

种鸡今日有何过，

要躺在四位媒公的簸箕里来赎罪？

往年往日，

种鸡在深山老林家中，

领着成群儿女热闹在十九岔冲哟。

种鸡今日有何错，

要躺在四位媒公的簸箕里把头低哟？

Zid Menx Gongb:

媒人（唱）：

Uat let dex nad haik let nad,

Ngeuf fux yens ndangt chongb ngeuf zid draod duax ndangt ghak khuat yos,

Uat let jangl haik longt nongb ghaib nil zhit cof hangx dus zhit cof zhangd dus,

Uat let jangl suk longt nax Mangb leuf dex Shuad yos?

Uat let jangl nil muax lax ek muax deb[20],

Nil yix yenl dux doul shub yix keud[21] ek dux doul shub yix yenb[22] shix zif yos.

Nil sheud lol zuak chongb zuak dex gol zhek ex,

Nil zhuak yad keuk ngouk dout bend ndeud[23] wenx shub draod lol leud suk dout beb dol dob Hmongb nenx zhangd rex raos nad jek.

现在我这样回答，

四位主婚管事和待客者，

今日啊种鸡未犯何种错误，

为何像对外人一般哟？

它有田又有地，

能读《易口》和《易音》来能识字。

用它来续婚姻根源，

拾起书本来承接苗家礼俗。

Uat let jangl hnob nax leuf ghak touk,

Zhit muax lax ek zhit muax deb jek,

Nyaob Shuad ndos lax zhuak yaos yad but Shuad ndos ghak deb[24].

Jat beb yif keud dux zhit doul[25],

Shub yix yenb lal but shix zif,

Beb yuad sheud lol zuak chongb zuak dex gol zhek,

Beb keuk zhit doul bend ndeud wenf shub let draod lol leud[26] yos,

Beb zhuak yaos yuad nuaf dout dex jib jof[27],

Zhos yaos yad duef dex jib keud[28] yos.

在远古时候，

我们没田又没地，

栖息在别人田边地角。

《易口》书读不起，

《易音》字不能识，

来接续婚姻礼俗，

没有书本来学习，

只能看鸡脚来对鸡卦，

只能看鸡舌来当卦寻哟。

Uat let jangl suk lout nax Mangb leuf dex Shuad yos,

Uat let jangl ek nil muax lax ek muax deb dik tongb nat yix keud dux doul ek shub yix yenb draod shix zif,

Nil mex yuad sheud lol zuak chongb zuak dex gol nad,

Nil yuad keuk dout bend ndeud wenf shub let draod lol nuaf it yos!

Suk dout beb dol dob Hmongb it nenx zhangt rex raos nat zhek,

Beb zhit muax lax ek zhit muax deb,

Uat let jangl beb yuad nyaob Shuad ndos lax ek but Shuad ghak ndos ghak deb.

Beb yif keud dux zhit doul,

Shub yix yenb lal but shix zif.

Beb sheud lol uat chongb ek uat dex gol zhek,

Beb keuk zhit dout bend ndeud wenx shub draod lol nuaf ek,

Beb zhuak yaos nuaf jib jof lol et duef dex jib guaf ndeud[29] yos,

Ngeuf fux yens ndangt chongb ngeuf zid draod duax ndangt ghak khuat yos!

其他人啊，

能读《易口》书和《易音》书来能识字，

他们延续婚姻礼俗，

拿起书本来就念呀！

我们苗族人啊，

没有田也没有地，

居住在田头和地脚。

鸡卦

《易口》书读不起，

《易音》字不能识。

延续婚姻礼俗时，

没有书本来照念，

只看鸡脚来对鸡卦，

两位主婚和两位待客父辈哟！

Zid Guangd Shif :

管事唱：

Uat let jangl dex nad haik let nad,

Ngeuf ged zux ged loul bloub lenx zid menx gongb:

Angd nit jangl hnob nat leuf ghak touk,

Ndox ek nil yad khuad ngis nguad xangt xongt jek,

Let tlout khuad ngis gol[30] xangt nax ek.

Uat let jangl hnob nat leuf ghak touk,

Uat let jangl Huangx Hox lol sheud chaox tinb[31] ek,

Shued hox lol ek sheud chaox ndox[32] yos?

Uat let jangl renx yenb[33] lak rab duas dangl[34],

Nongb ghaib lal yenb duas dangs.

Nongb ghaib zhes zhit dout jat,

Ghaib nongb ok[35] zhes zhit dout zhek.

现在我要这样说，

四位媒公和证婚人：

在远古时候，

天干枯七年，
地干枯七载。
在远古时候，
为何黄河来滔天，
水河来漫地？
人烟已灭绝，
种鸡被淹绝。
鸡种留不下，
鸭种也没有。

Nongb ghaib ek nil zeuf haid dus duax ek ghaib nongb ok zeuf haid dus lol?

Ek mex yad keuk dol nongb ghaib lol duad jangx chongb got nbangb,

Jangx chongb let ndros mex faid gangb;

Let keuk dout ghaib nongb ok lol duad jes lik gol jed,

Jes lik gol ndros mex faid ged yos,

Ged zux ged loul bloub lenx zid menx gongb ib zhenf ghak lik![36]

鸡是从哪里来？鸭又是何处生？
你们才能用种鸡来行婚姻之礼，
用种鸡来行婚姻之俗；
你们才能拿种鸭来行姻缘之仪，
让姻缘之路畅通啊，
四位媒公爷和证婚人！

背景介绍

唱诵者：熊开德 Zax Zhangk Hmaob（1954—），男，文山市薄竹镇老屋基村委会烂泥洞村人，掌握当地苗族婚丧文化，擅长苗族古歌。

熊开德

唱诵场域：在新郎一方到新娘家去接亲当晚，新娘一方的“管事爷”，会以歌的方式询问新郎一方的媒公，如“婚俗都没有为什么来，来了是做什么，拿什么东西才能够撬动婚姻之门”等问题。

采集翻译：罗永洪、黄英、侯文涛、熊文国、侯万萍。

注释

[1] Ged Zux Ged Loul：传统习俗，古规。

[2] Jangx Chongb：婚根，婚源，婚由。苗族认为“婚为干为根，姻为枝为旁”。

[3] Nzas：扎根，编织，交叉缠绕，在此，指“扎根”。

[4] Jes Lik Gol：姻源，姻由，姻枝。

[5] Ndruab Got：把，根蒂。

[6] Fux Yens：婚俗中的管事。

[7] Ndangt Chongb：承办婚姻。

[8] Ral：缚，束缚，拴。

[9] Faid Gangb：开道，开路，引路。

[10] But Ndof Nzas：睡得很沉，沉睡。

[11] Faid Ged：引路。

[12] Jangx Chongb Got Nbangb：婚源之手。

[13] Jes Lix Gol Got Jed：姻缘之把，姻缘之躯，姻缘的本源。

[14] Hait Longt：拖着。

[15] Nongb Ghaib：种鸡。

[16] Jaox Dob Xik Gid：扶老携幼。

[17] Naos Ghak Laos：不断地吃，不停地吃。

[18] Njongt：枕，靠。

[19] Njoux Qongt：簸箕口，簸箕里。

[20] Muax Lax Muax Deb：有田有地。

[21] Shub Yix Keud：易口书。半音译为“《易口》书或《艺口》书”。

[22] Shub Yix Yenb：易音书。半音译为“《易音》书或《艺音》书”。具体意义待考。前者暂难考究，后者联系下文的鸡卦占卜方式，疑“Shub Yix Yenb”为《易经》书。

[23] Bend Ndeud：书本。

[24] Ndos Ghak Deb（Ndos Deb）：田边地角，地的边沿。

[25] Dux Zhit Doul：读不起书。

[26] Leud：追随，追根溯源，研究。

[27] Jib Jof：鸡脚。文中指鸡大腿骨。苗族以鸡大腿骨上之自然生成的骨眼倾斜程度看卦象占卜吉凶。

[28]Jib Keud：鸡口，文中指鸡口中的舌根、喙和下巴。苗族以鸡舌和下巴、头骨等部位之对称、弯度和骨质光滑程度等自然变化看卦象占卜吉凶。

[29] Nuaf Jib Jof Lol Et Duef Dex Jib Guaf Ndeud：看鸡脚来对鸡卦书。Duef指对，兑；Jib Guaf Ndeud指鸡卦书。

[30] Khuad Ngis Gol：干枯枯，干焦焦。

[31] Huangx Hox Lol Sheud Chaox Tinb：黄河水滔天。

[32] Shued Hox Lol Ek Sheud Chaox Ndox：水河漫朝天。Huangx Hox Chaox Tinb，Shued Hox Chaox Ndox：两句同义，即“黄河滔天”和“水河滔天”。此中的“黄河”和“水河”与洪水滔天故事中的“洪水”紧密关联，也与人烟灭绝兄妹制人烟故事紧密联系。至此，此歌为“兄妹制人烟”故事追根溯源埋下了伏笔。

[33] Renx Yenb：人烟，人类。

[34] Rab Duas Dangl：晒死完，灭绝。

[35] Nongb Ok：鸭种。

[36] 本篇唱诵者还留有“鸡如何来”“婚根姻源缘起”等部分未进行唱诵。到此收尾，是艺人的唱诵惯例，一是中庸，二是留“家底”，故不全部唱完，是有意而为之。此歌内容虽残缺，但新颖别致，其中所唱识字书《易口》和《易音》疑为《易经》，是一大特色亮点和解读难点。这首古歌内容中可拓展研究的视角较多，可作为研究苗族婚俗来源、族际交往交流和文字记录等方面的素材。

婚姻祭祖祭神歌
Chongb Gol Zit Dlangb

祭神灵歌
Ndouk Dlangb Shenb

Ndox Deb Zeuf Muax
天地生成

Des yak hat nenx zhok,

Huat hait mol dex shik yat lik haid,

Huat haid mol dex shit yat lik hait.[1]

Uat let jangl jangd dak[2] let dout lob ndox lol yangx yus[3] xangf buab ghuad ghaib lik xib,

Deb qeut xib yox yens suk buab ghuad ghaib lik dlob[4]?

Uat jangl lob ndox lol zeuf zhit nyaos muax,

Lob deb zeuf zhit nyaos dout.

嘚呀哈呢咋，

哗嗨么嘚嘶呀哩嗨，

哗嗨么嘚嘶呀哩嗨。

老天为何熔化像稀鸡屎，

大地为何熔化像黑鸡粪？

天也没有生成，

地也没有形成。

Yaos dout lenx dol dus nyaob zhouk lik ndox zhangd dol dus yad zhouk lik deb?

Uat jangl yaos dout Laok Jenb Wangx[5] lol zhouk lik ndox,

Wangx Muk lik Nyangx[6] zhouk lik deb.

Uat jangl jangd dak Laok Jenb Wangx lol muab dout dex jaod hmod[7] jaox lol buat dangl dex jaod lik angd[8],

Uat jangl lob ndox nyaob lob ndox let shab,

Dex deb qeut nyaob dex deb qeut let nik dlangd.

Uat jangl jangd dak Wangx Muk Lik Nyangx muab lik dout dex jaod angd jaox lol buat dangl dex jaod lik hmod,

Uat let jangl dex ndox nyaob ndox lik shab,

Dex deb nyaob dex deb let ndos[9] ek.

谁在天地黑暗混沌中？

是老金王在漆黑天空中，

王母娘在漆黑的大地之上。

老金王拿钎子把大地摆满，

老天才在得高又高，

大地才变得宽又宽。

王母娘拿起泥土把钎子来覆盖，

老天才在得高又高，

大地才变得宽又宽。

Muab Ndox Kangd Deb
拿天来盖地

Ndox Kangd Zhit Dout Deb
天盖不下地

Des yak hat nenx zhok,

Huat hait mol dex shik yat lik hait,

Huat haid mol dex shit yat lik hait.

Uat let jangl uat jangl lik dout jangd dak lob ndox lol zeuf nyaos lik muax,

Lob deb zeuf nyaos lik dout,

Uat jangl let dak jangd dak muab dout lob ndox lol kangd deb[10] kangd zhit nyaos tlout?

喺呀哈呢咋，
哗嗨么喺嘶呀哩嗨，
哗嗨么喺嘶呀哩嗨。
为何有天来生成，
大地来形成，
拿天来盖地为何盖不完？

Ndok Deb Draod Kangd Ndox

织地再盖天

Uat jangl jangd dak let dout Wangx Muk lik Nyangx nil yad haik lik dout ek:

Ndox yos,

Laok Jenb Wangx ek,

Gaox yad ndok nax beb nghaol ndangx[11]!

Uat jangl lob deb nyaob deb let dlangd,

Wangx Muk lik Nyangx ndok nax beb lik ngeuk[12],

Lob ndox nyaob lob ndox draod et,

Muab dangl ndox kangd deb kangd zhit nyaos dluad[13]?

王母娘问道：
天哪，
老金王呀，
你打造三把长刀啊！
传说地啊地宽广，
王母娘织了三个结，
那天依旧原封不动，
拿天来盖地还是盖不完？

Uat let jangl jangd dak Laok Jenb Wangx lol let haik lik dak:

Ndox des,

Wangx Muk lik Nyangx ek!

Uat jangl muab ndox lol kangd deb kangd zhit nyaos tlout?

老金王来说道：
天哪，
王母娘呀！
拿天来盖地为何盖不过？

Wangx Muk lik Nyangx let haik lik dak:

God keuk ngouk sod nyax ris sod lik gongb[14],

Gaox yad muab nblax deb[15] draod ndros jeuk jangb[16],

Uat jangl jangd dak muab ndox lol kangd deb kangd nyaos dangl et,

Nblax deb let chenx dangl khaod dlex ndros khaod jangd.

God muab dangl sod nyax ndros gongb lik gob ek,

Muab dout nblax deb draod jeuk lol zos,

Nchait nif muab dout lob ndox lol kangd deb nik kangd nyaos dangl.

王母娘才回答道：
我拿银线穿金针，
你将大地捆绑着拉，
天来盖地才盖得下，
大地才形成无数河流和山川。
我拿银线配金针，
让大地起褶皱，
天来盖地才盖得完。

Zhif Renx Yenb

繁衍人烟

Dlex Dlangs Sheud Njet Ndox

黄河滔天

Des yak hat nenx zhok,

Huat hait mol dex shik yat lik hait,

Huat haid mol dex shit yat lik hait.

Uat let jangl jangd dak lik dout yaos dout lenx dob dix[17] lol haik lol ndout[18],

Yaos dout lenx dix raox ndrual lik hlout[19].

Jangd dak yaos dout lenx dob gud lol haik lol njangx[20];

Lenx dob gud raox ndrual lik ndangb.

Uat let jangl jangd dak lik dout ek gud lik gud dix let dongf ndraod dlik dlox dleul[21] xangt nax jaox xangt lik hmaot,

Nif dlik dlox dleus yeuf zid Nzux Nyongs ghangb taid lik nbuat[22];

Uat jangl gud lik gud dix let dongf nif dlik dlox dleul xangt hmaot jaox xangt lik hnob ek,

Dlik dlox dleul yeuf zid Nzux Nyongs ghangb taid lik nyox[23].

嘚呀哈呢咋，

哔嗨么嘚嘶呀哩嗨，

哔嗨么嘚嘶呀哩嗨。

兄长他话最多，

制成铁鼓会沉没；

幼弟他话最直，

制成浮鼓会漂浮。

浮鼓漂荡七天又七夜，

撞到祝牛的猪圈旁；

浮鼓漂荡七夜又七天，

撞到祝牛的牛棚边。

Uat jangl yeuf zid Nzux Nyongs let haik lik dak ek:

Ndox des,

Lenx langs[24] lenx dob xaod cax it!

Gaox sheud haik nzhongs dak ak,

Yol nuaf kheb buas drongx ndos duab yus[25] shaib ndax deb wef dout nax dos zhangd dlangb zhit ex?

Lenx langs lenx dob xaod cax[26] it zhas nif ghak nzhongt[27] dak,

Yol nuaf kheb buas drongx ndos[28] duab yus shaib,

Yaos dout ndax deb dex Huangx Hox[29] lol chaox shik lik ndox,

Huangx shued[30] maof jend lik jend.

祝牛才说道：

天哪，

兰陵神之子小查啊！

你打开天门悄悄看，

人间为何会有响声？

兰陵神之子小查嘀咕着，

打开天门悄悄看，

原来人间黄河来滔天，

黄水已漫天。

Uat let jangl lenx langs lenx dob Xaod Cax it,

Zhas let zeux shent zhuangd gox gas[31] gud ngouk nghangx dongx hmod lik hlout[32] ngous[33] nguad bongb ndax deb,

Dol Dlex Dlangs nif nghes[34] yox yenl dex ghangb ghak lik reb[35];

Lenx langs lenx dob Xaod Cax it,

Gud ngouk nghangx dongx hmod lik hlout ngous nguad bongb ndax ndrangl,

Dol Dlex Dlangs nif nghes yox yenl jex ghangb bangl lik rangx[36].

Uat jangl let dout ex gud lik gud dix lik dout nif lol zaf guef shangb deuf shik lik Shangb[37],

Uat let jangl gud lik gud dix let dout nchait lik buax shif yif buat[38] lik dout bangl dad[39] bux chux laix lik kangf.

兰陵神之子小查耶，

立刻扛起铁钎猛戳世间，

黄河水位慢慢下降至石头脚；

兰陵神之子小查耶，

立刻扛来铜杆铁钎猛戳大地，

黄河水位慢慢回落至龙潭底。

兄弟俩才有贵山来栖居生存，

才有八百八十个积水湖来观赏。

Renx Yenb Duas Dot Nongb

人烟灭绝

Uat jangl nuaf dout et dex reb nbuat chaot yaos chaot lik zhuas[40],

Dex drongb hnangd chaot yaos chaot lik angd.

Uat let jangl ex Fux Gob[41] nif njis dangl

ghangb ndos tlout houd lik ndox,

Uat let jangl renx genb zeuf zhit nyaos muax,

Genb renx zeux zhit nyaos dout?

石头披的是杂草衣，

大山穿的是泥土服。

伏哥从天涯走到海角，

人烟也没有，

人种也全无？

Uat jangl Fux Gob nif draod lol zos nif haik lik dak:

Ndos des,

Fux Mef[42] ek,

Uat let jangl ex ndax deb renx genb[43] zeuf zhit nyaos muax,

Genb renx zeuf zhit nyaos dout,

Jangl beb aob lenx muas lik nol[44] yad sheud lol zhif renx genb[45]!

伏哥回来说道：

天哪，

我的伏妹啊，

世上人烟也没有，

人种也全无，

我们兄妹俩要去制人烟啊！

Fux Mef nif haik lik dak:

Ndox des,

Fux Gob yox,

Gaox zhenb yaos dol wux liangx xenb[46],

Beb aob dos cenb muas nol[47] uat jangl yad sheud lol zhif renx genb?

伏妹回答道：

天哪，

我的伏哥，

你真是无羞之人，

亲兄妹怎么来繁衍人烟？

Uat jangd Fux Gob nif dak:

God njis ghangb ndos dluat houd lik ndox,

Jat dak renx genb zeuf zhit nyaos muax,

Gent renx zeuf zhit nyaos dout.

Beb zhenf zhit sheud lol zhif renx genb?

伏哥又说：

我走遍天下各角落，

人烟都没有，

人种也全无。

我们难道不来繁衍人烟？

Dlaod Reb

滚石磨

Uat jangl Fux Mef nif haik lik dak:

Ndox des,

Fux Gob et,

Beb yad zhif renx genb,

Beb yad put shangb laif lol gund lik mof.

Uat jangl dex mof xenb hof mof lik xenb,

Beb aob dos gab gox gas hof sheud lol zhif renx genb!

Uat jangl Fux Gob nax qik ib shangb lik mof et,

Fux Mef nax qik ib shangf lik mof,

Gex shangb laif lol gund lik mof.

Uat let jangl ek dex mof ndlaos lox langl ndrangl drongb lik nghenb,

Uat jangl mof xenb hof mof yenk!

伏妹又回答道：

天哪，

我的伏哥啊，

若是真要造人烟，

要从山头滚石磨。

若是石磨心对心，

我们才能来繁衍人烟！

伏哥拿起一扇石磨，

伏妹拿起一扇石磨，

隔山坡来滚石磨。

磨盘往山谷滚向茅草坪，

滚到山谷正好磨心对磨心！

Uat jangl Fux Gob nif haik lik dak:

Ndox des et,

Fux Mef yot,

Beb aob muas nol zhenb das yad sheud lol zhif renx genb!

伏哥说道：

天哪，

我的伏妹，

我兄妹俩真的要繁衍人烟啊！

Laif Gongb Sod

丢线穿针

Uat let jangl Fux Mef nif haik lik dak:

Ndox des,

Fux Gob et,

Gaox zhenb yaos dos wux liangx xenb yad zhif renx genb.

Beb yad gus hot laix lol chongb lik zhenb.

Uat jangl et Fux Gob nax qik zhenb lik yenk ex,

Fux Mef nax qik zhenb lik xenf.

Uat jangl gus hot lol dex xenf lous lik lenl,

Jeuf ngangs dex zhenb et lit yenk.

伏妹也回答道：

天哪，

伏哥你真是无良心，

竟要和我来繁衍人烟。

隔河丢针线线穿针婚姻才为真。

伏哥拿起针眼头，

伏妹也拿线一边。

针线隔河顺势就飞来，

穿入针眼在一起。

Taox Juab Lik Juab

姓氏源起

Uat jangl zos zix gat,

Jangd dak Fux Gob jeuf yaof dex Fux Mef dex yaob lik jenb[48].

Fux Gob deuf drongx[49] mol nax aob beb xongt,

Fux Gob draod lol zos ek,

Fux Mef huax dout ib gof wax wat[50].

Uat jangl bux xangf wax wat,

Uat jangl wux deut lol wux lik zuek;

Bux xangf renx dak,

Xangf gof yaob jenb xangf gof guet.

自从那时起，

伏哥得到伏妹的腰巾。

伏哥出门两三年，

匆匆忙忙回到家，

伏妹产下一个娃。

为何生下不像娃，

没有脚来没有嘴；

不像一个正常人，

像个妖精又像鬼。

Uat jangl Fux Gob nif buax chux yix buak lik daot,

Bak tab pok nax ib qix buax shik lik kuaik,

Uat jangl menx zhaot shangf qik laix jat yeuk qix buax shix lik zhait.

Yix daot pok zof qix buax shix yat,

Menx zhaot shangf qik laix jat yad qix buax shix lik jat.

Nax ib kuaik guaf zaif taox zik shuf,

Nax yix kuaik zaif lik zik shuf.

Uat jangl ndaox ndes qik zud yaos dout et Taox juab tab Lik juab shob nyaob ndax deb duab nens nat sob qid zud des nat!

伏哥腰间拔出一把刀，

将他劈成七八十块，

第二天便有七八十寨。

一刀劈作七八十丫，

明天便有七八十家。

一块挂在桃树上，

一块抛在李树脚。

这才是陶家李家最先有祖先的传说啊！

Nyenx Genb Buax Zif
年庚八字

Jax Juab Ndres Yif
成家立业

Des yak hat nenx zhok,
Huat hait mol dex shik yat lik hait,
Huat haid mol dex shit yat lik hait.
Uat let jangl jangd let dak et ndaox des touk lik nzod,
Yaos dout lenx dus muax dangl juax nblongx rongt lik shab[51]?
Zhangd dol dus muax dangl yif nblongx rongt lik bleud[52] ex?
Yaos dout et Box Ndos Shik Shuat[53] muax dangl juax nblongx rongt lik shab,
Yeus Ndox Shik Shuat[54] ek muax dangl yif nblongx rongt lik bleud ex.
嘚呀哈呢咋，
哗嗨么嘚嘶呀哩嗨，
哗嗨么嘚嘶呀哩嗨。
话说在远古，
是谁最善良？
是谁心最好？
女神诗沙最善良，
男神诗沙心最好。

Uat jangl muax dangl juax lenx lik dob[55] ex!
Uat jangl lenx dob hlob ib hlob dad jed[56],
Lenx dob hlob it yad yuad shet[57] ek;
Lenx dob aob it hlob dad lik jangs[58],
Lenx dob aob it yad yuad lik nyangb ek.
Nyenx genb buax zif[59] zeuf zhit nyaos muax,
Genb nyenx buax zif zeuf zhit nyaos dout.
他们有九个儿子啊！
大儿子已成人，
便要娶妻来成家；
二儿子也长大，
二儿子要想有妻室啊。
年庚八字没生成，
庚年八字未形成。

Uat jangl Box Ndos Shik Shuat nif haik lik dak:
Ndox des,
Gaox zid et,
Jat gis[60] sangb ndos draod bof lik gangb ex,
Ged ndos sangb ndos draod bof lik ged,
Gaox yad mol muab nyenx genb buax zif draod ndrangl cangx[61] das.
女神诗沙说道：
天哪，
孩子他爸，
待到明早黎明时，
黎明过后天来亮，
去那墙角把年庚八字拿回来。

Uat jangl jat gis sangb ndos nyox nyangs[62] draod bof lik gangb ek,
Ged ndos sangb ndos bof lik ged ek.
Yeus Ndox Shik Shuat ek yad mol muab genb nyenx buax zif draod ndrangl ged,
Mol zos ndox nzhis dex yangd lik gangb,
Ndox nzhuab dex yangd lik ged.
Nax dol zhangd zhit nzhib,
Nzhib dout lenx langs lenx dob Shuad.
黎明过后来天明，
黎明过后来天亮。
男神诗沙上路寻找年庚八字，
踏上遥远的路途，
再过万里晴空大道。
什么也没遇到，
只见一个小伙子。

Ntrad Nyenx Genb Buax Zif

寻年庚八字

Lenx langs lenx dob Shuad lik dak et:

Ndox yot,

Yeuf Ndos Shik Shuat,

Gaox yad mol uat nax dol zhangd dlangb zhit?

小伙见状则问道：

天哪，

男神诗沙呀，

你要去干什么？

Yeus Ndox Shik Shuat let haik lik dak:

God muax dangl juax nblongx rongd lik shab,

Yif nblongx rongt lik bleud et,

Muax dangl juax lenx lik dob.

Lenx dob hlob it hlob dad jed,

Lenx dob hlob it ndros yuad shed et;

Lenx dob aob it hlob dad lik jangs,

Lenx dob aob it sheud zhenl lol yuad lik nyangb ek.

男神诗沙回答道：

我心地最善良，

我良心是最好，

我有九个儿子。

大儿子已长大，

大儿子要成家；

二儿子已长成，

二儿子要娶妻。

Nyenx genb buax zif zeuf zhit lik muax,

Genb nyenx buax zif zeuf zhit nyaos dout,

God yad mol muab nyenx genb buax zif draod ndrangl cangx dak.

可年庚八字未生成，

庚年八字也没有，

我去墙角把年庚八字找回来。

Uat jangl jat lenx langs lenx dob Shuad Hox Langs[63] nif haik lik dak:

Ndox yot,

Yeus Ndox Shik Shuat,

Gaox draod raox mol ndros dout Box Ndos Shik Shuat nzuad del[64] shik yat let but,

Nzuad deut[65] shik yat lik ndlob,

Njot nzhongd[66] ngouk duax ndeuf nbongt lik zangx[67],

But zos ndox nzhis dex yangd lik hmaot,

Nyenx genb buax zif jeuf hot lex leul draod mex ndruab ndraos lik blangs[68].

Gaox draod raox mol nzuad del shik yad lik ndlob,

Nzuad deud shik yat lik but,

Njot nzhongd duax ngouk ndeuf nbongt lik led[69],

But zos ndox nzhis dex yangd lik hmaot ek,

Nyenx genb buax zif jeuf hot lex leus duax mex ndruab ndraos zhed.

河兰小伙就说道：

天哪，

男神诗沙呀，

赶紧回去帮女神诗沙洗手来睡觉，

洗脚来就寝，

记住睡床边，

睡到半夜三更，

年庚八字就在那正厅来呻吟。

赶紧回去帮女神诗沙洗手来就寝，

洗脚来睡觉，

记住睡席沿，

睡到三更半夜，

年庚八字就在屋中来叫唤。

Nyenx Genb Buax Zif Deuf

年庚八字现身

Uat jangl Yeus Ndox Shik Shuat let draod raox lol ek,

Box Ndos Shik Shuat nif haik lik dak et:

Ndox des,

Yeus Ndox Shik Shuat,

Gaox yat mol muab ex nyenx genb buax zif draod ndrangl cangx das,

Genb nyenx buax zif draod ndrangl ged.

Gab jaox lol lik zos?

男神诗沙赶紧返家中，

女神诗沙见到便说：

天哪，

男神诗沙呀，

你去墙角把年庚八字寻，

去路边把庚年八字找。

你带回来了没有？

Yeus Ndox Shik Shuat et nif haik lik dak:

Ndox yot,

Box Ndos Shik Shuat ek,

God mol zos ek ndox nzhis dex yangd lik gangb ex,

Nzhuab dex yangt lik ged.

Nax dout zhangd zhit nzhib,

Nzhib dak lenx langs lenx dob Shuad Hox Langs et.

男神诗沙回答道：

天哪，

女神诗沙呀，

我走了半天的路程，

又过了晴空万里的大道。

什么也没碰见，

只见一个河兰小伙子。

Bof las lenx langs lenx dob Shuad Hox Langs nif haik lik dak,

Beb aob lik dol yad nzuad del shik yat lik but ex,

Nzuad deut shik yad lik ndlob[70].

Njot ngouk duax ndeuf nbongt lik zangx,

But zos ndox nzhis dex yangd lik hmaot ek,

Nyenx genb buax zif jeuf hot lex leul beb ndruab ndraos lik blangs.

Beb aob dol yad nzuad del shik yad lik ndlob,

Nzuad deut shix yat lik but.

Njot mol dout duax mol ndeuf lik led,

But zos ndos nzhis dex yangd lik hmaot ex,

Nyenx genb buax zif jeuf hot lex leul beb ndraos zhed.

河兰小伙子告诉我，

要我回家帮你洗手来睡觉，

洗脚来就寝。

叫我记住睡床边，

等睡到半夜三更，

年庚八字就会在正堂里呻吟。

要我回来帮你洗手来就寝，

洗脚来睡觉。

记住睡在床沿，

睡到三更半夜，

年庚八字就在屋子里叫唤。

Uat jangl Yeus Ndox Shik Shuat nif Ndros dout Box Ndos Shik Shuat nzuad del shik yat let but,

Nzuad deut shik yat let ndlob ek,

Njot ndos ngouk duax ndeuf nbongt lik zangx,

But zos ndox nzhis dex yangd lik hmaot,

Uat jangl nyenx genb buax zif jeuf hot lex leul duax ndruab ndraos lik blangs.

Box Ndos Shik Shuat ek ndros dout Yeus Ndox Shik Shuat nzuad deut shik yat let but,

Nzuad del shik yat let ndlob ek.

Njot nzhongd ngouk duax ndrangl nbongt lik led,

But zos ndox nzhis dex yangd lik hmaot ek,

Nyenx genb buax zif jeuf hot lex leul duax beb ndruab ndraos zhed.

男神诗沙和女神诗沙洗手来睡觉，

洗脚来就寝，

牢记着睡床边，

睡到半夜三更，

年庚八字就在堂屋里呻吟。

女神诗沙和男神诗沙洗脚来睡觉，

洗手来就寝。
牢记着睡在席沿，
睡到三更半夜，
年庚八字就在屋里来叫唤。

Cangd Ghaib Yaos Nyenx Genb Buax Zif

鸡卦显年庚八字

Uat jangl jangd dak let dout but zos ndox nzhis dex yangd lik hmaot ex,

Nyenx genb buax zif jek hot lik leul ek.

Box Ndos Shik Shuat let haik let dak:

Ndox des,

Yeus Ndox Shik Shuat ek,

Gaox sheud ghax drongx dangt yol nuaf kheb buab drongx ek,

Dangt yol shaib yaos dout dol zhangd zhax lol zhangd dlangb zhit[71].

Yeus Ndox Shik Shuat nif ghax drongx dangt yol nuaf kheb buab drongx ek,

Dangt yol shaib yaos dout dol nik drongb hlout luax dol nik got dlad[72],

Zhuat lot zhual ndros ndox deb shab[73].

睡到半夜三更，
年庚八字真就叫唤起来。
女神诗沙便说道：
天哪，
男神诗沙呀，
赶紧去把门打开，
看看是什么东西。
男神诗沙赶紧把门来打开，
只见大如调羹手柄的锄头把，
张开有天高的大嘴巴。

Uat jangl ek Yeus Ndox Shik Shuat nif muab dout dol loud jongx ghaib[74] jaox lol duat bek hlaot ek,

Blais ghaib[75] lol lais nblais lik lais,

Ngeuf cangd nyax cangd lik gob[76] lik dak bloub zob[77] bloub shik yais[78].

Uat jangl Yeus Ndox Shik Shuat it nif muab dout dol loud jongx ghaib ek jaox lol duat bek hlaot ek,

Nblais ghaib lol lais nblais lik lais,

Ngeuf cangd nyax cangd lik gob nik dout bloub zob bloub shik yais.

Uat jangl nyenx genb buax zif nchait nif yeux dangl ghaib zeuf lol,

Uat jangl genb nyenx buax zif nchait nif yeux dangl ghaib zeuf dout nad!

男神诗沙将大公鸡抓来杀，
鸡舌用来祭献大嘴巴，
两条金腿银骨呈现四种卦象。
男神诗沙将大公鸡拿来宰，
鸡舌拿来祭献再祭祀，
两条金腿银骨呈现四种卦象。
从此年庚八字由鸡来生成，
庚年八字由鸡来得到啊！

Ngoux Souk

收尾

Taod Deut Taod Khat

自谦求教

Des yak hat nenx zhok,

Huat hait mol dex shik yat lik hait,

Huat haid mol dex shit yat lik hait.

Uat let jangl jangd dak lik dout nchait dak ras nat beb yad naox dangl blual[79] ngoux nyangb let shot[80] duax shangb lik zok[81],

Nchait dak dex xangf laif[82] dout khuat nenx khuat zhangd[83] nyaob aob shangb lik ndos[84];

Ras nat beb yat naox dangl ngoux nyangb ndrous voud let shot duax shangb lik lous ek,

Beb yat laif dout khuat nenx khuat zhangd nyaob aob shangb lik dous[85].

嘚呀哈呢咋，
哗嗨么嘚嘶呀哩嗨，
哗嗨么嘚嘶呀哩嗨。

在左边吃完新娘午餐，
却把亲戚丢在两边；
在下方吃完新郎的午餐，
却把亲戚抛在两旁。

Uat let jangl ral nat nchait dak beb yat suk dout las cuat lenx cuat lik luas,

Las zeux uat zid shik menx rens,

Nchait las zeux haib zeux lais,

Las yat lais dout ghangb drongx houd drongx npout duax njout[86].

Suk dout beb bloub dos nchait las zhit zeux uat zid shik menx rens,

Nchait beb del duad dol dlad buad dangf dol maox zhus[87],

Dout khuat cenb duax nyaob duax nyaob.

这次若是别人，
人家会行媒公礼俗，
人家能说也会祭，
桌下桌上处处充满睿智溢美之词。
像我们这四个媒人，
手握祭勺如毛鼠战战兢兢行粗事，
哄骗亲戚来此罢了。

Suk dout las dex it,

Nchait las zeux haib zeux lais,

Las yad lais dout ghangb drongx houd drongx npout duax sheud ek.

Suk dout beb bloub lik dol,

Nchait dak beb zhit zeux haib zhit zeux lais,

Del duad dol dlad buad dangf maox zhus,

Dout khuat cenb duax deut duax deut nad del yat!

若是其他人，
人家会行媒公礼俗，人家能说更会祭，
桌下桌上说遍又祭全。
像我们这四个，
也不会行媒公礼俗，
手握祭勺像毛鼠惶恐不安做粗活，
请求亲戚们不吝赐教呀！

Fed Mol Rongt Mol Nded

祝福长久

Des yak hat nenx zhok,

Huat hait mol dex shik yat lik hait,

Huat haid mol dex shit yat lik hait.

Uat let jangl jat dangl ral nat et,

Beb naox dangl bluas ngoux nyangb ndrous voud lik shot,

Ntrad zhit dout ek nax dol qeut traik got lik dlad[88],

Nchait yad nzheuk[89] shout dex houd boul[90] ndrel lik ndraos[91].

嘚呀哈呢咋，
哗嗨么嘚嘶呀哩嗨，
哗嗨么嘚嘶呀哩嗨。
就在此次啊，
吃完新娘新郎的午餐，
却找不到安插祭勺的地方，
恐怕直塞在稳固的根盘上。

Ral nat beb yad jaox dangl ngoux nyangb ndrous voud dex hluat[92] draod lol ndros naf zid nox ndrangl daof nat ek,

Yad ndros naf zid nox ndrangl daof nat nyaob dleub hout let bous[93].

Nchait beb naox bluas ngoux nyangb ndrous voud lik shot,

Ntrad zhit dout nax dol qeut traik got lik dlad,

Yad traik yox yenl shout dex houd boul nzhik lik ndrous.

Ral nat beb yad jaox dangl ngoux nyangb ndrous voud ek,

Lol ndros naf zid nox ndrangl daof nat yat ndros naf zid ndrangl daof nat yad nyaob dout dleub hout lik bous!

我们把红线牵到这边父母手中，
将陪伴这边父母生活到白发苍苍。
这次吃完新娘新郎的午饭，
却找不到安插祭勺的地方，

怕只能插在蓬勃的枝头上。
把新娘新郎的红线牵到这边父母手中，
陪伴这边父母生活到垂暮之年！

Taod Rangf Ged Jait

自谦致歉

Des yak hat nenx zhok,
Huat hait mol dex shik yat lik hait,
Huat haid mol dex shik yat lik hait.

Uat let jangl ek ral nat beb dex shot beb yat naox dangl duax ndruab lik ndrangb,

Ral nat ek nchait dak beb ngoux shent[94] haik zhit lik rongt zhek,

Beb yad laif dout ek khuat nenx zhangt nyaos aob lik shangb;

Beb naox bluas let ruas[95] duax shangb lik zos ek,

Ral nat ek nchait dak beb ngoux shent haik zhit lik cix zhek,

Beb yad zhes beb khuat nenx khuak zhangd nyaob aob pangb lik ndos nat!

嘚呀哈呢咋，
哗嗨么嘚嘶呀哩嗨，
哗嗨么嘚嘶呀哩嗨。
这次吃完午饭在堂中，
婚姻古歌没唱好，
把亲戚来丢两旁；
这次媒人吃饭在左位，
古礼习俗未沿袭，
只把亲戚来丢两边！

Njoux Haik Zof Yif

作揖解释

Des yak hat nenx zhok,
Huat hait mol dex shik yat lik hait,
Huat haid mol dex shit yat lik hait.
Et...
Ib naf nbaox khuat ed,
God naox shot duef zhit qid mex,

Naox shot nzend dlad[96] zos ndeuf nat ib naf nbaox khuat muak.

嘚呀哈呢咋，
哗嗨么嘚嘶呀哩嗨，
哗嗨么嘚嘶呀哩嗨。
啊……
宾客们啊，
我吃午饭都对不起你们，
晌午祭神餐就到此，我的亲朋好友们。

背景介绍

唱诵者： 杨开富 Buax Yeus（1960—），男，文山市平坝镇石洞门村委会水淹坝村人，掌握当地苗族婚丧古歌。其掌握的大部分古歌，均学自平坝镇石洞门村委会黄石洞村（Naf Raol）杨友安 Dinf Shent Yeus（1949—2020）。此首祭神灵古歌是其兄长杨开有 Laot Yeus所授，杨开有又学自马关县马鞍山村Shix Wangb和Duaf Wangb两位汪姓师傅。

杨开富

唱诵场域： 这首祭祀神灵的古歌，是男方到女方家接亲时媒公所唱诵，共有三段，分别为到女方家接亲时屋内一段，接亲到半路时室外一段，返至男方家时屋内一段。

采集翻译： 罗永洪、熊文国、熊兴坛、杨家文、项洪兵。

注释

[1] 祭辞之开头词。大意为诸神灵不用客气，敬请用餐，敬请用餐。

[2] Jangd Dak：话说，说道。"说"引出下文，以便自述，疑似苗族的一种文体形式。

[3] Yangx Yus：烊、炀、熔（溶）化的样子；要熔将熔时的样子。

[4] Ghuad Ghaib Lik Xib：稀鸡屎。Ghuad Ghaib Lik Dlob指黑鸡粪。

[5] Laok Jenb Wangx：音译为老金王，疑指老君王（太上老君）。

[6] Wangx Muk Lik Nyangx：音译为王母娘，神名。Laok Jenb Wangx、Wangx Muk Lik Nyangx两者对应。至于如何来源暂难定论，当属文化涵化和文化交往、交流、交融的结果。

[7] Hmod：枪，钎子。

[8] Angd：泥土。

[9] Ndos：边沿，边缘。此中取边沿之意。

[10] Ndox Lol Kangd Deb：拿天来盖地。是天地来源故事中较为常见的一个故事版本，朴素的"天圆地方、天盖地"思维。Kangd即冚，盖的意思。

[11] Beb Nghaol Ndangx：三把大刀。用来形容大刀如舌头那样，自如地在喉咙活动的样子。

[12] Beb Lik Ngeuk：三个结。

[13] Dluad：过，完。

[14] Sod Nyax Ris Sod Lik Gongb（Sod Nyax Ndros Gongb Lik Gob）：银线绕金针。

[15] Nblax Deb：大地，人世间。

[16] Jeuk Jangb：捆绑着拉。

[17] Lenx Dob Dix：兄长；哥哥。

[18] Lol Ndout：说话多，啰唆。

[19] Raox Ndrual Lik Hlout：制作铁鼓。Raox制造，制作；Ndrual Hlout铁鼓。

[20] Lol Njangx：话直，耿直。

[21] Dlik Dlox Dleul：（水中的漂流物）摇晃，晃荡。

[22] Ghangb Taid Nbuat：猪圈底，猪圈脚；关猪的地方。Taid指栏，圈，圈舍。

[23] Taid Lik Nyos（x）：牛圈，牛棚；关牛的地方。

[24] Lenx Langs：兰陵，神名。有称为Lex Langs的。

[25] Duab Yus：悄悄地。

[26] Lenx Langs Lenx Dob Xaod Cax：兰陵神之子，名叫"小查"的神。

[27] Nzhongt：哼道，埋怨道。

[28] Drongx Ndos：天门；天上之门。

[29] Huangx Hox：黄河。

[30] Huangx Shued：黄水，黄河水。

[31] Gox Gas：赶快，赶紧；快快地。

[32] Nghangx Dongx Hmod Lik Hlout：长铜杆和长铁钎。

[33] Ngous：戳。

[34] Nghes：（水）下沉，回落，下降。

[35] Ghangb Reb：石岩脚。

[36] Ghangb Bangl Rangx：龙潭底。

[37] Guef Shangb Deuf Shik Lik Shangb：贵山豆豉山。在此，疑似进一步说明和强调，即"贵山是豆豉山"，如同"天下第一山泰山""泰山天下第一山"等表述。

[38] Buax Shif Yif Buat：八百八十个。

[39] Bangl Dad：湖，积水湖。

[40] Chaot Lik Zhuas：杂草衣服，文中指石山将杂草当作衣服披，拟人化手法。

[41] Fux Gob：伏哥，有的记为"福哥"和"胡哥"，苗族传说中创造人烟的天神。Fux Gob有的版本也称为Fux Shib Gob，音译为"福师哥"。疑似"伏羲"的别称，待考。

[42] Fux Mef：伏妹，有的记为"福妹"和"胡妹"。苗族传说中创造人烟的天神，与伏哥是兄妹。Fux Mef有的版本也称为Fux Shib Mef，音译为"福师妹"。

[43] Renx Genb：人根，即人种，形成人的种子。与Genb Renx意同。

[44] Muas Lik Nol（Muas Nol）：兄妹

[45] Zhif Renx Genb：制（造）人烟。

[46] Wux Liangx Xenb：无良心，指不害羞，脸皮厚。

[47] Cenb Muas Nol：亲兄妹。

[48] Yaob Lik Jenb（Yaob Jenb）：腰巾，寓意成婚，指婚配成功之意。

[49] Deuf Drongx：出门，外出。

[50] Wax Wat：娃娃。

[51] Juax Nblongx Rongt Lix Shab：九片好肝，指心肠好，良心好。Nblongx叶。Juax Nblongx即用数字表示顶极，相当于最，整句可理解为良心最好，最善良。

[52] Yif Nblongx Rongt Lik Bleud：八片好心，指心肠好，良心好。同上例，可整体理解为良心最好，最善良。

[53] Box Ndos Shik Shuat：女神诗沙，神名，传说是教人类找年庚八字的女神。

[54] Yeus Ndox Shik Shuat：男神诗沙，神名，传说是教人类找庚年八字的男神。

[55] Juax Lenx Lik Dob：九个儿子。

[56] Hlob Dad Jed：长大成人。

[57] Yuad Shet：要成家，娶媳妇。Shet指媳妇。

[58] Hlob Dad Lik Jangs：（树）根长成，指长成人。

[59] Nyenx Genb Buax Zif：年庚八字，同Genb Nyenx Buax Zif。

[60] Jat Gis：明天。

[61] Cangx：墙。

[62] Shangb Ndos Nyox Nyangs：天渐渐亮。

[63] Shuad Hox Langs：河兰地方的小伙；做货郎生意的刷（汉族）小伙；古时候的河南汉人。其中，苗族古歌谣中常出现词汇“河南汉人”和“江西汉人”。

[64] Nzuad Del：洗手。

[65] Nzuad Deut：洗脚。

[66] Njot Nzhongd：记住。

[67] Duax Ndeuf Nbongt Lik Zangx：在床边。

[68] Ndruab Ndraos Lik Blangs：在堂屋中。

[69] Nbongt Lik Led（Nbongt Led）：席子边。

[70] Ndlob：睡，睡觉。

[71] Zhangd Zhax Lol Zhangd Dlangb Zhit：是什么东西。

[72] Got Dlad：调羹把。

[73] Ndox Deb Shab：高如天地。

[74] Loud Jongx Ghaib：公鸡。

[75] Blais Ghaib：鸡舌。

[76] Ngeuf Cangd Nyax Cangd Lik Gob：鸡的两条大腿骨；金银大腿骨。其中，Cangd指大腿骨。

[77] Bloub Zob：（鸡）两条大腿骨上的四个骨眼。苗族以四个腿骨眼的倾斜程度，对称情况和开眼状态等相看卦，用于占卜吉凶，预测未来。

[78] Bloub Shik Yais：鸡大腿骨四个眼的倾斜程度看卦占卜吉凶。Yais即卦看吉凶，跳巫占卜吉凶。

[79] Blual：顿，一顿。

[80] Ngoux Nyangb Let Shot：新娘午餐。

[81] Duax Shangb Lik Zok：位居左边；在左边。是苗族人尊卑位置观念的体现。

[82] Laif：丢弃，丢，抛弃。

[83] Khuat Nenx Khuat Zhangd：亲朋好友。

[84] Nyaob Aob Shangb Lik Ndos：在两边。

[85] Aob Shangb Lik Dous：在下位两边。

[86] Npout Duax Njout：溢美之辞，中听的话。

[87] Maox Zhus：小毛鼠，老鼠的一类。其个小而笨拙，常具战战兢兢样，此处引用，指做事瞻前顾后，颤颤巍巍、惶恐不安的样子。

[88] Qeut Traik Got Lik Dlad：安放祭勺的地方；插放祭勺的地方；放置祭勺的地方。

[89] Nzheuk：藏，塞。

[90] Houd Boul：（树）根，树兜。

[91] Ndrel Lik Ndraos：站立，站立着。

[92] Hluat：线，绳。此处指红线，寓意婚姻的凭证和依据。

[93] Nyaob Dleub Hout Let Bous：白头偕老，白发苍苍。

[94] Ngoux Shent：古歌。

[95] Ruas：媒人的别称，与Rangs相对。相关的组词有Drongx Rangs Drongx Ruas、Zid Rangs Zid Ruas。

[96] Nzend Dlad：反勺餐。苗族祭祀的习俗，祭祀时须反手将祭食倒出，鬼神方能得到。

祭神灵歌

Ndouk Dlangb Shenb

Ndangt Ged Ndouk Dlangb Shenb[1]

半道祭神灵

Des las nenx huak huak shik lais[2] heut ek,

Des yas nenx huak huak shik leus[3] lik heut et!

Jat beb zaik chongb zaik gol lol zos zix ndos lik nat,

Beb yad muab dout beb shot[4] jaox lol lik naox et;

Jat beb zaik chongb zaik gol lol zos zix ndos lik nat,

Beb yad muab dout beb shot lol yongs ek.

人们哟赶紧来祭祀，

神灵哟不用客气快快用餐！

我们迎亲到这个地方，

拿出晌午来用餐；

我们接亲到这个地方，

摆出晌午来充饥。

Jat beb yad haib dout dex shenb ghangb vangs dex shenb daof lik zhed,

Beb yad haib dout dex shenb naox zhes,

Dex shenb yad ndouk dout nax dos nzongs vuf[5] draod jex ghangb nax lik ged;

Beb yad haik dout dex shenb naox zhes,

Dex shenb yad ndouk dout nax dos nzongs vuf draod jex ghangb nax lik gangb.

Des yad nenx huak huak shik leus heut,

Des yas nenx huak huak shik leus lik heut ex!

我们祭祀野外和家中神灵，

祭食给你们享用，

神灵要将孤魂野鬼降服在路脚；

我们要将祭食给神灵享用，

神灵要将孤魂野鬼降伏在路边。

人们哟赶紧来祭祀，

神灵哟不用客气快快用餐！

Njoux haik: Ad, haid nat yaos god naox shot mol ndangt ged[6], God ndouk nzhik dlangb shenb.

道白：这是我半路用餐（晌午），我敬一下天地神灵。

Zos Zhed Ndouk Dlangb Shenb

接亲到家祭神

Des yas nenx huak huak shik leus lis heut,

Des yas nenx huak huak shik leus lis heut ek!

Jat box naf[7] mex nyaob zhed,

Box naf mex zhas yad ndus[8] nyaos zeux;

Yeuf nghaix zid[9] mex nyaob zhed,

Yeuf nghaix zid mex zhas yad ndus nyaos njangx[10] ek.

Jat box naf mex zhas yad duat lik ghaib,

Yeuf nghaix zid mex zhas yad zeub lik jeud.

Beb bus nzhenl bangx chongb lik gol zhas yad bus nyaos dout[11],

Beb bus bangx chongb lik gol beb yad bus nyaos dout ek.

人们哟赶紧来祭祀，

神灵哟不用客气快快用餐！

为母者在家，

她们万事皆备；

为父者在家，

他们操持妥当。

为母者杀鸡，

为父者置酒。

婚姻习俗之道我们已铺就，

婚姻礼俗之路我们已铺成。

Jat ndaox del[12] lol,

Beb yad ib zhongs jit beb nghaix lab[13],

Beb yad ib zof nghaix jaox los haib dout jangx chongb lak beb ib zof nghet,

Haib dout jes gol lak beb yad ib zof zhis.

Dex yas nenx huak huak shik leus heut,

Dex yas nenx huak huak shik leus lik heut ek!

Huak leul sheud lis ndos,

Huak lis dlangb chongb dlangb gol aob pangb drongx lol lis zos;

Huak leul sheud lis zhangd,

Huak dout dlangb chongb dlangb gol aob pangb drongx lol zos ndangt.

接手以来，

我们要履行婚姻礼俗和红肉礼节，

拿得一撮肉来祭祀婚缘就当一撮肉的价，

来祭祀姻缘就当作一撮肉的礼。

人们哟赶紧来祭祀，

神灵哟不用客气快快用餐！

赶紧用餐在周围，

婚姻之神才在桌两边来打理；

赶紧用餐在竹编，

婚姻之神才到桌两头来担当。

Des yas nenx huak huak shik leus lik heut,

Des yas nenx huak huak shik leus lik heut ek!

Jat nax hnob draod touk lis nzod,

Jat nongb nenb lak zhit lik muax,

Nongb zhangt lak zhit lis zeuf et.

Nongb nenb zeuf yenl drout ndos dif hangd,

Nongb nenb zeuf yenl draod dif lik ndox ek.

Jat Lex Lus ndros Trud Nyos[14] muab buat lik zhangd[15],

Trud Nyos yad ndros dout Lex Lus lol,

Muab buat lik gol nad mol shik leus lik heut.

人们哟赶紧来祭祀，

神灵哟不用客气快快用餐！

很久以前呀，

人种也没有，

物种也没生。

人种生在山谷中，

人类源于那天上。

勒鲁和楚妞才来铺竹席，

楚妞与勒鲁呀，

才促成姻缘来祭祀。

Huak leus shik leus lik heut ek!

Huak leul sheud lik zhangt,

Huak dex dlangb chongb dlangb gol aob pangb drongx lol lis zos.

Huak leus sheud lik ndos,

Huak dout dlangb chongb dlangb gol aob pangb drongx lol zos ndangt des yas.

赶紧来祭祀！

神灵哟快快用餐在竹席，

婚姻之神来到桌两边。

神灵哟快快用餐在周围，

婚姻之神在桌两边来担当。

Nenx huak huak shik leus heut et,

Dex yas nenx huak huak shik leus lis heut et!

Jat nax hnob draod touk lik nzod[16],

Jat box naf mex nyaob zhed,

Box naf mex zhas yad ndus nyaos dout;

Yeuf nghaix zid mex nyaob zhed,

Yeuf nghaix zid mex zhas yad ndus nyaos dout ek.

Jat box naf mex zhas yad zeux buat lik sangb[17],

Yeuf nghaix zid mex zhas yad zeux sud lik jeud[18] et.

Box naf mex zhas yad buat sangb nyaos duax ndruab vangb ek,

Yeuf nghaix zid mex sud jeud nyongl duax ndruab lik dangs ek.

Jeud ghangb jeud rib[19] suk jeud lik mod,

Jeud ghangb suk dout beb bloub lenx zid menx gongb jat haib lik shot;

Jeud ghangb jeud shit lik ndangt,

Jeud yad ghangb dout shik beb bloub lenx zid menx gongb haib lik dlangb.

大家赶紧来祭祀，

神灵哟快快用餐别客气！

很久很久以前，

为母者在家，

她们料理万事齐备；

为父者在家，

他们把一切操持妥当。

为母者会制酵母，

为父者会酿酒水。

为母者把酵母铺在簸箕里，

为父者把美酒酿在正堂中。

酒香酒甜如蜂蜜，

如四位媒公祭祀晌午的言辞；

酒甜酒飘香，

如四位媒公祭祀神灵的语言。

Des yas nenx huak huak shik leus heut et,

Des yas nenx huak huak shik lat lis heut!

Huat leul sheud lik ndos,

Huat dout dlangb chongb dlangb gol aob pangb drongx lol lik zos.

Huat leus suk lik zhangt!

Huak dout dlangb chongb dlangb gol aob pangb drongx lol zos ndangt.

Jat nax hnob draod touk lik nzod,

Beb shenb beb ndouk dangl beb yad nzhux got dlad got shik nzhof.

Beb yad haik dout mex ngeuf zid chux guangb ek,

Mex nghangt mex nghaix draod daof mex zok[20] ek.

大家赶紧来祭祀，

神灵哟快快用餐别客气！

婚姻之神来到桌两边，

婚姻之神才在桌两边来打理。

神灵哟快快用餐在周围！

婚姻之神在桌两边来担当。

以前哪，

祭献完神灵要放下祭勺。

告知两位厨官，

请你们把祭食抬回灶台上。

Beb shenb beb ndouk dangl,

Beb shenb beb lais dangl.

Beb yad haik dout mex ngeuf zid chux guangb[21] ek,

Mex nghangt mex nghaix draod daof mex jat.

Des yas nenx huak huak shik las heut et,

Des yas nenx huak huak shik leus lik heut!

妖魔鬼怪已降服，

神灵我们已祭祀完。

奉告两位厨官，

请你们把祭食端回去。

大家赶紧来祭祀，

神灵哟快快用餐别客气！

背景介绍

熊玉有

唱诵者： 熊玉有 Yeuk Hmaob (1965—)，男，文山市古木镇洒卡村委会巴岩村人，掌握苗族婚礼古歌和丧葬古歌。

唱诵场域： 此歌分两部分，前部分在迎亲返回男方家途中使用，后部分在迎亲返回男方家中当晚使用。

采集翻译： 罗永洪、熊文国、熊兴坛、项洪兵。

注释

[1] Ndouk Dlangb Shenb：汉译“倒车马”，系唱诵者提出，即“祭献婚姻神灵”。Ndouk即打，引申为祭祀，祭献，祭奠等；Dlangb在苗语语境中，鬼神共用此词；Shenb即“神灵”，与Dlangb（鬼神）合用为“鬼神+神灵”构成复合型词汇，指代“婚姻相关的神灵”。

[2] Lais：祭祀，祭献。与Haib同。

[3] Huak Shik Leus：快快吃，赶紧用餐。喻指用餐不要客气。

[4] Shot：晌午。

[5] Nzongs Vuf：孤魂野鬼。

[6] Ndangt Ged：半路。

[7] Box Naf：母亲，妇女。

[8] Ndus：操持，办理，打理。

[9] Yeuf Nghaix Zid：父辈，指操持婚姻的父辈们。

[10] Njangx：根本。

[11] Bus Nyaos Dout：铺就，成就。

[12] Ndaox Del：上手，接手。

[13] Nghaix Lab：红肉。喻指喜事。

[14] Lex Lus ndros Trud Nyos：释义见P9。

[15] Buat Lik Zhangd：铺竹席。Zhangd指用竹篾编织成的竹席或用于盛粮食的竹编。

[16] Touk Lik Nzod：从前。

[17] Sangb：酵母

[18] Sud Lik Jeud：捂酒，制酒。

[19] Jeud Ghangb Jeud Rib：酒甜，酒飘香。

[20] Zok：灶，灶台。

[21] Chux Guangb：厨官，即活动中掌管饮食的厨师，苗族传统民歌中常用“厨官”来代替“厨师”，足见对其地位的尊重，蕴含民以食为天的思想。

盘食歌
Naox Ghangb Pangx

盘食歌
Ngoux Naox Ghangb Pangx[1]

It yax...

Dex lol god haik mol leuf let nad,

Nil gus god ged zux mol ged ghak loul gus bloub lens zid daf menx gongb bloub lens zid zhit lik nif.

Suk let dout ek naf zid nox ndrangl daof lik ghak nat muax zox zhuf zhit nyaos zox lak,

Zhuf zhit dout jangx chongb jes gol ek yongs[2] zhit nyaos Lex Lus Trud Nyongs ghak loul zox lak, muax nend lol ek zhuf zhit nyaos ghak nend nat nif.

Zhuf let jangx chongb jes gol nil zhas yad yongs zhit nyaos touk ot Lex Lus Trud Nyongs ghak loul zox jangs got lik ghak bend nat nif.

Suk dout naf zid mol nox ndrangl daof lik ghak nat zhek.

Uat zhit doul bangx deus ghak yenl,

Suk dout ged ghak loul mex shaib lak,

Uat zhit doul bangx bongb ntuad ghak lik yenl dout ged ghak loul mex nuaf nat nif,

Suk let dout naf zid mol nox ndrangl daof lik ghak nat.

Uat zhit doul bangx deus ghak yenl gus draod shout dif ghak zid bloux[3] lik ghak ntuad ex.

咿呀……

现在我要这样说，

四位媒公爷和证婚人。

像我这一方的父母，

婚姻习俗跟不上古规。

跟不上婚姻始祖勒鲁楚妞的礼仪。

比不上远古时候勒鲁楚妞所用的礼俗本源。

像我这一方的父母，

婚俗做不到像鲜花盛开，

模仿不了古规让大家看，

也做不到像繁花似锦让大家观赏。

礼俗做不到像莓苞开花那样漂亮。

Uat zhit doul drongx ghak chongb let jeud ndul zhit doul ghak yeul mol,

Suk zhit dout nax Mangb mit ghak Shuad mol ndangt lax ghak lik nbluat ex.

Suk lik dout naf zid mol nox ndrangl daof let ghak nat,

Nil zhas yat uat zhit doul bangx deus ghak yenl gus draod shout dex ghak zid bloux let hlut ek;

Uat zhit doul drongx ghak chongb let jeud ek ndul zhit doul ghak yenl mol,

Suk zhit doul nax Mangb mit Shuad mol ghak dangt lax hak lik ndul ex.

Bloub lenx zid menx gongb bloub lens zid zhenf lik ek!

婚俗的酒水不丰盛，

做不到如他人那样让酒水四处溢满。

我这一方的父母，

婚俗做不到像莓苞花开那样；

婚俗的酒水不丰盛，

做不到如他人那样让酒水到处飘香。

四位媒公和证婚人啊！

Ib yax...

Dex lol god haik mol leuf let nad nif,

Bloub lenx zid menx gongb bloub lenx zid zhenf lik ek.

Jat dak dex nat zhek god yuad haik mol leuf

let nad lak ek,

Suk dout cuat nax mol nyaos zos cuat lik ghak hnob,

Beb yuad zhit drous beb nenl rangx nenl ghak luad[4] let ros zhek ex,

Beb nenl rangx nenl ghak luad nil zhas yuad geut ndof nzis[5] nax Mangb mid ghak Shuad mol nguax suk let langl[6].

Nax hnob dangl njuat ntreud suk dout hmaot let ghak nad ek,

Beb yuad drous beb nenl rangx nenl ghak luad let ros zhek,

Beb nenl rangx nenl ghak luad nil zhas yuad ndous ghak lend lol zos beb nbangb lak ek.

Cuat nax nghel nyaob draod cuat lik xongt,

Beb yuad zhit drous beb nenl rangx nenl ghak luad let ros zhek ek,

Beb nenl rangx nenl ghak luad leuf zhas yuad geut ndof nzis nax Mangb mit ghak Shuad nguax suk let reb[7].

咿呀……

现在我将这样说，

四位媒公和证婚人。

我这样说啊，

在往年往日，

用不到我们的骡马时，

骡马被关在别人的马厩里。

就在今夜，

用到我们的骡马时，

骡马就适时来到我们的身旁。

在往年往日，

用不到我们的骡马时，

骡马被关在外人的石圈里。

Nax hnob dangl njuat ntreud suk let hmaot let nad ek,

Beb yuad drous beb nenl rangx nenl ghak luad let ros zhek,

Beb nenl rangx nenl ghak luad zhas yuad ndous ghak lend lol zos beb dex lax ek.

Beb zhas yad zhaot lik dout beb nenl ghak luad naos lox laos gus ndox nzhuab mol dex ndangt yangl ged ek,

Sob bof lenx dus gab shed nyaos hlaik dout ib del roub maol dout beb nenl rangx nenl ghak luad let njoux naox zhek?

Beb nenl rangx nenl ghak luad let rongt draod leuf zhed muak!

Yuad dak beb zhas yad zhaot pluad beb nenl rangx nenl ghak luad naos lox laos ndox nzhuab mol dex ndangt yangl gangb,

Sob bof lenx dus gab shed nyaos hlaik dout mol nax ib del roub dout beb nenl rangx nenl luad let njoux naox?

Beb let rongt leud nenl rangx nenl luad zaox leuf ghangb nat nif!

也就在今夜，

我们用到我们的骡马时，

骡马就顺势来到我们的田地中。

我们把骡马牵到路旁啃食，

能否有人舍得割一把嫩草给它吃？

骡马吃饱好回家哟！

我们才把骡马牵到路边啃食，

是否有人舍得割一把嫩草给它吃？

我们才好赶着骡马去办事！

Uat let jek dex nat gus god yuad haik mol leuf let nad nif,

Aob lenx zid duangb pangx lol aob lenx zid zhenf lik.

Uat let mex das ek,

Jat mex zhas yad zhaot pluad mex nenl rangx nenl ghak luad naos lox laos ndox nzhuab mol dex ndangt yangl ghak ged ek,

Sob bof lenx dus gab shed nyaos hlaik dout ib del roub maol dout mex nenl rangx nenl luad njoux naox ek?

Mex let rongt leud mex nenl rangx nenl luad

draod lek zhed ek.

我要说的正是这些，
两位端盘爷和两位证婚人。
你们说，
你们把骡马牵到路旁啃食，
是否有人舍得割一把嫩草给它吃？
你们才好赶骡马回家。

Jat dak mex dak mex yuad zhaot pluad mex nenl rangx nenl ghak luad naos lox naod ndox nzhuab dex ndangt yangl gangb,

Sob bof lenx dus gab shed nyaos hlaik dout ib del roub lik maol dout mex nenl rangx nenl ghak luad let njoux naox zhek?

Mex let rongt leud mex nenl rangx nenl ghak luad zaox lik ghak ghangb.

Mex dak mex yuad zhaot pluad mex nenl rangx nenl ghak luad naos lox laos ndox nzhuab mol dex ndangt yangl ged ek,

Uat let mex nenl rangx nenl luad naos roub yaos roub dol zhit nat nif?

Mex zhas yat zhaot pluad mex nenl rangx nenl luad naos lox laos ndox nzhuab dex ndangt yangl ghak gangb,

Uat let mex nenl rangx nenl luad naox roub yaos roub let jangl nif?

Aob lens zid duangb pangx lol aob lens zid zhenf lik.

你们说把骡马牵到路边啃食，
看哪个舍得先割一把嫩草给它吃？
你们才好赶着骡马来上路。
你们说把骡马牵到路旁啃食，
那你们的骡马吃的是什么草？
你们还说把骡马牵到路边啃食，
那你们的骡马吃的又是什么草？
两位端盘爷和两位证婚人。

Ib yax...

Dex nat zhes god yuad haik mol leuf let nad,

Bloub lens zid menx gongb bloub lens zid zhenf lik.

Uat let zhek beb yuad zhaot pluad beb nenl rangx nenl luad zhas yuad naos lox laos ndox nzhuab mol dex nzhuas sif keud ex,

Beb nenl rangx lol nenl luad naos roub yaos roub lik ndeud[8] nat muak.

Beb zhas yuad zhaot pluad beb nenl rangx nenl luad yad naos lox laos mol ndox nzhuab lik rongd nox zens duab ghak shab[9] gouf juax shib lik ncuak lak,

Beb nenl rangx nenl luad naos roub yaos roub ndeud dluas[10] nif.

Bloub lens zid menx gongb bloub lens zid zhenf lik!

咿呀……
现在我将这样说，
四位媒公和证婚人。
我们牵着骡马去试啃那青芽，
它吃的正是草书。
我们牵着骡马去十九重原始森林啃食，
我们的骡马吃的正是草布书。
四位媒公和证婚人！

背景介绍

唱诵者：罗正义 Guef Chib（1971—），男，文山市平坝镇小坝子村委会锁龙桥村人，掌握当地苗族婚丧文化。

罗正义

采集翻译：罗永洪、马士洪、熊文国、李富鑫。

注释

[1] Naox Ghangb Pangx：吃盘食，是婚俗程序中的特定程序，其苗语名称源自程式实况，抬着盘来展开，盘中放两碗装有几片猪肝和萝卜条的大碗。以端盘展开思维角逐，引开话题后开始刨根问底对唱，对唱内容包括“婚俗怎么来、端盘怎么来、先有鸡还是先有蛋、骡马吃的是什么草”等。Naox Ghangb Pangx指代特定程式或特定程式歌，认为Pangx既是具象的实物盘，也是抽象的思维活动“盘根问底”；Ghangb Pangx即盘底，喻意在婚姻习俗中双方媒人围绕婚姻这个主题斗智斗勇互相“盘根问底”的过程，具体会问及谁是婚姻的创造者、婚姻的来源、婚姻的礼俗等内容。有的地方称为naox gangb pangx。

[2] Yongs：模仿，效仿，模拟。

[3] Zid Bloux：莓范。草莓的同属植物，花果有红色、白色，外观呈心形，味道鲜美，果肉多汁，含有特殊的浓郁水果芳香。

[4] Nenl Rangx Nenl Ghak Luad：毛驴和骡马。Nenl Rangx指毛驴。此处指rangs（马），指龙马或飞龙马，会飞的骏马；Nenl Luad合指骡子，分开则指马和驴。整体在歌中表示马需吃料，隐喻索要礼金。

[5] Ndof Nzis：严实，严严实实。

[6] Nguax Langl：马圈，马舍。

[7] Nguax Suk Let Reb：石圈。

[8] Roub Lik Ndeud：钱物，草书。

[9] Rongd Nox Zens Duab Ghak Shab：原始森林。

[10] Roub Ndeud Dluas：草布书。

铺收席歌

Buat Yeuk Led

铺收席歌

Ngoux Buat Yeuk Led

Buat Led

铺席

Ib...

Ib yens zos let ruas mex bloub lenx zid lik ruas ndros leuf minx gongb[1] mex ax!

Yuad suk let dout jangx chongb[2] zhek mex dub zhux nyaos druax lol ax,

Ged gol[3] lak mex yuad zhux nyaos dout.

Jat yuad suk let dout cuat nax nghel draod cuat xongt zhek,

Nchait yuad zhit drous xix caod xix ros zhek ax,

Xix caod xix ros yad nyaob bel ndox duax dangl bel ndruab lil ndox ax.

Yuad suk let njuat dex ghak cuat lik nax mol draod cuat lik xongt zhek,

Nchait yuad zhit drous xix caod xix ros[4] zhek ax,

Xix caod xix ros nyaob bel ndox duax dangl bel ndruab lik drongb,

Xix caod xix ros yad zhit ndlaos lend[5] duax dangl draod lol bongb nat lout ax!

God bloub lenx zid lik ruas ndros leuf minx gongb mex!

咦……

尊敬的四位媒公！

这桩婚事你们操办稳妥，

姻缘你们牵得成功。

往年往日呀，

用不到席草之力时，

席草之力远在天边。

往年往日哟，

用不到席草之力时，

它远在那山中，

也不会滚落到跟前啊！

尊敬的四位媒人！

Zos yuad suk njuat dex lik nax xongt lol duax suk xongt nat zhek,

Jat god naf nghel god zid nox aob daos let nat zhek,

Jangx chongb mex zhos yuad zhux nyaos druax lout,

Ged gol lak mex yuad zhux nyaos dout.

Jat zhux chongb zhux gol zhek,

Nchait god naf nghel god zif nax aob daos let nat zhek yuad zos leuf xix caod xix ros zhek,

Xix caod xix ros yuad nyaob bel ndox duax dangl bel ndruab lik ndos,

Nchait yuad drous xix caod xix ros zhek,

Xix caod xix ros yad ndlaos lend duax dangl draod lol zos.

今年今日呀，

我父母双方的媒公，

婚事你们操办牢靠，

姻缘你们牵得成功。

在共筑婚姻礼俗时，

双方父母需要的席草之力，

它虽远在天空之中，

若需要席草之力时，

也会滑落到眼前。

Bend yaos dex ghak lob xix caod xix ros nghel nyaos zos draod bus gol,

Yuad suk let njuat dex nax xongt lol duax suk xongt nat zhek,

Dex nik nax hnob dangl ntraot suk hnob lik nat guas,

Nchait god naf tab god zid nax aob daos let nat zhek nchait yuad jangx chongb nil yad zhux druax lol,

Ged gol lak nil yad zhux nyaos dout.

Jat nil zhux chongb duax nghel draod zhux gol,

Nchait nil yad yuad drous dex ghak xix caod xix ros zhek,

Xix caod xix ros yad nyaob bel ndox duax dangl bel ndruab lik drongb,

Xix caod xix ros yad ndlaos lend duax dangl draod lol let bongb.

本是席草之力铺出的姻缘，

年复一年好比今年，

日复一日好比今天，

双方父母（媒人）婚事操办稳妥，

姻缘牵得成功。

在共筑婚姻礼俗时，

双方父母需要的席草之力，

虽远在山外半空之中，

也会滑落到面前。

Bend yaos lob xix caod xix ros nghel zos draod lol zos zhek,

Jat dex lol guas god haik leuf let nat guas,

Jat mex bloub lenx zid ruas ndros menx gongb nik,

Jat xix caod xix ros zhek pub raos duax dangl draod ndruab lik zhed,

Nyaob nzhik zhek chongb zid yis[6] duax ndros vaif zid yil,

Yuad lol jaox dangl let ged[7] nad lout.

Yuad zos dex ghak xix caod xix ros zhek,

Xix caod xix ros yad ndlaos lend duax dangl draod ndruab lik dangs,

Nyaob nzhik zhek mex chongb zid yil ndros vaif zid yil duax dangl yuad lol ndouk gangb[8] nat des yous!

席草之力现已来临，

那话我就这样说了，

请你们四位媒人，

把草席铺在堂屋里，

稍后双方伯伯和叔叔，

才好来引路。

用到席草之力时，

草席翻滚铺到堂屋中，

等一下叔伯双方好来开道啊！

Dleub lol: Zid daf menx gongb, zid erf menx gongb, zid yuaf lik, yeuf zid yil, suk haik nyaob nzhik zhek nil dob nil gid lol raos duax draod ndruab led yuad mex lol qid, mex chongb zid yil vaif zid yil!

道白：大媒公、二媒公、押礼爷和叔伯，俗话说，子孙满堂自席间，需要你们来带领（仪式性铺草席，表示祝福），双方叔伯啊！

Yeuk Led
收席

Suk let dout dex lol guas god haik leuf let nat guas,

Suk let dout jangx chongx nghel draod zhux nyaos druax sob nit,

Mex jes gol duax nghel draod zhux nyaos dad guas.

Jat yuad suk let dout god naf let dak:

God zid nox daos bel let ot zhek,

Nil zhangt nil zhed duax dangl nil yuad bus gol[9],

Nil dob nil ncaik zhek cax let lol!

God zid let dak:

God naf nox daos bes let ot zhek!

Nil zhangt nil zhed nil yuad bus chongb,

Nil dob nil ncaik zhek cax lol jongb lout.

正如我说的这些，

婚事已经被你们操得牢靠，

姻缘已经被你们牵得妥当。

我这边母亲才说：

你方的父亲（新郎父亲），

把房屋建盖好了你才来操持姻缘，

儿女才会来呀！

我这边父亲答道：

我方的母亲（新娘母亲）呀！

把房子建好来操持婚事，

儿女才会来满堂。

Jat god naf nghel god zid nox daos let nat zhek!

Jat jangx chongb zhux nyaos dout guas,

Ged gol zhux nyaos druax shob nit.

Yuad suk let dout god naf let dak:

Nil ndruab dangs zhek zos yuad deuk dout leuf juax zhuf let denb[10] guas,

Suk dout las dex ot zhek las yuad zhaof dout las zid daf menx gongb ndros zid erf menx gongb,

Ndros dout vaif chongb zid yil duax ndros vaif zid yil,

Yuad lol haik dout ib nzhik ged lol shuax xenb[11] nik.

Jat god naf let dak:

God zid nox daof bel let ot zhek,

Jat nil ndruab dangs zhek yuad deuk dout juax zhuf let gangx guas,

Jat yuad suk let dout las cuat lenx nghel cuat dol zhek,

Jat las zhux chongb duax nghel draod zhux gol,

Yuad zhaof dout god bloub lens zid ruas sif menx gongb nghel draod shuak let wangx shob nik!

我这边的父母呀！

会把婚事筑得牢固，

能把姻缘办妥当。

我这边母亲（新郎母亲）夸说：

我对方的父亲正堂点上九盏灯，

照亮大媒公和二媒公，

以及男女双方的叔伯，

让他们好说话来共欢喜。

我这边的母亲（新娘母亲）也夸说：

我对方的父亲呀，

在他正堂里点上九盏灯，

要与别人一样，

来操得婚事办得姻缘，

照亮我四位媒公好说话来好娱乐！

Suk let dout god naf nghel god zid nox daos let nat zhek,

Jangx chongb nil dob zhux nyaos dout,

Ged gol lak nil dob zhux nyaos druax shob nit.

Jat nil zhux chongb duax nghel draod zhux gol,

Nil dob deuk zhit doul juax zhuf lil denb,

Nil dob zhaof zhit doul zox ghak ged jat dout mex bloub lens zid sif menx gongb duax nghel nyaob zos draod shuak let xenb nit.

Suk let dout god naf nghel god zid nox daos let nat zhek,

Jat nil jangx chongb nil dob zhux nyaos dout,

Ged gol lal nil dob zhux nyaos druax sob nit.

Jat nil ndruab dangs zhek dob deuk zhit doul juax zhuf let gangx shob nit,

Jat nil zhas nghol zhit doul lob drongx rangs drongx lik ruas,

Zhaof zhit dout mex bloub lens zid sif menx gongb nghel draod shuak laix wangx shob nit!

我这边的父母，

虽然婚事之喜已经筑得牢靠，

姻缘诸事已备好。

但我们在办理婚姻礼俗中，

却点不起九盏灯，

不能照亮四位媒公好说话来共欢心。

我这边的父母，

虽然婚事已筑得牢固，

姻缘已经操办妥当。

但在办理婚姻礼俗时正堂却点不起九盏灯，

也摆不起礼俗之桌，

不能照亮我四位媒公好说话来好玩乐！

Jat god naf nghel god zid nox daos let nat zhek,

Jat yuad suk let dout ub[12] ngeuf zid guangd shif haod zhangf let hlob haod zhangf let lox shob nit.

Ub ngeuf zid guangd shif yuad lol shaib dout naf lenx ngoux nyangb[13] ndrous lik voud[14] lob haok puf,

Nchait zid erx zid senb shenb mangk wux.

Ncaik yuad suk let dout ub ngeuf zid guangd shif,

Haod zhangf let lox guas haod zhangf let hlob,

Ub ngeuf zid guangd shif yuad lol shaib dout naf lenx ngoux nyangb lob haok let chuangx[15] guas,

Nchait zik erf zik senb shenb mangk tangx shob nit.

我这边的父母，

把我们两个管事当作兄长。

我们将新娘新郎的床铺好来祈福，

这样才能子孙满屋。

我们两个管事，

作为尊长，

得去将新娘和新郎那床铺好来期望，

这样才能儿孙满堂。

Jat ub ngeuf zid guangd shif yuad lol yeuk dangl zhek,

Zhit guas bangx lik npaob[16],

Yeuk dob yeuk gid duax dangl yuad yeuk dout lik gus nyaob nit;

Ub ngeuf zid guangd shif yuad lol yeuk dangl,

Yeuk zid zhit guas zid let ghoux[17] guas,

Yeuk dob yeuk gid yuad guas nil nyaob bek lik roux guas.

Yuad suk let dout nchait jaox lol ib chuangx ndros shuef buf let wangx[18] laos,

Yuad fenb drout liangk chuangx let shuef,

Liangk chuangx nchait dub shuef buf let wangx los,

Fenb drout sangb chuangx let shuef,

Nchait sangb chuangf dub shuef buf let wangx guas!

我们两个管事前来收好席，

收席不让花褪色，

收儿收女要让他们延续不断；

我们两个管事前来收好席，

收果不让籽不让胚芽坏，

收子收孙要让他们绵延不绝。

祈福让孩子们一床来不够睡，

直到分开两床睡，

两床不够睡，

直到分开三床睡，

恐怕三张床也不够睡呀！

Hax zhenf zos leuf ndox nzhis dex ndrangb let hmaot[19],

Hax zhenf yeuk liangk gof laok lik renx guas hax zhenf yuad lol kuangd dout dex juab let changx[20] guas,

Nchait yuad muax dob duax nghel zox,

Yuad zhaot geuf let ndeud guas,

Geuf ndeud zos leuf Bex Shik Jenb,

Nchait nil naf nil zid yuad muax leuf lob rongt minx shenb;

Nchait muax ncaik zhek yuad zhaot lol ndrangx shik dab,

Yuad dlend guas nil naf nil zid lox shif shab lout,

Mex bloub lens zid sif menx gongb nghel zid zhend lik ax!

等到了半夜三更，
还有两个老人在商量，
生了儿子让学艺，
让他去念书，
念书念到北京城，
父母才能有个好名声；
生了女儿让她学做蜡染裙，
才能陪伴父母有欢心，
你们四位媒人啊！

背景介绍

项保成

唱诵者： 项保成 Chenx Dangs(1962—)，男，文山市卧龙街道办事处塘子寨社区姑娘寨居民小组人，擅长婚丧古歌。

唱诵场域： 此歌属婚姻古歌，一般由男方管理婚事的人（管事）演唱。男方将女方接回当晚，为促成此桩婚姻，邀请双方媒人和长辈围桌而坐，将此事敞开说明，草席则作为祭祀天地神灵、跪拜长辈和祝福新婚的媒介。

采集翻译： 罗永洪、黄英、马朝娟、熊文国。

注 释

[1] Zid Ruas Minx Gongb：媒公，媒人。
[2] Jangx Chongb：婚事，婚俗，婚源。
[3] Ged Gol：婚姻，姻缘，姻源。Jangx Chongb Jes Gol：婚姻根源、婚姻来源，此词重在表达婚俗的根源。Jangx Jes指根源、来源、起源等含义；Chongb Gol即婚姻，是婚与姻的组合。鉴于Zaik Chongb（接亲）、Haik Chongb（说亲）和Dik Chongb等说法，Chongb明显指女方的礼俗婚俗；反之，Gol与Zaik/Haik/Dik Gol之说有所区别，gol当指男方的姻亲礼俗。
[4] Xix Caod Xix Ros：席草之力。苗族传统对万物敬畏，故拟人化表达。
[5] Ndlaos Lend：滚落，滑落。
[6] Zid Yil：叔叔。在婚姻礼俗中，担任婚姻证明人的角色。要求叔伯夫妻完整，离婚再婚者均不能担任此角色。
[7] Jaox Ged：带路，引路，文中指引新郎和陪郎拜天地人神的过程。
[8] Ndouk Gangb：（牛犁地）开沟，文中指引导新郎和陪郎拜天地人神的过程。
[9] Bus Gol：操持姻亲喜事。
[10] Juax Zhuf Let Denb：九盏（柱）灯。意指灯火辉煌。
[11] Shuax Xenb：开心，娱乐，欢喜。
[12] Ub：我俩。
[13] Ngoux Nyangb：新娘。
[14] Ndrous Lik Voud：新郎。
[15] Chuangx：床。
[16] Bangx Npaob：褪色。
[17] Zid Ghoux：果实胚胎坏。Ghoux指坏，寡，臭。
[18] Shuef Buf Let Wangx：不够睡，指儿孙繁衍众多，需要安排很多床铺才够睡。
[19] Ndox Zhis Dex Ndrangb Let Hmaot：三更半夜。
[20] Juab Let Changx：家常。

铺收席歌

Ngoux Buat Yeuk Led[1]

Buat Led

铺席

Et jat dex lik led doux ndad[2]zeuf haid dus?

Jat dex led lik doux ndad zeuf yenl nax Mangb mid Shuad gab.

Yaos dak yuad drous led lik doux jek,

Yad buas nyax zas lak ndros leuf dex nax Mangb sheud leuf mid Shuad kab.

Et jat dex led lik doux ndad zeuf haod dus?

Dex led lik doux ndad zeuf yenl nax Mangb mid Shuad kut,

Jat dak yuad drous led lik doux jek,

Yad buas nyax zas lak ndros leuf dex nax Mangb mid Shuad zub.

席草产自哪里？

席草产自那蛮人刷人的街道里。

如果需要席子，

就拿钱财去那蛮人刷人的街上买。

席草产自何处？

席草产自那蛮人刷人的集市里，

如果需要草席，

要拿钱财去那蛮人刷人的街上租。

Et jat dak mual dout led lik doux lol jek,

Ngeuf fux yens mol zid guangd shif zhuak let yad muab dout dex led lik doux ndad yad buat rox raos drout leuf send zux juab Hmongb ghak loul dex drongx dangs shik lik zhed ek,

Jat dak dex led les doux cax let daot gangb duax ndros daot ged[3] et ek!

Et jat dak zub dout led lik doux lol jek,

Ngeuf fux yens mol zid guangd shif zhuak let yad muab dout dex led lik doux ndad yad buat rox raos drout leuf send zux juab Hmongb ghak loul dex zhed draod drongx dangs,

Jat dak dex led lik doux cax let daot ged duax sheud daot gangb ek!

买来草席后，

两位管事迅速铺就草席在堂屋，

苗家婚俗礼仪才能顺畅进行哟！

租来那草席，

两位管事急忙铺就草席在正堂，

苗家礼仪婚俗才能顺利进行哟！

Et jat dak ngeuf hongx huab mol zik dif[4] zhuak let yad lol bet dout dex zid yil mol zid yeuf lous,

Bet dangl duax dak sheud bet tab,

Jat dak dex nik dob nik gid zhuak let yad tlat tlox duab ghak lik tlend suk leuf rangs nyuak ghaib.

Et jat dak ngeuf hongx huab mol zik dif zhuak yad lol bet dout dex zid yil mol zid yeuf lous,

Bet dangl duax dak sheud bet cuat ek,

Jat dak aob nas beb xongt dex nik dob nik ged zhuak let yad tlat tlox duab ghak lik tlend suk leuf rangs nyuak nbuat.

两位红花子弟来给叔伯行跪拜礼，

一叩首来二叩首，

三载两载让子孙源源不断如那窝鸡仔。

伴郎陪新郎来给叔伯行跪拜礼，

一叩首来二叩首，

两年三载来让儿孙延绵不绝像那窝猪崽。

Yeuk Led

收席

（用汉语道白）

是啦！

今天是良辰吉日，
收铺收铺子儿子孙生满屋，
收床收床子儿子孙生满堂，
床上睡不完，
还有几个蹲在火笼边盘家常。
家常盘得好，
钱文样样都好找；
家常盘得宽，
盘得金子银子买地方。
高的买起云南省，
底下买起开化城*。
买得长田好栽秧，
粮谷粮米堆满仓；
买得宽地好骑马，
骑到开化城大玩又大耍。
耍一街来又一天，
耍得钱文几万几千千；
耍一天来又一街，
耍得红花美丽有钱开。
双龙保住双龙保住！
唱到这一关，
要发财发富。

Zaik Dreud Lol Hmongb Hot:

接着用苗语唱诵：

Ek jat dak yeuk led duax das sheud yeuk led ek,

Jat dak yeuk led yeuk led yad yeuk rox raol dex nik dob jaox mol dex nik gid ek;

Ek jat dak yeuk led duax das sheud yeuk led ek,

Yaos dak yad yeuk rox raos dex nik gid duax das sheud dex nik dob.

Yaos dak god naf god zid ndox ndrangs daof ghak nat ek,

Yad lol shaib dout dex nik dob dex nik gid ek.

Zhit yaos dex nongs jongb nongs lik zaix lak,

Dub yaos leuf dex nongs choud ek;

Zhit yaos dex dob zeux ngas lak,

Dub yaos dex dob ndrous Shuad ek!

收草席来收草席，
快快收好子孙和后代；
收席草来收席草，
赶紧收好儿孙与儿崽。
我这边的父母啊，
你们快快来看你们的子孙后代，
你们的儿孙即使不像画眉一样色彩靓丽，
也会像灰鸟一般聪明；
就算天资不聪颖，
也会英俊帅气哟！

Et jat dak god naf god zid ndox ndrangs daof ghak nat ek!

Gad raox rens sheud lol shaib dex nik dob dex nik gid,

Zhit yaos dex nongs choud lak,

Dub yaos dex nongs jongb nongs lik zaix;

Zhit yaos dob ndrous Shuad lak,

Dub yaos dex dob zeux ngas.

Yaos dak god naf god zid gad jend raox rens lol buas dout mex dex nik dob dex nik gid ek,

Gad jend raox rens sheud zhenl lol lok!

我这边的父母啊！
你们快快来看你们的子孙后代，
你们的儿孙即使没有灰鸟的聪慧，
也会像画眉一样色彩靓丽，
即使没有英俊帅气的外貌，
也会有天资聪慧的本质呢！
我这边的父母赶紧来抱好你们的子孙，
快快起身来咯！

Haik lol:

道白：

Hnob nat yaos rongt hnob rongt nyongs,beb

*：开化城，即文山。

uat ngeuf fux yens zid guangd shif zhek beb sangt dob sangt gid duax jek,mex dol uat naf uat zid ek gad lol zaik leuf dex dob jaox dex gid.

Jat congx zix nat jek, ngoux ghaib jaox ghaib cangt, yad dout leuf bloub zob[5], loud ghab blais yad nkouk ngongt juas nyox gob gais. Congx zix nat jek, dex nik dob nik gid yad guas zhit muax maob zhit muax ngenl, muax maob muax ngenl dob zhit mol ndaox nenb ntuad yais.

God naf god zid nox ndrangs daof nat, mex aob dol zaik leuf dex nik dob nik gid, jat guas loud ghaib blais nkouk ngongt juas nyox gob gais, box ghaib dout nax mol bloub zob. Congx zix nat, muax maob muax ngenl zhit yuad chuax kot lak.

今日是个吉祥的日子，我们作为管事爷，要送子送孙来，你们两位作为父母，赶紧来接子接孙。

自此以后，母鸡的鸡骨会有四个好卦眼，公鸡的舌头弯如吉祥的大牛角。从这以后，子孙后代无病无灾，有灾有病了也不用驱邪算命。

我这边的父母，你们赶紧来接子接孙，这样，公鸡的舌头将弯如吉祥的大牛角，母鸡的鸡骨会有四个好卦眼。从这以后，子孙后代无灾无病，有小病有小灾也少就医拿药。

背景介绍

张发富

唱诵者：张发富 Rongd Sheuf Ndris（1956—），男，文山市柳井乡奢都村委会牛滚塘村人，掌握当地苗族丧葬古歌和芦笙曲。

唱诵场所：男方接亲回来当晚，需要铺设草席，让新郎在草席上跪谢桌上的叔伯舅公和父母双方三代祖先，跪拜结束时，把草席收起来。因此，此首古歌用于铺收草席前，由两个管事中的一个唱诵。

古歌师承：此首古歌是唱诵者30岁左右向古木镇阴洞村（Khaod Dlaik）其外公Zhud Hangf习得。而芦笙技艺师承马关县灿可村的陶文华Nzhuab Zhangb，现已故去，其师陶文华师承Bangx Chenf（汉语姓名不详）。

采集翻译：罗永洪、熊文国、陶金翠、熊兴坛。

注 释

[1] Ngoux buat yeuk led：铺席和收席，是婚姻仪式中的两个民俗礼节。

[2] Doux ndad：席草。

[3] Daot gangb daot ged：大道通畅，（路）四通八达，引申为道理顺畅明了。

[4] Hongx Huab Mol Zik Dif：红花子弟。喻指新郎和陪郎。

[5] Bloub Zob：鸡大腿四个骨眼。苗族民间看鸡大腿骨上的四个天然眼口，根据四个天然眼口的倾斜程度表示吉凶。一般是用针或刺插入其中，然后根据插入后的针或刺的斜度进行吉凶判断。

其他
Bef Zhangd

捎给父母的歌
Daix Lol Shaob Naf Shaob Zid

Ek dex nat haik let nad max:

Ged zux ged loul aob lenx zid[1],

Uat let jangl gaox juax rangs yuad daix dout ngoux langs[2] ndros gaox faid gangb[3],

Yif nghait lak yuad daix dangl dout ncaik Ngoux Langs ndros gaox faid ged yos.

Uat let jangl gaox yuad haik ngoux langs naf zox ged ab uat jangl ab,

Uat let jangl haik dout ncaik ngoux langs naf zox ged kud wef uat jangl kud yos?

Ged zux ged loul aob lenx zid yos!

现在我将这样说：

两位媒公，

您九首歌在祈求把构兰带走，

八首歌也在祈求把构兰带去。

那您是否知道她母亲养育的艰辛，

生活有多累？

两位媒公！

Uat let jangl jat god dak,

Gaox juax rangs daix ngoux langs ndros gaox faid gangb,

Yif nghait daix dout ncaik ngoux langs ndros gaox faid ged.

Uat let jangl god dak gaox yuad haik ngoux langs naf zox ged ab uat jangl ab?

Haik ngoux langs naf zox ged kud uat jangl kud?

Gaox zhit haik nat zhek god yuad uat jangl uat yos,

Ged zux ged loul aob lenx zid yos!

正如前面所说的，

您九首歌在祈求把构兰带走，

八首歌也在祈求把构兰带去。

请问您是否知晓新娘母亲养育的辛苦？

生活是怎么累？

说不清楚我将不知如何是好啊，

两位媒公！

Uat let dex nat haik let nad:

Ged zux ged loul aob lenx zid menx gongb,

Uat let jangl haik cuat nax nghel leuf dex cuat hnob,

Uat let jangl dangs ngil nat gaox juax rangs daix ngoux langs ndros gaox faid gangb,

Yif nghait daix dout ncaik ngoux langs ndros gaox faid ged.

Hnob nat gaox xik ncaik ngoux langs dluat dangl ngoux langs naf qangd jaox leuf ghak zuak,

Zhes naf ngoux langs naf ghuax uat langx shangb langx ghak shuat[4].

Xik ncaik ngoux langs dluat dangl qangd zhed jaox leuf ghak zok[5] ek,

Zhes dout dangs ncaik ngoux langs naf yuad ghuax uat langl uat lol[6] ek.

那再这样说吧：

两位媒公，

您们说了日日夜夜，

今早您九首歌在祈求把构兰带走，

八首歌也在祈求把构兰带去。

今日您把构兰带出父母的正堂，

留下构兰母亲哭哭啼啼。

您领构兰走过她父母的厨房，

留下她母亲啊心神不宁。

Gaox xik ngoux langs dluat naf ngoux langs naf lob drongx nguax nbuat,

Gaox haik rangx dus haik zhangd dus drout god jaox mol ek dot dangl dout ncaik ngoux langs naf let dex zax leuf dex guat muas?

Hnob nat gaox xik dout ncaik ngoux langs dluat dangl ngoux langs naf lob drongx nguax nyos,

Gaox haik dout rangx dus haik zhangd dus keuk drout god jaox mol dot dout dangl ncaik ngoux langs naf let zax ek leuf dex guat muas zhit lol nat yos?

Ged zux ged loul aob lenx zid yos!

您领构兰走过她父母的猪圈，

您要用什么言语好让我向她父母交代止住他们的泪水？

今日您领构兰走过她父母的牛棚，

您有什么办法让我去宽慰他们让他们不要过分伤心？

两位媒公！

Uat let jangl ral nat ngoux langs yuad nzuax nenl yenl draod khaod bangl dlex nchab[7],

Zhes nenx zhes zhangd ek draod khaod bangl dlex shod[8] yos!

Ral nat ncaik ngoux langs sheud zhox ndos ndrenl zhos yad mol zhek,

Nchait zhongx nenl yenl ek uat ncaik ngoux langs zhes nenx zhes zhangd ek,

Uat dout ncaik ngoux langs lox shab dot,

Gaox yuad haik dout rangx dus uat jangl ndroux ek?

Haik zhangd dus lal uat jangl jaob nat yos!

Ged zux ged loul aob lenx zid yos!

这次构兰策马奔腾要寻找新水源，

留下了父母亲人的温泉！

这次构兰起身就要走，

她将纵马疾驰离别亲人，

让她伤心不已，

伤心离别之事您要如何抚慰哟？

什么话才能减轻那离别之痛！

两位媒公！

Uat let jangl cuat nax leuf dex cuat xongt ngoux langs nyaob zhed ek jux ndangk[9] leuf dex cod khuak zhek,

Nchait zhit yuad ncaik ngoux langs naf mol duad,

Jangl lob yal lob zhot jek zhit yuad ncaik ngoux langs naf mol nzuad,

Uat let jangl tongb dlex jek zhit yuad ngoux langs naf mol drik,

Lob yas lob zhot lal zhit yuad ncaik ngoux langs naf draod mol njis yos.

Ras nat mex xik ngoux langs mol ghak das,

Uat let jangl jux ndangk leuf dex cod khuad jek yuad zhes drout lenx dus duad?

Jangd ek lob yal lob zhot zhek zhas yuad zhes drout ngeuf dus mol nzuad?

Uat let jangl tongb dlex ek zhes drout lenx dus mol drik ek?

Lob yal lob zhot jek zhes drout ngeuf dus mol njis?

往年往日构兰在家有她舂好米，

各种事都不需母亲做，

锅碗瓢盆不用母亲洗，

吃水不用母亲去背，

灶台也不用母亲打理。

这次你们真要带构兰走了，

那稻谷要留给谁舂？

锅碗瓢盆要留给谁洗？

水要留给谁去背？

灶台要留给谁打理？

Uat let jangl tongb dlex zhes drout ngoux langs naf drik,

Lob yal lob zhot zhek zhes drout ngoux langs zid mol njis ek,

Jangd jux ntangb leuf dex cod khuad zhes

drout ngoux langs naf mol duad,

Roub zhab roub nyox zhes drout ncaik ngoux langs zid mol chuat yos.

Ncaik ngoux langs naf loux del jouf ghak jol[10] ek njot tlend ncaik ngoux langs zax ek dex guat muas lol,

Ncaik ngoux langs zid loux del jaox tongb[11] zhek njot zos ncaik ngoux langs zax enb leuf dex guat muas[12] bongb.

Zhek yuad uat jangl uat?

Ged zux ged loul aob lenx zid!

那样水只能留给母亲背，

灶台只能留给父亲打理，

稻谷只能留给母亲舂，

猪食牛草只能留给父亲找。

在母亲舂米时想起姑娘会流泪，

父亲挑水时想起姑娘会伤心。

这样要怎么办啊？

两位媒公！

背景介绍

唱诵者： 熊开德 Zax Zhangk Hmaob（1954— ），男，文山市薄竹镇老屋基村委会烂泥洞村人，掌握当地苗族婚丧文化，擅长苗族古歌。

熊开德

唱诵场域： 在新郎一方到新娘家去接亲即将离开时，新娘一方的“管事爷”教育新郎及新娘，要记住父母的养育之恩。

采集翻译： 罗永洪、黄英、侯文涛、马士洪、候万革、熊文国、熊兴坛。

注 释

[1] Ged Zux Ged Loul Aob Lenx Zid：两位媒人，指替男方操办婚礼的大媒公和二媒公。

[2] Ngoux Langs：构兰，系音译，指漂亮的女孩。一般指较年轻的女性，这里指新娘。与之对应的是Ndrous Langx（帅哥，年轻小伙子）。

[3] Faid Gangb：与Faid Ged 对应，即走路，带走。

[4] Langx Shangb Langx Ghak Shuat：特别伤心的样子。

[5] Zhed Zok：厨房。

[6] Uat Langl Uat Lol：不停地自言自语。

[7] Bangl Dlex Nchab：清水塘，喻指新生活。

[8] Bangl Dlex Shod：热水塘，温泉，喻指以前的生活。

[9] Jux Ndangk：扁担，指责任。

[10] Loux Del Jouf Ghak Jol：伸出手抓住木舂棒，即舂米。

[11] Loux Del Jaox Tongb：伸手抓住木桶，即挑水。

[12] Zax Enb Guat Muas：为养育之恩流下泪水。Zax Enb指恩德，Guat Muas指眼泪。

孝道古歌
Ngoux Deut Ngoux Khuab

指路歌
Deut Ged

冷歌
Ngoux Zal

Duas Zhenb Duas Juad
确定生死

Zhenb Duas Lak Juad Duas

再三确认死亡

Zef nad zhek:

Zhouk ndox nzhif let vongs[1] et,

Nenb let hab deb nzhif jangs let lak ek ef!

Uat jangl et?

Cuat nax nghel cuat dangl let ghak gil zhek,

Gangx ndos[2] ghak lol muax ged gangx sangb ndox[3] ghak lol muax zhek,

Draod touk let ghak nzod et.

Gaox yad lol shik sheud let nzod ot,

Sheud lol zuak dout dex dak gud dix lol gud ved lol.

这一则：

天黑沉沉啊黑黢黢一片，

人和地紧紧相连哟分不清彼此！

为何呀？

往年往日的早晨，

天破晓来有天道，

天明亮来有天理。

在之前啊，

你会早早起床问候兄弟和姐妹。

Uat jangl et?

Dangs gil nad ek ef,

Gangx ndos ghak lol muax ged gangx et,

Sangb ndos ghak lol muax zhek.

Draod dout touk lik ghak nzod et,

Gaox yad but ghak lik ndit lik ndit nax ib dangs lik gil,

Zos dangd nad lol shik zhit zeux sheud,

Zuak zhit dout dex gud dix lak gud ved lol et ek ef!

Eb lenx hlob dak gaox duas et,

Lenx yout dak gaox duas et ek ef!

Gaox sheud yad shaib duas zhenb lak duas juad et ek ef?

为何呀？

在今早，

天破晓来有天道，

天明亮来有天理。

在之后啊，

你会一动不动睡了一早上，

直到此时不起身，

不能再向兄弟姐妹问候了啊！

长者来说你过世了，

小辈也说你过世了！

那你到底是真死还是假死了呢？

Ndeus: Gaox sheud yad duas ghak das jek, God yuad muab dlex nzuad muas dout gaox nzuad let nad das.

(Ndouk ib ras zhenx ndeus[4].)

祭腔：你若是真死了的话，我要拿这洗脸水给你洗脸了。

（打一次竹卦。）

Nzuad Muas Lais Chaik

洗漱祭餐

Gaox yuad nzuad mol beb dik goud luax dlob[5],

Dout jex ghangb job[6] ek;

Gaox yuad nzuad mol beb dik goud luax dlangs[7],

Dout jex ghangb zangs[8] ax.

(Ndouk ib ras zhenx ndeus.)

你要洗去三把黑污渍，

丢弃在火塘底；

你要洗去三捧黄污垢，

丢弃在床榻脚。

（打一次竹卦。）

竹卦

Nil nad gus,

Dlex nzuad muas gaox nzuad dangl nad zhek.

God ndouk zaox kaob jeud[9] dout gaox houk ek,

God let muab chaik dout gaox naox nad das.

Gaox yuad houk mol ndaot maob ndaot nzhangx[10],

Ndaot said ndaot lol hod zhox lik zhis[11],

Zhox nbos muas[12] dail hlait nyangs[13] nad let hek.

(Ndouk ib ras zhenx ndeus.)

现在啊，

你已经洗脸洗漱洗完毕。

我这才敬上祭酒给你喝，

我这才献上祭餐给你吃。

你要喝了才能祛病除痛，

断绝一切流言蜚语，

在你这面布和祭盆之中了。

（打一次竹卦。）

Nil nad gus,

Dlex nzuad muas gaox nzuad dangl nad jek.

God muab chaik[14] dout gaox naox nad das.

(Ndouk ib ras zhenx ndeus.)

在此时，

你已经洗脸洗漱完毕。

我才献上祭餐给你食。

（打一次竹卦。）

Nil nad gus,

Gaox yad naox mol ndaot maob ndaot nzhangx,

Ndaot said ndaot lol hod zhox let zhis,

Zhox nbos muas dail hlait nyangs nad let hek.

(Ndouk ib ras zhenx ndeus.)

现在呀，

你要吃了才能祛病除痛，

远离所有风言风语，

在你这面布和祭盆之中嘿。

（打一次竹卦。）

Chaik gaox naox dangl nad zhek!

Changd ndox[15] hod let zhis,

Ndax deb soud lenl laix nyox nghel zhit bet[16];

Lol nangs[17] ghak rous,

Ndax deb soud lenl laix nyox nghel zhit doul.

Ek gaox bof lak zhit bof ax?

Gaox bof nat zhek,

God drik buax sib got vongf[18] dout gaox del,

Gaox let mol muab gaox chaot zhox chaot nbuas[19] draod mol daof nblax ndrangl deb qeut nad das XXX.

(Ndouk ib ras zhenx ndeus.)

早餐你已吃好！

晴空晴万里呀，

世间热热闹闹，耕牛犁地犁不累；

阴雨正缠绵呢，

世间热热闹闹，耕牛犁地犁不动。

这些你见了还是没有见呢？

若你见到了，

我拿起耙齿犁把放到你手中，

你拿到你的绫罗绸缎，你才能去到你那栖息的地方啊，某某某。

（打一次竹卦。）

Draod nos Jax Duas

再次确认死亡

Zef nat zhek (Shuab Nyad):

Zhouk ndox nzhif let vongs et,

Nenb let hab deb nzhif jangs let lak et ek ef!

Uat jangl god sheud bof dout muax ib ghak lik dol et,

Ndif dout lob rangf zas let ris[20] zos dout dif daox lol nghel et ek ef?

Yaos gaox lak nyaob zhit yaos et?

Yaos leuf gus gaox zhek,

Gaox yad dis nzhex[21] lol nongs,

Dis muas lol nghel shaib ek ef!

God yad haik drout ndax bes deb nat beb jous beb lik rangx lol dlangb lol let ndrual[22] drout gaox nongs et!

这一则（哭腔）：

天黑沉沉黑乎乎一片，

人和地呀紧紧相连分不清彼此！

为何我起来看见有那么一个，

从那山坡上下来一个着装靓丽的人哦？

这个人是不是你呀？

若真是你，

你要侧着耳朵来听，

转过眼睛来看哪！

我要讲人世间三十又三首神话故事给你听啊！

Ndeus: Gaox let dongt hout lik dus[23] let dus mol juas bos nyaob juas yeuf[24] nad das ax!

(Ndouk ib ras zhenx ndeus.)

祭腔：你要低头俯首去和祖先相会啊！

（打一次竹卦。）

Renx Yenb Douf Dlangb

人烟传说

Ndax Deb Muax Lenx Dus

天地间有何人

Jat lak nenx lik souk soud ot (Shuab Douf Dlangb),

Soud lak uat soud,

Soud louk yof dangl, sout lout nif!

Zheb nad lout:

Zhouk ndox nzhif lik vongs et!

Zhouk dout nax zhangd lik zhit jed jaox lol nyaob?

Hat deb nzhif let jangl?

Zhouk dout naf zhangd lik zhit jed jaox nyaob lol zongl let?

Zhouk ndox nzhif let vongs et!

Zhouk dout Ngoux lik Ab[25] jed jaox sheud lol nyaob.

Hab deb nzhif let jangl?

Zhouk dout Ab lik Out[26] jaox nyaob lol zongl nit.

当人睡沉沉哦（故事腔），

沉沉睡去，

什么都没有，悠远啊！

这一则（哭腔）：

天黑沉沉啊黑黢黢一片！

漆黑的天际有什么事物存在？

地暗成什么样？

黑暗的大地又有什么事物生存？

天黑沉沉漆黑一片！

漆黑的天际有构里阿存在。

地暗成什么样？
暗沉的大地又有阿里欧生存。

Ndok Ndox Hab Deb

编天织地

Ngoux lik Ab zhas yat uat nenx ab[27],
Ab lik Out zhas yad uat nenx souk[28].
Zhas yad uat leuf dout lob leuf nenx duax gus nchait let zhud let zhud[29] et!
Zhas let nak dout ndid dox ndid dox[30] ndos,
Muax dob sheud bof ged dik nbet,
Dik[31] uat Dox nyaob sheud Lik Nblos[32].
Ngoux lik Ab zhas yat uat nenx ab,
Ab lik Out zhas yat uat nenx souk.
Zhas yad uat leuf dout lob leuf nenx duax gus nchait let zhud let zhud!
Zhas let nak dout ndid dox ndid dox dut,
Muax dob bof ged sheud dik nbet nit,
Let dik uat Dox Lik Guk[33].
构里阿过着苦日子，
阿里欧也过着穷生计。
过着胆战心惊的生活！
还被挤到天的边际，
生下一儿来取名有依据，
取名叫夺哩波。
构里阿过着苦生计，
阿里欧也过着穷日子。
过着担惊受怕的生活！
还被压至天的边沿，
生下一儿来取名有依据，
取名叫朵里古。

Dox Lik Nblos hlob dad zhox[34],
Dox Lik Nblos sheud ndok ndox[35];
Dox Lik Guk hlob dad jed,
Dox Lik Guk duax jek sheud hab deb[36] nit.
Dox Lik Nblos ndok ndox leuf xangt nax,
Dox Lik Guk hab deb leuf xangt xongt;
Dox Lik Nblos ndok ndox sheud lol bongb,
Dox Lik Guk hab deb sheud lol zos.
夺哩波长成人，
夺哩波来编天；
朵里古长大了，
朵里古去织地。
夺哩波编天编七载，
朵里古织地织七年；
夺哩波编天来坐落，
朵里古织地来立起。

Nzhual Ndox Nzhual Deb

丈量天地

Ghangd Geuk Nzhual Ndox Deb

蛤蟆量天地

Zhas yat shaib let dout naf ngoux ghuak ghangd lik geuk[37] et,
Rouf lik rub lik ruas Dox Lik Nblos dex ghak ghangb sob nzangt[38].
Dox Lik Nblos yuad dak:
Ndox nik ngoux ghuak ghangd lik geuk et!
God ndok ndox leuf xangt nax,
Hab deb leuf xangt xongt.
Ndok ndox sheud lol bongb,
Hab deb sheud lol zos.
Gaox yuad sheud zhox duab ghak zhenl bangb god sheud nzhual ndox[39],
Shaib let dout god lob ndox dlangd lak zhit dlangd nit?
Shaib let dout god lob deb dlangd lak zhit dlangd ek?
Shaib dout ndax deb lol gab rongt nyaob?
Deb qeut lak gab rongt zongl[40]?
Ndax deb lak gab muax nens nyaob?
Deb lik qeut lak gab muax nens zongl?
又看到那蛤蟆呀，
坐在夺哩波的篱笆隔墙脚下。

夺哩波说道：
蛤蟆呀！
我编天编了七载，
织地又织七年。
编天来坐落，
织地来立起。
你要赶紧起身来帮我丈量天，
查看我的天是宽还是窄呢？
查看我的地是广还是狭啊？
看看天地是否好住？
地方是否宜人？
世间是否有人生活？
地方是否有人生存？

Nchait naf ngoux ghuak ghangd lik geuk et,

Sheud zhox duab ghak zhenl bangb let dout Dox Lik Nblos sheud nzhual ndox,

Nzhual lik raos ib drox duax zhek gouf beb hnob,

Ib hlit beb jous nyongs,

Lob ndox nghaif ndox lik zhot,

Deb nghaif deb lik druad et,

Ndax deb lol zhek zhit rongt nyaob,

Deb lik qeut lak zhit rongt zongl,

Ndax deb zhit muax ncnb nyaob,

Deb qeut zhit muax nenb zongl.

Et...

Naf ngoux ghuak ghangd lik geuk duax zhek sangd but shout reb[41],

Nchait lik dout njex hmod[42] jex bleb duax bes deb nat,

Ngoux ghuak ghangd lik geuk sangd but shout luax[43],

Nchait dout njex hmod jex bleb[44] duax,

Naf ngoux ghuak ghangd lik geuk let draod lik yeub lik yeub[45] draod lol zos.

这蛤蟆啊，
便闻声而起去丈量天，
匆忙丈量来一步十三天，
一月三十日，
上天窄又窄，
大地小又小，
世间不好生活，
地方不好生存，
世间没有人生活，
地方没有人生存。
啊……
蛤蟆到来想躺在石块上，
它却怕地缝中石钎子长，
蛤蟆到来想躺在泥土上，
它也怕钎子从地缝中出，
蛤蟆才慢慢悠悠地回来。

Dox Lik Nblos yad dak:

Ndox nik ngoux ghuak ghangd lik geuk et!

Gaox sheud zhox duab ghak zhenl bangb god draod nzhual ndox,

God lob ndox dlangd lak zhit dlangd nit?

Lob deb dlangd duax lol zhit dlangd et?

Ndax deb lol gab rongt nyaob?

Deb qeut lak gab rongt zongl?

Ndax deb lol gab muax nens nyaob?

Deb let qeut lak gab muax nens zongl?

夺哩波问道：
蛤蟆呀！
你快快去帮我丈量天和地，
我的天是宽还是窄呢？
地是广还是狭啊？
世间是否好生活？
地方是否好生存？
世间是否有人生活？
地方是否有人生存？

Nchait naf ngoux ghuak ghangd lik geuk dak:

Dox Lik Nblos nik Dox Lik Nblos,

God sheud zhox duab lik zhenl bangb gaox draod sheud nzhual ndox,

Nzhual lik raos ib drox duax zhek gouf beb hnob,

Ib hlit beb jous nyongs,

Lob ndox nghaif ndox lik zhot,

Lob deb nghaif deb nit druad nit,

Ndax deb lol zhek zhit rongt nyaob,

Deb let qeut zhek zhit rongt zongl,

Ndax deb lak zhit muax nenb nyaob,

Deb qeut lak zhit muax nenb zongl.

God duax zhek sangd but shout reb,

Nchait njex hmod jex bleb duax bes deb,

God sangd let dak but shout luax,

Nchait njex hmod jex bleb duax,

God let draod lik yeub lik yeub draod lol zos soub lout nif!

(Zhaot ib ras zhenx ndeus.)

蛤蟆则回答：

夺哩波呀夺哩波，

我急忙帮你去丈量天，

丈量了一步十三天，

一月三十日，

量天天又窄，

量地地又狭小呢，

世间不好生活，

地方不好生存，

世间没人生活，

地方没人生存。

我来了就想躺在石头上，

却怕地缝中石钎子长，

我来了就想躺在泥土上，

也怕钎子从地缝中出，

我才慢慢悠悠地回来到这儿啊！

（打一次竹卦。）

Dlangd Nzhual Ndox deb

老鹰量天地

Zef nad lout,

Dox Lik Nblos ndok ndox lol xangt nax,

Hab deb leuf xangt xongt.

Ndok ndox draod lol bongb,

Hab deb draod lol zos.

Nchait shaib let dout dlangd dleub dlangd maox ncut[46],

Rouf let rub let ruas[47] Dox Lik Nblos dex ghak lob houd dax[48],

Rouf let rub let ruas Dox Lik Nblos lob houd bel net.

这一则：

夺哩波编天编了七载，

织地又织七年。

编天来坐落，

织地来立起。

见到有只长毛白鹰，

时而蹲在夺哩波的平原上，

时而横卧在夺哩波的高坡。

Dox Lik Nblos yad dak:

Ndox nik dlangd dleub dlangd maox ncut et!

God ndok ndox leuf xangt nax,

Hab deb leuf xangt xongt.

Ndok ndox sheud lol bongb,

Hab deb sheud lol zos.

Gaox yat sheud zhox duab lik zhenl bangb god draod nzhual deb.

Shaib god lob ndox dlangd lak zhit dlangd nit?

Lob deb duax dlangd lak zhit dlangd et?

Ndax deb lak gab rongt nyaob?

Deb qeut lak gab rongt zongl?

Ndax deb zhek gab muax nenb nyaob?

Deb lik qeut gab muax nenb zongl?

夺哩波说道：

长毛白鹰啊！

我编天编了七载，

织地又织七年。

编天来坐落，

织地来立起。

你快快去帮我丈量地。
看看天是宽还是窄？
地是广还是狭哟？
世间是否好生活？
地方是否好生存？
世间是否有人生活？
地方是否有人生存？

Nchait dlangd dleub dlangd maox ncut zhas yat sheud zhox duab ghak lik zhenl bangb dout Dox Lik Nblos draod nzhual ndox,

Nzhual let raos ib drox gouf beb hnob,

Ib hlit beb jous nyongs,

Ndox nghaif ndox lik zhot,

Deb nghaif deb lik druad nit!

Ndax deb duax zhek let rongt nyaob,

Deb qeut duax zhek sheud rongt zongl.

Ndax deb lol let muax nenb nyaob,

Deb lik qeut sheud lol let muax nenb zongl.

Nchait dlangd dleub dlangd maox ncut duax zhek sangd but shout reb,

Nchait dout njex hmod jex bleb duax bes deb,

Dlangd dleub dlangd lik ncut but shout luax,

Nchait njex hmod jex bleb duax,

Dlangd dleub dlangd maox ncut let draod let yeub let yeub draod lol zos.

长毛白鹰才去帮夺哩波丈量天和地，
丈量了一步十三天，
一月三十日，
这天窄又窄，
这地小又小呢！
世间这才好生活，
地方这才好生存。
世间这才有人生活，
地方这才有人生存。
长毛白鹰飞来想睡在石头上，
它却怕地缝中石钎子长，
长毛白鹰飞来想睡在泥土上，
它也怕钎子从地缝中出，
长毛白鹰才慢慢悠悠飞回来。

Dox Lik Nblos yad dak:

Ndox nik dlangd dleub dlangd maox ncut et,

Gaox sheud zhox duab lik zhenl bangb dout god draod nzhual ndox.

God lob ndox dlangd lak zhit dlangd nit?

Lob deb dlangd duax lol zhit dlangd et?

Ndax deb lak gab rongt nyaob?

Deb qeut lak gab rongt zongl?

Ndax deb lak gab muax nenb nyaob?

Deb lik qeut lak gab muax nenb zongl?

夺哩波问道：
长毛白鹰啊，
你去帮我丈量天和地。
天是宽还是窄？
地是大还是小呢？
世间是否好生活？
地方是否好生存？
世间是否有人生活？
地方是否有人生存？

Dlangd dleub dlangd maox ncut dak:

Dox Lik Nblos nik Dox Lik Nblos,

God sheud zhox duab lik zhenl let bangb draod nzhual ndox.

Nzhual lik raos ib drox duax zhek gouf beb hnob,

Ib hlit beb jous nyongs,

Lob ndox dlangd lik fangd lik fangd[49] et,

Let muax mol gouf xangt qangd[50] huak;

Lob deb dlangd lik fait lik fait[51],

Let muax mol gouf xangt jait[52].

Ndax deb lol zhek let rongt nyaob,

Deb qeut lak let rongt zongl.

Ndax deb lol cax let muax nenb nyaob,

Deb qeut lak let muax nenb zongl.

Et...

God duax zhek sangd but shout reb,

Nchait let dout njex hmod jex bleb duax bes deb,

God sangd let dak but shout luax,

Nchait let dout njex hmod jex bleb duax,

God let draod lik yeub lik yeub draod lol zos soub lout nif!

(Ndouk ib ras zhenx ndeus.)

长毛白鹰则答：

夺哩波呀夺哩波，

我帮你丈量天和地。

丈量了一步十三天，

一月三十日，

天宽来又宽，

宽有十七间；

地大来又大，

大有十七里。

世间这才好生活，

地方也才好生活。

世间有人生活，

地方才有人生存。

啊……

我来就想睡在石头上，

却怕地缝中石钎子长，

我来就想睡在泥土上，

也怕钎子从地缝中来，

我才慢慢悠悠回来呢！

（打一次竹卦。）

Zeux Maob Zeux Duas

死亡之源

Ghangd Geuk Duas Zhut Lux

蛤蟆之死

Zef nad lout:

Nchait Dox Lik Nblos zhas yad shaib lik dout naf ngoux ghuak ghangd lik geuk but rouf let rouf let ruas Dox Lik Nblos dex ghak ghangb taid nyox[53],

Dox Lik Nblos zhas yad keuk lik ngouk dex dol dluad mol dluad[54] ghuak[55] ghuab let nyox[56] beb lik dluad [57]dluad ghuak ghuab lik nyox,

Ngoux ghuak ghangd lik geuk let nzhoub hout lik ghak nzhos[58] Dox Lik Nblos dex ghak ghangb taid nyox.

Dox Lik Nblos zhek zhas shaib lik dout ngoux ghuak ghangd lik geuk rouf lik rub lik ruas Dox Lik Nblos dex ghak ghangb taid nenl[59],

Dox Lik Nblos zhas keuk ngouk dex dol dluad mol dluad ghuak ghuab lik nenl beb lik dluad dluad ghuak ghuab lik nenl,

Ngoux ghuak ghangd lik geuk let duax nzhoub hout ghak ndrenl Dox Lik Nblos dex ghak ghangb taid nenl.

Ngoux ghuak ghangd lik geuk zhut lux[60] let dak zhut ndaot ndox[61],

Zhut bangt duax lik dak zhut ndaot taid et!

这一则：

夺哩波看见蛤蟆横躺在夺哩波的牛圈脚，

夺哩波才拾起木板去拍打了三下，

蛤蟆随即垂下头颅躺倒在夺哩波的牛棚脚。

夺哩波见那蛤蟆坐在夺哩波的马厩底，

夺哩波才拾起那木板去拍打了三下，

蛤蟆即刻垂下头颅躺倒在马厩底。

蛤蟆死后腐味臭通天，

腐气溢出圈哦！

Nzhux lik Nyongs yad dak:

God nyaob god zox ged dleb,

God nyaob god zox ged dlangd it.

God nongb maob[62] muax dex jongb[63],

Nongb zhangt muax dex ndout.

Nongb maob muax dout bongb,

Nongb zhangt muax dout tlout.

Yaos dout lenx dus uat zhid shab[64]?

Yaos dout lenx dus uat zhid bleud nit?

Nzux lik Nyongs zhas yad kheb dout lob drongx[65] let rongt sheud lol shaib,

Yaos dout Dox Lik Nblos mex uat zhid shab,

Dox Lik Nblos uat zhid bleud it.

祝牛才说：

我住在遥远的地方，

我的地盘宽又宽。

我的病种多，

我的种源广。

病种有撒落，

病源有遗漏。

是谁心不好?

是谁心太坏?

祝牛打开天门来巡视，

是夺哩波心不好，

是夺哩波良心坏。

Zhux Ghangd Geuk Jed

蛤蟆身重铸不了

Nzux lik Nyongs yad dak:

Ndox nik Dox Lik Nblos nik Dox Lik Nblos,

Gaox lenx duax nghel shab zhit rongt,

Muab dout god naf ngoux ghuak ghangd lik geuk sheud zhif duas[66] zhek.

Gaox yad muab dout god naf ngoux ghuak ghangd lik geuk dex ghak nghaix[67] lol nyaob zhux dout[68],

Dex ghak cangt[69] lol nyaob zhux dad it,

Zhangt lik raos lik raos lak god naf ngoux ghuak ghangd lik geuk sheud lol jax[70] nens lak zhit jax et.

Dox Lik Nblos sheud zhox duab lik zhenl muab lik dout naf ngoux ghuak ghangd lik geuk dex ghak nghaix lol nyaob zhux dout,

Dex cangt lol nyaob zhux dad it,

Zhangt lik raos lik raos lak,

Naf ngoux ghuak ghangd lik geuk sheud draod lol zhit jax lik nens.

祝牛才说：

夺哩波呀夺哩波，

你这人心不好，

把我的蛤蟆来害死。

你立即把我的蛤蟆肉身来铸造，

遗骨来筑好，

把蛤蟆扶起来看能不能复活。

夺哩波起身把蛤蟆的肉身来铸造，

遗骨来构筑，

迅速搀扶起，

蛤蟆已不能复活。

Ndeus: Nil nad gus nblax deb dex duab nens let zeux duas, deb qeut dex duab nens let zeux blox[71] nad das!

(Ndouk ib ras zhenx ndeus.)

祭腔：正因如此，世间的人才会死亡，凡间的人才会去世啊!

（打一次竹卦。）

Nenx Dlangb Shik Xeut

人鬼相混

Zef nad zhek (Shuab Nyad):

Zhouk ndox nzhif lik vongs et,

Nenb let hab deb nzhif jangs lik lak et ek ef!

Uat jangl et?

Touk let ghak ot[72] et,

Nenx dlangb lol shik xeut[73] yat,

Dlangb nenx lol shik zongl[74] et,

Ndax deb dex nenx let yongs dout[75] dex dlangb lik bangt[76] et,

Dlangb let nongs dout nenb lol;

Tout lik ghak ot,

Nenx dlangb lol shik zongl,

Dlangb nenx lol shik nqangt[77] ek ef,

Ndax deb dex nenb let lol nongs dout dex dlangb let lol,

Dlangb let yongs dout dex nenb bangt huak.

这一则（哭腔）：

天黑沉沉啊黑黢黢一片，

人和地也紧紧相连分不清彼此！

这是为何？

在远古时候，

人和鬼神混杂住一起，

鬼神和人相互依存，

世间的人能模仿鬼神的气息，

鬼神也能听懂人的话语；

远古的时候，

人和鬼神来相互依存，

鬼神和人混杂住一起，

世间的人能听懂鬼神的话，

鬼神也能模仿人的气息。

Uat jangl ek?

Nil nat nenx dlangb zhit lol shik zongl,

Dlangb nenx lak zhit lol shik nqangt et,

Dex nenb lak nongs zhit dout dex dlangb let lol,

Dlangb zhas yad yongs zhit dout nenb bangt et ek ef.

Nil nat zhek nenx dlangb zhit lol shik nqangt,

Dlangb nenx zhit lol shik zongl et ek ef,

Nenb lak yongs zhit dout dex dlangb let bangt et,

Dlangb yad nongs zhit dout nenb lol et!

为什么啊？

现在人和鬼神不混杂住一起，

鬼神和人不能相互昭示哟，

人听不懂鬼神的话语，

鬼神也不能模仿人的气息啊。

现在人和鬼神不相互昭示，

鬼神和人不互相依存啊，

人也不能模仿鬼神的气息，

鬼神也听不懂人的话语啊！

Uat jangl touk lik ghak ot,

Zhas yad zhaot pluad[78] nenx dlangb lol keuk cangt[79],

Dlangb nenx lol keuk nghaix[80] huak.

Dex dak dlangb sob keuk zhek,

Dlangb yad keuk dout cangt lak cangt let nyax[81],

Dex nghaix lak nghaix let gob[82] et.

Uat jangl et!

Ghak loul mex lol zhit zeux keuk lik cangt et,

Zhas yad keuk dout nghaix lak nghaix jed rib[83] et ek ef,

Dex cangt lak cangt ploub mangx[84] et!

Uat jangl nchait changd ndox duax lak nghaix jed lik rib zhas yad yangx ndos ghak nzhuad[85] et,

Lol lik nangs nat ek ef dex cangt ploub mangx let lux lak lod ghak nguad[86] et!

是远古之时，

放开人和鬼神来选骨头，

鬼神和人来捡肉身。

鬼神来先选呀，

他们选走了银骨，

捡去了金肉身。

这样呀！

人不会选骨头呀，

却去捡到了那蜜肉身，

选择了那麻秆骨啊！

天晴则蜜肉身易熔化，

下雨了麻秆骨易腐朽折断！

Ndeus: Nil nad ndax deb dex duab nens let zeux blox, deb qeut dex duab nens let zeux duas nad das.

(Ndouk ib ras zhenx ndeus.)

祭腔：此时，世间之人才会逝去，世上之人才会死亡。

（打一次竹卦。）

Ndroux Vangx Zhed

告别家园

Njaif Zangx Qeut

告别床神

Zef nad zhek (Shuab Nyad):

Zhouk ndox nzhif lik vongs et,

Nens let hab deb nzhif jangs lik lak et!

Uat jangl et?

Sheud draod et ek ef,

God shaib gaox yuad nghel lik ghak nzhongs gaox yif naf zid dlangb drongx lik ghak zangx[87],

Et... Gaox yif naf zid dlangb drongx lik ghak zangx zhas uat dout lol dlangx ghak zhuad[88] lol dangd gaox ged et!

Gaox yif naf zid dlangb drongx lik ghak zangx zhas yad haik gaox dak:

Gaox bend lik dout beb hod zhed duab lik dex nens[89] et ek ef,

Gaox yad mol dout zox ged gus mol ncheut ghuad luax dlob[90] et?

这一则（哭腔）：

天黑沉沉呀黑漆漆一片，

人和地紧连呀什么也看不清！

为何呀？

起身来呀，

我看见你从床边下来，

啊……床神却张开双臂来拦着你的路呀！

床神询问你：

你本是我们家里的人啊，

你为何要踏上一去不返的那条黑土路呀？

Gaox haik dout gaox yif naf zid dlangb drongx lik ghak zangx dak:

God bend yaos dout hod zhed mex dex duab ghak lik nens et ek ef,

Wef dak ghak Nzux Nyongs mex shab zhit rongt et,

Ghak Nzux Nyongs mex shab zhit dax et ek ef.

Zhas yad uat dout nongb maob bongb[91] draod ndax deb,

Uat dout nongb zhangd bongb pluad draod nblax ndrangs[92] et.

God lol shik sheud lik nzod[93] et ek ef,

God let keuk dout naox lad ak ax,

God let keuk dout yongf et ek ef.

God let uat dout maob[94] nzhox ghak nzas[95] lol ndruab jed[96],

Uat jeud[97] lik ghak nzas duax ndruab shab et ek ef.

Let uat god dot bangt[98] let ghak ndraos lol nbongt zangx,

Dot bangt lik ghak ntraot lol nbongt led et.

Et...

God duas ghak hout mol jax jangs[99],

Duas ghak jed mol jax reb[100] et.

Ek...

Mex zhit xaob[101] dangd god ged,

Ek...

God nyaob lak zhit jax nenb[102],

Duas lak zhit jax dlangb[103] et!

你要告诉床神说：

我本是家里的一个成员，

因为祝牛心不好，

祝牛心不正。

他把病种撒落世间，

把病源遗漏在田野啊。

我早晨起得早呀，

我才捡到了拿来吃，

捡到了拿来用啊。

我才得病阵阵疼痛在体内，

病痛难熬在心间啊。

才让我撒手人寰在床沿，

与世长辞在席边。

啊……

我死后头首已长出根，
死了躯体已坚硬如石喽。
啊……
请你们不要拦我的路，
啊……
我在世已不成人，
死去也不成鬼神啊！

Ndeus: God yad mol juas box nyaob juas yeuf nad das ax!

(Ndouk ib ras zhenx ndeus.)

祭腔：我真要去和祖先相聚了！

（打一次竹卦。）

Njaif Drongx Dangs

告别堂神

Zef nat zhek (Shuab Nyad):

Gaox yad nghel ghak lik nzhongs zos dout gaox yif naf zid dlangb drongx leuf ghak dangs,

Zhek gaox yif naf zid dlangb drongx leuf ghak dangs zhas yad haik gaox dak:

Gaox bend yaos dout beb hod zhed dex duab ghak lik nens et,

Gaox yuad mol dout zox ged gus ncheut huak luax dlob et ek ef?

Gaox yad khat dout gaox naf yeuf zid dlangb drongx lik ghak dangs[104] dak:

God bend yaos dout mex hod zhed dex duab lik ghak nens et ek ef,

Wef dout dak Yeuf Ghak Nyongs Loul[105] shab zhit rongt,

Nzux Shik Ghak Nyongs mex shab zhit dax et,

Zhas yad uat dout nongb maob bongb pluad draod ndax deb,

Nongb zhangt bongb pluad draod nblax ndrangl.

这一则（哭腔）：
你要起身去到正堂，
你家的正堂之神将问你：
你本是我们家里的一个成员啊，
为何要踏上那黑土路（不归路）呀？
你要告诉你家的正堂之神说：
我本是家里的一个成员啊，
只因祝牛心不好，
祝牛心不正，
才让病种撒落世间，
病源掉落在荒野。

God lol shik sheud let nzod,
God let keuk dout naox nat lak,
God let keuk dout yongf et.

God yad uat maob nzhox ghak nzas duax ndruab jed,

Uat jeud ghak nzas duax ndruab shab et.

Ek god dot god bangt[106] ghak ntreud dif nbongt zangx[107],

Dot god bangt ghak ndraos dif nbongt led.

God yad duas ghak hout mol jax jangs,
Duas ghak jed mol jax reb.
Nchait god nyaob lak zhit jax nenb,
Duas ak zhit jax dlangb.

我起床起得早，
我才捡到拿来吃，
我才捡到拿来用啊。
我才生病阵阵疼痛在体内，
病痛难熬在心间啊。
这样我便与世长辞在床边，
断气撒手在席旁。
我死后头首将长出根，
躯体也僵硬成石。
我在世已不能成人，
死去也成不了鬼神。

Ndeus: Nchait god yuad mol juas bos nyaob juas yeuf nad das.

(Ndouk ib ras zhenx ndeus.)

祭腔：我只有真的去和祖先相会了。

（打一次竹卦。）

Njaif Drongx Job

告别火塘神

Zef nat zhek (Shuab Nyad):

Gaox yad nghel ghak lik nzhongs zos dout gaox yif naf zid dlangb drongx leuf ghak job[108] zhek,

Gaox yif naf zid dlangb drongx leuf ghak job yad dak:

Uat jangl ek gaox yad lol shik ntreud dout zox ged gus mol uat ot huak luax ot et ek ef?

Gaox haik dout gaox yif naf zid dlangb drongx let ghak job dak:

God bend yaos dout mex hod zhed dex duab let ghak nens et ek ef,

Wef dout Nzux Ghak Nyongs mex lol shab draod zhit rongt et,

Nzux Loul shab lol zhit dax et.

Zhas yad uat dout nongb maob bongb pluad draod ndax deb,

Uat dout dex nongb zhangd bongb pluad draod nblax ndrangl.

这一则（哭腔）：

你起身走到火塘旁，

你家的火塘神会问：

你为何要踏上一条不归路呀？

你要告诉你家的火塘神说：

我本是你们家里的人啊，

只因祝牛心不好，

祝牛心不正。

又播撒病种到世间，

抛撒病源到荒野。

God lol shik sheud let nzod,

God let keuk dout naox lak,

God let keuk dout yongf et ek ef!

God yad uat maob duax lik nzas duax ndruab jed,

Uat jeud ghak nzas duax ndruab shab.

God naox maod lak zhit yos jed[109],

Houk dlex lak zhit yos shad zhek.

God yad uat dot god bangt dis ntreud dif nbongt zangs lak,

Dot god bangt dis ndraos dif nbongt led et.

God duas ghak jed mol jax jangs,

Duas ghak hout mol jax reb et.

我起床起得早，

我才捡到吃，

我才捡来用啊！

我才生病阵阵疼痛在体内，

病痛难熬在心间啊。

我吃饭不养身，

喝水也不续命。

我才断气撒手在床边，

断气溘然长逝在席旁。

我死去的躯体已长出根，

死去头首僵成石啊。

Ndeus: Mex zhit xaob dangd god ged god duas mol juas bos nyaob juas yeuf nad das!

(Ndouk ib ras zhenx ndeus.)

祭腔：你们不要拦我的路，我真死了要去与祖先相聚！

（打一次竹卦。）

Njaif Drongx Jait

告别门神

Zef nad zhek (Shuab Nyad):

God shaib yad dot gaox bangt ghak ntraot dif nbongt zangs,

Dot gaox bangt ghak ntraot dif nbongt led et.

Gaox yad nghel ghak nzhongs zos dout gaox yif naf zid dlangb drongx dak,

Gaox yuad mol dout zox ged gus mol ghak ncheut huak luax ob et.

Gaox haik dout gaox yif naf zid dlangb drongx lik ghak jait dak:

God bend yaos dout mex hod zhed dex duab

lik nens et ek ef,

Wef dout dak touk lik ghak ot,

Nzux lik Nyongs mex shab zhit rongt,

Nzux Ghak Nyongs mex shab zhit dax et.

Let uat dout nongb maob bongb plaud draod ndax deb,

Muab dout ut plaud draod nblax ndrangs.

这一则（哭腔）：

我见你要断气在床边，

你已辞世在席沿。

你要起身走到你家的门神处，去那里告诉他，

你要踏上一条不归路啊。

你要告诉你家的门神说：

我本是家里的人啊，

只为远古之际，

祝牛心不好，

祝牛心眼坏。

播撒病种到世间，

抛撒病源下凡尘。

God lol shik sheud let nzod,

God let keuk dout naox lak,

God let keuk dout yongf et ek ef!

Cuat nax nghel cuat lik ghak xongt et[110],

Cuat nax nghel cuat ghak xongt et ek ef!

Chuax nyaob chuax sob reb et ef,

God dob ndrous langx ghak yout mex hot chuax lak chuax let deb.

我起床起得早，

我才捡到吃，

我才捡来用啊才会因此而病逝！

往年往日啊，

往年往岁哟！

药物它生长在岩石上，

我的儿辈们叫唤药物啊药物会答应。

Cuat nax nghel cuat ghak xongt et,

Nenb nyaob nenb[111] sob ndongt[112],

God dob ndrous langx ghak yout mex hot nenb lak nenb let nongs.

Uat jangl xongt nad et ed?

Chuax nyaob chuax sob reb et,

God dob ndrous langx ghak yout mex hot chuax lak chuax zhit deb et,

Nenb nyaob nenb sob ndongt,

God dob ndrous langx ghak yout[113] mex hot nenb lak nenb zhit nongs et,

Et god maob nzhox ghak nzas duax ndruab jed,

Maob jeud[114] ghab nzas duax ndruab shab at ak af!

Et let uat god naox maod lak zhit yos jed,

Houk dlex lak zhit yos shad,

Ek let uat god dot god bangt ghak ntraot dif nbongt zangx,

Dot god bangt ghak ntreud dif nbongt led et.

God yad duas ghak joud hout mol jax jangs,

Duas ghak jed nat mol jax reb nik.

往年往日啊，

巫师他在树上，

我的儿辈们叫唤巫师会听到。

为何在今年呀？

药物它生长在岩石上，

儿辈们喊药药不应，

巫师在巫树上，

子女们请巫巫不灵，

才使我生病阵阵疼痛在体内，

病痛难熬在心间啊！

使我吃饭也不养身，

喝水也不续命，

让我断气撒手在床边，

让我与世长辞在席沿。

我死后头首变成根，

躯体会僵硬成石哪。

Ndeus: Mex zhit xaob dangd god ged, god yad mol juas bos nyaob juas yeuf nad das!

(Ndouk ib ras zhenx ndeus.)

祭腔：请你们不要拦我的路，我真的要去和祖先相会了！

（打一次竹卦。）

Njaif Drongx Blangs Suak

告别屋檐神

Zef nad zhek (Shuab Nyad):

God shaib yad dot gaox bangt ghak ntreud dif nbongt zangs et ek ef,

Dot gaox bangt ghak ntraot dif nbongt led et ek ef.

Gaox yad nghel ghak nzhongs zos dout gaox yif naf zid dlangb drongx lik ghak blangs lik suak[115] et,

Gaox yeuf naf zid dlangb drongx lik blangs lik suak zhas yad uat dout lob dlangx ghak zhuad dangd ged,

Yad haik gaox dak:

Gaox yad mol dout zox ged gus mol ncheut huak luak ot et!

这一则（哭腔）：

我看到你与世长辞在床边，

断气撒手在席沿啊。

你起身到屋檐神处，

屋檐神伸开双手来拦你的路，

对你说道：

你将要踏上那条不归路啊！

Gaox yuad haik dout gaox yif naf zid dlangb et drongx lik ghak blangs lik suak dak:

God bend yaos dout mex hod zhed dex duab lik nens et,

Wef dout dak ghak Nzul[116] mex lox shab draod zhit rongt,

Ghak Nzul mex lol shab zhit dax,

Ek muab dout dex nongb nik maob ut heud draod ndax deb,

Muab dout nongb lik zhangd ut heud draod nblax lik ndrangl.

God lol shik sheud let nzod god let keuk dout naox,

God let keuk dout yongf et ek ef.

Zhas yad uat let Nzux Lik Nyongs mex zhas yad uat dout ndif ghous[117] ghaix lob ndox[118] hluat ndox dot[119] et,

God let uat maob nzhox ghak nzas duax ndruab jed,

Uat jeud ghak nzas duax ndruab shab.

你要告诉你家的屋檐神：

我本是你们家里的人呀，

只因祝牛心不好，

祝牛心眼坏，

他才把病种抛到世间，

才把病源撒在荒野。

我起床起得早才捡到拿来吃，

捡到拿来用啊。

祝牛把碗碰倒让老天坍塌天绳断裂啊，

我才得病疼痛在体内，

绞痛难熬在心间。

God naox maod lak zhit yos jed,

Houk dlex lak zhit yos shad et,

God let dot god bangt ghak ntreud dif nbongt zangx,

Dot god bangt ghak ntraot dif nbongt led et!

God yad duas ghak jed mol jax jangs,

Duas ghak hout mol jax reb zhek!

Mex zhit xaob dangd god ged et,

God yad mol juas bos lak nyaob juas yeuf et ek ef.

我吃饭不养身，

喝水不能续命，

我才断气撒手在床边，

溘然长逝在席沿啊！
我死去的躯体会长出根，
死去头首僵成石啊！
请你们不要拦我的路，
我要去和祖先相会。

Ndeus: Gaox yad haik dout gaox yif naf zid dlangb drongx lik blangs lik suak nad zhek, gaox yif naf zid dlangb drongx blangs lik suak let zhaot gaox ged ghak pluad ek, gaox let dongt hout lex dus[120] mol juas bos juas yeuf nad das ax.

(Ndouk ib ras zhenx ndeus.)

祭腔：你要这样告诉你家的屋檐神，屋檐神才让开你的路，你便可低垂着头真正去和祖先相会。

（打一次竹卦。）

Nongs Muab Nongb Zhangd
神鸟取种子

Muab Nongb Xongb Nongb Ndongt
取竹种树种

Zef nad zhek (Shaub Nyad):

Zhouk ndox nzhif lik vongs et,

Nenb let hab deb nzhif jangs let lak et ek ef!

Uat jangl ek?

Sheud draod touk lik ghak ok et,

Lob ndox lak khuad ghak kheud[121] lol xangt lik nax,

Lob deb lol khuad ghak kheud ngis ghak nguad lol xangt xongt et.

Uat jangl et?

Nongb xongb[122] lol zhit muax lak,

Nongb ndongt lol zhit zeuf et.

Yaos dout lenx dus bof dout nongb xongb ghangb?

Yaos dout lenx dus bof dout nongb ndongt lut et ek ef?

这一则（哭腔）：
天黑沉沉呀黑黢黢一片，
人和地也紧挨着看不清！
为何呀？
在远古之际，
天干枯来七年，
地干燥去七载。
为何呀？
竹种来没有，
树种来不生。
是谁见到竹种的踪影？
是谁见到树种的踪迹呀？

Yaos dout touk lik ghak ot ek,

Yaos dout nongs zhix nongs lik draos mex bof dout nongb xongb ghangb,

Nongs zhix nongs lik draos[123] mex let bof dout nongb ndongt lut[124] et ek ef!

Nongs zhix nongs lik draos mex zhas yad yangt lik luas lik luas[125] ib dik ib nzend ndox[126] et,

Zhas yad mol muab dout et ghouf lik ndox[127] ek nongb let xongb et ek ef!

Gheuf lik raos nax beb duab lik dik[128],

Draod ndeuf lik dit huab[129] muab dout nongb lik ndongt,

Nghangt lik vaos lik vaos[130] nax beb duab lik douk draod ndeuf lik goul[131] et,

Zhas yad yangt lik luas lik luas ib dik ib nzend ndox et,

Zhas yad zos leuf ib ndangd ndox et,

Zhas yad muab nongb xongb ut heud draod ndax lik deb,

Muab dout nongb ndongt ut heud[132] draod nblax lik ndrangl et ek ef!

在远古之际呀，
是鸷鸟见到竹种的踪影，
是鸷鸟见到树种的踪迹呀！
鸷鸟悠扬展翅一展一片天，

飞到天边拿竹种！
收翅三回返人间，
飞抵彩云拿树种，
空中翱翔树种三捧嘴上叼，
悠扬扇翅一扇飞半空，
飞回到半空，
才把竹种播撒在世间，
把树种抛撒在荒野啊！

Uat Zhenx Ndeus

制造竹卦

Uat jangl et,

Muab dout nongb xongb zhek ek ef,

Lol zheb ut lik heud draod dif lik daox[133],

Muab dout nongb ndongt ut heud draod dif lik dleuf.

Yaos dout dlangb lik zhik[134] mex sheud dout nzod,

Dlangb lik zhik let keuk dout naox et,

Dlangb lik zhik let keuk dout leuf.

Yaos dout shangb lik zheut[135] mex lol shik sheud let nzod,

Shangb lik zheut mex let keuk dout naox huak.

Yaos dout shangb lik zheut mex lol shik sheud let nzod,

Shangb lik zheut lol keuk dout leuf et.

就这样啊，
拿到竹种来，
播撒在坡地上，
拿到树种来播种在山垭口。
是粟鸟起得早，
粟鸟捡来吃，
粟鸟才捡得。
是雉鸡起得早，
雉鸡捡到吃。
那雉鸡起得早，
那雉鸡才捡到。

Uat jangl et,

Nongb xongb naf[136] zhek zhuad dout nax beb duab lik dras[137] et,

Zhas yad duax dout nghel beb duab lik dos et.

Zhas yad muax dout ib lik dol et zeuf lik yenl[138] et,

Uat dout dex lik Mangb[139] lik qeut khab vangb[140].

Muax ib lik dol zhek zeuf let yenl,

Uat dout dex lik yenl dex nik Nbouk mex qeut hab chouk ot.

Muax ib dol et,

Duab dol nghaot nzhik lik vaos[141] zeuf let yenl draod ndrangl hangd,

Changd ndox duax lak changd ndox gob,

Lol nangs duax lak nangs lik ndob[142],

Dex huab lol lak dex huab lik bok[143],

Dex lus lol lak dex lus lik ndros[144] et!

Uat jangl zhek,

Dob langs ghak yout mex zhas yad sheud ndod lik lol et,

Zhuad lik raos yangd houd boul lak zhit rongt et ek ef,

Zhuad lik raos yangd nzhik lak sheud zhit rongt,

Zhuad lik raos yangd ndruab ndrangb[145] zhas let hof et,

Let jaox lol uat dout dob duas zhox.

就这样哟，
竹种被砍了三刀成三段，
地下便长出三棵。
有一棵生长茂盛，
蛮人拿去编簸箕。
另一棵生长旺盛，
濮人拿去编筛子；
最后一棵啊，
没有尖却茂盛生长在山冲，
天晴来则太阳晒，

雨天来则雨又淋，
雾天来则雾来罩，
露水来则露水滴！
就这样呀，
后辈们才把这棵竹砍来，
下面竹根砍了不能使，
上面竹梢砍了不能用，
留下中间正合适，
才拿来给逝者办丧用。

Ndeus: Ek gaox lak dout naox lak, gaox yad nongs dout xongb dlob xongb lik druat et, gaox zhit dout naox lak gaox yad nongs dout xongb dlob xongb lik druat nad das!

(Ndouk ib ras zhenx ndeus.)

祭腔：如果你吃到了，你要听着黑竹卦的指点拿来用，如果你没吃到的话也得听从黑竹卦的指点！

（打一次竹卦。）

Uat Zhed Loul

制造棺木

Zef nad zhek (Shuad Nyad):

Nongb ndongt zhek zhuad dout nax nghel beb duab lik dras et,

Zhas yad duax dout nax beb duab lik dos et!

Uat jangl muax ib dos zhas yad zeuf lik yenl et,

Dout nax Mangb ghak lik Shuad[146] mex zhangt zhed lik val[147];

Muax ib dos zhek zhas yad zeuf dout nax Mangb lik Shuad duax zhangt zhed lik zhox[148] et;

Muax ib dol zhek nghaot nzhik lik vaos zeuf lik yenl draod ndrangl hangd et.

Uat jangl et changd ndox duax lak changd ndox gob ot,

Dex nangs lol lak dex nangs nif ndob et,

Uat jangl ek dex huab lol lak dex huab nif bok,

Dex lus lol lak dex lus nif ndros et!

Zhas yad zib dout nax Mangb mid Shuad mex zhas yad mol ndod nik lol et,

Nax Mangb mid Shuad mex zhas yad keuk lik ngouk dex lik geut[149] geut let pleud duax aob daos,

Keuk lik ngouk dex lik zous[150] ndouk ghak ndreud duax ndruab ndraos et ek ef,

Keuk lik ngouk dex lik geut,

Geut geut lik pleud duax nghel uat aob lik shangb eb,

Keuk lik ngouk dex lik zous ndouk ghak ndreud duax ndruab ndrangb et ek ef,

Let jaox lol uat dout dob duas zhox.

这一则（哭丧腔）：

树种被砍了三刀成三截，
地下才长出树三棵啊！
有一棵生长茂盛，
造了蛮人刷人的瓦房；
另一棵生长旺盛也建了蛮刷的宫殿；
最后一棵无尖生长在山谷底。
晴天来则太阳晒，
雨天来则雨又淋，
雾天来则雾来罩，
露水来则露水滴！
蛮刷去把树木砍来，
用锯子锯成两段，
拿起凿子叮当作响凿向树心，
捡起那锯子，
将木材锯成两块，
拿起凿子叮当作响凿向树心呀，
这才拿来做逝者的棺木。

Ndeus: Gaox zhit boub zhek zeuf yaos gaox zhed loul nad das.

(Ndouk ib ras zhenx ndeus drout shout hox ndongt.)

祭腔：你不知呀，这正是你的“老房子”（棺木）。

（在棺木上打一次竹卦。）

Ghaib Jaox Ged
引路鸡

Nongb Ghaib Uat Jang Lol
鸡种来源

Zef nad zhek (Shuab Nyad):

Zhouk ndox nzhif lik vongs ek,

Nens let hab deb nzhif jangs lik lak et!

Uat jangl et,

Touk lik ghak ot et,

Lob ndox dlaot ndox lik ghak juak[151] ek deb dlaot deb let dleus[152].

Uat jangl ek,

Nongb ghaib[153] lol zhit muax,

Nongb ok lol zhit zeuf et ek ef!

Uat jangl yaos dout lenx dus bof dout nongb ghaib lik ghangb?

Yaos dout dlangb lik zhit bof dout nongb lik ok lut et ek ef?

这一则：

天黑得呀黑沉沉一片，

人和地紧挨分不清！

就这样啊（哭腔），

在远古之际，

老天光溜溜，大地光秃秃。

就这样啊，

鸡种也没有，

鸭种也全无啊！

是谁见到鸡种的踪影？

是哪个见到鸭种的踪迹啊？

Uat jangl yaos dout dlangd dlob dlangd lik nzhuas[154] mex bof dout nongb ghaib ghangb,

Dlangd dleub dlangd lik nzhuas[155] mex let bof dout nongb ok lut et!

Dlangd dlob dlangd lik nzhuas zhas yad yangt lik luas lik luas,

Ib dik ib nzend ndox ek,

Draod zos ghouf lik ndox ob et,

Let muab dout nongb ghaib zhek jeuk lik vaos draod ndeuf deut,

Muab dout nongb ok nghangt let vous let vous draod ndeuf goul et.

Dlangd dleub dlangd lik nzhuas mex zhas yad yangt lik luas lik luas,

Ib dik ib nzend ndox ek,

Draod zos ib ndangt ndox ek,

Let muab dout nongb ghaib zhaot pluad draod ndax deb et,

Muab dout nongb ok zhaot pluad draod ndax lik ndrangl et!

是黑雏鹰见到鸡种的踪影，

是白雏鹰见着鸭种的踪迹！

黑雏鹰悠扬展翅高飞，

翱翔在天空，

飞到遥远的天际，

抓得鸡种在爪尖，

衔得鸭种在喙上。

白雏鹰悠然展翅翱翔，

遨游在蓝天，

在那半空中，

把鸡种放开到世上，

把鸭种撒下至人间！

Ghaib Uat Rel
鸡织窝

Nchait box ghaib zhek!

Zhas yad uat dout ngoux ghaib ndrous lik jongx ek,

Nchait loud ghaib zhek,

Zhas yad uat dout loud ghaib uat dout loud ghaib ndrous lik longs[156] et.

Nchait box ghaib njet rel duax zhek sheud ndes ghait[157] et,

Zhas yad ib hnob duax zhek ndes ib lob et,

Duax zhek shuad[158] muax ib lob;

Aob hnob ndes aob lob ot,

Duax zhek shuad aob lob;

Beb hnob ndes beb lob ot,

Duax zhek shuad beb lob et;

Ib zos gouf beb hnob[159],

Duax zhek sheud ndes dout gouf beb lob ot!

母鸡呀！

它会编织母鸡窝，

公鸡呀，

它也能编织公鸡笼。

母鸡上窝来产蛋，

一天产一个，

来数有一个；

两天产两个，

来数有二个；

三天产三个，

来数有三个；

一到十三天，

来数产下十三个啊！

Ghaib Jaox Ged Uat Jangl Muax

引路鸡怎么来

Uat jangl et,

Box ghaib njet rel[160] zhek sheud buas ghet[161] et,

Buas dout ghak chab[162] zos ghak zhoux[163],

Buas dout ib rangs ghet let ghoux[164] et;

Zhas yad buas dout ghak zhoux deuf ghak chab,

Buas dout ib rangs ghait lik ghaib et!

Uat jangl et,

Zhas yad dlous dout[165] nax nghel beb duab lik dos et ek ef,

Muax ib lik dos zhas yad jaox mol uat dout njex hmod njex blis[166] zhox[167],

Muax ib dos zhas yad uat dout dex lax dex dlangd[168] lik zhox et,

Muax ib lik dos let jaox lol uat dout dob duas zhox et!

Gaox zhit boub,

Gaox let ghaib zhek yaos dout dex lik dos loud lik lab[169],

Nyaob nzhik god bangb gaox muab plik uat[170] dix das loud lik shuab et ek ef!

就这样呀，

母鸡上窝来孵蛋，

从暖春孵到寒冬，

孵了一窝臭鸡蛋；

从冬季孵到春天，

才孵出一窝鸡仔啊！

就这样呀，

才破壳出来三小只，

有一只做了石柱魂的祭物，

另一只做了鹰隼的食物，

最后一只才拿来做逝者的祭品啊！

你不知道啊，

你的鸡正是那毛色红亮的公鸡，

一会儿我把它变成打鸣的鸡啊！

Ndeus: Gaox let ghaib xeut luak let ghaib zhek, gaox chat boub nad das ax!

(Ndouk ib ras zhenx ndeus.)

祭腔：当你的鸡和别人的鸡相混杂，你才能识别出来啊！

（打一次竹卦。）

Juas Box JuasYeuf

与祖先相聚

Nzhib Rangx Zhod Druat Lot

遇张口龙虎

Zef nad zhek (Shuab Nyad):

Changd ndox lik nzhis,

Gaox yad ndraif[171] dout naf ghaib jex lik dik[172] et;

Lol nangs lik ghak lus ek,

Gaox yad ndraif dout naf ghaib jex lik dut[173] et.

Gaox ghaib mol njangx[174] gaox mol njangx et ek ef,

Gaox ghaib mol nkouk[175] gaox mol nkouk ot!

Et gaox yad mol let zos et,

Zos dout Nzux lik Nyongs mex nax zhek beb zox ged lik chuaf[176] ot et!

Uat jangl et ek ef!

Uat jangl zhek rangx druat lot[177] let druat luax khaod bangx[178],

Zhod druat lot[179] let druat lox luax khaod zhuat[180],

Ek gaox lens zhit dek nchait et ek ef!

Gaox yad muab nchuat mangx nchuat lik nduas[181] nzheuk dout rangx druat lot et,

Gaox let mol et ek ef!

Gaox yad muab dout gaox nchuat mangx nchuat lik nduas nzheuk dout zhod druat lot ot,

Gaox let mol et!

这一则（哭腔）：

如果万里晴空，

你要在鸡翅下遮阳；

如果烟雨蒙蒙，

你要在鸡尾下躲雨。

你的鸡直着走你就直着走，

你的鸡弯着走你就弯着走哦！

你才走得到啊，

走到祝牛的三岔路口前啊！

在那时呀！

龙张口大如溶洞，

虎张嘴形似崖口，

但是，你也不要怕！

你要拿麻团麻须堵住龙的口，

你才走啊！

你要拿麻须麻团堵住虎的嘴，

你才走啊！

Ndeus: Gaox nchuat mangx nchuat nduas zhek muax ib nchuak nyaob nad das ax!

(Ndouk ib ras zhenx ndeus, muab nchuat mangx nchuat nduas jaob dout nil.)

祭腔：你的麻团麻须有一缕在这儿呀！

（打一次竹卦，把麻团麻须交给逝者。）

麻团麻须

Zos Dax Hox Qaox

至达河桥

Zef nat zhek (Shuab Nyad):

Zhas yad changd ndox lik nzhis,

Gaox yad ndraif dout lik ghaib jex lik dik,

Ek lol nangs lik lus,

Gaox yad ndraif dout naf ghaib jex lik dut et.

Gaox ghaib mol njangx,

Gaox mol njangx,

Gaox ghaib mol nkouk,

Gaox mol nkouk!

这一则（哭腔）：

如果万里晴空，

你要在鸡翅下遮阳，

如果烟雨蒙蒙，
你要在鸡尾下躲雨。
你的鸡直着走，
你就直着走，
你的鸡弯着走，
你就弯着走哦！

Gaox mol zos Dax Hox Qaox[182] lol nghel ot et!
Uat jangl et ek ef!
Rangx druat lot let druat luax khaod bangx huak,
Zhod druat lot let druat luax khaod zhuat et,
Gaox lens zhit dek nchait et!

Gaox yad lol muab nchuad mangx nchuad nduas nzheuk dout rangx zhod lot,

Lak let mol zhek gaox lak zhit dek nchait!

Gaox yad muab gaox nchuad mangx nchuad let nduas nzheuk dout rangx zhod lot et,

Ek gaox let mol zhek.
你走到达河桥脚下呀！
在那时呀！
龙张口大如溶洞，
虎张嘴形似崖口，
但你也不要怕！
你要拿麻团麻须堵住龙的口，
你走过了才不害怕啊！
你要拿麻须麻团堵住虎的嘴，
你才能安心走了啊！

Ndeus: Gaox nchuat mangx nchuat nduas zhek, muax aob nchuat nyaob nad das!

(Ndouk ib ras zhenx ndeus. Teux ras muab ib nchuak, ral nat muab aob nchuak.)

祭腔：你的麻须麻团，有两缕就在这儿呀！

（打一次竹卦。首次已祭一缕麻，此次为二缕麻。）

Njet Daof Bel Drongb Gangb Naot
爬北面冷虫山

Zef nad zhek (Shuab Nyad),
Changd ndox lik nzhis ek,
Gaox yad ndraif dout naf ghaib jex lik dik huak.
Lol nangs lik lus,
Gaox yad ndraif dout naf ghaib jex lik dut et.
Gaox ghaib mol njangx;
Gaox mol njangx.
Gaox ghaib mol nkouk,
Gaox mol nkouk!
Ek gaox yad mol zos et,

Njet let dout Nzux Ghak Nyongs mex daof bel drongb gangb lik naot[183] zhek ek ef!

这一则（哭腔）：
如果万里晴空，
你要在鸡翅下遮阳。
如果烟雨蒙蒙，
你要在鸡尾下躲雨。
你的鸡直着走，
你就直着走；
你的鸡弯着走，
你就弯着走！
你会走到一个山脚，
爬上祝牛的北面冷虫山啊！

Uat jangl et ek ef,
Gangb lik sud[184] zhek,
Sud ghak sheud luax beb nbous[185] et;
Gangb lik ghak nzhuab[186] zhek,
Sud ghak sheud luax reb dlouk[187] et.

Ek gaox yad muab dout kout mangx kout lik nduas[188] lol drout zhek,

Jaox lol zhox dout daof bel drongb gangb lik naot et!

Gaox lens zhit dek nchait!

Gaox yad muab gaox kout mangx kout lik nduas jaox lol drout ot,

Jaox lol zhox dout daof bel drongb gangb lik naot et!

就这样呀，
酥虫它，

身体蓬松大三倍；
绿虫它，
身体蓬松大如碾麻石。
你要穿上麻鞋，
踩着走过那北面冷虫山啊！
你不要怕呀！
你要记得拿麻鞋来穿，
就能通过那北面冷虫山！

Ndeus: Gaox kout mangx kout nduas nyaob nad ax!

(Ndouk ib ras zhenx ndeus, deut ngeuf kout ib kaob ngeuf kout zhek kot kout nzend dout drout.)

祭腔：你的麻鞋在这儿啊！

（打一次竹卦，指着麻鞋并用竹卦敲打后帮逝者反穿上。）

Dluat Beb Zox Ged Chuaf

经三岔路口

Zef nad zhek (Shuab Nyad):
Changd ndox lik nzhis et,
Gaox yad ndraif dout naf ghaib jex lik dik huak.
Lol nangs lik lus,
Gaox yuad ndraif dout naf ghaib jex nik dut et.
Gaox ghaib mol njangx,
Gaox mol njangx,
Gaox ghaib mol nkouk,
Gaox mol nkouk!

这一则（哭腔）：
如果万里晴空，
你要在鸡翅下遮阳。
如果烟雨蒙蒙，
你要在鸡尾下躲雨。
你的鸡直着走，
你就直着走啊，
你的鸡弯着走，
你就弯着走哦！

Gaox yaud mol et,
Mol lik zos nax zhek beb zox ged chuaf ot[189] et!
Zox daof lik bel zhek,
Nend nyox nend lik nbuat;
Zox daof let bel zhek,
Dex dak nend drout kout[190] let ndout lux ghak ndreul[191] zhek.
Zox gaot zhek,
Yaos dout nax Mangb ghak lik Shuad mol bel zox ged gangd gab[192] et ek ef!
Zox daof lik dous zhek,
Nend nyox nend ghak nbuat lux bek ndreul zhek,
Zox gaot zhek yaos dout et nax Mangb ghak lik Shuad mex zox ged yos nyox lak ged yos nbuat[193] et ef!
Gaox yad shaib lik dout et,
Zox ndruab lik ndrangb et ek ef,
Aob shangb doux zhuas[194] dloud ghak leut[195],
Ndruab ndrangb Dlex Lab Dlex Dlangs[196] lol shik ceud et.

你要走啊，
走到那三岔路口！
上方的那一条路，
留有牛猪脚印*；
上方的这条路，
留有的鞋印把路踏得细碎稀烂。
这一条路，
是蛮刷的赶集路啊！
下方那一条路，
猪牛脚印踩踏得细碎稀烂，
这条路是蛮刷养猪放牛的路啊！
你要仔细看，
只有中间的那一条路，
两旁芭茅杂草繁茂随风摇曳，

*：意为牲畜走的路。

中间有红水黄水冒出来。

Ndeus: Box lak mol zox gaot et, yeus lak yaos mol zox gaot nad das.

（Ndouk ib ras zhenx ndeus.）

祭腔：女的走中间那条路，男的也走中间那条路啊！

（打一次竹卦。）

Bof Bangl Lax Bangl Ab

见苦田湖

Zef nad zhek (Shuab Nyad):

Changd ndox lik nzhis et,

Gaox mol gaox let ndraif dout naf ghaib jex lik dik et ek ef,

Lol nangs il lus,

Gaox yad ndraif dout naf ghaib jex let dut et.

Gaox ghaib mol njangx gaox mol njangx,

Gaox ghaib mol let nkouk gaox mol nkouk!

Gaox yad mol lik zos et,

Nzux Lik Nyongs lob bangl lax bangl ab[197] jit liangf let los et,

Gaox lenx zhit bof ged lik mol et,

Gaox yad shaib lik dout et ek ef!

Gongx gangb[198] lol sheud dongx lik shangb[199],

Gaox yad jouf raos[200] gongx gangb ruas shangb[201] ghangb.

这一则（哭腔）：

如果万里晴空，

你要在鸡翅下遮阳，

如果烟雨蒙蒙，

你要在鸡尾下躲雨。

你的鸡直着走你就直着走，

你的鸡弯着走你就弯着走哦！

你才能走得到哟，

你走到祝牛那波光粼粼的苦田湖边，

你被照射得看不见路，

你要注意观察呀！

蜘蛛起来吐丝时，

你要迅速抓住蜘蛛尾跟着走。

Ndeus: Gaox let mol juas dout bos lak nyaob juas dout yeuf nad das ax!

(Ndouk ib ras zhenx ndeus.)

祭腔：这样你才能去和祖先相会啊！

（打一次竹卦。）

Tlout Bel Qeut Gob Changd

过太阳坡

Zef nad zhek (Shuab Nyad):

Changd ndox lik nzhis et,

Gaox yad ndraif dout naf ghaib jex lik dik huak,

Lol nangs lik lus,

Gaox ndraif dout naf ghaib jex lik dut et.

Gaox ghaib mol njangx,

Gaox mol njangx,

Gaox ghaib mol let nkouk,

Gaox mol nkouk!

Gaox yad njet let dout Nzux Lik Nyongs mex daof bel changd ndox let gob[202] et ek ef!

Luak muab luak gouk zhox gouk nbuas[203] sheud ndongt drongl lik changd et,

Gaox let muab gaox gouk zhox gouk nbuas sheud ndongt drongl changd et!

这一则（哭腔）：

如果万里晴空，

你要在鸡翅下遮阳，

如果烟雨蒙蒙，

你要在鸡尾下躲雨。

你的鸡直着走，

你就直着走，

你的鸡弯着走，

你就弯着走哦！

才能往北而上到祝牛那太阳坡地啊！

当别人拿起他们的锦屏玉伞来遮阳时，

你也拿起你的锦屏玉伞来遮阳哦！

Ndeus: Gaox let mol nad das ax.

(Ndouk ib ras zhenx ndeus, muab dlaif zhox nbos muas dout.)

祭腔：你这才真的去了啊！

（打一次竹卦，把遮面丧布祭给逝者。）

Njet Ndaid Ndox

爬天梯

Zef nad zhek (Shuad Nyad):

Changd ndox lik nzhis et,

Gaox ndraif dout naf ghaib jex let dik,

Lol nangs lik lus,

Gaox ndraif dout naf ghaib jex lik dut et.

Gaox ghaib mol njangx,

Gaox mol njangx,

Gaox ghaib mol let nkouk,

Gaox mol nkouk ot!

这一则（哭腔）：

如果万里晴空，

你要在鸡翅下遮阳，

如果烟雨蒙蒙，

你要在鸡尾下躲雨。

你的鸡直着走，

你就直着走，

你的鸡弯着走，

你就弯着走哦！

Gaox njet let dout Nzux Lik Nyongs mex dex dol ndaid lik ndox[204] et!

Gaox yad njet dout nax ib gheb[205],

Duax zhek shuad ib gheb;

Njet aob gheb,

Duax zhek shuad aob gheb et;

Njet beb gheb,

Duax zhek shuad beb gheb et;

Zhas yad njet ndaot gouf beb gheb et,

Njet ndaot Nzux Lik Nyongs mex dos ndaid ndox et!

Uat jangl bel ndox[206] zhek juax hnad ndangx[207] ek ndax deb[208] juax hnad dras[209].

你要爬上祝牛的天梯啊！

你爬了一阶，

就数一级；

爬了二阶，

就数二级；

爬了三阶，

就数三级；

你要爬完十三阶，

才爬通了祝牛的天梯啊！

看见天上有九齿长剑和地下的九齿大刀。

Ndeus: Gaox lenx zhit dek nchait, god cib ndangx uat lik nzuas, cib hnend uat gaox luas nad das, zos leuf zix nad leuf das ax!

(Ndouk ib ras zhenx ndeus.)

祭腔：你也不要怕，有我这把剑与你相随，有这把弓箭与你做伴哪，我真的只随你到此处了啊！

（打一次竹卦。）

Hlangt Hangd Mual Hangd Zid Chuax

跨还冤卸药谷

Zef nad zhek (Shuad Nyad):

Changd ndox lik nzhis et,

Gaox ndraif dout naf ghaib jex lik dik,

Lol nangs lik lus,

Gaox ndraif dout naf ghaib jex lik dut et.

Gaox ghaib mol njangx,

Gaox mol njangx,

Gaox ghaib mol nkouk,

Gaox mol nkouk!

Gaox yad mol let zos[210] et,

Nzux Lik Nyongs mex hangd mual hangd zid chuax[211] zhek!

Luak yad muab dout luak maob luak nzhangx[212] zheb dout[213] hangd mual hangd zid chuax zhek,

Gaox yad muab gaox maob gaox nzhangx[214] hlet dout[215] hangd mual hangd zid chuax et!

这一则（哭腔）：

如果万里晴空，

你要在鸡翅下遮阳，

如果烟雨蒙蒙，

你要在鸡尾下躲雨。

你的鸡直着走，

你就直着跟走，

你的鸡弯着走，

你就弯着跟走哦！

你就会到达祖宗聚集的地方了哟，

走到祝牛的还冤卸药谷啊！

别人把他们的疾病和疼痛脱身撒在还冤卸药谷，

你也要把你的疾病和疼痛脱身撒在还冤卸药谷啊！

Ndeus: Gaox let shib del shib deut[216] ghak langl mol juas bos juas yeuf nad das ax.

(Ndouk Ib ras zhenx ndeus. Nghait nad dout nos shaib buak muax ghaib qeb chuax[217], muax let haik zhit muax jeuf zhes.)

祭腔：你才能手脚轻盈地去和祖先相会。

（打一次竹卦。此段需要与主事一家对接是否有“扫药鸡”，有则唱诵，无则省略。）

Ghaib Ghuat Khat Box Yeuf

鸡鸣辨祖先之家

Zef nad zhek (Shuab Nyad):

Changd ndox lik nzhis et,

Gaox yad ndraif dout naf ghaib jex lik dik et,

Lol nangs let lus zhek,

Gaox ndraif dout naf ghaib jex lik dut et.

Gaox ghaib mol njangx njangx,

Gaox mol njangx,

Gaox ghaib mol lik nkouk,

Gaox mol nkouk et!

Gaox yad mol lik gus zos lik dout et!

这一则（哭腔）：

如果万里晴空，

你要在鸡翅下遮阳，

如果烟雨蒙蒙，

你要在鸡尾下躲雨。

你的鸡直着走，

你就直着走，

你的鸡弯着走，

你就弯着走哦！

你才能到达目的地啊！

Luak ghaib let ghuat[218] zhek gaox ghaib duax leuf sheud zhit deb,

Gaox xangb del nox lik nuas[219] suak[220] zhit dout dex dak houd muas zhed.

Gaox yad mol zos dex ged dul[221],

Luak ghaib let ghuat gaox ghaib duax nghel sheud zhit nqangt[222],

Gaox yad xangb del nox nuas suak zhit dout dex dak houd muas nzangt[223].

Gaox yad mol lik dus zos dout dex yif gaot!

Luak ghaib let ghuat gaox ghaib deb,

Gaox xangb del nox lik nuas suak dout dex dak houd muas zhed.

Gaox yuad mol zos dex yif ot!

Lak ghaib lol shik ghuat lak gaox ghaib shik nqangt,

Gaox xangb del nox nuas lak let suak dout dex dak houd muas nzangt et.

别人的鸡群鸣叫而你的鸡不应答，

你伸手试探摸不到屋山头在哪里。

你将走到路的尽头，

别人的鸡群鸣唱而你的鸡不应声，

你伸手试探摸不到坟头在哪里。

你要走到的那一家啊！

人家的鸡叫你的鸡应答，

你伸手试探就摸到屋山头在那里。

你要走向的就是那一家啊！

这家的鸡鸣你的鸡回应，

你伸手试探就摸到坟头在那儿。

Ndeus: Bos lak nyaob khaid nad yeuf lak nyaob khaid nad das ax!

(Ndouk ib ras zhenx ndeus.)

祭腔：祖先真的就在那里啊！

（打一次竹卦。）

Qif Ndraos Yaos Box Yeuf

情绪低落是祖先之家

Zef nad zhek (Shuab Nyad):

Changd ndox lik nzhis et,

Gaox yad ndraif dout naf ghaib jex lik dik et,

Lol nangs lik lus,

Gaox ndraif dout naf ghaib jex lik dut et.

Gaox ghaib mol njangx,

Gaox mol njangx,

Gaox ghaib mol nkouk,

Gaox mol nkouk ot!

这一则（哭腔），

如果万里晴空，

你要在鸡翅下遮阳，

如果烟雨蒙蒙，

你要在鸡尾下躲雨。

你的鸡直着走，

你就直着走，

你的鸡弯着走，

你就弯着走哦！

Gaox yad mol let zos et dex yif gus nyaob luas ghangx luas ghous[224] et deuk denb gangx lik los[225] et,

Dif gat zhek zhit yaos gaox bos lak nyaob gaox yeuf et.

Gaox yad mol zos dex yif gus nyaob dlob lik zhis[226] et qif ndraos lik ngongl[227],

Dex yif gat cax let yaos dout gaox bos nyaob gaox yeuf nad das ax!

(Ndouk ib ras zhenx ndeus.)

当你走到灯火通明欢声笑语的那一家，

那不是你的祖先之家。

你只有走到黑灯瞎火，垂头丧气的那一家，

那才真是你祖先之家啊！

（打一次竹卦。）

Deuk Zhout Daol

燃火把

Zef nad zhek (Shuab Nyad):

Changd ndox lik nzhis et,

Gaox ndraif dout naf ghaib jex lik dik et,

Lol nangs lik lus,

Gaox ndraif dout naf ghaib jex lik dut et.

Gaox ghaib mol njangx,

Gaox mol njangx,

Gaox ghaib mol nkouk,

Gaox mol nkouk ot!

Gaox yad mol lik zos et,

Dex dak bos lik zhenb duax zhek yeuf shuab nghent[228],

Nghent lox laos mex sheud deuk zhout[229].

这一则（哭腔），

如果万里晴空，

你要在鸡翅下遮阳，

如果烟雨蒙蒙，

你要在鸡尾下躲雨。

你的鸡直着走，

你就直着走，

你的鸡弯着走，

你就弯着走哦！

只有这样你才能到达目的地啊，

祖先争着柔声叫唤你怜惜你，

叫唤着要起来点火把。

Ndeus: Bos lak nyaob khaid yeuf lak nyaob khaid das ax!

(Ndouk ib ras zhenx ndeus.)

祭腔：祖先真的都在那里啊！

（打一次竹卦。）

Guak Ded Douf

让剥豆

Zef nad zhek (Shuab Nyad):

Gaox mol zos ek,

Gaox bos gaox yeuf dak guas gaox ded douf[230] nat zhek.

Gaox dak:

God dex dol ndid del maob lid lid[231],

God ded zhit doul ek god cax let lol ek.

此时呀（哭腔），

当你去到，

你的祖先叫你帮忙剥豆*。

你要说：

我的手指疼痛不已，

不能剥，我才归逝来的。

（此处需要查看是否给逝者的手指系上红线，系者为多。）

Ndeus: Gaox yad haik dout gaox bos gaox yeuf nad zhek, gaox bos gaox yeus zeuf zhit guas gaox ded douf nad das.

(Ndouk ib ras zhenx ndeus.)

祭腔：你要这样告诉你的祖先，他们就不会再让你剥豆了。

（打一次竹卦。）

Raik Drox Raik Nend

隐匿送行脚印

Jed Luax Duf Sangt

身躯如牛者送行

Zef nad zhek (Shuab Nyad):

Gaox mol ek gaox bos gaox yeuf dak lenx dus sangt gaox lol,

Gaox yad dak:

Muax ib ghak dol et,

Del luax duf lik del[232],

Deut luax duf lik deut et,

But rel luax duf rel,

But qeut luax duf qeut,

Dol nat duax zhek sangt god lol et;

God lol doul zhek,

God yuad lol dout shout let qaox et.

Nil lol zhit doul zhek,

Nil yad lol dout jex lik qaox.

Xaod def nil lol dluat dus leuf zhek god zhit boub!

这一则（哭腔）：

当祖先问是谁送你来时，

你要这样回答：

有那么一个送行者，

手壮如水牛前肢，

腿粗像水牛后腿，

睡铺宽如水牛窝，

睡处赛似水牛圈，

是他送我来的。

我来得了么，

我从桥上来；

他过不来么，

他从桥下走。

他去了何处我不得而知！

Ndeus: Gaox yad haik gaox bos lol gaox yeuf nad das ax!

(Ndouk ib ras zhenx ndeus. Raik drox raik nend.)

祭腔：你要这样告诉你的祖先啊！

（打一次竹卦。藏匿脚印。）

Nzhex Luax Ndrual Muas Luax Kaob Sangt

耳如鼓、眼赛杯者送

Zef nad zhek (Shuab Nyad):

Gaox mol ek gaox bos gaox yeuf dak lenx dus sangt gaox lol,

---

*：因为剥豆即意味着不能投胎转世。

Gaox yad dak:

Muax ib dos lob nzhex[233] luax lik ndrual,

Lob muas[234] luax kaob[235],

Duax zhek sangt god lol.

God lol doul zhek,

God yad lol shout nblongx lik hmangb[236];

Nil lol zhit doul zhek,

Nil yad lol dout shout nblongx lik nzhenx[237];

God lol doul zhek,

God yad lol dout yenb dif deb[238] draod jax lik dlangb[239] et;

Nil lol zhit doul zhek,

Nil yad draod mol nil yangx ghak jenb[240] sheud jax nens[241] et.

Xaod def nil lol dluat dus god zhit boub nad zhek!

这一则（哭腔）：

当祖先问是谁送你来时，

你要这样回答：

有那么一个人耳朵大如鼓，

眼睛赛似杯，

是他送我来的。

我来得了么，

我从藤叶上来；

他过不来么，

他从栗树叶上走；

我来得成么，

我来阴间成神；

他来不成么，

他回阳间成人。

他到何处去了我不得而知啊！

Ndeus: Gaox yad haik gaox bos gaox yeuf nad das!

(Ndouk ib ras zhenx ndeus.)

祭腔：你要这样告诉你的祖先啊！

（打一次竹卦。）

Yeuf Zid Goul Hnad Dlangx Lil Sangt

黄牙老者送

Zef nad zhek (Shuab Nyad):

Gaox mol zhek gaox bos gaox yeuf dak lenx dus sangt gaox lol,

Gaox yad dak:

Muax ib dos yeuf zid yeuf lik zhis[242] goul hnad dlangx lex lil[243],

Duax zhek sangt god lol et.

God lol doul zhek,

God yad lol dout lob ndox lik zhouk;

Nil lol zhit doul zhek,

Nil yad lol dout lob ndox lik gangx et.

God lol doul zhek,

God yad lol dout yenb dif deb huak;

Nil lol zhit doul zhek,

Nil yad draod mol nil yangx lik jenb.

Ghuax dout nax beb duab shuab ek,

Lob shuab luax dout lob shuab nyox duf nyox dlangs nad das!

这一则（哭腔）：

当祖先问是谁送你来时，

你要回复：

有一个牙齿发黄的老者，

是他送我来的。

我来得了么，

我就来到了这黑暗的地方；

他来不了么，

他只能走向明亮的方向。

我走得成么，

我就来到了阴间；

他走不成么，

他只能回去阳间。

他长啸三声，

啸声赛似黄牛水牛声啊！

(Ndouk ib ras zhenx ndeus. Nyaob ndeuf nad zeuf nghent blis.)

（打一次竹卦。至此，便进行“叫魂”仪式。）

Nongs Ghoub Guef Yangx Ghuax Shik Shib

杜鹃鸟来嘶鸣

Zef nad zhek (Shuab Nyad):

Gaox mol zos zhek,

Rongd nox nif zhens[244] lik ghak shab zhek,

Nongs ghoub nongs shik ghus[245] lol shik ghuax,

Nongs ghoub guef yangx[246] lol shik shid.

Nongs ghoub nongs ghak ghus lol shik ghuax lak nongs ghoub guef yangx lol shik ghuax lak gaox zhit dek nchait.

这一则（哭腔）：

你已去到目的地，

在那原始森林和高山峡谷间，

布谷鸟来叫唤，

杜鹃鸟来嘶鸣。

不管是布谷鸟还是杜鹃鸟的阵阵叫声你都切莫害怕。

Ndeus: Yaos dout gaox dob gaox git nyaob daof ghangb sheud hlob gaox nad das.

(Ndouk ib ras zhenx ndeus.)

祭腔：那声音正是你的亲人对你依依不舍和怀念你的哭声啊！

（打一次竹卦。）

Gangb Gongx Ruas Shik Zid

虫蚕蜘蛛做茧忙

Zef nad zhek (Shuab Nyad):

Gaox mol zhek,

Gaox yad mol zos ndrangl dax ndrangl lik dol[247] ek,

Gongx gangb lik ruas lol shik ghuax,

Gangb gongx lik ruas lol shik zid et,

Gaox lenx zhit dek nchait et!

这一则（哭腔）：

你要离去了，

你要去到那沃土平原，

虫蚕嘶嘶哀秋来，

蜘蛛虫蚕抽丝做茧忙作一团，

你也切莫害怕！

Ndeus: Yaos dout gaox dob gaox git draod bangf gaox bangs gaox sout draod daof ghangb nad das!

(Zhaot pluad zhenx ndeus, jef hlaot maof zhef sheud lak.)

祭腔：那正是你的亲人打理你的丧葬后事啊！

（放下竹卦，掀开帽子，转身离开。）

背景介绍

唱诵者： 熊正元 Yaob Hmaob（1950—），男，文山市古木镇纸厂社区黑山居民小组人。

熊正元

版本评述： 该古歌是文山市苗族《指路歌》版本之一，歌名《Ngoux Zal（冷歌）》系古歌所在地区人们约定俗成的称呼。

该古歌涉及语言、文学、艺术、哲学、宗教、天文、历算、地理、医药等方面，是研究苗族传统文化的重要素材。另外，因为古歌原貌属于口传形式，传承上全凭歌师口传心授，祭祀时要求严格，追求“无纸化”零差错唱诵，这些无不体现苗族的终极人文关怀。

采集翻译： 熊文国、罗永洪。

注释

[1] Nzhif Let Vongs：紧密，紧紧相连，密不可分，这里形容天地一片黑暗。有的释为阴冷，阴寒，刺骨，辣。此文取“紧密”之意。

[2] Gangx Ndos：天亮。

[3] Sangb Ndox：破晓，天黎明时分。

[4] Zhenx Ndeus：竹卦，是苗族丧葬的祭祀工具，是人与神鬼对话的媒介。别称有Zhenx、Zhenx Zis、Cib Ndeus、Cib Xongb等。其作用是通过打卦、看卦开合情况判断逝者是否真去世、是否得到和允诺等。卦有开开、合合和开合三种变化形式，每种形式表达不同内涵。通过打卦确认后才继续下一个程序和环节，展示了对逝者的终极人文关怀。竹卦在苗族丧葬习俗中用于人和鬼神交流的工具，祭司念念有词将竹卦抛在地上时，若一半朝上翻开，一半朝下俯卧，则表明死者已领会。其中，“貞（贞）”的甲骨文与苗族丧葬仪式使用的竹卦zhenx实物相似。籍于此，供参考。

[5] Goud Luax Dlob：黑泥污渍。

[6] Ghangb Job：火塘底。

[7] Goud Luax Dlangs：黄泥污渍。

[8] Ghangb Zangs：床脚。

[9] Zaox Kaob Jeud：祭酒。

[10] Ndaot Maob Ndaot Nzhangx：祛病除痛。

[11] Hod Zhox Lik Zhis：全部。

[12] Zhox Nbos Muas：面布，指用于死人的盖面布。

[13] Dail Hlait Nyangs：祭盆，装祭食的盆（盆、葫芦瓢）。Dail指盆和器具；Hlait Nyangs指祭食。

[14] Chaik：早饭。

[15] Changd Ndox：阳光，太阳。

[16] Bet：跪。

[17] Lol Nangs：下雨。

[18] Buax Sib Got Vongf：耙齿犁把。

[19] Chaot Zhox Chaot Nbuas：绫罗绸缎。在此指逝者的胎盘。苗族人出生时的胎盘一般埋在床脚，意指逝者要回到出生处床脚拿到自己的胎盘，方能投胎转世。

[20] Rangf Zas Let Ris：着装靓丽。

[21] Dis Nzhex：转过耳朵，转头。

[22] Lol Dlangb Lol Let Ndrual：神话故事。

[23] Dongt Hout Lik Dus：垂头丧气。

[24] Juas Bos Nyaob Juas Yeuf：与祖宗相聚，与祖宗见面。

[25] Ngoux Lik Ab：音译为“构里阿”，苗族神话中的人物名字，女性。

[26] Ab Lik Out：音译为“阿里欧”，苗族神话中的人物名字，男性。

[27] Uat Nenx Ab：过苦日子，生活苦。

[28] Uat Nenx Souk：过穷日子，生活穷困。

[29] Nchait Let Zhud Let Zhud：胆战心惊的样子。

[30] Ndid Dox Ndid Dox：词义不明，存疑。音译为“嘀夺嘀夺”。

[31] Dik：取名，取，命名。

[32] Dox Nyaob Sheud Lik Nblos（Dox Lik Nblos）：苗族传说中编织天地的神。音译为“夺哩波”。

[33] Dox Lik Guk：苗族传说中编织天地的神，音译为“朵里古”。

[34] Dad Zhox：成人。与Dad Jed同。

[35] Ndok Ndox：编天，织天。

[36] Hab Deb：编地，织地。

[37] Ngoux Ghuak Ghangd Lik Geuk：母蛤蟆。

[38] Sob Nzangt：隔墙，板壁，墙壁。

[39] Nzhual Ndox：丈量天，量天。

[40] Zongl：住，居住；存，存在。

[41] But Shout Reb：睡石头上。

[42] Njex Hmod：钎，钎子。

[43] But Shout Luax：睡在泥土上，睡在地上。

[44] Bleb：缝，缝隙。

[45] Lik Yeub Lik Yeub：慢悠悠地。

[46] Dlangd Dleub Dlangd Maox Ncut：白鹰，白色老鹰。

[47] Rouf Let Rub Let Ruas：时而席地而坐，时而横卧的样子。

[48] Houd Dax：平原之上。Houd指头，顶；Dax指平原，也有坝子的意思。

[49] Lik Fangd Lik Fangd：宽又宽。Fangd疑似“方”。

[50] Gouf Xangt Qangd：十七格（间），指天分为十七格（间）。

[51] Lik Fait Lik Fait：窄又窄。待考。

[52] Gouf Xangt Jait：十七里，指地有十七里。

[53] Ghangb Taid Nyox：牛圈脚，牛圈底。

[54] Dol Dluad Mol Dluad：用板去拍。Dluad指板，木板，木拍；拍，打，赶。

[55] Ghuak：隔，隔开。

[56] Ghuab Let Nyox：成年公牛。

[57] Beb Lik Dluad：三拍，指用木板拍打三次。

[58] Nzhoub Hout Lik Ghak Nzhos：垂下头颅、低下头，与Nzhoub Hout Ghak Ndrenl同。

[59] Ghangb Taid Nenl：马圈脚，马厩底。

[60] Zhut Lux：腐臭。

[61] Ndaot Ndox：通天。此处指腐臭味通天。

[62] Nongb Maob：病种，病源。

[63] Jongb：多，繁杂。

[64] Zhid Shab：心不好，良心坏，与Zhid Bleud同。

[65] Kheb Dout Lob Drongx：打开门。此处指打开天门。

[66] Zhif Duas：虐待致死。

[67] Geuk Dex Ghak Nghaix：蛤蟆的肉身，蛤蟆的血肉。

[68] Zhux Dout：铸造，筑造，构筑。引申为“恢复”。

[69] Cangt：骨头。

[70] Sheud Lol Jax：活起来，复活。

[71] Blox：死亡，殁。

[72] Touk Let Ghak Ot：远古时候，从前。

[73] Nenx Dlangb Lol Shik Xeut：人和鬼神相混时代。

[74] Dlangb Nenx Lol Shik Zongl：鬼神和人相合，人鬼互相依存，人鬼相互存在。

[75] Yongs Dout：效仿，模仿。

[76] Bangt：气，气息，气体。

[77] Dlangb Nenx Lol Shik Nqangt：人鬼相互昭示。

[78] Zhaot Pluad：放开。
[79] Keuk Cangt：捡骨头。文中指"选骨头"。
[80] Keuk Nghaix：捡肉身，捡肉。文中指"选肉身"。
[81] Cangt Nyax：银骨头。
[82] Nghaix Gob：金肉身，金血肉。
[83] Nghaix Jed Rib：蜜肉身。甜如蜂蜜一样的肉身。
[84] Cangt Ploub Mangx：麻秆骨。脆得像麻秆一样的骨头。
[85] Yangx Ndos Ghak Nzhuad：熔化。Yangx指炀，熔，溶。
[86] Lod Ghak Nguad：脆而易折断。
[87] Naf Zid Dlangb Drongx Lik Ghak Zangx：床神，拟人化表述。
[88] Dlangx Ghak Zhuad：两手张开的样子，指张开手拦住死者灵魂，不让走。
[89] Hod Zhed Duab Lik Dex Nens：家里人，家人。
[90] Ghuad Luax Dlob：黑泥路。
[91] Bongb：掉，落，撒落。
[92] Nblax Ndrangs：人间，世间，凡间，田野，与Ndax Deb同。
[93] Sheud Nzod：起得早，早起。
[94] Dout Maob：得病，生病。
[95] Nzhox Ghak Nzas：渐渐地，逐步地。
[96] Ndruab Jed：体内。
[97] Uat Jeud：熬酒，煮酒。形容病痛难熬如煮酒。
[98] Dot Bangt：断气，没有呼吸。
[99] Jax Jangs：生根，变成根，如根一样。
[100] Jax Reb：变成石头，如石头一样。
[101] Zhit Xaob：不要，不用。
[102] Zhit Jax Nenb：不成人样，不像人样，指死去的人。
[103] Jax Dlangb：变成鬼神。
[104] Naf Yeuf Zid Dlangb Drongx Lik Ghak Dangs：堂神，拟人化表述。
[105] Yeuf Ghak Nyongs Loul：祝牛。与Nzux Nyongs Loul、Nzux Nyongs、Nzux Ghak Nyongs、Nzux Lik Nyongs和Nzux Shik Ghak Nyongs同，均为版本表述差异。
[106] Dot Bangt：断气，停止呼吸。
[107] Nbongt Zangx：床边，床沿。Nbongt Led：席子边沿。
[108] Naf Zid Dlangb Drongx Leuf Ghak Job：火塘神，拟人化表述。
[109] Yos Jed：养身。
[110] 唱到此处，要具体根据逝者是年长还是年轻，抑或是小孩，根据具体情况来唱诵。此篇以年长逝者为例。
[111] Nenb：巫，傩，巫傩。
[112] Sob Ndongt：树上。Sob Reb：岩石上，山崖上。
[113] Dob Ndrous Langx Ghak Yout：儿辈，后生，晚辈。
[114] Maob Jeud：病如煮酒难熬。
[115] Naf Zid Dlangb Drongx Lik Ghak Blangs Lik Suak：屋檐神，檐柱神。
[116] Nzul：祝，神名。疑为Nzux Nyongs（祝牛神）的简称，是Nzux的音变。在此书中，李自文《劝孝歌》中说"Nzhis shab zhit rongt（赤心不好）"的例句与"Nzul shab zhit rongt"如出一辙，故Nzul和Nzhis，疑为同一个神，为版本差异。Nzhis赤音，赤神也疑为管理瘟病的史文业。
[117] Ndif Ghous：碗倒，碗倾斜，将碗打翻。
[118] Ghaix Lob Ndox：天倾斜，天塌。
[119] Hluat Ndox Dot：天绳断。
[120] Dongt Hout Lex Dus：低着头，垂着首。
[121] Khuad Ghak Kheud：干燥，干枯。与Ngis Ghak Nguad同。
[122] Nongb Xongb：竹种。
[123] Nongs Zhix Nongs Lik Draos：鸷鸟，是一种神鸟，到天上取竹种树种的神鸟。
[124] Lut：踪迹，痕迹，踪影。
[125] Yangt Lik Luas Lik Luas：悠扬地飞。
[126] Ib Dik Ib Nzend Ndox：展翅一回飞半空；一飞飞一片天。
[127] Ghouf Lik Ndox（Ghouf Ndox）：天边，天涯。
[128] Beb Duab Lik Dik：展翅三回，飞三次。
[129] Dit Huab：靠近云彩的地方。
[130] Nghangb Lik Vaos Lik Vaos：衔着，叼着。
[131] Goul：喙。
[132] Ut Heud：抛撒，撒。
[133] Dif Daox：那边山坡。
[134] Dlangb Zhik：粟鸟，音译为"丹哩鸷"，一种专食用草籽的鸟，成群结队，比麻雀稍小，褐色。苗语也称Zhik Cod。
[135] Zheut：野鸡。
[136] Nongb Xongb Naf：竹子之母。
[137] Beb Dras：三刀。
[138] Zeuf Lik Yenl：生长茂盛。
[139] Mangb：蛮，古代族群称谓。
[140] Khab Vangb：编织簸箕。Hab Chouk：编织筛子。
[141] Nghaot Nzhik Lik Vaos：断尖或无尖的植物。此指无尖的竹子。
[142] Nangs Ndob：雨淋，雨打湿。
[143] Huab Bok：雾蒙蒙。
[144] Lus Ndros：露水滴。
[145] Ndruab Ndrangb：中间。
[146] Nax Mangb Ghak Lik Shuad：音译为"纳蛮嘎哩刷"，指古代"蛮"与"刷"两个族群的称谓。
[147] Zhangt Zhed Lik Val：立瓦房，盖瓦房。
[148] Zhed Zhox：宫殿，漂亮房子，豪华房子。
[149] Geut：锯子，锯。
[150] Zous：凿子，凿。
[151] Dlaot Ndox Lik Ghak Juak：天荒芜，老天光溜溜。
[152] Dlaot Deb Let Dleus：地荒芜，大地光秃秃。
[153] Nongb Ghaib：鸡种。Nongb Ok：鸭种。
[154] Dlangd Dlob Dlangd Lik Nzhuas：黑雏鹰。Nzhuas指年幼，雏。
[155] Dlangd Dleub Dlangd Lik Nzhuas：白雏鹰。
[156] Longs：笼，此处指"窝"。
[157] Ndes Ghait：下蛋，产蛋。
[158] Shuad：数。
[159] Ib Zos Gouf Beb Hnob：一到十三天。十三天是苗族特定时间单位，丧葬仪式中，送葬日起算作为第一天，顺延数到第十三天便是举行回煞仪式之日。如果从送葬第二天算起，则往后数到第十二天。
[160] Njet Rel：上窝。
[161] Buas Ghet：抱蛋，孵蛋。
[162] Chab：春天，春季。是Ndox Chab的省略。
[163] Zhoux：寒冬腊月，冬天，冬季。
[164] Ghet Ghoux：寡蛋；未受精的蛋。
[165] Dlous Dout：孵化出。
[166] Njex Hmod Njex Blis：石柱之魂。
[167] Zhox：什物，绸。

[168] Dex Lax Dex Dlangd：鹰和隼。Lax指隼。Dlangd指鹰。
[169] Loud Lik Lab：红公鸡。
[170] Plik Uat：变成，蜕变成。
[171] Ndraif：躲，藏。
[172] Jex Lik Dik：翅膀下。
[173] Jex Lik Dut：尾巴下。
[174] Mol Njangx：走直线，直着走。
[175] Mol Nkouk：走弯道，弯着走。
[176] Ged Chuaf：岔路，岔路口。
[177] Rangx Druat Lot：龙张口，张着大口的龙。
[178] Khaod Bangx：直译为“花洞”，此指溶洞，岩洞。
[179] Zhod Druat Lot：虎张口，张着血盆大口的虎。
[180] Khaod Zhuat：崖洞，崖口，石岩洞。
[181] Nchuat Mangx Nchuat Lik Nduas：麻团麻须，麻线团。疑为口误“Ncongt Mangx Ncongt Nduas”麻旗麻须。
[182] Dax Hox Qaox：达河桥，河桥名。
[183] Daof Bel Drongb Gangb Lik Naot：北面冷虫山，山名。
[184] Gangb Sud：酥虫。
[185] Luax Beb Nbous：大三倍。
[186] Gangb Nzhuab：绿虫。
[187] Luax Reb Dlouk：大如碾麻石。苗族在麻布制作过程中专门用于碾压麻线的工具。
[188] Kout Mangx Kout Lik Nduas：麻布织成的鞋子，苗族丧葬习俗中死人专用，也称Kout Nongs。
[189] Beb Zox Ged Chuaf Ot：那三条岔路口。
[190] Nend Drout Kout：鞋印。
[191] Lux Ghak Ndreul：细碎稀烂。
[192] Ged Gangd Gab：赶街路，去集市的路。
[193] Ged Yos Nyox Lak Ged Yos Nbuat：放牛路放猪路。
[194] Doux Zhuas：芭茅杂草。
[195] Dloud Ghak Leut：（草）长得茂盛摇曳的样子。
[196] Dlex Lab Dlex Dlangs：红河黄河，红水黄水。
[197] Bangl Lax Bangl Ab：苦田湖。
[198] Gongx Gangb：昆虫。
[199] Dongx Shangb：抽丝做茧。
[200] Jouf Raos：赶紧拉住。
[201] Gangb Ruas Shangb：蜘蛛，蜘蛛丝。
[202] Daof Bel Changd Ndox Let Gob：北面热坡地，地名。
[203] Gouk Zhox Gouk Nbuas：绸缎伞，锦屏玉伞。
[204] Ndaid Ndox：天梯。
[205] Gheb：阶，台阶，阶级。
[206] Bel Ndox：天上。
[207] Juax Hnad Ndangx：九齿长剑。
[208] Ndax Deb：地上，大地，世间。
[209] Juax Hnad Dras：九齿大刀。
[210] Yad Mol Let Zos：要到达目的地，即与祖宗相聚之地。
[211] Hangd Mual Hangd Zid Chuax：还冤卸药谷。死者将冤情、灾情或病痛用药等卸下的谷地。
[212] Luak Maob Luak Nzhangx：别人的病痛。
[213] Zheb Dout：撒在，放在，这里指“卸下”。
[214] Gaox Maob Gaox Nzhangx：你的病痛。
[215] Hlet Dout：卸下。
[216] Shib Del Shib Deut：手脚轻盈，指没有负担。
[217] Ghaib Qeb Chuax：扫药鸡，卸药鸡。
[218] Ghuat：叫，鸣叫。
[219] Xangb Del Nox Lik Nuas：伸手摸索，伸手试探。
[220] Suak：摸，摸索，抚摸。
[221] Ged Dul：路的尽头。
[222] Nqangt：回应。
[223] Houd Muas Nzangt：坟头。
[224] Luas Ghangx Luas Ghous：欢声笑语，喜笑颜开。
[225] Deuk Denb Gangx Lik Los：灯火通明。
[226] Nyaob Dlob Lik Zhis：在黑灯瞎火的地方。
[227] Qif Ndraos Lik Ngongl：垂头丧气。
[228] Bos Lik Zhenb Duax Zhek Yeuf Shuab Nghent：祖父母用温婉的声音争相叫唤。Shuab Nghent指疼爱地叫唤，语气温婉地温柔地叫唤。
[229] Deuk Zhout：点火把；燃火把。
[230] Ded Douf：剥豆。逝者如果参与剥豆，则意味着不能投胎转世。
[231] Maob Lid Lid：疼痛不止，疼痛不已。
[232] Duf Lik Del：水牛前肢。与之相关有Duf Deut（水牛后腿）。
[233] Nzhex：耳朵。
[234] Muas：眼睛，目。
[235] Luax Kaob：有杯子大，赛似杯子。
[236] Nblongx Lik Hmangb：藤蔓的叶子。
[237] Nblongx Lik Nzhenx：栗树叶子。
[238] Yenb Dif Deb：阴间，阴地。
[239] Jax Dlangb：成鬼神，成鬼，成神。
[240] Yangx Ghak Jenb：阳间，活人的世界。
[241] Jax Nens：活成人，做成人。
[242] Yeuf Zid Yeuf lik Zhis：老者。
[243] Goul Hnad Dlangx Lex Lil：牙齿黄生生的，发黄的牙齿。
[244] Rongd Nox Nif Zhens：原始森林。
[245] Nongs Ghoub Ghus：布谷鸟。本文指逝者亲人。
[246] Nongs Ghoub Guef Yangx：杜鹃鸟。本文指逝者亲人。
[247] Ndrangl Dax Ndrangl Lik Dol：平原，原野。本文指祖先所在地。

指路歌
Ngoux Deut Ged

Duas Zhenb Deut Ged
确认死亡

Zid Nzeuf Juad[1] ak!

Ras nad gus luak lenx hlob dak gaox duas,

Lenx yout dak gaox duas,

Gaox duas dlangs shik duas dlend?

Muax dol ndif rangf yenl zos dif daox shob yaos gaox?

Yaos gaox nat zhek,

Gaox dis nzhex lol nongs houd,

Dis hout lol nongs lol.

Yeuf Mof[2] hot ngoux douf dlangb[3] dout gaox nongs ek,

Let deut gaox gangb mol juas bos khat gaox ged mol juas yeuf nik Zid Nzeuf Juad!

Zid Nzeuf Juad ak!

Yeuf Mof yuad deut gaox gangb mol juas bos khat gaox ged mol juas yeuf nat jek,

Yeuf Mof drik cib ndangx cib hnend[4] uat gaox luas,

Gaox khuat[5] zhit dek nchait ax Zid Nzeuf Juad!

假大叔啊！

现在年长者说你死了，

年幼者也说你死了，

你是真死还是假死呢？

在那坡上有个装扮靓丽的人是不是你？

如果那个人就是你，

你就侧着耳朵来，

转过头来把话听。

指路师将唱指路歌给你听，

指路给你去见祖先啊假大叔！

假大叔啊！

当指路师给你指路去见祖先，

指路师会背上刀剑和弓箭与你做伴，

请你不要害怕啊假大叔！

刀与弓箭

Zhif Renx Yenb
远古的人种

Mox Lik Yis Lol Nyaob
世间有摩理艺

Hak lot wek,

Zhangd nad zhouk ndox nzhif lik vongs et!

Nenb hab deb nzhif lik laos,

Hab deb zhouk leuf lob ndox dangl[6] nad et!

Jat zhouk dout let zhit jed lol nyaob?

Zhouk dout Mox Lik Yis[7] jed lol nyaob.

Yeuk dout let zhit jed lol zongl[8]?

Yeuk dout Mox Lik Yis jed lol zongl lout def muak!

这样说：

此时天地黑暗又寒冷哟！

人和地也受冻了，

天地全黑了啊！

黑暗至此有谁存在？

有摩理艺来存在。

黑暗至此有谁在世？

有摩理艺来在世嘛！

Renx Yenb Renx Zhangd

人种溯源

Hak lot wek,

Zhangd nad zhouk ndox nzhif lik vongs et!

Nens hab deb nzhif lik laos,

Hab deb zhouk leuf lob ndox dangl nad et!

Jat lik touk zhek,

Ndox khuad lob ndox ngis lik nguad[9] leuf xangt nax,

Deb khuad deb ngis nguad leuf xangt xongt,

Ndox dlaot[10] lob ndox let juak ndreud,

Deb dlaot deb lik zhos ndrenl,

Renx yenb[11] lak zhit muax,

Renx zhangd[12] lak zhit zeuf et.

这样说：

此时天地黑暗又寒冷呀！

人和地也受冻了，

天地全黑了啊！

远古之际，

天干七载，

地枯七年，

天光溜溜，

地光秃秃，

人烟也没有，

人种未发源。

Jat nad Mox Lik Yis zhas yad mol nos dout Nzux lik Nyongs[13] dak:

Beb lob drox deb ot,

Ndox khuad lob ndox ngis lik nguad leuf xangt nax,

Deb khuad deb ngis nguad leuf xangt xongt,

Ndox dlaot lob ndox leuf juak ndreud,

Deb dlaot deb lik zhos ndrenl,

Renx yenb lal zhit muax.

Renx zhangd lak zhit zeuf et,

Renx yenb zeuf leuf lob drox deb[14] dus?

Renx zhangd let dak zeuf leuf lob drox longs[15] dus?

Nzux lik Nyongs zhas yad deb dout dak:

Renx yenb zeuf leuf Shuad Yix Mik[16] lob drox deb,

Renx zhangd lik dak zeuf leuf Shuad Yix Mik lob drox longs ot.

摩理艺才去求问祝牛：

在我们生活的地方啊，

天干七载，

地枯七年天光溜溜，

地光秃秃，

人烟也没有，

人种未发源。

那么，

人烟究竟生在何方？

人种究竟生在何处？

祝牛回答道：

人烟生在刷艺米的地方，

人种生在刷艺米的城池。

Jangl Mox Lik Yis draod lol zos Mox Lik Yis shab zhit duas,

Zhas yuad zhaot dout nongs zhix nongs lik draos[17] mol muab renx yenb leuf Shuad Yix Mik lob drox deb,

Muab renx zhangd leuf Shuad Yix Mik lob drox longs.

Nongs zhix nongs lik draos drangs lik ndul beb nchuat dik ndros mol zos,

Shuad Yix Mik sheud lol nos:

Mex nyaob mex ndox dangl ged njuat nded[18],

Ged dleb lik dangl ged njuat ndaot,

Mex yad duax uat dol dlangb zhit?

摩理艺返回后仍旧不甘心，

他又放鸷鸟到刷艺米的地方拿人烟，

他又放鸷鸟到刷艺米的城池取人种。

鸷鸟展翅三下便去到，

刷艺米见状就问道：

你们在遥远之地，
远隔千山万水，
前来这里有何事？

Nongs zhix nongs lik draos zeux haik nyaob ndros lol zeux deb[19],
Nongs zhix nongs lik draos zhas yad deb dout dak:
Beb lob drox deb ot,
Ndox khuad lob ndox ngis lik nguad leuf xangt nax,
Deb khuad deb lik nguad leuf xangt xongt,
Ndox dlaot lob ndox leuf juak ndreud,
Deb dlaot deb lik zhos ndrenl,
Renx yenb lak zhit muax,
Renx zhangd lak zhit zeuf et!
Ub[20] yad duax muab renx yenb lik dak jaox renx zhangd.
鸷鸟能说又会道，
鸷鸟这样来回答：
在我们生活的地方啊，
天干了七载，
地枯了七年，
天光溜溜，
地光秃秃，
人烟也没有，
人种未发源啊！
我们要前来取人烟和人种。

Shuad Yix Mik zhas yuad deb dout dak:
Renx yenb muax dex ceud,
Renx zhangd lik dak muax dex ndaot,
Mex nzod mex zhit duax,
Nil nad mex let duax renx yenb rens leuf nzod,
Renx zhangd lak rens leuf[21] lex.
Nongs zhix nongs lik draos shab zhit duas,
Nongs zhix nongs lik draos njet lik nkaob Shuad Yix Mik lob sib des[22],
Zhes dout nax mol aob duab nik shed[23],
Njet lik hlaot Shuad Yix Mik lob zid dous[24],
Zhes dout nax mol aob duab nik shoub[25].
刷艺米回答：
人烟这里产，
人种这里生，
可惜你们不早到，
现人烟已凋敝，
今人种已凋零。
鸷鸟仍旧不甘心，
鸷鸟爬上刷艺米的手心，
取下两支人烟，
鸷鸟靠近刷艺米的眼睛，
捧得两把人种。

Shout lik shit las zeux muab lol zeux jaox,
Las yuad drik lik njok draod ndrouk ghouf[26].
Nongs zhix nongs lik draos zeux muab zhit zeux jaox,
Nghangt lik njeud duax ndeuf deut,
Nbuad[27] lik yenl duax ndeuf goul.
Nongs zhix nongs lik draos nil dik nil dut nded,
Nongs zhix nongs lik draos yuad feb ged;
Nongs zhix nongs lik draos nil dik nil dut njangx,
Nongs zhix nongs lik draos yuad feb ghangb.
Nongs zhix nongs lik draos drangs lik ndul zos dif ndangt ndox[28],
Shuad Yix Mik juax hlit[29] ndros ndreud zos.
Renx yenb bongb ndrongl drout nblax deb,
Renx zhangd let dak bongb ndrongl drout nblax ndrangl lout def muak!
别人会取又会带，
把种子背好在背后。
鸷鸟会取不会带，
只会抓在爪子上，
叼在嘴里。
鸷鸟翅膀和尾翼长，

它可以顺利返还；

鹜鸟翅膀和尾羽直，

它可以顺着回来。

鹜鸟快速翱翔到半空，

刷艺米的九月秋收到。

人烟散落到原野，

人种散落到大地嘛！

Nangs Choud Nangs Shoub Ris

人种雨后发芽

Hak lot wek,

Zhangd nad zhouk ndox nzhif lik vongs et!

Nens hab deb nzhif lik laos,

Hab deb zhouk leuf lob ndox dangl nad huat!

Jat lik touk zhek,

Lob ndox khuad lob ndox ngis lik nguad leuf xangt nax,

Deb khuad deb lik nguad leuf xangt xongt.

Ndox dlaot lob ndox leuf juak ndreud,

Deb dlaot deb leuf zhos ndrenl.

Renx yenb lak zhit duax,

Renx zhangd lak zhit zeuf.

Yeuf sob[30] nzongt ndox lik ndus[31] daof feb lol,

Ris rox lik dak zhit ris raos,

Ris raos gaox nik nangs choud nangs shoub[32] ris.

Renx yenb ndros let duax,

Renx zhangd let dak ndros let deuf lout def muak!

这样说：

此时天地黑暗又寒冷呀！

人和地也受冻了，

天地全黑了啊！

远古的时候，

天干了七载，

地枯了七年。

天光溜溜，

地光秃秃。

人烟长不出，

人种不发芽。

雷神遮天蔽日轰隆隆返世间，

风云骤变雷雨交加，

细雨连绵万物复苏。

人烟才长出，

人种才发芽嘛！

Dot Muax Dot Git

生儿育女

Hak lot wek,

Zhangd nad zhouk ndox nzhif lik vongs et!

Nens hab deb nzhif lik laos,

Hab deb zhouk leuf lob ndox dangl nad huat!

Jat zhouk dout lik zhit jed lol nyaob?

Zhouk dout Ngoux lik Ab[33] jed lol nyaob.

Yeuk dout let zhit jed lol zongl?

Yeuk Zid Ndrous lik Ongt jed lol zongl.

Jat nad Ngoux lik Ab uat ngouf[34] lik shab dif ndangd daox[35],

Naf Ngoux lik Ab zhit yos nbaox[36].

Zid Ndrous lik Ongt ngouf lik yenl dif ndangd hangd,

Zid Ndrous lik Ongt zhit yos zhangd.

这样说：

此时天地黑暗又寒冷呀！

人和地也受冻了，

天地全黑了啊！

人间有谁人来住？

人间有构阿来住。

世间有谁人来居？

世间有孜宙欧来居。

构阿躲在那半坡不寻伴，

构阿不会生育。

孜宙欧藏在那山谷中不寻偶，

孜宙欧也不会繁衍。

Jat nad Ngoux lik Ab zhas yad mol nos Mox lik Yis dak:

God nad Ngoux lik Ab uat ngouf lik shab dif ndangd daox,

God nad Ngoux lik Ab zhit yos nbaox.

Zid Ndrous lik Ongt uat ndrous lik yus leuf dif ndangd hangd,

Zid Ndrous lik Ongt zhit yos zhangd.

Dot[37] dob dot haod dus?

Dot gid dot khaod dus?

Mox Lik Yis zhas yad deb dout dak:

Dot dob dot leuf ndid lik ndangs[38],

Dot gid dot leuf ndid lik nbos[39].

Jat Naf Ngoux lik Ab uat ngoux[40] lik shab leuf dex ndangd daox,

Naf Ngoux lik Ab let yos nbaox.

Zid Ndrous lik Ongt uat ndrous lik yus dif ndangd hangd,

Zid Ndrous lik Ongt let yos zhangd.

构阿去询问摩理艺：

我构阿躲在那半山坡，

我构阿不会生育。

孜宙欧悄悄藏在那半山谷，

孜宙欧他也不会繁衍。

那么，在何处来生子？

在哪里去育女？

摩理艺回答道：

生儿要去寻伴侣，

育儿要去找配偶。

构阿恋爱在半坡，

构阿就产子；

孜宙欧热恋在山谷，

孜宙欧会生育。

Jat nad Ngoux lik Ab let lol dot dout nax mol aob duab nik dol.

Dol hlob ndid del lox,

Zhit zeux dik leuf dol hlob nbet,

Yad muab dol hlob nbet dik ot uat Dib Dos[41].

Dol yout ndid del ndos,

Zhit zeux dik leuf dol yout nbet,

Yad jat muab dol yout nbet dik ot uat Dox Lik Nblos[42] lout def muak!

构阿生孩有两个。

大的指头大，

不会给其取名字，

便取名叫迪夺。

小的指头粗，

不会给其取名，

便取名叫夺哩波！

Ndok Ndox Ndok Deb

编织天地

Hak lot wek,

Zhangd nad zhouk ndox nzhif lik vongs et!

Nens hab deb nzhif lik laos,

Hab deb zhouk leuf lob ndox dangl nad jek!

Lil touk lob ndox zhas yad uat lob ndox jaox lol dleus lob ndox zhit zeux gangx[43],

Lob deb zhas yad uat lob deb jaox lol dleus lob deb zhit zeux zhouk.

Jat Dib Dos hlob dad zhox,

Dib Dos yad dit zos.

Dox Lik Nblos hlob dad jed,

Dox Lik Nblos yad dit shed.

这样说：

此时天地黑暗又寒冷呀！

人和地也受冻了，

天地全黑了啊！

远古时候天空运转不会亮，

大地运行不会暗。

迪夺来长大，

迪夺长成人。

夺哩波来长成，

夺哩波来长大。

Dib Dos sheud ndok ndox,

Dox Lik Nblos sheud ndok deb.

Dib Dos yad muab lob ndox ndok dax lik ndenl[44],

Dox Lik Nblos zhas yad muab lob deb ndok dax lik dol.

Nil nad zhek,

Lob ndox let zhit uat lob ndox jaox lik dleus lob ndox let zeux gangx,

Lob deb lak zhit uat lob deb jaox lik dleus lob deb let zeux zhouk lout def muak!

迪夺起来编天，

夺哩波起来织地。

迪夺把天编平滑，

夺哩波把地织平稳。

在现今，

天空运转才会亮，

大地运行才会暗。

Nzhual Ndox Nzhual Deb

测量天地

Ghangd Geuk Nzhual Ndox Nzhual Deb

蛤蟆量天地

Hak lot wek,

Zhangd nad zhouk ndox nzhif lik vongs et!

Nens hab deb nzhif lik laos,

Hab deb zhouk leuf lob ndox dangl nad jek!

Jat Dib Dos hlob dad zhox,

Dox Lik Nblos hlob dad jed.

Dib Dos sheud ndok ndox,

Dox Lik Nblos sheud ndok deb.

Dib Dos yad muab lob ndox ndok leuf xangt nax,

Dox Lik Nblos yad muab lob deb ndok leuf xangt xongt.

这样说：

此时天地黑暗和寒冷呀！

人和地也受冻了，

天地全黑了啊！

迪夺长成人，

夺哩波来长大。

迪夺起来编天，

夺哩波起来织地。

迪夺编天用了七载，

夺哩波织地花了七年。

Jat Dib Dos shab zhit duas,

Dox Lik Nblos shab zhit dol.

Dib Dos yad zhaot dout ghangd geuk ghangd let nguas mol nzhual ndox,

Dox Lik Nblos yad zhaot dout ghangd geuk ghangd lik nguas mol nzhual deb.

Ghangd geuk ghangd lik nguas tlat lik pleud beb duab hnob,

Mol leuf Dib Dos beb jous beb nend nyox[45].

Tlat lik pleud mol nzhual ndox,

Shaib leuf lob ndox nghaif lik zhuad[46] lob ghangb hob[47],

Zhos zouk ghangd geuk ghangd lik nguas ib duab dos ngouf lik hod.

迪夺心不甘，

夺哩波心不安。

迪夺指使蛤蟆去测量天，

夺哩波指派蛤蟆去丈量地。

蛤蟆蹦跳了三天，

走完迪夺的三十三步牛脚印。

蛤蟆蹦跳着蹦跳着开始测量天，

只见天窄如坛底，

只够一只蛤蟆来蹲着。

Ghangd geuk ghangd lik nguas tlat lik pleud beb duab hmaot,

Mol leuf Dox Lik Nblos beb jous beb nend nenl[48].

Ndrangs lik ndul mol nzhual deb,

Shaib lob deb nghaif lik zhuad let lob ghangb ndis[49],

Zhos zouk ghangd geuk ghangd lik nguas ib duab dos njis.

Tlat lik pleud draod lol zos,

Dib Dos sheud lol nos,

Dox Lik Nblos sheud lol haik.

蛤蟆蹦跳三夜，

走完夺哩波的三十三步马脚印。

随后开始丈量地，

只见地窄如碗底，

只够一只蛤蟆来转身。

蛤蟆蹦跳回来，

迪夺来寻问，

夺哩波也来追问。

Dib Dos zhas yad nos dout dak:

God Dib Dos zhaot gaox ghangd geuk ghangd lik nguas mol nzhual ndox,

Lob ndox dlangd lak lob ndox nghaif?

Nens mol leuf zhek shob muax leuf lob qeut nyaob?

Dlangb mol leuf dak shob muax leuf lob qeut zongl?

Dox Lik Nblos zhas yad nos dout dak:

God Dox Lik Nblos zhaot gaox ghangd geuk ghangd lik nguas nzhual deb,

Lob deb dlangd lak lob deb nghaif?

Nens mol leuf dak shob muax lob qeut nyaob?

Dlangb mol leuf dak shob muax lob qeut zongl?

迪夺问道：

我让你去测量天，

天宽还是窄呢？

人去到是否有住处？

鬼神前往是否有住所？

夺哩波也问道：

我让你去丈量地，

地宽还是窄呢？

人去到是否有住处？

神鬼前往是否有住所？

Ghangd geuk ghangd lik nguas zhas yuad deb dout dak:

Gaox Dib Dos zhaot god ghangd geuk ghangd lik nguas mol nzhual ndox,

God ghangd geuk ghangd lik nguas tlat lik pleud beb duab hnob,

Mol leuf gaox Dib Dos beb jous beb nend nyox.

Tlat let pleud mol nzhual ndox,

Shaib leuf ndox nghaif nik zhuad let lob ghangb hob,

Zhos zouk[50] god ghangd geuk ghangd lik nguas duab dos ngouf lik hod.

蛤蟆回答：

迪夺让我去测量天，

蛤蟆我蹦跳了三天，

走完迪夺你的三十三步牛脚印。

随后开始测量天，

只见天窄如坛底，

只够我一只蛤蟆来蹲着。

God ghangd geuk ghangd lik nguas tlat lik pleud beb duab hmaot,

Mol leuf gaox Dox Lik Nblos beb jous beb nend nenl.

Tlat let pleud mol nzhual deb,

Shaib lob deb nghaif lik zhuad lob ghangb ndis,

Zhos zouk god ghangd geuk ghangd lik nguas ib duab dos njis.

Nens mol leuf dak zhit muax lob qeut nyaob,

Dlangb mol leuf dak zhit muax lob qeut zongs lout def muak!

蛤蟆我蹦跳三夜，

走完夺哩波你的三十三步马脚印。

蹦跶着开始丈量地，
只见地窄如碗底，
只够一只蛤蟆来转身。
人去了没住处，
鬼神去了也没住所嘛！

Dlangb Dlob Nzhual Ndox Nzhual Deb
黑鹰量天地

Hak lot wek,
Zhangd nad zhouk ndox nzhif lik vongs et!
Nens hab deb nzhif lik laos,
Hab deb zhouk leuf lob ndox dangl nad guas!
Jat Dib Dos shab zhit duas,
Dox Lik Nblos shab zhit dol,
Dib Dos yad zhaot dout dlangd dlob dlangd lik dlongs[51] mol nzhual ndox,
Dox Lik Nblos yad zhaot dout dlangd dlob dlangd lik dlongs mol nzhual deb.
这样说：
此时天地黑暗又寒冷呀！
人和地也受冻了，
天地全黑了啊！
迪夺不甘心，
夺哩波不安心，
迪夺派黑鹰去测量天，
夺哩波遣黑鹰去丈量地。

Dlangd dlob dlangd lik dlongs drangs lik ndul[52] beb nchuat dik,
Mol leuf Dib Dos beb jous beb qangd ndox[53].
Drangs lik ndul mol nzhual ndox,
Shaib leuf ndox dlangd duax uat dlangd,
Drangs lik ndul mol zhit doul shot lik njens houd boul jangd[54].
Mol leuf Dox Lik Nblos beb jous beb qangd ndrangl,
Drangs lik ndul beb nchuat dik[55] mol nzhual deb,
Shaib lob deb dleb duax nyaob uat dleb,
Drangs lik ndul mol zhit doul shot lik njens[56] houd boul reb[57].
Drangs lik ndul draod lol zos,
Dib Dos sheud leuf nos,
Dox Lik Nblos sheud lol haik.
黑鹰扇动三次翅膀，
飞过迪夺的三十三格天。
随后飞快地测量天，
只见上天宽阔无垠，
飞不动时便在树干上休息。
飞过夺哩波的三十三座坝，
扇动三次翅膀去量地，
只见大地宽广无边际，
飞不动时便在石柱上休息。
黑鹰快速飞回，
迪夺来询，
夺哩波也前来问。

Dib Dos zhas yad nos dout dak:
God Dib Dos zhaot pluad dlangd dlob dlangd lik dlongs mol nzhual ndox,
Lob ndox dlangd lak lob ndox nghaif?
Nens mol lak shob muax leuf lob qeut nyaob?
Dlangb mol leuf dak shob muax lob qeut zongl?
Dox Lik Nblos zhas yad nos dout dak:
God Dox Lik Nblos zhaot pluad dlangd dlob dlangd lik dlongs mol nzhual deb,
Lob deb dlangd lak lob deb nghaif?
Nens mol leuf dak shob muax lob qeut nyaob?
Dlangb mol leuf dak shob muax lob qeut zongl?
迪夺问道：
我让你去测量天，
天宽还是窄呢？
人去到是否有住处？
鬼神前往是否有住所？

夺哩波也问道：

我让你去丈量地，

地宽还是窄呢？

人去到是否有住处？

鬼神前往是否有住所？

Dlangd dlob dlangd lik dlongs zhas yad deb dout dak:

Gaox Dib Dos zhaot god dlangd dlob dlangd lik dlongs mol nzhual ndox,

God dlangd dlob dlangd lik dlongs drangs lik ndul beb nchuat dik,

Mol leuf gaox Dib Dos beb jous beb qangd ndox.

Drangs lik ndul mol nzhual ndox,

Shaib lak ndox nyaob dlangd duax uat dlangd,

Drangs lik ndul mol zhit doul shot lik yenl houd boul jangd.

Drangs lik ndul beb nchuat dik mol nzhual deb,

Mol leuf gaox Dox Lik Nblos beb jous beb qangd ndrangl,

Drangs lik ndul mol nzhual deb,

Shaib lob deb dleb duax nyaob uat dleb,

Drangs lik ndul mol zhit doul shot lik yenl houd boul reb.

Drangs lik ndul nzhual ndox deb,

Nzhual ndox lak zhit juas nbongt[58],

Nzhual deb let dak zhit juas ndos.

Nens mol leuf dak muax nyaos lob qeut nyaob,

Dlangb mol leuf dak muax nyaos lob qeut zongl lout!

黑鹰回答：

迪夺让我去测量天，

我黑鹰扇动三次翅膀，

飞过迪夺你的三十三格天。

随后开始测量天，

只见天空辽阔无垠，

我飞不动了便在树干上休息。

我黑鹰扇动三次翅膀，

飞过夺哩波你的三十三个旷野，

随后迅速测量地，

只见大地宽广无边际，

我飞不动了便在石柱上休息。

快速把天地来丈量，

量得那天没有边际，

量得那地没有边缘。

人去了有住处，

鬼神去了有住所喽！

Nens Zeux Duas

人会死

Ghangd Geuk Ged Duas

蛤蟆之死

Hak lot wek,

Zhangd nad zhouk ndox nzhif lik vongs et!

Nens hab deb nzhif lik laos,

Hab deb zhouk leuf lob ndox dangl nad guas!

Dib Dos shab shab zhit rongt,

Dox Lik Nblos shab zhit dol[59].

Dib Dos yad ndouk dout ghangd geuk ghangd lik nguas beb duab dluad[60] mol ghuab nyox[61],

Ghangd geuk ghangd lik nguas dot ndrout ghouf nzhox lik nzhenl Dib Dos ghangb taid nyox[62];

Dox Lik Nblos zhas yad mol ndouk dout ghangd geuk ghangd lik nguas beb duab dluad mol ghuab nenl,

Ghangd geuk ghangd lik nguas dot ndrout ghouf nzhox lik nzhenl Dox Lik Nblos ghangb taid nenl.

这样说：

此时天地黑暗又寒冷呀！

人和地也受冻了，

天地全黑了啊！

迪夺心不好，
夺哩波心不善。
迪夺拿起木板打蛤蟆三下与牛分开，
不料蛤蟆筋骨尽断在牛圈脚；
夺理波拿起木板打蛤蟆三下与马隔离，
哪知蛤蟆筋骨尽断在马圈旁。

Ghangd geuk ghangd lik nguas zhas yad draod lol ched[63] dout dak:

Nik touk ot,

Nik nongb[64] zhit muax nbluas[65],

Ndax deb duab nens zhit zeux duas.

Ghouf ndox[66] Nzux lik Nyongs rongd uat rongd nox zhens[67],

Nblongx uat nblongx lik sab[68] zix nded dlaol[69],

Ndax deb duab nens zhit zeux duas,

Ghouf ndox let dak zhit zeux shout[70].

蛤蟆骂骂咧咧道：
远古时候，
没有不饱满的种子，
世间人种不会灭。
天上祝牛在的地方森林茂密，
翠绿树叶遮天蔽日，
世间的人种不会亡，
天上的鬼神不会收。

Nens Zeux Duas

人会死

Nil nad zhek!

Nik nongb let muax nbluas,

Nblax deb duab nens let zeux duas.

Ghouf ndox Nzux Lik Nyongs rongd uat rongd nox zhens,

Nblongx uat nblongx lik sab let nded dlaol.

Nblax deb duab nens let zeux duas,

Ghouf ndox let dak let zeux shout.

现在啊！
有了不饱满的秕谷，
世间人才会去世。
天上祝牛的森林茂盛，
翠绿树叶会凋落。
世间的人才会死亡，
天上的神灵才会来收。

Nik touk et,

Nik nongb zhit muax blos[71],

Ndax deb duab nens zhit zeux blox[72].

Ghouf ndox Nzux lik Nyongs rongd uat rongd nox zhens,

Nblongx uat nblongx lik sab ncod[73],

Nblax deb duab nens zhit zeux duas,

Ghouf ndox let dak ndruab zhit bod[74].

Nil nad zhek,

Nil nongb let muax blos,

Ndax deb duab nens let zeux blox.

Ghouf ndox Nzux lik Nyongs rongd uat rongd nox zhens,

Nblongx uat nblongx lik sab zhit ncod,

Nil nad nblax deb duab nens let zeux duas,

Ghouf ndox let dak ndros yad bod[75].

远古时候呀，
没有不饱满的种子，
世间的人不会死亡。
天上祝牛森林茂密，
绿叶遮天蔽日不会落，
世间的人不会离世，
天上的空间住不满。
现在啊，
有了不饱满的种子，
世间人才会去世。
祝牛那茂盛的原始森林，
树叶会凋落不再遮天蔽日，
世间人也会死亡，
天上也会住得拥挤。

Nzux lik Nyongs zhas yad kheb lob drongx ndos[76] sheud lol shaib,

Nzux lik Nyongs zhas yad dak:

Uat let nad yuad zhit dout,

Ndax deb duab nens duas yuad dangl[77],

Ghouf ndox let dak ndros yuad bod.

Shout[78] dlaif ndeud blox[79] drout ndax deb,

Shout dlaif ndeud duas[80] let dak drout dax ndrangs.

Lenx hlob let dak keuk dout dlaif ndeud blox lenx hlob let blox,

Lenx yout keuk dout dlaif ndeud duas lenx yout let duas.

Ral nat zhek,

Gaox keuk dout dlaif ndeud blox gaox let blox,

Keuk dout dlaif ndeud duas gaox let duas,

Duas yuad zos dout ghangd geuk ghangd lik nguas mol ndox lik ndangl[81] zeux mol zhit zeux lol[82] lout def muak!

祝牛打开天门看，

而后感叹道：

此种情况不可行，

世间的人将死完，

天上也会不够住。

编本生死簿给世间，

写本生死书给世上。

大的捡到生死簿才会去世，

小的捡到生死书才会离世。

这次啊，

你捡到生死簿你才逝去，

你捡到生死书你才离世，

你才像蛤蟆一样一去不复返嘛！

Nongs Zhix Muab Nongb

鸟取种子

Nongs Muab Nongb ndongt Nongb Xongb

鸟取树种竹种

Hak lot wek,

Zhangd nad zhouk ndox nzhif lik vongs et!

Nens hab deb nzhif lik laos,

Hab deb zhouk leuf lob ndox dangl nad guas!

Lik touk ot,

Lob ndox lak zhenf khuad lob ndox leuf xangt nax[83],

Deb khuad ngis nguad leuf xangt xongt.

Ndox dlaot lob ndox leuf juak ndreud,

Deb dlaot deb lik zhos nzhenl.

Nongb xongb lak zhit muax,

Nongb ndongt lak zhit zeuf.

这样说：

此时天地黑暗又寒冷呀！

人和地也受冻了，

天地全黑了啊！

远古的时候，

天干七载，

地枯七年。

天光溜溜，

地光秃秃。

竹种也没有，

树种都不生。

Jat nad Mox lik Yis[84] zhas yad mol nos dout Nzux lik Nyongs dak:

Beb lob drox deb ot,

Ndox khuad lob ndox leuf xangt nax,

Deb khuad deb ngis nguad leuf xangt xongt.

Ndox dlaot lob ndox leuf juak[85] ndreud,

Deb dlaot deb leuf juak ndrenl.

Nongb xongb[86] lak zhit muax,

Nongb ndongt[87] lak zhit zeuf.

Nongb xongb zeuf leuf lob drox deb dus?

Nongb ndongt zeuf leuf lob drox longs dus?

摩理艺问祝牛：

我们的世间啊，

天干七载，

地枯七年。

天光溜溜，

地光秃秃。

竹种也没有，

树种也不生。

竹种在何处？

树种在何方？

Nzux lik Nyongs zhas yad deb dout dak:

Nongb xongb zeuf leuf Shuad Yix Mik lob drox deb,

Nongb ndongt zeuf leuf Shuad Yix Mik lob drox longs.

Zhas Mox Lik Yis draod lol zos,

Mox Lik Yis shab zhit duas.

Mox Lik Yis zhas yad zhaot dout nongs zhix nongs lik draos,

Mol muab nongb xongb leuf Shuad Yix Mik lob drox deb,

Muab nongb ndongt leuf Shuad Yix Mik lob drox longs.

祝牛回答：

竹种生长在刷艺米的地方，

树种生长在刷艺米的城池。

摩理艺赶回来，

摩理艺不甘心。

摩理艺让那鸷鸟呀，

到刷艺米的地方拿竹种，

往刷艺米的城池取树种。

Nongs zhix nongs lik draos drangs lik ndul beb nchuat dik[88] ndros mol zos,

Shuad Yix Mik sheud lol nos:

Mex nyaob mex ndox lik dak ged njuat nded,

Ged dleb let dangl ged njuat ndaot,

Mex yad duax uat dlangb zhit?

鸷鸟展翅三下便飞到，

刷艺米问道：

你们生活在那遥远的地方，

那个地方远又远，

今日来此做什么？

Nongs zhix nongs lik draos zeux haik duax zos nyaob zeux deb,

Nongs zhix nongs lik draos zhas yad deb dout dak:

Beb lob drox deb ot,

Ndox khuad lob ndox ngis lik nguad leuf xangt nax,

Deb khuad deb ngis nguad leuf xangt xongt.

Ndox dlaot lob ndox leuf juak ndreud,

Deb dlaot deb lik juak ndrenl.

Nongb xongb lak zhit muax,

Nongb ndongt lak zhit zeuf.

Nongb xongb rens leuf nzod,

Nongb ndongt let dak rens leuf lex.

鸷鸟能说又会道，

鸷鸟回答：

我们世间啊，

天干了七载，

地枯了七年。

天光溜溜，

地光秃秃。

竹种也没有，

树种也不生。

竹种早已凋落，

树种早已凋谢。

Nongs zhix nongs lik draos shab zhit duas,

Nongs zhix nongs lik draos zheb lik kaob[89] Shuad Yix Mik lob ghangb drongb[90],

Zhes dout nax mol ib duab nik lob drout nif shik uat lik nkaot beb langs[91] lik lob nongb xongb.

Zheb lik kaob Shuad Yix Mik lob ghangb rongd[92],

Zhes dout nax mol ib duab nik lob uat beb lik nkaot beb langs lik lob nongb ndongt[93].

Luak zeux muab ndros draod jaos,

Luak yuad drik lik yob[94] draod ndrout ghouf.

Nongs zhix nongs lik draos zeux muab zhit zeux jaos,

Nghangt lik dreud duax ndeuf deut,

Nbuad lik njens duax ndeuf goul.

鸷鸟不死心，

多余种子撒到刷艺米的山上，

留下竹种仅一棵。

多余种子撒到刷艺米的箐脚，

留下树种仅一粒。

别人会取又会种，

别人会把种子背在身后。

鸷鸟会取不会拿，

只会把种子抓在脚爪上，

把那种子衔嗦上。

Nongs zhix nongs lik draos nil dik nil dut nded[95],

Nongs zhix nongs lik draos yuad feb ged[96].

Nongs zhix nongs lik Draos nil dik nil dut njangx,

Nongs zhix nongs lik draos yuad feb ghangb.

Nongs zhix nongs lik draos drangs lik ndul zos dif ndangd ndox,

Shuad Yix Mik juax hlit nzhox ndreud zos.

Nongb xongb bongb nzhongs drout nblax deb,

Nongb ndongt let dak bongb nzhongs drout nblax ndrangs lout def muak!

鸷鸟翅膀和尾巴长，

它顺着尾翼可以返还。

鸷鸟翅膀和尾羽直，

它沿着尾翼能够返回。

鸷鸟翱翔到半空，

已到刷艺米秋收时。

竹种顺势撒落到人间，

树种顺势撒落到世上嘛！

Ndongt Zux Ndongt Loul

制作棺木

Hak lot wek,

Zhangd nad zhouk ndox nzhif lik vongs et!

Nens hab deb nzhif lik laos,

Hab deb zhouk leuf lob ndox dangl nad guas!

Nongb ndongt bongb nzhongs drout ndox ghangb deb dex houd hangd[97],

Duax dout nax mol ib duab nik zhaob lik zongx ntrangd[98].

Yad zib dout[99] nax Mangb mid Shuad let shub zhongl,

Nax Mangb mid Shuad zhas let keuk dout ngoux bab ndrous lik douk[100] mol zous lik ndongt mangx lik dak ndongt tod[101] ghangb.

这样说：

此时天地黑暗和寒冷呀！

人和地也受冻了，

天地全黑了啊！

树种撒落在天底山冲头，

长成一棵攀枝花树。

做成蛮人刷人的家当，

他们拿起斧铸去寻到枫木和松木的踪影。

Ghak shob[102] lak ghous ndangd daox,

Houd boul[103] lak ghous ndangd hangd,

Ghak shob lak zhit yuad,

Houd boul let dak lak zhit yongf.

Yuad ib yangd[104] let dak duax ndruab ndrangb[105],

Yuad shid dout ngoux geut[106] let dak nghol lik chod[107].

Ndrous bab nbeuf[108] lik chuad ndongt mangx dluad,

Ndongt mangx puat[109] pluad uat bloub shangb,

Dout jaox lol zhuf leuf gus gaox dob duas let dak ib hox rongt cax shangb[110].

树梢倒在半山坡，

树根伏在山冲间。

树尖不要，

树根也不用，

只留下中间那一段。

拿起锯子吱吱作响把木锯，

锛子也把枫木凿得嘣嘣响。

枫木被劈开成四块，

制成逝者一副好棺材。

Yuad zib dout ngoux Shuad ndrous lik voud[111],

Keuk dout ngoux bab ndrous lik douk mol zad ndongt mangx lik dak ndongt tod ghangb.

Ghak shob lat ghous ndangd daox,

Houd boul lak ghous ndangd hangd.

Ghak shob lak zhit yuad,

Houd boul lak muab zhit yongf,

Yuad ib yangd let dak duax ndruab ndrangb.

Yuad shid dout ngoux geut lik dak nghol lik chod,

Ngoux bab nbeuf lik chuad ndongt mangx dluad.

Ndongt mangx puat pluad uat bloub zongs,

Dout jaox lol zhuf leuf gus gaox dob duas let dak ib hox rongt cax shangb lout def muak!

派遣姑爷去寻找，

他们拿起斧锛去寻得枫木和松木的踪迹。

树梢倒向半山坡，

树根倒向那山谷。

树梢不要，

树根也不用，

只留下中间那一截。

拿起锯子吱吱作响把木锯，

锛子也把枫木凿得嘣嘣响。

枫木劈开成四块，

制成逝者一副好棺木嘛！

Xongb Zux Xongb Loul

制作竹卦

Hak lot wek,

Zhangd nad zhouk ndox nzhif lik vongs et!

Nens hab deb nzhif lik laos,

Hab deb zhouk leuf lob ndox dangl nad guas.

Nongb xongb bongb nzhongs drout ndox ghangb deb deb houd dleus,

Duax dout nax mol beb duab nik zhaob let zongx dreuf[112].

Jek mol uat zib dout nax Mangb mid Shuad let shub zhongl[113],

Nax Mangb mid Shuad zab lol hab vangb[114] ndros hab led[115].

Nil shid luas dangl leuf nil ib dos.

这样说：

此时天地黑暗又寒冷呀！

人和地也受冻了，

天地全黑了啊！

竹种撒落在天底山垭口，

长成一蓬毛竹。

请蛮人和刷人打制家什，

他们便砍来制成竹席和簸箕，

刚好一棵都用完。

Muax dol zhek nangl dak nangl ghok[116] let shub zhongl,

Nangl ghok zab houd boul,

Ras gangb lak gangb rais nzhik,

Nil shid luas dangl leuf nil ib dos.

Chuad dout nax mol ib duab nik dol,

Zongx xongb zongx lik loul ib dras zab houd

boul.

Ghak nzhik lak zhit yuad,
Houd boul lak zhit yongf,
Yuad ib yangl lik dak duax ndruab ndrangb.
Ib dras puat plud uat aob shangb,
Muax cib[117] ndros nzend lax,
Ib cib kub drus nzhos.
另一棵被竹鼠破坏,
竹鼠啃食了根部,
昆虫蚕食了顶部,
刚好一棵被损坏。
只剩下最后那一棵,
竹子根部砍一刀。
竹梢削掉不需要,
竹根砍掉也不用,
只留下中间那一段。
一刀劈成两半,
一半朝上来翻开,
一半朝下来俯卧。

Let touk zhek,
Nenx dlangb let dak shik xeut nyaob[118],
Dlangb nenx let dak shik xeut zongl.
Nenx haik lak dlangb hnaod,
Dlangb haik lak nens boub[119].
Nil nad zhek,
Nenx dlangb let dak zhit xeut nyaob,
Dlangb nenx let dak zhit xeut zongl et.

Zhas yuad muab jaox lol uat dout nenx dlangb lob qeut zuak lol[120] nat loux del muak!

远古的时候,
人和鬼神相混杂居,
鬼神和人相混杂处。
人说话鬼神能听到,
鬼神说话人能听懂。
现今啊,
人和鬼神不相混杂居,
鬼神和人不相混杂处。
才拿来当作人和鬼神通话的媒介嘛!

Ndeus:
祭腔:

Zid Nzeuf Juad ak,

Ral nad gus gaox nyaob jax nens duas jax dlangb nad jek.

Nongb xongb ak bongb nzhongs drout ndox pangb deb dex deb houd dleus[121] ak, duax doul nax mol ib duab zhaob nik zongx dreus zhek.

假大叔啊,
现在你活着是人死了成神。

竹种也撒落在天底山垭口，长成一蓬毛竹。

Muax dol zhek yuad mangs dout ak nax Mangb mid Shuad let shub zhongl,

Nax Mangb mid Shuad jaox mol hab vangb mol hab led zhek,

Nil dangl leuf nil ib dos ek.

Muax dos zhek yuad mangs dout ak nangl ghok lux shub zhongl[122] nangl ghok zab houd boul,

Rail gangb lak gangb rail nzhik, nil shit lak dangl leuf nil ib dos.

Chuad dout nax mol ib duab nik dol,

Zongx xongb zongx lik loul ib dras zab houd boul.

Ghak nzhik lak zhit yuad,
Houd boul lak zhit yongf,
Yuad ib yangd lik dak duax ndruab ndrangb.
Ib dras puat plud uat aob shangb,
Ib cib shik mol nzend lax,
Ib cib kub drus nzhos.
有一棵呢被蛮人刷人拿去打制成家什,
他们便砍来制成竹席和簸箕,
刚好一棵都用完。
有一棵因竹鼠坏了模样，竹鼠啃了根部,
昆虫蚕食了顶部，刚好一棵被破坏。

只剩下最后一棵，

一刀砍去老竹根部。

竹梢也不要，

竹根也不用，

只留下中间那段。

一刀劈成两半，

一半朝上翻仰，

一半朝下俯卧。

Let touk zhek,

Nenx dlangb let dak shik xeut nyaob,

Dlangb nenx let dak shik xeut zongl.

Nenx haik lak dlangb hnaod,

Dlangb haik lak nens boub.

Nil nad zhek, nenx dlangb let dak zhit xeut nyaob,

Dlangb nenx let dak zhit xeut zongl et,

Zhas yuad muab lol uat dout nenx dlangb lob qeut zuak lol nat Zid Nzeuf Juad.

远古时候呀，

人和鬼神相混在一起杂居，

鬼神和人混合在一起杂处。

人说话鬼神能听到，

鬼神说话人能听懂。

现在啊，人不和鬼神相混，

鬼神不和人混合，

才把竹子做成人和鬼神通话的工具啊假大叔！

Ndeus:

祭腔：

Zid Nzeuf Juad ak!

Ral nad gus gaox nyaob jax nens duas jax dlangb nad jek.

Nongb ndongt bongb nzhongs drout ndox ghangb deb dex houd hangd duax nax mol ib duab nik zhaob let zongx ntrangd.

假大叔啊，

如今你离世而去成了神，

树种撒落在天底山谷间，长成一棵攀枝花树。

Yad zib dout ngoux shuat ndrous lik voud,

Zaox leuf gus ndongt mangx let dak ndongt tod ghangb.

Ghak shob lat nghous ndangd daox,

Ghak houd boul lak ghous ndangd hangd,

Ghak nzhik lak zhit yuad,

Houd boul lak zhit yongf.

Yuad ib yangd lik dak duax ndruab ndrangb.

Yuad shid dout ngoux geut let dak nghol lik chod,

Ndrous bab nbeuf lik chuad ndongt mangx dluad,

Ndongt mangx puat pluad uat bloub shangb,

Dout jaox lol shid leuf gus gaox dob duas let dak ib hox rongt cax shangb.

派遣姑爷，

去寻得枫木和松木的踪影。

倒下的树木树梢倒向半坡，

树根倒向山谷。

树梢削下不需要，

树根砍掉也不用，

只留下中间那一段。

拿起锯子吱吱作响把木锯，

锛子也把枫木凿得嘣嘣响，

枫木劈开成四块，

制成逝者一副好棺材。

Yuad zib dout ngoux shuat ndrous lik voud keuk dout ngoux bab ndrous lik douk,

Mol zaox ndongt mangx lik dak ndongt tod ghangb,

Ghak shob lat ghous ndangd daox,

Houd boul lak ghous ndangd hangd.

Ghak shob lat zhit yuad,

Houd boul lak muab zhit yongf,

Yuad ib yangd let dak duax ndruab ndrangb.

Yuad shid dout ngoux geut lik dak nghol lik chod,

Ngoux bab nbeuf lik chuad ndongt mangx dluad.

Ndongt mangx puat pluad uat bloub draos,

Let dout jaox lol zhuf leuf gus gaox dob duas let dak ib hox rongt cax shangb laos ax Zid Nzeuf Juad ax!

派遣别人的姑爷拿锛斧，

寻得枫木和松木的踪迹，

砍倒树梢倒向半坡，

树根倒向山谷。

树梢削下也不要，

树根砍掉也不用，

只留下中间那一截。

拿起锯子吱吱作响把木锯，

锛子也把枫木凿得嘣嘣响。

枫木劈开成四方，

制成逝者一副好棺木啊假大叔！

Nongs Muab Nongb Mangs Nongb Zhox
鸟取麻种和绸种

Hak lot wek,

Zhangd nad zhouk ndox nzhif lik vongs et!

Nens hab deb nzhif lik laos,

Hab deb zhouk leuf lob ndox dangl nad guas.

Jat lik touk zhek,

Lob ndox zhenf khuad lob ndox ngis lik nguad leuf xangt nax,

Deb khuad ngis nguad leuf xangt xongt.

Ndox dlaot lob ndox juat ndreud,

Deb dlaot deb leuf zhos nzhenl.

Nongb zhox lak zhit muax,

Nongb mangs lak zhit zeuf et.

这样说：

此时天地黑暗又寒冷呀！

人和地也受冻了，

天地全黑了啊！

远古时候，

天干七载，

地枯七年。

天光溜溜，

地光秃秃。

绸种都没有，

麻种也未生。

Jat nad Mox Lik Yis zhas yad mol nos dout Nzux Lik Nyongs dak:

Beb lob drox deb ot,

Ndox khuad lob ndox ngis nguad leuf xangt nax,

Deb khuad ngis nguad leuf xangt xongt.

Ndox dlaot lob ndox juak ndreud,

Deb dlaot deb leuf zhos nzhenl.

Nongb zhox[123] lak zhit muax,

Nongb mangx[124] lak zhit zeuf et.

Nongb zhox zeuf leuf lob drox deb dus?

Nongb mangs zeuf leuf lob drox longs dus?

摩理艺去问祝牛：

我们人世间啊，

天干了七载，

地枯了七年。

天光溜溜，

地光秃秃。

绸种都没有，

麻种也不生。

绸种来自何处？

麻种生在何方？

Nzux Lik Nyongs zhas yad deb dout dak:

Nongb zhox zeuf leuf Shuad Yix Mik lob drox deb,

Nongb mangs let dak zeuf leuf Shuad Yix Mik lob drox longs ot.

Mox Lik Yis draod lol zos,

Mox Lik Yis shab zhit duas.

Yad zhaot dout nongs zhix nongs draos muab nongb zhox leuf Shuad Yix Mik lob drox deb,

Muab nongb mangs let dak leuf Shuad Yix Mik lob drox longs ot.

祝牛回答：

绸种生在刷艺米的地方，

麻种生在刷艺米的城池。

摩理艺赶回来，

摩理艺不甘心。

就放鸷鸟飞，刷艺米的地方拿绸种，

去刷艺米的城池取麻种。

Jat nongs zhix nongs lik draos drangs lik ndul beb nchuat dik ndros mol zos,

Shuad Yix Mik deuf lol nos:

Mex nyaob let dak ndox dleb ged njuat nded, nded dleb let dak ged njuat ndaot,

Mex yad duax uat lik zhit?

Nongs zhix nongs lik draos zeux haik nyaob ndros lol zeux deb,

Nongs zhix nongs lik draos zhas yad deb dout dak:

Beb lob drox deb ot,

Ndox khuad lob ndox ngis nguad leuf xangt nax,

Deb khuad ngis nguad leuf xangt xongt.

Ndox dlaot lob ndox juak ndreud,

Deb dlaot deb leuf zhos nzhenl.

Nongb zhox lak zhit muax,

Nongb mangx lak zhit zeuf et.

Ub[125] yad duax muab nongb zhox let dak jaox nongb mangx.

鸷鸟展翅三下便去到，

刷艺米出来问：

你们生活在那遥远的地方，

今日来此做什么？

鸷鸟能说又会道，

鸷鸟回答：

我们人世间啊，

天干了七载，

地枯了七年。

天光溜溜，

地光秃秃。

绸种也没有，

麻种从未生。

我们要来拿绸种和麻种。

Shuad Yix Mik zhas yad deb dout dak:

Nongb zhox muax dex ceud[126],

Nongb mangx muax dex ndaot[127].

Mex nzod mex zhit duax,

Nil nad mex let duax,

Nongb zhox rens leuf nzod,

Nongb mangx let dak rens leuf lis.

刷艺米说道：

绸种有源期，

麻种有出时。

你们不早点来，

现在才到来，

绸种早凋敝，

麻种已零落。

Nongs zhix nongs lik draos shab zhit duas,

Zhef let kaob[128] Shuad Yix Mik lob ghangb vangs,

Zhes dout nax mol ib duab nik lob souk lik shik,

Zaif let lenl uat beb lik las beb langs suk leuf lob nongb mangx.

Zhef lik kaob Shuad Yix Mik lob ghangb ndox,

Zhes dout nax mol ib duab nik lob souk lik shik[129],

Zaif let lenl uat beb las beb langs let lob nongb zhox.

Luak zeux muab luak zeux jaox,

Luak yuad drik let gus draod ndrout ghouf.

Nongs zhix nongs lik draos zeux muab zhit zeux jaox,

Nghangt let njeud duax ndeuf deut,

Nbuad let yenl duax ndeuf goul.

鸷鸟不甘心，

寻至刷艺米的院角，

遗留下一颗小尾籽，

砍了三刀成三颗麻种。

寻至刷艺米的屋旁，

落下一颗小尾籽，

砍了三刀成三颗绸种。

别人会取又会带，

取了后就背在背上。

鸷鸟会取不会带，

只会抓在脚爪上，

衔在喙上。

Nongs zhix nongs lik draos nil dik nil dut nded et,

Nongs zhix nongs lik draos yuad feb ged.

Nongs zhix nongs lik draos nil dik nil dut njangx,

Nongs zhix nongs lik draos yuad feb ghangb.

Nongs zhix nongs lik draos drangs lik ndul beb nchuat dik zos dif ndangd ndox,

Shuad Yix Mik juax hlit ndros dreud zos.

Nongb zhox bongb nzhongs drout ndax deb,

Nongb mangx let dak bongb nzhongs drout dax ndrangs lout def muak!

鸷鸟翅膀和尾巴长，

沿着尾翼可返还。

鸷鸟翅膀和尾羽直，

顺着尾翼能返回。

鸷鸟飞翔到半空，

到了刷艺米秋收时节。

绸种顺势撒落到人间，

麻种顺势撒落到世上喽呼嘛！

Kout Mangx Kout Nduas

织麻鞋

Hak lot wek,

Zhangd nad zhouk ndox nzhif lik vongs et!

Nens hab deb nzhif lik laos,

Hab deb zhouk leuf lob ndox dangl nad guas!

Jat nongb mangs bongb nzhongs drout nblax ndrangs,

Zhof box Mangb box Shuad jaox mol uat hnangd dangl.

Chuad dout nax mol ib nik nzhik let nad zhek,

Yad jaox lol ndouk dout gaox dob duas let dak ngeux kout mangx kout lik nduas[130],

Ngeuf kout mangx kout lik nduas let nzhut nzhis[131] muab dout gaox dob duas drout,

Mol njet leuf Nzux Shik lik Nyongs daox bel daox gangb nzhis[132].

这样说：

此时天地黑暗又寒冷呀！

人和地也受冻了，

天地全黑了啊！

麻种撒落到世间，

长成后被蛮人和刷人割去做了衣服。

只剩这一丁点儿，

拿来制成麻鞋子，

麻鞋给逝者穿上，

你穿着去爬过祝牛北边的毛虫山。

Jat nongb mangs bongb nzhongs drout nblax ndrangs,

Zhof box Mangb box Shuad jaox mol uat hnangd dangl.

Chuad dout nax mol ib nik nzhik let nad zhek,

Yad jaox lol ndouk dout gaox dob duas lik dak ngeux kout mangx kouk lik nduas,

Ngeuf kout mangx kout lik nduas let nzhut

ndat muab drout gaox dob duas drout,

Mol njet leuf Nzux Shik Lik Nyongs daox bel daox gangb naot[133] lout def muak.

麻种撒落到世间，

成熟后被别人砍去做了衣服。

只剩这一丁点儿，

拿来制作成麻鞋，

麻鞋给逝者你穿上，

穿着爬过祝牛北边的冷虫坡。

Gouk Zaix Gouk Lik Ndrous

制花阳伞

Hak lot wek,

Zhangd nad zhouk ndox nzhif lik vongs et!

Nens hab deb nzhif lik laos,

Hab deb zhouk leuf lob ndox dangl nad guas!

Nongb zhox bongb nzhongs drout nblax ndrangs,

Zhof box Mangb box Shuad jaox mol uat hnangd dangl.

Chuad dout nax mol ib nik nzhik let nad zhek,

Yad jaox lol uat gaox dob duas let dak gouk zaix gouk lik ndrous[134],

Muab drout gaox dob duas nad zhek,

Dout jaox mol njet leuf Nzux Shik Lik Nyongs daof bel Longx Lik[135] ged changd ndox gob drongl changd lout def muak!

伞

这样说：

此时天地黑暗又寒冷呀！

人和地也受冻了，

天地全黑了啊！

绸种撒落到世间，

长成后被蛮人和刷人拿去做了衣裳。

只剩这一丁点儿，

拿来制作成彩伞，

彩伞给逝者你呀，

带着走过祝牛龙里太阳坡好遮阳哟！

Ndeus:

祭腔：

Zid Nzeuf Juad ak!

Ral nad gus nongb zhox bongb nzhongs drout nblax ndrangs,

Zhof box Mangb box Shuad jaox mol uat hnangd dangl.

Chuad dout nax mol ib nik nzhik nad zhek,

Yad jaox lol uat gaox dob duas let dak gouk zaix gouk lik ndrous.

Muab dout gaox dob duas nad zhek,

Dout jaox mol njet leuf Nzux Shik lik Nyongs daox bel Longx Lik ged changd ndox gob jaox mol drongl changd nat Zid Nzeuf Juad!

假大叔啊！

此次绸种撒落到世间，

长成后别人砍去做了衣裳。

只剩这一丁点儿，

拿来制作成彩伞。

彩伞给逝者你呀，

带着走过祝牛龙里太阳坡好遮阳呀假大叔！

Ndeus:

祭腔：

Zid Nzeuf Juad ak!

Ral nad gus gaox jax nens duas jax dlangb nad zhek,

Nongb mangs bongb nzhongs drout nblax ndrangs,

Zhof box Mangb box Shuad jaox mol uat naox dangl.

Chuad dout nax mol ib nik nzhik nad zhek,

Yad lol ndouk dout gaox dob duas ngeuf kout mangx kouk lik nduas.

Ngeuf kout mangx kout lik nduas let nzhut nzhis muab dout gaox dob duas nad zhek,

Jaox mol njet leuf Nzux Shik lik Nyongs daox

bel daox gangb nzhis.

Nongb mangs bongb nzhongs drout nblax ndrangs,

Zhof box Mangb box Shuad jaox mol uat naox dangl.

Chuad dout nax mol ib nik nzhik nad zhek,

Yad jaox lol ndouk dout gaox dob duas ngeuf kout mangx kouk lik nduas.

Ngeuf kout mangx kout lik nduas vox doub let nzhut nzhis vox doub lik nzhus ndaot ek,

Yad muab drout gaox dob duas dout ek, dout mol njet leuf Nzux Shik Lik Nyongs daox bel daox gangb naot nik Zid Nzeuf Juad.

假大叔啊！

此次你死去变成神，

麻种撒落到世间，

长成后被蛮人和刷人割去做了食材。

只剩这一丁点儿，

拿来制作成麻鞋。

麻鞋给逝者你穿上，

穿着去爬过祝牛的毛虫坡。

麻种撒落到世间，

长成后被别人砍去做了食材。

只剩这一丁点儿，

拿来制作成麻鞋。

给你死者来穿着，

你穿上走过祝牛的冷虫坡。

Ndroux Vangx Zhed
告别家园

Cangt Nghaix Tlangk Yangx
肉身化别离去

Hak lot wek,

Zhangd nad zhouk ndox nzhif lik vongs et!

Nens hab deb nzhif lik laos,

Hab deb zhouk leuf lob ndox dangl nad guas!

Lik touk jek,

Nik nenb dout nghaix luax dlangs[136] cangt nghangx hlout[137],

Nil nik nil dlangb dout nghaix jab rib[138] cangt ploub mangs[139].

Nik nens dout nghaix luax dlangs cangt nghangx hlout,

Nik dlangb zhud yif lox[140] nik dlangb yad muab nil dlangb boud dout nik nens.

这样说：

此时天地黑暗又寒冷呀！

人和地也受冻了，

天地全黑了啊！

远古的时候，

人是泥肉身铁杆骨，

鬼神是麻秆骨蜜肉身。

人得到泥肉身铁杆骨，

鬼神点子多将麻秆骨蜜肉身换给人。

Nil nat zhek,

Dex nik nens dout nik dlangb let nghaix jab rib cangt ploub mangs,

Changd ndox let dak nghaix jab rib yangx rox lik ruas[141],

Lol nangs zhek cangt ploub mangs tlangk tlox lik tluad[142],

Nil zhangd dout nik nenx let nghaix luax dlangs,

Nik dlangb dout nghaix luax dlangs cangt nghangx hlout,

Nik dlangb zhid lik ndul[143] draod ghouf ndox[144],

Nil nad nil dlangb let xangt bod ndox[145] lout def muak!

现今啊，

人换成鬼神的麻秆骨蜜肉身，

太阳晒了人的蜜肉身易熔化，

下雨淋了人的麻秆骨渐折断，

鬼神得到泥肉身，

鬼神得了铁杆骨，

他们纷纷逃回天上去，

从此天上住满鬼神呀！

Dlex Nzuad Muas

洗脸水

Hak lot wek,

Zhangd nad zhouk ndox nzhif lik vongs et!

Nens hab deb nzhif lik laos,

Hab deb zhouk leuf lob ndox dangl nad guas!

Jat dlex langs[146] uat dlex langs,

Dlex langs zeuf ghangb reb[147],

Zhof box Mangb box Shuad jaox mol uat naox dangl,

Chuad dout nax mol ib nzhik let nad guas,

Yuad jaox lol uat dout gaox dob duas let dais dlex nzuad muas[148] nghel leuf yenb dif deb[149].

这样说：

此时天地黑暗又寒冷呀！

人和地也受冻了，

天地全黑了啊！

水源自有出处，

水源出自石头下，

被蛮人和刷人挑去用完，

只剩下这一丁点儿，

便拿来做成逝者去往阴间的洗脸水。

Jat dlex langs uat dlex langs,

Dlangs zeuf leuf ghangb jangs,

Zhof box Mangb box Shuad jaox mol uat naox dangl,

Chuad dout nax mol ib nzhik let nad jek,

Yuad jaox lol uat leuf dout gaox dob duas let dais dlex nzuad muas nghel leuf yenb dif ndrangl lout def muak.

水源自有出处，

水源出自石盘底，

被蛮人和刷人挑去用完，

只剩下这一丁点儿，

便拿来做成逝者去往阴间的洗脸水。

Ndeus:

祭腔：

Zid Nzeuf Juad ak!

Ral nad gus,

Dlex dlangs uat dlex langs,

Dlex langs zeuf ghangb reb,

Zhof box Mangb box Shuad jaox mol uat naox dangl,

Chuad dout nax mol ib nzhik let nad guas,

Yuad jaox lol uat dout gaox dob duas let dais dlex nzuad muas nghel leuf yenb dif deb.

假大叔啊！

这一次，

水源自有出处，

水源出自石头下，

被别人挑去用完，

只剩下这一丁点儿，

便拿来做成逝者去往阴间的洗脸水。

Jax dlex langs uat dlex langs,

Dlangs zeuf ghangb jangs,

Zhof box Mangb box Shuad jaox mol uat naox dangl,

Chuad dout nax mol ib nzhik let nad jek,

Yuad jaox lol uat leuf dout gaox dob duas let dais dlex nzuad muas nghel leuf yenb dif ndrangl ek.

Gaox yad nzuad lob nzhex ndros lol gangx,

Nzuad lob muas ndros lol hod[150] ek,

Gaox let ntrad dout gangb mol juas bos[151],

Ntrad dout ged mol juas yeuf nat zhek Zid Nzeuf Juad ax!

水源自有出处，

水源出自石盘底，

被蛮人和刷人挑去用完，

只剩下这一丁点儿，

便拿来做成逝者去往阴间的洗漱水。
你要把耳朵洗灵，
你也要把脸来洗净，
你才能辨明方向去寻找祖先，
你也才能找到路去与祖先相会呀假大叔！

Ghaib Zux Ghaib Loul[152]

引路鸡

Hak lot wek,
Zhangd nad zhouk ndox nzhif lik vongs et!
Nens hab deb nzhif lik laos,
Hab deb zhouk leuf lob ndox dangl nad guas!
Jat zhouk dout dout let zhit jed lol nyaob?
Zhouk dout nad ngoux lik ghaib[153] jed lol nyaob.
Yeuk dout let zhit jed lol zongl?
Yeuk dout loud ghaib lik reuk jed lol zongl.

这样说：
此时天地黑暗又寒冷呀！
人和地也受冻了，
天地全黑了啊！
如此黑暗有何物来居住？
有母鸡来居住。
如此阴寒有何物来聚集？
有公鸡来聚集。

Jat nad ngoux lik ghaib uat nchend lik nzhaos[154] lob daos zhed[155],
Jat nad ngoux lik ghaib ntrad zhit dout lob qeut ndes[156].
Loud ghaib lik reus uat nchend lik nzhaos lob daos vangx[157],
Loud ghaib lik reus ntrad zhit dout lob qeut kuangx[158].
Jat nad ngoux lik ghaib zhas yuad kot lik truad[159] lob daos zhed,
Let nad ngoux lik ghaib let ntrad dout lob qeut ndes.
Ib hnob ndes ib lob,
Aob hnob ndes aob lob,
Beb hnob ndes beb lob,
Gouf hnob let ndes ib res[160] nyaob lik sheuk.

母鸡在屋后徘徊着，
却找不到产蛋的地方。
公鸡在院里彷徨着，
却找不到惬意的地方。
母鸡便在房后来做窝，
才有了产蛋的地方。
一天产一个，
两天产两个，
三天产三个，
十天产一窝。

Yuad buas dout ib hlik beb jous nyongs,
Ib zos gouf beb hnob,
Dlous[161] dout nax mol ib duab nik rangs nbout lik shit.
Muax dol zhek mangs dout lax dlangd[162] let dak lol shub zhongl,
Lax dlangd muab leuf ib dol nil shik luat dangl[163] nil ib dos.
Muax dol zhek mangs dout naf mod let blik[164] let shub zhongl,
Naf mod let blik muab leuf ib dol nil shik luat dangl leuf ib dos.
Chuad dout nax mol ib duab nik dol ghaib zux ghaib lik lous[165].

要去孵一月三十天，
一连十三天，
孵出叽叽喳喳一小窝。
一只被鹰隼叼走做食物，
叼去一只便少了一只。
一只被野猫偷走成盘中餐，
偷走一只便糟蹋了一只。
最后剩下一只来祭祖。

Duab nens nyaob shout yangx[166],

Shangb rongd[167] dol loud ghaib lol hod vangx.

Duab nens duas zos ndruab dlangb deb[168],

Shangb rongd dol loud ghaib lol jangb gangb.

Duab nens nyaob shout yangx,

Shangb rongd dol loud ghaib lol hod zhed.

Duab nens duas zos ndruab dlangb deb,

Shangb rongd dol loud ghaib lol jangb ged not del[169] muak!

人活着在阳间时，

公鸡来院里。

人死后去了阴间时，

公鸡来引路。

人活着在阳间时，

箐里公鸡来里屋。

人死后去了阴间时，

林中公鸡来带路。

Ndeus:

祭腔：

Zid Nzeuf Juad ak!

Ral nad gus gaox nyaob jax nens duas jax dlangb[170] nat zhek,

Gaox dob gaox gid[171] muab dol ghaib jangb ged drout gaox nat zhek,

Gaox yuad zaik mol nik Zid Nzeuf Juad ax!

Ral nad gus muab dol ghaib lab dout gaox nat zhek,

Gaox yuad shaib dout gaox dol ghaib ek,

Nyaob nzhik gaox ghaib mol xeut lak ghaib leuf ak Zid Nzeuf Juad ax!

假大叔啊！

如今你离世而去，

你的儿孙拿指路鸡给你时，

你要接收好啊假大叔！

交给你一只红公鸡，

你可千万记住，

以免你的鸡与别人的鸡混淆了啊假大叔！

Ral nad gus Zid Nzeuf Juad ak!

Gaox let ghaib shab shad[172] nat zhek,

Yuad loub[173] zaox nkaob jeud[174] dout gaox houk ek,

Let muab gaox let ghaib shab dout gaox ak Zid Nzeuf Juad!

Aob zaox lak yaos gaox let jeud,

Gaox yuad zaik mol houk;

Beb zaox lak yaos gaox let jeud,

Gaox yuad zaik mol houk,

Let muab gaox let ghaib shab drout gaox naox nik Zid Nzeuf Juad ax!

假大叔啊！

等你的鸡心熟了，

先倒上一杯酒祭给你，

才把你的鸡心献给你哟假大叔！

两杯是你的酒，

你要接去喝；

三杯也是你的酒，

你也要接过去饮，

之后才将你的鸡心给你啊假大叔！

Ras nad gus Zid Nzeuf Juad ak!

Gaox let ghaib shab shad muab drout gaox naox nat zhek,

God duad zhek gaox dout jaox mol naox zhek,

Gaox yuad naox ghaib shab nzuas ghaib nzhuk[175] ek.

Changd ndox let dak gaox ngouf ghaib dik,

Lol nangs let dak ndraif ghaib dut ek.

Gaox loud ghaib lik reus let ndros gaox tongx zix nyaob tongx ngeus[176],

Gaox loud ghaib lik reus let jaox gaox gangb mol juas bos,

Khat gaox ged mol juas yeuf nat nik Zid Nzeuf Juad!

假大叔啊！

等你的鸡心熟了祭给你吃时，

我将会亲自祭献给你，
你千万要记得吃鸡心和鸡肺。
这样，晴天你就可以在鸡翅下乘凉，
雨天你也可以在鸡尾下躲雨。
你的公鸡和你做伴，
它才好给你指路去见祖先，
好给你引路去见祖宗啊假大叔！

Chaot Zhox Chaot Nbuas
取寿服

Hak lot wek,
Zhangd nad zhouk ndox nzhif lik vongs et!
Nens hab deb nzhif lik laos,
Hab deb zhouk leuf lob ndox dangl nad guas!
Ras nat zhek,
Gaox yad ndros dout gaox loud ghaib lik reus tongx zix let dak nyaob tongx ngeus,
Gaox loud ghaib lik reus let jaox gaox ged mol Mongx Nzid[177] deb qeut muab gaox let chaot zhox chaot lik nbuas[178].
这样说：
此时天地黑暗又寒冷呀！
人和地也受冻了，
天地全黑了啊！
此次啊，
你将和你的公鸡结伴而行，
公鸡将带你去蒙自拿你的绫罗绸缎衣。

Gaox mol zos zhek,
Ghangb zangx[179] gaox muab nzend[180] dangl,
Ghangb shend gaox ndros nzend cuat,
Gaox let ntrad dout gaox let chaot zhox chaot lik nbuas.
Gaox yad ndros dout gaox loud ghaib lik reus tongx zix let dak nyaob tongx ngeus,
Gaox loud ghaib lik reus let jaox gaox gangb mol juas bos, jaox gaox ged mol juas yeuf lout def muak!
当你到蒙自，
床脚下你要翻完，
麻袋子你也要翻遍，
才能找到你的绫罗绸缎衣。
你要和你的公鸡做伴同行，
你的公鸡才带你去见祖先嘛！

Ndeus:
祭腔：

Zid Nzeuf Juad ak!
Ral nad gus gaox nyaob jax nens duas jax dlangb nat zhek,
Gaox ndros gaox loud ghaib lik reus tongx zix nyaob tongx ngeus,
Gaox loud ghaib lik reus let jaox gaox mol leuf Mongx Nzid deb qeut ntrad gaox let chaot zhox chaot nbuas.
假大叔啊！
如今你活着是人死了变神呀，
你将和你的公鸡结伴而行，
公鸡才带你到蒙自找你的绫罗绸缎衣。

Gaox mol zos nat zhek,
Ghangb zangs gaox muab fangb dangl,
Ghangb shend gaox muab fangb cuat ek,
Gaox let ntrad dout gaox chaot zhox chaot lik nbuas.
Gaox ndros gaox loud ghaib lik reus tongx zix nyaob tongx ngeus,
Gaox loud ghaib lik reus let jaox gaox gangb mol juas bos, jaox gaox ged mol juas yeuf nat nik Zid Nzeuf Juad!
当你去到时，
你要翻遍床底，
你要翻完麻袋，
才能找到你的绫罗绸缎衣。
你要和你的公鸡结伴而行，
你的公鸡才带你去见祖先嘛！

Ndroux Drongx Zangs

告别床铺

Hak lot wek,

Zhangd nad gaox duas gaox let mol et,

Gaox mol zos ngeuf naf zid dlangb mol leuf drongx zangx[181].

Ngeuf naf zid dlangb mol leuf drongx zangx zhas yad nos dout dak:

Gaox gus yaos ib yis duab nens et?

Gaox yad mol uat dol lab zhit?

这样说：

此时你死了才会离去，

你走到床神那里。

那对床神会问：

你是我们家的人吗?

你这是要去做什么?

Gaox yad haik ngeuf zid dlangb leuf drongx zangx dak:

Gaox gus yaos ib yis duab nens huat,

Gaox drout jeud[182] lik laos duax ndruab hob[183],

Jeud zhit ndroux hob.

Uat maob let nzas duax ndruab jed,

Maob zhit ndroux jed.

Juax hnob let dak hout shit luat qeut[184],

Yif hnob hout shit luat zhes.

Juax hnob let dak dot shad[185] dot bangt drout ndeuf deut,

Yif hnob let dak dot shad dot bangt dout ndeuf del.

你要回答床神：

你本是家中一员，

现在就像把酒水倒入坛中，

酒水不离坛。

你病痛来缠身，

疼痛不停止。

九天病重不离枕，

八天疼痛不离床。

九天断气在足下，

八天断气在手中。

Juax houd chuax[186] let dak kot zhit drous,

Yif houd nenb[187] kot zhit dout.

Hlangb zhox dot[188] hlangb nbuas ndous[189],

Njex ntangb lod[190] njex ntangb ghous[191].

Gaox dout gaox ged gaox let mol,

Gaox yuad haik ngeuf naf zid dlangb mol leuf let drongx zangx let nad,

Ngeuf naf zid dlangb let drongx zangx let zhaot gaox gangb mol juas bos Zhaot gaox ged mol juas yeuf lout def muak!

九种药物医不了，

八场巫术也治不好。

维系你生命的绸缎带已松断，

支撑你活命的柱子已倒塌。

你被允许后方可离开，

你要记住跟床神这样说，

那对床神才让道给你去见祖先嘛!

Ndroux Houd Dangs

告别正堂

Hak lot wek,

Zhangd nad gaox duas gaox let mol et,

Gaox mol zos ngeuf naf zid dlangb let dangs.

Ngeuf naf zid dlangb let dangs[192] uat zhox lik nyangs[193] dangd leuf gaox gangb,

Uat dlangs lik tluak dangd leuf gaox ged.

Ngeuf naf zid dlangb let dangs zhas yad nos dout dak:

Gaox gus yaos ib yis duab nens et?

Gaox yad mol uat dol lab zhit?

这样说：

此时你死了才会离去，

你去到堂屋神那里。

堂屋神岔开双腿伸开双臂，

挡住了你的去路。

那对堂屋神会问:
你是我们家的人吗?
你这是要去做什么?

Gaox yuad haik ngeuf zid dlangb let dangs dak:

Gaox gus yaos ib yis duab nens huak,
Gaox drout jeud lik laos duax ndruab hob,
Jeud zhit ndroux hob.
Uat maob let nzas duax ndruab jed,
Maob zhit ndroux jed.
Juax hnob let dak hout shit luat zhes,
Yif hnob hout shit luat qeut.
Juax hnob let dak dot shad dot bangt drout ndeuf del,
Yif hnob let dak dot shad dot bangt dout ndeuf deut.
Juax houd chuax let dak kot zhit drous,
Yif houd nenb kot zhit dout.
Hlangb zhox dot hlangb nbuas ndous,
Njex ntangb lod njex ntangb ghous.
你要回答堂屋神:
你本是家中一员,
现在就像把酒水倒入坛中,
酒水不离坛。
你病痛来缠身,
疼痛不停止。
九天病重不离枕,
八天疼痛不离床。
九天断气在手中,
八天断气在足下。
九种药物医不了,
八场巫术治不好。
维系你生命的绸缎带已松断,
支撑你活命的柱子已倒塌。

Gaox dout gaox ged gaox let mol,
Gaox yuad haik ngeuf naf zid dlangb mol leuf let dangs let,
Ngeuf naf zid dlangb let dangs let zhaot gaox gangb mol juas bos, zhaot gaox ged mol juas yeuf lout def muak!
你被允许后方可离开,
你要记住跟堂屋神这样说,
那对堂屋神才让道给你去见祖先!

Ndroux Njex Drod
告别中柱

Hak lot wek,
Zhangd nad gaox duas gaox let mol et,
Gaox mol zos ngeuf nat zid dlangb let njex drod[194],
Ngeuf naf zid dlangb let njex drod uat dlangs lik tluak dangd leuf gaox gangb,
Uat drox lik nyangl dangd leuf gaox ged.
Ngeuf naf zid dlangb let njex drod zhas yad nos dout dak:
Gaox gus yaos ib yis duab nens et?
Gaox yad mol uat dol lab zhit?
这样说:
此时你死了你才离去,
你去到柱神那里,
柱神伸开双臂岔开双腿,
挡住了你的去路。
那对柱神会问:
你是我们家的人吗?
你这是要去做什么?

Gaox yuad haik ngeuf zid dlangb let njex drod dak:

Gaox gus yaos ib yis duab nens huat,
Gaox drout jeud lik laos duax ndruab hob,
Jeud zhit ndroux[195] hob.
Uat maob let nzas duax ndruab jed,
Maob zhit ndroux jed.
Juax hnob let dak hout shit luat qeut,
Yif hnob hout shit luat zhes.
Juax hnob let dak dot shad dot bangt drout

ndeuf deut,

Yif hnob let dak dot shad dot bangt dout ndeuf del.

Juax houd chuax let dak kot zhit drous,

Yif houd nenb kot zhit dout.

Hlangb zhox dot hlangb nbuas ndous,

Njex ntangb lod njex ntangb ghous.

你要回答柱神：

你本是家中一员，

你热酒倒入坛，

酒水不离坛。

你病魔来缠身，

疼痛不停止。

九天病重不离枕，

八天疼痛不离床。

九天断气在足下，

八天断气在手中。

九种药物医不了，

八场巫术也治不好。

维系你生命的绸缎带已松断，

支撑你活命的柱子已倒塌。

Gaox dout gaox ged gaox let mol,

Gaox yuad haik ngeuf naf zid dlangb njex drod let,

Ngeuf naf zid dlangb let njex drod let zhaot gaox gangb mol juas bos, zhaot gaox ged mol juas yeuf lout def muak!

你被允许后方可离开，

你要记住跟柱神这样说，

那对柱神才让道给你去见祖先！

Ndroux Drongx Zok

告别炉灶

Hak lot wek,

Zhangd nad gaox duas gaox let mol et,

Gaox mol zos ngeuf naf zid dlangb let drongx zok[196].

Ngeuf naf zid dlangb let drongx zhot uat dlangs lik tluak dangd leuf gaox gangb:

Uat drox lik nyangs dangd leuf gaox ged.

Ngeuf naf zid dlangb let drongx zok zhas yad nos dout dak,

Gaox gus yaos ib yis duab nens et?

Gaox yad mol uat dol lab zhit?

这样说：

此时你死了才离去，

你去到灶神那里。

灶神张开双臂岔开双腿，

挡住了你的去路。

那对灶神会问：

你是家中的人吗？

你这是要去做什么？

Gaox yuad haik ngeuf zid dlangb let drongx zok dak:

Gaox gus yaos ib yis duab nens huat,

Gaox drout jeud lik laos duax ndruab hob,

Jeud zhit ndroux hob.

Uat maob let nzas duax ndruab jed,

Maob zhit ndroux jed.

Juax hnob let dak hout shit luat qeut,

Yif hnob hout shit luat zhes.

Juax hnob let dak dot shad dot bangt drout ndeuf deut,

Yif hnob let dak dot shad dot bangt dout ndeuf del.

Juax houd chuax let dak kot zhit drous,

Yif houd nenb kot zhit dout.

Hlangb zhox dot hlangb nbuas ndous,

Njex ntangb lod njex ntangb ghous.

你要回答灶神：

你本是家中一员，

现在就像把酒水倒入坛中，

酒水不离坛。

你疾病来缠身，

疼痛不停止。
九天病重不离枕，
八天疼痛不离床。
九天断气在足下，
八天断气在手中。
九种药物医不了，
八场巫术也治不好。
维系你生命的绸缎带已松断，
支撑你活命的柱子已倒塌。

Gaox dout gaox ged gaox let mol,
Gaox yuad haik ngeuf naf zid dlangb drongx zok let,
Ngeuf naf zid dlangb let drongx zok let zhaot gaox gangb mol juas bos, zhaot gaox ged mol juas yeuf lout def muak!
你被允许后方可离开，
你要记住跟灶神这样说，
那对灶神才让道，给你去见祖先嘛！

Ndroux Khaod Job

告别火塘

Hak lot wek,
Zhangd nad gaox duas gaox let mol et,
Gaox mol zos ngeuf naf zid dlangb let job[197].
Ngeuf naf zid dlangb let job uat dlangs lik tluak dangd leuf gaox gangb,
Uat drox lik nyangs dangd leuf gaox ged.
Ngeuf naf zid dlangb let job zhas yad nos dout dak:
Gaox gus yaos ib yis duab nens et?
Gaox yad mol uat dol lab zhit?
这样说：
此时你死了才离去，
你去到火塘神那里。
火塘神张开双臂岔开双腿，
挡住了你的去路。
那对火塘神会问：
你是我们家的人吗？
你这是要去做什么？

Gaox yuad haik ngeuf zid dlangb let job dak:
Gaox gus yaos ib yis duab nens huat,
Gaox drout jeud lik laos duax ndruab hob,
Jeud zhit ndroux hob[198].
Uat maob let nzas duax ndruab jed,
Maob zhit ndroux jed.
Juax hnob let dak hout shit luat qeut,
Yif hnob hout shit luat zhes.
Juax hnob let dak dot shad dot bangt drout ndeuf deut,
Yif hnob let dak dot shad dot bangt dout ndeuf del.
Juax houd chuax let dak kot zhit drous,
Yif houd nenb kot zhit dout.
Hlangb zhox dot hlangb nbuas ndous,
Njex ntangb lod njex ntangb ghous.
你要回答火塘神：
你本是家中一员，
现在就像把酒水倒入坛中，
酒水不离坛。
你病患来缠身，
疼痛不停止。
九天病重不离枕，
八天疼痛不离床。
九天断气在足下，
八天断气在手中。
九种药物医不好，
八场巫术治不愈。
维系你生命的绸缎带已松断，
支撑你活命的柱子已倒塌。

Gaox dout gaox ged gaox let mol,
Gaox yuad haik ngeuf naf zid dlangb let job let,
Ngeuf naf zid dlangb let job let zhaot gaox

gangb mol juas bos, zhaot gaox ged mol juas yeuf lout def muak!

你被允许后方可离开，

你要记住跟火塘神这样说，

那对火塘神才让道，给你去见祖先嘛！

Ndroux Khaod Drongx

告别大门

Hak lot wek,

Zhangd nad gaox duas gaox let mol et,

Gaox mol zos ngeuf naf zid dlangb let drongx[199],

Ngeuf naf zid dlangb let drongx uat dlangs lik tluak dangd leuf gaox gangb,

Uat drox lik nyangs dangd leuf gaox ged.

Ngeuf naf zid dlangb let drongx zhas yad nos dout dak:

Gaox gus yaos ib yis duab nens et?

Gaox yad mol uat dol lab zhit?

这样说：

此时你死了才离去，

你去到那对门神那里，

门神伸开双臂岔开双腿，

挡住了你的去路。

门神会问：

你是我们家的人吗？

你这是要去做什么？

Gaox yuad haik ngeuf zid dlangb let drongx dak:

Gaox gus yaos ib yis duab nens huat,

Gaox drout jeud lik laos duax ndruab hob,

Jeud zhit ndroux hob.

Uat maob let nzas duax ndruab jed,

Maob zhit ndroux jed.

Juax hnob let dak hout shit luat zhes,

Yif hnob hout shit luat qeut.

Juax hnob let dak dot shad dot bangt drout ndeuf del,

Yif hnob let dak dot shad dot bangt dout ndeuf deut.

Juax houd chuax let dak kot zhit drous,

Yif houd nenb kot zhit dout.

Hlangb zhox dot hlangb nbuas ndous,

Njex ntangb lod njex ntangb ghous.

你要回答门神：

你本是家中一员，

现在就像把酒水倒入坛中，

酒水不离坛。

你病痛来缠身，

疼痛不停止。

九天病重不离枕，

八天疼痛不离床。

九天断气在足下，

八天断气在手中。

九种药物医不好，

八场巫术也治不了。

维系你生命的绸缎带已松断，

支撑你活命的柱子已倒塌。

Gaox dout gaox ged gaox let mol,

Gaox yuad haik ngeuf naf zid dlangb drongx zok let,

Ngeuf naf zid dlangb let drongx zok let zhaot gaox gangb mol juas bos, zhaot gaox ged mol juas yeuf lout def muak!

你被允许后方可离开，

你要记住跟门神这样说，

那对门神才让道，给你去见祖先嘛！

Ndroux Blangs Shuak

告别屋檐

Hak lot wek,

Zhangd nad gaox duas gaox let mol et,

Gaox mol zos ngeuf naf zid dlangb let blangs shuak[200],

Ngeuf naf zid dlangb let drongx uat dlangs lik tluak dangd leuf gaox gangb,

Uat drox lik nyangs dangd leuf gaox ged.

Ngeuf naf zid dlangb let blangs shuak zhas yad nos dout dak:

Gaox gus yaos ib yis duab nens et?

Gaox yad mol uat dol lab zhit?

这样说：

此时你死了才离去，

你去到屋檐神那里，

屋檐神张开双臂岔开双腿，

挡住了你的去路。

那对门屋檐神问道：

你是我们家的人吗？

你这是要去做什么？

Gaox yuad haik ngeuf zid dlangb let blangs shuak dak:

Gaox gus yaos ib yis duab nens huat,

Gaox drout jeud lik laos duax ndruab hob,

Jeud zhit ndroux hob.

Uat maob let nzas duax ndruab jed,

Maob zhit ndroux jed.

Juax hnob let dak hout shit luat zhes,

Yif hnob hout shit luat qeut.

Juax hnob let dak dot shad dot bangt drout ndeuf del,

Yif hnob let dak dot shad dot bangt dout ndeuf deut.

Juax houd chuax let dak kot zhit drous,

Yif houd nenb kot zhit dout.

Hlangb zhox dot hlangb nbuas ndous,

Njex ntangb lod njex ntangb ghous.

你要回答屋檐神：

你本是家中一员，

现在就像把酒水倒入坛中，

酒水不离坛。

你病痛来缠身，

疼痛不停止。

九天病重不离枕，

八天疼痛不离床。

九天断气在手中，

八天断气在足下。

九种药物医不好，

八场巫术也治不了。

维系你生命的绸缎带已松断，

支撑你活命的柱子已倒塌。

Gaox dout gaox ged gaox let mol,

Gaox yuad haik ngeuf naf zid dlangb blangs shuak let,

Ngeuf naf zid dlangb let blangs shuak let zhaot gaox gangb mol juas bos, zhaot gaox ged mol juas yeuf lout def muak!

你被允许后方可离开，

你要记住跟屋檐神这样说，

那对屋檐神才让道给你去见祖先嘛！

Pub Bos Pub Yeuf
寻找祖先

Jaif Zhes Uat Shuab Nyad
悲哭

Hak lot wek,

Zhangd nad gaox duas gaox let mol et!

Gaox mol zos ndrangl dax[201],

Ndrangl dax uat loux lal[202].

Gaox mol zos ndrangl dol,

Ndrangl dol uat loux los.

Gaox yuad shaib gus nongs ghoub ghus[203] ghuax ghul lik njaod,

Nongs yif ghoub[204] ghoud lox lik leus.

Yeuf sob[205] nzhongt ndox lik ndul[206],

Nangs choud ghuas lik nzas.

这样说：

此时你真正要离去啊！

你去到平原，

平原宽阔无垠。

你去到旷野，

旷野平坦无边。

你将听到夜莺鸣咽啼鸣，

将听到猫头鹰哀痛长鸣。

雷公轰隆响彻天，

细雨连绵不间断。

Dex gat zhek,

Gaox khuat zhit dek nchait.

Dex gaot zhek,

Yaos gaox dob gaox gid bangf gaox bangs gaox sout[207] draod daof ghangb lout def muak!

听到这些呢，

你切莫害怕。

这些呢，

是你的亲人们在为你办理后事！

Zox Ged Chuaf

三岔路口

Hak lot wek,

Zhangd nad gaox duas gaox let mol et.

Gaox mol zos ndrangl dax,

Ndrangl dax uat loux lal.

Gaox mol zos ndrangl dol,

Ndrangl dol uat loux los.

Gaox shaib gus ged jongb[208] let dak sheud uat ndout,

Ged lik caik bel zhit yaos bos yeuf ged,

Ged lik caik bel yaos box Mangb box Shuad uat luaf ndoub[209] luaf sod[210].

Ged lik caik dous zhit yaos bos yeuf ged,

Ged lik caik dous yaos Shuad Lox Lik Longb[211] uat luaf nyox luaf lik nenl[212].

Gaox yad shaib gus ged lik gus duax ndruab ndrangb[213],

Zox gat zhek jat doux zhuas dloud lik leud[214] nenl jes lux lik ndreul[215],

Zox gat let yaos bos yeuf ged,

Zox gat let yaos bos yeuf gangb.

Gaox yuad bout hout nyox let nyangs[216] ndros gaox loud ghaib lik reus tongx let dak nyaob tongx ngeus,

Gaox loud ghaib lik reus let jaox gaox gangb mol juas bos,

Jaox gaox ged mol juas yeuf lout del muak!

这样说：

此时你死了才离去。

你去到大平原，

平原宽阔无垠。

你走到那旷野，

旷野宽广。

你将看到许多岔路口，

上方道路不是祖先路，

那是蛮刷妇人做布匹生意的路。

下方道路不是祖先路，

那是罗龙刷人做牛马生意的路。

你要选择中间那条道路，

茅草茂盛且马脚印细碎，

那才是去见祖先之道，

那才是去见祖先之路。

你要低着头与你的公鸡结伴而行，

你的公鸡呀，

才会带领你去见祖先！

Ndos Dlex Ab

苦水湖

Hak lot wek,

Zhangd nad gaox duas gaox let mol et.

Gaox mol zos ndrangl ndos lik dlex[217],

Dlex ab[218] let dak sheud uat ab,

Dex gat zhek gaox khuat zhit dek houk.

Gaox yuad dlouk beb pongd[219] drout nongs lax[220],

Pongd beb pongd drout nongs lod[221],

Dlouk beb pongd drout gaox loud ghaib lik reus houk.

Gaox yuad bout hout nyox let nyangs ndros gaox loud ghaib lik reus tongx let dak nyaob tongx ngeus,

Gaox loud ghaib lik reus let jaox gaox gangb mol juas bos,

Jaox gaox ged mol juas yeuf lout def muak!

这样说：

此时你死了才离去。

你去到湖水岸边，

湖里的水苦又苦，

你可千万别饮用。

你要掬三捧水给鸹子喝，

你要掬三捧水给燕子喝，

你也要掬三捧水给公鸡喝。

你要低着头与你的公鸡结伴而行，

你的公鸡呀，

才会带领你去见祖先！

Nzhib Ngaox

遇船只

Hak lot wek,

Zhangd nad gaox duas gaox let mol et.

Gaox mol zos ndrangl ndol lik dlex,

Gaox shaib gus ngaox jongb[222] let dak sheud uat ndout.

Ngaox lik caik bel[223] zhit yaos bos yeuf ngaox,

Ngaox lik caik bel zhas yaos box Mangb box Shuad uat luaf ndoub uat luaf sod.

Ngaox lik caik dous[224] zhit yaos bos yeuf ngaox,

Ngaox lik caik dous yaos Shuad Lox Lik Longb uat luaf nyox luaf lik nenl.

Gaox yuad shaib lik nzhongd ngaox lik gus duax ndruab ndrangb,

Lob gat zhek let yaos leuf bos yeuf ngaox.

这样说：

此时你死了才离去。

你去到湖水岸边，

你会看到许多船。

上方的船不是祖先的船，

那是蛮刷妇人做布匹生意的船。

下方的船不是祖先的船，

那是罗龙刷人做牛马生意的船。

你要选择中间那只船，

那才是去见祖先的船。

Gaox yad sheud nzhongd draod ngaox duax dout ndruab ndrangb!

Gaox yuad ghok muas njok[225] lik njek bout hout nyox let nyangs ndros gaox loud ghaib lik reus tongx let dak nyaob tongx ngeus,

Gaox loud ghaib lik reus let jaox gaox gangb mol juas bos,

Jaox gaox ged mol juas yeuf lout def muak!

你可要记得乘坐中间的船！

你要闭着眼低着头与你的公鸡结伴而行，

你的公鸡呀才领你去见祖宗，

才会带领你去见祖先！

Naox Shot

吃午餐

Hak lot wek,

Zhangd nad gaox duas gaox let mol et!

Gaox mol zos ndol dlex let dak duax dif ot[226],

Langx muas[227] shaib zhaob ndongt lik ntrangd[228] jek,

Gaox shaib luak lenx hlob[229] let dak mol zos ndeuf luak yad muab lak let shot[230] lol naox,

Lenx yout mol zos ndeuf lak lenx yout yad muab lenx yout let shot lol naox.

Gaox mol zos ndeuf zhek,

Gaox shit lak yad muab gaox shot lol naox.

这样说：

此时你死了才离去！

你去到那湖水的对岸，

抬眼望见一棵攀枝花树，
年长的路过那里会拿晌午来吃，
年幼的路过那里也会拿晌午来食。
你去到那里，
你也要记得拿出晌午来吃。

Jat lenx yout let dak naox zhit ndraod[231],
Jat lenx hlob let dak naox zhit joux[232],
Gaox zhek gaox yaos lenx hlob zhek gaox yad naox zhit joux,
Gaox yad muab ghak lous[233] drout ghak hnangb[234] ghak hnangb drout ghak lous,
Gaox muab dout ghak lous gaox let muab dout shot lol naox lout def muak!
年幼的吃晌午没响声，
年长的吃晌午不慌忙，
你作为长者吃晌午时不必慌张，
你要用左手拿起晌午袋，
记得用左手才拿得到你的食物来享用！

Nzhib Rangx Nzhib Zhod

遇龙遇虎

Hak lot wek,
Zhangd nad gaox duas gaox let mol et.
Gaox mol zos ndos dlex let dak duax dif ot[235] let dak Drongb Reb Rangs[236],
Rangx zhuat lot let nyangs[237] rangx yuad muab,
Zhod[238] zhuat njoux let nyongs zhod yuad dof[239].
Dex gat zhek gaox khuat zhit dek nchait,
Gaox yad keuk dout jaod mangx let dak jaod nduas nzheuk[240],
Rangx let zhit muab,
Zhod lak let zhit dof.
这样说：
此时你死了才离去。
你去到湖对岸的石龙山，
龙张开大口要来噬，
虎张着大嘴要来咬。
你见状不要怕，
你要拿起麻团来堵住，
龙才不能噬，
虎才不能咬。

Gaox yuad bout hout nyox let nyangs ndros gaox loud ghaib lik reus tongx let dak nyaob tongx ngeus,
Gaox loud ghaib lik reus let jaox gaox gangb mol juas bos,
Jaox gaox ged mol juas yeuf lout def muak.
你要低着头与你的公鸡结伴而行，
你的公鸡呀，
才会带你去见祖先！

Njet Drongx Ndox

上天门

Hak lot wek,
Zhangd nad gaox duas gaox let mol et!
Gaox mol zos drongx ndox[241] let dak duax shout ot,
Naf Ngoux Bangs Maol Mif[242] zhas yuad nos dout dak:
Gaox gus yaos dout nblax deb[243] ib yis duab nens et?
Gaox yuad mol uat dol lab zhit?
Gaox yuad haik Ngoux Bangs Maol Mif dak:
Gaox gus yaos nblax deb ib yis duab nens huat,
Gaox drout jeud lik laos duax ndruab hob,
Jeud zhit ndroux hob.
Uat maob let nzas duax ndruab jed,
Maob zhit ndroux jed.
这样说：
此时你死了才离去啊！
你去到天门上，
"构莠卯咪"又问道：
你是人间的一员吗？

你这是要去做什么？
你要回答“构蒡卯咪”：
你本是人间的一员，
现在就像把酒水倒入坛中，
酒水不离坛。
你病痛来缠身，
疼痛不停止。

Juax hnob let dak hout shit luat qeut,
Yif hnob hout shit luat zhes.
Juax hnob let dak dot shad dot bangt drout ndeuf deut,
Yif hnob let dak dot shad dot bangt dout ndeuf del.
Juax houd chuax let dak kot zhit drous,
Yif houd nenb kot zhit dout.
Hlangb zhox dot hlangb nbuas ndous,
Njex ntangb lod njex ntangb ghous.
Gaox dout gaox ged gaox let mol,
Gaox yuad haik Ngoux Bangs Maol Mif let,
Ngoux Bangs Maol Mif let zhaot gaox gangb mol juas bos let zhaot gaox ged mol juas yeuf lout def muak!
九天病重不离枕，
八天疼痛不离床。
九天断气在足下，
八天断气在手中。
九副药物医不了，
八场巫术也治不愈。
维系你生命的绸缎带已松断，
支撑你活命的柱子已倒塌。
你被允许后方可离开，
你要记住跟天门神“构蒡卯咪”这样说，
她才让道给你去见祖先！

Said Ged Ndox

选天路

Hak lot wek,
Zhangd nad gaox duas gaox let mol et!
Gaox mol zos drongx ndox let dak duax shout ot[244],
Naf Ngoux Bangs Maol Mif zhas yuad hot gaox mol kot bangs[245] let dak sheud kot ndrual[246],
Dex gat zhek Gaox khuat zhit dek mol,
Dex gat zhek yaos luas dex gus ghak dras zhuad ghak paof duat[247].
Zhit muax duab nens nik khuab nik gangb[248],
Zhit muax duab nens khat nik ged.
这样说：
此时你死了才离去啊！
你去到了天门之上，
“构蒡卯咪”会邀请你去做工，
你千万不要跟着去，
那些是刀剑致死之人去的地方。
无人给他们引道，
无人给他们指路。

Gaox yuad bout hout nyox let nyangs ndros gaox loud ghaib lik reus tongx let dak nyaob tongx ngeus,
Gaox loud ghaib lik reus let jaox gaox gangb mol juas bos,
Jaox gaox ged mol juas yeuf lout def muak!
你要低着头与你的公鸡结伴而行，
你的公鸡呀，
才会带领你去见祖先！

Muab Ndeud Blox Ndeud Duas

取生死簿

Hak lot wek,
Zhangd nad gaox duas gaox let mol et!
Gaox mol zos drongx ndox let dak duax shout ot.
Nzux lik Nyongs zhas yuad nos dout dak:
Gaox yad lol uat luak nyox?
Shik uat luak nbuat shik yad lol uat luak nenl?
这样说：
此时你死了才离去啊！

你去到天门之上。

祝牛问你：

你要做人家的牛？

还是做人家的猪或马？

Gaox yuad haik Nzux lik Nyongs dak:

Gaox uat luak nyox nchait luak laix[249],

Uat lak nbuat lak nchait luak duat,

Uat lak nenl lak nchait luak jaix[250].

Gaox yad haik guas Nzux lik Nyongs muab gaox ndeud blox ndeud duas[251] drout gaox.

Gaox yad plis pluad[252] uat naf nboux gangb maol lik nzhis[253],

Drangs lik ndul[254] draod shout langs[255] shaib nblax deb dex duab nens,

Laix nyox let zhis uat ghongb naof naos rongt zhit zeux dangl lout def muak!

你要回答祝牛：

做牛担心被人犁，

做猪担心被人食，

做马担心被人骑。

你要祈求祝牛把你的生死簿给你，

你才得以化身为蝴蝶虫蛹和蜂蝇，

便可飞身到天上之城回望人世间，

看见他们热热闹闹耕田来又犁地！

Nongs Ghaib Ghuat

辨鸡鸣声

Hak lot wek,

Zhangd nad gaox duas gaox let mol et!

Gaox mol zos gaox yuad ndros dout gaox loud ghaib lik reus tongx zix let dak nyaob tongx ngeus,

Gaox loud ghaib lik reus let jaox gaox mol ntrad bos ndros ntrad yeuf.

Gaox yuad shaib luak dex gus,

Gaox ghaib ghuat luak ghaib zhit deb[256],

Dex gat zhek zhit yaos gaox bos yeuf.

Yuad yaos luak leuf dex gus,

Gaox ghaib ghuat luak ghaib deb,

Dex gat let yaos gaox bos yeuf lout def muak!

这样说：

此时你真正要离去啊！

你要低着头与你的公鸡结伴而行，

你的公鸡才会带领你去寻找祖先。

你要会辨别，

当你的鸡叫而人家的鸡不回应，

那就不是你的祖先。

你要会辨别，

当你的鸡叫得到人家的鸡回应，

那便是你的祖先喽！

Pub Bos Pub Yeuf

认祖归宗

Hak lot wek,

Zhangd nad gaox duas gaox let mol et!

Gaox mol zos gaox yuad ndros dout gaox loud ghaib lik reus tongx zix let dak nyaob tongx ngeus,

Gaox loud ghaib lik reus let jaox gaox mol pub bos ndros pub yeuf[257].

Gaox yuad shaib luak let dex gus,

Nyaob tit zhed ruas lik gais[258],

Houd muas zhed[259] ruas lik ngeus,

Kheb drongx[260] let lol nyaob luas let nzhis[261],

Dex gat zhek zhit yaos gaox bos yeuf et!

这样说：

此时你真正要离去了啊！

你要低着头与你的公鸡结伴而行，

你的公鸡才会带领你去认祖归宗。

你要会辨别，

正房高大而又漂亮的，

侧房成双而又美观的，

房门敞开喜笑颜开的，

那些都不是你祖先的家呀！

Gaox yuad shaib luak let dex gus,

Nyaob tik zhed zhouk let njeud[262],

Houd muas zhed zhouk let njab,

Nbaos drongx lik rens[263] nyaob nghok drongx lik rens dlob[264],

Dex gat zhek let yaos gaox bos yeuf et!

你要会辨别,

正房屋檐暗淡的,

侧房屋檐昏暗的,

关门闭户静悄悄的,

那才是你祖先的家呀!

Raik Drox Raik Nend

隐藏足迹

Jat gaox bos yeuf zhas yad nongs gaox dak:

Yaos yeuf zid yeuf lik zis[265] sangt gaox lol?

你的祖先问你:

是指路师送你来的吗?

Gaox yad deb gaox bos yeuf dak:

Xad def nil yaos yeuf zid yeuf lik zis?

Zhas drout kout mangx let dak jaox kout nduas,

Ghak zos shout koub[266] yeuk[267] shout zhuas.

Nil dak del luax nzuaf[268],

Khaod nzhus[269] luax khaod bangx[270],

Njoux luax khaod zhuat[271],

Got deut luax lous jangf[272].

Nil drout nil kout mangx,

Nil draod nil ghangb.

Nil duax shout qaox draod leuf lik jex dlex[273],

Dux nzas let nzhis[274] duax nzuad hnend[275],

Let draod shout let dak leud zhit juas[276],

Drangs nenl leud zhit dout!

你要回答:

不知是不是指路师?

只见穿有麻鞋一双,

在杂草丛林尖上行走。

他手掌大如扇子,

鼻孔大如溶洞,

嘴巴大如崖洞,

脚掌大如砧板。

脚穿麻鞋一双,

已回他的地方。

他从桥上来从水里回,

已经一路把脚印洗去,

从桥上走已经追不上,

就是骑马也追不上!

Gaox yad haik gaox bos yeuf let,

Gaox yad mol puab leuf[277] gaox bos ghangb dab[278] yeuf ngheuk[279] eub,

Gaox bos yeuf let zhit ched gaox zhit ndouk gaox lout def muak!

你这样回答你的祖先后,

去拉住祖母的裙子拽起祖父的衣角,

你的祖先才不骂你不打你喽!

Ndouk Blis

招魂

Ndros Yeuf Mof Ndouk blis

帮指路师招魂

Zid Nzeux Juad ak,

Ras nat gaox nyaob jax nenb duas jax dlangb nat zhek.

Yeuf Mof deut ged XXX!

Nil khat gaox ged mol juas bos,

Deut gaox gangb mol juas yeuf nat zhek!

Gaox yad mol gaox lak,

Gaox shik lak yuad mol ndouk ib luas[280] blis blos[281] drout vangx drout zhed[282] gaox let mol ex!

假大叔啊!

你活着是人死了成鬼神。

指路师某某某啊!

已为你指路去见祖先,

给你引道去会祖先啊!

既然你已经离去,

你就留下他的一缕魂魄伴家园吧!

Ndros Nens Sheuk Qaox Ndouk blis

帮缝被人招魂

Zid Nzeux Juad ak,

Ras nat gaox nyaob jax nens duas jax dlangb nat zhek.

Sheuk qaox nens[283] XXX!

Nil sheuk qaox drout gaox mol juas bos,

Sheuk bangs[284] drout gaox mol juas yeuf nat zhek!

Gaox yad mol gaox lak,

Gaox shik lak yuad mol ndouk ib luas blis blos drout vangx drout zhed gaox let mol ex!

假大叔啊!

你活着是人死了成鬼神。

缝被人某某某啊!

给你做床被褥去见祖宗,

给你缝被子去会祖先啊!

你欲行你的道,

你就留下他的一缕魂魄伴家园吧!

Ndros Nens Ndok Kout Ndouk blis

帮织鞋者招魂

Zid Nzeux Juad ak!

Ras nat gaox nyaob jax nens duas jax dlangb nat zhek.

Sheuk qaox nens XXX!

Nil ndouk kout drout gaox mol juas bos,

Ndouk zhox drout gaox mol juas yeuf nat zhek!

Gaox yad mol gaox lak,

Gaox shik lak yuad mol ndouk ib luas blis bos drout vangx drout zhed gaox let mol ex!

假大叔啊!

你活着是人死了成鬼神。

织鞋者某某某啊!

帮你织鞋去见祖先,

给你织履去会祖宗啊!

你将走你的路,

你就留下他的一缕魂魄伴家园吧!

背景介绍

唱诵者: 陶开成Lax Shenb Dlob(1948—),男,文山市新平街道盘龙社区落水洞居民小组人,掌握当地苗族婚丧文化,擅长苗族古歌。

陶开成

唱诵场域: 此歌用于指路师为逝者指路的丧葬程式之中。后人为逝者梳洗后,便邀请指路师唱诵此古歌为逝者指路。

采集整理: 熊文国、熊兴坛、罗永洪、徐文学、项发兵、黄太恩。

注释

[1] Zid Nzeuf Juad：假大叔。在指路歌演唱教学中，“假大叔”代指死者的姓名，具有一语双关的作用，既有一个指路对象，这个对象又是假设的。其次，部分歌师在演唱教学或采集中，会将一个石头作为指路对象，以“石头”之名代逝者进行演唱；还有部分歌师将一只蚂蚱致死后，点“蚂蚱”之名进行演唱。

[2] Yeuf Mof：指路师，指唱丧葬指路歌为死者指路之人。另有Yeuf Deut Ged、Yeuf Khuab Get和Yeuf Hot Ngoux Dlob等称呼。

[3] Ngoux Douf Dlangb：故事歌，Douf Dlangb、Lol Ndrual和Dlangs Nens等同指“故事”，多指民间故事，文中指“指路歌”。

[4] Cib Ndangx Cib Hnend：大刀和弓箭

[5] Khuat：宾客，对逝者的尊称，相当于您。

[6] Ndox Dangl：天塌，天垮。

[7] Mox Lik Yis：摩理艺。苗族传说中黑暗混沌之初第一人，也是苗族传说中掌管物种的神。

[8] Zongl：存在，生存。

[9] Ndox Ngis Lik Nguad：天干焦焦，天干枯枯。

[10] Dlaot：光秃秃，光溜溜。

[11] Renx Yenb：人烟。

[12] Renx Zhangd：人种。

[13] Nzux Lik Nyongs：祝牛，系音译，传说是掌管生死的神。

[14] Drox Deb：地方。

[15] Drox Longs：城池，都市，大城市。

[16] Shuad Yix Mik：刷艺米，系音译。Yix Mik一词，疑为“鱼米”“盐米”之意，供参考。

[17] Nongs Zhix Nongs Lik Draos：鹫鸟。引用“鹫鸟”，指代神鸟，另有Nongs Zix Nongs Baos称呼。

[18] Ged Njuat Nded：路途遥远。

[19] Zeux Haik：会说，能说。

[20] Ub：我们。

[21] Rens Leuf：凋落，凋零。

[22] Sib Des：手心。

[23] Shed：不明。量词，疑同Dred（枝、支）。

[24] Zid Dous：不明。疑为“眼睛”或“腿”，该文取“眼睛”义。Dous疑是Doud的音变，或方音差异，如Zid Doud眼睛，Guat Zid Doud眼泪，故取“眼睛”意；Dous的组词有：Dous Ged，Dous Deut，Dous Nghaix等，均与脚有关，故也疑为“腿”“脚”和“脚后跟”；另外，Dous是幼儿的一种病名称，幼儿长期便稀如豆渣，消化紊乱，吃不养身，如词组Ghuad Dous、Dous Ndob、Dous Khuad等词组。

[25] Shoub：不明。量词，疑同Dout（把、捧）。

[26] Ndrouk Ghouf：背，后背。

[27] Nbuad：含，衔，叼。

[28] Ndangt Ndox：半空。

[29] Juax Hlit：九月，指秋季到。

[30] Yeuf Sob：雷公，雷神爷。

[31] Nzongt Ndox Lik Ndus：形容雷声滚滚。

[32] Nangs Choud Nangs Shoub：细雨连连，阴雨连绵。

[33] Ngoux Lik Ab、Ndrous Lik Ongt：构阿、孜宙欧。构阿指女性，孜宙欧指男性，传说二者为创造人类的始祖。

[34] Ngouf：藏，躲。

[35] Ndangd Daox：半坡。

[36] Yos Nbaox和Yos Zhangd：生育，繁衍。

[37] Dot：生育，繁衍，抚育。

[38] Ndid Lik Ndangs：指六根笙管之一名称，即“铛”。是Ndid Ndangt的音变。

[39] Ndid Lik Nbos：指六根笙管之一名称，即“啵”。

[40] Uat Ngoux：文中为交配之意，现指恋爱的行为。

[41] Dib Dos：音译迪夺，苗族传说中创造和编织天地的神。

[42] Dox Lik Nblos：夺哩波，苗族传说中创造和编织天地的神。

[43] Zhit Zeux Gangx：不会亮，不会明。与之相关的有Zhit Zeux Zhouk，即不会暗，不会黑。

[44] Dax Lik Ndenl：平，平顺，平滑。

[45] Nend Nyox：牛脚印。

[46] Nghaif Lik Zhuad：窄，很窄。

[47] Ghangb Hob：坛子的底。

[48] Nend Nenl：马脚迹，马脚印。

[49] Ghangb Ndis：碗底。

[50] Zouk：足，够。

[51] Dlangd Dlob Dlangd Lik Dlongs：黑鹰。Dlongs指极，透，形容鹰极黑。

[52] Drangs Lik Ndul：飞快地，快速地。

[53] Beb Jous Beb Qangd Ndox：三十三格天，三十三间天。把天视为三十三间。

[54] Houd Boul Jangd：大树根。

[55] Beb Nchuat Dik：展翅三次，展翅三回。

[56] Shot Lik Njens：栖息，休息。

[57] Houd Boul Reb：大石头。

[58] Nbongt：边，边沿，界。

[59] Shab Zhit Dol：不公平，不公正。

[60] Beb Duab Dluad：三拍。

[61] Ghuab Nyox：公牛。

[62] Ghangb Taid Nyox：牛圈脚，牛棚底。

[63] Ched：骂骂咧咧，骂。

[64] Nongb：种子。

[65] Nbluas：秕谷。

[66] Ghouf Ndox：天上。
[67] Rongd Nox Zhens：原始森林，茂密的森林。
[68] Sab：塞，挤。形容像葱一样密密麻麻挤在一起。
[69] Dlaol：葱，大葱。
[70] Shout：收。
[71] Blos：不饱满。
[72] Blox：殁，没，死。
[73] Ncod：乱，乱糟糟。
[74] Ndruab Zhit Bod：装不满。
[75] Ndros Yad Bod：将要满，将装不下。
[76] Kheb Lob Drongx Ndos：打开天门。
[77] Duas Yuad Dangl：将死完，要死完。
[78] Shout：编，写。
[79] Dlaif Ndeud Blox：生死簿。
[80] Dlaif Ndeud Duas：生死书。
[81] Ndox Lik Ndangl：词意不明。Ndangl疑与Dangl同。
[82] Zeux Mol Zhit Zeux Lol：去了不会回，指死不能复生。苗族众多口传经典皆在哲学式地拷问，"以前，人为什么不会死，死能复生？而今，人死而不能复生，这是为什么啊？"在该指路歌中的"蛤蟆之死"便是人死不能复生的一个分界线。
[83] Xangt Nax：七年，七载。
[84] Mox Lik Yis：摩理艺，苗族传说中掌管物种的神。
[85] Ndox Leuf Juak：光秃秃，光溜溜。
[86] Nongb Xongb：竹种，竹子的种子。
[87] Nongb Ndongt：树种。
[88] Beb Nchuat Dik：振翅三次，展翅三回。
[89] Zheb Lik Kaob：撒，抛撒。
[90] Ghangb Drongb：山脚。
[91] Beb Langs：三两（种子），表示量多，Langs是质量单位"两"的意思。
[92] Ghangb Rongd：箐脚。
[93] Beb Langs Lik Lob Nongb Ndongt：三两树种，指很多树种，意为鹫鸟本该多带种子回来世间的，因它不会带，把多的种子撒了，仅带种一粒、秧一棵。
[94] Yob：秧苗，秧。
[95] Nil Dik Nil Dut Nded：它的翅膀和尾巴长。
[96] Feb Ged：返回。与Feb Ghangb同。
[97] Houd Hangd：冲头。
[98] Ntrangd：攀枝花树，攀枝花。
[99] Zib Dout：使唤，吩咐。
[100] Ngoux Bab Ndrous Lik Douk：锛和斧。苗族将这两样工具视为相辅相成的一对，也拟人为一母一公。
[101] Ndongt Mangx Lik Dak Ndongt Tod：枫木和松树。
[102] Shob：尖，（树）尖。
[103] Houd Boul：树根，树兜。
[104] Ib Yangd：一截，一节，一段。
[105] Ndruab Ndrangb：中间。
[106] Geut：锯子。
[107] Nghol Lik Chod：形容拉锯子吱吱作响的声音和动作。
[108] Nbeuf：砍，削。
[109] Puat：劈，剖
[110] Cax Shangb：棺木。
[111] Ndrous Lik Voud：女婿，姑爷，姑父。
[112] Dreuf：毛竹。竹子的一种。
[113] Shub Zhongl：模样，模型，样子，家什，家当，外形盘中餐。
[114] Hab Vangb：编织簸箕。
[115] Hab Led：编织席子。
[116] Nangl Ghok：竹鼠。
[117] Cib：竹卦。
[118] Xeut Nyaob：混居，混居杂处。
[119] Boub：明白，知道。
[120] Qeut Zuak Lol：对话的地方。
[121] Dleus：垭口。
[122] Lux Shub Zhongl：坏了模样，即造型被破坏。
[123] Nongb Zhox：绸种。
[124] Nongb Mangx：麻种。
[125] Ub：我们，咱们。
[126] Ceud：源，起源，出。
[127] Ndaot：出，萌芽，冒。
[128] Zhef Let Kaob：折返，返回。
[129] Souk Lik Shik：形容不好，这里指种子差，种子不良。
[130] Kout Mangx Kout Lik Nduas：麻鞋。
[131] Nzhut Nzhis：被动地。与Nzhut Ndat同。
[132] Daox Gangb Nzhis：毛虫坡。
[133] Daox Gangb Naot：冷虫坡。
[134] Gouk Zaix Gouk Lik Ndrous：花伞。这里指让死者带往阴间用以遮阳的伞。
[135] Longx Lik：龙里，古地名，系音译。
[136] Nghaix Luax Dlangs：黄泥身，像黄泥一样的肉身体。
[137] Cangt Nghangx Hlout：铁杆骨，像铁杆一样硬的骨头。
[138] Nghaix Jab Rib：蜜肉身，指像蜂蜜一样甜且易化的肉身体。
[139] Cangt Ploub Mangs：麻秆骨，像麻秆一样脆弱的骨头。
[140] Zhud Yif Lox：主意多，点子多。
[141] Yangx Rox Lik Ruas：渐渐熔化。
[142] Tlangk Tlox Lik Tluad：渐渐折断。
[143] Zhid Lik Ndul：逃往，逃向。
[144] Ghouf Ndox：天上。
[145] Xangt Bod Ndox：生满天。形容生得很多，住满天。
[146] Dlex Langs：水；泉水。
[147] Ghangb Reb：石头底，石头下。与Ghangb Jangd同。
[148] Nzuad Muas：洗脸，洗漱。
[149] Yenb Dif Deb：阴间，阴地。
[150] Hod：干净。
[151] Juas Bos：与祖母相聚。与之相关的有Juas Yeuf，指与祖父相聚。
[152] Ghaib Zux Ghaib Loul：引路鸡，指路仪式中所用，故名引路鸡。

[153] Ngoux Lik Ghaib：母鸡。
[154] Nchend Lik Nzhaos：徘徊着，彷徨地，犹豫地。
[155] Daos Zhed：屋后，房子后面。
[156] Qeut Ndes：下蛋的地方。
[157] Daos Vangx：园子，院子，樊，樊篱园子。
[158] Qeut Kuangx：疯狂的地方。
[159] Kot Lik Truad：做窝的样子。
[160] Res：窝。
[161] Dlous：孵，孵化。
[162] Lax Dlangd：鹰隼。Lax为隼，Dlangd为鹰。
[163] Luat Dangl：浪费，糟蹋，全部被浪费。
[164] Naf Mod Let Blik：大野猫，强壮的野猫。
[165] Ghaib Zux Ghaib Lik Lous：引路鸡，指路鸡，文中指为逝者指路、用于祭祀的鸡。
[166] Shout Yangx：阳间。
[167] Shangb Rongd：山林。
[168] Ndruab Dlangb Deb：阴间，鬼神在的地方。
[169] Jangb Ged Not Del：牵手引路。
[170] Nyaob Jax Nens Duas Jax Dlangb：活着时是人，死去成为鬼神。
[171] Gaox Dob Gaox Gid：你的儿孙。
[172] Ghaib Shab Shad：煮熟的鸡心。
[173] Loub：倒（酒）。
[174] Zaox Nkaob Jeud：祭祀用酒，祭酒。Zaox为量词，相当于一羹勺或一口的量。
[175] Naox Ghaib Shab Nzuas Ghaib Nzhuk：吃鸡心伴鸡肺；鸡心和鸡肺混着吃。
[176] Tongx Zix Nyaob Tongx Ngeus：成双成对。其中，Zix Geuf指夫妻。
[177] Mongx Nzid：蒙自，系音译。疑是今红河州的蒙自市。此处指逝者出生地在“蒙自”。
[178] Chaot Zhox Chaot Lik Nbuas：绫罗绸缎衣服，绸衣缎服，锦衣玉服，指逝者出生时的胎盘，在苗族丧葬习俗中，当逝者为男性，一般要指示其到出生地房屋的中柱脚下找胎盘；若逝者是女性，一般要指示其到出生地房屋的床脚找胎盘。苗族小孩出生时，若是男孩，则是将其胎盘埋于房屋的中柱脚下，意喻小男孩成人后要成为家庭中的顶梁柱；若是女孩，则将胎盘埋于床脚，意喻女孩成人后要担负起繁衍后代的重任。该指路经此句指示逝者到床下找胎盘（锦衣玉服），明显与上述习惯有悖。不排除个别地方不再遵行上述习俗。
[179] Ghangb Zangx：麻脚，床底。
[180] Nzend：翻。
[181] Naf Zid Dlangb Mol Leuf Drongx Zangx：床神。
[182] Drout Jeud：倒酒。
[183] Hob：坛子。
[184] Hout Shit Luat Qeut：病重抬不起头地躺在床上的样子。
[185] Dot Shad：断气，停止呼吸。Dot Bangt与之同。
[186] Juax Houd Chuax：九副药。
[187] Yif Houd Nenb：八场巫术。
[188] Hlangb Zhox Dot：绸丝断。
[189] Hlangb Nbuas Ndous：缎线松。
[190] Njex Ntangb Lod：柱子断。
[191] Ghous：倒，倾伏，倒伏。
[192] Naf Zid Dlangb Let Dangs：堂神，堂屋神。
[193] Uat Zhox Lik Nyangs：岔开双腿。
[194] Nat Zid Dlangb Let Njex Drod：中柱神，柱子神。其中，Njex Drod指中柱，堂屋中间两根柱子。
[195] Zhit Ndroux：不离开。
[196] Naf Zid Dlangb Let Drongx Zok：灶神。Zok指灶，灶窝。
[197] Naf Zid Dlangb Let Job：火坛神。
[198] Jeud zhit ndroux hob：形容得病难熬如煮酒。
[199] Naf Zid Dlangb Let Drongx：门神，大门神。
[200] Naf Zid Dlangb Let Blangs Shuak：屋檐神。
[201] Ndrangl Dax：平原，原野。Ndrangl Dol与之同。
[202] Uat Loux Lal：不明。结合上下文，存在两种情况，一是平原无边无际，二是逝者迷茫，无方向，忧伤的样子。此处暂译为无边无际。
[203] Nongs Ghoub Ghus：杜鹃鸟。
[204] Nongs Yif Ghoub：一种鸟名。
[205] Yeuf Sob：雷公。
[206] Nzhongt Ndox Lik Ndul：雷声响彻天的样子。
[207] Gaox Bangs Gaox Sout：丧事。
[208] Ged Jongb：道路多，有很多条路。
[209] Uat Luaf Ndoub：做布匹生意。
[210] Luaf Sod：丝线生意。
[211] Lox Longb：音译为罗龙，地名。
[212] Luaf Nyox Luaf Lik Nenl：牛马生意。
[213] Ndruab Ndrangb：中间。
[214] Doux Zhuas Dloud Lik Leud：芭茅杂草茂盛。
[215] Nenl Jes Lux Lik Ndreul：马脚印细碎，马踩得稀烂。
[216] Bout Hout Nyox Let Nyangs：低着头，低垂着脑袋。
[217] Ndos Dlex：湖边，河边，岸边。
[218] Dlex Ab：水苦，水咸。
[219] Dlouk Beb Pongd：捧三捧。
[220] Nongs Lax：鹞子，隼。
[221] Nongs Lod：燕子。
[222] Ngaox Jongb：船多。
[223] Caik Bel：上面，上方。
[224] Caik Dous：下方，下面。
[225] Ghok Muas Njok：闭着双眼，紧闭着眼睛。
[226] Ndol Dlex Let Dak Duax Dif Ot：河（湖）那边。
[227] Langx Muas：抬眼望。
[228] Ndongt Lik Ntrangd：攀枝花树。
[229] Lenx Hlob：长者，年长者。Lenx Yout：年幼者。
[230] Shot：晌午。
[231] Zhit Ndraod：不声不响，没有响声。这里指吃东西没有声响。
[232] Zhit Joux：不紧不慢，不频繁，指吃东西不紧不慢。
[233] Lous：左，左手。

[234] Hnangb：袋子，此指装晌午的麻布袋子。

[235] Dif Ot：那边，那一边。

[236] Drongb Reb Rangs：石龙山，地名。Rangs是Rangx的变调，即龙。

[237] Zhuat Lot Let Nyangs：张着大口。Zhuat Njoux Let Nyongs与之同。

[238] Zhod：虎。

[239] Dof：咬。

[240] Nzheuk：塞，堵。

[241] Drongx Ndox：天门。

[242] Ngoux Bangs Maol Mif：构旁卯咪，苗族传说守护天门的女神。

[243] Nblax Deb：大地，人间。

[244] Drongx Ndox Let Dak Duax Shout Ot：天门之上。

[245] Kot Bangs：不明。Bangs疑为"谤""是非"和"谤书"或"一种理论文书"；Kot指修理，校正，医治，处理等意。Kot Bangs即校对文书或裁判是非的差事。结合下文Dras Zhuad Paof Duat（刀砍枪伤）一词和整体文意，Bangs可能是一种管理"是非争议的苦差事"。

[246] Kot Ndrual：修鼓，修理木鼓。其中，Kot Bangs Kot Ndrual暂译为"做工"和"处理事务"。

[247] Dras Zhuad Ghak Paof Duat：刀砍枪伤。

[248] Khuab Nik Gangb：引路，指路。Khat Nik Ged与之相同。

[249] Laix：犁。

[250] Jaix：骑。

[251] Ndeud Blox Ndeud Duas：生死簿，登记生死的书。

[252] Plis Pluad：蜕变，变，变化。

[253] Nboux Gangb Maol Lik Nzhis：指蝴蝶、毛虫、蜂蝇等昆虫。

[254] Drangs Lik Ndul：飞快地跑。

[255] Shout Langs：城市上方。此指天上的城头。

[256] Zhit Deb：不应答，没有回应。

[257] Pub Bos Ndros Pub Yeuf：认祖归宗。

[258] Tit Zhed Ruas Lik Gais：房子漂亮而高大。

[259] Houd Muas Zhed：屋山头，侧房。

[260] Kheb Drongx：门敞开。

[261] Luas Let Nzhis：喜笑颜开，笑容满面，高高兴兴。

[262] Tik Zhed Zhouk Let Njeud：房子低矮而昏暗。Zhouk Let Njab与之同。

[263] Nbaos Drongx Lik Rens：关门闭户。

[264] Nghok Drongx Lik Rens Dlob：关门闭户昏暗的。

[265] Yeuf Zid Yeuf Lik Zis：指路师傅的别称。

[266] Shout Koub：在杂草丛林之上。Shout Zhuas与之同。

[267] Yeuk：飞跃，跳跃，跃升。

[268] Nzuaf：扇子。

[269] Khaod Nzhus：鼻子。

[270] Khaod Bangx：溶洞。

[271] Khaod Zhuat：崖洞，

[272] Lous Jangf：砧板。

[273] Jex Dlex：水下，水中。

[274] Dux Nzas Let Nzhis：不明。

[275] Nzuad Hnend：洗去脚印，即把留下的痕迹清洗干净。

[276] Leud Zhit Juas：追不上，赶不着。

[277] Puab Leuf：拽着，拉着。

[278] Ghangb Dab：裙子。

[279] Ngheuk：衣角。

[280] Ib Luas：一次，一回，一缕。

[281] Blis Blos：魂魄。

[282] Vangx Drout Zhed：家园。

[283] Sheuk Qaox Nens：缝床垫的人。

[284] Sheuk Bangs：缝被子的人。其中，Bangs指被子，据Qaox Buat Bangs Vod一词可知，Qaox是用来铺和垫的，即被单，床垫；Bangs是用来盖的，即被子。

起祖歌
Oid Zud

起祖古歌
Ngoux Loul Qid Zud

Nblax Deb Duab Nens Blox Duas Zhit Zeux Nqat
人间死亡不会操办

Hat lak nens yat soud,

Ad at ab soux hak lak yox dak soux hak laf shik souk.

(ngoux loul lob shuab)

Uat let ghak jangl?

Ndaox ndis draod touk lik nzod ot,

Ndax deb[1] nat dex duab nens ghak rous,

Blox dangl[2] lak nyaob zhit zeux nqat[3],

Duas dangl lak nyaob zhit zeux ndles[4].

Blox dangl lak nzhas ndox dot[5],

Duas dangl lak nzhas ndox zhens duab ghak ral,

Blox dangl lak nyaob zhit suk blox hak,

Duas dangl lak nyaob zhit suk hub duas,

Dab yaf soux huak nif yaf.

哈啦能呀嗖，

啊啊啊嗖哈啦哟哒嗖哈喇是嗖。

（古歌起调一）

为什么呀？

在遥远的从前，

世间的人们，

离世不会操办，

也不会打理。

人离世像天地间不曾有过一样寂静，

死亡了也悄无声息。

离世不像真离世，

死亡也没有仪式。

哒呀嗖哗尼呀。

Zax Lis Nplaib Lis Ghed Ghenx Ndrual
扎理和柏理借笙鼓

Hak lak nens yat soud,

Ad at ab soux hak lak yox dak soux hak laf shik souk.

Uat let ghak jangd?

Nblax deb ghak nat dex duab nens ghak rous,

Zax Lis[6] ghak Zax Lis let dak Zax Lis zeux ghed ghenx lol,

Nplaib Lis[7] let dak Nplaib Lis zeux ghed ndrual,

Jat Zax Lis tab Nplaib Lis let njet shuat zos njuat Zid Yeuf Nzul[8] mex deb.

哈啦能呀嗖，

啊啊啊嗖哈啦哟哒嗖哈喇是嗖。

为什么呢？

世间上的人们，

扎理说扎理会去借芦笙，

柏理说柏理会去借牛皮鼓，

扎理和柏理才爬到孜尤祝在的地方。

Jat Zax Lis let dak :

Zid Yeuf Nzul yak Zid Yeuf Nzul,

Dex ndax deb ghak lik dex duab nens ghak rous,

Blox dangl lak nyaob zhit zeux nqat,

Duas dangl lak nyaob zhit zeux ndles,

Blox dangl lak nzhas ndox dot,

Duas dangl lak nzhas ndox shenk duas ghak ral.

Blox dangl lak nyaob zhit suk blox hak,

Duas dangl lak nyaob zhit suk hub duas,

Ghed gaox ngoux ghens[9] ndros dout ndrous

ndrual[10] dout beb jaox mol dout ndax deb dak,

Bangf blox[11] lol draod bangf duas.

这扎理才说：

孜尤祝呀孜尤祝，

这世间的人们，

离世不会操办，

死亡了也不会打理，

离世像天地间不曾有过一样寂静，

死亡了也悄无声息。

离世不像真离世，

死亡了也没有仪式，

借你芦笙和木鼓给我们带去世间，

在人们逝去时可以使用。

Jat Zid Yeuf Nzul let dak:

Zax Lis tab Nplaib Lis,

Jat god ghenx lak yaos ghenx huab lik hlout[12],

Ndrual lak yaos ndrual huab lik nyax gob[13].

God ghenx lak mex ghed[14] zhit dout,

Ndrual lak mex ghed zhit dad mol Zax Lis tab Nplaib Lis!

Jat Zax Lis tab Nplaib Lis let draod raox lol zos njuat ndax deb ghak nat dex duab nens ghak rous,

Blox dangl lak hax zhenf zhit zeux nqat,

Duas dangl lak hax zhenf zhit zeux ndles;

Blox dangl lak hax zhenf nzhas ndox dot,

Duas dangl lak hax zhenf nzhas ndox zhens duab ghak ral,

Blox dangl lak hax zhenf zhit suk blox hak,

Duas dangl lak hax zhenf zhit suk duas.

Nab yaof soux huak nif yaf.

这孜尤祝才说：

扎理跟柏理，

我这芦笙是铁芦笙，

鼓也是金银鼓。

我的芦笙呢你们借不走，

鼓呢你们也借不了，扎理和柏理呀！

他们回到世间，

人离世还是不会操办，

人死亡还是不会打理；

离世还像天地间不曾有过一样寂静，

死亡了也是悄无声息，

离世也还不像真离世，

死亡了也还没有仪式。

呐呀嗖哗尼呀。

Ndouk Ngoux Bab Ndrous Douk

锻造锛和斧

Hak lak nens yat soud,

Ad at ab soux hak lak yox dak soux hax hak laf shik souk.

Uat let ghak jangd?

Nblax deb ghak nat dex duab nens ghak rous,

Zax Lis tab Nblaib Lis let muab dout drangb ghob hlout[15],

Jaox mol ndrof ndrongl dout Shuad yix vangs[16],

Shuad yix vangs let muab dout drangb ghob hlout nghol ndreud duax ndruab shout njoux bob[17],

Ndouk ndreud duax ndruat shout njoux taid[18],

Let ndouk dout ngoux bab[19] lol nyal ghak nzhaik[20].

哈啦能呀嗖，

啊啊啊嗖哈啦哟哒嗖哈喇是嗖。

为什么？

世间上的人们，

扎理和柏理拿着那旧铁，

带去放在他人那里锻造，

就把锄头放在冶炼风箱口，

锻造在铸垫上，

才铸造出薄了又薄的锛。

Jat Zax Lis tab Nplaib Lis let muab dout drangb ghob hlout mol ndrof nzhongs[21] dout Shuad yix vangs,

Shuad yix vangs let muab dout drangb ghob hlout lol ndouk ndreud duax ndruab shout njoux taid, nghol ndreud duax ndruab shout njoux bob,

Let ndouk dout ndrous douk lol nyal ghak sok,

Jat Zax Lis Tab Nplaib Lis let muab dout ngoux bab ndros dout ndrous douk[22] jaox mol nzol ndrongl dout Shuad yix vangs it mol nax ib daos ndongt mangx hak.

Dis jaox draod lol jat Zax Lis tab Nplaib Lis let muab dout ngoux bab ndros dout ndrous douk,

Jaox mol nzol ndrongl dout Shuad yix vangs mol nax lol rongd ncod.

Jat ngoux bab ndros dout ndrous douk let mol naox hnad ghed ghenl Shuad yix vangs mol nax ib daos ndongt mangx[23] lol ndongt zid mual sod[24],

Jat Zax Lis tab Nplaib Lis let drik dout ghenx denb lol ndrual[25] shik jangb sod[26],

Ndraod nggox ndos ghenl let muax nbet.

Nuaf dout ndax deb ghak nat dex duab nens ghak rous,

Blox dangl lak let zeux nqat,

Duas dangl let lol zeux dles;

Blox dangl let zhit suk blox hak,

Duas dangl lak zhit suk duas.

Nab yad souk huak lik yaf.

扎理和柏理拿起那旧铁，

带去刷人那里锻造，刷人把旧铁放在铸台上，

放在冶炼风箱口，

锻造出的锛薄又薄。

扎理和柏理拿起斧锛走到森林里，

扎理和柏理拿起斧锛来到丛林中。

用力砍着那枫木和香樟树，

精心制作成芦笙和木鼓，

鼓韵和笙辞才有了名分。

世间的人们，

离世才会操办，

死亡了才会打理；

离世才像真离世，

死亡才像有了仪式。

呐呀嗖哗尼呀。

Jat god ngoux bangs[27] lol zeux hot lol yad draod zhit zeux souk,

Souk louf lol zhas draod zhit muax lut[28].

Hmaot nat god yuad nongs dout yeuf zid ghenx lol yad chod dout zheus jouf zheus rangx lol draod ris gaox zhus.

Jat god hot ngoux lol ngoux lol draod zhit muax lob[29],

Bangs npaot zhas yad dles dleus[30] god ngeuf zid ghenx lol zid ndrual,

Yad nongs yeuf zid ndrual yad ndouk dout zheus jouf zheus ghuk[31] draod ris gaox hloub[32].

Nad yaof souk huak nif yaf!

我会起歌来不会收，

收起来呀无痕迹。

今夜我要来聆听芦笙曲，芦笙师你将要围绕这木杵吹出几十几曲。

我唱歌来没主题，

这些不实之词恐怕误导了你两位师傅，

看鼓师你将要围绕这木桩敲出几十几槌。

呐呀嗖哗尼呀！

背景介绍

熊天玉

唱诵者： 熊天玉 Chongf Hmaob（1950—2022），男，文山市喜古乡古那冲村委会古那冲村人，其掌握当地苗族婚丧文化，擅长苗族古歌。师从马关田头村Yeuf Zhenf Huangx（汉语姓名不详），20世纪80年代初，Yeuf Zhenf Huangx来古那冲村务工期间，教授给熊天玉。

唱诵场域： 在仪式性清扫牛皮鼓时唱诵。

采集整理： 罗永洪、黄英、熊发德、杨发能、熊文国。

注释

[1] Ndax Deb：人间，世间。

[2] Blox Dangl：死掉，死。Duas Dangl与之同。

[3] Zhit Zeux Nqat：疑为不会操办，不会办理。待考。

[4] Zhit Zeux Ndles：疑为不会操办，不会办理，不会打理。待考证。

[5] Nzhas Ndox Dot：静悄悄，万籁俱寂。

[6] Zax Lis：扎理，苗族古代传说人物，据古歌描述，是制造芦笙的第一人。

[7] Nplaib Lis：柏理，苗族古代传说人物，据古歌描述，是制造牛皮鼓的第一人。

[8] Zid Yeuf Nzul：孜尤祝，系音译，天神名。

[9] Ngoux Ghens：母笙，指芦笙。

[10] Ndrous Ndrual：公鼓，指牛皮鼓。

[11] Bangf Blox：办理丧事，料理丧事。

[12] Ghenx Huab Lik Hlout：铁芦笙。

[13] Ndrual Huab Lik Nyax Gob：金银鼓。

[14] Ghed：借。

[15] Ghob Hlout：旧铁，铁矿。

[16] Shuad Yix Vangs：刷家的庭院。Shuad是古代族群的族称，音译为“刷”。

[17] Njoux Bob：风箱口。Bob指风箱，冶炼铜铁使用的风箱。

[18] Njoux Taid：铸台，锻铸垫子。

[19] Ngoux Bab：母锛，指锛。

[20] Nyal Ghak Nzhaik：薄又薄，很薄的（东西）。

[21] Ndrof Nzhongs：丢弃在，放置在。Ndrof指丢、放。

[22] Ndrous Douk：公斧，指斧头。

[23] Ndongt Mangx：枫木。

[24] Zid Mual Sod：樟木，也叫香樟树。

[25] Ghenx Denb Lol Ndrual：芦笙的传奇故事。

[26] Jangb Sod：牵线。

[27] Ngoux Bangs：歌，谏言似的歌，意见性的歌。

[28] Muax Lut：有痕迹，有说法，此指有道理。

[29] Muax Lob：有核心，有主题，有要义，此指有中心。

[30] Dles Dleus：哄，引诱，欺骗。

[31] Zheus Jouf Zheus Ghuk：几十几槌。

[32] Hloub：同Zhus，指吊鼓的木杵，即鼓撑木。

扫鼓歌

Ngoux Qeb Ndrual[1]

Ghaib Naf Ghaib Zid Dot Nongt Dot Zhangd

鸡母和鸡父绝种断根

Et jangl leuf ngoux ghenx zid ndrous ndrual nik ngoux ghens zid ndrous ndrual[2] ax,

Jangs leuf ndaox ndis aob xongt nzod ek jangl nzod lik aob xongt ndex ot nat sob ek!

Jangl yad nzent bleul beb hlit let ndox[3] sob let chab ex,

Jangl let nblongx hmangb mol leuf nblongx ndongt lak duax hlangd bod drongb ek.

Zhenf yad zos njuat xongt lik mol ndox sob lik zhous zhek,

Nblongx hmangb mol leuf nblongx ndongt lak duax rens hod hangd shit lak.

Jangl ghaib naf[4] lak duax ndros duas dot nongb ek,

Jangl ghaib zid lal duax ndros duas dot zhangt sob ex?

Jangl lik ndaox ndis mol duax aob xongt nzod ek, jangl nzod lik aob xongt ndex ot,

Jangl yad zos njuat beb hlit mol ndox sob lik chab lak,

Jangl leuf nblongx hmangb mol leuf nblongx ndongt lak duax hlangd bod hangd guas.

Jangl yad zos njuat yangd dis mol ndox shik lik zhous zhek,

Jat nik nblongx hmangb mol leuf nblongx ndongt lak duax rens bod drongb[5] ek.

笙鼓呀笙鼓，
在远古的时候啊！
过了阳春三月，
藤叶和树叶就长满山坡；
到了寒冬腊月，
藤叶和树叶落满山谷。
为何鸡母来绝种，
鸡父来断根？
在远古的时候啊，
时值阳春三月，
藤叶和树叶就长满山谷。
到了寒冬腊月，
藤叶和树叶便落满山坡。

Jangl ghaib naf lak duax ndros duas dot zhangd ek,

Jangl ghaib zid lak duax ndros duas dot nongb?

Jangl yad chuad dout ex ghaib nzhuas[6] nax ib duab dol zhek,

Jat lak renx zix renx ghak loul[7] ek jaox nyaos dout lak dol ghaib nzhuas mol Caox Sib[8].

Jangl nchait renx zix renx ghak loul dout et yad yos dout mol juax dol,

Mol ek mol juax dol nghol yad yangt lox duab lik leul draod nzent drongb,

Jangl yif dol nik lak yad yangt lox duab ghak leul gus mol duax ndros yad nzent hangd,

Nchait chuad dout ghaib ndrual[9] nax it duab dol zhek,

Jangl ghaib ndrual yad yangt zhit dout mol lox duab lik leul draod nzent hangd[10] ek,

Jangl yuad yangt zhit dout lox duab lik leul draod nzent daox sob ek.

为何鸡母要绝种，
鸡父要绝根呀？
还剩下最后一只独鸡仔，
寨老便把独鸡仔带去曹思。
寨老繁衍出九只鸡，
九只长成飞过山头，
八只长大飞过山谷，
剩下祭鼓鸡一只，

它飞不过山头，
也飞不过山坡。

Renx Zix Renx Loul Dleuk Nbet

寨老取名

Jangl lak renx zix renx ghak loul ek yad muab nyaos dout et dol ghaib ndrual jaox lol dik nyaos dout let ngoux ghens[11] plud ek,

Jangl nchait ngoux ghens yad ndraod ndrox duab let ndrenl rox leuf muax rangs ek ngoux ghens yad ndraod ndrox duab let ndrenl.

Jangl ek yad jaox dout dol ghaib ndrual yad mol dik nyaos dout let dex ndrous ndrual nbet[12],

Jat leuf ndrous ndrual yad ndraod ndrox duab let ndrenl ndros leuf muax dluab guas ex.

寨老拿祭鼓鸡为芦笙取名，
芦笙响起有节奏，笙声悠悠有韵律。
拿祭鼓鸡为牛皮鼓取名，
木鼓震颤有共鸣，鼓声阵阵如有影。

Jangl let ngoux ghens zid ndrous ndrual ek jangl yad ndraod ndrox duab let ndrenl lak muax ndos ncet[13] ed.

Jangl dol ngoux ghens zid ndrous ndrual zhek yad ndraod leuf ndrox duab let ndrenl gus yad mol sangt nyaos dout luak yif nad zhed zhongl nyaos nbaox xaof juab nad nil yif lenx ghak lous at yad nghel leuf Yenb Caox mol leuf Yenb Dif Deb[14] guak;

Jangl dol ngoux ghens zid ndrous ndrual ek xongt zhaib ndraod ndrox duab let ndrenl muax ndos nqangt[15],

Nchait ngoux ghens zid ndrous ndrual zhek jangl yad ndraod ndrox duab let ndrenl gus mol sangt nyaos dout las zhed zhongl nyaos nbaox xaof juab nad nil lenx ghak lous nat yad nghel leuf Yenb Caox mol Yenb Dif Dangs[16] nad sob ek.

笙鼓辉映响彻天际有时日，
笙鼓阵阵将逝者送往阴间；
笙鼓辉映响彻天边有时日，
笙鼓悠悠将逝者送往阴间。

Ngoux Hnob Ndrous Hlit Mol Shik Geus

紧追日月永不回

Jangl god zhit qeb blis nyax lol zhit qeb blis ghongb ek,

Zhit qeb blis zhax blis cod[17] ex!

Yad qeb maob qeb nzhangx[18] lol qeb said qeb lol[19] ek,

Qeb drongx nbos muas dail[20] zhek nyaob ndros dex ngoux hnob ndrous hlit mol shik geus[21].

我不清扫财魂亦不清扫粮食源，
不清扫家禽魂啊！
要清扫病痛还要清扫是非和谣言牲畜魂，
清扫祭盆盖面布随着日月到尽头。

Lol Dleuk:
旁释：

Zos nat jeuf muab jed dout khuat chongb jaox mol uat, sangd haik zaik dreud daof ghangb, zhit sangd haik lak souk nyaos dout nghait nat lak.

至此，礼仪程式转交给非本家族的来宾进行。若想让古歌更完整，可接续唱诵，若想至此终止，亦可。

Qenx Chaox[22] Ndex Ghangb

“前朝”前后

Et jangl leuf ngoux ghens zid ndrous ndrual nik ngoux ghens zid ndrous ndrual ex!

Jangl yuad haik dout leuf qenx chaox let dak draod touk ot wuk bex nyenx let dak draod daof ndex sub,

Haik dak ngoux ghenx zhek zhit muax ek,

Haik dak ndrous ndrual lak duax ndros zhit

dout ef.

Uat jangl yad yaos dout leuf qenx chaox let dak draod daof ghangb ek sif bex nyenx[23] let dak draod ghangb lol ek,

Jangl dol ngoux ghenx ndros let muax ek,

Dos ndrous ndrual duax ndros nyaob let zeuf shob lat.

笙鼓啊笙鼓!

话说前朝以前五百年,

芦笙也没有,

牛皮鼓也不见。

话说前朝之后四百年,

芦笙才产生,

牛皮鼓才源起。

Jangl nchait dol ngoux ghenx ndrous ndrual ek yad zeuf vaos duax dout haod dus nad?

Jangl dol ngoux ghenx zid ndrous ndrual zhek yad zeuf raos Mangb send ndox[24] let dak duax draod bel drongb zhek.

Jangl yuad zhit drous ek dol ngoux ghenx zid ndrous ndrual ros zhek,

Jat dol ngoux ghens zid ndrous ndrual zhek yad shot leuf dex duab ghak njuat leuf duax draod bel drongb.

Uat jangl nchait yuad drous leuf ngoux ghens zid ndrous ndrual ros zhek,

Ngoux ghens zid ndrous ndrual ek let ndlous duab lik heud duax draod lol bongb.

芦笙和牛皮鼓源自何处?

那笙鼓呀来自蛮地高山上。

用不到笙鼓的时候,

笙鼓休养生息在山间。

用到笙鼓的时候,

笙鼓才顺流而下到跟前。

Jangl leuf ngoux ghenx zid ndrous ndrual lak duax zeuf haod dus?

Jangs leuf ngoux ghens zid ndrous ndrual zhek zeuf dak Mangb send ndos let dak mol duax draod ndrangl dol ex.

Jangl nchait yuad zhit drous ngoux ghenx zid ndrous ndrual zhek,

Ngoux ghenx yad shot leuf ngoux ghenx zid ndrous ndrual mol leuf dex duab ghak njuat.

Jangl yuad drous leuf ngoux ghenx zid ndrous ndrual ros zhek,

Ngoux ghenx zid ndrous ndrual let ndlous duab lik heud mol duax draod lol bongb draod lol zos shob lat.

芦笙和牛皮鼓源自何方?

那笙鼓呀来自蛮地平原上。

用不到笙鼓的时候,

笙鼓休养生息在平原。

用到笙鼓的时候,

笙鼓才顺流而下来眼前。

Ngoux Ghens Ndrous Ndrual Muax Ndos Ncet
笙鼓响彻天际有时日

Jangl dol ngoux ghenx zid ndrous ndrual ek!

Jangl yad ndraod lox lik ndrenl nad muax ndos ncet et.

Jangl dol ngoux ghenx lol zid ndrous ndrual!

Jangl yad ndraod ndrox duab let ndrenl zhek,

Yad mol sangt nyaos dout las zhed zhongl nyaos nbaox xaof juab nad mol ek nil lenx ghak loul nghel leuf yenb dax[25] mol yenb dif deb ek.

笙鼓啊笙鼓!

笙鼓响彻天际有时日。

笙鼓啊笙鼓!

当那笙歌悠扬鼓点阵阵时,

是来将这家孝子的死者送往阴间喽。

Nenl Zaix Nenl Ndrous Hnob Hlit Shik Jongl Shik Geul

彩马花马与日月相守到岁穷月尽

Jangl dol ngoux ghenx zid ndrous ndrual ek!

Yad ndraod ndrox duab let ndrenl muax ndos nqangt.

Jangl dol ngoux ghenx lol zid ndrous ndrual!

Jangl yad ndraod ndrox duab let ndrenl zhek,

Yad mol sangt nyaos dout las zhed zhongl nyaos nbaox xaof juab nad mol ek nil lenx ghak lous nghel leuf yenb caox mol yenb dif ndrangl[26] nat sob ek!

笙鼓啊笙鼓！

笙鼓响彻天边有时日。

笙鼓啊笙鼓！

当那笙歌悠扬鼓点阵阵时，

是来将这家孝子的死者送往阴间地啊！

Jangl beb zhit ndouk blis nyax lol zhit ndouk blis gob ek,

Zhit ndouk blis ghongb jaox blis longt zhit ndouk blis zhax jaox blis cod,

Jangs yad ndouk maob ndouk nzhangx lol ndouk said ndouk lol ndouk keud yangx keud yus keud zhued keud gol,

Nenl gus zaix nenl gus ndrous[27] dout leuf ngoux hnob mol shit jongl lak ndrous hlit let nat mol shik geul shob lat,

Ngoux ghenx zid ndrous ndrual nik ngoux ghens zid ndrous ndrual!

我们不消除金财魂亦不消除银财魂，

不消除粮魂亦不消除畜禽魂，

我们只肃清病灾和谣言是非，

彩马花马才得以和日月相守到永久，

笙鼓啊笙鼓！

背景介绍

唱诵者： 熊世祥 Sheuf Hmaob (1961—)，男，文山市德厚镇以奈黑村委会凹塘村（Drongb Bangx Chouk）人，18岁开始学芦笙，掌握芦笙和古歌。师从本村的王登高 Lax Shent Wos，师爷系宋元保 Yeuf Zeux Zhangb Gongt。

熊世祥

唱诵场域： 笙鼓立起来后，在仪式性清扫牛皮鼓之时唱诵。

采集整理： 罗永洪、宋平、熊文国、熊兴坛、李富鑫、熊朝兰。

注 释

[1] Ngoux Qeb Ndrual：扫鼓歌。笙鼓立好后，歌师对牛皮鼓进行礼仪性清扫，并唱诵古歌，称扫鼓歌。

[2] Ngoux Ghens Zid Ndrous Ndrual：笙鼓。直译为女笙男鼓。Ngoux指母，女性；Ghens指芦笙；Zid指父，男性；Ndrous指青年男性；Ndrual指牛皮鼓。此中，是为雅称之用，拟人化表述，运用男女性别对仗构词。

[3] Beb Hlik Let Ndox：三月天，阳春三月。

[4] Ghaib Naf：鸡母，鸡的母亲，指鸡种。与之相关的Ghaib Zid指鸡父，鸡的父亲，同指鸡种。

[5] Rens Bod Drongb：飘落满山坡。rens指落，掉，飘落。与之相关的Hlangd Bod Hangd指生长满山冲。

[6] Ghaib Nzhuas：无母的小鸡，独鸡仔。

[7] Renx Zix Renx Ghak Loul：精通习俗礼仪者。Renx即“人”，除去状词ghak，可形成苗语四音格词Renx Zix

Renx Loul。关于zix，有两种猜测，一是zif（家规）的音变；二是与最后一个词loul成词，即zix loul=zux loul，指精通习俗礼仪的族老、寨老。也疑为造人烟之神。

[8] Caox Sib：曹思，系音译，古地名。

[9] Ghaib Ndrual：用于祭鼓的鸡。

[10] Nzent Hangd：过了山冲，过了山谷。

[11] Ngoux Ghens：母笙，指芦笙。

[12] Ndrous Ndrual Nbet：公鼓名，指牛皮鼓的名。

[13] Ncet：响，形容芦笙的优美。

[14] Yenb Caox Yenb Dif Deb：阴曹地府（阴地）。

[15] Nqangt：响，震颤，形容鼓声音大而优美。

[16] Yenb Caox Yenb Dif Drangs：阴曹阴地。

[17] Blis Zhax Blis Cod：畜禽魂魄。Blis Nyax、Blis Ghongb、Blis Zax、Blis Cod等，指银源、粮食源、牲畜源、家禽源。需以汉语词“财源滚滚”中的“源”对这些词进行理解。其中，Blis为“魂”，古歌将生活和物质拟人化，并附加“灵魂”，表源头、来源。

[18] Qeb Maob Qeb Nzhangx：扫除病痛与呻吟。

[19] Qeb Said Qeb Lol：清除蜚短流长，清除流言蜚语。Said Lol、Keud Yangx Keud Yus、Keud Zhued Keud Gol，分别指谣言、流言蜚语、污蔑诋毁。苗族在涉及“清扫”和“开关门”民俗程式中，有较多与此类相关的词语，旨明苗族经历过流言蜚语痛楚，极其忌讳造谣，故出现将“封锁谣言”一事变成仪式性“宣言”的情况。

[20] Dail：盆。这里指用于祭祀装祭食的盆和碟等。

[21] Hlit Geus：月穷之地；月穷岁尽。

[22] Qenx Chaox：前朝。苗族将历史分为“前朝”和“后朝”，一般认为，兄妹造人烟传说是两个“朝代”的分界线，是判断的依据。兄妹造人烟前为“前朝”，兄妹造人烟后为“后朝”。本歌中的Wuk Bex Nyenx（五百年）出现在Qenx Chaox Wuk Bex Nyenx范畴里，即“前朝五百年”的意思。

[23] Sif Bex Nyenx：四百年。此指“前朝”之后，即后朝四百年。Qenx Chaox let dak draod daof ghangb, sif bex nyenx let dak draod ghangb lol：以“兄妹造人烟”这个点为分界线，Qenx Chaox let dak draod daof ghangb（前朝之后）则“后朝”，sif bex nyenx let dak draod ghangb lol（四百年之后）在“前朝之后—后朝”范畴里，即“后朝四百年”。

[24] Mangb Send Ndox：蛮的地方，指地名。Mangb为古代族群的称谓。

[25] Yenb Dax：阴间的平地，阴间的平原。

[26] Yenb Caox Mol Yenb Dif Ndrangl：阴曹地府；阴曹阴坝。Yenb Caox Mol Leuf Yenb Dif Deb、Yenb Caox Mol Yenb Dif Dangs、Yenb Dax Mol Yenb Dif Deb、Yenb Caox Mol Yenb Dif Ndrangl等，同指阴曹地府。至于古歌中的“阴曹阴地、阴曹阴堂、阴坪阴地、阴曹阴坝”四种表达，展现多角度对“阴曹地府”进行描述，应当是对未知进行猜测探索的行为。

[27] Nenl Gus Zaix Nenl Gus Ndrous：彩马花马，寓指灵柩。

起祖歌

Ngoux Qid Zud

Uat at maol maos,

Lob ngoux maol[1] ek jel ngoux,

Uat ak maol leuf let suk yax yus.

Uat nit jangd ax!

Uat jangl yad haik dout ek,

Nax hnob draod mol leuf aob touk it nex,

Yad haik dout ngoux bangs ndrual[2] mex gus chenx zhit zeux dak muax ax.

Uat jangl yaos dout deb qeut nzouf nzas[3] ndax,

Yaos dout leuf nongb zheub lol nongb xongb lak zhit zeux nghel nax ib dred,

Nongb ndongt zhit zeux nghel nax ib zhaob heb ak!

哗啊卯卯，

正是这悲歌，

如猿猴失子般哀号呀。

为何啊！

为何要说道，

在远古的时候，

牛皮鼓也没有。

尽管在潮湿的地方，

芭蕉竹子没有一株，

树木也没有一棵啊！

Uat jangl ek yad haik dout,

Nongb xongb yaos dout dol nongs zeux[4] lol yad mol bof dout dol nongb xongb ghangb,

Yaos dout zeux nongs mol gus hab bof dout let nongb xongb lut[5] heb.

Uat jangl nongs zeux gus hat des yuad njet draod nghel Nzux Nyongs Loul yif let ghouf ghak ndox gus,

Zhek yuad mol bof dol nongb xongb but ngaot nghel Nzux Nyongs Loul yif dex deb ghouf ghak ndox,

Nongb ndongt lol zhek yuad but ngaot Nzux Nyongs Loul yif dex deb ghouf ghak bel.

要这样说道，

竹种被神鸟发现踪影，

树种被神鸟发现踪迹。

神鸟飞到祝牛神的天上，

见到竹种正睡在祝牛的天域边角，

树种也正睡在祝牛的土地上。

Uat jangl jat let nongs zeux lol ek yangt mol bad nzhox ghak ndrenl gus zos njuat Nzux Nyongs Loul yif dex deb ghouf ghak bel,

Uat jangl gus beb yad ntuad dik ntuad dut yenl gus beb yad mol ndet hnob ndet ghak changd heb ax!

Uat jangl ek jat nongs zeux ek lol nyaob gus zhek,

Yaos dout naf sob dout nghel nax ib ndus,

Zos naf juat draod nghel nax ib ndus ed,

Chuab lil nongb xongb nongb ndongt mex gus zeux zhit khud draod nghel duax cix et.

Uat jangl gus nchait nox nongs zeux lol zhek let dex dut lik ghak nded,

Nongs zeux lol ek zhas yangt draod ghangb zhit dout nghel zos ndax ghak deb heb ax!

Dex nongs ghak daof mex gus zhek nchait yad nil dak mol ndet hnob ndet changd lol gus zhek,

Naf sob ek draod nghel nax gus ib ndus ghak zos,

Naf juat draod nghel nax ib ndus chuab ghak chuab!

神鸟展开长翅飞到祝牛的天域上方，

神鸟在那里展开翅膀和尾巴晒太阳啊！

神鸟晒太阳时，

雷声轰隆响，

狂风阵阵吹，

竹种和树种纷纷被吹落带到人间唉。

神鸟那尾巴长哟，

没能带竹种和树种飞回人间来嘿啊！

那神鸟晒太阳时，

雷声隆隆响，

狂风阵阵吹！

Lal yad chuab dout dex nax nongb xongb nongb ndongt mex gus zhek,

Yad zhis heud draod lol gus bongb drout nongs zeux dex nded dik dex nded dut,

Nongs zeux lol zhek yad let drik dreud nongb xongb nongb ndongt mex gus zhek dak lol zos njuat ndax deb.

Uat jangl nongs zeux lol ek mex gus zhas yad nongs zeux lol drik dout nongb xongb nongb ndongt mex gus drik draod lol,

Drik dout nghel nbaox zhongs zheb dout mol dex khaod ghak hangd ak.

吹得竹种和树种呀，

纷纷掉落在神鸟长长的翅膀和尾巴上，

神鸟返回之时便把竹种和树种带到人间唉。

神鸟把竹种树种背回来，

背着去撒向了那山冲。

Uat jangl nongs zeux nongb xongb nyaob zhit bof ghak hlangd,

Nongb ndongt mol lak zhit bof ghak hlob.

Uat jangl yaos dout nax sob draod nghel nax ib ndus dol naf juat draod nghel nax ib ndus.

Juat chuab dout dex daox cix yenl daol nangs mex gus zhek,

Lol nzouf rox raos dout dex nongb xongb ek mex leuf nik jed leuf nik hangd.

Yaos dout dol nongb xongb nil gus zhas yad naf sob ek draod nghel nax ndus ib ghak zos,

Naf ndus juat draod nghel nax chuab ghak chuab!

Zhas yad chuab dout dex ghak nongb xongb nax zis daox cix yenl,

Daol nangs mex gus zhek yad dex leuf ek dluat.

竹种不见发芽，

树种不见生长。

雷声响起狂风阵阵。

风吹满山坡等待雨水的到来，

潮湿的大地唤醒了山谷里的竹种和树种。

竹种和树种被雷声唤醒，

狂风阵阵吹呀吹！

吹得竹林满山坡，

等待着雨水的到来！

Nongb xongb nongb ndongt mex gus zhek haik let zeux duax,

Nongb ndongt mex gus zhek haik zeux ghak hlangd.

Uat jangl ndax deb nens gus zhek yad mol bof dout nongb xongb lol hlob bod jed[6],

Nongb ndongt duax ek lol hlob bod jangs max ak.

Uat jangl yaos dout ndax deb nens gus zhek yad bof ek,

Ndax deb nens nchait yad gheuf raos juax nghait nad yenl gus yif nghait dout mex gus nchait yad mol zaif dout dol ndongt zux ndongt loul,

Mex gus ndod bek ntreud dak nghel chenf lol leuf mex fux yangl chenf ghous dout hout heb ax.

竹种才会发芽，

树种也才会生长。

世间人见到竹种已长大，

树种已长成。

待世间人去发现，

便去选好九截八段古木，

用作祭祀的木材嘿啊。

Uat jangl ek zhas yad muab dout keuk bek ndreud yenl gus beb yad bend chenf dol jangd,[7]

Muab dout dex deud nyox dlangs[8] yenl gus

zhek yad ndud dout ngoux bangs ndrual mex lob rangf,

Ngoux bangs ndrual hab let hot dout nghel ngoux bangs ndrual lob zangx.

Ngoux bangs ndrual mex gus yad zhit yuad zhit dous dout dol ngoux bangs ndrual mex sob ek,

Ngoux bangs ndrual mex blab rox raos yangl gus dout ndax deb ghangb qeut ghak vangx ex.

Uat jangl ek yad muab dout deud nghel nyox dlob[9] ek ngut yax ngut,

Zhaot dout lek ngoux bangs ndrual let leuk dluab.

Ngoux bangs ndrual mex gus zhek yad ngut[10] rox raos ek dout ngouf yenl ndax deb nens gus zhed.

Yad yuad zhit dout ngoux bangs ndrual mex ros ghak zhes,

Yad dak dout dol ngoux bangs ndrual mex gus zhek yad dlait rox raos drout ngoux bangs ndrual let ndax deb yenl gus zeub lox ghangb qud ghak zhed.

Yuad drous dout ngoux bangs ndrual mex ros lik jangd ak,

Ngoux bangs ndrual mex gus zhas yad ndraod rox ros yenl gus dout cuat zox njoux leuf ghak ged sheud leuf sob yax yus!

拿木材来搭起牛皮鼓的支架，
拿黄牛皮来制成牛皮鼓的样式，
才能把牛皮鼓来敲响。
牛皮鼓不再无处可寻，
它已悄悄躲在人们的屋檐下。
拿来黑牛皮绷鼓，
制作成牛皮鼓的样子。
牛皮鼓才悄悄藏在人们的房屋里。
用不到牛皮鼓的时候，
牛皮鼓就悬挂收藏在人们的屋檐下。
用到牛皮鼓的时候，
牛皮鼓会咚咚响彻每个路口呀！

Uat let jangd ax!

Uat jangl ek haik dout dol nongb xongb gus mex zhek ax,

Nongb ndongt mex gus zhek yad duax but ghak jex heb ax.

Uat jangl dak ndax deb nens gus bend lenx dob zeux ex gus zeux ax,

Ndax deb nens gus zeux yad mol zaif bek ndreud draod nghel ndox lol zos zhed,

Ndax deb nens gus zeux yad mol hlaik raos[11] gus zhek yad dul rox raos yenl gus bend chenx lol dout.

为何呀！
竹种和树种啊，
还睡在那里嘿，
是人间那能工巧匠，
去砍来竹木放到家中，
经过削制便造成用具。

Uat jangl gus zhek yad muab dout dol nongb xongb yenl gus zheb nad hlaik mol bek ntreud dout mex aob yangl[12],

Zhes yad hlaik puat ntreud dout draod nghel duax ib ndrangb mak ik.

Uat jangl ndax deb yenl gus zeux[13] yad muab dout dongx dlangx[14] yenl gus dongx dleub mex gus zhas yad sheud lol gus zeuf,

Ad muab dout lol gus nchait yad ndouk rox raos gus nyaob zhas dend chenx leuf ib dlaif.

Uat jangl hlaik nchox ncik nchait draod nghel chenx lol ek let nblais[15] gus beb yad nggangb nyaos gus draod duax dout leuf xongb mex.

Uat jangl gus zhas yad nggangb[16] rox raos yenl gus dout draod leuf mol lol dout uat chenx ib dol ghenx.

Uat jangl gus zhas yad muab dout ndax deb nens gus zeux,

Yuad zhit drous dout dol ngoux ghenx mex laif ros lak zhes.

Uat jangl ndax deb yenl gus zeux yuad dout dol ngoux ghenx mex ros[17] ad zaif ndax deb nens gus yad mol muab dout ngoux ghenx yenl gus zhek,

Ndlad rox raos gus dout ndax deb yenl gus zeux lob ndraos ghak zhed.

Ndax deb nens gus zeux yad yuad dout ngoux ghenx mex ros,

Ngoux ghenx yenl gus zhas yad sheud zox ndrenl mol gus yad faib deuf ghak ged heb ax.

把竹子砍来断开成两截，

又从竹段中间劈开。

能者拿起黄铜白铜来铸造，

通过不断打磨成一块块铜片。

铜片被不断切割制成簧舌，

又配上一根根竹管。

簧舌配竹管形成一把芦笙。

世间那些能者们，

用不到芦笙时便把它放置到一边；

用到芦笙时便把芦笙请到屋里。

世间能者们需要笙鼓动呀，

笙曲响起将引出亘古规矩习俗来呀。

Uat jangl gus zhek,

Yad yuad zhit drous dout dol ngoux ghenx mex ros lak zhes,

Yad dout dol ngoux ghenx mex ros yad muab dlait rox raos gus dout lob ndraos ghak blangs.

Uat jangl gus zhek ngoux ghens zhas yad ndraod vux vus dout bloub jous yif zox njoux ghak gangb heb ax.

Uat jangl yaos dout dol ngoux ghenx ek ndraod vux vus yenl gus bloub jous yif zox njoux ghak ged sheud let suk yax yus ek!

世间的人们呀，

用不到芦笙时便把它放在一旁，

用到芦笙时便把它挂在正堂里。

芦笙曲悠扬响起，萦绕在四十八个路口啊。

芦笙曲婉转响着，盘旋在四十八个道口呀！

Uat let jangd ax!

Uat jangl ndax deb nens gus zeux yad muax duab nens gus zeux nat zhek yaos dout lenx dus gus yad bof dout dol ngoux ghenx leuf nik dluab?

Yaos dout dol zeux said[18] mol shik nzongs!

Mex gus gab yad boub lenx zeux ghenx yenl gus nit dat?

Muax nenb duas zhek zhas yad yaos dout nghangb raos mol gus houd raol zhek,

Zhas yad hot dout lenx dob zeux lil mol gus zhek yad draod duax chod dout naf lenx ngoux bos mex zhas mol juas ghak luas[19].

Uat jangl zhas muax nens blox zhas yad njet raos ghangb rex houd raol[20],

Zhas yad mol hot dout lenx dob zeux ek nil gus zhas yad chod ghenx ndraod ndrenl gus zhas mol sangt sob bos mex gus sheud mol juas ghak yeuf!

为何啊！

是哪个见过芦笙的身影？

是精通礼仪的祭师矣！

你们可知有位芦笙能手？

有人逝去，是村头寨尾的人们，

请来能手吹响指引死者去和祖先做伴。

有人逝去，是邻里乡亲，

请来能手吹响芦笙指引逝者去见祖先！

Uat jangl haik dout dol bangx maol yenl gus zhas yad zeux dangl mol let zhit zeux souk[21],

Souk mol lol zhek souk shit souk drout dlaif nghel deud nyox nghel ghak caot.

Uat jangl ral nat yad dlend bual god ngeuf zid ghenx lol ek,

Mex yad draod dangl rangx ghenx yenl gus zhas yad nak dout ndax deb yenl gus zox ged blox lol zox ged duas mol lol zhit guas ndaot[22] zhed.

Haik dout dol dangf shik zeux dangl lol nyaob zhit zeux souk ax,

Souk zhit muax ndeud[23] ghak shangf ek,

Souk dangl ntreud drout dlaif deud nghel nyox

nghaix dlob.

Uat jangl gus zhas yad dlend bual[24] dout ngeuf zid ndrual,

Mex gus zhas yad draod dangl mex ndrual yenl gus zhas yad souk ndrual yenl gus nak dout ndax deb yenl gus nad zox ged blox ged duas mol lak zhit guas ndut[25] leuf let sob yax yus ek!

悲歌一唱难收尾，
只有那灰牛皮鼓来收尾。
只会哄我两个芦笙师吹完一曲又一曲，
阻断那死亡之事让它不再有。
悲歌一唱难结束，
结束了无痕迹，
只有那黑牛皮鼓来结束。
我两个鼓师敲完一调又一调，
鼓曲将止住那死亡之路不再现！

背景介绍

马忠云

唱诵者：马忠云 Laok Sangt Rangs（1969— ），男，文山市薄竹镇落水洞村委会大平地村人，擅长婚丧古歌。

唱诵场域：在仪式性清扫牛皮鼓时唱诵。

采集整理：罗永洪、黄英、熊文国、杨维发、侯文涛、杨宏应。

注释

[1] Ngoux Maol：悲歌，是苗族古歌较固定的一种用语和起调，一般只在丧葬场合唱。其他场合则不能唱。有的起调唱作Maol Maol Nblax和Maol Maol Del Nblax。苗族古歌中说起的Ngoux Maol概念来源于“远古人类模仿Maol Hlob人猿”的悲哭声音（见此书中罗正荣《Ngoux Maol Maol Maol Del Nblax古歌之“卯卯嘚啪”的来源》）。然而，广大诵唱者均不知其来源，或者说人们对“Ngoux Maol”说不清道不明，是因为其失久矣，今在文山市地域苗族乡野重拾起来，难能可贵。籍于此，供参考，以期不再沦落埋没。

[2] Ngoux Bangs：歌，谏言式的歌，意见性的歌，拷问式的歌。Bangs的组词有Njex Bangs（谤木），即花杆，Bangs Npaot、Vod Bangs（盖被子）等。此取“谤木”之“谤”意，即建议、意见、谏言等意。谤木：相传尧舜时于交通要道竖立木柱，让人在上面写谏言，称“谤木”，指广开言路，听取各方意见。今演变成华表。典出《淮南子》卷九《主术训》，《后汉书》卷五十四《杨震传》亦有记载。Ngoux Bangs Ndrual大体可以理解拷问式的鼓歌。

[3] Nzouf Nzas：滋润，润泽，潮湿。

[4] Nongs Zeux：一种神鸟名。关于此神鸟的记录，在文山市其他地方有“Nongs Zix Nongs Draos和Nongs Zix Nongs Baos”之说。

[5] Lut：踪迹，痕迹。

[6] Hlob Bod Jed：长成，长大。

[7] Chenf Dol Jangd：成木干，即做成整木。Jangd指树干、整木等意，其在《文山苗族迁徙史诗》中有Jangd Dlex（桥）之说。

[8] Deud Nyox Dlangs：黄牛皮。

[9] Deud Nghol Nyox Dlob：黑牛皮。

[10] Ngut：箍。

[11] Hlaik Raos：快速地削。

[12] Aob Yangl：两截，两段。

[13] Zeux：能，会。此指能者，聪慧者，是Dob Zeux Dob Ngas的省略说法。

[14] Dongx Dlangx：黄铜。

[15] Nblais：簧舌，簧片，铜片制成的簧舌簧片。

[16] Nggangb：安装，安放。

[17] Ngoux Ghenx Mex Ros：芦笙之力。

[18] Said：信息，消息。

[19] Ghak Luas：与之同伴，与之齐，与之聚会，与之一样。

[20] Ghangb Rex Houd Raol：村头村尾。

[21] Souk：结束，收尾。

[22] Zhit Guas Ndaot：不在出现（死亡）。

[23] Zhit Muax Ndeud：没有书。Ndeud指书和典。

[24] Dlend Bual：哄骗，欺骗。

[25] Zhit Guas Ndut：不再出现（死亡），不再发生（死亡）。Ndut指发生，产生，垮，爆发。

扫堂歌

Ngoux Qeb Blangs

Nenb loul souk souk soud soud ib shob ek,

Nenb hab deb nat nzhif lik laos hab deb nat nzhif lik vongs,

Hab deb nat lob ndox dangl shob let!

Zhouk dout leuf ghak zhit jed lol nyaob?

Zhouk dout Mof Dlangb Jed Dongx[1] jed lol nyaob,

Zhouk dout leuf ghak zhit jed lol zongl?

Zhouk dout yeuf lik zid[2] jed lol zongl shob ek end yot nek!

长者长睡不醒似乎已经故去，

人与地紧紧相连挤压在一起，

世间万物相混似乎将完结了！

如此黝黑是谁来栖身？

是铜身神魔可存在，

这般黑暗是谁来栖息？

是逝者来栖息嗯哟呢！

Jangl leuf dangd nad shob ek,

Gangx ndos dangs gis gangx hak,

Sangb ndox dangs gis nzod nad shob ek!

Yeuf lik zid nad muab blual chaik uat naox dangl,

Yeuf lik zid nad yad nbangx ghongb lik longt draod ndrangl dax ndrangl let dol[3],

Uat zos lob ndox zhouk lik njab,

Lob deb zhouk lik njud nat shob ek,

Yeuf lik zid nad let nghol drox[4] lik jenb draod lol zhed shob ek.

时至今日，

清晨天已明，

清早天已亮啊！

长者把早饭吃完，

他要到田野上去栽种庄稼，

干活干到天黑尽，

地黑完，

长者才迈步回家。

Yeuf lik zid nad muab blual hmaot uat naox dangl,

Yeuf lik zid nad yad but zos lob ndox ndrangb hmaot,

Uat dout zox dlangb nbout shuad[5] drangs tlox tlend[6] nat zox dlangb nbout njongt shob ek,

Yeuf lik zid nad zhangd nox lik zhit duax ndros zhit bof huak,

Yad bof dout naf ngeuf dlangb box nzongs[7] yangt lox zhit yangt langs,

Yangt lox langs zheuk pluad[8] mol dex houd muas njongt shob ek.

Yeuf lik zid nad lob njoux zhit haik lob shab xangd lox langs:

Nchait yeuf lik zid nad zox ged blox nyaob zhit dleb,

Zox ged duas nyaob zhit dlangd shob ek end yok nek!

长者把晚饭吃完，

睡到半夜三更，

他做了个梦惊醒在枕边，

他什么也没看见，

只看见一对“老变婆”飞来飞去，

落在枕头旁。

长者嘴上不说心里却想着：

恐怕他的命将不久，

死亡之路也将来啦！

Jangl let dangd nad shob ek,

Jangl gangx ndos dangs gis gangx huak,

Sangb ndox dangs gis nzod nad shob ek,

Yeuf lik zid nad yad muab blual chaik uat naox

dangl,

Yeuf lik zid nad yad nbangx ghangd lik longt draod ndrangl dax ndrangl let drongb ek,

Yeuf lik zid nad uat zos lob ndox zhouk lik njab,

Lob deb zhouk let njud nad shob ek,

Yeuf lik zid nad let nghol drox let xangd draod lol zhed shob ek.

Yeuf lik zid nad muab blual hmaot uat naox dangl,

Yeuf lik zid nad but zos lob ndox ndrangb hmaot,

Uat dout zox dlangb nbout shuad drangs tlox tlend mol zox dlangb nbout njongt shob ek,

Yeuf lik zid nad zhangd nox lik zhit duax ndros zhit bof huak,

Yad bof dout naf ngeuf dlangb box nzongs yangt lox duab langs zheuk pluad mol dex houd muas reb shob ek.

Yeuf lik zid nad lob njoux zhit haik lob shab sangd lox langs:

Nchait yeuf lik zid nad zox ged blox nyaob zhit dlangd,

Zox ged duas nyaob zhit dleb shob leuf end yok nek.

Suk let ngoux shik end shik let maos[9] luas!

时至今日呀，

清晨天已明，

清早天已亮，

长者把早饭吃完，

他要到山上栽种庄稼，

干活干到天黑完，

地黑尽，

长者才起步回家。

长者把晚饭吃完，

他睡到半夜三更，

做了个梦惊醒在枕边，

他什么也没看见，

只见两个“老变婆”飘飞着停落在岩头。

长者嘴上不说心里却想道：

恐怕他离死不远了，

自己的时间也不多了，

悲歌古歌由这起啊！

Nenx lous souk souk lob soud souk ib shob ek,

Nenb hab dex nad nzhif lik laos hab deb nad nzhif lis vous,

Hab deb nad lob ndox dangl shob leuf!

Zhouk dout leuf ghak zhit jed lol nyaob?

Zhouk dout Mof Dlangb Jed Dongx jed lol nyaob shob ek.

Zhouk dout leuf ghak zhit jed lol zongl?

Zhouk dout yeuf lik zid jed lol zongl shob ek end yok nek!

长者长睡不醒似乎已经故去，

人与地紧紧相连挤压在一起，

世间万物混为一体似乎已经结束了！

如此黑暗是谁来栖居？

是铜身神魔来栖居，

这般黑暗是谁来栖息？

是逝者来栖息嗯哟呢！

Jangl leuf dangd nad shob ek,

Gangx ndos dangs gis gangx huak,

Sangb ndox dangs gis nzod nad shob ek!

Yeuf lik zid nad muab blual chaik uat naox dangl,

Yeuf lik zid nad yad haik dout yeuf lik zid lenx dob dak:

Nchait yeuf lik zid zox dlangb nbout shuad duax ndros uat tluad shob ek,

Zox dlangb nbout ndlob[10] duax ndros uat hlob ek.

时至今日呀，

清晨天已亮，

清早天已明啊！

长者把早饭吃完，

他对儿子说道：
我那噩梦做得让我生厌，
噩梦做得越来越多。

Nchait gaox zhit keuk del loux duad nyaos xangb,

Del nangs duad nyaos ndeud jaox mol ntrad dout zid nenb jaox zid yais[11] shaib shob ek!

Yeuf lik zid nad lenx dob del loux[12] let duad nyaos xangb,

Del nangs let duad nyaos ndeud jaox mol ntrad dout zid nenb jaox zid yais shaib shob ek.

Zid nenb jaox zid yais yad muab dout jab ndangb[13] nquad raos duax ndruab job[14],

Jab ndangb duax ndros zhit gob shob ek,

Muab xangb traik raos duax shout tangx[15] huak,

Xangb duax ndros gob zhit gangx ek.

要不你左手拿香，
右手拿纸钱去找傩师巫师看看卦呀！
长者儿子才左手拿香，
右手拿纸钱便去找傩师巫师查。
傩师巫师把岩峰蜡倒入火塘，
岩峰蜡点不着，
把香插在巫坛之上，
香燃不明也烧不尽。

Zid nenb jaox zid yais yad haik dout yeuf lik zid nad lenx dob dak:

Ras nat jek nchait gaox zid zeux ngenl ndros zhit zeux nghuas shob lak,

Zeux maob ndros zhit zeux rongt jek!

Gaox zhit gad nghol drox lik xenb draod mol zhed,

Hot dout naf ngeuf zid ghenx duax uat dout gaox zid ib hmaot zhenx huak,

Hot dout naf ngeuf zid ndrual duax uat dout gaox zid ib hmaot luas shob ek end yok nek!

傩师巫师告诉长者的儿子：
此次你父亲生病恐怕不会康复，
得了病恐怕将不再痊愈啊！
你要赶快回家去，
请来芦笙师帮你父亲打理后事，
邀来鼓师陪伴你父亲一晚！

Jangl leuf dangd nad shob ek,

Gangx ndos dangs gis gangx huak,

Sangb ndox dangs gis nzod nat shob ek!

Jangl yeuf lik zid nad lenx dob let nghol drox lik jenb draod lol zhed shob ek,

Shaib dout yeuf lik zid nad yad uat maob ndrongt kox kaot[16] duax ndruab job,

Yad shaib dout yeuf lik zid nad yad duas nzend del[17] lox las lol daol dout yeuf lik zid nad dol ghaib hot hnob[18] shob leut.

Jangl yeuf lik zid nad lenx dob let nghol drox lik qenb draod lol zhed,

Shaib dout yeuf lik zid nad uat maob ndrongs kox kaot duax ndruab dangs,

Lenx dob yad shaib dout yeuf lik zid nad yad duas nzend des lox las lol daol dout yeuf lik zid nad dol ghaib hlait nyangs [19]shob leut.

时至今日呀，
清晨天已明，
清早天已亮啊！
儿子急匆匆回到家中，
见见长者命若游丝在火塘边，
横卧堂中好似在等待那只唤日鸡。
儿子慌忙回到家里，
只见长者病痛呻吟在堂上，
横躺屋里得到了那只祭祀鸡。

Jangl yeuf lik zid nad lenx dob let nghol drox lik yenb draod lol zhed shob ek,

Shaib dout yeuf lik zid nad yad uat maob ndrongt kox kaot duax ndruab job ek,

Yeuf lik zid duas ndruab zangx huak,

Yeuf lik zid lenx dob yad shaib dout yeuf lik zid nad yad duas nzend del lox las lol daol dout yeuf lik zid nad ngeuf kout mangx[20] huak end yok nek,

Suk let ngoux shik end suk let maos luas!

儿子急忙返回到家中，

看到长者命若游丝火塘边，

长者归世在床上，

儿子为故去长者穿上麻布鞋哟，

悲歌古歌缘于此啊！

Nenb souk souk lol soud soud ib shob ek,

Nenb hab deb nad nzhif lik laos hab deb nad nzhif lik vongs,

Hab deb nad lob ndox dangs shob leut!

Zhouk dout leuf ghak zhit jed lol nyaob?

Zhouk dout Mof Dlangb Jed Dongx lol nyaob,

Zhouk dout leuf ghak zhit jed lol zongl?

Zhouk dout yeuf lik zid jed lol zongl shob leut!

长者长睡不醒似乎已经故去，

人与地紧紧相连挤压在一起，

天地黑暗混为一体似乎彻底结束了！

这般黑暗是谁来栖身？

是铜身神魔来栖身，

如此幽暗是谁来栖息？

是那去世的长者来栖息！

Jangl leuf dangd nad shob ek,

Jangl ek yeuf lik zid nad ndros blox ghous jenb duas dangl shob ek,

Yeuf lik zid nad lenx dob lenx gid yad muab dout yeuf lik zid nad ndif[21] dout lob rangf nzas ghak yend duax draod yaos chab shob ek.

Jangl leuf dangd nad shob ek,

Yeuf lik zid nad ndros blox ghous jenb duas dangl,

Yeuf lik zid nad lenx gud lenx dix yad muab dout yeuf lik zid nad ndif raos Nzux Shik lik Nyongs fuf hleb jab[22] shob ek end yok nek!

时至今日啊，

长者已经归世，

他的儿孙把他装扮得焕然一新。

时至今日啊，

长者已辞世归西，

亲友们把他入殓在祝牛的那副杉木棺材里嗯哟呢！

Jangl leuf dangd nad shob ek,

Jangl yeuf lik zid nad ndros blox ghous jenb duas dangl,

Jangl yeuf lik zid nad lenx dob lenx gid yad muab dout yeuf lik zid nad ndif dout lob rangf nzas ghak yend duax draod yaos rongt shob ek,

Jangl yeuf lik zid nad lenx gud lenx dix yad muab dout yeuf lik zid nad ndif raos Nzux Shik lik Nyongs fuf hlek ndongt[23] shob leuf end yok nek!

Suk let ngoux shik end suk let maos luas!

时至今日啊，

长者已辞世归西，

儿孙们将他打扮换新容，

亲人们把他入殓在祝牛的木棺材里呀嗯哟呢！

悲歌古歌缘于这啊！

Nenb souk souk lol soud soud ib shob ek,

Nenb hab deb nad nzhif lik laos hab deb nad nzhif lik vongs shob leut,

Hab ded nad lob ndox dangl shob ek!

Jangl leuf zhouk dout leuf ghak zhit jed lol nyaob?

Zhouk dout Mof Dlangb Jed Dongx jed lol nyaob,

Zhouk dout leuf ghak zhit jed lol zongl?

Zhouk dout yeuf lik zid jed lol zongl shob ek end yok nek!

长者长睡不醒已经故去，
人与地紧紧相连挤压在一起，
世间万物混为一体似乎要彻底结束了！
这般黑暗是谁来栖身？
是铜身神魔来来栖身，
如此黝黑是谁人来安身？
是那去世长者来安身嗯哟呢！

Jangl leuf dangd nad shob ek,

Jangl yeuf lik zid nad ndros blox ghous jenb duas dangl,

Yeuf lik zid nad lenx dob lenx gid yad dous ged rex mol hot dout naf ngeuf zid ghenx huak,

Dous ged raos mol hot dout naf ngeuf zid ndrual shob ek.

Zid ghenx ndros duax zos,

Zid ghenx yad keuk ngouk[24] ghenx chod lox langs ndros leuf muax nbet shob leut,

Zid ndrual ndros duax zos,

Zid ndrual yad keuk ngouk naf ngeuf mof dlangb jes ghuk[25] kaob ndraod ndrox ndrenl dlaif deud nyox caot[26] shob ek,

Ghenx ndrual yad ndraod ncent ndrox ndrenl draod teuf hnob duax mol draod teuf hmaot shob leut.

Jangl leuf dangd nad shob ek,

Jangl yeuf lik zid nad ndros blox ghous jenb duas dangl shob leuf ek,

Yeuf lik zid nad lenx dob lenx gid dous ged raos mol hot dout naf ngeuf zid ndrual shob ek,

Dous ged rex mol hot dout naf ngeuf zid ghenx huak.

时至今日啊，
长者已辞世归西，
儿孙们去邻村寨中请来芦笙师，
去邻寨中请来鼓师。
芦笙师赶来，
拿起芦笙吹起曲调来有名分，
鼓师请到家，
要拿起那对鼓槌敲那牛皮鼓咚咚响，
笙辞悠扬鼓点阵阵响彻日日夜夜不停息。
时至今日啊，
长者已辞世归西，
儿孙们走村串寨请来鼓师，
去邻村请来芦笙师。

Zid ndrual ndros duax zos,

Zid ndrual yad keuk ngouk ngeuf mof dlangb jes ghuk kaob ndraod ndrox ndrenl[27] dlaif deud nyox caot shob leut,

Ghenx ndrual yad ndraod nqangt ndrox ndrongs draod teuf hnob duax draod teuf hmaot shob leut!

Jangl leuf dangd nad shob ek,

Zos luak jaix luak naox chaik shob ek,

Jangl beb nyongs lak yad drout leuf dex chaik shob leuf,

Jangl khuat chongb khuat gol muab blual chaik ndros naox dangl,

Khuat chongb khuat gol yad nghol drox lik qenb draod mol zhed dot dout luak dex zhax huak.

鼓师来到家，
拿起那对鼓槌敲那牛皮鼓，
鼓点震颤笙辞悠悠响彻日夜！
此时此刻啊，
是别人吃早饭的时候，
也是我们吃早饭的时间，
亲朋好友们吃完这顿早饭，
亲朋好友将回家打理自己的牲畜。

Yeuf lik zid nad naox zhit dous houk zhit dous jek,

Yeuf lik zid nad muab blual chaik ndros naox dangl,

Yeuf lik zid mol dot zhit dous dex zhax huak,

Yeuf lik zid nad yad ghet nzhex ghet muas[28] ndros dout ndongt mangx ndongt tod ndlob[29] draod teuf nax shob leut.

Jangl zos luak jaix luak naox chaik shob ek,

Jangl beb nyongs lak drout leuf dex chaik shob ek,

Jangl let khuat chongb khuat gol yad muab blual chaik ndros naox dangl,

Khuat chongb khuat gol yad nghol drox lik yenb draod mol zhed dot dout luak let zhax cot shob ek.

逝者你吃不了喝不下啊，

等这顿早饭吃完，

逝者你也照料不了你的牲畜，

你耳目紧闭将与那棺木同睡。

到别人吃早饭的时间，

也到我们吃早饭的时候，

亲朋好友们把早饭吃完，

亲朋好友将回家照看各自的家禽。

Jangl yeuf lik zid nad ndros naox zhit dous houk zhit dous jek,

Yeuf lik zid nad yad muab blual chaik ndros naox dangl,

Yeuf lik zid nad yad mol dot zhit dous dex zhax dex cod shob ek.

Yeuf lik zid nad yad mol ndros dout ndongt mangx ndongt tod ndlod draod teuf nax ndros draod teuf xongt shob leut.

Jangl leuf dangd nad shob ek,

God zid ngoux zhit dluad[30] leuf gaox zid ghenx jed shob ek,

Gaox draod gaox ghenx lox laos draod leuf njex ndrual.

Jangl leuf yeuf lik zid nad muab blual chaik ndros naox dangl,

Yeuf lik zid nad zaox zhit juas shob ek.

逝者吃不下喝不了啊，

等这餐早饭吃完，

逝者你也打理不了自己的家禽。

你耳目紧闭将伴随那棺木同眠。

现在啊，

我歌师掩不了你芦笙师身，

你要赶紧收起芦笙回了鼓。

逝者吃完这顿饭，

逝者才跟不上。

God zid ngoux zhit dluad leuf gaox zid ghenx jed shob ek,

Gaox draod gaox ghenx lox laos draod leuf njex koub,

Yeuf lik zid nad muab blual chaik ndros naox dangl,

Yeuf lik zid nad ndros zhit boub shob leut end yok nek!

Shik ngoux shik end let maos dangl!

我歌师掩不住你芦笙师身，

你要赶紧收起芦笙回了鼓，

逝者吃罢这顿饭，

逝者也不知道啊嗯哟呢！

悲歌凄凄已唱完！

Njoux Haik:

道白：

Angd... Zid ghenx, god zid ngoux zhit dluad leuf gaox zid ghenx jed jek, angd gaox draod ghenx lox lal draod leuf njex ndrual ek, nil yeuf lik zid muab blual chaik naox dangl jek, nil zaox zhit juas lak lal zid ghenx!

God zid ngoux zhit dluad leuf gaox zid ghenx jed jek, gaox draod ghenx lox las draod leuf njex koub ek, nil yeuf lik zid muab blual chaik naox dangl jek, nil yeuf lik zid ndros zhit boub ek.

Ad... Zid ghenx, ras nat jek, khud ib lob ghet

drout gaox ek, gaox jaox mol naox ek, muax ib dol nyaob ndrangl ghangb drongb ek, shuab lox shik songb ek, nil hax zhenf yad mol leuf ib naf zuat ged nat lak zid ghenx!

啊……芦笙师，我歌师掩不了你芦笙师身呀，你要收起芦笙回鼓柱，逝者吃完这顿早饭，逝者才跟不上你芦笙师！

我歌师盖不过你芦笙师身，你要收起芦笙回鼓柱，逝者吃完这顿早饭，逝者才不知道啊。

啊……芦笙师，这次呀，包一个鸡蛋给你呀，你拿去吃时，还有一个人在那山脚下哭泣，他还有一段很远的路程要走呀芦笙师！

背景介绍

马顺祥

唱诵者：马顺祥 Zhangd Guangb Rangs（1955— ），男，文山市新平街道里布嘎社区团田居民小组人，掌握苗族婚丧习俗。9岁时师从柳井乡下藤子冲村杨廷福 Shoud Baod Yeus（1946— ）。

唱诵场域：丧葬程式古歌，在指路完成后吹扫堂芦笙时与笙曲交叉搭配使用。

采集整理：罗永洪、熊兴坛、候万苹、黄英、熊文国。

注 释

[1] Mof Dlangb Jed Dongx：铜身神魔，音译为“魔丹吉铜”，传说中的神名。
[2] Yeuf Lik Zid：老者，这里指男性逝者。
[3] Ndrangl Dax Ndrangl Dol：平坝，坝子。
[4] Nghol Drox：迈步，拉开步子。
[5] Zox Dlangb Nbout Shuad：梦。
[6] Drangs Tlox Tlend：惊醒。
[7] Dlangb Box Nzongs：老变婆，一种鬼的称谓。
[8] Zheuk Pluad：着落，栖息。
[9] Ngoux Shik End Suk Let Maos：悲歌，是苗族古歌较固定的一种用语和起调，一般只在丧葬场合运用。其他场合则不能唱。有的起调唱作Maol Maol Nblax和Maol Maol Del Nblax。苗族古歌中说起的Ngoux Maol概念来源于“远古人类模仿Maol Hlob人猿”的悲哭声音（见此书中罗正荣《Ngoux Maol Maol Maol Del Nblax古歌之“卯卯嘚啪”的来源》）。然而，广大诵唱者均不知其来源，或者说人们对“Ngoux Maol”说不清道不明，是因为其失久矣，今在文山市地域苗族乡野重拾起来，难能可贵。籍于此，供参考，以期不再沦落埋没。
[10] Nbout Ndlob：梦。与Nbout Shuad同。
[11] Zid Nenb Jaox Zid Yais：傩师和巫师。
[12] Del Loux：左手。与之相对的是Del Nangs（右手）。
[13] Jab Ndangb：岩峰蜡。Jab指蜡，Ndangb指岩峰。
[14] Ndruab Job：火塘中，火坑里。
[15] Shout Tangx：巫堂之上。
[16] Uat Maob Ndrongt Kox Kaot：因病痛折磨而步履蹒跚艰难的样子。
[17] Duas Nzend Del：死后仰卧的样子。
[18] Ghaib Hot Hnob：唤日鸡，即苗族传说中喊太阳出来的公鸡。此指为逝者祭祀专用的鸡。
[19] Ghaib Hlait Nyangs：祭祀逝者的专用鸡祭食。
[20] Kout Mangx：麻布鞋。
[21] Ndif：装扮，打扮。
[22] Fuf Hlek Jab：杉木做成的棺材。Hlek意思不明，因口音之别，疑为Let。
[23] Fuf Hlek Ndongt:木制棺材。Hlek意思不明，因口音之别，疑为Let。
[24] Keuk Ngouk：捡起。
[25] Mof Dlangb Jes Ghuk：鼓棒，鼓槌。
[26] Nyox Caot：白牛，白色的牛。
[27] Ndraod Ndrox Ndrenl：震颤响起。
[28] Ghet Nzhex Ghet Muas：耳目紧闭。
[29] Ndlob：睡，沉睡。
[30] Zhit Dluad：不超过，盖不完，掩盖不了。

扶灵歌

Zhangt Ghoud

扶灵歌

Ngoux Zhangt Ghoud

Ndox Deb Nzhif Lis Vongs

天地紧相连

Nenb lous souk souk soud lol ib shob lok.

Jat nens hab deb yad nzhif[1] dout let lat ek,

Zhouk ndox nzhis duab lik vongl,

Nens hab deb yuad zhouk leuf gus lob ndox dangs shob lok end yuat nent[2]!

Jat ek zhaot dout lik zif jed lol nyaob ek,

Zhaot dout leuf gus nus[3] Box Lik Naf jed lol nyaob,

Lol yeuk dout lit zif jed lob drongx,

Yeuk dout leuf gus nus Box Lik Naf[4] jed lob drongx shob lok end yuat nent!

长者寿终，生命似乎就此结束。

人和地紧紧相连，

天黑得伸手不见五指，

人和地混为一体似乎要灭亡嗯哟呢！

要让什么人来居住，

让逝者博理娜来居住，

让博理娜收走生前过往，

收走她生前的一切呢！

Jat nus Box Lik Naf yuad but let gaot lob zangx zhis zangx caik[5],

Dout guas nus Box Lik Naf yuad but zos ndox nzhis dex ghak ndrangb lik hmaot ek.

Deb nzhis dex ghak ndrangb nyongs ek,

Nus Box Lik Naf yad uat dout leuf gus nus drongx dlangb dout nbout shuad[6] ndros lux njoux[7] shob lok.

Jat ek nus Box Lik Naf yuad but let gaot lob zangx zhis zangx caik,

Beb guas nus Box Lik Naf yuad but zos ndox nzhis dex ghak ndrangb lik hmaot ek,

Deb nzhis dex ghak ndrangb nyongl,

Nil Box Lik Naf yad uat dout nus drongx dlangb dout nbout shuad ndros lux del shob lok.

End yuat nent!

Shit nik ngoux gud shit lis maol lol shob let!

博理娜沉睡在竹床上，

睡到半夜三更。

大地黑沉沉，

博理娜梦到她的嘴将腐烂。

博理娜沉睡竹床上，

睡到半夜三更，

大地黑沉沉，

博理娜梦到她的手将腐烂。

嗯哟呢！

似乎是哀歌伴黑夜呀！

Zhof Maob Nbeuk

患疟疾

Jat nus Box Lik Naf zhos yuad juax hnob lol uat nbeuk[8] nzhangx ngouf yud[9],

Nil duas dangl zhos uat nbeuk nzongt nus juax hnob lol jed lak nzhangx ghuax yud,

Nil duas dangl houd langd njongt[10] shob lok,

Jat ek nil Box Lik Naf zhof maob ek nil Box Lik Naf yuad dot bangt lik ntraot draod nghait njoux shob lok.

Jat ek nil Box Lik Naf ek yuad juax hnob lol uat nbeuk nzhangx ghuax yud,

Nil duas dangl uat nbeuk nzongt juax hnob houd langd zangx[11] ghuax yud[12],

Nil duas dangl jed langd njongt ek.

Nil Box Lik Naf zhof maob nzhis zhit rongt ek,

Nil Box Lik Naf zox bangt zhos yuad dot bangt let ntraot[13] duas draod nghait del[14] shob lok end yuat nent!

博理娜打摆子九天来呻吟不停，气若游线在床上，

博理那逝去在床头，

博理娜停止呼吸在床沿。

博理娜打摆子九天来呻吟不止，

奄奄一息在床上，

博理娜九天来患疟疾呻吟不停，

博理娜生命终止在床铺，

博理娜生病不会好啊，

博理娜停止呼吸了无牵挂！

Hluak Sib Hluat Nduas Dot
生命之绳断

Jat nil Box Lik Naf blox ghous leuf jenb duas dangl shob lok,

Jat ek las cuat lenx ndros cuat las dol draod yuad dout leuf gus dol nenl zaix nenl nded dlangb[15] las zeux jaix ndros zeux draod ek.

Nil Box Lik Naf yuad dout leuf gus dol nenl zaix nenl bek ndrous[16] ek,

Nil Box Lik Naf zeux jaix ndros zhit zeux draod,

Yuad dot[17] lik pluad nus zox hluak sib[18] ghuak!

博理娜倒下真正逝去了，

别人骑上彩马花马策马奔腾会回来。

博理娜骑上花马斑马呀，

纵马飞奔缰绳断，

就回不来了哟！

Jat ek nil Box Lik Naf blox ghous leuf jenb duas dangl yuad mol ib zhis ndox ndangt,

Cab nax jaox ndros buat xongt yuad zhes leuf gus nil lenx ved njoul ndros lenx njoul duax das zhit dout draod lol shik nzhib shob lok.

Jat las yuad dout leuf gus dol nenl zaix nenl bek ndrous ek,

Las zeux jaix ndros zeux draod lak,

Box Lik Naf yuad dout nyaob ek dol nenl zaix nenl bek dlangb ek nil zeux jaix ndros zhit zeux draod,

Yuad dot lik pluad nil zox ghangb hluat nduas shob lok.

Jat nil Box Lik Naf yuad mol ib zhis ndox ndangt,

Cab nax jaox ndros buab xongt zhit dout draod lol shik juas shob lok end yuat nent!

博理娜逝去将走向遥远的天边，

往后岁月将与兄弟姐妹们永不相见。

别人骑上花马斑马，

策马扬鞭会回来，

博理娜骑上花马斑马不会回，

那马鞭麻绳已断。

博理娜逝去将走向远方，

从此以后再不会返回相会！

Drout kout Dous Ged
穿鞋上路

Jat nil Box Lik Naf blox ghous leuf jenb duas dangl shob lok,

Jat nil Box Lik Naf lenx gud ndros lenx dix yuad ndouk dout leuf gus ngeuf kout mangx[19] ndros kout lik nduas duax dangl houd shit zhit ghuak.

Yad muab drout nil Box Lik Naf jaox mol drout njet leuf gus Nzux Shik lik Nyongs[20] daox bel daox gangb nzhis[21].

Jat nil Box Lik Naf blox ghous leuf jenb duas dangl ek,

Nil lenx gud ndros lenx dix yuad muab ndouk dout ngeuf kout mangx ndros kout lik nduas duax dangl houd shit ndout shob lok,

Jat muab drout nil Box Lik Naf jaox mol drout njet leuf gus Nzux Shik Lik Nyongs daox bel daox gangb naot[22] shob lok,

End yuat nent shit lik ngoux gud shit lik maol[23] lok!

博理娜她逝去了，

兄弟们织好一双麻鞋给她穿，

让她穿着去爬过祝牛的毛虫坡。

博理娜离世，

亲朋好友织双麻布鞋给她穿，

要带她爬过祝牛的寒冷坡。

悲歌古歌伴黑夜喽！

Jat nil Box Lik Naf blox ghous leuf jenb duas dangl shob lok!

Jat ek nax zhangd zhit ndros zhit nchait,

Yuad nchait leuf gus gangb duat duax ndros gangb duat[24] ek,

Gangb duat zhas yuad naox dangl dol nzhuas doux[25] shob lok.

博理娜她倒下真逝去了呀！

什么也不害怕，

就只怕害虫来，

那害虫呀要啃了那嫩芭茅草尖。

Jat nus Box Lik Naf blox ghous lol jenb duas dangl!

Nax zhangd let zhit ndros zhit nchait,

Yuad nchait leuf gus nus dlaif zhox lol nbos lob njoux[26] sob ghuak.

Jat nil Box Lik Naf blox ghous lol jenb duas dangl,

Nax zhangd lik zhit ndros zhit nchait,

Yuad nchait gangb duat duax uat gangb duat ek,

Gangb duat yuad naox dangl dex nzhuas tod[27] sob ghuak.

Jat nil Box Lik Naf blox ghous lol jenb duas dangl,

Nax zhangd lik zhit ndros zhit nchait,

Yuad nchait leuf gus nus dlaif zhox lol nbos lot shob lok end yuat nent!

博理娜倒下真逝去了！

什么事也不害怕，

就只怕给死者蒙上盖面布。

博理娜倒下真逝去，

什么也不怕，

只怕害虫来，

害虫来了将吃完那松树芽。

博理娜倒下真逝去，

什么事也不害怕，

就只怕给逝者盖上丧面布嗯哟呢！

Bus Ghenx Bus Ndrual

笙鼓做伴

Jat nus Box Lik Naf blox ghous leuf jenb duas dangl shob lok,

Lis Zit[28] sheud bus ghenx guas dob zeux sheud bus ghenx lol,

Lis Zit sheud bus ndrual nus zeux ngas[29] sheud bus ndrual.

Zeux ngas yuad ngouf dout leuf gus dlangb ndrual Mox Jit Lik Geuk[30] ek,

Ndraod nzhox zhit ndraod nzhongs ek ndraod nzhox ndraod nzhongs muax lob lol.

Jat dlangb ndrual Mox Jit Lik Geuk jek yad nzhangx leul gus nus ndros dob lik nzongt ek,

Nus ndrous Shuad ndrous lik voud let dlaif deud nyox dlob ghuak.

博理娜倒下真逝去了呀，

理兹吹芦笙，智者便吹芦笙，

理兹绕鼓敲，智者也绕鼓敲。

智者能者躲在鼓神“摩几理勾”那里，

鼓声阵阵急促而响亮，有声又有色。

鼓神“摩几理勾”那急促而悲伤的鼓声，

震颤在孝顺儿孙们那黑牛皮鼓上。

Jat nus Box Lik Naf blox ghous leuf jenb duas dangl shob lok!

Lis Zit sheud bus ghenx lol dob lik zeux sheud bus ghenx ghuak.

Dob zeux yuad ngangs dout leuf gus ngoux ghenx ndraod ngoux ghenx,

Ngoux ghenx ndraod lox langs[31] ndros muax rangx shob lok.

Jat nus ngoux ghenx jek zhas yad nzhangx leul gus nus lol dob lik longt ek,

Ndrous Shuad ndrous lik voud ndid nblait dongx dlangx[32] shob lok, end yuat nent!

博理娜她倒下真去世啰！

理兹起身吹芦笙，智者便来吹芦笙。

智者能者将融入悠扬的笙歌中，

笙歌悠悠，抑扬顿挫有条理。

笙声悠扬动听而悲伤，

将回旋在孝顺儿孙们那块芦笙簧舌上嗯哟呢！

Jat mib ngeuf zid ghenx jaox ndros ib ngeuf zid ndrual ek,

God ngoux zhit dluat,

Mix ghens mix draod ghenx mol dout lol draod ghens ghuak draod ghenx draod ndrual zhot jes koub[33] lok,

Jat leuf gus nus Box Lik Naf draod lak draod ndros zhit boub guas?

Jat leuf mib ngeuf zid ghenx jaox ndros ib ngeuf zid ndrual ek,

God ngoux zhit lol dluat,

Mix[34] ghens mix draod ghenx mol dout lol draod ghenx ghuak draod ghenx draod ndrual zhot jes zhuat[35],

Jat leuf gus nus Box Lek Naf zaox lak zaox ndros zhit juas shob lok.

Hot dangl zhit muax dangl sob lek!

芦笙师和鼓师啊，

我的古歌未唱尽，

你们的笙曲可终结，鼓曲可停止，

博理娜可否知？

芦笙师和鼓师啊，

我的悲歌未唱完，

你们的笙曲可收尾，鼓曲可结束，

让博理娜跟不上。

唱至此结束了哟！

背景介绍

王自荣

唱诵者： 王自荣 Zhax Baod Vos（1958— ），男，文山市追栗街镇塘子边村委会冇石洞村人，掌握当地苗族丧葬古歌和芦笙曲。师从其父王恩州 Congt Duaf Wos。

唱诵场域： 人逝世后，按照礼仪指路歌及指路芦笙曲唱完演奏完后，接续此曲目。唱诵时，有芦笙曲（Ghenx Chaik）相搭，一段古歌一段芦笙调，共分九段。

采集整理： 罗永洪、黄英、杨光和、陶金翠、熊文国。

注释

[1] Nzhif：紧紧地联系在一起，关系密切。

[2] End Yuat Nent：嗯哟呢，系音译，此为段落结束语，师歌唱诵时手里拿着冷水冷饭，唱到此结束语，便给逝者祭献一次饭。

[3] Nus：他，她。是Nil的别称。

[4] Box Lik Naf：博理娜，女性逝者的雅称。与之相关的称呼有Box Ghak Naf，对女性死者的雅称。男性死者则称为Yeux Lik Zid（尤理孜）。

[5] Zangx Zhis Zangx Caik：棺材，棺木或竹床（用竹编织成的担架）。

[6] Nbout Shuad：梦。

[7] Lux Njoux：嘴腐烂。与下句的Lux Del（手腐烂），皆喻指死亡。

[8] Uat Nbeuk：打摆子，即疟疾，发病时全身颤抖的样子。

[9] Nzhangx Ngouf Yud：悄悄地呻吟，疼痛却不敢大声。Nzhangx指呻吟，病痛发出来的声音。

[10] Houd Langd Njongt：床头。

[11] Houd Langd Zangx：床头，枕头边沿。

[12] Ghuax Yud：悄悄地哭泣。

[13] Dot Bangt Let Ntraot：停止呼吸。

[14] Nghait Del：牵挂。

[15] Nenl Zaix Nenl Nded Dlangb：彩马神马。

[16] Nenl Zaix Nenl Bek Ndrous：彩马花马。文中指逝者入殓后的灵柩。

[17] Dot：断。

[18] Hluak Sib：棕丝缰绳。

[19] Kout Mangx：麻布鞋子。

[20] Nzux Shik Lik Nyongs：祝诗理牛，是Nzux Nyongs的别称，指掌握人生死的神。与汉传统中的阎王职权相似，但古歌叙述苗族此神在天上。文山苗学文库相关论述中Nzux Nyos音译为“祝牛”，此处也属于沿袭翻译。

[21] Daox Gangb Nzhis：长毛虫的山坡。传说此地的毛虫大如双月猪，但是，是死者去往祖先之地必经的一个山坡。

[22] Daox Gangb Naot：冷虫坡。Gangb Naot指耐寒的虫。

[23] Ngoux Gud Shit Lik Maol：悲歌，是Ngoux Maol的别称。

[24] Gangb Duat：害虫。

[25] Nzhuas Doux：嫩芭茅草尖，嫩芭茅草芽。

[26] Zhox Lol Nbos Lob Njoux：盖面布，即盖逝者脸的布，也称丧面布。

[27] Nzhuas Tod：松茅树秧，嫩松茅树尖。

[28] Lit Zit：理兹，神名，系音译。

[29] Zeux Ngas：聪明睿智者，聪明睿智。与之相关的Dob Zeux和Dob Zeux Ngas分别指能者和智者。

[30] Mox Jit Lik Geuk：摩几理勾，苗族传说中是创造芦笙和牛皮鼓的神。

[31] Ngoux Ghenx Ndraod Lox Langs：笙声悠扬动听。

[32] Nblait Dongx Dlangx：黄铜片，文中指代芦笙的簧片。

[33] Zhot Jes Koub：跳芦笙的样子。

[34] Mix：你们，与Mex同意。

[35] Zhot Jes Zhuat：跳芦笙的样子。

隔笙歌

Ghuak Ghenx

隔笙歌

Ngoux Ghuak Ghenx

Jax Nyaob Uat Nenx

安康健在

(Shuab) Uat ab mid muaf ngoux maol,

Ghuak leuf lik jel ngoux maol ab,

Ghuak leuf lik shob yat yos!

Uat let jangl ek dangd nad Hmongb yeuf[1] mex,

Nil zhas yad uat lob nenx yenl gus draod nyaob zhek,

Nil zhas yad shat lik qid[2] zox ged nghel gus draod lil naox nik.

Uat let jangl ek dangd nad Hmongb yeuf mex,

Nil zhas yad zhit uat yangl uat yob[3] leuf Nzhux Shik Nyongs dex deb houd daox nif.

Uat let jangl ek dangd dangd nad Hmongb yeuf mex,

Nil zhas yad uat lox nenx yenl gus draod nyaob zhek,

Nil zhas yad shat lik qid zox ged nghel gus draod lik Hnangd zhek nif.

Uat let jangl ek dangd nad Hmongb yeuf mex,

Nil zhas yad zhit uat yangl uat yub leuf Nzhux Shik Nyongs dex deb houd hangd zhek nix shob yat yos!

（起调）哇啊，悲歌啊，

笙曲将被悲歌隔开来，

真的隔开笙曲了哟！

往年往日这老人，

他还健在着，

总忙碌着料理吃喝。

往年往日这老人，

他也不会游荡在祝牛的山坡。

往年往日的老人，

他还健在着，

总忙碌着打理穿戴。

往年往日的老人，

他也不会游荡在祝牛的山冲！

Blox Jenb Duas Dangl

撒手人寰

Uat let jangl ox ak,

Uat let jangl ek dangd nad Hmongb yeuf mex,

Nil zhas yad blox jenb yenl gus zhas yad duas dangl zhek,

Hmongb yeuf mex nil zhas yad laif njuat zox ged nghel gus draod lik naox nik.

Uat let jangl ek dangd nad Hmongb yeuf mex nil zhas yad uat yangl uat yub leuf Nzux Shik Nyongs dex deb houd daox nif.

Uat let jangl ek dangd dangd nad Hmongb yeuf mex,

Nil zhas yad blox jenb yenl gus zhas yad duas dangl zhek,

Hmongb Yeuf mex nil zhas yad laif njuat[4] zox ged gus draod lik hnangd zhek nik.

Uat let jangl ek dangd nad Hmongb yeuf mex nil zhas yad uat yangl uat yub leuf Nzhux Shik Nyongs dex deb houd hangd zhek nix shob yat yok!

这是为何啊，
今日今时你这老人，
已经逝世离去，
撒手人寰不再打理吃喝。
现在你这老人呀游荡在祝牛的坡地。
今时今日你这老人呀，
他已经逝世而去，
与世长辞不再打理穿戴；
现在你这老人呀游荡在祝牛的山谷！

Sheud Zhit Doul
病入膏肓起身难

Uat let jangl ox ak,

Uat let jangl ek dangd nad dex ngoux ghens zhas yad ndraod ndox ndus gus sheud muax nblait[5] yot!

Dangd nad dangd leuf Hmongb yeuf mex vaif zid yis,

Del lox las zhas yad duad dout zhenx ndeus zhek ndeus dout Hmongb yeuf mex nax ib bluas chaik[6].

Uat let jangl ek dangd nad ndrous ndrual gus zhas yad ndraod ndox ndrenl gus sheud muax leuf lob,

Uat let jangl ek dangd nad zhas dangl leuf Hmongb yeuf mex vaif zid yis[7],

Del lox las zhas yad del duad dout zhenx ndeus zhek yad ndeus dout Hmongb yeuf mex nax ib bluas shot[8].

这是为何啊，
笙曲响彻云霄有寓意！
现在逝者你的叔伯呀，
手持竹卦给逝者你祭献早餐。
鼓声震响来邀约，
现在逝者你的叔伯呀，
手持竹卦给逝者你祭献午餐。

Uat let jangl ek dangd nad khuat nenx ndros khuat zhangd,

Zhas yad naox shot lok, lal shik yad naox mol dex duab yad ex.

Ral nat Hmongb yeuf mex lob njoux dak sheud naox shot,

Zhas sheud zhit doul lol ndros khuat nenx ndros khuat zhangd[9] naox mol nax ib dlad[10] zhek nix.

Uat let jangl ek dangd nad khuat nenx ndros khuat zhangd,

Zhas yad naox shot lot, lal shik yad naox mol dex duab nzhik ex.

Ral nat Hmongb yeuf mex dex duab lob njoux dak sheud naox shot,

Zhas sheud zhit doul lol ndros khuat nenx ndros khuat zhangd naox mol nax ib ndis[11] zhek nix shob yat yos!

此时的亲朋好友们，
他们在吃午餐，正起劲地吃哟！
话虽说请你吃午餐，
你却起不了身来和亲朋好友们吃一勺。
此时的亲朋好友们，
他们大口吃着各种食物。
现在虽说也请逝者你来用餐，
逝者你却起不了身来和亲朋好友吃一碗！

Njaif Mol
永离别

Uat let jangl ox ak,

Uat let jangl ek dangd nad dangd leuf dol zhit jaix[12]?

Dangd nad dangd leuf dol ngoux hnob ndrous nzongt[13] jaix.

Dol ngoux hnob ndrous nzongt ndros ghaix zhek yad ghaix ndos yenl gus sheud nzent daox[14] nik.

Dangd nad dangd leuf dol zhit jaix?

Dangd nad dangd leuf Hmongb yeuf mex lob jaix yenl gus sheud njaif nbaox nik.

这是为何啊，

此时是何时?

此时正是太阳有阴影之时。

太阳和阴影将慢慢翻过那山坡。

此时是何时?

此时是逝者离开大家的时刻。

Uat let jangl ek dangd nad dangd leuf dol zhit jaix?

Dangd nad dangd leuf dol ngoux hnob ndrous nzongt jaix.

Dol ngoux hnob ndrous nzongt ndros ghaix zhek yad ghaix ndos yenl gus sheud nzent hangd,

Dangd nad dangd leuf dol zhit jaix?

Dangd nad dangd leuf Hmongb yeuf mex lob jaix yenl gus sheud njaif[15] nenx leuf njaif dex zhangd zhek nif shob yat yos!

此时是何时?

此时正是太阳有阴影之时。

太阳和阴影将慢慢翻过山谷，

此时是何时?

此时正是逝者离开亲朋好友的时刻哟!

Drongb Hangd Luas Daol

山川喜迎

Uat let jangl ox ak,

Uat let jangl ek dangd nad Hmongb yeuf mex,

Nil zhas yad blox jenb yenl gus zhas yad duas dangl zhek!

Dangd nad khuat nenx ndros khuat zhangd,

Zhas yad muab Hmongb yeuf mex gud mol laol dout daox bel daox drongb tod,

Dangd nad daox drongb houd bel nif zhek yad dis plot lox lenl[16] draod shik zos.

Uat let jangl ek dangd nad khuat nenx ndros khuat zhangd zhek,

Yad muab Hmongb yeuf mex gud mol laol dout daox bel daox drongb zhuat,

Uat let jangl ek dangd nad daox drongb houd bel nif zhek yad dis plot lox lens draod shik luas zhek nix shob yat yos!

这是为何啊，

今日今时你这老人，

已经逝世离去了!

现在亲朋好友们，

把逝者你抬去葬在那松林坡，

崇山峻岭呀迎接你。

现在亲朋好友们，

把逝者你抬去埋在那岩崖坡，

巍巍群山呀迎候你!

Xeut Nzangt Nbaox

融入山川

Uat let jangl ox ak,

Uat let jangl ek Dangd nad Hmongb yeuf mex,

Nil zhas yad blox jenb yenl gus zhas yad duas dangl zhek!

Uat let jangl ek dangd nad khuat nenx ndros khuat zhangd,

Zhas yad muab Hmongb yeuf mex gud mol laol dangl njuat,

Khuat nenx ndros khuat zhangd zhek yad draod raox zos dif daox nik,

Uat let jangl ek dangd nad nil dex dob dex gid zhit zaik lox zhit zaik lenl nuaf bend ndroux zhit ghous gus zhes zhit doul[17] mol yeuf mex nik.

Nil dex dob dex gid zhek yad zaik lox zaik lenl nuaf zhangd nox dol zhit zhit bof,

Shik yad bof dout Hmongb yeuf mex dex dluab del dluab deut[18] zhek yad xeut[19] nyaos mak daos nzangt nbaox[20] nik!

这是为何啊，

现在你这老人呀，

已经逝世离去了！
亲朋好友们无可奈何，
把逝者你送去安葬好，
亲朋好友们已经往回走到那山坡，
你的儿孙们却恋恋不舍。
他们再也见不到逝者你的身影，
只见逝者你的音容已融入那坟茔荒草地！

Uat let jangl ek dangd nad Hmongb yeuf mex nil zhas yad blox jenb yenl gus zhek yad duas dangl zhek!

Uat let jangl ek dangd nad khuat nenx ndros khuat zhangd zhek,

Yad muab Hmongb yeuf mex gud mol laol dangl njuat,

Dangd nad khuat nenx ndros khuat zhangd zhek yad draod raox zos dif dleuf[21] uax,

Dangd nad nil dex dob dex gid zhit zaik lox zhit zaik lenl ndroux zhit ghous zhes zhit doul Hmongb yeuf mex nik.

Nil dex dob dex gid zaik lox zaik lenl nuaf zhangd nox dol zhit lol zhit bof,

Zhuak bof dout Hmongb yeuf mex dex dluab del dluab deut zhas yad xeut nyaos daos nzangt ngeuf shob yat yos!

老人已经逝世离去了！
现在亲朋好友们啊，
把逝者你抬去安葬好，
亲朋好友们已返回到那山垭口，
你的子孙们却念念不忘，
他们再也见不到逝者你的身姿，
只见逝者你的笑貌已融入了坟墓堆！

Zat Uat Gangb Nblax Shib

化蛹成蝶

Uat let jangl ox ak,
Uat let jangl ek dangd nad Hmongb yeuf mex,
Nil zhas yad blox jenb yenl gus zhas yad duas dangl zhek!

Hmongb yeuf mex nil zhas yad shend yox yenl dak,

Ral nad bend ndroux shik ndroux nyaob gus zhes zhit doul nil dex dob dex gid.

Nil zhas yad zat nchik[22] uat dol gangb nblax shib,

Nil zhas yad shit ndox nghangl gus draod dif daox nik.

Uat let jangl ek dangd nad deuf bleul ndox sob chab,

(Nil) Zhas yad uat dout nil dex dob langs dob lis luas yenl sheud nghel lik naox nik.

这是为何啊，
今日今时逝者你呀，
已经辞世离去了！
逝者你惆怅着说，
此次最不舍的便是子孙后代。
你化身为那昆虫，
回来到了那山坡上。
待春天到来时，
（蝉声）就陪伴着孤儿们来栽种。

Uat let jangl ek dangd nad Hmongb yeuf mex,

Nil zhas yad blox jenb yenl gus zhas yad duas dangl zhek,

Hmongb Yeuf mex nil zhas yad ndroux zhit ghous gus zhes zhit doul nil dex dob dex gid.

Nil zhas yad zat nchik uat dol gangb nblax shib[23],

Nil zhas yad shit ndox nghangl[24] gus draod dif drongb nik.

Uat let jangl ek dangd nad deuf bleul ndox sob chab,

Nil zhas yad uat dout nil dex dob langl dob lis let luas ghak yox sheud nghel let ghongb zhek nix shob yat yos!

现在你这老人呀，
已经辞世离去，

你最不舍的便是子孙后代。
你化身为那昆虫，
鸣唱在那山坡上。
待春天到来时，
鸣唱声就伴随着忙碌的孤儿们在山间哟！

Dleuk Goux Vangb[25]
卸甲

兵甲和战袍

Uat let jangl ox ak,

Uat let jangl ek Dangd nad Hmongb yeuf mex,

Nil zhas yad blox jenb yenl gus zhas yad duas dangl zhek.

Nil dex dob dex gid zhas yad blox zhit ghous zhes zhit doul Hmongb yeuf mex nik,

Nil dex dob dex gid yad zhux shab ndongs ndrenl gus,

Zhas yad muab jif denx ghongb lik lol dad,

Denx longt lik lol dout.

Zhas yad muab jif denx ghongb denx longt lol shout bod zhed,

Let yad jaox mol ndrel dout nil cenb gud cenb dix,

Feb mongt dout nil cenb nenx cenb zhangd nghel nzhongs gus draod duax zos,

Let dleuk nyaos dout Hmongb yeuf mex ib mol nax lob goux led.

这是为何啊，
今日今时你这老人，
已经辞世离去。
儿孙们不舍逝者你哟，
他们抑制着悲伤，
把庄稼打理好，
让粮食丰收，
把粮食作物来装满仓，
拿来帮助亲兄弟，
捎信给亲朋好友，
为逝者你卸下身上的盔甲。

Uat let jangl ox ak,

Uat let jangl ek dangd nad Hmongb yeuf mex,

Nil zhas yad blox jenb yenl gus zhas yad duas dangl zhek!

Nil dex dob dex gid zhas yad blox zhit ghous zhes zhit doul Hmongb yeuf mex nik,

Nil dex dob dex gid yad zhux shab ndongs ndrenl,

Zhas yad muab jif denx ghongb lil lol dad[26],

Denx longt lil lol dout.

Zhas yad muab jif denx ghongb denx longt[27] lol shout bod ntangb,

Nil dex dob dex ged jaox mol let yad jaox mol ndrel dout nil cenb gud cenx dix,

Feb mongt[28] dout nil cenb nenx cenb zhangd nghel nzhongs gus draod duax zos,

Let dleuk nyaos dout Hmongb yeuf mex ib mol nax lob goux vangb zhek nix shob yat yos!

这是为何啊，
今日今时你这老人，
已经逝世离去了！
儿孙们时刻不忘逝者你啊，
他们抑制内心的悲痛，
把粮食作物打理好。
把粮食作物来装满楼，
拿来帮助亲兄弟，
捎信给亲朋好友到来此地，
为逝者你卸下这盔甲！

Ngoux Souk
结束语

Uat let jangl ox ak,

Uat let jangl ek dangd nad Hmongb Yeuf mex,

Nil zhas yad blox jenb yenl gus zhas yad duas dangl zhek!

Dangd nad jif ngoux bangs maos shib[29] nif zhit zeux souk,

Zhas yad souk let ris draod jex zhaob sib.

Nil dex dob dex gid dex gud dex dix yad bof Hmongb yeuf mex,

Zhas yad uat dangl zox dlangb nbout shuad let dout duax shik nzhib.

Dangd nad jif ngoux bangs maos shib nif zhit zeux souk,

Zhas yad souk let ris draod dif zhaob zhuas.

Nil dex dob dex gid dex gud dex dix yad bof Hmongb yeuf mex,

Zhas yad uat dangl zox dlangb nbout shuad let dout duax shik juas[30] zhek nix shob yat yos!

这是为何啊，
今时今日你这老人，
已经逝世离去了！
悲歌至此难结束，
草草了结在棕树脚。
若儿孙兄弟若想与逝者相见，
只能寄托在梦里。
悲歌至此难收尾，
草草结束在灌木丛。
儿孙若想与逝者相会，
只能寄托在梦中！

背景介绍

唱诵者：熊开元 Guf Hmaob（1970—），男，文山市古木镇纸厂村委会黑山村人，掌握当地苗族婚丧礼俗。偶然机会从屏边县的苗族艺人那里习得，目前教授徒弟十余人。

熊开元

采集整理：熊文国、熊培、熊兴坛、罗永洪。

注 释

[1] Hmongb Yeuf：表示尊称，文中指男性逝者。

[2] Shat Lik Qid：专心致志。

[3] Uat Yangl Uat Yob：漫无目的地游荡，散漫地游荡。

[4] Laif Njuat：放下，丢下，放弃。

[5] Muax Nblait：有主题，有核心。与Muax Lob（笙曲和鼓调有主题、有中心、有内容）相同。

[6] Ib Bluas Chaik：一顿早饭，一顿早餐。Ib Bluas指一顿，一餐。

[7] Vaif Zid Yis：叔伯，父辈。Vaif指父亲、父辈，与Zid同。

[8] Shot：晌午，午餐。

[9] Khuat Nenx Ndros Khuat Zhangd：亲朋好友。

[10] Dlad：勺，勺子，羹勺。

[11] Ndis：碗，碟。

[12] Jaix：时间，时。

[13] Ngoux Hnob Ndrous Nzongt：太阳与影子，阳光和阴影。

[14] Nzent Daox：翻越山坡。

[15] Njaif：离别，分别，分离，分开。

[16] Dis Plot Lox Lenl：转过脸去，转过头来。

[17] Ndroux Zhit Ghous Gus Zhes Zhit Doul：依依不舍。

[18] Dluab Del Dluab Deut：手和脚的影子，即音容笑貌，文中指逝者腐化入泥，与泥相伴。

[19] Xeut：混，混合，搅拌使混杂。

[20] Nzangt Nbaox：坟茔。

[21] Dleuf：垭口。

[22] Zat Nchik：蜕变。

[23] Gangb Nblax Shib：一种昆虫名。

[24] Shit Ndox Nghangl：昆虫叫的声音。

[25] Dleuk Goux Vangb：解除簸箕，文中指卸甲，即卸下盔甲战袍。传说，苗族勇士身上穿着盔甲和战袍，牺牲后得做仪式将其盔甲战袍卸下来，使其轻松去与祖宗相聚。Dleuk指解除，卸下；Goux Vangb指簸箕，直译为“解除簸箕”因簸箕形似盾牌和盔甲，苗族人以簸箕代替逝者身上的盾牌或盔甲。因此，久而久之，苗族丧葬程序中就以“Dleuk Goux Vangb（解簸箕）”替代“卸兵甲”习俗。另外，该习俗也称祭灵或烧灵。

[26] Dad：完成，完毕，结束。

[27] Denx Ghongb Denx Longt：庄稼，粮食。

[28] Feb Mongt：回信。

[29] Ngoux Bangs Maos Shib：谏言似的哀歌，意见性的悲歌或拷问式的悲歌，是Ngoux Bangs和Ngoux Maol两种词曲类型的合称。

[30] Shik Juas：相会，相遇。

隔笙歌

Ngoux Ghuak Ghenx

Ghuat Juax Jous Juax Raos Njot Naf Zid

嫁九十九村外思念父母

Shex shik yas angd,

Ib yox maol maol nit dex nblax shit nit nblax lenx zhed yox ek,

Bongb dout dex zox shoub ek shid dex nyongs ex,

Shoub zhit rit nit jel ghak ngoux maol ib nad sob yat nik!

舍嗜呀昂，

伊哟毛毛呢嘚啦诗呢啦棱家哟啊，

到了今年此时，

将吟唱悲歌一曲！

Hangt ad ib yox,

Jat Ncaik Lenx Dangb[1] lol yad ndros dout Ncaik Lenx Dangb dol lenx naf lol sheud nyaob zhit zos zhed ek,

Ncaik Lenx Dangb dol lenx naf yad muab dout Ncaik Lenx Dangb lol ghuat pluad[2] juax jous juax lob raos[3] Shuad[4] ex.

Jat Ncaik Lenx Dangb lol yad ndros dout Ncaik Lenx Dangb lol lenx zid lol sheud nyaob zhit tluad[5],

Ncaik Lenx Dangb lol lenx zid lol yad muab dout Ncaik Lenx Dangb lol ghuat pluad juax jous ek juax lob raos Nbouk[6] ex.

啊……啊咿哟，

彩菱丹回家回不到，

只因母亲把她嫁往山外遥远的刷人寨。

她回家与父亲恋恋不舍话不完，

只因父亲将她嫁往山外遥远的濮人村。

Nos Naf Zid Mongt

问父母音信

Hangt ad ib yox,

Jat Ncaik Lenx Dangb lol let nos zhit dout Ncaik Lenx Dangb lol lenx naf shik mongt ex,

Ncaik Lenx Dangb let keuk ngouk chax tongx yenb[7] zhaot zos njuat ndrangl dlex shik shot ek.

Zhangd nax juas lol zhangd dlab zhit lol zhas zhit nzhib zhes ek,

Nzhib ngeuf Nof Shuad Jangb Xib[8] ek.

Jat Ncaik Lenx Dangb let haik dak:

Ngeuf nof shuad Jangb Xib ek,

Jat mex lenx uat luaf lol,

Lenx njet daox nghel dous[9] zhek mex gab bof nos dout ek god lenx naf lol sheud nyaob rongt mongt zhit rongt?

啊……啊咿哟，

彩菱丹得不到母亲的音信，

彩菱丹在河边休息处摆起烟筒。

什么也没有碰到，

只遇见两个江西人。

彩菱丹问道：

两位来自江西的大哥，

你俩做生意归来，

路过千山万水可曾见我母亲是否安好呢？

Hangt ad ib yox,

Jat ngeux Nof shuad Jangb Xib let haik dak:

Ncaik Lenx Dangb zhek beb zhit boub gaox naf zhek nyaob rongt mongt zhit rongt ek,

Gaox lenx yad shuf zhox yenl draod mol nuaf[10] zhek Ncaik Lenx Dangb zhek ek!

啊……啊咿哟，

两位江西人回答：

彩菱丹呀，我们不知你母亲是否安好，
你需要亲身去看望才能知晓啊！

Naf Duas Leud Zhit Juas
母亡赶不上

Jat Ncaik Lenx Dangb let ndoux deut lenl draod zos njuat daof zid zhed ex,

Zhangd nax juas lol zhangd dlab zhit ek lol zhas zhit bof zhek,

Bof dout zhed zhongl nbaox dob xaof juab zhek dlox hout cok joul drout ndrangl ndox chenf lol drout daof ot,

Ndros zhit dout Ncaik Lenx Dangb zhek haik mol nax ib lot lol ek.

彩菱丹立即起身赶往父母亲家，
什么也不曾见到，
只见家族众孝子在房前屋后来回磕头跪拜，
泣不成声与彩菱丹说不上一句话。

Jat Ncaik Lenx Dangb let ndaox deut[11] lenl draod zos njuat daof dangs,

Zhangd nax juas lol zhangd dlab zhit ek lol zhas zhit bof zhek,

Bof dout zhed zhongl nbaox dob xaof juab zhek dlox hout chouk joul[12] drout ndrangl ndox chenf lol drout daof ot,

Ndros zhit dout Ncaik Lenx Dangb zhek haik mol nax ib lot lol.

彩菱丹赶紧奔到房屋的正堂，
什么也不曾看见，
只见众孝子在房前屋后来回磕头跪拜，
肝肠寸断与彩菱丹说不了一言。

Hangt ad ib yox,
Jat ek Ncaik Lenx Dangb let haik dak:
Zhed zhongl nbaox dob xaof juab,
Jat god lenx naf lol sheud nyaob zhek,

God lenx naf lol yad lik dout jif denx ghongb lol bod lis zhed zhek.

啊……啊咿哟，
彩菱丹才说道：
家族孝子啊，
昔日我母亲还在世，
她会种一季粮食来堆满屋。

Jat god lenx naf lol blox dangl juat ntreut duas dangl njuat zhek,

Mex lenx yad hot dout lenx dus lol sheud khuab dout god lenx naf ged ex?

Jat god lenx naf lol sheud nyaob zhek,

God lenx naf lol yad lis dout jif denx ghongb lol bod lis ntangb[13].

Jat god lenx naf lol blox dangl juat ntreut duas dangl njuat zhek,

Mex lenx yad hot dout lenx dus lol sheud khuab dout god lenx naf gangb?

今我母亲离世而去，
你们请谁来为她指路？
昔日我母亲还在世，
她要打理一年粮食来堆满仓。
今我母亲已撒手人寰，
你们请哪个来为她指路上前方？

Hangt ad ib yox,
Zhed zhongl nbaox dob xaof juab let haik dak:
Jat gaox lenx naf lol sheud nyaob zhes ek,

Gaox lenx naf lol yad kud dout jif denx ghongb lol bod lik zhed zhek.

啊……啊咿哟，
家族众孝子回答：
昔日你母亲安然健在，
她能打理好田地种好粮食来堆满仓。

Gaox lenx naf lol blox dangl njuat ntreud duas dangl njuat zhek,

Beb yad hot dout lenx dob zeux dob ndrous

ngas[14] zhes,

Del lox los[15] yad duad dout drangb hnend[16] hot shik shuat[17] ek,

Kout zhox[18] gheuf yenl ndox loux ngaox[19] shik dluat ek.

Jat nil khuab dox deul[20] ek dox deul dlend yaox yaox zhes khuab dout gaox lenx naf zhek gaox lenx naf nit mol juas bos muak.

现在你母亲离世，

我们去请来一位祭司，

他握弓负箭来呼唤，

给你母亲穿上寿鞋去渡船。

祭司有序指引你母亲去寻祖先。

Jat gaox lenx naf lol sheud nyaob zhek,

Gaox lenx naf lol yad lil dout ek jif denx ghongb lol bod lik ntangb,

Jat gaox lenx naf lol blox dangl njuat ntreud duas dangl njuat zhek.

Beb yad hot dout lenx dob zeux dob ndreus gas zhes,

Del lox los yad duad dout drangb hnend hot shik shuat,

Kout zhox gheuf yenl ndox loux ngaox shik dluat.

Jat nil khuab dox deul ek dox deul dlend yaox yaox[21] zhes khuab dout ek gaox lenx naf zhek gaox lenx naf nit mol juas yeuf.

昔日你的母亲安然健在，

她要栽好田地种好粮食来堆满仓。

如今你的母亲已撒手人寰，

我们去请来祭司，

他握弓负箭来引导，

给你母亲穿上寿鞋去渡船。

祭司有序来引路让你的母亲去见到祖先。

Naf Duas Laol khaod dus

将安葬何方

Hangt ad ib yox,

Ncaik Lenx Dangb lit haik dak:

Zhed zhongl nbaox dob xaof juab zhek,

Jat gil[22] shangb ndox yenl draod shangb bof ged zhek,

Shangb ged bof ged draod raos shik shangb zhek,

Mex lenx yad muab dout nil loul jaox mol ek fangb shangb leuf khaid dus[23] zhek ed,

Zhed zhongl nbaox dob xaof juab zhek.

啊……啊咿哟，

彩菱丹才问道：

家族孝子啊，

待明日天蒙蒙亮，

能见到四面和八方，

你们将带她老人家去往荒山野岭何处葬？

我的家族孝子们。

Zhed zhongl nbaox dob xaof juab let haik dak:

Jat gil shangb ndox yenl draod shangb bof ged zhes,

Shangb ged bof ged draod raos shik shangb zhek,

Beb yad muab dout ex nil loul jaox mol fangb shangb let drout nax Mangb mit Shuad mol dex deb houd hangd[24].

Ncaik Lenx Dangb zhek lob njoux zhit gangd haik,

Ncaik Lenx Dangb yad muab dout vox yaob nik dut[25] kheud dout beb nghuk luax lol ek ib ndros fouk[26] dangt.

家族孝子才回答：

待明朝天蒙蒙亮，

能看见四面和八方，

我们将带她老人家去埋在蛮人刷人的山

冲旁。

彩菱丹不忍再追问，

她拿起尾裙装上三包土来安葬。

Jat gil shangb ndox yenl draod shangb bof ged zhek,

Shangb ged bof ged draod raos shik shangb zhek,

Beb yad muab dout nil loul jaox mol fangb shangb leuf nax Mangb mid Shuad deb khaod reb[27].

Ncaik Lenx Dangb zhes lob njoux zhit gangd haik ek,

Ncaik Lenx Dangb yad muab dout ek vof yaob nit dut ek kheud dout beb nghux luaf lol ek ib ndros fouk zhes.

待明朝天刚蒙蒙亮，

能见到八方和四面，

我们将带她老人家葬在蛮人刷人那石疙瘩地。

彩菱丹不忍再追寻，

她拿起尾裙装上三包土来掩埋。

Haik Lol Zhit Muax Lob

意犹未尽

Bangx said nat shik lol ek,

Haik lol zhas zhit muax lob ek,

Nblas ndros ngoux maol mek dlib dlend[28] yeuf zid ghenx lol leuf yeuf zid ndrual mol nax ndis guat jeud job[29].

金玉良言欲唱已唱，

却词不达意没有中心啊，

正如野蜂乱叫来骗喝芦笙师和鼓师的那一碗煮酒。

Bangx said nat shik lol ek,

Haik lol zhas zhit muax lob ek,

Nblas ndros ngoux maol mik dlib dlend yeuf zid ghenx lol leuf yeuf zid ndrual mol naf ndis guat jeud job nab suk yat ax nit!

想传达金玉良言，

却没有主题，

如野蜂乱叫骗喝芦笙师和鼓师的那一碗煮酒！

背景介绍

熊玉有

唱诵者： 熊玉有 Yeuk Hmaob（1965—），男，文山市古木镇洒卡村委会巴岩村人，掌握当地苗族婚丧古歌。

唱诵场域： 在丧葬祭祀当日，此古歌配合芦笙辞进行唱诵，通常拆分为九个段落，一部分唱诵完就停止，待芦笙师配上一曲后，再唱诵第二段落，依次交叉进行。

采集整理： 项洪兵、熊文国、熊兴坛、罗永洪。

注释

[1] Ncaik Lenx Dangb：姑娘，女性雅名。音译为“彩菱丹”。

[2] Ghuat Pluad：出嫁后。

[3] Juax Jous Juax Lob Raos：九十九个村，指路途遥远。

[4] Shuad：古代族群的称谓。

[5] Zhit Tluad：不烦，不腻。

[6] Nbouk：古代濮或僰族群的称谓。

[7] Chax Tongx Yenb：烟筒和茶筒，装烟和茶的筒或罐。

[8] Nof Shuad Jangb Xib：在“江西”做官的人。Nof指官员，工人；Jangb Xib音“江西”，古代地名。另外一种理解是Nox Shuad Jangb Xib，其中Nox为词头，整体意思是江西刷人。

[9] Njet Daox Nghel Dous：跋山涉水。

[10] Nuaf：看望，探访，探视。

[11] Ndaox Deut：起步，迈开脚步。

[12] Dlox Hout Chouk Joul：磕头跪拜。

[13] Ghongb Lol Bod Lis Ntangb：粮满楼（仓、屋）。与之相关的词汇Ghongb Lol Bod Lis Zhed指粮满屋。

[14] Dob Zeux Dob Ndrous Ngas：智慧者，智者。

[15] Del Lox Los：动手，着手。

[16] Duad Dout Drangb Hnend：握着弓箭。

[17] Hot Shik Shuat：不停呼唤。在此指祭师祭祀时不断念叨。

[18] Kout Zhox：寿鞋。

[19] Ngaox：船。文中指坐船过河，渡河。

[20] Khuab Dox Deul：不断念叨，不停地指引。

[21] Dlend Yaox Yaox：不断地哄着。

[22] Jat Gil：明天。也有Bes Gis、Nyaob Gis等不同的表述。

[23] Khaid Dus：哪里。同时，有Khaod Dus、Haid Dus、Haod Dus、Qeut Dus等不同的表述。

[24] Houd Hangd：冲头，山谷的上方。

[25] Vox Yaob Nik Dut：苗族妇女穿裙子时系在腰部和臀部上的装饰布带。Vox Yaob具体指系在前面的装饰布带；Dut则指系在臀部的布带。

[26] Fouk：掩埋，埋葬，覆盖。

[27] Khaod Reb：旮旯，石旮旯，石疙瘩地。

[28] Dlib Dlend：哄骗，欺骗。

[29] Guat Jeud Job：煮酒汤，煮酒汁。

餐歌
Lais Ghangd

早餐歌
Ngoux Chaik[1]

Yangx Yuas Duat Hnob Hlit
杨亚射日月

Ndox Deb Khuad Ngis Nguad
天地干枯枯

Nenb loul souk soud lout ib sob ek,

Jat nens hab deb nzhif let vongs zhouk ndox nzis lik lak,

Nens hab deb yuad zhouk leuf lob ndox dangl shob lak!

长者长睡不醒已经故去，

人和地紧紧相连天地一片黑暗，

天地间黑得似乎到了末日啦！

Jat touk ndax deb loud ghaib ghuat[2] lak ghouf ndox houd drongb deb,

Jat touk jangd muax dout juax lob hnob[3] duax nyaob shik drob[4],

Yif lob hlit duax nyaob shik zhid[5] shob lat.

Jat rab dout nblax deb ndraox zhuas khuad duas leuf duab lik duas,

Jat dout zhaob mangx jab ndongt tod[6] nchait nchox duab lik nchut[7],

Nchait nchox duab lik ndrenl jaox zos ndrout hangd shob lat.

古时人间鸡叫山头回，

那时天上九个太阳相互追逐，

八个月亮轮流跑。

太阳将杂草晒干枯，

使得枫木杉树和松树万物忧心忡忡，

悄悄藏到那山谷。

Jat touk nblax deb loud ghaib ghuat lak ghouf ndox houd drongb deb,

Jat touk jangd muax dout juax lob hnob duax nyaob shik drob lak,

Yif lob hlit duaf nyaob shik zhid.

Yad rab dout ndax deb ndraox zhuas khuad duas leut dex duab lik duas shob lat,

Jat dout zhaob mangx jab ndongt tod nchait nchox duab lik nchut,

Nchait nchox duab let ndrenl jaox duax ndrout drongb lak!

古时鸡鸣山头应，

那时天上九个太阳相互追赶，

八个月亮轮流转。

太阳将杂草晒凋零，

使得枫木杉树和松树惶惶不安，

悄悄躲到那山外！

Duat Hnob Hlit
射日月

Jat Yangx lik Yuas[8] duax shab zhit rongt,

Yangx lik Yuas yuad keuk ngouk nax drangb douk[9] jed raos drout mangx jab ndongt tod mol leuf geut nax ib dol boul[10] shob lat.

Jat mangx jab ndongt tod ndros let ghous leuf lak,

Jat mangx jab ndongt tod ghak boul jaox ndros

ghous ndrangl hangd,

Ghak nzhik ghous ndrangl daox lak.

杨亚心不爽，

拿起斧头砍向那枫木杉树和松树。

枫木杉树和松树砍倒下，

树根倒向那山谷，

树梢倒向那山头。

Jat Yangx lik Yuas yad muab ghak boul jaox zhux[11] sob lak,

Muab ghak nzhik jaox zhux hnend lak,

Duat leuf juax sob[12] drous juax lob,

Duat yif hnend drous yif ngeuf lak,

Jat dout nax ndros ib ngeuf nchait nchox duab lik nchut nchait nchox duab lik ndrenl,

Cuat nax lob ndox ndros zhit gangd nzend lol shob lak.

杨亚把树干制成弓，

把树梢造成箭，

射出九发中九个，

射出八箭中四对，

只剩一对惊恐又不安，

害怕不敢露面在天上。

Jat lob ndox nat zhouk xangt xongt,

Deb zhouk xangt nax lak,

Lob ndox nat zhit zeux sangb[13] lak,

Lob deb nat zhit zeux gangx lak.

那天就这样黑了七载，

地就这样暗了七年，

天再也不会明，

地再也不会亮。

Jat Yangx lik Yuas jaox ndros shab zhit rongt,

Yangx lik Yuas yuad keuk ngouk nax drangb douk jed raos drout mangx jab ndongt tod mol leuf nax ib dol nzhox lak,

Jat mangx jab ndongt tod ghak boul jaox ndros ghous ndrangl daox lak,

Ghak nzhik jaox ndros ghous ndrangl hangd shob lat.

杨亚心不甘，

拿起斧头砍向那枫木杉树和松树干，

树根倒向那山坡，

树梢倒向那山冲。

Jat Yangx lik Yuas yad muab ghak boul jaok zhux sob lat,

Muab ghak nzhik jaox zhux hnend,

Duat leuf juax sob drous juax lob,

Duat leuf yif hnend drous yif ngeuf lak.

Jat dout nax ndros ib ngeuf nchait nchox duab lik ndrenl nchait nchox duab lik nchut,

Cuat nax lob ndox ndros zhit gangd nzend lol shob lat.

杨亚把那树根制成弓，

把树梢造成箭，

射出九发中九个，

射出八箭中四双。

只剩一对太阳月亮担惊又害怕，

不敢露脸在天空。

Jat lob ndox nat zhouk xangt nax lak,

Lob deb nat zhouk xangt xongt lak,

Lob ndox nat zhit zeux sangb lak,

Lob deb nat zhit zeux gangx lak.

那天就这样黑了七年，

那地就这样暗了七载，

天不会亮啦，

地也不会明。

Hot Hnob Hlit

唤日月

Zid Nyox Hot Hnob Hlit

公牛唤日月

Jat Yangx lik Yuas duax shab zhit duas,

Yangx lik Yuas yuad zhaot pluad[14] dol zid nyox

nghaod ghox duab let gheul[15] daof dous duax lak,

Hot dout ngoux hnob ndrous lik hlit nchait nchox duab lik nchut nchait nchox duab let ndrenl,

Cuat nax lob ndox ndros zhit gangd nzend lol shob lat.

杨亚不甘心,

他放出公牛仰天来长啸,

太阳月亮听到箫声真害怕,

不敢出现在平日那天上。

Lob ndox nat zhit zeux sangb lak,

Lob deb nat zhit zeux gangx lak,

Jat nblax deb nik nangl nik nongs[16] let zhit bof ged keuk cod[17] jaox ndros keuk gangb[18] lak.

天不会明,

地也不会亮,

世间飞禽走兽黑夜里找不到谷物啄不到虫子。

Zid Zhod Hot Hnob Hlit

老虎唤日月

Jat Yangx lik Yuas duax shab zhit duas,

Yangx lik Yuas yuad zhaot pluad dol zid zhod nghaod ghox duab let gheul daof dous duax lak.

Hot dout ngoux hnob ndrous let hlit nchait nchox duab lek nchut, nchait nchox duab let ndrenl,

Cuat nax lob ndox ndros zhit gangd nzend lol shob lat.

杨亚不死心,

他放出老虎咆哮震山川,

太阳月亮听到咆哮声更惊恐,

不敢露脸到往日那天空。

Jat lob ndox nat zhit zeux sangb lak,

Lob deb nat zhit zeux gangx lak,

Jat nblax deb nik nangl nik nongs let zhit bof ged keuk gangb jaox ndros keuk cod shob lat.

那天也不明,

那地也不亮,

世间飞禽走兽黑夜里捉不到虫子捡不到谷物。

Loud Ghaib[19] Hot Hnob Hlit

公鸡喊日月

Jat Yangx lik Yuas duax shab zhit duas,

Yangx lik Yuas yuad zhaot pluad dol loud ghaib jongx shik geus[20] ghuat nzuax dik duax shik teud nax beb duab shuab draod dout vangx lak.

Jat ngoux hnob ndros nzend duax lak,

Ndrous lik hlit ndros nzend lol lak.

Jat lob ndox nat let zeux sangb lak,

Lob deb nat let zeux gangx lak,

Jat ndax deb nik nangl nik nongs let bof ged keuk cod jaox ndros keuk gangb lak.

杨亚不甘心,

园中放出雄鸡展翅啼三声。

太阳露出面,

月亮也露出了脸。

天会明了,

地也会亮了,

飞禽走兽也能捡到谷物捉到虫子。

Jat Yangx lik Yuas duax shab zhit duas,

Yangx lik Yuas yuad zhaot pluad dol loud ghaib jongx shik geus ghuat nzuax dik duax shik teud nax beb duab shuab,

Hot dout ngoux hnob ndros nzend duax lak,

Ndrous lik hlit ndros nzend lol lak.

Jat lob ndox let zeux sangb lak,

Lob deb nat let zeux gangx lak,

Jat ndax deb nik nangl nik nongs let bof ged keuk gangb jaox ndros keuk cod shob lat!

杨亚不甘心,

他放出雄鸡来展翅鸣三回,

唤得太阳出来了,

月亮也出来了。

天会明啦,

地也会亮啦，

飞禽走兽能吃到虫子和小米啦哟！

Hnob Hlit Uat Nax

日月长青

Jat gangx ndox dangs ngis gangx lak,

Sangb ndox dangs ngis nzod shob lak,

Dangd gud luas ged raol lob jaix ndros lol naox chaik shob lak,

Dangd gud luas ged rex lob jaix ndros lol naox chaik shob lak,

Dangd gus nik Box Nas Loul[21] lob jaix ndros lol naox chaik shob lak.

清晨天已明，

清早天已亮，

时至邻里乡亲吃早饭的时间啦，

正值邻里亲朋吃早饭的时辰啦，

也是博娜老吃早饭的时刻啦。

Jat nil Box Nas Loul shoub shend yox duab lik yenl[22],

Yad yuad dout nil Box Nas Loul lenx dob jaox ndros lenx gid yuad muab dout ngoux ghenx chod ndraod ngoux ghenx,

Ngoux ghens ndrous ndrual maol sob[23] ndraod leuf dex duab lik lak yad mol zhangt dout nil Box Nas Loul yad lol naox chaik shob lak.

博娜老忧伤地念叨着，

让儿孙们将那笙鼓奏响，

芦笙婉转鼓声咚咚将博娜老唤起来吃早餐。

Jat nil Box Nas Loul yad lol naox nghaix kub drus nkaot[24],

Houk jeud kub drus ndraik[25] shob lak,

Jat nil Box Nas Loul naox zhit doul houk zhit doul,

Nil Box Nas Loul yad jaox mol uat drangx drout uat doub ndif,

Yad jaox mol das nax das xongt nyaob lak.

博娜老吃到了祭献的佳肴，

喝到了敬献的美酒呀，

博娜老吃不了喝不尽的，

她要用竹筒和酒壶来装存，

拿去度过那年年岁岁。

Jat gangx ndox dangs ngis gangx lak,

Sangb ndox dangs ngis nzod shob lak,

Jat hnob duax lak hnob jit hlit,

Hlit duax lak hlit jit hnob,

Hlit yad jit liangf vos[26] duax lik nkhuad mol leuf dif ndos job[27] lak!

清晨天已明，

清早天已亮，

太阳出来照月亮，

月亮出来映太阳，

月光皎洁照明火塘！

Jat gangx ndos dangs ngis gangx zhek,

Sangb ndox dangs ngis nzod shob lak,

Jat nil Box Nas Loul lenx dob jaox ndros lenx gid yad muab dout nil Box Nas Loul yad gud ndlas hnob[28] duax lik nat,

Yad jaox mol rab changd jaox ndros rab hnob lak.

清晨天已明，

清早天已亮，

博娜老的儿孙们要在今日把她抬起，

带着去晒太阳和沐阳光喽。

Jat nil Box Nas Loul daof ndex nbos nbuas dlob[29] lak,

Daof ghangb jaox ndros nbos nbuas sad[30],

Nenb duax bof lak nenb zhuak yuad hlob,

Dlangb duax bof lak dlangb jaox ndros yuad nyaf.

让博娜老身前盖黑绸，

身后披紫缎，

人见了人心疼，
鬼神见了鬼神怜。

Gangx ndos dangs ngis gangx lak,
Sangb ndox dangs ngis nzod shob lak,
Jat hnob duax lak hnob jit hlit,
Hlit duax lak hlit jit hnob lak,
Hnob yad jit liangf vos duax lik nkhuad mol leuf dex sob nzangt[31] shob lat.
清晨天已明，
清早天已亮，
太阳出来照月亮，
月亮出来映太阳，
太阳光芒四射照亮篱笆！

Jat gangx ndos dangs ngis gangx lak,
Sangb ndox dangs ngis nzod shob lak,
Jat nil Box Nas Loul lenx dob jaox ndros lenx gid yuad muab dout nil Box Nas Loul jaox gud ndlas hnob duab lik nat,
Jaox mol rab hnob jaox ndros rab changd shob lak.
清晨天已明，
清早天已亮，
博娜老的儿孙们要在今日把她抬起，
带着去晒太阳和浴日光喽。

Jat nil Box Nas Loul daof ndex nbos nbuas sad,
Daof ghangb jaox ndros nbos nbuas dlob,
Nens duax bof lak nens yuad nyaf,
Dlangb duax bof lak dlangb jaox ndros yad hlob lak.
博娜老身前盖紫缎，
身后披黑绸，
人见了人喜欢，
鬼神见了鬼神疼爱喽。

Ghenx Ndrual Uat Luas
笙鼓做伴

Jat mex ngeuf zid ghenx jenb ndros zid ndrual draod ghenx draod ndrual jaox ndros draod nzend nbongt shob lak,
Jat nil Box Nas Loul blox ghous jenb duas dangl.
Nil Box Nas Loul njot duab let nzhongd[32] lol zaik dout mex ngeuf zid ghenx jenb zid ndrual ib njis bangx ghenx ghak xot,
Yaos leuf gus ghenx chaik ngoux chaik muax nax jenb muax xongt shob lak.
两位芦笙师和鼓师吹笙击鼓将结束，
让博娜老安心离去。
她铭记着接受了你们笙师和鼓师的恩情，
是那笙曲和餐曲古歌陪伴她度过了日月。

Jat mex ngeuf zid ghenx jenb zid ndrual draod ghenx draod ndrual draod nzend ndlas lak,
Jat nil Box Nas Loul blox ghous jenb duas dangl,
Nil Box Nas Loul njot duab let nzhongd lol zaik dout mex ngeuf zid ghenx jenb zid ndrual ib njis bangx ghens ghak xot,
Yaos leuf gus ghenx chaik ngoux chaik muax xongt jenb muax nax lak ib yuas nek!
Ngoux gus ib shik maol zhit muax dangl shob lat!
两位芦笙师和鼓师回笙回鼓结束在眼前，
博娜老已安心离去，
她铭记着接受了你们笙师和鼓师的恩情，
那笙曲和餐歌将陪伴她度过了岁月！
悲歌一曲已结束咯！

背景介绍

唱诵者：项朝友Hox Dangs（1963—），男，文山市马塘镇黑末村委会土锅寨村人，擅长苗族古歌。

唱诵场域：在丧葬仪式中，此古歌于吃午饭之前唱诵。芦笙与古歌搭配，一般以一段芦笙一段古歌的方式配合进行。午餐、晚餐时，将歌内涉及时间的内容进行变换，即可变为午餐歌（Ngoux Shot）和晚餐歌（Ngoux Hmaot）。

采集整理：罗永洪、黄英、熊文国、陶永林。

项朝友

注 释

[1] Ngoux Chaik：早餐歌，属程式古歌，举行仪式时邀请死者用餐时唱诵。

[2] Loud Ghaib Ghuat：公鸡叫，公鸡打鸣。

[3] Juax Lob Hnob：九个太阳。

[4] Shik Drob：互相追逐，互相追赶。其中，Drob指拉。

[5] Shik Zhid：互相追逐，互相追赶。其中，Zhid指跑。

[6] Mangx Jab Ndongt Tod：枫树、杉树和油松。

[7] Nchait Nchox Duab Lik Nchut：忧心忡忡，惶惶不安，担惊受怕。

[8] Yangx Yuas：杨亚，苗族传说中射日月的神。

[9] Douk：斧头。

[10] Dol Boul：树脚。

[11] Zhux：筑成，铸造，建，做。

[12] Juax Sob：九发梭子，九个箭头。与Yif Hnend对应，其中数字“九”“八”指“多”的意思，表达“百发百中”。

[13] Sangb：明亮。其和Gangx（亮）的意义一致。

[14] Zhaot Pluad：放开，放下，放。

[15] Nghaod Ghox Duab Let Gheul：牛叫的声音，指牛仰天长啸。

[16] Nik Nangl Nik Nongs：禽兽动物。Nangl指鼠，此指兽类动物；Nongs指鸟，此指禽类动物。

[17] Cod：小米。

[18] Gangb：虫子，虫。

[19] Loud Ghaib：公鸡。

[20] Jongx Shik Geus：特别旺盛。

[21] Box Nas Loul：博娜老，对女性逝者雅称。与之相关的男性逝者称Yeux Zid Loul（尤孜老）。

[22] Shoub Shend Yox Duab Lik Yenl：徘徊而忧伤。

[23] Ngoux Ghens Ndrous Ndrual Maol Sob：形容芦笙曲温婉动听，鼓点细密而有节奏。

[24] Naox Nghaix Kub Drus Nkaot：俯躺着吃肉，文中指祭祀肉食时，用竹卦开合状表示逝者是否接收到祭食。

[25] Houk Jeud Kub Drus Ndraik：横卧着喝酒，文中指祭祀酒品时，用竹卦开合状表示逝者是否接收到祭酒。

[26] Jit Liangf Vos：亮晶晶。

[27] Ndos Job：火塘边。

[28] Ndlas Hnob：晒太阳，晾晒。

[29] Nbuas Dlob：黑绸。

[30] Nbuas Sad：紫缎，紫纱。

[31] Sob Nzangt：板壁，篱笆墙，隔墙。

[32] Njot Duab Let Nzhongd：铭记于心，记住。

早餐歌
Ngoux Chaik

Ndox Deb Nzhif Lis Vongl
天地人相连

Jat nenb souk souk soud,

Soud lout ib yuas sob ek,

Jat nenb hab deb yad zhouk leuf let ndox nzhif[1] let laos sob luak,

Hab deb zhouk leuf ndox nzhif lis vongl.

Zhouk leuf nax zhangd zhit jed lol lik nyaob drout deb?

Yad zhouk leuf naf Ngoux Mif[2] zeux mol leuf lenx loul jed lol nyaob ek.

Yeuk leuf nax zhangd zhit jed lol lik zongl drout let?

Yad yeuk leuf naf Ngoux Mif zeux mol leuf lenx loul jed lol let zongl shob lok end yuak nek!

长者长睡不醒，

似乎已经故去，

人和地似乎紧紧相连在一起，

天地黑暗混为一体。

这般黑暗谁来栖身？

构谜今来栖身。

这样黑暗谁来栖息？

构谜今来栖息哪！

Ged Duas Zos
死亡将至

Jat dangl lob ek,

Jat dak Ngoux Langs zhuak dex yuad haik leuf Zid Ndrous lik Langs[3] let dak:

Gaox gab mol leuf ndaox nenb sheud ntuad lik yais[4] shaib god Ngoux Langs ged blox dak shaib gab zhit muax ek?

Dex ged duas duax dak shaib gab let zhit let zos shob lat?

Jat dak Zid Ndrous lik Langs zhuak let yad haik leuf Ngoux Langs let dak:

Lenx dus let yais sheud let rongt?

Lenx dus let yais sheud let zhenb lak?

天地完了啊，

构兰对宙郎说：

你赶紧去帮我占卜看看我的生命是否安全？

我的死期是不是还没到？

宙郎问构兰：

谁的占卜占得好？

谁的巫术技能真？

Jat dak Ngoux Langs zhuak let yad haik leuf Zid Ndrous lik Langs dak:

Gaox gad keuk ngouk jux xangb jux ndeud[5] mol ntrad leuf dex dob lox dad dob njis ndox[6] ek,

Dex dob langs jaox dob njis ndrangl[7] sob ek.

Jat Zid Ndrous lik Langs zhuak let yad keuk ngouk dex jux xangb jux ndeud mol ntrad leuf dex dob lox dad dob njis ndox ek,

Dex dob langs jaox dob njis ndrangs dak.

构兰回答宙郎道：

你快带香去寻云游四海的方术巫师，

赶快拿纸去找周游四方的术士傩神。

宙郎便带着香纸去寻闯荡江湖的方士，

去找云游四海的巫师。

Ngoux Langs let dak:

Gaox gad bangb god ndaox nenb sheud ntuad yais shaib god Ngoux Langs ged blox dangl shaib gab zhit muax ek?

Dex ged duas duax dak shaib gab zhit let zos shob lak?

Jat dex dob lox dad dob njis ndox ek,

Dex dob langs jaox dob njis ndrangl zhuak let yad keuk ngouk dex jux xangb duax dak sheud bek ntaot[8],

Dex jux ndeud duax dak sheud bek nteud[9] ek.

Jat dex jux xangb gob zhit gangx[10] ek,

Dex jux ndeud duax dak gob zhit let rongt shob lak!

构兰说道:

你快去帮我占卜我构兰的生命是否到了尽头?

我的死期是否已到?

江湖术士和云游巫师傩神持香来预测,

拿纸来看卦不吉之象跃然纸上,

不祥之兆燃香尽显。

香似乎燃烧得不彻底,

纸似乎燃烧得不充分呀!

Jat dex dob lox dad dob njis ndox ek,

Dex dob langs jaox dob njis ndrangs zhuak let yad haik leuf Zid Ndrous lik Langs let dak:

Bongb nzhongs duax dak sheud suk xongt let nat ek,

Zhuak let yad bongb leuf Naf Ngoux Langs lob xongt blox ek,

Naf Ngoux Langs uat maob nzhox nzas sheud let ndrangs ek,

Naf Ngoux Langs cax let but khout hout leul dex dax shik lax lik zangx[11] shob lat,

End yuak nenk ax!

那江湖术士呀,还有那傩神巫师,

他们跟宙郎说:

时至今年啊,

是构兰的逝世之年,

折磨她的病痛猛如洪荒,

构兰才睡在平坦床上倒头不起,

嗯哟呢啊!

Ndaox Nenb Ntuad Yais Kot Zhit Dout

不祥之兆

Jat dangl lob ek jat dak Naf Ngoux Langs zhuak lik yuad haik leuf Zid Ndrous lik Langs let dak:

Gaox gad mol bangb god ndaox nenb sheud ntuad lik yais shaib god Ngoux Langs ged blox dak shaib gab zhit muax ek?

Dex ged duas duax dak shaib gab zhit let zos sob luak?

Jak dak Zid Ndrous lik Langs zhuak lik yad haik leuf Ngoux Langs let dak:

Lenx dus dex yais sheud let rongt?

Lenx dus dex yais nghel let zhenb luak?

天哪,构兰又对宙郎说:

你快帮我去预测看我的生命是否还有?

占卜我的死期是否没有到?

宙郎问构兰:

哪个巫术占卜得好?

谁人方术预测得准?

Jat Ngoux Langs zhuak let yad haik leuf Zid Ndrous lik Langs dak:

Gaox gad keuk ngouk jux xangb jux ndeud mol ntrad leuf dex dob lox dad dob njis ndox ek,

Dex dob langs jaox dob njis ndrangs sob ek.

Jat Zid Ndrous Lik Langs zhuak let yad keuk ngouk dex jux xangb jux ndeud mol ntrad leuf dex dob lox dad dob njis ndox ek,

Dex dob langs jaox dob njis ndrangs.

构兰回答宙郎:

你赶快拿着香去寻江湖术士,

赶快带着纸去找四海巫师。

宙郎便拿着香去找江湖傩神,

带起纸去寻云游四方的巫师。

Gaox gad bangb god ndaox nenb sheud ntuad yais shaib god Ngoux Langs ged blox dangl shaib gab zhit muax ek?

Dex ged duas duax dak shaib gab zhit let zos sob luak?

你快去帮我占卜我的死期是否已到？

我的生命是否已到了尽头？

Jat dex dob lox dad dob njis ndox ek,

Dex dob langs jaox dob njis ndrangs zhuak let yad keuk ngouk dex jux xangb duax dak sheud bek ntaot,

Dex jux ndeud duax dak sheud bek nteud ek!

Jat dex jux xangb gob zhit gangx ek,

Dex jux ndeud duax dak gob zhit let rongt ek!

江湖游巫呀，还有那傩师，

拿起香来占卜，

拿起纸来预测，

那香燃烧得不充分，

那纸燃烧得不彻底呀！

Jat dex dob lox dad dob njis ndox ek,

Dex dob langs jaox dob njis ndrangs zhuak let yad haik leuf Zid Ndrous lik Langs let dak:

Bongb nzhongs duax dak sheud suk xongt let nat ek,

Zhuak let yad bongb leuf Naf Ngoux Langs lob xongt blox ek,

Naf Ngoux Langs uat maob nzhox nzas duax draod let shab,

Naf Ngoux Langs duax dak sheud lik ndrongt ek,

Jat Naf Ngoux Langs cax let but kout hout leul dex dax shik lax lik njongt[12] sob luak!

End yuak nenk ngoux gud shik lik maol[13] lol sob luak!

江湖傩神与巫师，

他们跟宙郎说：

时至今年，

将是构兰逝世之年啊，

她病痛在心如刀绞，

呻吟着起不来，

她头靠在平整的枕头上横卧不起呀！

嗯哟呢古歌悲歌似乎至此啦！

背景介绍

唱诵者：张发富 Rongd Sheuf Ndris（1956— ），男，文山市柳井乡奢都村委会牛滚塘村人，掌握当地苗族丧葬古歌和芦笙。

张发富

唱诵场域：此歌为丧葬程式古歌，于午饭或晚饭时使用，与芦笙曲搭配。午餐、晚餐时，将歌内涉及时间的内容进行变换，即可变为午餐歌（Ngoux Shot）和晚餐歌（Ngoux Hmaot）。

采集整理：罗永洪、熊文国、陶金翠

注释

[1] Nzhif：紧密，紧紧相连。

[2] Ngoux Mif：构谜，系音译，人名。

[3] Zid Ndrous Lik Langs：宙郎，系音译，指较年轻的男性或男性逝者。

[4] Ndaox Nenb Sheud Ntuad Lik Yais：占卜预测。Ndaox Nenb（傩师）走阴，跳神，占卜；Ntuad Yais（巫师）看相，预测吉凶等。

[5] Jux Xangb Jux Ndeud：香纸。Jux指杖，权杖。

[6] Dob Lox Dad Jaox Dob Njis Ndox：云游四方的成年男子。这里指见多识广的傩师、方术士。

[7] Dob Langs Jaox Dob Njis Ndrangl：奔走四海的俊俏男子。这里指见多识广的巫师。

[8] Sheud Bek Ntaot：起得很快，很快显现。这里指启动巫术仪式的意思。

[9] Sheud Bek Nteud：烧得很快，很快表现、显现。

[10] Gob Zhit Gangx：燃烧不彻底。

[11] Dax Shik Lax Lik Zangx：像田一样平坦的床。

[12] Dax Shik Lax Lik Njongt：似田一样平整的枕头。

[13] Ngoux Gud Shik Lik Maol：古歌悲歌，是Ngoux Gud Ngoux Maol（古歌悲歌）的合称。其中，Ngoux Maol是苗族古歌较固定的一种起调用语，一般只在丧葬场合运用。

伤心歌

Ngoux Kuk Shab

Maol maol nblax[1] sid yout ad,

Nblas maol shot yas yox luas del!

Jat draod cuat nax nghel cuat xongt ek!

Naf Ngoux Langs ndros dout zid Ndrous Langx zhek,

Uat lob nenx draod dous mid et,

Cenx jenb zhit dout sheuf dluat ched ek.

Naf Ngoux Langs ndros dout zid Ndrous Langx zhek,

Uat lob nenx draod dous yout et,

Cenx jenb zhit guaf sheuf dluat douk nat del shob yas yot!

卯卯吧诗哟啊，

吧卯嗦呀哟啦咿！

往年往岁啊！

构兰和宙郎，

年纪轻又轻，

没有受过什么怨气。

构兰和宙郎，

年纪小又小，

没有挨过任何打击哟！

Jat draod cuat nax nghel draod cuat xongt ek!

Naf Ngoux Langs et ndros dout zid Ndrous Langx zhek,

Zhit dout dud dluat[2] lob ndox shik lik njik[3] yax,

Jangl naf ghouf ndox lox shab zhit rongt ek,

Yad jaik dout[4] Naf Ngoux Langs lox juab lik yif ax?

往年往岁啊！

构兰和宙郎，

还未经历过上天的考验，

为何老天心不好，

要将年轻夫妇阴阳来两分呀？

Jat draod cuat nax nghel draod cuat xongt ek!

Naf Ngoux Langs et ndros dout zid Ndrous Langx zhek,

Zhit dout dud dluat lob ndox shit lik nzhuab yax,

Jangl naf ghouf ndox lox shab zhit rongt ek,

Yad jaik dout naf Ngoux Langs lox shik lex juab ax?

往年往岁啊！

构兰和宙郎，

没经历过上天的考验，

为何老天心不好，

要将年轻夫妇阴阳来相隔啊？

Jat dangd nad dangd ghak zhit jaix ak?

Jat dangd nad dangd dout khuat chongb khuat gol[5] yad lol naox shik lik chaik ax,

Zid Ndrous Langx lob njoux das yad naox chaik,

Zhit bof dout zid Ndrous Langx lol duad dout zhuf dreus caik[6],

Zhos bof dout yeuf zid yil duad dout zif zhenx ndeus draod lol lais[7].

现在是什么时间？

现在是众亲朋好友来吃早饭的时间，

宙郎虽说要吃饭，

却不见他拿起那漆筷，

只见叔伯手持竹卦在祭献。

Jat dangd nad dangd ghak zhit jaix ak?

Jat dangd nad dangd dout khuat chongt khuat gol yad lol naox shik lik chaik ax,

Zid Ndrous Langx lob njoux das yad naox chaik,

Zhit bof dout zid Ndrous Langx lol duad dout

druf dreus ek,

Zhos bof dout yeuf zid yil duad dout dol zhenx ndeus let draod lol ndeus[8].

现在是什么时辰?
现在是亲朋好友吃早饭的时辰,
宙郎虽说要吃饭,
却不见他起身来拿筷,
只见叔伯手持那竹卦在祭祀。

Jat dangd nad ek!
Jat draod cuat nax nghel draod cuat lik xongt ek,
Zid Ndrous Langx bend yaos duas das ek.
Naf Ngoux Langs lox shuab gus nyad et,
Yad ncet nzas dout dif daox shit lik ndos ax.

现在呀!
一切都已过去唉,
宙郎真的已逝去。
构兰那撕心裂肺恸哭声,
响彻那山坡。

Zid Ndrous Langx lol hnaod tlend ek,
Bend renx[9] yaos duas das lak lol zhit doul ek,
Nyox ghuab blis blos[10] zhit zeux duas ek,

Nyox ghuab blis blos nyif yuad zat uat nik gongx nik ras[11],

Lol ndros dout Ngoux Langs nif yad haik zhit doul nax ib lot lol wex!

宙郎听到就来说,
我已逝去回不来,
魂魄不会死,
它要化身变为那昆虫,
却与构兰说不上一句话!

Jat Naf Ngoux Langs lox shuab nyad at,
Yad ncet nzad dout dif daox shit lik ndos ax.
Jat zid Ndrous Langx hnaod tlend et,
Bend renx yaos duas das lak lol zhit doul ek.
Nyox ghuab blis blos zhit zeux duas ek,

Nyox ghuab blis blos nyif yuad zhaot uat nik gongx nik ras et,

Lol ndros dout Ngoux Langs nif yat haik zhit doul nax ib lot lol wex!

构兰的悲伤恸哭声,
泣血椎心悲号在那山坡上。
宙郎听到就来说,
我已逝去回不来。
魂魄不会亡,
它会化身变作蟋蟀,
但与构兰也说不了一句话!

Jat Nzux Nyongx Loul shab zhit rongt ek,

Yad muab dout Ndrous Langx dol nyox ghuab blis blos jaox mol raik[12] njuat draod dif daox shik lik ndos[13] wax,

Congx zix nat jek naf Ngoux Langs zhes yad bof dout Ndrous Langx zhes,

Yad but zos dex ndox zhif dex ndrangb hmaot uat zox dlangb nbout shuad duax draod shit lik ndros ax!

那祝牛心不好,
将宙郎的魂魄藏在那山坡呀,
从此以后构兰想见到宙郎,
只有相见在那三更半夜的梦中啊!

Jat Nzux Nyongx Loul shab zhit rongt ek,

Yad muab dout Ndrous Langx dol nyox ghuab blis blos jaox mol raik njuat draod dif daox shik lik zhuas[14] ax,

Congx zix nat jek Naf Ngoux Langs zhes yad bof dout Ndrous Langs zhes,

Yad but zos dex ndox zhis dex ndrangb hmaot uat zox dlangb nbout shuad duax draod shit lik juas ax!

那祝牛心歹毒,
要将宙郎的魂魄藏在丛林中,
从此以后构兰想见到宙郎,
只有相遇在那半夜三更的梦中啊!

Jat ral nad zhek zid Ndrous Langx zhek zhit yaos mol uat langx uat luaf draod uat khuat ek,

Jat congx zix nat zhes dex ghangb vangs lak dob bof zhit dout Ndrous Langx draod lol dluat ek!

Jat ral nad zhek Naf Ndrous Langx zhek zhit yaos mol houk jeud duax draod njis ndox wak,

Jat congx zix nat zhes dex ghangb vangs zhib dous dob bof dout Ndrous Langx ek draod lol zhox ak!

此次宙郎不再是去做生意和做客，
从此房前屋后不再有宙郎的身影！
此次宙郎不再是去喝酒和游玩，
从此院内院外不再有宙郎的足迹！

背景介绍

唱诵者： 李文明Cangf Jait（1988—），男，文山市新街乡垭口寨村委会大梁子村人。

李文明

唱诵场域： 此歌为丧葬程式古歌，于早饭时唱诵，与芦笙曲搭配。午餐、晚餐时，将歌内涉及时间的内容进行变换，即可变为午餐歌（Ngoux Shot）和晚餐歌（Ngoux Hmaot）。

采集整理： 罗永洪、李树能、王朝文。

注释

[1] Maol Maol Nblax：苗族古歌较固定的一种用语和音调，一般只在丧葬场合运用。悲歌，是苗族古歌较固定的一种用语和起调，一般只在丧葬场合运用。其他场合则不能唱。有的起调唱作Maol Maol Nblax和Maol Maol Del Nblax。苗族古歌中说起的Ngoux Maol概念来源于“远古人类模仿Maol Hlob人猿”的悲哭声音（见此书中罗正荣《Ngoux Maol Maol Maol Del Nblax古歌之“卯卯嘚啪”的来源》）。然而，广大诵唱者均不知其来源，或者说人们对“Ngoux Maol”说不清道不明，是因为其失久矣，今在文山市地域苗族乡野重拾起来，难能可贵。籍于此，供参考，以期不再沦落埋没。

[2] Dud Dluat：考验，经历，考。

[3] Ndox Shik Lik Njik（Ndox Njik）：老天稀，此指老天折磨，运气倒霉，命运坎坷。

[4] Jaik Dout：将分开，使分开。

[5] Khuat Chongb Khuat Gol：客人，亲朋好友。

[6] Dreus Caik：用漆制作的筷子。Caik指漆树。

[7] Lais：祭祀，祭献。

[8] Ndeus：祭祀，祭献。

[9] Bend Renx：本人。

[10] Nyox Ghuab Blis Blos：魂魄。其中Nyox（牛）是把虚拟的“魂魄”想象成具体的物，即拟物化为牛。

[11] Nik Gongx Nik Ras：虫子和蟋蟀。

[12] Raik：藏。

[13] Daox Shik Lik Ndos：山坡边缘。

[14] Daox Shik Lik Zhuas：山上树丛中，山上丛林中。

报礼歌
Jaob Changd

报礼歌
Ngoux Baof Changd

Ad dex nad mol lak haik let nad yox sangb pongf ek mol lak suk lout sif ghak yeul.

Uat let jangl ek god nyaob shangb yaox ndos yenl[1] lob dleb ek mol lak suk lout zox ged nded[2] dangl mak,

Uat let jangl ek god ndif pangx changb[3] yenl khoud shot[4] draod duax nzend jed,

Keuk ngouk ngeuf kout liangx fongb[5] draod ghangb daos yenl duax njet ndaot hlaot bel laos lob hout dend nghel ghak dax?

Uat let jangl god jongx ndrongl duax zos njuat nad,

Uat let jangl ek god nuaf langs naf ghangb vangs ek nil ncod hod suk sob mod[6] max,

Zid daos zhed ncod let njangt suk sob ndangb[7].

Naf ghangb vangs sheud yenl duax suk nzaix jex[8],

Ghouf zhed sheud yenl duax suk nzaix ghak maos[9].

Uat let jangl hnob nat naf ghangb vangx sheud yenl duax zhit yaos dol ged rex,

Ghouf zhed sheud yenl ek zhit yaos dol rex ged ghak raol?

此情此景这样说，我的三朋四友。
身在遥远的一方，
我为何需要装上盘缠和午饭，
穿上凉鞋就立马起身来翻山又越岭？
为何我匆忙赶到此地，
我环顾四周，房前乱如蜜蜂窝，
屋后杂如岩蜂巢？

庭前站着人群密密麻麻赛荞秧，
院后亲人密密匝匝如麦苗。
为何今日院前的热闹不是喜事，
屋后的喧嚣不是吉事啊？

Uat let jangl hnob nat naf ghangb vangs sheud yenl duax suk nzaix nblex,

Zid daos zhed sheud yenl duax suk nzaix hnangd nak[10].

Naf ghangb vangx ak sheud yenl suk let gus yad yaos dout dos ged nenx,

Ghouf zhed sheud yenl ad yaos dout dangl dol naf dol jangx nens let god ghak zhangd ak?

Uat let jangl naf ghangb vangx dol ged nenx ek sheud yenl god renf zhit tongb,

Ghouf zhed dol ged zhangd sheud yenl god renf mol lak renf zhit tlout dangl mak?

房前站着的人群密密麻麻如谷秧，
屋后亲人密密麻麻如芝麻丛。
为何今日庭前人员都是亲戚，
屋后人员都是朋友？
为何今日院前的朋友多得我认不完，
屋后亲戚多得我认不清？

Yeuf zid zux said zux loul[11] ek yaos lenx hlob, yaos lenx yout?

Yaos lenx dus chuf njoux chuf lol ek draod duax ndeuf ndos[12]?

Lak yaos zhangd dol gus uat njoux shik said nblas lal[13] duax ndeuf ndrout[14] dat mak?

Yeuf zid yeuf denb yenl yaos lenx yout lenx hlob?

Yaos lenx gus uat njoux shik said nblas lal duax ndaif ndos?

Lal yaos zhangd dol gus uat njoux shik said nblas lal duax nzend ndrout dat mak?

尤子腮是年长者还是年幼者?

是在外开口说话的迎接者?

还是屋外口齿伶俐者?

尤子腮是年幼者还是年长者?

是在外边这位口齿伶俐者?

还是在屋外迎接的这位能说会道者?

Uat let jangl gaox nzend lol jix yenx god ib lot lol,

God rongt ndros gaox daod tangx ndos yenl daod dex ghongb yaos zof tangx.

God zof yif yenl duax shout gens(kif)[15] dik rongt sheud lol xangb huef ghak das.

Uat let jangl muax zax zhek rongt ndros leuf haik zax,

Muax nzhis zhek rongt ndros leuf haik nzhis.

Zhit muax zax dangl zhek zhit muax nzod yox shenb laos ek nbuat jed lait[16] ndros gaox haik ib lot lol vangx lol yif nad nuaf dangl daos yenl dif it mangx.

Jangl ndongt tod[17] bof sheud zhenl lol ndros nuaf sangb[18] pongx ek suk lout sif ghak yeuf!

请你出来迎接并回我一句,

我好跟你唠叨几句。

我连连作揖让我们相会好记账。

这样有物好交物,

有礼好交礼。

两手空空无礼无物交,就轻松与你说几句玩笑话,

让棺木中的逝者安享我们的丧葬礼仪啊三朋四友!

背景介绍

唱诵者: 熊开德 Zax Zhangk Hmaob(1954—),男,文山市薄竹镇老屋基村委会烂泥洞村人,掌握当地苗族婚丧文化,擅长苗族古歌。

熊开德

唱诵场域: 此歌是上祭当日使用的礼仪性古歌,为上祭队伍的"引歌",送礼时所唱。此歌后一部分需要东道主一方的歌师回唱,或用白话回应致谢。

采集整理: 罗永洪、黄英、侯文涛、熊文国、侯万萍。

注 释

[1] Shangb Yaox Ndos Yenl:山高路远。

[2] Ged Nded:路远,指路长。

[3] Ndif Pangx Changb:装盘缠。

[4] Khoud Shot:晌午,午饭。

[5] Kout Liangx Fongb:凉鞋。

[6] Sob Mod:蜜蜂窝

[7] Sob Ndangb:岩蜂巢。

[8] Nzaix Jex:荞秧密密麻麻。

[9] Nzaix Maos:麦苗密密麻麻,麦苗密密匝匝。

[10] Nzaix Ghak Hnangd:芝麻苗密密麻麻。

[11] Yeuf Zid Zux Said Zux Loul:Yeuf Zid Said(信使者)和Zux Loul(寨老)的合称,表示十分尊敬,另外,也有Zux Denb Zid Said、Yeuf Zid Yeuf Denb的说法。Yeuf Zid Said是报场场合的重点对象,指专门负责接待和对接各项丧葬事务的人。本文将此称谓统一译为"尤子腮"。

[12] Ndeuf Ndos:在边上。

[13] Njoux Shik Said Nblas Lal:口齿伶俐。

[14] Ndeu Ndrout:在外。

[15] Shout Gens(Kif):Gens疑为竹刻或木刻"账本"的名称;疑似与Kif相关,Kif指刻、画、划等。苗族传统记账方式中,收到一物在木条上刻画相应标志,属典型的原生载体文字。

[16] Nbuat Jed Lait:一身轻松。

[17] Ndongt Tod:松木,喻指死者。

[18] Nuaf Sangb:看丧,指凑数参加丧葬活动,即参与丧葬活动。

报礼歌

Ngoux Baof Changd

Khuat Duax Zos Zhed

客人到家

Et... Yaos leuf dex nat haik leuf let nat shob lat,

Sangb pongx mol sif yeus ek.

Uat let jangl cuat nax mol cuat xongt huak,

Njet ghak shuat draod nghel duax zos ek zhed lol ak xaof juab tangx ak shangf lob dif binb yad at,

Ged nenx ak ndout lol zhit nbouf nblongx[1] huak,

Ged zhangd ndout zhit nbouf zhuas[2] yuas.

Zhed mol lol xaof juab et,

Lenx dob ndangt dlangb[3] yaos lenx dus god renf nyaos dout huak,

Lenx dob ndangt khuat[4] yaos leuf lenx dus god renf nyaos qenb yad yad.

啊……我将这样说，

我的三朋和四友呀。

为何在往年往日，

我辛苦来到孝子堂屋中，

远亲没有树叶多，

近友没有野草杂。

满堂孝子呀，

祭师是哪位我认得出，

待客者是何人我能认准呀。

Bongb nzhongs lob xongt lik raox suk xongt nat yuas,

God tix nyaos lob jenb longx bus[5] duad bek njeud[6],

Nghel ghak shuat ghel zos zhed lob ak xaof juab tangx shangf lob dif binb ek.

Nenx jongb[7] suk nbouf nblongx huak,

Dex zhangd ndout sheud nbouf zhuas yuas,

Zhed mol lol xaof juab lenx dob ndangt dlangb yaos leuf dus god renf zhit cuat.

Bongb nzhongs lob xongt let raox ak suk xongt nat ex,

God tix nyaos lob jenb longx ak bus duad bek njeud,

Njet shuat nghel duax zos zhed lol ak xaof juab tangx ak shangf lob dif gof jek,

Nenx jongb suk nbouf nblongx huak,

Zhangd jongb sheud nbouf zhuas,

Zhed lol xaof juab lenx dob ndangt dlangb yaos leuf lenx dus god renf zhit qenb,

Yaos dol dus god renf zhit cuat yuad.

今年呀！

我提金龙纸筒摇晃而来，

辛苦来到孝子这屋边。

远亲多如树叶，

近属多如杂草，

孝子满堂祭师是谁我认不出也认不准。

时至今日呀，

我提上金龙纸筒晃悠而来，

我辛劳来到孝子堂屋上，

远亲多如树叶，

近属多如杂草，

满堂孝子祭师是哪位我认不准，

是谁我也认不出。

Lenx dob ndangt dlangb yaos leuf lenx dus?

Lenx dob ndangt khuat yaos leuf lenx dus?

Sheud lol jix yenx[8] dout god mol nax ib lot rongt lol nat huak sangb pongx mol sif yeus yad ax!

迎客人是哪位？

待客者是何人？

请起身迎接我的三朋四友啊！

Khuat Nos Lenx Dus Zaik Daol

谁来迎客

Et... Yaos leuf dex nat haik leuf let nat shob lak,

Sangb pongx mol sif yeus ex!

Jangl cuat nax let dak nyaob cuat xongt,

God tix nyaos dout lob jenb longx ak bus duad bek njeud nghel duax zos njuat yuat,

Zhed lol ak xaof juab lenx dob ndangt dlangb yaos lenx dus god renf nyaos dout yox,

Yaos lenx dus god renf nyaos qenb yad.

啊……我将有话要说了，

我的三朋和四友呀！

为何在往年往日，

我提上金龙纸筒摇晃来到孝子堂上这角落。

迎客人是哪位我认得出，

待客者是何人我认得准呀！

Bongb nzhongs lob xongt raox suk xongt nad ek!

God tix nyaos dout lob jenb longx ak duad bek njeud,

Njet ghak shuat draod zos njuat yuak zhed lol ak xaof juab,

Lenx dob ndangt dlangb yaos leuf lenx hlob lak yaos leuf lenx yout?

Yaos lenx gus ndrel ndrenl lob caik del shik yaos lenx gus sheud ndraif[9] lob caik doub[10]?

God renf zhit dout yad lenx dob ndangt dlangb yaos leuf lenx dus,

Lenx dob ndangt khuat yaos leuf dol dus,

Sheud lol jix yenx dout god mol nax ib lot rongt lol yox.

时至今年呀！

我提上金龙纸筒摇晃而来，

我翻山越岭来到孝子堂上这屋角，

迎客人是长还是幼？

主持祭祀仪式的主持者是哪位？

迎客者是何人我不晓，

待客者是何人，

请起身迎接我呀。

God muax rangx[11] rongt haik rangx muax ruas[12] rongt haik ruas,

Zhit muax rangx zhit muax ruas jek,

God kongb zued rongt ndros nil haik kongb huaf,

Kongb sheud rongt ndros nil zuf kongb yif ib yuat.

Rongt ndros zhed lol xaof juab yif nat,

Kox teux lol daod dif mak god sangb pongx ak mol sif yeus ek yax.

我有几句话要来讲，

即使我的话没有重要的内容，

哪怕和他闲聊几句，

空手站着作空揖。

我也要和孝子一家，

磕头来祭拜呀我三朋四友。

Dob Ndangt Khuat Renf Zhit Dout

待客者认不清

Et... Yaos leuf dex nat haik leuf let nat shob lak,

Sangb pongx mol sif yeus ex!

Cuat nax lol cuat xongt ex,

God njet ghak shuat draod nghel ak duax zos zhed mol ak xaof juab tangx shangf lob dif gof nat zhek ex.

Jangl nenx jongb lak zhit nbouf nblongx huak,

Zhangd ndout zhit nbouf zhuas yuas?

Zhed lol ak xaof juab lenx ak dob jaox said mol jaox lol[13] yaos leuf lenx dus god renf nyaos dout ex.

啊……我将有话要说了，

我的三朋和四友呀！

在往年往日，

我跋山涉水来到孝子堂上这角落。
为何远亲没有树叶多，
近属没有野草杂呀?
孝子一家待客者是哪位我能认。

Jangl cuat nax lol cuat xongt,
God njet ghak shuat nghel duax zos lob tangx shangf lob dif gox nat zhek.
Jat zhed lol xaof nenx jongb zhit nbouf nblongx huak,
Zhangd ndout zhit nbouf zhuas yuas.
Jangl god sheud nuas lol lenx dob jaox said jaox lol yaos leuf lenx dus god renf nyaos qenb,
Yaos dol dus god renf nyaos cuat guak.
为何往年往日，
我长途跋涉来到孝子堂上这屋角。
远亲没有树叶多，
近属没有野草杂。
迎宾师傅是哪位就能认得清，
是哪个就能看准。

Bongb nzhongs lob xongl raox ak dangl ntreud suk xongt nad,
God njet ghak shuat nghel duat zos ak xaof juab tangx ak shangf ak lob dif binb .
Nuaf zhek nblax del yaos rongt nghaix huak,
Ghouf del yaos rongt nchangd,
Ghangb vangs sheud yenl yaos naf ged nenx ek,
Ghouf zhed sheud yenl yaos zid jangb nenx god zhangd nix.
Uat jangl nenx jongb lol nbouf nblongx huak,
Zhangd ndout sheud nbouf zhuas yuas.
Zhed lox ak xaof juab,
Lenx dob jaox said jaox lol leuf lenx dus god renf zhit qenb,
Yaos dol dus god renf zhit dout yuas.
时至今年呀!
我来到孝子堂上这角落，
看见亲人啊，
手心是肉，手背是血!
庭前一排排站立的是我远亲，
后院一簇簇围拢的是我近属。
为何远亲多如树叶，
近属多如杂草!
满堂孝子呀，
迎宾师傅是哪位，发言者是何人，
我认不出也认不准啊!

Bongb nzhongs lob xongt raox suk xongt nad ex,
God njet shuat nghel duax zos njuat zhed lol tangx shangf mol let nad.
Nblax del yaos rongt nchangd ek,
Ghouf del yaos rongt nghaix huak,
Ghangb vangs sheud yenl yaos naf rongt zhangd ek,
Ghoux zhed sheud yenl yaos zid let jangb ged nenx muak.
Nenx jongb sheud yenl suk nbouf nblongx huak,
Khuat zhangd sheud yenl suk nbouf zhuas yuas.
Jangl god shaib lenx dob ndangt dlangb yaos leuf lenx dus god renf zhit cuat?
时至今年呀!
我来到孝子堂上，
看见众亲手心是血，
手背是肉!
庭前一排排站立的是我远亲，
后院一簇簇围拢的是我近属。
远亲多如树叶，
近属多如杂草!
待客者是哪位我认不清!

Lenx dob ndangt dlangb yaos lenx dus,
Dol dob ndangt khuat yaos lenx dus?

Sheud lol jix yenx dout god mol nax ib lot rongt lol yax.

God muax zax rongt haik zax,

Muax nzhis rongt haik nzhis,

Zhit muax zax zhit muax nzhis lak jif dangl njuat ntreud zid erf zof shix heuf zos yenl.

God rongt kongb zued ndros nil haik kongb huaf,

Kongb sheud lol zof kongb yif ex,

Rongt ndros zhed lol xaof juab,

Kox teux lol daod dif nad muak sangb pongx ak sif yeus ad.

祭师是哪位，

待客者是何人?

请来迎接我并说句好话嘛!

我有物好交物，

有礼好交礼，

没有物没有礼交了，也会感激你们。

就算我是空嘴说空话，

空手作空揖，

但也要和满堂孝子跪拜来祭奠呀!

三朋四友啊!

Xaof Juab Zid Said Yos Nyox Hangd Huab Bok

孝家迎宾师傅佯称养牛在雾山谷

At... Dex lol haik leuf let nat ek ngeuf dob!

Gaox lens dob baof zhangf[14] dob sangt nzhis[15] ex.

Jat nil Yeuf Zid Said ex,

Nil nyox jongb uat jongb nenl ndout duax uat dek ndout ex,

Nil nad nyox nenl zuaf bek nzeul[16] zos leuf daof bel dex hangd bok huab[17],

Nil jix mangd[18] lol zhit juas.

Nil nyox jongb uat dek jongb,

Nenl ndout uat dek ndout ek nenx ndout leuf uat ndout,

Nil nad nyox bek nzeul zos leuf daof bel dex hangd huab bok.

Nil jek nil nad lol zhit zos!

Gaox yuad uat nax shab ghak dek nded[19] ek,

Zot leuf gaox bangx xangb bangx ndeud[20] ngeuf dob baof zhangf dob sangt nzhis ex.

啊……话儿这样说啊!

你二位报场者和送礼人唉。

那位迎宾师傅呀，

他的牛马多又多啊，

正赶着混杂的牛马到雾蒙蒙的山谷中，

一时回不了。

他的牛马众多，

现在正赶着那群牛马到那雾蒙蒙的山谷，

一时回不到。

你要耐心等候啊!

先放下你的香纸，

报场者和送礼人。

Khuat Ndrout Ndif Shot Jat Mol Hot

来客装饭请其回

Et... Yaos leuf dex nad haik leuf let nat shob lak,

Sangb ak pongx mol sif yeus ak!

Rongt lol rongt lol yaos lot lol nyax[21] huak,

Zhif nyaos ghak buat jaox ak ghak cab zax lod.

Rongt lol rongt lol yaos lot lol gob[22] ox,

Zhif nyaos dout ghak cab jaox ghak buat lol sob ak.

Rongt lol rangx lol ruas zhit dot nox[23] ek et,

Rongt lol bangx ak lol nzhis zhit dot nghet[24] ek god sangb pongx ak mol sif yeus et!

啊……正是这样说啦，

我的三朋和四友呀!

好言好话是金言，

价值千金显真情。

美言美语是银语，

千金难买是真心。
赞誉之词稀世宝啊，
文雅之句价连城哟我的三朋四友！

Gaox dak zhed lol xaof juab lenx dob ndangt dlangb jaox ndangt khuat huak,

Nil nyox jongb uat jongb,

Dex hmangt nbuat[25] ndout duax uat ndout et!

Nil let mangt nyox ak let nzheuk[26] daof bel ak hangd bok huab,

Jix mangd lol zhit juas huak.

Dex mangt nenl let nzheuk daof bel hangd huab bok,

Jix mangd lol zhit zos yax.

你说孝子一家的待客师傅，
养牛养马成群，
但是狼群多又多呀！
他将牛群藏在那雾蒙蒙的山谷，
一会儿回不了。
将马群藏在那雾蒙蒙的山冲，
一下子来不到呀。

God ndif shot raos drout gaox got nbangb[27],

Gaox ndros god mol zaox ak nil ghangb[28],

God ndif shot raos drout gaox got del,

Gaox ndros god zaox nil ghangb hot nil draod feb zhed[29],

Nil draod lol lol tax jeud zhas nil lol ndros god kuangd ib rangx rongt lol zax muak,

Jat gaox ax hot nil draod lol lox dif yax,

God let rongt ndros nil haik ib lot rongt lol wangx yak rongt lol yif nat lak god sangb pongx mol sif yeus et!

我备好午饭挎在你手臂，
你和我去寻他的踪迹，
我备好午饭放到你手上，
觅他行踪唤他把家还，
让他返回拎上酒水和我说句好话对上一首好歌，
让你把他请回来，
我才好跟他说点正经事呀我的三朋四友！

Xaof Juab Zid Said Haik Baof Zax

孝家迎宾师说交礼

Et... Ngeuf dob gaox lenx dob baof zhangf dob sangt nzhis ex!

Gaox ndif dout shot drout god nbangb nad,

Jat yad guas god mol hot dout nil Yeuf Zid Said draod raos draod feb ghangb ex.

Jat yad nil zux denb Yeuf Zid Said nil nyox ndout uat dek ndout,

Nenl jongb uat dek jongb.

Nil nad nyox nenl zos leuf daox bel dex hangd bok huab,

Nil jix mangd lol zhit juas ek!

啊……两位报礼者和送礼人！
你备好午饭挎我手臂啊，
让我去把迎宾师请回家。
但是迎宾师他的牛多又多，
马也成群。
他的牛马进了那雾蒙蒙的山谷，
一时他回不了唉！

Jat nyaob leuf tangf[30] zhek,

Gaox muax zax gaox yuad baof zax huak muax nzhis jek gaox yuad baof nzhis ek ex,

Jat nyaob tangf jek nil draod raox draod lol zos jek jat god haik nil jeuf dout nat lak,

Gaox lenx dob baof zax dob sangt nzhis nib ek!

稍等片刻，
若你有物有礼要来报，
等他回到家中来我便速速告诉他，
我的报礼者和送礼人唉！

Khuat Ndrout Deb Renf Zhenb Renf Juad

来客说是真还是假

Et… Yaos leuf dex nat haik leuf let nat shob lak,

God sangb pongx ak mol sif yeus et!

Gaox dak nil mangd nyox ax nzheuk daof bel hangd bok huab,

Jix mangd lol zhit juas,

Mangt nenl lol nzheuk daof bel hangd huab bok,

Jix mangd lol zhit zos.

啊……正是这样说了，

我的三朋和四友呀！

你说他的牛群藏在那雾蒙蒙的山谷，

一时赶不到，

马群藏在那雾蒙蒙的山冲，

一时他也来不到家。

Ek yaos dak god muax rangx ndros gaox haik rangx muax ruas ndros gaox haik ruas et,

Gaox guas god ndros gaox baof zax baof nzhis zhek,

Nchait god zhit muax zax lol zhit muax nzhis ek,

Dex nat zhek god zhuak ndros nil haik lol wangx draod lol yif nat muas.

Gaox dak nyaob njuak gaox zhuangd gaof drout nil zhek,

Uat let gaox renf zhenb lak renf juad at?

那我有事就跟你讲，有话就跟你说，

你让我向你报上礼金和礼物，

只怕我既没有物又没有礼，

我只是想跟他说点闲话。

你说过后你转告给他，

你这是真的还是假的？

Gaox renf zhenb taod leuf gaox zox ged zhif zax,

Renf juad taod leuf gaox zox ged pux shoub[31] jek.

Gaox zhuak ndraos gaox gaox zhit ndraos leuf god nat leuk!

God sangb pongx mol sif yeus et ek!

若是真的话，就价值千金，

若是假的话，你的话就如漏筛般盛不了水。

那你是只能骗自己却骗了我哟！

我亲爱的三朋四友啊！

Xaof Juab Zid Said Deb Njoux

孝家迎客承认身分

Et... Las dak yaos lenx dob baof zax dob sangt nzhis yod! Las dak god qenx zhenb yaos nik yif nat bend lax ndros bend tud[32], god yaos nik zhenf renx ndros zhenf zhud[33], gaox muax zax ad baof zax, muax nzhis ad baof nzhis muak ngeuf dob baof zax dob sangt nzhis ed!

啊……有言道，报礼者和送礼人哟！我确实是本家的迎宾师，也是孝家的代言人，你有钱则报钱，有礼可报礼呀，我两位报礼者和送礼人！

Khuat Nos Xaof Juab Uat Jangl Ndongt Puaf Blox

来客问为何戴孝帕

Et… Yaos leuf dex nat haik leuf let nat shob lat,

Lenx dob ndangt dlangb yaos ak mol ndangt khuat yax!

Gaox dak god njet ghak shuat nghel leuf duax zos,

Gaox guas god baof zax zhek nchait zhit muax zax huak,

Gaox guas god baof nzhis zhek zhit muax nzhis yax.

啊……正是这样说，

待客者是待客者哟！

你说我辛劳而至，
你让我报账怕我这儿没钱，
你让我报礼怕我这儿也没礼。

God njet ghak shuat nghel duax zos njuat ex,
Nchait zhuak sangd ndros gaox kuangd ib njuak lol wangx ax lol yif nat lok.
Nchait gaox guas god baof nzhis god zhit muax nzhis et,
Guas god baof zax lak zhit muax zax ek ex,
God zhuak sangd ndros gaox kuangd lol wangx lol luas huak.
我辛劳而来，
只是想和你聊点闲话哟。
若是你让我报礼，我这里没礼，
你让我报物，我这儿也没礼物，
我只想和你说点闲话。

Et... Yaos leuf dex nat haik let let nat shob et,
Lenx dob ndangt dlangb jaox mol ndangt khuat et!
Uat let jangl ax cuat nax let dak bend nyaob cuat xongt ax,
Dol nboux[34] dout dol nboux zhit dongx hlangb[35],
Dol nongs dout dol nongs zhit dongx rel[36] yax?
Bongb nzhongs lob xongt raox ak suk xongt nad,
Dol nongs dout dol nongs sheud draod dout dongx rel,
Dol nboux dout dol nboux lol sangt sod ex.
Dol nboux sangt sod rox lek ris sheud ndaot ndox ek ex?
啊……这样说起来呢，
迎宾师哟！
为何在往年往日，
蛾虫不吐丝来编花带，
飞鸟也不衔枝叶来做窝？
今时今日，
为何蛾虫来吐比织花带，
飞鸟来衔枝叶做窝，
蛾虫吐丝翩翩起舞飞抵天啊？

Bongb nzhongs let raox ak suk xongt nat,
God njet ghak shuat sheud draod nghel duax zos et,
Wef hox ak zhangd dol dlangb zhit?
Zhed mol leuf xaof juab lob hout ndongt et zox nik sheud zox puaf[37] suk zox puaf blox nek?
今时今日呀，
我辛劳而至，
究竟是为什么呀？
为什么家中子孙头绑布带如孝帕啊？

Wef hox zhangd dol zhit et ax?
Bongb nzhongs lob xongt let raox suk xongt nat et,
Dol nboux dout nboux sangt sod,
Dol nongs dout dol nongs sheud draod dongx rel at,
Dol nongs dongx rel rox lik ris sheud ndaot zhuat[38] yuas?
到底是为什么啊？
今时今日，
蛾虫吐蛾虫的丝，
飞鸟做飞鸟的窝，
飞鸟筑它的巢穴上那山崖哟？

Wef hox ak zhangd dol zhit ek?
Lob xongt let raox suk xongt nat ek,
God njet ghak shuat draod nghel duax zos njuat at,
God shaib nil zhed lol ak xaof juab yif nat,
Shout hout ndongt zox puaf ak sheud suk zox puaf blox nat leuf?
Wef yax hox zhangd dol dlangb zhit nik ek?
Zhed lol ak xaof juab lenx dob ndangt dlangb jaox ak mol ndangt khuat ax!
到底是为何？
今时今日，

我辛劳而至，

我看到他们一家，

头上绑着的布带像孝帕？

到底是为什么？

诸位迎宾师啊！

Xaof Juab Zid Said Deb Dongx Sangb Sangt Mongt Duas

孝家迎宾师答化茧成蝶送死讯

Las dak ed zid dlangb nyangx yeuf gongb lenx dob sait jaox dob lol ed!

Yaos nil zhed zhongl lol xaof juab nil yif nangt lenx loul blox ghous jenb duas dangl,

Las dak gangb dout gangb let dongx sangb,

Dongx sangb lox duab lens lens dout nboux,

Nboux dout nboux ndros let yangt,

Yangt lox duab lik lenl sheud ndaot ndrual[39],

Jaox dluab fet mongt[40] dout gaox zid dlangb nyangx jeuf gongb lol dak lenx ghak loul nat zox mongt duas[41].

大舅的报礼者呀！

是孝子一家的长辈仙逝，

人说蚕将蚕丝吐，

蚕丝绕蛾虫，

飞蛾翩翩来起舞，

飘飞起舞过那牛皮鼓，

携带老人离世的噩耗给大舅你。

Yaos gangb nboux ndros let nboux dout yangt,

Yangt zhox duab let langs sheud ndaot ndox[42],

Nchait yaos nil zhed nzhongl nbaox xaof juab dex yif nat,

Nil lenx loul blox jenb duas dangl let jaox dluab mol lox duab let lenl dout gaox lens zid dlangb nyangx jeuf gongb dak lenx ghak loul nat zox mongt duas nat muas!

是蚕随蛾来起飞，

如影随形飞通天，

是这家孝子的老人仙逝，

才携影带信将噩耗传给大舅你，传达老人归呀！

Khuat Nos Sod Mongt Zhenb Juad

来客问死讯真与假

Et... Yaos leuf dex nat haik leuf let nat shob lak:

Rongt lol rongt lol yaos lot lol nyax huak,

Zhif nyaos ghak cab jaox ghak buat zax nik,

Rongt lol rongt lol yaos lot rongt lol gob,

Zhif nyaos ghak cab jaox ghak buat nox,

Ghak zhongl nbaox xaof juab lenx dob ndangt dlangb jaox ak mol ndangt khuat yuas!

啊……正是这样说啦：

好言好语是金言，

价值千金显真情，

美言美语是银语，

千金难买是真心，

美诗雅词价值连城哟孝家的迎宾师！

Jangl gaox ak kheb lob njoux ghak yenl yex?

Gaox dak dol nboux dout nboux sangt sod[43],

Dol nongs dout dol nongs dongx rel draod shout zhuat yuax,

Xongt nat ek wex dout zhed mol zhongl xaof juab lenx ghak loul ndaot leuf zox mongt duas yuas.

为何你要开口来传话？

你说蛾虫吐蛾虫的丝，

飞鸟编织飞鸟的窝在那山崖上，

今年呀只因为孝家老人的死讯来传开。

Et... Dak gaox dak zos xongt nat,

Dol nboux dout nboux jangb sangb zhek,

Jangb sangb ros let ris sheud ndaot ndox huak,

Xongt nat wef dout yaos zhed lol xaof juab

lenx loul ndaot leuf zox mongt let blox yuas.

Gaox yaos haik zhenb lak haik juad yad?

Gaox yaos renf zhenb lak yaos uat nbout shuad[44] nix ex?

Gaox renf juad lak haik zhenb?

Gaox uat nbout shuad shik haik zhenb nik nad ex zhed lol lenx dob ndangt dlangb jaox ndangt khuat ex?

啊……你说到了今年，
蛾虫牵蛾虫线，
萦绕牵上天，
只因为传来今年孝家老人的死讯。
那么你说的是真的还是假的？
你说的是真话还是梦话呀？
你说假话还是真话？
你是说梦话还是说真话呀孝家迎宾师？

Xaof Juab Zid Said Deb Yaos Das
孝家迎宾师确认死讯是真

Ed... Las dak lenx dob jaox said jaox lol yaos qenx zhenb ghak das, las dak gaox muax zax gaox yuad haik zax, gaox muax nzhis gaox haik nzhis muad!

啊……报礼师呀！老人仙逝这事是真的！你有钱报钱，有礼报礼嘛！

Khuat Haik Luak Nyaob Bleud Lax Bleud Deb
来客说人家住平原田坝心

Et... Rongt lol rongt lol yaos leuf lot lol nyax,
Zhif nyaos ghak cab jaox ghak buat zax lak,
Rongt lol rongt lol yaos lot lol gob,
Zhif nyaos ghak cab jaox buat nox lak.
Rongt lol rangx lol ruas zhit dot nox huak,
Rongt lol bangx lol nzhis zhit dot nghet,
Suk nyaos dout luak dex ot dex uat yeuf dlangb zhek,
Las nyaob nyaos bleud lax ndros bleud deb[45] huak.

Jaos ghongb duax ndruab dleuf,
Ndrangx yil loud zheut[46] ndros zhit keuk yax,
Luak jaos ghongb mol ndruab hangd ex,
Ndrangx yil loud zheut ndros zhit nghangt sob.

啊……好言好语是金言，
价值千金显真情，
美言美语是银话，
千金难买是真心。
誉美之词稀世宝，
文雅之句价连城哟，
如若是别人的大舅，
能居住在肥美之地田坝心。
垭口种粮物产丰，
白鹇锦鸡来了也不食，
山谷种粮物产盛，
白鹇锦鸡来了也不捡。

Jangl luak njet shuat nghel duax zos zhek let khud nyaos dout ak ghak nghaix naot[47],

Ndif nyaos dout dex maod changd[48] zhek.

Las njet shuat nghel duax zos luak jaox lol baif shangf lol luef laos drout gaox ak lenx dob ndangt dlangb jaox ndangt khuat,

Lenx dob ndangt dlangb jaox ndangt khuat jaox mol baif shangf lol luef laos drout nil vaif zid yil zhek,

Vaif zid yil yuad keuk ngouk nyaos dout zaox zis[49] bek ndeus, zaox zis duab bek ndreud duax shout langs jangd[50].

人家赶来奔丧献珍馐，
前来祭奠敬佳肴。
人家千里迢迢来报礼，
你迎宾师可得到丰盛钱物转叔伯，
叔伯便可在那棺材旁打卦祭献给逝者。

Nil lenx ghak loul dout naox ndros dout houk

nix,

Nghel yenb dif nil zhit dout nyax chaib lol zhit ghous changd[51] nix,

Jangl lak njet shuat nghel duax ak zos njuat zhek,

Nchait luak nif ndif nyaos dlex jeud ndif nyaos pangx changb let longt nghel duax zos baif shangf lol luef laos gaox ak lenx ndangt dlangb lol ndangt khuat yex.

Gaox lenx zid ndangt dlangb lol ndangt khuat ex lol ak baif shangf laos luef god vaif zid yil,

Vaif zid yil keuk ngouk dout zaox zis bek ndeus, zaox zis bek ndreud duax shout langs reb.

逝者有吃又有喝，

到阴间不会挨饿不中暑，

别人翻山越岭赶来，

能将丰盛的美酒佳肴敬献上。

你迎宾师便可得到丰富钱物如数转叔伯，

叔伯就可拾起竹卦在那棺材旁来祭献。

Nil lenx ghak loul dout naox ndros dout houk ak,

Nil nghel yenb dif ndrangs zhek nil zhit nyax chaib zhit ghous nkhek nat lak.

Muax dol suk dout god yeuf dlangb jek,

Uat nil yeuf dlangb njet shuat nghel duax zos jek,

Nchait god del jaox del gud lud[52],

God zhit muax dol lab zhit lol baif shangf zhit dout lol luef laos drout gaox zhek gaox jaox mol baif shangf zhit dout lol luef laos drout vaif zid yil ek vaif zid yil!

Keuk zhit dout zhif zaox zis bek ndeus, zaox zis zhit dout duad bek ndreud duax shout langs reb.

逝者有吃又有喝，

到阴间不挨饿不忍饥了。

像我这样的舅父哟，

翻山越岭来到这里，

我只是两手空空而来，

没有什么东西呈奉给迎宾师你转给叔伯来祭献啊！

给不起叔伯就没有什么东西来打卦祭献给逝者。

Nil lenx ghak loul zhit dout naox zhit dout houk jek,

Nghel yenb dif ndrangs zhek nchait yuad nyax chaib ndros ghous nkhek nat lak,

Nchait god lol zhek lox del jaox zhit muax pangx changb ghak longt zhek,

Baif shangf zhit doul lol ak luef laos drout lenx zid ndangt dlangb jaox ndangt khuat et,

Lenx dob ndangt zhangd jaox ndangt khuat gaox jaox mol baif shangf zhit doul lol ak luef laos dout vaif zid yil,

Vaif zid yil keuk zhit dout cik zaox zis bek ndeus zaox zis zhit doul duad bek ndreud duax shout langs jangb zhek.

逝者没有吃又没有喝，

到阴间怕要忍饥挨饿了，

我两手空空不带盘缠，

没有什么钱物呈给迎宾师你啊，

你也没有什么可如数转给叔伯，

叔伯也无法在那棺材旁打卦祭献逝者。

Nil lenx ghak loul zhit dout naox zhit dout houk zhek,

Nchait ghel yenb dif deb zhek yuad nyax chaib ndros ghous changd nat lox,

Nchait dot leuf gaox shab lol lex langs zhit zeux dangl nat lak,

Lenx dob ndangt dlangb jaox ndangt khuat!

逝者没有吃又没有喝，

到阴间挨饿又中暑，

恐怕你只有伤不完的心喽，

你这个迎宾师呀！

Xaof Juab Haik Muax Zax Baof Zax Muax Nzhis Baof Nzhis

孝家迎宾师说有礼报礼

Ak... rongt lol haik nad lenx dob baof zax dob baof nzhis, luak dak gaox muax zax gaox yuad baof zax, gaox muax nzhis gaox yuad baof nzhis muak lenx dob baof zax dob baof nzhis.

啊……有金玉良言你尽管说，尊敬的报钱报礼者，希望你有钱报钱，有礼报礼呀报钱报礼者。

Khuat Haik Luak Zeux Uat Zid Dlangb God Zhit Zeux

来客说不会做大舅

Et... Yaos leuf dex nat haik leuf let nat shob lat,

Lenx dob ndangt dlangb mol leuf lenx dob ndangt khuat yat!

Rongt lol rongt lol yaos lot lol nyax huak,

Zhif nyaos ghak cab jaox buat zax nik,

Rongt lol rongt lol yaos rongt lol gob,

Zhif nyaos ghak cab jaox buat nox shob yax.

Rongt lol bangx lol nzhis zhit dot nghet,

Rongt lol rangx ax lol ruas zhit dot nox zhek,

Yaos leuf dex nat haik leuf let nat.

啊……话是这样说了啊这样说，

我的迎宾师呀！

好言好语似金语，

价值千金显真情，

美言美语似银话，

价值连城是真心。

赞誉之词胜珍宝，

文雅词句价无边，

这样说的是真心话。

Suk nyaos dout las dex nat las uat yeuf dlangb zhek,

Las njet shuat nghel duax zos,

Naf duax zhek naf lox del sheuk nyaos mangx,

Zid duax zhek zid lox del jangb nyaos yangx sob.

Naf duax zhek naf lox del sheuk nyaos nduas huak,

Zid duax zhek zid lox del jangb nyaos nbuat yuas!

如若是别人的大舅呀，

跋山涉水赶来到，

母亲来呀母亲织麻，

父亲来了父亲能够牵来羊。

母亲来呀母亲手持线，

父亲来了父亲牵来猪哟！

Zhek las duax rens zos dif daox zhek,

Las lox del nghangt let njeud lob wangf shangb qenx duad bek njot,

Las tix nyaos dout daob sheud yongf nyaos gunf ek.

Las njet shuat nghel duax zos ndruab dleuf,

Naf ged nenx dub shaib nyaos uat zid ghak nbaox huak,

Zid ged zhangd dub zhuf sheud nyaos uat zid ghak beus[53] yax.

人家奔丧来到对面那山坡，

便会揣着沉重的礼物和望山筒钱，

提得起刀又耍得了棍。

人家来到对面那垭口，

亲朋便成群看热闹在路上，

好友结队相拥在路边。

Jangl suk let gus las dex ot ek,

Las zeux uat yeuf dlangb ek,

Naf duax zhek naf lox del sheuk nyaos mangx,

Zid duax zhek zid lox del jangb nyaos yangx sob,

Naf lox dak duax zhek naf lox del sheuk nyaos nduas[54],

Zid duax zhek zid lox del jangb nyaos nbuat.

若是别人呀，

人家会做舅家呀，

舅妈来了手会织麻，

舅舅来了手牵来羊，

舅妈来呀舅母手拷线，

舅舅来了手牵来猪。

Las duax let rens[55] zos ndruab dleuf,

Las tix nyaos doul lob wangf shangb qenx duad bek njot yat,

Nghel ndrel shuat zos dif daox zhek,

Las tix nyaos dout daob yongf nyaos gunf zhek,

Naf ged nenx shaib uat zid ghak beus,

Zid ged[56] zhangd dub zhenf shaib nyaos uat zid ghak nbaox nik.

人家赴丧来到那垭口，

提得起沉重礼物和望山筒钱，

人家匆匆下到那山坡，

提得起刀又弄得起棍棒，

好友结队相挤看热闹在路边，

亲朋成群相拥看稀奇在路上。

Muax dol suk god yeuf dlangb zhek!

Jangl god duax ndos ghak ndit[57] huak,

God naf duax zhek god naf lox del sheuk zhit doul mangx,

Zid duax zhek zid lox del jangb zhit doul yangx.

Naf duax zhek naf lox del sheuk zhit doul nduas,

Zid duax zhek zid lox del jangb zhit doul nbuat et!

像我这样的舅家呀！

来到这里只能悄悄站在边上，

作为舅妈她手织不起麻，

舅舅来了牵不起羊。

舅妈她手拷不了线，

舅舅来了拉不起猪啊！

Duax let rens zos ndruab dleuf,

Lox del nghangt zhit doul lob wangf shangb qenx duab bek njot,

Tix zhit doul daob yongf zhit doul gunf shob yad,

Nghel nzhongs duax zos ndruab dleuf,

Naf ged nenx lak sheud zhit doul zid ghak nbaox huak,

Zid ged zhangd sheud zhit doul uat zid ghak beus et!

Jangl god duax let raox guak naf duax zhek naf lox del sheuk zhit doul nduas,

Zid duax zid lox del jangb zhit doul nbuat et!

Naf duax zhek naf lox del sheuk zhit doul mangx huak,

Zid duax zhek zid lox del jangb zhit doul yangx jek!

我们匆匆来到那垭口，

手上拿不起望山筒钱，

提不起刀用不起棍棒，

匆匆来到那垭口，

亲朋成不了群看热闹，

好友也做不了堆看稀罕啊！

我们匆匆来舅妈她手拷不了线，

舅舅他牵不起猪！

匆匆而来舅妈她织不起麻，

舅舅他牵不起羊！

Duax let rens zos ndruab dleuf,

Lox del nghangt zhit doul lob wangf shangb qenx duab bek njeud!

Duax let rens zos dif daox zhek,

Tix zhit doul daob yongf zhit doul gunf zhek,

Naf zid ged nenx luak shaib zhit nyaos uat zid ghak beus ax,

Zid ged zhangd yad sheud zhit doul uat zid ghak nbaox sob.

Nchait god njet ghak shuat nghel duax zos njuat jek,

Mex lox yenl let hlangt zhit zhof qif shob nat lout lenx ak dob ndangt dlangb jaox ndangt khuat!

我们匆匆来到那垭口，

舅舅手上带不起望山筒钱！

我们匆匆来到那山坡，

舞不起刀耍不了棍棒，

好友成不了堆看热闹，

亲朋成不了群看稀罕。

舅舅我空手而来，跋山涉水到这里，

你们宽宏大量还热情招待，我尊敬的迎宾师！

Xaof Juab Draod Haik Baof Zax Nzhis

孝家迎宾师再说报礼

Lot, luak dak zid dlangb lenx dob baof changd dob baof nzhis ad! Luak dak gaox muax zax gaox baof zax, gaox muax nzhis gaox baof nzhis nat lak ad.

喽，话说舅舅你这位报场报礼者啊，你有什么钱物报什么钱物，有什么礼数说什么礼数。

Khuat Haik Luak Nyaob Zhed Gob Nbos Nblait Nyax

来客说别人住镶金嵌银房

Yaos leuf dex nat haik leuf let nat shob lat,

Suk let gus las dex gus zeux uat yeuf dlangb zhek,

Nchait las nyaob nyaos lob zhed nbos leuf nblait nyax[58] zhek,

Las nghel nzhongl duax zos zhek,

Las yuad ndros gaox haik zax shob yad;

Las dex gus zeux uat yeuf dlangb zhek,

Las nyaob nyaos lob zhed duax nbos nyaos nblait gob[59],

Las njet shuat duax nghel zos jek,

Ndros gaox haik zax ndros haik nox ek.

话虽这样说，

人家会做舅舅的，

恐怕人家住房要镶银，

人家跋山涉水来，

才会与你来讲钱；

人家会做大舅的，

恐怕人家住房要镶金，

人家千辛万苦来，

才跟你讲钱和礼。

Jangl ak muax let dol suk god yeuf dlangb zhek,

God nyaob xeut doux nghel xeut zhuas[60] uat lob nenx ak ndros blax bluas[61] shob yad,

Nyaob zhit dout bleud lax ndros bleud deb,

Nyaob zhit doul lob zhed gob nbos nblait nyax shob yax.

我这个舅舅呀，

居住在那蛮荒地生活贫困无脸面，

生活不在肥田和好地，

居住不起镶金嵌银房。

Njet shuat nghel duax zos njuat yad zhit muax ndros gaox haik zax shob et,

Jangl god nyaob qeut doux nghel xeut qeut zhuas zhek uat lob nenx let dak blend blax plot[62] et!

God nyaob zhit nyaos bleud lax ndros bleud deb,

Nyaob zhit doul lob zhed duax nbos nblait gob yax!

Jat god njet shuat nghel duax zos njuat zhit zeux ndros gaox haik zax ndros haik nox ek.

Jat god njet shuat nghel duax zos njeud yax,

Jat god jaox nik nzhik duax ndeuf nat ed ghak ghongb zhit chenx ghongb.

我跋山涉水来到无钱不与你说，

我在蛮荒地生活无脸面啊！

我没有肥田和好地，
也住不起镶金的房屋！
我翻山越岭来无钱与你讲，
我跋山涉水来呀，
只带了一点薄礼它是粮不像粮。

Suk let las dex ot zhek jaox duax zos njuat baif shangf luef laos zos njuat gaox zhek,

Gaox jaox mol zhek jaox mol luef laos dout bangb mangx dif xongb ak,

Bangb mangx dif xongb jaox mol pax reb draod shangf mof zhek,

Dex hmongd jaox lol zhek dout daf nenx ndros daf khuat,

Dex suat dob duab zhenf dout jaox mol bob nbuat ek!

不像人家一来到便足数数钱物呈给你，
你便很快如数转给帮忙弟兄，
让他们推磨又打粉，
那米面用来招待亲朋好友，
糟糠可以拿去喂猪啊！

Muax dol suk god yeuf dlangb zhek,

Jaox nik nzhik duax zos ndeuf nat,

Yad ghongb zhit chenx ghongb yax!

Gaox jaox lik raos mol zhek,

Gaox dak yaos ghongb zhek gaox jaox mol teud dangl duax ndros teud[63] tab,

Zhit yaos ghongb uat nteud[64] duax ndruab ghaib muak!

Gaox jaox mol zhek yaos longt zhek gaox jaox mol zhaot pluad duax ndruab peud[65],

Dex nat yaos suat[66] zhek gaox jaox mol uat nteud nat lak!

God lenx dob ndangt dlangb leuf jaox ndangt khuat yex!

像我这样的舅舅啊，
带来一点点薄礼到这里，
粮不成粮呀！
你赶快拿着去呀，
看是粮了便拿去抖了又抖放在箩中，
若不是粮了便抛在那里去喂鸡嘛！
你拿去看是粮了便放在筐里，
若是糟糠便丢了吧！
我尊敬的迎宾师接亲人呀！

Xaof Juab Deb Jaox Ghongb Yaos Ghongb Jaox Nzhis Yaos Nzhis

孝家迎宾师答钱物足额礼节到位

Ad... Las dak gaox lenx zid dlangb nyangx yeuf gongb lous ed,

Suk let gus gaox ot zhek,

Gaox jaox ib hnangb duax yaos ib hnangb ghongb,

Dak gaox jaox duax zos zhek nchait nil yuad dout jat bangb mangx mol dif xongb jaox mol dit reb duax draod shangf mof.

Yuad muab dex suat duax ndros bob nbuat,

Muab dex ghongb duax daf dlangb sheud daf khuat,

Ral nat gaox lens zid dlangb nyangx yeuf gongb lous ed!

啊……俗话说娘亲舅大啊，
你老远赶来，
你拿来粮食有一袋算一袋，
帮忙弟兄要将它拿去上磨来推啦，
磨出糟糠拿去喂猪，
磨出米面招待客人和好友，
我的舅舅（舅母）啊！

Khuat Haik Dongx Nplaib Nzhis Bous Tab Nongs Bex Nongs Baos

来客说铜戒玉镯和神鸟

Et... Yaos leuf dex nat haik leuf let nat shob

lat,

Lenx dob ndangt dlangb jaox mol ndangt khuat yak!

Uat let cuat nax lol cuat xongt zhek jangl mex ndouk leuf dongx nplaib nzhis bous[67] drout ngeuf nongs bex nongs baos mol leuf dex yangl nbangb,

Ngeuf nongs bex nongs baos zhit sheud drenl lol ndaox gangb yax?

唉……话是这样说，

你这迎宾师呀！

往年往日啊，你们要铸成铜戒玉镯给白鸟绒鸟戴在长臂上，

白鸟绒鸟为何不起身顺礼节之道走？

Cuat nax cuat xongt ek gaox zhit ndouk dongx nplaib nzhis bous drout nongs bex nongs baos dex yangl jed,

Cuat nax cuat xongt ek nongs bex nongs baos sheud zhit ndaox ged[68] yax?

Lob xongt ek raox suk xongt nat ek,

Yuad ndouk nyaos dongx nplaib nzhis bous drout nongs bex nongs baos dex yangl nbangb,

Ud ndrenl ndros ndaox gangb!

往年往日啊，你未铸成铜戒玉镯给白鸟绒鸟穿戴在身，

白鸟绒鸟则无法沿习俗之路飞？

像今年这样啊，

要铸成铜戒玉镯戴在白鸟绒鸟手臂上，

那白鸟绒鸟立马沿着礼俗之路走！

Jangl et nongs bex nongs baos[69] ndouk duab bek nchuat zos leuf god dex yangl zhed,

God nghol drongx daol raos nil suk zhit nyaob ek,

God dot ntraot gangb bangx yenb nil zhit shaob,

Nil zhuak lob shuab ghuax ndros lik oud lob shuab nyad ncod lik dreud,

Nil dak nil yad draod ghangb nik!

为什么白鸟绒鸟来到我家中，

我邀请坐下却无心坐，

我递上香烟他无意点，

他放声号啕乱纷纷，

他说他要回家啦！

Jangl ek lob xongt raox suk xongt nad,

Mex yuad ndouk dout dongx nplaib nzhis bous drout nongs bex nongs baos dex yangl jed,

Nongs bex nongs baos sheud ndros ndaox ged huak!

Nil ndaox bek nchuat zos god lob zhed daos vangx[70] zhek,

God ndros nghol drongx daol raos nil zhit rouf ek,

God dot ntraot gangb bangx yenb nil zhit houk shob,

Nil uat shuab ncod lik end shuab nyad ncod lik oud,

Nil yad nghol drox draod ghangb ek!

Gaox dongx nplaib nzhis bous gab ndraos lik langf draod zos gaox dex ndraos zhed[71] lak zhit dout yax,

Gaox qenx zhenb haik khat god nat muak.

像今年这样啊，

铸成铜戒玉镯戴在白鸟绒鸟手臂上，

白鸟绒鸟便起身沿着那习俗走！

他来到我的房屋后，

我邀请坐下他却无心坐，

递上香烟他却无意抽，

他放声大哭闹汪汪，

他说他要回家呀！

你那铜戒玉镯是否已经滚落到家中了呀，

你要真诚告诉我！

Xaof Juab Deb Dongx Nplaib Nzhis Bous Ndlous Zos Zhed

孝家迎宾师答“铜戒玉镯”已滚落至家中

Et... Yaos leuf dex nat hak leuf let nat shob lat,

Ghak ndeuf ged nenx mol ged zhangd zid yeuf dlangb yex!

Jangl gaox dak dongx nplaib nzhis bous ndlaos langf zos gaox dex yangl zhed,

Gaox nghol drongx daos raos nil zhit nyaob,

Dot ntraot gangb bangx yenb nil zhit shaob.

Jangl gaox dak nil ndlaos langf zos njuat gaox dex yangl zhed ek,

Gaox nghol drongx daol ntraot nil zhit rouf ek,

Dot ntraot gangb bangx yenb nil zhit houk.

Yenx bend ghak laos ex,

God dongx nplaib nzhis bous ndlaos langf[72] draod zos njuat god dex ndraos blangs ek!

唉……是哦，

话是这样说，众亲朋好友和舅父大人呀！

你说的铜戒玉镯已经顺利拿到家中了，

你拉来桌椅他无心坐，

拿来香烟他无意点。

你说他家中得到礼物，

你拉来桌椅却无意坐，

拿来香烟却无心抽，

我真的已经得到了，

铜戒玉镯已经顺利到了我堂屋中啊！

Xaod def nil duax ndros gaox haik dol zhit rangx nik.

Jangl nil yenx bend ndraos bek langf draod zos god dex yangl zhed,

God zhit boub xaod def nil ndros gaox haik dol zhit nbet nat et gaox ak lenx yeuf dlangb nat!

我不晓得他与你唱了什么歌呢？

原本礼物是已经到了家中啦，

也不知他到底用了何名与你说啊？我的舅父大人！

Khuat Haik Njex Huab Sheud Yenl

来客说“云之柱”升起

Et... Yaos leuf dex nat haik leuf let nat shob lat,

Lenx dob ndangt dlangb mol ak jaox ndangt khuat!

Uat jangl et dex nat zhek yik jif dangl njuat ntraot shob ak,

Jif erf zix shix heuf ghak yenl dangl ntraot zos zix nat shob lat.

Jangl ak beb yad haik let nat,

Uat let jangl god njet shuat draod nghel duax zos dax sib ndrangl dol ek,

God zhuak bof njex huab[73] sheud lik yenl[74] sheud ndaot ndox yax.

Njex huab sheud yenl zhif ghak zhit nox nik?

唉……是哦，话是这样说，

尊敬的迎宾师！

按照礼节这些东西已登记完了，

到现在就结束了。

我们要这样说，

为什么我跋山涉水来到你们这一方，

我见到云雾缭绕来抵天呀，

那齐天云柱抵何价？

God njet ghak shuat duax zos ndrangl dax sib ndrangl dol,

Njex huab sheud yenl sheud ndaot zhuat yad,

Njex huab sheud yenl zhif dout ghak zhit dluab[75] nat?

Gaox qenx zhenb haik khat god nat lok!

我跋山涉水来到你们这一方，

那云柱齐岩高呀，

那云柱能够刻下什么影子啊？

你要将实情告诉我喽！

Xaof Juab Deb Njex Huab Sheud Ndaot Ndox

孝家迎宾师回“云之柱”齐天

Et... Yaos leuf dex nat haik leuf let nat shob lak,

Ghak ndeuf ged nenx ak ghak ndros ged zhangd et!

Zid yeuf dlangb ad yaos leuf dex nat haik leuf let nat shob ek!

Cuat nax nyaob cuat xongt ax,

Zhed mol lol xaof juab, nil lenx ghak loul uat nenx let dak bend rongt mongt yax,

Zhed mol xaof juab uat nenx bend suk luak zhek.

Jangl yaos ged rex ged raol lob zhid nax zhek,

Yaos nil lenx ghak loul lob rongt xongt.

Jangl njex huab zhit sheud huab nangs ndros zhit njongt[76] shob!

唉……亲朋好友啊，

话就是这样说了啊！

大舅啊，这样说了啊！

往年往日啊，

我孝家老人命运本是好命运，

众孝家生活本也像人家一样过得好。

今日对聚集于此的邻里乡亲是坏日子，

却是他老人家归西的好年头。

那云柱不起，雨雾也不与它相依偎哟！

Jangl bongb nzhongs lob xongt let raox suk xongt nat,

Yaos ged rex ged raol lob rongt nax zhek,

Yaos nil lenx ghak loul lob zhid xongt[77] ex!

Jangl et lob xongt let raox suk xongt nat,

Wef dout nil lenx ghak loul zhit dout naox yuaf dlangb ghangd,

Zhit dout houk yuaf dlangb dlex.

Nil lenx ghak loul yaos nzhox nend nbluat ndend ghak gab hab yenb dif deb?

Njex huab let sheud yenl sheud ndaot ndox shob,

Huab nangs zhek yuad dik dout nil lenx ghak loul zox hmongd blox shob lak!

为什么落至今年，

是乡亲邻里的好年月，

却是他老人家的坏年景啊！

为什么时至今年，

他老人家没有吃错鬼食，

也没有喝错怪水。

他的魂魄印迹却漫到了阴地街？

那云柱才升起来齐天，

雨雾为他老人家取了个亡名喽！

Jangl bongb nzhongs lob xongt raox suk xongt nat zhek,

Jangl yaos ged rex ged raol lob rongt xongt zhek,

Yaos nil lenx ghak loul lob zhid nax ek!

Jangl njex huab let sheud yenl sheud louf zuak huab nangs,

Let zhid let chuab nil lenx ghak loul zox hmongd duas nat lak!

Ghak ndeuf ged nenx ghak ndros ged zhangd et lenx ak mol yeuf dlangb yed et!

为什么时至今年，

是乡亲邻里的好年头，

却是他老人家的坏年关啊！

云柱升起雨雾连绵，

它们互相追逐卷起他老人家的死运呀！

尊敬的邻里乡亲和舅舅耶！

Khuat Nos Dol Zhit Uat Qeut Chuat

来客问拿什么来怀念

Et... Yaos leuf dex nat haik leuf let nat shob lat,

Zhed mol leuf xaof juab lenx dob ndangt

dlangb jaox ak mol ndangt khuat ex!

Jangl ak dex nat haik let nat shob lat jangl nil lenx ghak loul nil blox ghous,

Gaox dak nil blox lak god ndros gaox dak nil blox huak,

Gaox dak nil duas god lak ndros gaox dak nil duas!

Uat let blox ghous let nzas jenb duas dangl ntreud, uat let nil yad nghel chox duab lik cheut yenb dif deb mol jax luas yat.

Jangl mex muab zhangd nax dol zhit uat nil qeut chuat[78] nix?

Jangl nil nghel yenb dif deb mol jax luas sheud ndros gaox dlangb,

Mex dol zhit dik nil dluab sheud dik nil nbangb,

Mex dol ndangt dlangb jaox ndangt khuat!

唉……话是这样说，

众孝家可敬的迎宾师接亲人啊！

人家好像这样说了他老人家仙逝的事，

你说他仙逝了我便认可他仙逝啦，

你说他去世了我便认可他去世啦！

那他仙逝以后呀将下到阴地与那阴间人混杂成伙，

你们拿什么东西给他作纪念呢？

他到阴地去与阴间人混居做伴啦，

你们又拿什么来标记在他手臂？

尊敬的迎宾师接亲人！

Xaof Juab Deb Ib Zif Yif Suk Zhenx Ndeus Lol Zuak Lol

孝家迎宾师拿一副竹卦易来阴阳对话

Et... Yaos leuf dex nat haik leuf let nat shob lat,

Gaox ak lenx zid dlangb mol nyangx jeuf gongb loul ex ax!

Jangl xongt nat ek nil lenx ghak loul blox ghous nzhox lik nzas jenb duas dangl,

Shout lous let ngongx duas nangl hnob[79],

Nil dub gueb shif drout hmaot nad,

Nil blox ghous jenb duas dangl xangb deut[80] lox lenl duax nyaos Nzux Shib Nyongs[81] lob drongx vangs langs[82] yax.

唉……话是这样说，

舅舅或姑妈呀！

今年是他老人家仙逝之年，

亡日是鼠天，

归世于今晚，

他老人家离世已魂到祝牛那阴地之城呀。

Nax zhangd dol zhit zhit muax guak,

Zhuak muab dout zongx xongb dlob duad bek ngongx ed,

Ghak nzhik yif ntraot jat houd boul duax yif ntraot zhes,

Yuad mol nax yangl dex ndruab ndrangb,

Puat tret[83] duax uat aob shangb yek,

Uat dout **ib zif yif**[84] suk zhenx ndeus[85] jek,

Ndros nil lenx ghak loul nenx dlangb shik zuak lol nghel leuf yenb dif deb ghak dlangb duas ndrangl nat louk!

Jangl nil blox ghous nzhox let zas duas ntreud,

Xangb deut lox ak lenl duax nyaob Nzux Shib lik Nyongs yenb dif deb yad!

我们什么东西也没有，

只握到一丛黑竹，

砍了竹梢削去竹根，

留下中间一段，

劈开成两半耶，

做成一副竹卦易，

拿来做人神对话的媒介喽！

老人离世之后，

将前往祝牛所在的阴间！

Nax zhangd dol zhit zhit muax huak,

Zhuak muab dout zongx xongb dlob duad bek ngongx ex,

Des ghak nzhik duax yif ntraot zhes houd boul duax yif ntraot jat,

Zhuak yuad dout nax yangl duax ndruab ndrangb,

Puat tret duax uat aob shangb,

Puat dout **ib zif yif** shik zhenx ndeus,

Nenx dlangb shik zuak lol nghel leuf yenb dif deb nat louk.

我们什么东西也没有，

只握到一丛黑竹，

砍去竹梢削去竹根，

留下中间那一截，

劈开成两半，

剖成一副竹卦易，

拿来做人神对话的工具喽！

At... Las dak zid dlangb nyangx yeuf dlangb lenx dob baof zax dob sangt nzhis ed,

Las dak nbaox xaof juab nil yif nat nil lenx ghak loul blox ghak jenb duas dangl,

Guas gaox zid dlangb nyangx yeuf gongb guas gaox duax zhit dongf qenx ndros zhit dongf lik,

Gaox yad dongf qenx nyaob dongf lik,

Dongf zax nyaob dongf nzhis,

Yuad duax ndros dout nil zhed zongs nbaox xaof juab ndangt dlangb duax nyaob teuf hnob,

Ndangt khuat duax nyaob teuf hmaot.

唉……有言道，大舅报礼者兼送礼人哟！

孝子一家的老人今已逝去，

都说只是告知舅父大人和姑妈前来陪伴，不动恩情来不随大礼，

你偏要施恩又赠礼，

帮钱又帮忙，

帮助孝子一家成天来待客，

主持丧葬熬更又熬夜。

Luak dak muax hnob ndrangl ndex ib xongt mol draod ndrangl ot huak,

Nil nbaox xaof juab nil yif nat uat lob nenx shik nenx,

Uat lob ndangx nens nyaob suk luak nat zhek,

Njot leuf gaox zid dlangb nyangx yeuf gongb beb buat drout jouf lob nggenb lik qenx huak!

将来如果有一天呀，

若孝子们的生活有了起色，

过上与别人同样富足的生活，

将会记住舅父大人和姑妈你们的三百六十个大恩哟！

Zhas muax hnob ndrangl ndex ib xongt draod ndrangl ot ek,

Nil nbaox xaof juab uat lob nenx shik nenx,

Uat lob ndangx nens zhit yongs las cuat lenx cuat dol zhek,

Muab gaox zid dlangb nyangx yeuf gongb let zax nzhis ndrof let ndrongl[86] dlex dlangx ndros dlex dlangx[87] mol leuf dex duab lik ndangt[88],

Ndrof let ndrongl dlex dlob[89] ndros dlex dlob mol leuf dex duab shik chob[90].

Zid dlangb nyangx yeuf gongb loul ek!

Nchait gaox ad sangd lox duab lik langl[91] nchait dot leuf gaox beb buat drout jouf lob nggenb qenx nyaob zhit zeux dangl.

若有朝一日呀，

孝子一家的生活依旧艰苦，

生活始终不像他人一样富足，

会把舅父大人和姑妈的大恩丢进黄河，任它随着黄河漂流而去，

会把恩情丢入黑河，任它沉河底。

尊敬的舅舅和姑妈哟！

恐怕会让你们心头总萦绕不尽的牵挂，孝

子一家却忘了你们的恩情伤透你们的心。

Khuat Haik Njot Zax Nzhis

来客说恩情永志不忘

Ad... Las dak zid lox xaof juab lenx dob ndangt dlangb jaox ndangt khuat ax!

God zid dlangb nyangx yeuf gongb zhek god duax nat zhek,

God njet daox lak ndraos ndraox[92] ek nghel dous sheud ndraos zhuas.

God nghel zos njuat god zhas plut hout ghuax ek plut hout nyad[93].

God zhas zeux duax ek plut god zax nggenb guat muas[94] dub bangb zhit dout xaof zid zhangd nax dol lab zhit,

Dex nat zhek dongd zhit dout xaof zid lob guat muas lak mad!

唉……人家说，孝子家的接亲人和迎宾师！

我舅舅和姑妈闻讯赶来，

上坡茅草绊脚，下坡杂树丛缠身，

我匆匆到来，只会抱头痛哭。

我只会哭哭啼啼掉眼泪，什么忙都帮不上，

也止不住孝子们的眼泪啊！

Xaof juab haik dak: Bangb mangx muax dek ndout lak mad!

孝家迎宾师说：已帮助无数了呀！

背景介绍

唱诵者： 杨正华 Heux Yeus（1952—），男，文山市马塘镇汤坝村委会塘子寨村人，掌握苗族婚丧习俗礼仪，可兼指路师（Mof），对苗族传统文化有较深的造诣。14岁时师从文山市薄竹镇摆依寨村委会冬瓜林村杨春发 Chenx Baok Yeus（1946— ）。杨春发已迁往丘北县。

熊光祥 Nyax Guangb Hmaob（1954—），男，文山市马塘镇汤坝村委会塘子寨村人，掌握苗族婚姻习俗礼仪，擅长古歌，30岁时师从本村杨正华。

杨正华

熊光祥

唱诵场域： 一般奔丧者得到消息后赴丧到主人家时，要将带来的钱物和祭品一一交给主人进行登记用以祭祀。其间，主客双方的歌师进行对歌（双方歌师均称为 “Zid Said” ），围绕死因、恩情和钱物、祭品等主题一一对唱清楚，并登记在案。部分资深歌师会拓展教育孝子不忘恩等内容。

采集整理： 罗永洪、熊文国、熊兴坛。

注释

[1] Nbouf Nblongx：像叶子一样多，形容数量多。也称为Nblouf Nblongx。

[2] Nbouf Zhuas：像杂草一样繁杂。

[3] Lenx Dob Ndangt Dlangb：祭祀者，祭师。指专门祭祀的人。

[4] Lenx Dob Ndangt Khuat：迎宾师。指专门接待宾客的人。

[5] Jenb Longx Bus：金龙纸筒，即招魂幡，苗族丧葬中吊唁者带来的纸筒钱。

[6] Duad Bek Njeud：晃悠着走的样子，摇摇晃晃走的样子。

[7] Jongb：多，众多。

[8] Jix Yenx：迎接。

[9] Sheud Ndraif：站立，站着。

[10] Caik Doub：半个瓢，此处指祭盆，表示祭师。

[11] Rangx：歌，诗歌；首，行。

[12] Ruas：辞，辞赋。此处指古歌赋。与之相关的四音格词Muax Rangx Muax Ruas指有歌有赋。

[13] Dob Jaox Said Mol Jaox Lol：是苗族丧葬礼俗中Yeuf Zid Said（传言者、信使者）的别称，报礼场合的接待人，也称为Zux Denb Zid Said，是负责接待和对接各项丧葬事务的人，一般由管事来兼任或由经管事授权委托的人担任。

[14] Dob Baof Zhangf：报账人。

[15] Dob Sangt Nzhis：送礼人。

[16] Nyox Nenl Zuaf Bek Nzeul：牛马混杂。

[17] Bok Huab：雾蒙蒙，雾茫茫。

[18] Jix Mangd：一下子，一会儿，指较长一段时间。

[19] Shab Ghak Dek Nded：耐心。

[20] Bangx Xangb Bangx Ndeud：香纸。

[21] Lol Nyax：银话，指有价值的话。

[22] Lol Gob：金言，金语，指有价值的话。

[23] Zhit Dot Nox：无价，不给价，没有价钱。其中，Nox指物质、礼物。

[24] Zhit Dot Nghet：无价，不断价，不给价。其中Nghet指价、价值。

[25] Hmangt Nbuat：狼，豺狗。另有别称Dled Deul。

[26] Nzheuk：藏，隐藏，掩藏。

[27] Got Nbangb：手挽，手臂。

[28] Zaox Ghangb：尾随，跟随。

[29] Draod Feb Zhed：回家，归家。

[30] Nyaob Tangf：一会儿，一趟儿。与之相关的Nyaob Njuak指一会儿、等会儿。

[31] Pux Shoub：筛子，漏筛。

[32] Bend Lax Ndros Bend Tud：本田和本土，文中指本户的田和地，即承认是孝家的信使者和待客人。

[33] Zhenf Renx Ndros Zhenf Zhud：证人证主。本文指已经承认是待客人和信使者。

[34] Nboux：蝴蝶。本文指蚕和蚕蛾。

[35] Dongx Hlangb：编织丝带。

[36] Dongx Rel：做窝，鸟织巢。

[37] Ndongt Puaf：戴帕，指孝帕。

[38] Ndaot Zhuat：越过山崖顶，到山崖顶。

[39] Ndaot Ndrual：鼓声萦绕。

[40] Jaox Dluab Fet Mongt：携影带信，带着影子和音信。本文指通信。

[41] Mongt Duas：死讯，死亡的消息。

[42] Ndaot Ndox：通天，到天上。

[43] Sangt Sod：送线，送信，传信息。

[44] Nbout Shuad：梦。

[45] Bleud Ded：田坝心，田心，平原的中心。与之相关的Bleud Deb指地的中心、中心部分的土地。

[46] Ndrangx Yil：百鹇鸟。与之相关的Loud Zheut指公野鸡，公雉。

[47] Nghaix Naot：祭肉，祭品，专门给逝者祭祀的酒肉食物。Naot指用来祭祀的食物。

[48] Maod Changd：祭食，指给逝者祭祀的食物。另称为Ghangd Lais、Ghangd。

[49] Zaox Zis：竹卦。与Zhenx Ndeus同释意，详见P105。

[50] Langs Jangd：灵柩，棺材。Langs Reb与之同。

[51] Ghous Changd：中暑。与之相关的Nyax Chaib指忍饥挨饿、挨饿。

[52] Jaox Del Gud Lud：空手，空手而来。其中，Gud Lud指滑、光滑。

[53] Uat Zid Ghak Beus：成堆挤在一起；成堆成群，成群结队。与之相关的Uat Zid Ghak Nbaox指成群结队。

[54] Nduas：火麻，传线。

[55] Duax Rens：来得很快。

[56] Zid Ged：拥挤在路上，堵在路上，堵路。

[57] Duax Ndos Ghak Ndit：（站在）边上，边沿。

[58] Zhed Nbos Leuf Nblait Nyax：银房，用银子盖的房子。

[59] Zhed Duax Nbos Nblait Gob：金房子，金屋，用金子盖的房子。

[60] Doux Nqhel Xeut Zhuas：杂草丛生。其中，Doux指芭茅草，Zhuas指小树丛、灌木丛，Xeut指混、拌、搅。

[61] Blax Bluas：窘迫，脸干，尴尬，没有面子。

[62] Blend Blax Plot：图脸面，涂脸面，遮面子。

[63] Teud Dangl Duax Ndros Teud：抖了又抖。其中，Teud指抖的意思。

[64] Uat Nteud：抛弃，丢。

[65] Ndruab Peud：在箩中，在筐里。

[66] Suat：糠，糟糠。

[67] Dongx Nplaib Nzhis Bous：铜戒玉镯。文中指十分珍贵的

礼物和情义。

[68] Ndaox Ged：起步，沿路走。Ndaox Gangb与之同。

[69] Nongs Bex Nongs Baos：白鸟绒鸟，两种鸟名。文中代指迎宾师和报礼人。

[70] Zhed Daos Vangx：房背后，指房前屋后、院子前后、园子背后。

[71] Ndraos Zhed：堂屋，正堂屋。

[72] Ndlaos Langf：滚落，滑落。

[73] Njex Huab：云柱，云之柱。

[74] Sheud Yenl：起来。文中指云雾缭绕起来。

[75] Zhif Dout Ghak Zhit Dluab：（云柱有岩高）能够刻下什么影子。文中指主方能够为客人留下什么纪念。

[76] Huab Nangs Ndros Zhit Njongt：雨雾不缠，指烟雾和雨雾互相纠缠，互为表里。其中，Njongt指枕头、枕。

[77] Zhid Xongt：坏年，坏年景，不好的年头。Zhid Nax与之同。

[78] Qeut Chuat：纪念之地，怀念之处，纪念地。

[79] Ngongx Duas Nangl Hnob：鼠日是亡日。

[80] Xangb Deut：伸脚。

[81] Nzux Shib Nyongs：祝牛，系音译，指掌管人生死的神。

[82] Drongx Vangs Langs：城池大门口。文中指祝牛神居住地的城门口。

[83] Puat Tret：剖开，劈开。

[84] Ib Zif Yif：一副易，指竹卦。疑与《易经》中的“易”有关。

[85] Zhenx Ndeus：竹卦，是苗族丧葬的祭祀工具，是人与神鬼对话的媒介。别称有Zhenx、Zhenx Zis、Cib Ndeus、Cib Xongb等。其作用是通过打卦、看卦开合情况判断逝者是否真去世、是否得到和允诺等。卦有开开、合合和开合三种变化形式，每种形式表达不同内涵。通过打卦确认后才继续下一个程序和环节，展示了对逝者的终极人文关怀。竹卦在苗族丧葬习俗中用于人和鬼神交流的工具，祭司念念有词将竹卦抛在地上时，若一半朝上翻开，一半朝下俯卧，则表明死者已领会。其中，“貞（贞）”的甲骨文与苗族丧葬仪式使用的竹卦zhenx实物相似。籍于此，供参考。

[86] Ndrof Nzhongl：抛弃，丢弃。

[87] Dlex Dlangx：黄河。

[88] Ndangt：荡，飘荡，漂流。

[89] Dlex Dlob：黑河。

[90] Chob：沉入（河底），混入（河底）。

[91] Sangd Lox Langl：思来想去，三思，牵肠挂肚。

[92] Ndraos Ndraox：害怕草丛。Ndraos Zhuas与之同。

[93] Plut Hout Nyad：抱头痛哭。Plut Hout Ghuax与之同。

[94] Zax Nggenb Guat Muas：眼泪。

大桌礼歌
Nghol Naf Drongx

大桌礼歌
Ngoux Nghol Naf Drongx

Houd Lol
序言

Rangx Nghol Naf Drongx[1] nat ib huaf faib uat beb naf ndot: Teux naf ndot yaos Leud Drongx[2]. Aob naf ndot yaos Nos Zax Nos Nzhis[3]. Beb naf ndot yaos Nghoul Naf Drongx Souk, draod lol Ngous Jux[4], Duaf Drongx[5], Nzhais Nzhab Nzhed[6], Zot Gob Zot Shend[7].

摆大桌礼分为三个过程：第一是嘱咐客人，一一邀请客人代表上桌入座，并以歌和辞跟桌上角色代表嘱咐对话的过程；第二是询问钱物礼节，即客人特别是大舅和叔伯一一过问筹办逝者的钱物礼节的过程；第三是结束摆大桌歌，其中包括“丢杖”“撤桌”“搬盐米”“卸角卸包袱”等程式。

Ndot Ib Leud Drongx
第一章 嘱托客人

Naox hmaot dangl muab lob drongx nghol dout, nil jeuf hot yeuf zux yeuf loul[8], zid dlangb (naf zid dlangb)[9], nyangx yeuf gongb[10], naf muaf nyangx[11], xaod yeuf dlangb[12], nik ncaik nik voud[13], chux guangb fangf jangf (nenb uat maod roub) [14], zid ghenx zid ndrual[15], bangb mangx dif xongb[16] lol nyaob shout drongx jeuf kheb njoux haik lak.

吃过晚饭后，把桌子布置摆好，就叫上寨老、舅公（大舅子）、姑奶、姑妈、小舅哥（孝子舅哥）、女儿女婿、厨官饭匠、芦笙师、鼓师和帮忙弟兄来上桌（按照座次坐好），才开口唱。

Nad yaos ndaox ndis aob xongt nzod cenx ghak loul blox ghous duas nghol naf drongx let. Duaf cix nongs dout, haik dak nyaf drous jeuf jaox mol keuk jat, zhit nyaf louk jeuf muax laif uat ghak ndat, nzend nik lol jeuf haik uat nad:

这是很久以前，有人去世时摆丧桌礼的礼仪歌（今已流传甚少或传承不完整）。古歌的内容大家将就着听，若是喜欢就铭记于心，若不喜欢就丢弃在大路边，歌如下：

Nzend Ib Chux Khuat[17]
第一节 奉告客人

Nghait 1 Jeut Khuat Njet Drongx
第一则 邀请宾客上座

Zos leuf shad duax des yat ax!

Gongb zhongf nbaox ghak loul[18] it shangf pax[19] lol xuaf zhof[20] yax.

Haik zid dlangb nyangx jeuf gongb et,

Yeuf zid tangx gob lol shux bef it,

Sheud lol nyaob dangl shangf pax lak,

Lob xuaf zhof it lox yenl shenb wef yout[21] shenb ek wef yout ek!

辛苦了呀！

坐在席位上各位尊敬的长辈。

说起大舅、姑奶和舅公，

叔伯和堂哥，
请你们都来坐在上席，
下座位卑呀与你们身分不符！

Suk cuat nax lak nyaob cuat let xongt ex!
Rongt nax lol zhas yad rongt leuf lik loul nax nad,
Zhid nax[22] zhek yad zhid dout leuf las nax nad.
Cuat nax nyaob cuat xongt ek,
Rongt xongt zhek yad rongt leuf loul xongt et,
Zhid xongt zhek yad zhid leuf las xongt et.
如往年往日啊！
好年景都是老人的，
坏年岁都是别人的。
亦如往年往日，
好年头都是老人的，
坏年头都是别人的。

Jat changd ndox[23] zhek,
Changd nyaos dout nil lenx ghak loul it ndox duab ghak los,
Draod mol leuf zox nik ged hlob[24] ax!
Zhouk ndox zhek,
Zhouk nyaos dout ghak jangd ek dex dlaif ndox duab ghak ndit,
Draod mol leuf nax lob nik rongd dlob[25] nat ax!
在阳光明媚的岁月，
老人身体健健康康，
家庭恩爱幸福美满！
在阴霾暗淡的日子，
一片漆黑前来笼罩，
正如走进无边的黑森林啊！

Nghait 2 Khat Wef Dol Zhit
第二则　道缘由

Uat jangd jat nil lenx loul uat nenx nyaob zhek ex,
Zhas yad changd dangl ndox zhek,
Changd dout nil loul ndox duab ghak los,
Draod mol leuf zox nik ged dlangd[26] guas ax!
Zhouk ndox zhek,
Yad zhouk dout ghak jangd dex dlaif it ndox duab ghak ndit.
Draod mol leuf dex duab ghak los it,
Draod mol nax lob nik rongd dlangd guas ax!
老人还在世的时候，
是阳光明媚的日子，
身体健健康康，
家庭幸福美满！
在阴霾暗淡的岁月，
一片漆黑前来笼罩。
没有曙光到来，
如同走进无边的密林啊！

Nghait 3 Njot Dex Zax Nzhis
第三则　忆恩情

Nil lenx loul uat nenx nyaob ek,
Nil lenx loul bangf nyaos dout nyax zax nzhab naox,
Zhas yad ndros ghak lil fud[27] suk dex nik reb cok[28] ek!
Nil lenx loul uat nenx nyaob zhek ex,
Nil lenx loul zhas yad uat nyaos dout dlex jeud hab nzhab naox,
Ndlul ghak heud yad suk dout ghongb hmongd shix nax ndros nab ax!
老人家健在时，
能够筹办钱财和米粮，
源源不断如岩浆水！
老人家健在时，
能够筹办酒水和财米，
连绵不绝如磨面满地撒啊！

Nil lenx loul uat nenx nyaob ax,
Uat jangl nil yad ek nbangx nyaos dout nyax zas nzhab naox,

Zhas yad ndros ghak lil fud draod suk dout nax lob nik reb zhis[29].

Nil lenx loul uat nenx nyaob ek,

Nil yad bangf nyaos dout dlex jeud nzhab let naox,

Zhas yad ndlul ghak heud[30] suk dout ghongb hmongd shix nax njis nab[31] ax!

老人家健在时，

能够筹办钱财和粮米，

源源不断如石磨磨面般落下。

老人家健在时，

能够筹办酒水和财米，

源源不断如磨面粉来撒落啊!

Nil lenx loul uat nenx nyaob et,

Uat jangl nil lenx ghak loul ek nil njet daox lol yad njet nyaos ndaot ek,

Njet bel[32] duax lol zhas yad njet nyaos deuf lak!

Nil ib blongs[33] duax zhek yad blongs ndaot leuf ndox[34] ek,

Ib nghangs[35] duax lol yad geut nyaos nzhik[36] nat ax!

老人家健在时，

他爬坡能爬通坡，

上坎也能上得去!

一跃好似能顶着天，

一跳能够得着树尖啊!

Nghait 4 Dex Loul Dluat Daox

第四则　老人归世

Bongb nzhongs lol xongt ek yax,

Suk leuf lob xongt lik nat guas ax,

Jat nil rongt nax lol yad rongt leuf luak nax ek,

Zhid nax zhek yad zhid leuf nil loul nax nad.

Rongt xongt duax zhek yad rongt leuf las xongt ek,

Zhid xongt zhek yad zhid leuf nil lenx loul xongt yax!

Nil lenx loul zhas yad blox ghous yenl draod duas dangl zhek.

Jat changd dangl ndox zhek,

Yad changd nyaos dout ghak jangd dex dlaif ndox duab ghak los draod mol las zox nik ged hlob ax!

时至今年，

就如现在一样呀，

好年景成为了别人的，

坏年岁留给了老人家。

吉年成为了别人的，

凶年留给了老人家啊!

现如今，老人家离世而去。

好日子已到头，

相亲相爱的日子也结束啦!

Zhouk ndox zhek,

Zhas yad zhouk dout nil lenx ghak loul it ndox duab ghak los draod mol leuf nax lob nik rongd dlob nat ax!

Jat changd ndox zhek,

Zhas yad changd nyaos dout ghak jangd dex dlaif ndox duab ghak los draod mol luak nax lob nik rongd dlangd guas ax!

这光阴暗淡的岁月，

漆黑一片前来笼罩，正如走进了黑森林啊!

也是在阳光明媚的岁月，

身体健健康康，家庭幸福美满!

Zhouk ndox zhek,

Zhas yad zhouk dout nil lenx ghak loul it ndox duab ghak ndit draod mol leuf dex duab ghak los draod mol leuf zox nik ged dlangd nat ax!

Nil lenx loul blox ghous[37] yenl draod duas lik dangl ex,

Nil yad uat bangf zhit nyaos dout dex nyax zax nzhab naox,

Ndros zhit doul ghak fud suk zhit dout dex nik

reb cok yax!

今迎来暗淡的岁月，

漆黑一片前来笼罩，

灾难降临在老人头上正如走进密林无方向啊！

老人家今已仙逝，已不能筹办钱财和物米，

不再源源不断如岩浆水流不停！

Nil lenx loul blox ghous yenl draod duas lik dangl zhek,

Nil yad uat zhit nyaos dout dlex jeud nzhab naox,

Ndlul ghak heud ndlul zhit doul ghak heud yad suk zhit dout ghongb hmongd shix nax ndros nab ax!

Nil lenx loul blox ghous yenl draod duas lil dangl et,

Nil yad bangf zhit dout nyax zas nzhab naox,

Ndros zhit dout ghak fud yad suk dout dex nik reb zhis yax!

老人家今已仙逝，

已不能筹办酒水和财米，

不再连绵不绝如磨面粉撒落啊！

老人家今已去世，

已不能筹办钱财和粮米，

不再如石磨磨面不断撒落！

Nil lenx loul blox ghous yenl draod duas lil dangl et,

Nil yad uat zhit dout dlex jeud nzhab naox lol,

Ndlul zhit doul ghak heud yad suk zhit dout ghongb hmongd shix nax njis nat ax!

Nil lenx loul blox ghous yenl draod duas lil dangl et,

Jat nil lenx loul njet daox lol yad njet zhit nyaos ndaot,

Njet bel duax lol yad njet zhit nyaos deuf lak ax!

Nil ib blongs lak yad blongs zhit ndaot ndox et,

Ib nghangs duax lol nyaos yad geuk zhit nyaos nzhik nat ax!

老人家今已仙逝，

已不能筹办酒水和财米，

不再源源不断如磨面粉撒落啊！

老人家今已逝世，

他爬坡不能爬通坡，

上坎也过不了坎啊！

一跃不会顶着天，

一跳也碰不到树尖啊！

Nghait 5 Dluat Leuf Langx Shangb[38]

第五则　过兰山

Jangl ndrangl dax shib ndrangl lil dol et,

Yad zeuf dout dol zhangd nox lab zhit ax?

Ndrangl dax shib ndrangl lil dol et,

Zhas yad zeuf leuf zongx shik hmangb guas!

Jat muax ib zox zhek yad luas lenl[39] duax juax gangb et,

Muax ib zox yad luas lenl dluat leuf yif ged[40] guas ax,

Muax ib zox zhek yad luas lenl dluat leuf Langx Shangb lak,

Yad mol ris dout Langx Shangb nax ib dol ndongt et!

在那辽阔的原野上，

会长出什么啊？

在那辽阔的原野上，

长有一丛藤蔓啊！

一条藤蔓铺满九条大道，

一条藤蔓铺向八条大路，

还有一条藤蔓生长到了兰山，

去缠住兰山上的一棵树啊！

Nongs yif nongs gob nyox[41] et,

Keuk dout zid naox ek haik dak zid yad ghangb nat ax!

Keuk dout bangx ndongt zhek,

Dak yaos bangx rongt hnat lak gongb zhongf

nbaox ghak loul lak ax!

“易鸟牛角鸟”呀，

捡到果子吃便说那棵树的果子甜啊！

捡到那棵树的花来闻便说花好闻啊，

在座的各位尊者长辈！

Nzend Aob Cix Khuat[42]

第二节 清点客人

Dleub Lol Uat Ndex:

节前道白：

Teux nzend nat nik yaos chux khuat, daof ghangb nat nik draod haik ib nzend cix khuat. Nzend gus cix khuat nad nik jeuf zhas draod haik uat nad:

上节是“邀请客人歌”，后面将唱“清点客人”一节，是这样的：

Nghait 1 Nzux Nyongs Shab Zhit Rongt

第一则 祝牛心不好

Zos leuf shad duax des yat!

Gongb zhongf nbaox ghak loul ib shangf pax lob xuaf zox yax,

Haik zid dlangb nyangx jeuf gongb ek,

Yeuf zid tangx gob lol sux bex it,

Sheud lol nyaob dangl shangf pax lak,

Lob xuaf zhox it lox yenl shenb wef yout shenb wef yout et.

辛苦了呀！

在席位上各位尊敬的长辈，

敬请大舅、姑奶和舅公，

叔伯和堂哥，

请你们都来坐到上席，

下座位卑呀位卑。

Suk cuat nax nyaob cuat xongt et yaos nil lenx ghak loul it,

Jat drongx dangl zhit muax dangl dlaif reb langs[43] ex,

Dlaif reb langs zhit luas leuf lox lens draod shout leuf drongx it.

Jangl dlangb mol Nzux Nyongs Loul et yax nil zhas zhit uat leuf lox shab zhit rongt ek!

Nil zhit xangb del ghak nuas yad hot zhit dout nil lenx ghak loul jed dol nzhox ek,

Nil lenx ghak loul uat nenx nyaob lol let zhit zeux blox nat ax!

往年往日啊，老人家在世，

不会像大石板一样躺在堂上，

不会一动不动身卧堂中。

是那祝牛心不好呀，

他不伸手拉老人身也不召唤老人魂，

老人也就安康不会逝世！

Jat nik lenx loul uat nenx nyaob et,

Nil lenx loul it drongx dangl lol zhit muax dangl dlaif reb langs ek,

Dlaif reb langs zhit luas leuf lox lenl draod shout zhuat it ax!

Jangl dlangb Nzux Nyongs Loul it nil zhas zhit uat leuf lox shab zhit rongt ek yax,

Nil zhit xangb del ghak nuas[44] yad nghol zhit dout[45] nil lenx ghak loul nad jed dol nzhox dluab[46] nat ax!

当老人还在世时，

堂屋中没有大石板滑落，

老人没有躺在堂中不动弹。

祝牛心也不太坏，

他不伸手拉老人身也不召唤老人魂！

Nghait 2 Njot Jax Nyaob Ged Rongt

第二则 忆世间美好

Jat nil lenx loul uat nenx nyaob ek,

Nil lenx loul let zhit zeux shik duas nat ax,

Nil lenx ghak loul uat nenx nyaob et,

Nil zhas yad suk nyaos dout dol zid bux

nyos[47],

Nil yad luas leuf lox lenl draod langl daox[48] nad ax!

当初老人家活着时，

他没有病痛，

健健康康的，

壮如一头成年公牛，

快乐地在那山坡上啊！

Muax dangl dol rongt cenb gud cenb dix[49] duax ek cenb nenx cenb zhangd duax zos zhek,

Yad dout dous mol nax ib dlad lol rongt naox nat ax!

Nil yad suk dout dol bux nyos ek,

Yad luas lox lenl draod langs dous[50] lak!

Muax dangl dol rongt cenb gud cenb dix duax cenb nenx cenb zhangd duax zos zhek,

Yad dout dous mol nax ib nik dlad lol rongt houk et!

兄弟姐妹亲朋好友到，

有个去处和吃上一口可口的饭菜！

曾经壮如一头成年公牛，

欢快游弋在那山坡下！

兄弟姐妹和亲朋好友到，

有个去处和喝上一口美酒！

Bongb nzhongs lol xongt et suk leuf lob xongt let nad yax,

Jat nil lenx ghak loul drongx dangl lol yad muax dangl dlaif reb langs it,

Dlaif reb langs let luaf lox lenl draod shout let drongx nat ad.

谁知到了今年呀，

老人家像大石板横躺屋中，

像石板生根横卧在那堂上。

Nghait 3 Lenx Loul Mongt Duas

第三则　老人的死讯

Jat bongb nzhongs lol xongt ek suk leuf lob xongt let nad guas ax,

Dlangb mol Nzux Nyongs Loul yad uat leuf lox shab zhit rongt et!

Dlangb mol Nzux Nyos Loul yad ek xangb del hait ghak nuas[51] yad nghol dout nil lenx ghak loul jed dol nzhox dluab nat ax,

Bongb nzhongs lol xongt nad zhek let bongb dout nil lenx ghak loul lob hmongd duas nad ax!

Nil lenx loul bongb nzhongs leuf lob xongt let nad ek,

Nil drongx dangl lol yad muax dangl dlaif reb langs,

Dlaif reb langs let luaf lox lenl draod shout drongx guas!

时至今年呀，

祝牛没安好心！

祝牛伸手将老人家灵魂拽离，

今年才成了老人家归世之年啊！

时至今年啊，

老人家的大门之上有块大石板，

大石板也生根长在了大门上！

Dlangb mol Nzux Nyongs Loul yad uat leuf lox shab zhit rongt ek,

Xangb del nuas yad nghol dout nil dol jed dol nzhox dluab ex,

Xongt nat nghol let bongt dout nil lenx loul lob hmongd duas draod lob hmongd blox[52] nad ax!

Nil lenx loul blox ghous yenl draod duas dangl et,

Jat nil yad suk zhit doul dol bux nyos lol draod yad luaf lenl duax das draod langl daox nat ax!

Muax dangl dol rongt cenb gud cenb dix duax zos zhek,

Yad dout zhit doul mol nax ib dlad[53] lol rongt naox nat ax!

祝牛没安好心呀，

祝牛伸手将老人家灵魂拉走，

今年才成了老人家归世之年啊！
老人家倒下归世后，
再不能像那成年公牛自在游荡在那山坡！
兄弟姐妹和亲朋好友到来，
也将没有可口的饭菜上桌！

Nil blox ghous yenl draod duas dangl zhek,

Nil yad suk zhit dout bux nyos lol zhas yad luaf zhit doul lox lenl[54] sheud langl dous[55] nat ax,

Jat muax dangl dol rongt cenb gud cenb dix cenb nenx cenb zhangd duax zos zhek,

Yad dout zhit dous mol nax ib dlad lol rongt houk nat ax!

Las gongb zhongf nbaox ghak loul lak ax!
老人家倒下归世后，
再不能像那成年公牛自在游荡在那山坡，
兄弟姐妹和亲朋好友到来，
桌上将不再有一杯美酒！
我尊敬的各位长辈们！

Nzend Beb Draod Cix Khuat
第三节　再清点客人

Dleub Lol Uat Ndex:
道白：

Huaf nat draod mol dout shout jeuf yuad draod juab ib nik nzend. Nzend nik gaot nes, zhas yad haik touk nzod nil lenx ghak loul uat nenx nyaob, jeuf yad cix khuat.

Cix khuat yaos nil jaod khuat gus duax nyaob shout drongx nat, shout lob drongx nat muax: zux lous, naf yeuf mof[56], zid yil, yeuf dlangb, guangd shif[57], zid ghenx zid ndrual, box nyangx[58], xaod yeuf dlangb, nik ncaik nik voud, bangb mangx dif xongb, chux guangb fangf jangf ib huaf nyaob shout drongx nat cix khuat.Nzend gus cix khuat nad nik jeuf yad haik uat nad lak:

继续往下，现在要重新加上一小节，这节讲从前他老人家健在的情景，该节要再清点宾客。

所谓清点宾客，就是邀请来奔丧的亲属，坐在上席的有：寨老、指路师、叔伯、后家大舅哥、管事（主人邀请在办理丧事期间代主人家主持安排各类事项的人）、芦笙师鼓师、大姑姐、后家儿媳、女儿女婿、帮忙弟兄、厨师饭匠等等。该节是这样唱的：

Nghait 1　Lenx Loul Nyaob Touk
第一则　老人安好时

Zos leuf shad duax des yat,

Gongb zhongf nbaox ghak loul ib shangf pax lol xuaf zhof it.

Haik zid dlangb nyangx jeuf gongb ek,

Yeuf zid tangx gob lol suf bef ax,

Sheud lol nyaob dangl shangf pax lak,

Lob xuaf zhof it lox yenl shenb wef yout shenb wef yout ax!

辛苦了呀！
在席位上各位尊敬的长辈。
敬请大舅、姑奶和舅公，
叔伯和堂哥，
请你们都起来坐上席，
下座位卑呀岂能让尊者就座！

Jat cuat nax nghel nyaob cuat xongt et!

Nil lenx ghak loul uat nenx lol nyaob zhit sangd blox guas.

Jat dlangb mol Nzux Nyongs Loul ek yax nil zhas yad zhit uat leuf lox shab zhit rongt,

Nil yad muab zhit dout juax chif juax drangb zhangf gangb[59] yad jaox lol nzhual[60] nat ax!

往年往日啊！
老人家健在着，从没想到走，
祝牛不会不安好心，
不拿九尺九丈杆来量魂魄啊！

Jat nil lenx loul uat nenx nyaob ek,

Nil lenx loul lol zhit xangd blox guas,

Dlangb mongt Nzux Nyongs Loul zhas zhit uat leuf lox shab zhit rongt yax,

Zhas yad zhit muab zhit dout juax chif juax dol zhangf gangb yad jaox lol lox ek jaox lol nzhual nat ax,

Nzhual zhit dout nil lenx loul jed dol nzhox dluab ek!

Nil lenx loul ek uat nenx lol nyaob let zhit zeux shik duas,

Nzhual zhit dout nil lenx loul jed dol nzhox nat ax,

Nil lenx ghak loul uat nenx nyaob lol let zhit zeux blox guas.

老人家健在时，

老人家从未想到死，

祝牛也不会起坏心，

不拿九尺九丈杆来测量，

也量不到老人家的魂魄啊！

老人家健健康康不会逝，

魂魄不会被丈量，

安安全全也不会亡。

Nghait 2 Nblongx Mangx Nblongx Xut Ndoux Bod Ndox

第二则 麻叶灵叶爬满天

Jat nil lenx loul zhit guaf blox ghous yenl draod duas let dangl et,

Zuas zuas[61] nil lenx loul zox ged langx ghak luaf zhas yad zuas nyaos dout,

Zos zos[62] nil lenx loul zox ged mol leuf nax ghak luaf yad zos zhit dout nghouk nad ax!

Nil lenx loul zhenf uat nenx nyaob et,

Nil yad buad dangf dout dol nik juab jib[63] nik geuk ndreuf ndos ris dol nblongx mangx nblongx xut[64] ax!

老人家还活着的时候，

渴求的生意能够实现，

结果现在这个愿望实现不了了！

当老人家还健在，

犹如鸡和蛤蟆欢跳地啄食在麻叶灵叶间。

Nblongx mangx nblongx xut yad ndoux duab ghak lik ris[65] draod ndox nzhuab draod mol leuf dex yangl gangb[66] guas,

Zos leuf ndox nzhis[67] dex yangl ged ek,

Ndox lol dous dous[68] ndox ghak ril,

Yad zhit dit nil lenx ghak loul ib zox got nbangb[69] guas ax!

Ndox lol toub toub ndox ghak ril ek,

Zhas yad zhit dit[70] nil lenx ghak loul ib zox nik got jed guas!

那麻叶灵叶茂盛呀好似爬到蓝天白云中，

遮天蔽日半边天，

那天松垮垮的呀，

触碰不到老人家的手臂！

老天塌拉拉的呀，

也不影响老人的健康！

Nghait 3 Nos Ndox Haik Deb

第三则 质天问地

Jat nil lenx loul uat nenx nyaob et,

Uat jangd ndox lol yad nzhux nyaos shab guas ax?

Deb qeut yad nzhux nyaos ghel nat?

Ndox lol yad zhouk leuf nzod ek?

Deb qeut yad zhouk nyaos lis nat ax?

Jat ndox lol zhongl nyaos shab guas,

Ndox lol zhouk nyaos dlangd guas.

Deb qeut drongl nyaos nghaif guas,

Zhed zhongf xuaf juab it lob vangx zhed yad zhouk nyaos dlangd et!

当老人家还在世时，

为何那天依然高高在上?
那地仍然低处在着?
那天会黑得早?
那地会暗得晚啊?
现在老人去世了,
天依然高悬着,
黑暗却笼罩四方,
大地漆黑一片,
众孝家的房屋才会黑暗!

Jat naf zid nenx zhangt qenb qix duax zos zhek,

Yad dout doul mol nax ib nzhik qeut nyaob guas!

Zhangf qif[71] duax zhek yad mol nax lob nik qeut nyaob et,

Chux qif[72] duax zhek yad dout mol nax lob nik qeut lol rouf lak!

各位亲朋好友来到了,
这里有地方来坐啊!
生气了来这里坐下,
有意见了也来这里说!

Nzend Bloub Dol Loul Blox Ghous Dangl
第四节　老人逝世

Nghait 1 Nzux Nyongs Loul Nzhual Jed Blis
第一则　祝牛丈量魂魄

Bongb nzhongl lob xongt suk leuf lob xongt let nad guas,

Jat nil lenx ghak loul uat nenx ndos lak daf zhit sangd blox nat,

Dlangb mol Nzux Nyongs Lou nil zhas yad uat leuf lox shab zhit rongt ek,

Dlangb mol Nzux Nyongs Loul yad muab dout juax chif juax drangb zhangf gangb yad jaox lol lox[73] nat ax!

时至今年,
老人家活着本不想死,
但祝牛使了坏心眼,
用九尺九丈杆来测量啊!

Jat nil lenx loul lol uat nenx los daf zhit xangd duas lak,

Jat dlangb mol Nzux Nyongs Loul zhas yad uat leuf lox shab zhit rongt,

Dlangb mol Nzux Nyongs Loul yad muab nyaos dout juax chif juax drangb zhangf gangb yad jaox lol nzhual nat ax,

Nzhual nyaos dout nil lenx loul jed dol nzhox dluab ek!

Bongb nzhongl xongt nat let bongb dout nil lenx ghak loul ib lob hmongd duas.

Nil lenx loul blox ghous yenl draod duas let dangl zhek,

Bongb nzhongs leuf nax xongt lol suk xongt nat ek!

Zuas zuas nil lenx ghak loul zox ged leuf langx ghak luaf yad zuas zhit dout ox,

Zos zos nil lenx loul zox ged langx ghak luaf[74] yad zos nyaos dout nghouk nat ax.

老人家活着本不想死,
但祝牛使了坏心眼,
用九尺九丈杆来测量,
测出老人家身躯的灵魂!
今年成了老人家的归期。
今老人家已逝去,
今时今日啊!
老人家没能踏上渴望的生机之道,
却走上了死亡之路。

Nghait 2 Ndox Toub Deb Dous Juab Jib Nik Geuk Ndreuf Zhit Doul
第二则　天塌地陷家鸡蛤蟆忙活不起

Nil lenx loul blox ghous yenl draod duas let dangl,

Nil lenx loul yad suk zhit dout dol juab jib

nik geuk yad ndreuf zhit doul[75] ndos lil ris draod nblongx mangx nblongx xut ek.

Jat dol nblongx mangx nblongx xut nil zhas yad ndoux zhit doul ghak lil ris dout ndox nzhuab dex yangl gangb guas,

Jat ndox lol toud toud ndox ghak ris,

Yad dit hlaot[76] nil loul zox nik got nbangb nat ax!

Zos leuf ndox nzhis ndox yangl ged ek,

Jat ndox lol dous dous ndox ghak let ris,

Yad dit hlaot nil loul zox nik got jed nat ax!

老人家今已悄然离逝，

鸡和蛤蟆不能像在麻叶灵叶间灵活行动。

麻叶灵叶也不能爬到蓝天白云半空中，

老天松垮垮的，

却碰到老人家的手臂！

当麻叶灵叶爬到漆黑夜空半道上，

老天塌拉拉的，

碰着老人的身体啊！

Nil lenx loul blox ghous yenl draod duas lil dangl et,

Jat lob ndox lol yad nzhux nyaos shab lak,

Deb qeut yad nzhux nyaos ghel,

Ndox lol yad zhouk leuf nzod,

Deb qeut nzod nyaos lis guas!

Ndox lol yad zhouk nyaos leuf dlangd guak,

Deb qeut yad zhouk nyaos nghaif ek,

Zhed zhongf xaof juab zhas vangx zhed yad zhouk nyaos nghaif nat ax!

老人家今已悄然离逝，

老天能够在高处，

大地能够居矮处，

老天天要黑得早，

大地地要暗得晚啊！

老天会黑得宽，

大地则黑得窄，

众孝家的房屋也会黑得窄！

Nghait 3 Yad Shab Dlangd

第三则　不妥之处请包涵

Jat naf zid nenx zhangt qenb qix duax zos zhek,

Yad dout zhit doul nax lob nik qeut nyaob guas ax!

Jat zhangf qif duax zhek yad dout zhit doul nax lob qeut nyaob,

Chux qif duax lol yad dout zhit doul mol nax lob nik qeut lol rouf[77].

Dex gus dout drongx nyaob zhek nyaob lak,

Dex gus zhit dout drongx nyaob zhek yad zhangf lik nzhos[78] yad zhangf jes maob[79];

Dex guk dout drongx rouf zhek rouf lak,

Dex guk zhit dout drongx rouf zhek yad zhangf lek nzhos dout zhed zhongs xaof juab lob vangx zhed yad zhangf jes zhous[80] nat ax!

当各位亲朋好友来到了，

却没有一点地方来坐啊！

生气了却没有个地方坐，

有意见了也找不到个地方说。

各位有座位的请坐下啦，

没有座位的恐怕将站到脚疼；

有座位的请坐下啦，

没有座位的恐怕将站到脚麻啊！

Jat langx dob langs leuf yout[81] haik lot lol zax zhit suk lol zax,

Zhas yad dangb gouf drous dout gongb zhongf nbaox ghak loul lob zhof tax nat ax!

Langx dob langs leuf yout haik lot lol nzhik[82] duax zhek zhas zhit suk lol lik nzhik lak,

Yad dangb gouf drous dout gongb zhongf nbaox ghak loul ib mol nax lob nik zhof shix[83] nat lak gongb zhongf nbaox ghak loul lak!

我这无知晚辈唱歌来不像唱歌，

却在此桌前耽误各位尊者长辈的时间啊！

我这无知后生收尾来不像收尾，

却在此桌上浪费各位尊者长辈的时光啦！

Nzend zhib Zhangf Khuat
第五节 客人候场

Dleub Lol Uat Ndex:

道白：

Huaf nat draod zos nzend nik zhas yaos zhangf khuat lak, zhangf khuat let nzend haik uat nad:

现在到“站客”一曲了。该曲这样唱：

Zos leuf shad duax des yat,

Gongb zhongf nbaox ghak loul ib shangf pax lol xuaf zhof it.

Haik zid dlangb nyangx jeuf gongb ek,

Yeuf zid tangx gob lol suf bef ax,

Sheud lol nyaob dangl shangf pax lak,

Lob xuaf zhof it lox yenl shenb wef yout shenb wef yout ax!

Jat god haik mex et,

Jat mex muax lol zhek mex yad mangf mangf kuangd et!

Mex muax drox mex yad mangf mangf traik ib drox[84] ax!

Muax dlcub mcx yad mangf mangf kuangd guas ax!

辛苦你们了呀，

就座的各位尊敬的长辈。

敬请大舅、姑奶和舅公，

叔伯和堂哥，

请你们都起来坐上席，

下座位卑呀怎敢让诸位坐！

我要告知各位，

如果有话要说，请稍等片刻！

如果有事要移步，请稍等片刻！

如果有事要处理，也请稍等片刻！

Mex yad daol dout langx dob ek langs leuf yout Yeuf Zid Said[85] yad mol zhuf ghenx zhuf ndrual[86],

Let draod ghangb lol ndros dout mex haik dout ndaox ndis aob xongt nzod nil lenx ghak loul lob zax changd[87] nat ax!

Mex daol dout langx dob ek langs leuf yout yad mol ndros dout yeuf zid ghenx zid ndrual yad zhuf ghenx zhuf ndrual,

Let draod lol haik dout ndaox ndis aob xongt nzod nil lenx ghak loul mol nax ib lob rongt let lol nat lak!

Gongb zhongf nbaob ghak loul it ax!

你们要等我这个歌师尤子腮去劝停芦笙师和鼓师，

再回来与你们讲述老人家以前的恩情！

你们要等我这个歌师尤子腮去劝停芦笙师和鼓师，

再回来与你们讲述老人家以前的佳话啊！

我尊敬的各位长辈！

Jat ub haik dout duax zhek dout ek!

Haik zhit dout duax zhek,

Yad daf wangf xaod wangf[88] yad wangf kaof dout mex lob zhous dout dleuk ncib jaox dleuk ntraot[89] ax!

Jat langx dob ghak yout haik zos duax zhek zos lak!

Haik zhit zos duax zhek daf wangf xaod yif wangf yad wangf kaof dout gongb zhongf nbaob ghak loul yad bangb dout god dleuk nzhik jaok dleuk lol[90] nat lak,

Gongb zhongf nbaob ghak loul lak ax!

我说的如果大家明白了就好！

如果我有没讲到的，

还要望诸位解疑释惑！

如果我说的大家明白了就好！

如果有我没讲到的，还要望诸位纾难解困啊！

我尊敬的各位尊者长辈！

Nzend Drout Zhuf Ghenx Zhuf Ndrual

第六节 请求暂停笙鼓

Dleub Lol Uat Ndex:

道白：

Haid nat nik jeuf mol zuf ghenx ndrual lak.

Nzend nik zhuf ghenx ndrual nek mol tab zid ghenx zid ndrual cux gaof[91] qenf nzhik jeuf zuf lak. Zhuf ghenx ndrual let nzend nik nat jeuf yad haik uat let nat lak:

此时就去劝芦笙师暂停芦笙吹奏和让鼓师停止敲鼓。

劝停笙鼓时，要用文雅委婉的语句去请求芦笙师傅和鼓师，他们就会把芦笙和鼓停下来。请求暂停笙鼓的歌如下：

Jat god haik mex ngeuf langx luas zid ghenx lol nyaob zid ndrual,

Hmaot nat ub lol yad zhuf leuf mex ghenx yad zhuf leuf dex duab yud[92],

Mex yad lol nongs dout langx dob langs yout ek yeuf zid said,

Yad lol mol ndros dout gongb zhongf nbaox ghak loul lol haik dout ndaox ndis aob xongt nzod nil loul it zox nik ged kud[93] guas.

Jat ub zhuf leuf mex ghenx zhek zhuf leuf dex duab yud draod mol leuf dex duab nad,

Mex yad lol nongs dout lenx dob langx leuf yout yeuf zid said,

Yad mol ndros dout gongb zhongf nbaox ghak loul draod lol haik dout ndaox ndis aob xongt nzod ek nil lenx ghak loul zox nik ged ab nat lak ngeuf nik langx luas zid ghenx zid ndrual.

我要与你们二位芦笙师鼓师说呀，

我要悄悄请求二位暂停吹芦笙和敲鼓，

来听我这歌师尤子腮诉说，

向各位尊者长辈陈述老人家生前的辛劳人生。

我要悄悄恳请二位暂停吹芦笙和打鼓，

来听我这歌师尤子腮倾诉，

向各位尊者长辈陈述老人家生前的悲苦岁月。

Jat mex yad muab dangl dex ghenx lol dlait lil hlaot draod nghel dex sob njex ek,

Mex lol daol dout lenx dob langs yout zhed zhongf xaof juab,

Jat zos ndox zhis ndox ndrangb lil hmaot,

Jed zhongf nbaox dob xaof juab sheud lol hlob naf jaox hlob zid[94],

Guas mex ncet mex let ncet nat lak!

Jat mex lol yad muab dangl mex ghenx lol dlait let hlaot draod leuf dex sob nzangt[95] ax,

Mex yad lol daol dout langx dob langs yout zhed zhongs xaof juab zos leuf ndox zhis ndox ndrangb hmaot,

Zhed zhongs xaof juab it sheud lol hlob naf jaox hlob zid zhek,

Beb guas mex nqangt[96] duax zhek mex let nqangt nat lak ngeuf langx luas zid ghenx nyaob zid ndrual nat ax!

恳求二位先将芦笙挂在那柱子上，

一起来等待孝子们，

等到半夜三更时，

众孝子一起怀念父母的时候，

这时再请你们来吹奏啊！

恳请二位先将芦笙挂在那板壁上，

一起来等待孝子们到三更半夜，

孝子们哭泣着来祭奠他们父母的时刻，

当需要吹奏时再请你们来吹奏啊！

Nzend Xangt Qenb Khuat

第七节　再清点客人

Dleub Lol Uat Ndex:

道白：

Zhuf ghenx ndrual nik jeuf yaos uat nad lak. Zid ghenx zid ndrual muab ghenx ndrual dlait jeuf lol nyaob ndeuf gus lob drongx nggangb paix rongt. Zid ghenx zid ndrual qid teux daf yaos nyaob dout dol ak, muab ghenx ndrual dlait dangl, hax guas lol nyaob dout shout hab. Zhuf ghenx zhuf ndrual draod lol zos, jeuf zhas yad draod lol haik qenb khuat[97]. Qenb khuat yad haik uat nad:

上述“劝停笙鼓”就是这样的。劝停笙鼓后，芦笙师和鼓师将芦笙和鼓槌挂好，就来到已安排好的座位上坐好。虽事先已安排芦笙师了，劝停后需再次安排这对芦笙师和鼓师来坐好。芦笙师和鼓师上桌坐好后，再次清点客人。唱诵如下：

Nghait 1 Draod Chux Khuat

第一则　再次奉祝客人

Zos leuf shad duax lak ax,

Gongb zhongf nbaox ghak loul ib shangf pax lol xuaf zhof ax!

Suk las dex it luak zeux uat las yeuf zid said,

Las duax zos zhek las yad ndoux deut lil dangl[98] tlout lil zhuat[99] ax,

Las zeux haik zhek las yad haik dout ghak loul jaox ghak hluak;

Las duax zos zhek las yad ndoux deut dangl tlout lil zok[100] ek,

Las zeuk haik las yad haik dout ghak loul jaox ghak hluak yad haik nyaos zos[101] nat ax!

辛苦你们了呀，

就座席位的尊者长辈们！

像别人会做歌师尤子腮，

人家来到聪明能干样样通，

能说会道把在座的年长者和晚辈都顾到；

人家来到了七手八脚会理灶台，

把在座的年长者和晚辈都顾全！

Suk dout god langx dob langs lil yout ek ub lol zhit zeux uat luak yeuf zid said,

Jat ub duax zos zhek ub ndoux zhit doul deut dangl tlout lil zhuat ek.

Ub zhit zeux haik ek ub yad haik zhit dout ghak loul jaox ghak hluak nat ax,

Jad ub duax zos zhek ub yad ndoux zhit doul deut dangl tlout lil zok!

Ub yad haik zhit dout ghak loul jaox ghak hluak yad haik zhit zos nat lak gongb zhongf nbaox ghak loul lak ax!

我这个晚辈不会当歌师尤子腮，

头脑愚笨样样不知晓，

没能把在座的年长者和晚辈都点遍；

我来到了不会七手八脚理灶台，

未能把在座的年长者和晚辈都点全，我尊敬的各位尊者长辈！

Lol Dleuk:

旁释：

Menk shout nik jeuf draod haik ndrangl ghangb ib nzend, nzend gaot jeuf yaos qenb khuat lak. Haik dout uat nad:

至此，便到下一节，该节是“清点客人”。唱诵如下：

Nghait 2 Draod Qenb Khuat

第二则　再次清点客人

Zos leuf shad duax des yat,

Gongb zhongx nbaox ghak loul ib shangf pax lob xuaf zox yax.

Haik zid dlangb nyangx jeuf gongb ek,

Yeuf zid tangx gob lol sux bex it,

Sheud lol nyaob dangl shangf pax lak,

Lob xuaf zhox it lox yenl shenb wef yout shenb wef yout et!

辛苦了呀，

在座的各位尊敬长辈。

敬请大舅、姑奶和舅公，

叔伯和堂哥，

请你们都起来到上席，

下座位卑呀与你们的身分不合！

Suk luak dex it luak duax zos zhek,

Las ndoux deut dangl draod tlout lil zhuat lak,

Las zeux qenb zhek las yad qend dout dex khuat lol qenb nyaos cuat ax;

Las yad ndoux deut dangl tlout lil zok lak,

Las zeux qenb las yad qenb dout dex khuat lol yad qend nyaos zos nat ax!

别人做歌师尤子腮，

聪明能干事事在行，

人家会清点人家能清点全；

人家来到了七手八脚理灶台，

人家会清点人家能清点齐啊！

Suk dout langx dob langs leuf yout ek ub yeuf zid said,

Ub duax zos zhek yad ndoux zhit doul deut dangl tlout lil zhuat,

Ub zhit zeux qenb ek qend dout qenb zhit dout dex khuat sheud qenb zhit nyaos cuat ax;

Ub duax zos zhek ub yad ndoux zhit doul deut dangl tlout lil zok,

Ub qenb zhit dout dex khuat lol yad qenb zhit zos ax!

Qenb dangl naf nenx lol chuad dangl leuf dex zid zhangd[102] guas,

Qenb dangl leuf zid zhangd zhek chuad leuf naf nenx et!

Nyaob ndrout ndrouk zhek,

Mex lox yenl zhit dek zhof qif lak!

我这个晚辈当不好歌师尤子腮，

手脚笨拙做不好事情，

清点时候没能全点清；

我来到了不会七手八脚理灶台，

清点时候没能清点到位啊！

清点完亲朋还差好友，

清点完好友还差亲朋！

在外没有清点到的，

你们千万不要生气啊！

Zos leuf shad duax des yat,

Gongb zhongx nbaox ghak loul ib shangf pax lob xuaf zox yax!

Haik zid dlangb nyangx jeuf gongb ek,

Yeuf zid tangx gob lol sux bex it,

Sheud lol nyaob dangl shangf pax lak,

Lob xuaf zhox it lox yenl shenb wef yout shenb wef yout et!

辛苦你们了呀，

在座的各位尊者长辈！

敬请大舅、姑奶和舅公，

叔伯和堂哥，

请你们都起来坐上席，

下座位卑呀与你们身分不相符！

Suk luak dex luak yad zeux uat dangl dout ek luak yeuf zid said,

Las duax zos zhek las yad zhangf lil nzhos dout zhed zhongs xaof juab ib lob ghangb shix daf menx ghak kangd[103] guas;

Las zeux uat luak Yeuf Zid Said ex,

Las zhas yad dex plot yad nzhid nchangd ghak zuas nzhid dout nik ged nenx ndros ged zhangd guas!

Las zeux uat las yeuf zid said,

Las duax zos zhek las yad zhangf lik nzhos dout zhed zhongs xaof juab lob ghangb shix daf menx guas ax;

Las zeux uat las yeuf zid said,

Las zeux las dex nik plot lol zhas yad nzhid nchangd[104] ghak zuas nzhid dout nik ged nenx nat ax!

像别人会当歌师尤子腮，
人家能够自豪站在孝家那石门槛脚；
像别人会当歌师尤子腮，
人家能自信迎接各路的亲朋好友！
像别人会当歌师尤子腮，
人家能够自信地站在孝家那石门口；
像别人会当歌师尤子腮，
人家能自信地迎接各路的亲朋！

Suk leuf langx dob langs leuf yout,

Zhit zeux uat leuf yeuf zid said,

Ub duax zos zhek yad zhangf zhit doul lex nzhos dout zhed zhongs xaof juab lob ghangb shix daf menx ghak kangd nad,

Ub dex plot lol zhas yad ntrout lil ntraot[105] yad ntrout dout zox nik ged zhangd guas!

Suk leuf langx dob langs leuf yout,

Zhit zeux uat leuf yeuf zid said,

Ub duax zos zhek ub yad zhangf zhit doul lil nzhos dout zhed xaof juab lob ghangb shix daf menx nat;

Ub dex nik plot lol yad ntrout lil ntraot yad ntrout dout zox ged nenx nad!

Ntrout naf nenx lol dot nax lox shab ek,

Ntrout leuf zid zhangd zek yad dot leuf zid bleud ek!

Mex lox yenl zhit dex zof qif nat lak gongb zhongf nbaox ghak loul lak!

我这个晚辈歌师，
不会当歌师尤子腮，
不能够自豪地站在孝家那石门槛脚，
不能自信满满迎接各路亲朋好友！
我这样的晚辈歌师，
不会当歌师尤子腮，
不能自信地站在孝家那石门口；
迎接各路亲朋时哪里都做得不稳妥！
无意中伤了亲朋们的心，
也使好友被冷落！

恳请各位尊者长辈不要生气啊！

Nzend Yif Pub Tangx
第八节 铺堂

Lol Dleub Uat Ndex:
道白：

Nad dangl draod shout jeuf yad haik pub tangx[106] lak.

Pub tangx yaos muab drongx nghol dout, nzhab nzhed nghangt duax shout drongx, dol jux[107] las jaox duax ndrel jat (zhaot hod lob vangb). huaf nat nek draod lol pub tangx nek yuad guas guangd shif tab chux guangb buab nghangt beb ndif roub nghaix hab ib toud jeud duax zeub drout shout drongx.

唱到这里，往下便是“铺堂”这个程序。

铺堂是把桌子抬来摆好，桌子上放好米盐，竹杖放在簸箕里立好，准备好就叫管事和厨官端来三碗菜和一壶酒摆上。

Lob ged jait nat yaos aob xongt nzod dex loul haik let nghaix bob naox jeud bob houk. Naf zid dlangb, zid yil tab zhongf xaof juab hax chuf ib dol ghaib（ghab）jaox lol zhaot dout hod lob ghangb drongx, muab lob drongx nat nghol dluat dangl, hax yad muab jaox mol duat, hot zid dlangb, zid yil buab tab naox ib blual（bluas）[108] maod. Haid nat jeuf shix hot uat nghaix bob naox jeud bob houk zex cenf[109]. Pub tangx nzend lol haik uat nad:

这便是以前古人说的“分肉吃，给酒享”章程。这时，大舅哥、叔伯或众孝子还拿一只鸡来放在桌子脚，等全部程序完成后，叫上大舅和叔伯来一起吃，即所谓“分肉吃，给酒享”。铺堂歌如下：

Jat god haik mex lak zhed zhongs nbaox dob xaof juab et,

Suk las dex las zeux uat las zhed zhongs nbaox dob xaof juad et,

Las lenx ghak loul ib sheud blox ghous yenl draod duas dangl,

Jat las drongx vangx[110] duax lol yad nbox[111] nyaos zhus[112] lak,

Shout luax duax lol yad nzhat[113] nyaos njex[114] ek,

Shout njex duax lol yad ndrof nyaos dlout[115] et,

Shout dlout duax lol yad buat nyaos zas[116] ax,

Shout zas duax lol yad buat nyaos led ek,

Shout led duax lol yad yad buat nyaos ndeud[117] guas,

Shout ndeud duax lol yad buat nyaos ndoub et,

Shout ndoub duax lol yad buat nyaos zhox[118] ek,

Shout zhox duax lol yad buat nyaos nbuas[119] nat ax!

我现在与众孝子说啊，
像人家会做称职的孝子，
当人家的老人去世后，
庭院里能立得起杵桩，
泥土上能插得起柱子，
柱子上能架得起楼棱，
楼棱上能铺得起木板，
木板上能铺得起席子，
席子上能铺得起典书，
典书上能铺得起布匹，
布匹上能铺得起丝绸，
丝绸上能铺得起锦缎啊！

Suk dout god langx dob langs lex yout ek,

Zhit zeux uat dangl zhed zhongs xaof juab nat!

Zhed zhongs xaof juab ax!

Nil lenx ghak loul ib sheud blox ghous yenl draod duas dangl,

Jat nil drongx vangx duax lol yad nbox zhit nyaos zhus lak,

Shout luax duax lol yad nzhat zhit nyaos njex nat ax,

Shout njex duax lol yad ndrof zhit nyaos dlout,

Shout dlout duax lol yad duax buat zhit nyaos zas guas,

Shout zas duax lol yad buat zhit nyaos led guas,

Shout led duax lol yad buat zhit nyaos ndeud guas,

Shout ndeud duax lol yad buat zhit nyaos ndoub ax,

Shout ndoub duax lol yad buat zhit nyaos zhox ek,

Shout zhox duax lol yad buat zhit nyaos nbuas nat lak gongb zhongf nbaox ghak loul lak ax!

像我这家的后辈，
不会做孝子！
我这家的孝子啊！
当他们的老人去世后，
庭院里立不起杵桩，
泥土上插不起柱子，
柱子上架不起楼棱，
楼棱上铺不起木板，
木板上铺不起席子，
席子上铺不起典书，
典书上铺不起布匹，
布匹上铺不起丝绸，
丝绸上铺不起锦缎啊我的尊者长辈们！

Lol Dleuk:

旁释：

Pub tangx let got lol jeuf shik haik uat nad. Muab got lol haik dangl, jeuf tab buab chux guangb haik: "Chux juaf duax lak[120]".

Huaf nat nil chux guangb jeuf draod mol chux dout beb ndif roub duax dout shout drongx. Nil let dol ghab（ghaib）gus haik dak jaox lol drout hod ghangb drongx yad muab lob deub lol ndruab, lob deub muab zeub dout hod ghangb drongx, hax muab toud jeud jaox zeub drout hod ghangb drongx hab. Huaf nat jaox zhaot dangl shout drongx ghangb drongx, Yeuf Zid Said (Guangd Shif) draod lol haik uat nad:

铺堂程序的话题正是这样展开的。将此话题说完后，便与厨官说："出嫁了。"

此时，厨官便回到厨房端来三碗菜放到桌子上，还带来装有鸡的竹笼放置在桌子脚，另带一壶酒也放置在桌子脚。准备就绪后，歌师接着唱道：

Yeuf Zid Said (Guangd Shif) :
歌师尤子腮（管事）唱道：

Jat god haik mex lak gongb zhongf nbaox ghak loul ax,

Suk las dex luak zeux uat dangl zhed zhongf xaof juab et!

Las shout drongx lol yad muax dangl nax beb rangs ndif nat ax,

Jat jex drongx lol yad muax dangl dout jongx jib lol gof yif zhif[121] nat,

Jat shout drongx lol yad muax dangl nax beb ndif roub nzuas lak,

Jat jex drongx zhek yad muax dangl dout nax ib toud fux zaob zuaf jeud[122] yad muax dangl ib toud rongt jenb chuax[123] nat ax!

我现在与各位尊者长辈说，
像人家啊他们会做孝子！
桌上能摆得起三排饭碗，
桌下能置得起一只雄鸡，
桌上能摆得起三碗好菜，
桌下放得起一壶胡椒酒和好茶啊！

Suk dout god zhed zhongf xaof juab,
Zhit zeux uat zhed zhongf xaof juab zhek!

Nil shout drongx lol yad muax zhit nyaos beb rangx ndif ek,

Jex drongx lak yad muax zhit doul nax ib nik dol jongx jib lol sheud gof yif zhif nat ax,

Nil shout drongx lol yad muax zhit nyaos beb ndif roub nzuas lak ax,

Jex drongx lak yad muax zhit doul fux zaob zuaf jeud lol muax zhit doul nax ib toud rongt jenb chuax ax!

Jat nax ib nzhik nat shout drongx zhek muax dangl leuf nax beb lob lik ndif ek,

Kangd langf[124] jaox lol keuk ngouk jex drongx nax ib nik toud fux zaob zuaf jeud zhek zhit yaos fux zaob jeud ek ib bangt dlex zal ral,

Yad jaox lol suf dout mex nzhik keud yat lol suf yuax[125] nat lak!

Mex lox yenl draod zhit dek zhof qif nat lak gongb zhongf nbaox ghak loul nat.

像我这家的后辈，
不会做孝子！
桌上摆不起三排饭碗，
桌下置不起一只雄鸡，
桌上摆不起三碗好菜，
桌下放不起一壶胡椒酒和好茶啊！
只能在桌子上寒酸摆上三个小碗，
桌下放的也不是一壶胡椒酒，当是一壶冷水，
只能拿来给你们各位塞牙缝和涮口啊！
恳请各位尊者长辈不要生气和多多包涵啦。

Nzend Juax Leud Yeuf Zux Loul
第九节 嘱托寨老

Lol Dleub Uat Ndex:
道白：

Dangl nad leuf, dol zux loul sheud lol yof cuat dol khuat shout drongx (loub ib zhuangf jeud yof daik roub[126] naox). Muab bangt jeud yof houk hlaot, dis draod lol haik leud drongx. Sob duax zux loul leud mol, lob shuab ngoux hlod haik uat nad:

上述唱诵结束后，“寨老”起身邀约各位客人用餐（倒一转酒便约吃菜）。把酒喝完后，进入下一个程序，即Leud Drongx（逐一吩咐）。此程序由“寨老”这个角色开始，继而往下。此曲歌声需变换一下，唱诵如下：

Nghait 1 Yeuf Zid Said haik

第一则 歌师尤子腮嘱托

Rongt mol gaox lol nad lak zux ged mol yeuf loul et,

Jat gaox uat zux lol yad chenx zux dak uat loul lol chenx loul nik!

Uat zux lol yad nyaob nbuak las rex[127],

Yad yaos las lenx dob daot nzhex[128] ek;

Uat loul lol yad nyaob nbuak luak raol,

Yad yaos las lenx dob daot ndraos[129] nik.

尊敬的寨老，

您会主持公道也会做长者啊！

主持公道名声传遍邻村，

称得上是一位智慧者；

主持公道的名声传遍邻寨，

称得上是一位明理人。

Jat gaox zhit uat zux lol uat ghak loul ek,

Zhit wangf gaox buas nax ib zhual[130],

Zhit wangf gaof drik mol nax ib ndrangt.

Daf wangf xaod wangf wangf dangl gaox ax,

Yad mol nbangx ndangx drik hnend[131],

Zaox dout nil lenx loul ghangb,

Dous leuf nil lenx loul nend[132];

Yad mol nbangx ndangx drik ndongt[133],

Zaox dout nil lenx loul ghangb,

Nos leuf nil lenx loul mongt.

您虽不再主持仪式却仍是长者，

不期望您来这里出多大力，

也不需要您来这里使多大劲。

期望您的是这些，

请求您来持刀负箭，

紧跟上逝者的身影，

追寻到逝者的步伐；

请求您来负剑持棍，

紧跟上逝者的身影，

询问到逝者的音信。

Yad mol nuaf dout nil lenx loul yad mol uat nenx ndox das dout lob nzhet ndox dus,

Yad draod lol haik dout god zongl nbaox dob xaof juab.

Naox ghangd lol let bongb blangb[134] ek,

Houk dlex lol let bongb jed[135],

Naox ghangd lol let nggangb rangx[136] ek,

Houk dlex lol let nggangb xenb[137] yos!

Yeuf zux mol yeuf ghak loul!

了解逝者在哪层天生活后，

回来告知众孝子。

孝子们吃饭落下肚，

喝水来养身，

吃饭才安然，

喝水才安心啊！

我尊敬的寨老！

Nghait 2 Yeuf Zux Yeuf Loul Deb

第二则 寨老答

Rongt mol gaox lol nat yos Yeuf Zid Said et,

Jat gaox lens yad dak god uat zux lol yad chenx zux dak uat loul lol chenx loul,

Uat zux lol nyaob nbuak las rex ek,

Yad yaos lenx dob daot nzhex muas;

Uat loul nyaob nbuak las raol nik,

Yad yaos lens gus dob daot ndraos.

God uat zux lol yad dangb zhit doul luax dus,

God zux lol lak zhos nyaos naox ghaix houk jeud;

Uat loul lol yad dangb zhit nyaos gab ek,

Uat loul zhos nyaos houk jeud naox ghaix muak!

感谢您的信任啊尊敬的歌师尤子腮，
虽说我会主持公道来会做长者，
说我主持公道的名声传遍邻村，
称得上是一位聪明人；
说我主持公道的名声传遍邻寨，
称得上是一位明理人。
其实做寨老我力不能及，
只能骗一下饭菜吃酒水喝；
做寨老我能力有限，
只能骗一下酒水喝饭菜吃！

Gaox yad guas god mol nbangx ndangx drik hnend,

Zaox dangl nil lenx loul ghangb,

Dous dout nil loul nend;

Yad mol nbangx ndangx drik ndongt,

Zaox dout nil lenx loul ghangb,

Nos leuf nil lenx loul mongt!

Yad mol nuaf dout nil lenx loul mol uat nenx ndos nzas dout lob nzhet ndox[138] dus.

Yad draod ghangb draod let raox lol haik dout god zhed zhongs nbaox dob xaof juab,

Naox ghangd lol let bongb blangb ek,

Houk dlex lol let bongb jed nad;

Naox ghangd lol let nggangb rangx ek,

Houk dlex lol let nggangb xenb et.

您嘱托我持刀负箭，
紧跟上逝者的身影，
追寻到逝者的脚印；
您嘱托我负剑持棍，
紧跟上逝者的身影，
询问到逝者的音信！
期望我了解逝者在哪层天生活，
好回来告知众孝子，
让孝子们吃饭落下肚，
喝水来养身；
让孝子们吃饭才安然，
喝水才安心。

Dex nat lol god uat zhit zos ek,

Jat god ndouk Fex Zik Nyangs[139] dout gaox let del,

Gaox yat mol ntrad dout yeuf zid yil yeuf dlangb draod daof ndex;

God ndouk Fex Zik Nyangs dout gaox sob nbangb,

Gaox yad mol ntrad dangl yeuf dlangb zid yil draod daof ghangb nad yos!

Yeuf zid said!

恐怕这些我无能为力，
但我可以打飞子条送到你手里，
请你去找后面的叔伯和大舅；
我把飞子条递到你手中，
请你去寻后面的大舅和叔伯啊！
尊敬的歌师尤子腮！

Lol Dleuk:

旁释：

Yeuf Zux Loul deb dangl jek, Yeuf Zid Said yad draod haik nik nzend cux gaof drout nil.

寨老回答完毕，歌师尤子腮会再回复寨老几句好话。

Nghait 3 Yeuf Zid Said Draod Haik
第三则 歌师尤子腮再嘱托

Rongt mol gaox lol nad yos yeuf zux mol yeuf ghak loul et,

God dak gaox uat zux lol yad chenx zux dak uat loul chenx loul dak.

Gaox yad dak gaox nyaob nbuak las rex ek,

Gaox yad yaos lenx dob daot nzhex muak;

Nyaob nbuak las raol guas,

Gaox yad yaos lenx dob daot ndraos.

感谢寨老的好话了，
您会主持公道又会做长者。
主持公道名声传遍邻村，
您理应称得上是一位聪明人；

主持公道名声传遍邻寨，
您也理应称得上是一位明理人。

Gaox yad dak nyaob nbuak las rex lol dangb zhit nyaos lak dus,
Gaox yad yaos lenx gus naox ghaix draod houk jeud;
Gaox yad yaos lenx gus uat loul dangb zhit nyaos uat gab,
Gaox yad yaos lenx gus uat loul houk jeud draod naox ghaix dak.

却说做寨老力不能及，
只能骗一下饭菜吃酒水喝；
还说做寨老能力有限，
只能骗一下酒水喝饭菜吃。

God guas gaox mol nbangx ndangx drik hnend,
Zaox dout nil lenx loul ghangb,
Dous leuf nil lenx loul nend;
God guas gaox mol nbangx ndangx drik ndongt,
Zaox dout nil lenx loul ghangb,
Nos leuf nil lenx loul mongt.

我请求您持刀背箭，
紧跟上逝者的身影，
追寻到逝者的脚印；
请求您负剑持棍，
紧跟上逝者的身影，
询问到逝者的音信。

Yad mol nuaf dout nil lenx loul uat nenx ndos nzas dout lob nzhet ndox dus,
Draod ghangb draod lil raox lol haik god zhongf nyangl nbaox dob xaof juab,
Nil naox ghangd lol bongb blangb ek,
Houk dlex lol let bongb jed guas;
Naox ghangd lol let nggangb rangx ek,
Houk dlex lol let nggangb xenb et.

还请求您了解逝者在哪层天生活，
好回来告知众孝子，
让孝子们吃饭落下肚，
喝水来养身；
让孝子们吃饭才安然，
喝水才安心。

Gaox yad dak gaox ndouk Fex Zik Nyangs god sob nbangb,
Guas god mol ntrad yeuf zid yil yeuf dlangb draod daof ghangb;
Gaox yad ndouk Fex Zik Nyangs dout god ghouf del ek,
Guas god mol ntrad dangl yeuf dlangb zid yil draod daof ndex.

您却说把飞子条送到我手里，
我就能找到后面的叔伯和大舅；
您也说把飞子条递到我手中，
我就能找到后面的大舅和叔伯。

God haik gaox nad yox god yeuf zux mol yeuf ghak loul et yak,
Gaox uat zux lol yad chenx zux dak uat loul chenx loul nik!
Uat zux lol buad dangf dol box ghaib ntuad dik zhual[140],
Yad yaos dol box ghaib sheud buas nyuas nat ex;
Gaox uat zux uat loul buad dangf dol box ghaib ntuad dik zhol,
Gaox yad yaos dol box ghaib sheud buas dob et.
Jat lax dlangd lol dangt nzhox nzas[141] nox shuad deb daof bel[142] duax ek,
Ghent hlaot gaox mol nax ib dol mid ghaib njit (jeuk) lik dik[143],
Nghangt ntrut[144] jaox mol nax ib daos rex nik.
Jat lax dlangd[145] lol dangt nzas nox shuad deb daof bel duax ek,

Ghent hlaot gaox mol nax ib dol mid ghaib nkik lil dut,

Nghangt ntrut jaox mol nax ib daos raol zhek.

Nchait dot leuf gaox shab zhit zeux dangl nat yos!

Zux mol yeuf ghak loul!

尊敬的寨老啊，

您会主持公道又会做长者！

您主持公道来就如母鸡展翅护崽，

庇护着众孝子；

您主持公理来就如母鸡展翅护儿，

庇护着众后生。

当鹰隼从北方翱翔飞来，

抢了您怀中残翅小鸡，

随后叼着飞过半个寨；

当鹰隼从北方翱翔飞来，

抢了您怀中残尾小鸡，

随后叼着飞过半个村。

您恐怕将伤心不止哟！

我尊敬的寨老！

Nzend Gouf Leud Yeuf Dlangb
第十节　嘱托大舅哥

Lol Dleuk Uat Ndex:

道白：

Nzend ndeuf nik zos zix nat. Nad haik dangl jek, yeuf zux loul yad deb dak: Zhit zeux dot shab, dex nat yaos zhenf gangb zhenf ged.

Gaox yuad deb dak: God chaox daof ndex jek, gaox nyaob daof ghangb, gaox yad uat shot daol god god dout draod lol naox shot od.

Yeuf zux lous zeuf dak: Gaox gad mol, god uat shot daol gaox.

上节结束后，寨老就说：不伤心不伤心，这些合情合理的。

此时，歌师尤子腮要回答：我往前走了，您在这里要煮晌午等着我。

寨老答道：好的，我会煮晌午等着你。

Gaox zhef hlangt hlaot mol ntrad zid yil yeuf dlangb. Nad yad boub dout lob ged jait: Yaos box duas ntrad zid dlangb uat ndex; Zid duas jek ntrad zid yil uat ndex.

Nad jek yaos leud drongx sub, yad muab leud dangl let lol nos zax nos nzhis. Duat doul nyox jek muab drongx leud dangl let draod lol nos zax nos nzhis, zhas let jed got douk.

Nad haik yaos naf duas muab zid dlangb uat ndex let.

下面将会去找叔伯或大舅哥。在这里，要知道一个严格的规则：如果是女的（母亲）去世，歌师尤子腮接下来一定要先找大舅哥；如果是男的（父亲）去世，则要先找叔伯。

按照角色沿桌子逐一嘱托客人，待完毕才进行下一个程序“询问钱物礼节”，杀牛祭祀的话要沿桌子一一吩咐完才到递“斧头把”的程序。

此处以女的（母亲）去世，找大舅哥为例：

Nghait 1　Yeuf Zid Said Haik
第一则　歌师尤子腮嘱托

Rongt mol gaox lol nad yos yeuf dlangb,

Jat gaox zos dout zhongf nyangl nbaox dob xaof juab lob tangx shangf nad ek.

Zhit guas gaox buas mol nax ib zhual et,

Zhit wangf gaox drik mol nax ib ndrangt.

尊敬的大舅哥，

您来到我孝子堂上。

不期望您来这里抱一大捆，

也不期望您来这里背一大背。

Daf wangf xaod wangf wangf ax,

Wangf dout gaox yad mol nbangx ndangx drik hnend,

Zaox dout nil lenx loul ghangb,
Dous leuf nil lenx loul nend;
Wangf dout gaox nbangx ndangx drik ndongt,
Zaox dout nil lenx loul ghangb,
Nos leuf nil lenx loul mongt.

Yad mol nuaf dout nil lenx loul yad mol uat nenx ndox nzas dout lob nzhet ndox dus,

Yad draod ghangb draod lik raox lol haik dout god zhongf nyangl nbaox dob xaof juab,

Nil naox ghangd lol let bongb blangb ek,
Houk dlex lol let bongb jed;
Naox ghangd lol let nggangb rangx ek,
Houk dlex lol let nggangb xenb!
Yeuf dlangb nik!

期望您的是这些，
请求您来持剑背箭，
紧跟上逝者的身影，
追寻到逝者的脚印；
请求您来负剑持棍，
紧跟上逝者的身影，
询问到逝者的音信。
期望您了解逝者在哪层天生活，
好回来告知众孝子，
让孝子们吃饭落下肚，
喝水来养身；
让孝子们吃饭才安然，
喝水才安心啊！
尊敬的大舅哥！

Nghait 2 Yeuf Dlangb Deb

第二则　大舅哥答

Rongt mol gaox lol nad yos Yeuf Zid Said et!

Jat god yad dak duax zos dout tangx shangf nad,

Nil loul lol blox ghous yenl draod duas ntreud yax!

Gaox yad guas god mol nbangx ndangx drik hnend,

Zaox dangl nil lenx loul ghangb,
Dous dout nil loul nend;
Yad mol nbangx ndangx drik ndongt,
Zaox dout nil lenx loul ghangb,
Nos leuf nil lenx loul mongt.

Yad mol nuaf dout nil lenx loul mol uat nenx ndos nzas dout lob nzhet ndox dus,

Yad draod ghangb draod lik raox lol haik dout god zhed zhongf nbaox dob xaof juab,

Naox ghangd lol let bongb blangb ek,
Houk dlex lol let bongb jed nad;
Naox ghangd lol let nggangb rangx ek,
Houk dlex lol let nggangb xenb et!

尊敬的歌师尤子腮！
当我来到众孝子的堂上，
老人家却已经悄然离世！
你请求我持剑负箭，
紧跟上逝者的身影，
追寻到逝者的步伐；
你恳求我负剑持棍，
紧跟上逝者的身影，
询问到逝者的音信。
期望我了解逝者在哪层天生活，
好回来告知众孝子，
让孝子们吃饭落下肚，
喝水来养身；
让孝子们吃饭才安然，
喝水才安心！

Dex nat lol god uat zhit zos ek,

God ndouk Fex Zik Nyangs drout gaox lens del et,

Yad mol ntrad dout dol yeuf zid yil draod daof ndex;

God ndouk Fex Zik Nyangs dout gaox lens sob nbangb,

Yad mol ntrad dangl dol yeuf zid yil draod daof ghangb yos!

Yeuf zid said!
以上这些我都爱莫能助啊，
但我能把飞子条送到你手里，
你去找后面的叔伯；
我把飞子条递到你手中，
你去寻后面的叔伯啊！
尊敬的歌师尤子腮！

Lol Dleuk:
旁释：

Touk nat yeuf dlangb baif zhib[146] jed got lol[147] lak, jat gaox dous gaox gangb gaox dous gaox ged.

此时，大舅哥“胆汁破（许可）”给你了，请你顺延往后找人。

Yeuf Zid Said haik: Uat let yad hlangt gaox ndlas gaox zhit caob dot shab mad!

歌师尤子腮要说道：那我从您身前过，您不要伤心呀！

Yeuf dlangb deb: Dex gat yaos zhenf gangb zhenf ged let!

大舅哥回答：没事，那是合情合理的！

Yeuf Zid Said haik: God hlangt gaox ib drox draod daox, gaox nyaob gaox yad uat shot daol god, nyaob nzhik[148] god draod lol dout shot naox nat lak.

歌师尤子腮再说道：那我便跨您一步往前了，您在这里要煮晌午等着，一会儿我回来吃。

Yeuf dlangb deb: Gaox mol gaox zhit lol lak.

大舅哥又回答：你去了就不要回来找我了。

Yeuf Zid Said haik dak: Gaox yad daol god gax, god hax yat draod lol naox shot nat.

歌师尤子腮需要再答：您一定要等着我，我一定会回来找您吃午饭的。

Yeuf dlangb nghangt ndif jeud keuk gaox yeuf zid said houk ib nik bangt. Uat Yeuf Zid Said zhit dek houk ndout, houk ndout jek nchait leud drongx zhit tongb jek ghous leuf.

大舅哥便提酒敬歌师尤子腮一杯。其中，作为歌师尤子腮为确保全部客人都要嘱咐到，切记不可多喝，因为后面还有很多客人（角色代表）要请求，以免嘱咐完就酒醉。

Nzend Gouf Ib Leud Zid Yil
第十一节 嘱托叔伯

Nghait 1 Yeuf Zid Said Haik
第一则 歌师尤子腮嘱托

Rongt mol gaox lol nad yos yeuf zid yil et,

Jat gaox zos dout zhongs hnyangl nbaox dob xaof juab lob tangx shangf nad,

Zhit guas gaox buas mol nax ib zhual et,

Zhit wangf gaox drik mol nax ib ndrangt.

尊敬的叔伯，
您来到我孝子堂上，
不用您来这里抱一大捆，
也不用您来这里背一大篓。

Daf wangf xaod wangf wangf ax,

Wangf dout gaox mol nbangx ndangx drik hnend,

Zaox dout nil lenx loul ghangb,

Dous leuf nil lenx loul nend;

Yad mol nbangx ndangx drik ndongt,

Zaox dout nil lenx loul ghangb,

Nos leuf nil lenx loul mongt.

Yad mol nuaf dout nil lenx loul yad mol uat nenx ndox nzas dout lob nzhet ndox dus,

Yad draod ghangb draod let raox lol lol haik dout god zhongf nyangl nbaox dob langs.

Nil naox ghangd lol let bongb blangb ek,

Houk dlex lol let bongb jed;

Naox ghangd lol let nggangb rangx ek,
Houk dlex lol let nggangb xenb!
Yeuf zid yil nik!
期望您的是这些，
请求您来握刀背弓箭，
紧跟上逝者的身影，
追寻到逝者的步伐；
请求您来负剑持棍，
紧跟上逝者的身影，
询问到逝者的音信。
期望您了解逝者在哪层天生活，
好回来告知众孝子。
让孝子们吃饭落下肚，
喝水来养身；
让孝子们吃饭才安然，
喝水才安心啊！
尊敬的叔伯！

Nghait 2 Yeuf Zid Yil Deb

第二则 叔伯答

Rongt mol gaox lol nad yos Yeuf Zid Said et,
Jat god yad dak duax zos dout tangx shangf nad,
Nil loul lol blox ghous yenl draod duas ntreud yax.
尊敬的歌师尤子腮，
当我来到孝子的堂上，
老人家却已经悄然离世。

Gaox yad guas god mol nbangx ndangx drik hnend,
Zaox dangl nil lenx loul ghangb,
Dous dout nil loul nend;
Yad mol nbangx ndangx drik ndongt,
Zaox dout nil lenx loul ghangb,
Nos leuf nil lenx loul mongt.
Yad mol nuaf dout nil lenx loul mol uat nenx ndos nzas dout lob nzhet ndox dus,
Yad draod ghangb draod lil raox lol haik dout god zhed zhongs nbaox dob xaof juab,
Naox ghangd lol let bongb blangb ek,
Houk dlex lol let bongb jed nad;
Naox ghangd lol let nggangb rangx ek,
Houk dlex lol let nggangb xenb et.
你请求我持刀背箭，
紧跟上逝者的身影，
追寻到逝者的步伐；
恳求我负剑持棍，
紧跟上逝者的身影，
询问到逝者的音信。
期望我了解逝者在哪层天生活，
好回来告知众孝子，
让孝子们吃饭落下肚，
喝水来养身；
让孝子们吃饭才安然，
喝水才安心。

Dex nat lol god uat zhit zos ek!
God ndouk Fex Zik Nyangs drout gaox lenx del et,
Yad mol ntrad dout dol Naf Muaf Nyangx draod daof ndex;
God Ndouk Fex Zik Nyangs dout gaox lens sob nbangb,
Yad mol ntrad dangl dol Naf Muaf Nyangx draod daof ghangb yos!
Yeuf Zid Said!
这些我都做不到啊！
但我能把飞子条送到你手里，
请你去找到姑妈；
我也能把飞子条递到你手中，
请你去寻姑妈啊！
尊敬的歌师尤子腮！

Nzend Gouf Aob Leud Muaf Nyangx

第十二节 嘱托姑妈

Dleub Lol Uat Ndex:

道白：

Zos ndeuf jek yeuf zid yil baif zhib draod jed got lol drout Yeuf Zid Said dous ged draod daof ghangb, huaf nat jeuf mol leud dout dol box nyangx lak. Rangx ngoux haik dout uat nad let:

唱述至此，叔伯表示自己无能为力后，歌师尤子腮便可以往下找姑妈了。唱诵如下：

Nghait 1 Yeuf Zid Said Haik

第一则 歌师尤子腮嘱托

Rongt mol gaox lol nad yos muaf nyangx et,

Jat gaox zos dout zhongf nyangl nbaox dob xaof juab lob tangx shangf nad,

Zhit guas gaox buas mol nax ib zhual et,

Zhit wangf gaox drik mol nax ib ndrangt.

尊敬的姑妈呀，

您来到我孝子堂上，

不用您来这里出多大力，

也不用您来这里使多大劲。

Daf wangf xaod wangf wangf ax,

Wangf dout gaox mol nbangx ndangx drik hnend,

Zaox dout nil lenx loul ghangb,

Dous leuf nil lenx loul nend;

Yad mol nbangx ndangx drik ndongt,

Zaox dout nil lenx loul ghangb,

Nos leuf nil lenx loul mongt.

Yad mol nuaf dout nil lenx loul yad mol uat nenx ndox nzas dout lob nzhet ndox dus,

Yad draod ghangb draod let raox lol lol haik dout god zhongs nyangl nbaox dob langs,

Nil naox ghangd lol let bongb blangb ek,

Houk dlex lol let bongb jed;

Naox ghangd lol let nggangb rangx ek,

Houk dlex lol let nggangb xenb!

Muaf nyangx nik!

请求您来帮点忙：

恳请您来持刀负箭，

紧跟上逝者的身影，

追寻到逝者的步伐；

请求您来负剑持棍，

紧跟上逝者的身影，

询问到逝者的音信。

期望您了解逝者在哪层天生活，

好回来告知众孝子，

让孝子们吃饭落下肚，

喝水来养身；

让孝子们吃饭才安然，

喝水才安心啊！

尊敬的姑妈啊！

Nghait 2 Box Nyangx Deb

第二则 姑妈答

Rongt mol gaox lol nad yos Yeuf Zid Said et,

Jat god yad dak duax zos dout tangx shangf nad,

Nil loul lol blox ghous yenl draod duas ntreud yax.

尊敬的歌师尤子腮，

当我来到孝子的堂上，

老人家却已悄然离世。

Gaox yad guas god mol nbangx ndangx drik hnend,

Zaox dangl nil lenx loul ghangb,

Dous dout nil loul nend;

Yad mol nbangx ndangx drik ndongt,

Zaox dout nil lenx loul ghangb,

Nos leuf nil lenx loul mongt.

Yad mol nuaf dout nil lenx loul mol uat nenx ndos nzas dout lob nzhet ndox dus,

Yad draod ghangb draod lik raox lol haik dout

god zhed zhongs nbaox dob xaof juab,

Naox ghangd lol let bongb blangb ek,

Houk dlex lol let bongb jed nad;

Naox ghangd lol let nggangb rangx ek,

Houk dlex lol let nggangb xenb et.

你嘱托我持刀负箭，

紧跟上逝者的身影，

追寻到逝者的步伐；

也恳请我负剑持棍，

紧跟上逝者的身影，

询问到逝者的音信。

期望我了解逝者在哪层天生活，

好回来告知众孝子，

让孝子们吃饭落下肚，

喝水来养身；

让孝子们吃饭才安然，

喝水才安心。

Dex nat lol god uat zhit zos ek,

Jat god muaf nyangx duax zos zhek,

God zhuak yaos keuk naox keuk houk,

Keuk ghuax lol draod keuk nyad[149],

Njet daox lol sheud nghel dous et.

Jat god duax zos zhek god uat zhit zos,

God ndouk Fex Zik Nyangs drout gaox lens del et,

Yad mol ntrad dout dol yeuf zid ghenx zid ndrual draod daof ndex;

God ndouk Fex Zik Nyangs dout gaox lens sob nbangb,

Yad mol ntrad dangl yeuf zid ghenx zid ndrual draod daof ghangb yos!

Yeuf zid said!

这些我都做不到，

作为姑妈的我，

来到了只会吃吃喝喝，

赶到了也只会哭哭啼啼，

只会上上下下闲逛。

你的请求我无能为力，

我把飞子条送到你手里，

请你去找后面的芦笙师鼓师；

我把飞子条递到你手中，

请你去找后面的芦笙师鼓师啊！

尊敬的尤子腮！

Nghait 3 Yeuf Zid Said Zhas Haik

第三则　歌师尤子腮再嘱咐

Rongt mol gaox lol nad yos muaf nyangx et,

Jat gaox zos dout zhongf nyangl nbaox dob xaof juab lob tangx shangf nad.

God yad dak zhit guas gaox buas mol nax ib zhual et,

Zhit wangf gaox drik mol nax ib ndrangt.

尊敬的姑妈呀，

您来到我孝子堂上。

我不用您来这里出多大力，

不期望您来这里使多大劲。

God yad dak daf wangf xaod wangf wangf ax:

Wangf dout gaox mol nbangx ndangx drik hnend,

Zaox dout nil lenx loul ghangb,

Dous leuf nil lenx loul nend;

Yad mol nbangx ndangx drik ndongt,

Zaox dout nil lenx loul ghangb,

Nos leuf nil lenx loul mongt.

God yad dak gaox mol nuaf dout nil lenx loul yad mol uat nenx ndox nzas dout lob nzhet ndox dus,

Yad draod ghangb draod lil raox lol lol haik dout god zhongs hnyangl nbaox dob langs,

Nil naox ghangd lol let bongb blangb ek,

Houk dlex lol let bongb jed;

Naox ghangd lol let nggangb rangx ek,

Houk dlex lol let nggangb xenb muaf nyangx nik!

期望您的是这些：

请求你来握刀负箭，
紧跟上逝者的身影，
追寻到逝者的脚印；
请求你来负剑持棍，
紧跟上逝者的身影，
询问到逝者的音信。
期望您了解逝者在哪层天生活，
好回来告知众孝子，
让孝子们吃饭落下肚，
喝水来养身；
让孝子们吃饭才安然，
喝水才安心啊！

Gaox yad dak gaox duax zos zhek,
Dex nat lol gaox uat zhit zos ek.
Jat gaox muaf nyangx duax zos zhek,
God zhuak yaos keuk naox keuk houk,
Keuk ghuax lol draod keuk nyad,
Njet daox lol sheud nghel dous et.
Jat ndaox dis draod aob xongt nzod,
Gaox yad mol uat gaox ngoux ndrous[150] yenl draod duax ndruab gouf[151],
Zhit guas beb duax shik boub;
Jat ndaox dis draod touk nzod,
Gaox yad mol uat ngoux uat ndrous draod duax ndruab zhuas[152],
Zhit guas beb duax suak juas[153] nat yos!
Gaox yad taod dout gaox yad buas baob reb zhongt[154] leuf gaox loux hout nat yos!
Muaf nyangx it nik!
您却说当你赶来到，
这些请求您力不能及。
作为姑妈的您，
来到了只会捡吃喝，
来到了也只会哭哭啼啼，
只会上上下下闲逛。
但是在以前，
您在那偏僻角落谈情说爱，
藏着不让我们知晓；
也是在那从前，
您在那灌木丛中谈情说爱，
躲着不让我们知情啊！
您还差点被石子砸头了啊！
尊敬的姑妈！

Dleub Lol:
道白：

Muaf nyangx haik dak: God uat zhit dout ek, god mol uat nenx dout nbouf nax xongt ek. Huaf nat nil lenx loul duas dangl god duax zos jek zhos keuk ghuax keuk nyad lak. Zhuak taod dout mex changb draod daof ndex mol tab yeuf zid ghenx zid ndrual haik.

姑妈说道：做不了呀，我已经出嫁多年，现在老人归世了，只能来哭泣与哀号了。只能请你们放心去请求芦笙师和鼓师了。

Yeuf Zid Said haik deb dak: Uat let jek god mol ek god yad hlangt god ib drox draod daof ndex ek, gaox zhit dek dot shab muas, nyaob nzhik gaox yad uat shot daol god nat lak! Naf muaf nyangx!

歌师尤子腮答道：这样的话，我将往后移步了，在此请您不要伤心，也请您在这里煮晌午等我呀！尊敬的姑妈！

Nzend Gouf Beb Leud Zid Ghenx Zid Ndrual
第十三节 嘱托芦笙师和鼓师

Nghait 1 Yeuf Zid Said Haik
第一则 歌师尤子腮嘱托

Rongt mol gaox lol nad yos yeuf zid ghenx zid ndrual et!

Jat gaox zos dout zhongf nyangl nbaox dob xaof juab lob tangx shangf nad.

Jat zhed zhongs nbaox xaof juab et!

Nil zhas yad ndoux deut let dangl draod duax

zos njuat lil zok muab dout gaox duax shik hot zos;

Zhed zhongl nbaox xaof juab et!

Ndoux deut mol let dangl tlout lil zhuat muab dout gaox yeuf zid ghenx yeuf zid ndrual sheud hot juas ek,

Jat god yad haik gaox nad yos,

Yeuf zid ghenx yeuf zid ndrual nad nik et!

尊敬的芦笙师和鼓师！

你们来到我孝子堂上。

众孝子们呀！

他们匆忙前去把你们叫来；

众孝子们呀！

他们匆忙去将你们叫到，

我有话要与你们说哟，

我的芦笙师和鼓师！

Jat ndaox dis aob xongt nzod,

Gaox naf gaox zid yos dout gaox mid dob yaob lik drus[155].

Draod touk yout yout ek,

Yos dout gaox nzhex muas yad shenb yaof linx[156],

Yat zhaot pluad[157] gaox yad mol geuf ghenx,

Yos dout gaox nzhex muas yad shenb yaof ruas,

Yad zhaot pluad gaox lens yad mol geuf ndrual.

在很久以前，

你的父母生育你这小幺儿。

在你很小的时候，

你便显现出聪明伶俐，

就让你去学习吹芦笙，

你便显现出天资聪慧，

就让你去学习敲牛皮鼓。

Gaox mid dob yaob lil drus hlob dout ndaot ndrous[158] ndox zhens nghenl[159],

Gaox yad mol nzent lik hlaot[160] dout lob nzhet ndox dus,

Yad mol muab dout ghenx lol geuf cuat[161],

Muab ndrual yad ngeuf lol zos leuf ex.

Gaox yad lol uat ghenx mol laif lal draod dif daox,

Gaox yad lol uat ghenx ndrual lol laif lal draod dif drongb.

你这小幺儿成年后便名扬四方，

只因你曾走遍天涯，

刻苦把笙曲来学会，

努力把鼓调来学全。

你在山坡舞动芦笙展技艺，

你在山头吹笙击鼓显本事。

Gaox lenx zid let dak ndox yos gaox naf it nik,

Jat god mid dob yaob lik drus it,

Geuf ghenx lol nzhex muas[162] daf yad shenb yaof linx,

Geuf ndrual ek nzhex muas shenb yaof ruas!

Gaox yad nuaf dout god mid dob yaob lik drus,

Nil yad uat ghenx laif lal[163] draod dif daox ek;

Gaox yad nuaf dout god mid dob yaob lik drus,

Yad mol uat ghenx ndrual laif lal draod dif drongb.

Bof rongt zhit rongt yok gaox naf it yok?

你父亲才对你母亲说天呀孩子妈！

我小幺儿呀，

学芦笙来聪明伶俐，

学击鼓来天资聪慧！

你会见到我那小幺儿，

常在山坡舞动芦笙展技艺；

你也会见到我那小幺儿，

常在山头吹笙击鼓显本事。

你见到了吗孩子妈？

Jat lenx naf let dak ndox yok gaox zid!

Gaox yad khuak khuak[164] gaox mid dob yaob lik drus uat ghenx laif lal draod dif daox,

Yat dangb gouf[165] drous god box nas nad mol

nax ib jif denx shik ghongb nax ib jif ndraox nik!

Jat gaox yad khuak khuak gaox mid dob yaob let drus yad mol uat ghenx ndrual laif lal draod dif drongb,

Ral nat yad dangb gouf drous god mol nax ib jif denx shik ghongb nad yos gaox zid nik!

Jat ral nat gaox duax zos zhek,

Zhit wangf gaox lens zhit mol buas nax ib zhual,

Zhit wangf gaox mol drik nax ib ndrangt.

你母亲才对你父亲说天呀孩子爹!

你夸奖小幺儿常在山坡舞动芦笙展技艺,

他却耽误了一季粮食的栽种!

你夸赞小幺儿在山头吹笙击鼓显本事,

他却耽搁了一季庄稼的收成啊!

今天你来到这儿,

不用你来这里出多大力,

也不用你来这里使多大劲。

Daf wangf xaod wangf yad wangf chenx dangb et,

Wangf dout gaox mol nbangx ndangx drik hnend,

Zaox dout nil lenx loul ghangb,

Dous leuf nil lenx loul nend;

Yad mol nbangx ndangx drik ndongt,

Zaox dout nil lenx loul ghangb,

Nos leuf nil lenx loul mongt.

Yad mol nuaf dout nil lenx loul yad mol uat nenx ndox nzas dout lob nzhet ndox dus.

期望你的是这些呀,

请求你来持刀负箭,

紧跟上逝者的身影,

追寻到逝者的脚印;

请求你来负剑持棍,

紧跟上逝者的身影,

询问到逝者的音信。

期望你了解逝者在哪层天生活,

Yad draod ghangb draod lil raox lol lol haik dout god zhongf nyangl nbaox dob langs.

Nil naox ghangd lol let bongb blangb ek,

Houk dlex lol let bongb jed;

Naox ghangd lol let nggangb rangx ek,

Houk dlex lol let nggangb xenb!

Yeuf zid ghenx nghel yeuf zid ndrual nik.

好回来告知众孝子。

让孝子们吃饭落下肚,

喝水来养身;

让孝子们吃饭才安然,

喝水才安心啊!

尊敬的芦笙师和鼓师!

Nghait 2 Zid Ghenx Zid Ndrual Deb

第二则 芦笙师和鼓师答

Rongt mol gaox lol nad yos Yeuf Zid Said et,

Jat god yad dak duax zos dout tangx shangf nad,

Nil loul lol blox ghous yenl draod duas ntreud yax.

尊敬的歌师尤子腮,

当我们来到孝子的堂上,

老人家却已经悄然离世。

Gaox yad dak zhed zhongs nbaox xaof juab et,

Nil zhas yad ndoux deut let dangl draod duax zos njuat lik zok muab dout gaox duax shik hot zos;

Zhed zhongf nbaox xaof juab et,

Ndoux deut mol let dangl tlout lil zhuat muab dout gaox yeuf zid ghenx yeuf zid ndrual sheud hot juas ek.

Gaox yad guas god mol nbangx ndangx drik hnend,

Zaox dangl nil lenx loul ghangb,

Dous dout nil loul nend;

Yad mol nbangx ndangx drik ndongt,

Zaox dout nil lenx loul ghangb,

Nos leuf nil lenx loul mongt.

你说孝子们呀，

他们匆忙前来把我们叫；

你还说孝子们呀，

他们匆忙过来将我们喊。

你请求我们持刀负箭，

紧跟上逝者的身影，

追寻到逝者的步伐；

嘱托我们负剑持棍，

紧跟上逝者的身影，

询问到逝者的音信。

Yad mol nuaf dout nil lenx loul mol uat nenx ndos nzas dout lob nzhet ndox dus,

Yad draod ghangb draod let raox lol haik dout god zhed zhongf nbaox dob xaof juab.

Naox ghangd lol let bongb blangb ek,

Houk dlex lol let bongb jed nad;

Naox ghangd lol let nggangb rangx ek,

Houk dlex lol let nggangb xenb et.

期望我们了解逝者在哪层天生活，

好回来告知众孝子。

让孝子们吃饭落下肚，

喝水来养身；

让孝子们吃饭才安然，

喝水才安心。

Dex nat lol god uat zhit zos ek!

God ndouk Fex Zik Nyangs drout gaox lens del et,

Yad mol ntrad dout xaod yeuf dlangb draod daof ndex.

God ndouk Fex Zik Nyangs dout gaox lens sob nbangb,

Yad mol ntrad dangl xaod yeuf dlangb draod daof ghangb yos!

Yeuf zid said!

这些我们无能为力啊！

我们能把飞子条送到你手里，

你就能找到后面的小舅弟。

我们也能把飞子条递到你手中，

你就能找到后面的小舅哥啊！

尊敬的歌师尤子腮！

Dleub Lol:

道白：

Yeuf zid said: Yod... Zhit qenx zhenb baf ? Zid ghenx zid ndrual!

歌师尤子腮：哟……怕不是真心实意的吧？芦笙师和鼓师！

Zid ghenx zid ndrual: Qenx zhenb hlaot ek yeuf zid said! Naf gangb daot daos[166] naf ged daot teud[167] ek gaox yad dous gaox gangb gaox ged nat muas.

芦笙师和鼓师：是真心实意了，歌师尤子腮！大道宽广、大路畅通无阻，你可尽管赶你的路。

Yeuf zid said: Uat let nat jek god dous god ged god gangb ek, gaox nyaob gaox nat gaox yad uat shot daol god draod lol gax!

歌师尤子腮：那么，我就赶我的路了，你们要记得在这里做晌午等我回来吃！

Nzend Gouf Bloub Leud Xaod Yeuf Dlangb
第十四节　嘱托小舅哥

Nghait 1 Yeuf Zid Said Haik
第一则　歌师尤子腮嘱托

Rongt mol gaox lol nad yos xaod yeuf dlangb et,

Jat gaox zos dout zhongs hnyangl nbaox dob xaof juab lob tangx shangf nad,

Zhit guas gaox buas mol nax ib zhual et,

Zhit wangf gaox drik mol nax ib ndrangt.

尊敬的小舅哥，
您来到我孝子堂上，
不用您来这里使多大力气，
也不用您来这里使多大力量。

Daf wangf xaod wangf wangf ax,
Wangf dout gaox mol nbangx ndangx drik hnend,
Zaox dout nil lenx loul ghangb,
Dous leuf nil lenx loul nend;
Yad mol nbangx ndangx drik ndongt,
Zaox dout nil lenx loul ghangb,
Nos leuf nil lenx loul mongt.
期望您的是这些，
请求您来持刀负箭，
紧跟上逝者的身影，
追寻到逝者的足迹；
请求您来负剑持棍，
紧跟上逝者的身影，
询问到逝者的音信。

Yad mol nuaf dout nil lenx loul yad mol uat nenx ndox nzas dout lob nzhet ndox dus,
Yad draod ghangb draod lil raox lol haik dout god zhongf nyangl nbaox dob langs.
Nil naox ghangd lol let bongb blangb ek,
Houk dlex lol let bongb jed.
Naox ghangd lol let nggangb rangx ek,
Houk dlex lol let nggangb xenb!
Xaod yeuf dlangb nik!
期望您了解逝者在哪层天生活，
好回来告知众孝子。
让孝子们吃饭落下肚，
喝水来养身。
让孝子们吃饭才安然，
喝水才安心啊！
尊敬的小舅哥！

Nghait 2 Xaod Yeuf Dlangb deb
第二则　小舅哥答

Rongt mol gaox lol nad yos Yeuf Zid Said et,
Jat god yad dak duax zos dout tangx shangf nad,
Nil loul lol blox ghous yenl draod duas ntreud yax.
尊敬的歌师尤子腮，
当我来到孝子的堂上，
老人家却已经悄然离世。

Gaox yad guas god mol nbangx ndangx drik hnend,
Zaox dangl nil lenx loul ghangb,
Dous dout nil loul nend;
Yad mol nbangx ndangx drik ndongt,
Zaox dout nil lenx loul ghangb,
Nos leuf nil lenx loul mongt.
Yad mol nuaf dout nil lenx loul mol uat nenx ndos nzas dout lob nzhet ndox dus,
Yad draod ghangb draod lil raox lol haik dout god zhed zhongf nbaox dob xaof juab,
Naox ghangd lol let bongb blangb ek,
Houk dlex lol let bongb jed nad;
Naox ghangd lol let nggangb rangx ek,
Houk dlex lol let nggangb xenb et.
你请求我持刀负箭，
紧跟上逝者的身影，
追寻到逝者的足迹；
恳请我负剑持棍，
紧跟上逝者的身影，
询问到逝者的音信。
期望我了解逝者在哪层天生活，
好回来告知众孝子，
让孝子们吃饭落下肚，
喝水来养身；
让孝子们吃饭才安然，
喝水才安心。

Dex nat lol god uat zhit zos ek,

Jat god xaod yeuf dlangb duax zos zhek,

God zhuak yaos keuk naox keuk houk,

Keuk ghuax lol draod keuk nyad,

Njet daox lol sheud nghel dous et.

Jat god duax zos zhek god uat zhit zos,

God ndouk Fex Zik Nyangs drout gaox lens del et,

Yad mol ntrad dout dol naf voud draod daof ndex;

God ndouk Fex Zik Nyangs dout gaox lens sob nbangb,

Yad mol ntrad dangl naf voud draod daof ghangb yos!

Yeuf zid said!

这些我都做不到，

作为小舅哥的我，

来到了只会吃吃喝喝，

赶到了也只会抱头痛哭，

只会四处闲逛帮不上忙。

这些我都做不到，

但我能把飞子条送到你手里，

你就能找到后面的女婿；

我也能把飞子条递到你手中，

你就能找到后面的女婿啊！

尊敬的歌师尤子腮！

Nzend Gouf Zhib Leud Naf Voud

第十五节　拜请大女婿

Nghait 1 Yeuf Zid Said Haik

第一则　歌师尤子腮请托

Rongt mol gaox lol nad yos naf voud et!

Jat gaox zos dout zhongs hnyangl nbaox dob xaof juab lob tangx shangf nad,

Zhit guas gaox buas mol nax ib zhual et,

Zhit wangf gaox drik mol nax ib ndrangt.

尊敬的大女婿啊！

您来到我孝子堂上，

不要求您来这里出多大力，

也不需要您来这里使多大劲。

Daf wangf xaod wangf wangf ax:

Wangf dout gaox mol nbangx ndangx drik hnend,

Zaox dout nil lenx loul ghangb,

Dous leuf nil lenx loul nend;

Yad mol nbangx ndangx drik ndongt,

Zaox dout nil lenx loul ghangb,

Nos leuf nil lenx loul mongt.

Yad mol nuaf dout nil lenx loul yad mol uat nenx ndox nzas dout lob nzhet ndox dus,

Yad draod ghangb draod let raox lol lol haik dout god zhongf nyangl nbaox dob langs,

Nil naox ghangd lol let bongb blangb ek,

Houk dlex lol let bongb jed.

Naox ghangd lol let nggangb rangx ek,

Houk dlex lol let nggangb xenb!

Naf voud nik!

期望您做的是这些：

请求您来持刀负箭，

紧跟上逝者的身影，

追寻到逝者的脚印；

请求您来负剑持棍，

紧跟上逝者的身影，

询问到逝者的音信。

期望您了解逝者在哪层天生活，

好回来告知众孝子，

让孝子们吃饭落下肚，

喝水来养身；

让孝子们吃饭才安然，

喝水才安心啊！

亲爱的大女婿！

Nghait 2 Naf Voud Deb

第二则 大女婿答

Rongt mol gaox lol nad yos Yeuf Zid Said et!

Jat god yad dak duax zos dout tangx shangf nad,

Nil loul lol blox ghous yenl draod duas ntreud yax!

尊敬的歌师尤子腮!

当我来到孝子的堂上,

老人家却已经悄然离世!

Gaox yad guas god mol nbangx ndangx drik hnend,

Zaox dangl nil lenx loul ghangb,

Dous dout nil loul nend;

Yad mol nbangx ndangx drik ndongt,

Zaox dout nil lenx loul ghangb,

Nos leuf nil lenx loul mongt.

Yad mol nuaf dout nil lenx loul mol uat nenx ndos nzas dout lob nzhet ndox dus,

Yad draod ghangb draod lil raox lol haik dout god zhed zhongf nbaox dob xaof juab,

Naox ghangd lol let bongb blangb ek,

Houk dlex lol let bongb jed nad;

Naox ghangd lol let nggangb rangx ek,

Houk dlex lol let nggangb xenb et.

你请求我持刀负箭,

紧跟上逝者的身影,

追寻到逝者的脚印;

你恳求我负剑持棍,

紧跟上逝者的身影,

询问到逝者的音信。

期望我了解逝者在哪层天生活,

好回来告知众孝子,

让孝子们吃饭落下肚,

喝水来养身;

让孝子们吃饭才安然,

喝水才安心。

Dex nat lol god uat zhit zos ek,

Jat god naf voud duax zos zhek,

God zhuak yaos keuk naox keuk houk,

Keuk ghuax lol draod keuk nyad,

Njet daox lol sheud nghel dous et.

Jat god duax zos zhek god uat zhit zos,

God ndouk Fex Zik Nyangs drout gaox lens del et,

Yad mol ntrad dout dol yeuf zid guangd zongd draod daof ndex;

God ndouk Fex Zik Nyangs dout gaox lens sob nbangb,

Yad mol ntrad dangl yeuf zid guangd shif draod daof ghangb yos!

Yeuf zid said!

这些我无能为力,

作为逝者女婿的我,

来到了只会吃吃喝喝,

来到了也只会抱头痛哭,

只会四处闲逛当不了帮手。

这些我力不从心,

我能把飞子条送到你手里,

请你去请求后面的管事;

我把飞子条递到你手中,

请你去恳求后面的管事啊!

尊敬的歌师尤子腮!

Nzend Gouf Drout Leud Yeuf Guangd Shif

第十六节 拜请总管事

Nghait 1 Yeuf Zid Said Haik

第一则 歌师尤子腮请托

Rongt mol gaox lol nad yos yeuf zid guangd shif let zongd[168] et!

Jat gaox zos dout zhongf nyangl nbaox dob xaof juab lob tangx shangf nad.

Jat zhed zhongs nbaox xaof juab et!

Nil zhas yad ndoux deut let dangl draod duax

zos njuat lik zok muab dout mex duax shik hot zos;

Zhed zhongf nbaox xaof juab et!

Ndoux deut mol let dangl tlout lik zhuat muab dout gaox yeuf zid guangd zongd sheud hot juas ek.

尊敬的管事！

你们来到我孝子堂上。

众孝子们呀！

匆忙赶来把你们请；

众孝子们呀！

急忙赶来将你们邀。

Zhas yad bangb god zhongf nyangl nbaof dob xaof juab,

Ndangt dlangb jaox lol ndangt khuat ndangt duax leuf shik cuat;

Zhas yad bangb god zhongf nyangl nbaof dob xaof juab,

Ndangt khuat ndangt dlangb jaox lol ndangt nyaos zos ek.

Gaox duax shik zos et,

Gaox yad bangb god lil njet daox draod nghel dous et.

Las dex it dout naox gaox yad zhit dout naox muak,

Las dout houk gaox yad duax zos zhit dout houk ek.

Jat gaox duax zhit guas gaox buas mol nax ib zhual et,

Zhit wangf gaox drik mol nax ib ndrangt.

管事帮我孝子一家，

接待好客人处理好事务；

管事帮我孝子一家，

处理好事务接待好客人。

当你们来到这里呀，

你们帮我打理事无巨细。

人家能吃了你们不能吃，

人家能喝了你们也不能喝。

不要求你们来这里出多大的力，

也不要求你们来这里使多大的劲。

Daf wangf xaod wangf wangf ax,

Wangf dout gaox mol nbangx ndangx drik hnend,

Zaox dout nil lenx loul ghangb,

Dous leuf nil lenx loul nend;

Yad mol nbangx ndangx drik ndongt,

Zaox dout nil lenx loul ghangb,

Nos leuf nil lenx loul mongt.

Yad mol nuaf dout nil lenx loul yad mol uat nenx ndox nzas dout lob nzhet ndox dus,

Yad draod ghangb draod lil raox lol lol haik dout god zhongf nyangl nbaox dob langs,

Nil naox ghangb lol let bongb blangb ek,

Houk dlex lol let bongb jed;

Naox ghangb lol let nggangb rangx ek,

Houk dlex lol let nggangb xenb!

Yeuf zid guangd zongd nik!

期望你们能帮点忙呀，

请求你们来持刀负箭，

紧跟上逝者的身影，

追寻到逝者的印迹；

恳请你们来负剑持棍，

紧跟上逝者的身影，

询问到逝者的音信。

期望你们了解逝者在哪层天生活，

好回来告知众孝子，

让孝子们吃饭落下肚，

喝水来养身；

让孝子们吃饭才安然，

喝水才安心啊！

尊敬的管事！

Nghait 2 Yeuf Zid Guangd Shif Deb

第二则 总管事答答

Rongt mol gaox lol nad yos Yeuf Zid Said et!

Jat god yad dak duax zos dout tangx shangf nad,

Nil loul lol blox ghous yenl draod duas ntreud yax!

尊敬的歌师尤子腮!

当我们来到孝子这堂上，

老人家却已经悄然离世!

Jat gaox yad dak zhed zhongf nbaox xaof juab et!

Nil zhas yad ndoux deut let dangl draod duax zos njuat lil zok muab dout beb duax shik hot zos;

Jat gaox yad dak zhed zhongf nbaox xaof juab et!

Ndoux deut mol let dangl tlout lik zhuat muab dout beb yeuf zid guangd shif sheud hot juas ek.

Jat beb duax zos zhek,

Beb yad ndangt dlangb jaox lol ndros ndangt khuat ndangt zhit cuat;

Jat beb duax zos zhek,

Ndangt khuat ndangt dlangb[169] jaox lol ndangt zhit zos.

你说孝子们呀!

匆忙赶来把我们邀请;

你也说孝子们呀!

急忙赶来将我们邀约。

当我们管事来到呢，

我们接待宾客处理事务不周全;

当我们总管事来到呀，

我们处理事务接待好宾客不周到。

Beb zhas njet daox ek nuaf las njet daox,

Las nghel dous beb nuaf las nghel dous muak.

Las dout naox zhek beb dout naox,

Las dout houk beb let dout houk et.

Gaox yad guas beb mol nbangx ndangx drik hnend,

Zaox dangl nil lenx loul ghangb,

Dous dout nil loul nend;

Yad mol nbangx ndangx drik ndongt,

Zaox dout nil lenx loul ghangb,

Nos leuf nil lenx loul mongt.

我们只能看人家上下忙碌，

只能看人家里外辛劳。

人家有吃的我们也有吃的，

人家有喝的我们也有喝的。

你请求我们持刀负箭，

紧跟上逝者的身影，

追寻到逝者的印迹;

恳请我们负剑持棍，

紧跟上逝者的身影，

询问到逝者的音信。

Yad mol nuaf dout nil lenx loul mol uat nenx ndos nzas dout lob nzhet ndox dus,

Yad draod ghangb draod let raox lol haik dout god zhed zhongf nbaox dob xaof juab,

Naox ghangd lol let bongb blangb ek,

Houk dlex lol let bongb jed nad;

Naox ghangd lol let nggangb rangx ek,

Houk dlex lol let nggangb xenb yos!

Yeuf zid said!

要我们了解逝者在哪层天生活，

好回来告知众孝子，

让孝子们吃饭落下肚，

喝水来养身;

让孝子们吃饭才安然，

喝水才安心啊!

歌师尤子腮!

Haik zos dex nad lol beb uat zhit zos et!

Beb yad dax ral nad zox ged dax ged dol[170] zhit tongb ek,

Congx zix nat lol beb zhit luangf uat luak yeuf zid guangd lil shif zongd ged dax ged dol;

Beb yad dax ral nad zox ged zhit cif muas,

Congx zix nat[171] lol beb zhit mol uat las yeuf zid guangd shif nik.

Jat beb yad ndouk Fex Zik Nyangs,

Las njet daox ek beb let dout njet daox muak;

Jat beb yad ndouk Fex Zik Nyangs,

Las nghel dous beb let dout nghel dous.

Las dout naox ek beb let dout naox muak,

Las dout houk zhek beb let dout houk nat yos.

说到这些恐怕我们做不到啊！

我们此次管事之道没行好，

此后将不再乱担任别人的管事；

我们此次管事之路没筑好，

此后将不再乱担任别人的总管。

我们将为你出飞子条，

别人上坡我们才得以上坡；

我们将为你打飞子条，

别人下坡我们才得以下坡。

别人有吃的我们也才有吃的，

别人有喝的我们也才有喝的。

Haik zos dex nat beb uat zhit zos,

Beb yad ndouk Fex Zik Nyangs dout gaox sob nbangb,

Gaox yad mol ntrad dangl yeuf chux shik guangb;

Beb ndouk Fex Zik Nyangs drout gaox lens del,

Gaox yad mol ntrad dout yeuf chux guangb draod daof ndex yos!

Yeuf zid said!

以上这些我们都做不到，

但我们能把飞子条送到你手里，

你就能找后面的厨师爷；

我们也能把飞子条递到你手中，

你就能找到后面的厨师爷啊！

尊敬的歌师尤子腮！

Nzend Gouf Xangt Leud Yeuf Chux Guangb
第十七节　嘱托厨官（师爷）

Nghait 1 Yeuf Zid Said Haik
第一则　歌师尤子腮嘱托

Rongt mol gaox lol nad yos yeuf zid chux shik guangb et!

Jat gaox zos dout zhongf nyangl nbaox dob xaof juab lob tangx shangf nad.

Jat zhed zhongs nbaox xaof juab et!

Nil zhas yad ndoux deut let dangl draod duax zos njuat lil zok muab dout gaox yeuf zid chux duax shik hot zos;

Zhed zhongs nbaox xaof juab et!

Ndoux deut mol let dangl tlout lik zhuat muab dout gaox yeuf zid chux sheud hot juas ek.

尊敬的厨师爷！

你们来到我孝子堂上。

孝子们呀！

匆忙过去把你们请来；

孝子们呀！

匆忙过去将你们请到。

Gaox yad duax zos zhek,

Zhas yad bangb god zhongs hnyangl nbaof dob xaof juab,

Ndangt dlangb jaox lol ndangt khuat ndangt duax leuf shik cuat;

Zhas yad bangb god zhongf nyangl nbaox dob xaof juab,

Ndangt khuat ndangt dlangb jaox lol ndangt nyaos zos ek.

Gaox yad keuk ngouk dol bof daob[172] sheud qix deuf fud lox buf pef pangx nzid[173] nik,

Gaox yad uat nyaos dout cuat lenx cuat luas naox ek las yad dout luas.

当你们厨师爷赶来到，

你们帮我孝子一家，

接待好客人处理好事务；

你们帮我孝子一家，

处理好事务接待好客人。

拿起菜刀切豆腐配上萝卜放盘中，

做的饭菜人人吃了都夸赞。

Las njet daox ek gaox dout njet daox muak,

Las nghel dous beb let dout nghel dous.

Las dout naox ek gaox lens zhit dout naox muak,

Las dout houk zhek gaox nens zhit dout houk

nat yos.

Jat gaox duax zos ek,

Jat gaox duax zhit guas gaox buas mol nax ib zhual et,

Zhit wangf gaox drik mol nax ib ndrangt.

别人上坡你们就得上坡,

别人下坡你们就得下坡。

别人有吃的你们却不能吃,

别人有喝的你们却不能喝。

当你们来到时,

不要求你们来这里出多大力,

也不要求你们来这里使多大劲。

Daf wangf xaod wangf wangf ax,

Wangf dout gaox mol nbangx ndangx drik hnend,

Zaox dout nil lenx loul ghangb,

Dous leuf nil lenx loul nend;

Yad mol nbangx ndangx drik ndongt,

Zaox dout nil lenx loul ghangb,

Nos leuf nil lenx loul mongt.

Yad mol nuaf dout nil lenx loul yad mol uat nenx ndox nzas dout lob nzhet ndox dus,

Yad draod ghangb draod let raox lol lol haik dout god zhongf nyangl nbaox dob langs,

Nil naox ghangd lol let bongb blangb ek,

Houk dlex lol let bongb jed;

Naox ghangd lol let nggangb rangx ek,

Houk dlex lol let nggangb xenb!

Yeuf zid chux shik guangb nik!

期望你们来帮点忙,

请求你们来持刀负箭,

紧跟上逝者的身影,

追寻到逝者的步伐;

请求你们来负剑持棍,

紧跟上逝者的身影,

询问到逝者的音信。

期望你们了解逝者在哪层天生活,

好回来告知众孝子,

让孝子们吃饭落下肚,

喝水来养身;

让孝子们吃饭才安然,

喝水才安心啊!

尊敬的厨师爷!

Nghait 2 Yeuf Chux Guangb Deb

第二则　厨师爷答

Rongt mol gaox lol nad yos Yeuf Zid Said et!

Jat god yad dak duax zos dout tangx shangf nad,

Nil loul lol blox ghous yenl draod duas ntreud yax.

Jat gaox yad dak zhed zhongf nbaox xaof juab et!

Nil zhas yad ndoux deut let dangl draod duax zos njuat lil zok muab dout mex duax shik hot zos;

Jat gaox yad dak zhed zhongf nbaox xaof juab et!

Ndoux deut mol let dangl tlout lik zhuat muab dout gaox yeuf zid chux shik guangb sheud hot juas ek.

尊敬的歌师尤子腮!

当我们来到众孝子的堂上,

老人家却已经悄然离世。

你说孝子们呀!

匆忙赶来把我们请来;

你说孝子们呀!

匆忙赶来将我们请到。

Jat beb duax zos zhek,

Beb yad keuk ngouk dol bof daob sheud qix deuf fud lox buf pef pangx nzid nik,

Gaox yad uat nyaos dout cuat lenx cuat luas naox ek luak yad zhit dout luas.

Luak dout naox ek beb let dout naox muak,

Luak dout houk zhek beb let dout houk nat yos.

我们来到,

我们拿菜刀切豆腐配萝卜放盘中，
做的饭菜人们吃了不合胃口。
别人有吃的我们也才有吃的，
别人有喝的我们也才有喝的。

Gaox yad guas beb mol nbangx ndangx drik hnend,

Zaox dangl nil lenx loul ghangb,

Dous dout nil loul nend;

Yad mol nbangx ndangx drik ndongt,

Zaox dout nil lenx loul ghangb,

Nos leuf nil lenx loul mongt.

Yad mol nuaf dout nil lenx loul mol uat nenx ndos nzas dout lob nzhet ndox dus,

Yad draod ghangb draod let raox lol haik dout god zhed zhongs nbaox dob xaof juab,

Naox ghangd lol let bongb blangb ek,

Houk dlex lol let bongb jed nad;

Naox ghangd lol let nggangb rangx ek,

Houk dlex lol let nggangb xenb yos!

Yeuf Zid Said!

你请求我们持刀负箭，
紧跟上逝者的身影，
追寻到逝者的脚印；
你恳求我们负剑持棍，
紧跟上逝者的身影，
询问到逝者的音信。
期望我们了解逝者在哪层天生活，
好回来告知众孝子，
让孝子们吃饭落下肚，
喝水来养身；
让孝子们吃饭才安然，
喝水才安心啊！
歌师尤子腮！

Haik zos dex nad lol beb uat zhit zos,

Beb ndouk Fex Zik Nyangs drout gaox lens del,

Gaox yad mol ntrad dangl yeuf fangf jangf draod daof ndex;

Beb yad ndouk Fex Zik Nyangs dout gaox sob nbangb,

Gaox yad mol zhaod dangl yeuf fangf jangf draod daof ghangb nad yos it nik!

Yeuf zid said!

这些请求我们都无能为力，
我们把飞子条送到你手里，
请你去找后面的饭匠爷；
我们也能把飞子条递到你手中，
你就能找到后面的饭匠爷啊！
尊敬的尤子腮！

Nzend Gouf Yif Leud Yeuf Fangf Jangf
第十八节　请托饭匠爷

Nghait 1 Yeuf Zid Said Haik
第一则　歌师尤子腮请托

Rongt mol gaox lol nad yos fangf jangf nik!

Jat gaox zos dout zhongf nyangl nbaox dob xaof juab lob tangx shangf nad.

Jat zhed zhongs nbaox xaof juab et!

Nil zhas yad ndoux deut let dangl draod duax zos njuat lil zok muab dout gaox Fangf Jangf duax shik hot zos;

Zhed zhongs nbaox xaof juab et!

Ndoux deut mol let dangl tlout lil zhuat muab dout gaox fangf jangf sheud hot cuat ek.

Gaox yad duax zos lil njuat zhongs hnyangl nbaox dob langs lob lox ndraos dangs[174] et,

Del lox los[175] yad jouf nyaos dout lob vangb shik nzal[176] yad uat nyaos dout nax ib blual maod.

Yif hnob uat dangl nax yif blual juas[177],

Juax hnob uat juax blual juas et,

Keuk dout luak ged rex ndros ged raol lol yad naox.

尊敬的饭匠爷！
你们来到众孝子堂上。
众孝子们呀！

匆忙赶过去把你们请来；

众孝子们呀！

匆忙赶过去将你们请到。

当你们来到众孝家的正堂，

把持簸箕做成一顿饭食。

八天完成八顿，

九天做了九餐，

让村邻寨里有吃喝。

Las njet daox ek gaox yad dout njet daox,

Las nghel dous gaox lak dout nghel dous.

Las dout naox ek gaox zhit dout naox ek,

Las dout houk gaox zhit dout lex houk et.

Gaox yad duax zos lil njuat zhongf nyangl nbaox dob langs lob lox ndraos zhed,

Gaox yad del lox los keuk nyaos dout lob vangb chouk njout uat ib blual houk dout luak houk,

Keuk dout luak ged rex ndros ged raol lol yad houk.

Luak njet daox ek gaox yad dout njet daox,

Luak nghel dous gaox lak dout nghel dous.

Luak dout naox ek gaox zhit dout naox guas,

Luak dout houk gaox zhit dout lex houk et.

人家做事你们也做事，

人家忙活你们也得忙活。

人家能吃了你们却不能吃，

人家能喝了你们却不能喝。

你们来到众孝家的屋中，

手持簸箕做成一顿饭食，

让村邻寨里有吃喝。

人家做事你们也得做事，

人家做事你们也得忙活。

人家能吃了你们却不能吃，

人家能喝了你们却不能喝。

Jat gaox duax zos ek,

Jat gaox duax zhit guas gaox buas mol nax ib zhual et,

Zhit wangf gaox drik mol nax ib ndrangt.

Daf wangf xaod wangf wangf ax,

Wangf dout gaox mol nbangx ndangx drik hnend,

Zaox dout nil lenx loul ghangb,

Dous leuf nil lenx loul nend;

Yad mol nbangx ndangx drik ndongt,

Zaox dout nil lenx loul ghangb,

Nos leuf nil lenx loul mongt.

请你们来到这里，

不要求你们来这里出多大力，

也不要求你们来这里做多重的活。

请你们来帮点忙，

请求你们来持刀负箭，

紧跟上逝者的身影，

追寻到逝者的脚印；

请求你们来负剑持棍，

紧跟上逝者的身影，

询问到逝者的音信。

Yad mol nuaf dout nil lenx loul yad mol uat nenx ndox nzas dout lob nzhet ndox dus,

Yad draod ghangb draod let raox lol lol haik dout god zhongf nyangl nbaox dob langs,

Nil naox ghangd lol let bongb blangb ek,

Houk dlex lol let bongb jed;

Naox ghangd lol let nggangb rangx ek,

Houk dlex lol let nggangb xenb!

Yeuf fangf jangf nik!

期望你们了解逝者在哪层天生活，

好回来告知众孝子，

让孝子们吃饭落下肚，

喝水来养身；

让孝子们吃饭才安然，

喝水才安心啊！

尊敬的饭匠爷！

Nghait 2 Yeuf Fangf Jangf Deb

第二则 饭匠爷答

Rongt mol gaox lol nad yos Yeuf Zid Said et!

Jat god yad dak duax zos dout tangx shangf nad,

Nil loul lol blox ghous yenl draod duas ntreud yax!

尊敬的歌师尤子腮!

当我们来到众孝子的堂上,

老人家却已经悄然离世!

Gaox yad dak zhed zhongf nbaox xaof juab et!

Nil zhas yad ndoux deut let dangl draod duax zos njuat lil zok muab dout fangf jangf duax shik hot zos.

Zhed zhongf nbaox xaof juab et!

Ndoux deut mol let dangl tlout lil zhuat muab dout fangf jangf sheud hot cuat ek.

Jat god duax zos zhek,

God del lox los yad jouf nyaos dout lob vangb shik nzal,

Juax hnob zhuak uat ib nik blual,

Gaox yad del lox los keuk nyaos dout lob vangb chouk njout[178],

Juax hnob zhuak uat ib nik blual dout luak houk.

Las dout naox ek beb let dout naox muak,

Las dout houk zhek beb let dout houk nat yos.

你说孝子们呀!

匆忙赶到把我们请来。

你说孝子们呀!

匆忙赶到将我们请到。

当我们赶来到,

手持篾箕来做饭,

过去九天只做了一顿,

手持篾箕来做饭,

过去九天只做了一餐。

别人有吃的我们也有吃的,

别人有喝的我们也有喝的。

Gaox yad guas beb mol nbangx ndangx drik hnend,

Zaox dangl nil lenx loul ghangb,

Dous dout nil loul nend;

Yad mol nbangx ndangx drik ndongt,

Zaox dout nil lenx loul ghangb,

Nos leuf nil lenx loul mongt.

Yad mol nuaf dout nil lenx loul mol uat nenx ndos nzas dout lob nzhet ndox dus,

Yad draod ghangb draod let raox lol haik dout god zhed zhongf nbaox dob xaof juab,

Naox ghangd lol let bongb blangb ek,

Houk dlex lol let bongb jed nad;

Naox ghangd lol let nggangb rangx ek,

Houk dlex lol let nggangb xenb yos!

Yeuf Zid Said!

你拜托我们持刀负箭,

紧跟上逝者的身影,

追寻到逝者的足迹;

你委托我们负剑持棍,

紧跟上逝者的身影,

询问到逝者的音信。

期望我们了解逝者在哪层天生活,

好回来告知众孝子,

让孝子们吃饭落下肚,

喝水来养身;

让孝子们吃饭才安然,

喝水才安心啊!

歌师尤子腮!

Haik zos duax lol god uat zhit zos et,

Jat god ndouk Fex Zik Nyangs drout gaox lens del,

Gaox yad mol ntrad dout yeuf zid shued teux lol draod daox ndex;

Jat god ndouk Fex Zik Nyangs dout gaox sob nbangb,

Gaox yad mol ntrad dout yeuf zid shued teux

lol draod daox ghangb nad yos!

Yeuf zid said!

说到这些我们无能为力，

我们把飞子条送到你手里，

请你去拜托后面的管水人；

我们把飞子条递到你手中，

请你去委托后面的管水人啊！

歌师尤子腮！

Nzend Gouf Juax Leud Yeuf Shued Teux

第十九节 拜请管水师

Nghait 1 Yeuf Zid Said Haik:

第一则 歌师尤子腮请托

Rongt mol gaox lol nad yos yeuf shued teux nik!

Jat gaox zos dout zhongf nyangl nbaox dob xaof juab lob tangx shangf nad.

Jat zhed zhongf nbaox xaof juab et!

Nil zhas yad ndoux deut let dangl draod duax zos njuat lil zok muab dout gaox yeuf shued teux duax shik hot zos;

Zhed zhongf nbaox xaof juab et!

Ndoux deut mol let dangl tlout lil zhuat muab dout gaox yeuf shued teux sheud hot cuat ek.

尊敬的管水师！

你们来到我孝子堂上。

众孝子们呀！

他们匆忙赶去把你们请来；

众孝子们呀！

他们匆忙赶去将你们请到。

Jat gaox duax zos ek,

Gaox del lox los los yad keuk nyaos dout ndangt lil tongb,

Gud nyaos dout juax ndangt lol yad bangf dout luak dlangb khuat,

Gud nyaos dout yif ndangt lol yad bangf lol yad bangf dout luak houk.

Las njet daox ek gaox yad dout njet daox,

Las nghel dous gaox lak dout nghel dous.

Las dout naox ek gaox zhit dout naox guas,

Las dout houk gaox zhit dout lex houk et.

当你们来到这里，

你们拿起扁担和水桶，

担来九担办丧事，

挑来八挑待宾客。

人家忙碌来你们忙碌，

人家忙活来你们忙活。

人家能吃你们却不能吃，

人家能喝你们却不能喝。

Jat gaox duax zos ek,

Jat gaox duax zhit guas gaox buas mol nax ib zhual et,

Zhit wangf gaox drik mol nax ib ndrangt.

Daf wangf xaod wangf wangf ax:

Wangf dout gaox mol nbangx ndangx drik hnend,

Zaox dout nil lenx loul ghangb,

Dous leuf nil lenx loul nend.

请你们来到这里，

不要求你们来这里使多大劲，

不要求你们来出多大力。

期望你们的是这些：

请求你们来持刀负箭，

紧跟上逝者的身影，

追寻到逝者的步伐。

Yad mol nbangx ndangx drik ndongt,

Zaox dout nil lenx loul ghangb,

Nos leuf nil lenx loul mongt.

Yad mol nuaf dout nil lenx loul yad mol uat nenx ndox nzas dout lob nzhet ndox dus,

Yad draod ghangb draod let raox lol lol haik dout god zhongf nyangl nbaox dob langs,

Nil naox ghangd lol let bongb blangb ek,

Houk dlex lol let bongb jed;

Naox ghangd lol let nggangb rangx ek,

Houk dlex lol let nggangb xenb!

Yeuf shued teux nik!

请求你们来负剑持棍,

紧跟上逝者的身影,

询问到逝者的音信。

期望你们了解逝者在哪层天生活,

好回来告知众孝子,

让孝子们吃饭落下肚,

喝水来养身;

让孝子们吃饭才安然,

喝水才安心啊!

尊敬的管水师!

Nghait 2 Yeuf Zid Shued Teux Deb

第二则 水头爷答

Rongt mol gaox lol nad yos Yeuf Zid Said et!

Jat god yad dak duax zos dout tangx shangf nad,

Nil loul lol blox ghous yenl draod duas ntreud yax.

Gaox yad dak zhed zhongs nbaox xaof juab et!

Nil zhas yad ndoux deut let dangl draod duax zos njuat lil zok muab dout shued teux duax shik hot zos;

Zhed zhongf nbaox xaof juab et!

Ndoux deut mol let dangl tlout lil zhuat muab dout shued teux sheud hot cuat ek.

尊敬的歌师尤子腮!

当我们来到孝子的堂上,

老人家却已经悄然离世。

你说众孝子们呀!

他们匆忙跑去把我们请来;

你也说众孝子们呀!

他们匆忙前去将我们请到。

Beb duax shik zos ek,

Beb del lox los yad keuk dout ndangt shik tongb ek,

Gud juax ndangt lol dout uat nyaos zox ged nenx ndros ged zhangd naox draod ndros houk.

Las dout njet daox lol beb yad dout njet daox,

Las nghel dous lol beb yad dout nghel dous muak.

Las dout naox ek beb yad dout naox,

Las dout houk duax lak beb lak dout houk.

我们来到这里,

七手八脚担起桶,

挑了九挑水来让邻里亲朋喝。

人家忙活我们也忙活,

人家忙碌我们也忙碌。

人家能吃我们也吃,

人家能喝我们也喝。

Gaox yad guas beb mol nbangx ndangx drik hnend,

Zaox dangl nil lenx loul ghangb,

Dous dout nil loul nend;

Yad mol nbangx ndangx drik ndongt,

Zaox dout nil lenx loul ghangb,

Nos leuf nil lenx loul mongt.

Yad mol nuaf dout nil lenx loul mol uat nenx ndos nzas dout lob nzhet ndox dus,

Yad draod ghangb draod let raox lol haik dout god zhed zhongs nbaox dob xaof juab,

Naox ghangd lol let bongb blangb ek,

Houk dlex lol let bongb jed nad;

Naox ghangd lol let nggangb rangx ek,

Houk dlex lol let nggangb xenb yos!

Yeuf zid said!

你请托我们持刀负箭,

紧跟上逝者的身影,

追寻到逝者的足迹;

委托我们负剑持棍,

紧跟上逝者的身影，

询问到逝者的音信。

期望我们了解逝者在哪层天生活，

好回来告知众孝子，

让孝子们吃饭落下肚，

喝水来养身；

让孝子们吃饭才安然，

喝水才安心啊！

尊敬的歌师尤子腮！

Haik zos duax lol beb uat zhit zos et,

Jat god ndouk Fex Zik Nyangs drout gaox lens del,

Gaox yad mol ntrad dout yeuf zid duangb bex kuaif lol draod daox ndex;

Jat god ndouk Fex Zik Nyangs dout gaox sob nbangb,

Gaox yad mol ntrad dout yeuf zid duangb bex kuaif lol draod daox ghangb nad yos!

Yeuf zid said!

以上这些我们都无能为力，

我们把飞子条送到你手里，

你请托后面的端百筷爷；

我们把飞子条递到你手中，

你委托后面的端百筷爷啊！

尊敬的歌师尤子腮！

Nzend Nenl Gouf Leud Duangb Bex Kuaif

第二十节　拜请端百筷爷

Nghait 1 Yeuf Zid Said Haik

第一则　歌师尤子腮请托

Rongt mol gaox lol nad yos yeuf zid duangb bex kuaif nik!

Jat gaox zos dout zhongf nyangl nbaox dob xaof juab lob tangx shangf nad.

Jat zhed zhongf nbaox xaof juab et!

Nil zhas yad ndoux deut let dangl draod duax zos njuat lil zok muab dout gaox yeuf zid duangb bex kuaif duax shik hot zos;

Zhed zhongf nbaox xaof juab et!

Ndoux deut mol let dangl tlout lik zhuat muab dout gaox yeuf zid duangb bex kuaif sheud hot cuat ek.

尊敬的端百筷爷！

你们来到我孝子堂上。

众孝子们呀！

匆忙把你们请来；

众孝子们呀！

匆忙前去将你们请到。

Gaox yad zos njuat zhongf nyangl nbaox dob xaof juab lob zhed blangs ek,

Gaox del loux[179] lox los yad ndros dout las zhongf nyangl nbaox dob xaof juab uat mol nax ib dol nik rongt bangb mangx muas.

Del nangs[180] yad duax zos nil lenx loul nad lob zhed zuad[181],

Gaox uat dangl luak yeuf zid duangb bex kuaif bangb mangx lol yad uat nyaos cuat ek.

Las njet daox ek gaox yad dout njet daox,

Las nghel dous gaox lak dout nghel dous.

Las dout naox ek gaox zhit dout naox guas,

Las dout houk gaox zhit dout lex houk et.

Jat gaox duax zos ek,

Jat gaox duax zhit guas gaox buas mol nax ib zhual et,

Zhit wangf gaox drik mol nax ib ndrangt.

当你们来到孝子家中，

忙个不停当好孝家的帮手。

来到孝家的偏屋忙前又忙后，

端百筷爷领着大家事事料理。

人家忙活来你们忙活，

人家做事来你们做事。

人家能吃了你们却不能吃，

人家能喝了你们却不能喝。

请你们来到这里，
不要求你们来这里出大力，
不要求你们来这里使大劲。

Daf wangf xaod wangf wangf ax:
Wangf dout gaox mol nbangx ndangx drik hnend,
Zaox dout nil lenx loul ghangb,
Dous leuf nil lenx loul nend;
Yad mol nbangx ndangx drik ndongt,
Zaox dout nil lenx loul ghangb,
Nos leuf nil lenx loul mongt.
Yad mol nuaf dout nil lenx loul yad mol uat nenx ndox nzas dout lob nzhet ndox dus,
Yad draod ghangb draod let raox lol lol haik dout god zhongs hnyangl nbaox dob langs,
Nil naox ghangd lol let bongb blangb ek,
Houk dlex lol let bongb jed;
Naox ghangd lol let nggangb rangx ek,
Houk dlex lol let nggangb xenb!
Yeuf zid duangb bex kuaif nik!
只要求你们来帮点忙：
请求你们来持刀负箭，
紧跟上逝者的身影，
追寻到逝者的脚印；
请求你们来负剑持棍，
紧跟上逝者的身影，
询问到逝者的音信。
期望你们了解逝者在哪层天生活，
好回来告知众孝子，
让孝子们吃饭落下肚，
喝水来养身；
让孝子们吃饭才安然，
喝水才安心！
尊敬的端百筷爷啊！

Nghait 2 Yeuf Zid Duangb Bex Kuaif Deb

第二则 端百筷爷答

Rongt mol gaox lol nad yos Yeuf Zid Said et!
Jat god yad dak duax zos dout tangx shangf nad,
Nil loul lol blox ghous yenl draod duas ntreud yax!
Suk las dex ot zhek!
Las duax zos zhek las zeux uat las bangb mangx zhek,
Juax hnob las zhas yad duangb dout nax mol ib buak bex shik kuaif[182] ek!
Yad duangb wangk njet daox ek dout ged nenx ged zhangd naox muak,
Yad duangb wangk nghel dous ek bangb dout cuat lenx ndros cuat luas lol nyaob houk.
尊敬的歌师尤子腮！
当我们来到众孝子的堂上，
老人家已经悄然离世！
别人啊！
人家来到会做会帮忙，
九天帮忙事办妥啊！
端菜上桌请亲朋，
端碗上菜邀好友。

God bangb mangx ek!
God zhit zeux uat bangb mangx muas,
God duax zos zhek god duangb zhit doul bex shik kuaif draod njet daox ek,
Duangb zhit doul wangf sheud nghel dous lak.
Las dout naox ek god lak dout naox,
Las dout houk duax las god lak dout houk.
Gaox yad guas god mol nbangx ndangx drik hnend,
Zaox dangl nil lenx loul ghangb,
Dous dout nil loul nend;
Yad mol nbangx ndangx drik ndongt,
Zaox dout nil lenx loul ghangb,

Nos leuf nil lenx loul mongt.

我们虽然来帮忙啊！

不会做也不会帮，

只拿竹筷什么也帮不上，

不会端碗什么事也做不好。

人家有吃的我们也有吃，

人家有喝的我们也有喝。

你请求我们持刀负箭，

紧跟上逝者的身影，

追寻到逝者的足迹；

恳求我们负剑持棍，

紧跟上逝者的身影，

询问到逝者的音信。

Yad mol nuaf dout nil lenx loul mol uat nenx ndos nzas dout lob nzhet ndox dus,

Yad draod ghangb draod let raox lol haik dout god zhed zhongf nbaox dob xaof juab.

Naox ghangd lol let bongb blangb ek,

Houk dlex lol let bongb jed nad;

Naox ghangd lol let nggangb rangx ek,

Houk dlex lol let nggangb xenb yos Yeuf Zid Said.

期望我们了解逝者在哪层天生活，

好回来告知众孝子。

让孝子们吃饭落下肚，

喝水来养身；

让孝子们吃饭才安然，

喝水才安心啊尤子腮。

Haik zos dex nat lol god uat zhit zos,

God ndouk Fex Zik Nyangs drout gaox lens del,

Gaox yad mol ntrad nyaos dout yeuf zux yeuf loul draod daof ndex;

God ndouk Fex Zik Nyangs dout gaox sob nbangb,

Gaox yad mol ntrad dangl yeuf zux yeuf loul draod daof ghangb nad yos!

Yeuf zid said!

这些我们都无能为力，

我们把飞子条送到你手里，

请你去委托后面的寨老；

我们把飞子条递到你手中，

请你去拜托后面的寨老啊！

尊敬的歌师尤子腮！

Lol Dleuk:

旁释：

Bangb mangx leud drongx let jek dangl dout nad lak. Nad zhas yad mol nos zax nos nzhis, Ndrangl ghangb yad yaos uat nad.

拜请各位前来帮忙做事的歌至此为止。下面到了“询问钱物礼节”环节。

Ndot Aob Nos Zax Nos Nzhis
第二章　询问钱物礼节

Nzend Ib Jout Yeuf Zux Loul Deut Khat
第一节　请寨老指点

Nghait 1 Yeuf Zid Said Jeut
第一则　歌师尤子腮请托寨老（变调）

Rongt mol gaox lol nad yos yeuf zux mol yeuf loul ek,

Jat yaos god dak god duax zos drout lob tangx shangf nad muas,

God nuaf dout gaox yad uat zux lol yad chenx zux uat zoul chenx zoul.

Uat zux lol nyaob nbuak luak rex ek,

Yad yaos lenx dob daot nzhex muas;

Uat loul yad yaos nbuak luak raol,

Yad yaos lenx dob daot ndraos.

尊敬的寨老，

我到了这个堂上，

见到寨老您会主持公道也会做长者。
主持公道的名声传邻村，
称得上是一位智慧者；
主持公道的名声遍邻寨，
称得上是一位明理人。

God guas gaox muab yuax[183] lol nghuaf tlout yuax deb[184],
Nggol[185] nghuaf tlout nggol qeut[186],
Juax nblongx nghol uat mol nax ib zis njangx(d)[187],
Yif nblongx lol yad uat mol nax ib zis nded[188] nad yos!
Yeuf zux mol yeuf loul!
想请您将鸭渡往鸭地，
想请您把鹅渡到鹅方，
想请您将九片叶拉成一样直，
想请您把八片叶做成一样长啊！
尊敬的寨老！

Nghait 2 Bangb Mangx Dix Xongb Jeut

第二则 请帮忙弟兄协助（对白）

Haik zos nad jek yeuf zux yeuf loul hnaod dangb guas nil yad dongt hout hlux[189], zhit deb lol zhit uat lol, zhos ndrongt ib shuab suk “enk...”.

Huaf gat, Yeuf Zid Said yad hot dol bangb mangx nik hluak dak: “Bangb mangx bangb mangx, mol bangb mangx lak... Gaox hat kheb shuab hot naf yeuf zux yeuf loul shaib.”

Dol bangb mangx yad hot beb shuab. Yeuf zux loul... Ib shuab, yeuf zux loul zhit deb. Yeuf zux loul... Aob shuab, yeuf zux loul zhit deb.Yeuf zux loul... Beb shuab dangl jek, Yeuf zux loul let deb dak: “Eux...”

唱至此，寨老虽然听见，但假装没有听到，低头不接话，只是轻轻哼“嗯……”一声。

此时，歌师尤子腮便叫上帮忙弟兄中一个年轻人大声道：“帮忙帮忙，去帮忙啦……麻烦您开口帮忙叫声寨老看看。”

帮忙者开始叫三声。一声“寨老”，寨老不应；两声“寨老”，寨老不应；三声“寨老”叫完。寨老才慢悠悠答道：“喔……”

Dol bangb mangx dak: “Ak... Uat jangl hot zhit deb nik?”

帮忙者说：“啊……您为什么不答应？”

Yeuf zux loul dak: “God uat yeuf zux yeuf loul jek dangf zhenb loul ghak das ox! God fux zid dleub bous wex njoux sab ek loul duax uat loul ek. Fux zid wex dangl lob njoux ax! God loul duax loul ghak das, god khaod nzhex bef leuf nat.”

寨老说：“我做寨老，当真是太老了，我胡子白又白来围嘴唇；我人啊老又老，胡子来围嘴角。我是老了又老啦，耳朵背了呀。”

Dol bangb mangx dak: “Yeuf zux yeuf loul ek, hot gaox nat lak yaos yuad gaox ros nat, guas gaox muab juax nblongx nghol uat mol nax ib zis njangx, yif nblongx lol yad nghol uat mol nax ib zis nded ek, muab dol ok nghuaf tlout mol ok deb, muab nggol nghuaf tlout mol nggol qeut ek, Yad uat jangl uat nad zux yeuf loul angd?”

帮忙者说：“寨老呀，叫你是因为需要您出力出主意，想请您将九片叶子拉成一样直，八片叶子拉成一样长啊！把鸭子渡过鸭地，鹅渡过鹅方，要如何做呀？”

Yeuf zux loul deb: “Haik zos dex nat jek, god yeuf zux loul khat mex, mex yad hlangt hlaot ib drox draod daof ndex, yad mol tab yeuf dlangb zid yil khuangd nat.”

寨老答道：“说到这些呀，我告诉你们，你们要往前跨一步，去询问大舅和叔伯。”

Touk nat, Yeuf Zid Said jeuf dak: "Angd... Yaos uat let nat jek, gaox uat yeuf zux tab yeuf loul ek, yad khat hlaot lob nzhab[190] drout beb nat lak. Beb zeuf yuad gaox lol deut khat lak."

此时，歌师尤子腮便说："嗯……如果是这样，您作为德高望重的寨老，要把核心一一告诉我们，我们是真心实意需要您来指点。"

Nzend Aob Jeut Yeuf Dlangb Zid Yil Khat

第二节 请逝者大舅和叔伯指点

Nghait 1 Jeut Yeuf Dlangb Zid Yil

第一则 请逝者大舅和叔伯

Rongt mol gaox lol nad yos yeuf dlangb zid yil,

Jat ndruab ndrangb Dlex Dlangs npout ndos[191] leuf,

Aob pangb aob dous[192] doux zhuas[193] dloud ghak leud[194];

Ndruab ndrangb[195] Dlex Dlangs npout ndos hlaot,

Aob pangb aob dous doux zhuas dloud bek laos!

Jat god lol duax lol lol zhit doul ek,

Draod lak draos zhit doul ek.

尊敬的大舅和叔伯，

黄河水滔滔朝向天，

两岸芭茅茂盛荡悠悠；

黄河水滚滚漫过天，

两岸芭茅茂盛摇晃晃啊！

我来也来不了，

回也回不去。

Jat god haik gaox nad muak yeuf dlangb zid yil,

Jat god chuad dangl dout dol dob langs dob lis[196],

Nyaob hod zhed hlob jed duax lol zhit hlob shab[197],

Jat dlex gob zhit zeux ndouk nzhab!

Jat god haik dout gaox lak yeuf dlangb zid yil,

Jat god chuad dangl dout dol dob langs dob lis,

Nyaob hod zhed hlob jed duax lol zhit zeux hlob bleud[198],

Dlex gob zhit zeux ndouk zheud[199]!

God yad draod ghangb draod raox mol ndouk nzhab duax ndruab yal dlex shik gob!

我要与你们说啊大舅和叔伯，

我家中还有孤儿寡仔，

他在家中少不更事，

锅中水沸不会下米！

我要与你们说啊大舅和叔伯，

我家中还有孤儿寡仔，

他在家中少不更事，

锅中水沸不会放面啊！

我要忙着回去涨水锅中来下米啊！

Mex yuad drous god lox ros god let lol,

Yuad zhit drous god lox ros zhes god las zhit lol.

God draod ghangb draod raox mol ndouk zheud duax ndruab yal,

Yuad drous god lox ros god let lol tab yeuf dlangb zid yil.

若需帮忙我便回，

无需帮忙我就不返。

我要忙着回去涨水锅中放面啊！

若要帮忙我才来与大舅和叔伯在一起。

Dleub Lol:

对白：

Haik let dangl gaox jeuf haik: "Nyaob od yeuf dlangb zid yil, god mol lak. Zhef ib lob shenb dis hlaot, jeuf mol nyaod ndrout rongd."

Huaf gat dex duab nens dak: "Gad mol hot Yeuf Zid Said yeuf guangd shif, mex zhit hot nat nil zhit lol nat gax!"

Huaf gat yeuf dlangb zid yil jeuf yad kheb shuab hot ngoux dak.

唱至此，歌师尤子腮就说："在了哦大舅和叔伯，我要走了。歌师尤子腮便转身回到下座方向，朝堂屋大门外走去。"

此时便有围观者说道："快去把尤子腮兼管事叫回来，你们若不去叫他，他将去了不回来哦。"

此时，大舅和叔伯就得开口唱答。

Nghait 2 Yeuf Dlangb Zid Yil Yof Yeuf Zid Said

第二则 逝者大舅和叔伯邀约歌师尤子腮

Rongt mol gaox lol nad yos Yeuf Zid Said ek,

Gaox yad haik dout dak,

Ndruab ndrangb Dlex Dlangs yad npout ndos sheud,

Aob pangb aob dous doux zhuas dloud lek leud;

Ndruab ndrangb Dlex Dlangs npout ndos nab,

Aob pangb aob dous doux zhuas dloud bek nab!

尊敬的歌师尤子腮，

你这样说呀，

黄河滚滚朝向天，

两岸芭茅茂盛荡悠悠；

黄河滚滚漫过天，

两岸芭茅旺盛摇晃晃啊！

Gaox zhas yad haik dout dak:

Gaox yad chuad chuad dangl dout dol dob langs dob lis,

Nyaob hod zhed hlob jed duax lol zhit hlob shab,

Jat dlex gob zhit zeux ndouk nzhab!

Jat gaox chuad dangl dol dob langs dob lis,

Nyaob hod zhed hlob jed duax lol zhit hlob bleud,

Nyangb nbles nzal daos[200] leuf hlut[201],

Dlex gob zhit zeux ndouk zheud.

Gaox yad draod ghangb draod raox mol ndouk nzhab ndouk zheud duax yal dlex shik gob,

Beb yuad drous gaox ros[202] gaox let lol.

Yuad zhit zhous gaox lox ros,

Gaox yad zhit lol nat yos!

Yeuf zid said!

你还这样说道：

你家中还有幼儿，

他在家中少不更事，

水涨也不会下米啊！

你家中还有小后生，

他在家中少不更事，

犹如那稻草编草凳，

水涨也不会放面啊！

你要赶着回去涨水锅中下米放面。

我们需帮忙时你方回来。

不需要帮忙，

你不返啊！

尊敬的歌师尤子腮！

Jat ndangx lol yad zeuf raos duax beb del hnend lol zeuf beb jed,

Beb yad muab dout ndangx lol yad nzol bek hlaot doux zhuas dot bek ntraot,

Beb yad muab dout ndangx lol nzol bek leul[203] doux zhuas dot bek ntreud.

Zangd lik raox lol ndros dout beb uat mol nax ib zif nyaob[204],

Zangd raos[205] draod ndros beb uat mol nax ib beus nad yos!

Yeuf zid said!

大刀握在我们手弓箭也背在我们身，

我们要拿来大刀把那芭茅草来砍断，

我们要拿来大刀把那芭茅草来砍倒。

请您挪过来和我们坐一起，

也请您挪过来和我们坐一堆啊！

尊敬的歌师尤子腮！

Lol Dleub:

对白：

Huaf gat Yeuf Zid Said zhef hlaot draod lol dak: “Angd... Uat let mex yad yuad god lol ndlax dous[206] lol lak shik lol ghouf daox[207] lol od?”

这时，尤子腮便从门外转身回来道：“那么，你们需要我从下坝（手心）来？还是从坡背（手背）来？”

Yeuf dlangb zid yil yad deb dak: “Beb yad yuad gaox lol ndlax del lol(zhit dek haik lol ghouf daox lol nat).”

大舅和叔伯要答道：“我们需要你从下坝来（不能说坡背来）。”

Shaob gat, Yeuf Zid Said zhit dek lol nil mex sob ndlas hlangt lol, yad dis raos duax nil daof ghangb ndrouk ghouf nghangt hlaot ndif jeud houk nik bangt dangl. Gaox jeuf dis raos draod ndrangl kheb shuab hot rangx ngoux nos zax nos nzhis.

此时，歌师尤子腮不要从大舅和叔伯面前经过，而是要从他们身后转过去提酒碗微微喝一口。然后转回去开口唱“询问钱物礼节歌”。

Nzend Beb Yeuf Dlangb Zid Yil Nos Zax Nzhis

第三节 大舅和叔伯询问钱物礼节

Nghait 1 Yeuf Zid Said Kheb Shuab

第一则 歌师尤子腮唱

Rongt mol gaox lol nad yos yeuf dlangb zid yil,

Las yad dak:

Zox ged dax ged dol zhit zouk mex mol yad mol nax beb duab qif[208],

Lol zax lol nzhis zhit zouk mex nos yad nos nax beb zhef[209];

Ged dax ged dol zhit zouk mex mol yad mol nax beb drox[210],

Lol zax lol nzhis[211] zhit zouk mex nos yad nos nax beb lot nat yos yeuf dlangb zid yil.

尊敬的大舅和叔伯，

人家说：

大道平路不够你们走三回，

金玉良言不够你们问三遍；

大道平路不够你们走三步，

金玉良言不够你们问三句啊大舅和叔伯。

Nghait 2 Yeuf Dlangb Zid Yil Deb

第二则 大舅和叔伯唱答

Rongt mol gaox lol nad yos Yeuf Zid Said ek,

Gaox yad dak,

Ged dax ged dol zhit zouk beb mol mol nax beb qif,

Lol zax lol nzhis zhit zouk beb nos nos mol nax beb duab zhef;

Ged dax ged dol zhit zouk beb mol yad mol nax beb duab drox,

Lol zax lol nzhis zhit zouk beb nos nos mol nax beb lot ex.

尊敬的歌师尤子腮，

你说呀，

大道平路不够我们走三回，

金玉良言不够我们问三遍；

大道平路不够我们走三步，

金玉良言不够我们问三句。

Nchait zhit nos duax zhek zhit nos,

Nos duax zhek yad nos lex das,

Yad suk dout box Mangb box Shuad[212] nos naf chab[213].

Zhit nos duax jeuf zhit nos,

Nos duax jeuf yad nos dex duab ndroud,

Yad suk dout dol box Mangb box Shuad nos naf yout[214] nat yos yeuf zid said.

恐怕不问则不问，

一问则要问长了，
就如他人问后妈；
恐怕不问则不问，
一问则要问一堆，
就如他人问新妈啊！
尊敬的歌师尤子腮！

Lol Dleub:
对白：

Huat gat Yeuf Zid Said yad dak: "Angd... Daot gangb daot daos dout mex nos."

歌师尤子腮便说："嗯……大道通畅着，你们尽管放心问。"

Yeuf dlangb zid yil zaik dout deb: "Nos drous dix lol dix lol yad qif, nos drous gud lol dex nik gud yad ndraol[215] nad yos Yeuf Zid Said."

大舅和叔伯接着说："问到哥他生气，问到弟他不高兴啊歌师尤子腮。"

Nghait 3 Yeuf Zid Said Draod Deb
第三则 歌师尤子腮再答

Rongt mol gaox lol nad yos yeuf dlangb zid yil,

Jat god guas mex ged dax ged dol ek,

Jat mex lol yad guas zhit nos ged dax ged dol et.

Zhas yad zhit zouk mex mol mol nax beb duab drox,

Lol zax lol nzhis zhit zouk mex nos nos nax beb zox;

Ged dax ged dol zhit zouk mex mol mol nax beb duab qif,

Lol zax lol nzhis zhit zouk mex nos nos nax beb duab zhef.

Zhad mex yad dak nos dex hlob dex hlob yad qif,

Dex nik yout yad ndraol ek!

Dex nad yaos zhit nchait.

尊敬的大舅和叔伯，
我想让你们走大道平路，
你们却不让问大道平路。
恐怕平路不够你们走三回，
金玉良言不够你们问三遍；
平路大道不够你们走三步，
金玉良言不够你们问三句。
然后问到大的要生气，
问到小的不高兴啊！
其实这些都不用担心。

Jat ngox dangl nyox[216] lol zhit nchait nyox shik hlob,

Zhit nchait ngox dangl nyox baob gob[217];

Jat nghuaf nenl zhit cheux nenl lol yout,

Zhit nchait ngox nenl shik drout[218] nat dex ged nat yos yeuf dlangb zid yil.

Guas nyox lol yad drangs lex dlaos[219],

Guas nenl lol yad drangs leuf njuat nad yos yeuf dlangb zid yil.

杀牛不怕牛长大，
也不怕敲了牛角；
骑马不怕是小马，
也不怕伤了马蹄啊大舅和叔伯。
只会让牛奔个不停，
只会让马跑个不止啊大舅和叔伯。

Nghait 4 Yeuf Dlangb Zid Yil Nos Rangx Zais[220] Tab Rangx Ndrous[221]
第四则 大舅和叔伯问彩龙与花龙

Jat god haik mex lak (Hlod Shuab Hmongb Shib),

Yeuf Zid Said yox Yeuf Zid Said et yax!

Jat beb nghel ndrongl sheud duax shik zos njuat zhed zhongf nbaox dob xaof juab lob nik tangx shangf nat,

Jat rangx zais lol yad but leuf rangx zais duax ndruab zhed blangs?

Zaik mol rangx ndrous yad but lil nkaot draod duax ndruab zhed zhuat?

Mex yad bof lak zhit bof nat yeuf zid said?

我们问你啊（变调唱），
尊敬的歌师尤子腮啊尤子腮！
当我们来到孝家的堂上，
为何彩龙横卧在孝家的堂上？
那花龙也横躺在石屋中？
尊敬的歌师尤子腮，你看见了没有？

Dleub Lol:

对白：

Huaf gat dol zid said yad lol deb lak, nil (guangd shif haik) jeuf haik: “Rangx zais but ghak nkaot drout ndruab zhed blangs, rangx ndrous but ghak nkaot duax ndruab zhed zhuat[222] ek bof let lak yenx bend bof hlaot.”

此时，歌师尤子腮要回答：“彩龙横卧在堂屋上，花龙也横躺在石屋中，这原本是看见了的。”

Huaf gat nek yeuf dlangb zid yil nos haik: “Angd... Uat lek rangx zais rangx ndrous yad ndrous mol nax zheus gangb zaix mol yad ndrous mol leuf nax zheus dred?”

这时大舅和叔伯问道：“嗯……那么，彩龙花龙‘彩’了几条和‘花’了几枝？”

Yeuf dlangb zid yil nos let lob nzhab[223] yaos hof zas. Mual chenx bek zheus nyax zas gaox yad khat leuf yeuf dlangb zid yil.

大舅和叔伯所问的核心是棺材。意为买棺材花了多少钱要告诉大舅和叔伯。

Suk yaos 2500-2600 dlaif nat jek, Yeuf Zid Said deb dak: “Ndrous dout nenl ngouf zhib drout gangb, nenl ngouf zhib drout dred nat.”

如买成两千五六百元的话，歌师尤子腮便答：“花二十五六条，彩二十五六枝。”

Yeuf dlangb zid yil: “Uat let gab yaos qenx zhenb?”

大舅和叔伯：“那么，所说是否真实？”

Yeuf Zid Said deb dak: “Qenx zhenb hlaot lak. Gaox muax ged dous ged, muax gangb dous leuf gaox gangb nat.”

歌师尤子腮答：“是真实的。你有疑问你可问，有疑惑可提出！”

Nghait 5 Nos Gangb Lul Tab Gangb Ruas
第五则　问蚕茧与蛛网

Yeuf dlangb zid yil: “Uat let jek rangx zais rangx ndrous daf but ndruab zhed blangf jek, uat let gongx gangb lol dongx sangb dongx sod[224], gangb ruas[225] yad dongx sangb lol sheud dongx sod lak zhit dout?”

大舅和叔伯：“彩龙花龙倒是横躺横卧于堂屋上了，那么，春蚕和蜘蛛是否已经抽丝吐线了？”

Touk nat, yaos zhit nghol hluat nenl[226] nat, Yeuf Zid Said yuad deb dak: “Nil yif zhit xenb nat.”

这时，要是本家不兴“拉马绳”习俗，歌师尤子腮要答：“本家不兴此习俗。”

拉马绳

Yaos nghol hluat nenl nat, Yeuf Zid Said yuad deb dak: “Dongx nat lak, dongx sangb dongx sod lak muax nat.”

如果兴“拉马绳”习俗，歌师尤子腮要答：“已抽丝吐线了，已有丝有线。”

Yif nghol hluat nenl uat nat deb dangl, yeuf dlangb zid yil yad ib buf ib buf nos nghel dous.

“拉马绳”这样回答完后，大舅和叔伯便一步一步地刨根问底。

Yeuf dlangb zid yil nos: “Uat lek, yaos gongx gangb lol dongx sangb dongx sod, yaos ngoux gangb maol mod[227] ek drongl leuf ngoux gangb lul[228] lak shik ngoux ndangb[229] maol mod drongl leuf ngoux gangb lul? Lak shik yaos ngoux gangb drongl leuf ngoux gangb lul ax?”

大舅和叔伯问：“如有春蚕吐丝抽线， 那么，是昆虫遮蔽了母蚕茧还是母岩蜂遮蔽了母蚕茧？或是母蚕遮蔽了母蚕茧？”

Yeuf Zid Said deb dak: “Yaos ngoux ndangb maol mod drongl leuf ngoux gangb lul, zhit yaos ngoux gangb drongl ngoux gangb lul nat lak.”

歌师尤子腮答：“是母岩蜂遮蔽了母蚕茧，不是母蚕遮蔽母蚕茧。”

Lol Dleuk:

旁释：

Ngoux gangb drongl ngoux gangb lul lob nzhab yaos dol duas dangb gouf uat nil hnangd.

Yaos haik zos zhef nat jek, dex xaod yeuf dlangb jeuf yad mol hlet shout dol muaf lob jed chaot keuk jaox mol dol duas hnangd.

母蚕遮蔽母蚕茧实际是指逝者自己制衣给自己穿。

如果刨根问底至此，小舅哥将立即从妹子（即儿媳）身上脱下衣服，打开棺材马上给逝者穿上。

Yaos dak haik yaos ngoux ndangb maol mod drongl leuf ngoux gangb lul jek. Nzhab yaos dex dob nyangb keuk muax zhongl chaot dol loul hnangd.

如果回答的是母岩蜂遮蔽了母蚕茧的话，意思是指逝者寿衣是儿媳做给其穿的。

Uat Yeuf Zid Said jek yad nos rongt dol loul duas hnangd leuf zheus lob chaot mangx[230] zheus lob chaot Shuad, zhit let jek dex yeuf dlangb zid yil nos drous dex nat jek gaox zhit boub haik zhit deuf lol.

歌师尤子腮在事前必须问清楚主人家，逝者寿衣有麻线衣服裤子几件几条、汉服衣裤几件几条。不然，在此环节中，大舅和叔伯问起来，将一问三不知。

Nghait 6 Nos Maod Nblex Maod Guaf Tab Nblongx Zheub Bangx Xongb

第六则 问米饭与包谷饭（或蕉叶与竹花）

Yeuf dlangb zid yil nos: “Uat lek beb yad mol shaib naox zheus zhot maod nblex zheus zhot maod guaf?” (Muax cat zhas nos dak: “Beb nghel ghak nzhongs draod duax zos bel dex shik hangd, nuaf dangl nblongx zheub lol hlangd zhit hlangd? Beb nghel ghak nzhongs draod drangl dol, nuaf dangl nblongx zheub lol hlob zhit hlob?”)

大舅和叔伯问：“那么，我们再去看看有几甑米饭几甑包谷饭？”（有的则会问：“我们下来到山冲，看那芭蕉叶来生不生？我们下来到平地，看那芭蕉叶来长不长？”）

Yeuf Zid Said deb dak: “Angd... Hax lak hlob lak, hax lak hlangd lak, hlob hlangd leuf zheus dlaif nblongx zheub nat huak.”

尤子腮应答：“嗯……芭蕉叶是生了还是长了，生长有几叶几片。”

（此处，逝者穿几件几条衣裤，就说几叶几片。）

Lol Dleuk:

旁释：

Dex jaod haik maod nblex maod guaf zhek lob nzhab yaos haik hnangd zheus lob chaot mangx zheus lob chaot shuad.

询问米饭包谷饭几甑或芭蕉叶生长几叶的核心是指逝者穿几件几条衣裤裙子。

Zos dex nad jek, nil yeuf dlangb zid yil shex haik shex nos nghel dous, yeuf zid said shex deb nghel dous.

说到这些，大舅和叔伯便一直刨根问底，歌师尤子腮也要一直应答下去。

Nghait 7 Nos xongb zit zid[231] tab bangx xongb[232]

第七则 问竹果与竹花

Yeuf dlangb zid yil zhas nos: "Nbaox dob xaof juab, beb duax zos bel dol, nuaf bof dex nblongx zheub hlob zhit hlob? Dex xongb deus bangx jek zit zid zit zheus lob? Beb duax zos bel hangd, nuaf bof dex nblongx zheub hlangd zhit hlangd? Dex xongb deus bangx deus zheus nchuat deus zheus zhangd?"

大舅和叔伯再问："众孝家，我们来到那平地，见了那芭蕉叶生还是不生？那竹子开花结果结几个？我们来到那山冲，见了那芭蕉叶长还是未长？那竹子开花有几串花开有几样？"

Yeuf Zid Said deb: "Muax zheus zheus dol ak."

歌师尤子腮答："有若干个（视本孝家有几个儿子、儿媳和姑娘一一作答，然后报数字）。"

Yeuf dlangb zid yil dak: "Nos zos zix nat jek jeuf yaos uat nad lak, gaox Yeuf Zid Said jek muax ged mol ged muax gangb dous gangb nat lak, gaox chaox daof ndex mol nat."

大舅和叔伯说道："问到此为止了，你歌师尤子腮有道走你的道，有路行你的路，你继续往前走了。"

Lol Dleuk:

旁释：

Nad lob nzhab yaos nos nil lenx loul muax zheus lenx dob nyangb. Zit zid zheus lob yaos nos dob muax zheus dol, deus bangx zheus nchuat jek yaos nos nyangb muax zheus dol, deus bangx zheus zhangd jek yaos nos ncaik muax zheus dol.

这里是问逝者有几个儿子、儿媳和姑娘。即竹花结籽几个则是问儿子有几个，竹子开花几串则是问儿媳有几个，竹花开几样则是问姑娘有几个。

Zos nix nad jek, zax nzhis yad nos dangl lak, dex yeuf dlangb zid yil jek zhit zhaf nos nghel dous jek, uat Yeuf Zid Said jek zhas yad zos jaix haik jed got douk.

环节到此，钱物礼节已大体问完，大舅和叔伯一般不再往下问，歌师尤子腮便提起“递斧头”的相关事宜了。

Nzend Bloub Duat Nyox Jed Got Douk[233]

第四节 椎牛（杀牛）递斧头

Lol Dleub Uat Ndex:

道白：

Yeuf Zid Said yad muab hluat nyox got douk jaox lol ndeuf shout drongx. Yeuf dlangb zid yil yaos zhit rongt nos dol nyox let, Yeuf Zid Said yad tab yeuf dlangb zid yil haik.

歌师尤子腮此时便将牛绳子和斧头拿来放在桌子上。出于礼貌，大舅和叔伯不好问起孝家是否椎牛（杀牛）的事。此时，歌师尤子腮要主动与大舅和叔伯提起，唱诵如下：

Nghait 1 Yeuf Zid Said Haik Got Douk

第一则 歌师尤子腮叙“斧头把”

Ndruab ndrangb Dlex Dlangs npout ndos sheud,

Aob pangb aob dous doux zhuas dloud bek leud;

Juax dol yeuf sob[234] laif lal,

Yad nzat ndox nbeud[235] yeuf dlangb zid yil

hout lex ndreud muas.

Ndruab ndrangb Dlex Dlangs npout ndos nab,
Aob pangb aob dous doux zhuas dloud bek nab;
Juax dol yeuf sob laif lal,
Yat nzat ndox nbeud yeuf dlangb zid yil houd shab nat yos yeuf dlangb zid yil.

黄河水滔滔来朝天，
两岸茅草茂盛荡悠悠；
九个雷神朝天丢电柱，
闪亮朝向大舅叔伯头。
黄河滚滚漫过天，
两岸茅草茂盛摇晃晃；
九个雷神朝天丢电柱，
亮闪朝向大舅叔伯胸啊尊敬的大舅和叔伯。

Lol Dleuk:
旁释：

Duat doul nyox jek jed got douk yaos haik let. Muab hlaot dol got douk shunf raos draod dol yeuf dlangb zid yil, huaf gat nik, muax dex cat yeuf dlangb zid yil jeuf dak: "Beb bob zhit muax nyox drout dex loul, beb zhit lenl."

如果杀得起牛，“递斧头把”便如此唱。歌师尤子腮说完便将斧头把指向大舅和叔伯，这时，有的大舅和叔伯会说：“牛，我们没给老人养过，我们不领取这分情义。”

Yeuf Zid Said uat lol haik dak: "Angd... Zhed zhongf nbaox dob xaof juab ek, nil zhos yaos bangb bangb benf benf[236] ek, uat dout ib nik shuad nblex lol zhit shuad maos, shuad shuad nax ib dol nik bloub shik caot[237], shuad nblex lol zhit shuad dlangd, yad shuad dangl nax ib dol bloub shik dlangs[238], keuk drout nil lenx loul jaox mol yenb dif deb[239] ek, mual lax dout qeut nyaob, mual deb dout qeut rod nat ek, yad wangf kaof mex aob lenx yeuf dlangb zid yil muas!"

歌师尤子腮再说道：“嗯……众孝子想方设法好不容易才拿来，就如数谷粒来不能再数麦子，数来数去才从中数到一小根银灰毛；数谷粒来不能数宽，要数完了好不容易才数到一小根黄色毛，拿来给老人家去阴地买田来生存，买地来居住，这要靠大舅和叔伯你们两位了。”

Yeuf dlangb zid yil deb dak: "Uat let yaos genb nyox[240] lak shik yaos xaof nyox[241] shak?"

大舅和叔伯问：“那么，是种牛呢还是孝牛？”

Yeuf Zid Said deb dak: "Yaos Xaof Nyox."
歌师尤子腮答：“是孝牛。”

Lol Dleuk:
旁释：

Muax cat yaos muax nyox pix zangb[242] nat jek dex dob nyuas zhit dangb yad duat aob dol nyox lol keuk dol loul, hax yad duat ib dol xaof nyox drout tab, ib huaf yad duat beb dol. Ib dol yaos xaof nyox (dex dob nyuas duat bob); Ib dol yaos nyox pix zangb (uat nyangb tab jaox box dex zid dlangb keuk); Ib dol yad duat lol boux zid dlangb (dol loul hod zhed yos duat boux). Yaos zhit muax nyox pix zangb, yeuf dlangb zid yil zhas zhit lenl nat jek Yeuf Zid Said jeuf yad draod haik.

有的人家有陪葬牛，那么这一家人的儿子们不但要椎两头牛给老人，还要椎一头孝牛，一共要椎三头牛。一头是“孝牛”（儿子们椎给）；一头是“陪葬牛”（逝者出嫁时父母方在婚桌上说明过的陪嫁牛）；一头是椎杀陪伴大舅哥送的“陪葬牛”（孝家养的、用来陪“陪葬牛”的牛）。如果没有“陪葬牛”，大舅和叔伯也不同意掌持斧头的话，歌师尤子腮则要再以歌邀约。

Nghait 2 Yeuf Zid Said Haik Maox Baob Dinb Nzil[243] Tab Hlangb Zhongl Hlangb Nbuas[244]

第二则 歌师尤子腮说牛杵和拴牛绳

Rongt mol gaox lol nad yos yeuf dlangb zid yil,

Hmaot nad lob ndenl bangx ndenl dol[245],

Yaos beb duaf cix lol sheud ndros tlat ek.

Jat gil[246] shangb ndox draod bof ged[247] ek;

Maox baob dinb nzil yaos yeuf dlangb zid yil nzhat.

Hmaot nad lob ndox lol ek lob ndenl bangx ndenl tod,

Yaos beb duaf cix lol sheud ndros drox ek;

Jat gil shangb ndox draod bof ged,

Hlangb zhongl hlangb nbuas yuad dangl yeuf dlangb zid yil mol dongx it nik nad yos yeuf dlangb zid yil.

尊敬的大舅和叔伯，

今晚这场丧事，

我们一起来料理；

待到明早天亮时，

拴牛桩需大舅和叔伯来敲钉。

今晚这场丧事，

我们一起来商量；

待到明早天明时，

拴牛绳需大舅和叔伯来拉啊尊敬的大舅和叔伯。

Lol Dleuk:

旁释：

Maox baob dinb zil yaos dol zhus kit nyox, hlangb zhongl hlangb nbuas[248] yaos zox hluat kit nyox. Haik dangl nad jek, dol zhus nyox jeuf yaos yuad yeuf dlangb zid yil nzat, dol nyox zox hluak jeuf yaos yuad nil mex duad. Yeuf zid said zaik dout changb mol draod shout nzend:

“毛包钉子”是指拴牛桩，“衣带绸绳”是指拴牛绳。歌师尤子腮唱完以上的歌后要表明，拴牛桩需要大舅和叔伯来敲，拴牛绳需要他们来拉。接着歌师尤子腮便继续往下唱道：

Hmaot nad lob ndenl bangx,

Yad yuad beb duaf cix nghouk;

Jat gil shangb ndox draod bof ged,

Maox baob dinb nzil las yad yuad zid yil yeuf dlangb ndouk.

Hmaot nad lob ndenl bangx,

Yad yuad beb duaf cix drox;

Nyaob gis shangb ndox yenl draod shangb bof ged,

Maox baob dinb nzil lak yuad zid yil yeuf dlangb nbox nat muad!

今晚这场丧事，

需要我们一起来办；

待到明早天亮时，

拴牛桩需大舅和叔伯来敲。

今晚这场丧事，

需要我们一起来理；

待到明早天亮时，

拴牛桩需大舅和叔伯来钉啊！

Daf wangf xaod wangf zhek,

Yad wangf dout yeuf dlangb zid yil yad ghaix gouk yenl[249] draod ndrangl dol,

Yeuf zid tangx gob suf bef yad keuk dout nax ib dol genb zhax jaox genb lik shot.

Nil let nchangd yad keuk dout nil lenx loul it,

Yeuf zid tangx gob suf bef yad jaox mol lais dout mol nax ib nzhik nchangd shot.

Daf wangf xaod wangf zhek,

Yad wangf dout yeuf dlangb zid yil yad ghaix gouk yenl draod ndrangl dax ek,

Muab dangl dol nyox genb lol sheud yad ghaix gouk yenl draod ndrangl dax ek.

Yuad dangl yeuf zid tangx gob suf bex zid dlangb nyangx yeuf gongb ek,

Yad lol haib lais dout nil lenx loul ib nzhik

changd zax nat yeuf dlangb zid yil.

真心希望啊，
大舅和叔伯撑伞到原野，
捡来一个“畜根”。
将畜血祭给归世老人，
叔伯也将畜血献给老人做晌午。
真心希望啊，
大舅和叔伯撑伞到旷野，
种牛也将撑伞去到野外。
叔伯大舅和姑婆都来到，
就将畜血祭给归世老人哟尊敬的大舅和叔伯。

Lol Dleuk:
旁释：

Huaf nat jek, yeuf dlangb zid yil hax zhit lenl, hax yenk jat. Daof ghangb nil yeuf dlangb zid yil draod lol haik.

到此，大舅和叔伯仍然不同意（持斧头），还僵持着。僵持不下，大舅和叔伯便开口述说缘由。

Nghait 3 Haik Nzhex Dongs[250]Tab Nzhex Hlout[251]

第三则 铜耳和铁耳（对白）

Yeuf dlangb zid yil nos dak: “Uat let mex guas beb ghaix gouk yenl draod ndrangl dax ghaix gouk yenl draod ndrangl dol. Angd... Yaos nzhex dongs las shik yaos nzhex shik hlout? Shuad nblex lol sheud shuad maos shuad mol nax ib dol bloub shik caot. Shuad nblex lol zhit suad goud[252] shuad dout mol nax ib dol bloub shik toub (dlongs). Nat jangd yaos dol nzhex shik hlout lal shik yaos dol nzhex shik dongx nat?”

大舅和叔伯说：“你叫我们将‘伞’歪到坪坝。那么，是‘铜耳’，还是‘铁耳’？数谷粒来数麦子，数来数去好不容易才数得一小根银灰毛；数谷粒来不吹哨子，好不容易才数得一小根正色毛。到底是‘铁耳’还是‘铜耳’呐？”

Lol Dleuk:
旁释：

Lob Nzhab yaos: Nyox duf jek hot uat nzhex hlout, nyox dlangs jek hot uat nzhex dongs.

其核心是：“铜耳”指代黄牛，“铁耳”指代水牛。

Nghait 4 Dlex Dreuk Zhuat[253]Tab Dlex Ndros Zhuat[254]

第四则 瀑布和滴水岩（对白）

Yeuf dlangb zid yil draod nos dak: “Yaos dlex zheuk zhuat lak shik yaos dlex ndros zhuat?”

大舅和叔伯追问道：“是‘瀑布’还是‘滴水岩’？”

Lol Dleuk:
旁释：

Lob nzhab yaos: Dlex dreuk zhuat jek yaos naf nyox, dlex ndros zhuat jek yaos zid nyox.

其核心是：“瀑布”指代母牛，“滴水岩”指代公牛。

Nghait 5 Xaof Nyox Tab Genb Nyox

第五则 孝牛和种牛（对白）

Yeuf dlangb zid yil draod nos dak: “Uat let yaos genb nyox las shik yaos xaof nyox?”

大舅和叔伯再追问道：“那么，是‘孝牛’还是‘种牛’？”

Yeuf Zid Said deb dak: “Yaos ib nik dol genb nyox keuk dout nik lenx loul jaox mol ndlax ndrangs yenb dif deb mual deb lak dout rod mual lax lak dout qeut nyaob nat yeuf dlangb zid yil.

Nyaob gis shangx ndos shangb bof ged, daf wangf xaod wangf yad wangf dout mex ghaix gouk yenl draod ndrangl dol nat lak."

歌师尤子腮答道："是一小头'种牛'，送给老人带去阴曹地府买田来居住，买地来生存呀大舅和叔伯。明天天蒙蒙亮，望你们把'伞'歪在那平原平地上啦。"

Nghait 6 Ghaix Gouk Ndrangl Dax Tab Nangs choud Ndouk Nangs Ncent

第六则 伞歪在原野和阴雨连绵

Jat god haik mex lak et yax yeuf zid said,

Hmaot nad lob ndox lol draod jenb zhouk lex das ex!

Jat gil shangx ndos shangb bof ged,

Mex yad guas god muab gouk ghaix ndos yenl draod ndrangl dax!

Uat jangl gaox yat daf wangf xaod wangf,

Yad wangf dout god ghaix gouk yenl draod ndrangl dol?

我们问你个问题呀尊敬的歌师尤子腮，

今晚老天的确已经彻底黑了！

待明日天明，

你让我们将伞歪到那原野，

为何啊，

为何要期望我们将伞歪在那原野？

Yad keuk dout mex yeuf zid tangx gob suf bef it,

Yad haib lais dout nil lenx loul draod mol nax ib dlad nchangd zax nad.

Daf wangf xaod wangf zhek,

Yad wangf dout mex zid tangx gob suf bef yad haib lais[255] mol nax ib dlad nchangd lik shot nak guas.

Nchait god ghaix gouk yend draod ndrangl dax ek,

Muab dout zhed zhongf xaof juab dol genb nyox lol yad ndouk ghous yenl draod ndrangl dax nad.

Ghaix gouk yenl draod ndrangl dax ek,

Yad muab nyaos dout zhongf nyangl nbaox dob langs it dol genb zhax lol yad ndouk ghous yenl draod ndrangl dol yax!

只期望你们叔伯和大舅，

拿去一勺牲畜血祭献给老人。

还要希望啊，期望你们，

拿去一勺血旺晌午祭献给老人。

恐怕我们将伞歪在那平地，

将众孝家的种牛打倒在平地上；

将伞歪在那坪坝，

要将众孝子的种牛打倒在坪坝上！

Nchait deuf bleul ndox sob chab[256] et,

Uat jangl yaos dout nangs ndraos ndouk nangs ncent[257] et,

Ncent ndrox nzas draod mol nax beb del ghuad lil luax[258] yax.

Las cuat lenx cuat luas it zhas yad muab nyaos dout dex genb zhax jaox lol uat naox it yax,

Zhed zhongf nyangl xaof juab yad zhit muax dol genb zhax yad ib zhuas duax shik yaod mol nax ib del ghuax[259] nad.

恐怕到了春季春雷响，

那春耕细雨连绵不止，

细雨滋润到那三捧泥。

人家有种牛春耕，

众孝子无种牛犁地束手无策来哭泣。

Nchait god muab zhed zhongf nyangl xaof juab dol genb nyox ndouk ghous draod ndrangl dol,

Deuf bleul ndox sob ghak chab zhek yax,

Jat nangs nzaox ndouk nangs ncent ek ncent ndrox nzas[260] mol nax beb del ghuad luax dlob,

Las cuat lenx cuat luas yad muax nyaos dex genb zhax jaox lol uat ghongt uat longt draod ndrangl dol,

Nchait god zhed zhongf nyangl xaof juab yad

zhit muax dol genb zhax yad mol nax ib del guat muas ndros.

我们将种牛打倒了，

恐怕到了春季春雷响，

那春耕细雨连绵不止，细雨滋润到那三把土。

人家有种牛耕地。

众孝子无种牛耕地将束手无策来落泪。

Nad zhes god lox yenl lol zhat draod lol zhit gof yif[261] nat lak god Yeuf Zid Said et.

我心中过意不去啊尊敬的歌师尤子腮。

Yeuf Zid Said deb dak: "Angd... Yeuf dlangb zid yil ek, zhed zhongf nyangl nbaox dob xaof juab hax zhenf muax nat. Nil hax muax nyox lol uat naox uat houk, zhit nchait nat. Dol nat jek yaos beb keuk dol loul jaox mol nat lak yeuf dlangb zid yil."

歌师尤子腮回答："嗯……大舅和叔伯啊，孝家还有牛的。他们还有牛来耕田耙地做活计，请不用担心。这头是我们给老人家带去的，大舅和叔伯。"

Nghait 7　Genb Nyox Ndrous Zaix Zheus Gangb Zheus Dred

第七则　种牛花几条有几枝

Jat god haik mex lak lenx dob lenx yout yeuf zid said,

Gaox daf haik let guas,

Jaox dout zhed zhongf nyangl nbaox dob langs it nyox genb lol yad ndrous uat mol nax zheus gangb guas?

Nyox genb lol yad zaix mol nax zheus dred[262] et?

Gaox yad haik god,

God muax lol lol let rongt tix ek muax said lol let rongt haik nat lak yeuf zid said.

我们与你说啊歌师尤子腮，

你虽这样说了，

孝家的种牛花几路？

种牛有斑几枝啊？

你要如实告诉我们，

我们有话才好与你讲啊尊敬的歌师尤子腮。

Lob nzhab yaos: Nyox mual chenx ib wangs dlaif jek, gaox Yeuf Zid Said paik hlaot[263] dak yaos ndrous ib naf gangb ib naf dred.

其核心是：买牛的价格是一万元，歌师尤子腮要直接告诉说花一大条一大枝。

Lol Dleuk:

旁释：

Huaf gat got douk yeuf dlangb zid yil uat shab lenl dangl, nil zhas draod jed bangt jeud dout guangd shif haik dak: "Beb duax jek zhos keuk naox keuk houk jek, mex uat jangl suangf lak yaos, gaox guangd shif jek gad rens hot gaox dex bangb mangx dif xongb lol uat nad. Uat dout jangl naox let jangl."

此时，大舅和叔伯诚心领了斧头把，才算递斧头把成功。其中，大舅和叔伯便抬酒杯递给管事说："我们到来，只会捡吃捡喝，你们做成什么样都可以，你快去叫上你的帮忙弟兄去处理，他们做成什么样我们都吃。"

Yeuf dlangb zid yil muab mid nzhik zax got douk (10-30 dlaif) draod jed keuk dout guangd shif, guangd shif zhas draod jed dout chux guangb jek, haik dol got douk suangf haik dangl. Nos zax nos nzhis haik zos zix nat.

大舅和叔伯此时会拿来红包（10~30元）作为掌持斧头把的劳务费，递给管事，管事又再将此红包转厨官，递斧头仪式结束。询问钱物财礼仪式到此结束。

Ndot Beb Nghol Naf Drongx Lol Souk

第三章 摆大桌歌结束语

Nzend Ib Khuab Xaof[264] Lenx Dus Lenl

第一节 大舅和叔伯谁劝孝

Yeuf zid said dak: "Angd... Las dak yeuf sob lol ghuax ndos gheul[265], Dlex Dlangs lol npout ndos leul, yad ndlul dangl naf Mangb mid Shuad mol nax beb res lax[266] ek. Mex uat yeuf dlangb zid yil gab shed nyaos zhuab dangl nax beb del ghuad luax sheud los lot[267]? Yaos mex dlangb mex nzhuas[268] jek mex yad sheud lol hot lak zhit hot?"

尤子腮说:"嗯……人家说雷神来雷滚滚,黄河来水漫天,漫过那蛮人刷人的三块田。你们作为大舅和叔伯,是否舍得抓三把泥来糊?是你们的孤儿了,你们照管还是不照管?"

Yeuf Zid Said draod haik dak: "Dex sob ghuax ghenl draod daof bel duax jek, dex nangs zaox ndouk nangs ncent[269], ncent nzas draod mol juax res leuf lax guas. Mex gab shed nyaos[270] buab dangl beb del ghuad luax lol shik buab. Mex dob mex gid mex yad khuab lak shik keuk naf Mangb mid Shuad khuab nat yos, yeuf dlangb zid yil ed?"

歌师尤子腮又说:"恐怕雷声滚滚天上来,阵雨雷雨交织连绵,雨水已漫过九丘田。你们是否舍得抓三抔土来糊田埂?是你们的儿孙了,你们自己教还是给别人来教啊大舅和叔伯?"

Yeuf dlangb zid yil deb dak: "Rongt lol rongt lol."

大舅和叔伯便回答:"好的好的,我们教。"

Lol Dleuk:

旁释:

Nil aob dol nquad aob bangk jeud drout zid said jek, aob lenx jid mol renf khuab khat.

大舅和叔伯各倒一口酒递给歌师尤子腮后,两位便去认领"劝孝事宜"了。

Yeuf dlangb dak: "Las dak yal dongx[271] deus dangl chuad yal hlout, zid hlob duas dangl chuad zid yout[272] ek! Gaox uat zid tangx gob suf bef jek gaox yad khuab jek gaox khuab, yad khat nat jek gaox khat nat."

大舅说道:"人家说铜锅烂了有铁锅,父亲去世了还有叔伯啊!你作为叔伯要教也由你教,要劝也由你劝。"

Zid yil deb dak: "Uat let jek shunf sheud pongx shaob[273] ib dol laix ib dol haid[274] nat."

叔伯说:"那么,咱们一起来教来劝了,一个犁一个耙相互协助。"

Lol Dleuk:

旁释:

Nad nik yaos zhit loub bangt jeud gaox houk jek, nil aob lenx yeuf dlangb zid yil jid uat. Yaos dak nil aob lenx yeuf dlangb zid yil loub jeud draod gaox houk jek, gaox Yeuf Zid Said yad jid ntrad nenb lol uat.

此处需注意的是,如果不倒酒给歌师尤子腮喝,则表明大舅和叔伯自己去"劝孝";如果他们倒酒给歌师尤子腮喝,则表明需要歌师尤子腮亲自找人来"劝孝"。

Nzend Aob Guas Zux Loul Ngous Jux[275]

第二节 请求寨老丢"竹杖"

Jat god haik gaox lak yeuf zux yeuf loul yax,

Gaox gad zhis[276] shaib dout god zhed zhongf nbaox xaof juab nad,

Shaib juax hnob[277] dol naf jux xongb dlob[278] lol ndrel ndraol[279] drout lob ndraos vangx ndraos zhed zuak[280] ex,

Juax hnob zhek yat bongb zhed zhongf xaof juab nad nil lenx ghak loul ib lob nik mongt duas nad!

我与您说啊尊敬的寨老，
赶快去巡查孝家的家园，
巡查九天那黑竹杖依然直立在孝家房屋，
九天巡视屋中依然昭示老人的死讯啊！

Gaox gad rens nuaf god zhed zhongf nbaox xaof juab nad it,

Nuaf juax hnob dol naf jux xongb dlob lol ndrel ndraol dout lob zhed zok[281] ax,

Yif hnob lol ek yad bongb dout god zhed zhongs nbaox xaof juab nad it nil loul nad lob nik mongt blox guas!

Daf wangf xaod wangf zhek,

Yad wangf kaof dout gaox yeuf zux yeuf loul,

Yad bangb dout god muab nyaos dout zhed zhongf nbaox xaof juab nad.

您快去巡查孝家的房屋，
巡查九天那黑竹杖仍然矗立在孝家房内，
八天巡视屋中依然昭示老人的死讯哟！
期望啊，
只期望您寨老做到这些，
期望能帮我的孝家。

Muab dol naf jux xongb dlob[282] ngous ndos nguad[283] yad ndros dout rangx mol gueb rangx khaod[284],

Ndrof mol zhed blox zhed duas ek nil zhas zeux mol zhit zeux draod ax.

Muab nyaos dout dol naf jux xongb dlob ngous ndos nguad ndros dout juat duax mol gueb juat deb[285] ax,

Nil zeux mol lak zhit zeux shik feb[286] nat yeuf zux yeuf loul yax!

把黑竹杖抛到九霄云外的龙洞，
抛在那死亡之地让它永不再返。
把黑竹杖抛进九重云天的风洞，
让死讯一去永不再回啊寨老！

Lol Dleuk:

旁释：

Huaf nat nik, nil yeuf zux yeuf loul jeuf muab hod lob vangb nzhab ib chif nded nyaod[287] dol nik xongb tab dol xongb gus jaox ndrangl lol, jaox lol duax ndrangl beuk drongx[288].

唱到这儿，寨老从装有米的簸箕中拿起那根长一尺左右的竹杖和那根立在门（门槛）边的竹竿，一起握在手中站在门口。

Huaf gat guangd shif duax draod bel dangs jaox jux, yeuf zux yeuf loul jed yangd xongb drout dol guangd shif, guangd shif ib cix xangb lous[289] hod ghangb drongx deuf ndrangl, yeuf zux yeuf loul zaik dout aob yangd xongb muab jaox deuf ndrout rongd[290] ndrel jat jeuf dout lak.

此时，管事来堂屋上方，寨老在下方（门口方），一上一下。寨老将竹杖和竹竿递给管事。管事从桌子下滑过并再递给寨老，接后带出门外找个地方立着即可。

Nzend Beb Guas Yeuf Dlangb Zid Yil Nzhais Drongx[291]

第三节 请求大舅和叔伯撤桌子

Jat god haik mex lak yeuf dlangb zid yil yax,

Gaox god zhed zhongf nbaox xaof juab nad.

Juax hnob it lob drongx dlob drongx shik duas[292] yad ndrel ndraol nil lob vangx ndros zhed zuak ek yax,

Juax hnob zhek yad bongb dout nil lenx ghak loul it lob mongt blox mongt duas nad ax;

Yif hnob ndrel ndraos drout god zhed zhongf xaof juab it lob nik zhed zhox it,

Yif hnob zhek yad bongb nzhongf xaof juab nat nil lenx loul lob mongt blox nat ax!

我说啊我尊敬的大舅和叔伯，
讲到我这家的孝子。
他们这黑桌亡椅九天来立在屋里，
预示着他们老人九天归去的消息；
他们这黑桌亡椅八天来立在房内，
昭示着他们老人八天仙逝的音信啊！

Daf wangf xaod wangf zhek,
Yad wangf kaof dout ax,
Yeuf dlangb zid yil bangb dout god zhed zhongs nbaox xaof juab.
Muab dout lob drongx blox drongx duas yad nzhais ndos nzhis yad ndros leuf rangx mol gueb rangx khaod,
Zhed zhongs nbaox xaof juab nil lenx loul it zhas yad mol zox ged blox ged duas zeux mol zhit zeux draod ax.
Yad muab nzhais ndos nzhis juat duax gueb juat deb,
Zhed zhongf nbaox xaof juab nil lenx loul nat dex ged blox ged duas nat zeux mol zhit zeux feb!
Qenb xeuf wux shif nat yeuf dlangb zid yil yax yeuf dlangb zid yil.
期望啊，
只期望这些，
期望您大舅和叔伯帮我们的孝家。
把办丧桌椅抛到九霄云外之龙洞，
抛在那死亡之地让它永不再返。
把办丧桌椅抛进九重云天之风洞，
让死讯一去永不再回啊寨老！
从此平安无事了啊大舅和叔伯。

Lol Dleuk:
旁释：

Huaf nat nik, yeuf dlangb zid yil ib dol duax lob drongx ib shangb, muab lob drongx ib nik dis dout jeuf dout leuf.

Bel shout dis draod haik box nyangx nzhais nzhab nzhed[293]. Shout lob drongx sob sob muax lob nik vangb chouk, hod muax nik nzhab nzhed det. Huaf dis drongx gat naf box nyangx yad nghangt sheud duad hod del.

歌师尤子腮唱至此，大舅和叔伯一个在桌子一边，轻轻将桌子椅子稍挪动一下即可。

接下来将继续唱“姑妈搬米盐”歌。在此过程中，先在桌子上放一个簸箕，其中装有一点盐和米。大舅和叔伯在挪动桌椅之际，姑妈便抬起来等着。

Nzend Bloub Guak Box Nyangx Nzhais Nzhab Nzhed

第四节 请求姑妈搬盐米

Jat god haik gaox lak nax muaf nyangx yax,
Jat nax hnob draod touk lil ot,
Zhed zhongf xaof juab nil lenx ghak loul nil uat nenx nyaob et.
Nil zeux uat luaf ek nil yad mol uat luaf[294] lox lenl tlout leuf Lox Zheub Gab[295] ax,
Jat nzhab nyongl[296] lak nil yad mual leuf nax beb shab[297] nat;
Nil zeux uat luaf ek nil yad mol uat luaf lox lenl tlout leuf Lox Zheub Ndrif[298] ax,
Nzhed nyongl lak nil yad mual dout mol nax beb zhit[299] et ax.
我有话与您说啊大姑妈，
在很久以前，
众孝子的老人还在世。
老人会经常在罗州城经商啊，
总会买来三升生米；
老人会做生意越过了罗州界啊，
总要买来三秤粗盐。

Suk dout nax xongt lol dangl ntreud xongt let nad,
Zhed zhongf nbaox xaof juab nil lenx ghak

loul yat draod duas dangl ntreud blox ghous yenl draod duas dangl ntraot,

Nil yad mol uat zhit doul luaf lox lenl tlout leuf Lox Zheub Gab et,

Jat nzhab nyongl lak nil yad mual zhit doul mol nax beb shab;

Nil yad mol uat zhit doul luaf lox lenl tlout leuf Lox Zheub ndrif ek,

Jat nzhed nyongl lak nil yad mual zhit dout mol nax beb zhit ax.

时至今年，

老人今撒手人寰已归世，

老人已不能在罗州城做生意，

不能再买来三升生米；

老人已不能做生意越过了罗州界啊，

不能再买回三秤粗盐。

Nax ib nzhik let nad zhek,

Daf wangf xaod wangf zhek,

Yad wangf kaof dout ib lenx naf muaf nyangx yax!

Yat bangb dout god zhed zhongf xaof juab yad muab nil nzhais ndox zhis ndros dout juat jaox mol gueb juat deb yax,

Juax hnob jek guas god zhed zhongf nbaox xaof juab nil lenx loul it ged blox ged duas zeux mol zhit zeux feb ax;

Jat nzhais ndox zhis dout dex nik nzhab dex nzhed nad yad ndros dout dex nik rangx mol gued leuf rangx khaod ek,

Juax hnob zhek yad guas dout god zhed zhongf nbaox xaof juab nad ged blox ged duas ek nil zeux mol lak zhit zeux draod nat ek.

Zhed zhongs nbaox xaof juab qenb xeuf wux shif lak nax muaf nyangx it!

就只有这一点点盐巴和米，

期望啊，

期望靠您呀大姑妈！

期望您帮我把孝家盐米搬运完随风归风地，

就让这九天死亡之路到我孝家老人的死这里为止；

通通把这盐米搬运完让它抛随龙归龙洞，

就让这九天死亡之路到我孝家老人的死这里为止。

从此让我众孝家相安无事啊尊敬的大姑妈呀！

Lol Dleuk:

旁释：

Huaf nat nik naf muaf nyangx muab ngouk lob vangb chouk tab nzhab nzhed nghangt hlaot jaox mol ntrad lob qeut zeub jat jeuf dout lak. Huaf nat dis zhaod xaod yeuf dlangb zot gob[[300].

唱到这里，大姑妈便将簸箕和盐米抬到别处搁置就可以了。歌师尤子腮便转过来请小舅子“卸角”。

Nzend Zhib Guas Xaod Yeuf Dlangb Zot Duf Langs Gob Ncut[301]

第五节　请求儿媳后家卸牛身象角

Nghait 1 Yeuf Zid Said Ndlad

第一则　歌师尤子腮请求

Jat god haik gaox lak xaod yeuf dlangb et xaod yeuf dlangb yax,

Gaox gad zhis lol nuaf dout[302] ax,

Suk luak dex it las zeux uat luak Yeuf Zid Said yax.

Las juax hnob zhas yad drik lil njok dout zhed zhongf xaof juab it dol naf duf langs gob ncut ek,

Drik leuf dex duab njok draod mol leuf dex duab nqenb[303] et,

Juax hnob zhek zhit maob maob leuf las lob yaob shenb[304] lak;

Yif hnob zhek yad drik lik njok[305],

Yif hnob zhek yat zhit maob maob leuf las lob yaob bok[306] et.

我与您说啊我的小舅哥，
您赶快来看呀，
是别人的话人家会做歌师尤子腮。
人家九天都会背着孝家的牛身象角，
九天来都在背着，
九天来也不会觉得腰身酸；
八天来也在背着，
八天来也不会觉得肩膀疼。

Suk dangl god lenx dob lenx yout ax,

God zhit zeux uat las yeuf zid said.

God juax hnob zhas yad drik let njok dout zhed zhongf nbaox xaof juab it dol naf duf langs gob ncut ek.

Yad drik zhit dout leuf dex duab njok draod mol dex duab nqenb et.

Juax hnob zhek drik maob maob leuf luak lob yaob shenb lak,

Yif hnob zhek yad maob maob leuf luak lob yaob bus et.

像我这个后生和晚辈，
不会做人家的歌师尤子腮。
九天来我一直背着孝家的牛身象角。
我已不能再背着了。
九天来我已觉得腰身疼，
八天来已会感到腰背酸。

Daf wangf xaod wangf zhek,

Yad wangf chenx dangb dout gaox lens xaod yeuf dlangb yad bangb nyaos dout god ek.

Muab dout god dol naf duf langs gob ncut ek,

Zot leuf dex duab njok draod leuf dex duab nqenb ek yax!

Yif hnob zhek zhit guas maob maob leuf las lob yaob shenb ek,

Yif hnob zhek zhit maob maob leuf lob yaob bok ex!

Juax hnob jek god lenx dob lenx yout nad ek lob yaob bok lol yad qenb duax uat qenb ek yax,

Yif hnob zhek yad lob yaob bok lol hod duax ndros yad hod nat,

God xaod yeuf dlangb et xaod yeuf dlangb yax.

期望啊，
期望小舅哥帮我卸下负担。
将我身上牛身象角卸下来，
让我回归轻松自在呀！
八天不再让我腰身酸，
八天不再使我腰背疼啊！
九天则我都会觉得肩膀轻松呀，
八天后我腰背也会干干净净的，
我的小舅哥啊小舅哥。

Nghait 2 Xaod Yeuf Dlangb Deb

第二则　小舅哥答

Jat god haik gaox lenx dob lenx yout Yeuf Zid Said yax,

God nuaf dout gaox lens dangf zhenb drik raox zhed zhongf xaof juab dol naf duf langs gob ncut drik leuf dex duab njok nad ax,

Juax hnob dangf zhenb maob maob leuf gaox lob yaob bus ek.

Drik lak dex duab njok draod leuf dex duab nqenb et ax,

Yif hnob zhek yad maob maob leuf gaox lob yaob shenb ek.

Jat god yad bangb gaox lens muab dout dol naf duf langs gob ncut et zot leuf dex duab njok ek,

Yif hnob lol yad zhit maob maob leuf gaox lob yaob bus ax,

Yif hnob yad guas gaox lob yaob bok qenb duax lol uat qenb ek lob yaob bok duax lol hod uat hod[307] nat.

我有话与你说啊尊敬的歌师尤子腮，
我已见你背着孝家沉重的牛身象角，
九天来当真已使你全身疲乏。

一直让你背负着，

八天来当然使你背乏身累。

让我帮你把牛身象角卸下，

八天后将不再让你腰部疼，

八天后你的腰身将轻松又自在。

Jat god yad bangb gaox lens muab dout dol naf duf langs gob ncut ek zot leuf dex duab nqenb draod mol nax duab njok ek,

Yif hnob lek lob yaob bok lol duax hod uat hod nat ax.

Jat guak gaox draod ghangb draod lil raox zhek,

Gaox naox ghangd lol let bongb blangb et,

Houk dlex lol let nggangb rangx et;

Naox ghangd lol let bongb jed et,

Houk dlex lol let nggangb xenb qenb xeuf wux shif lil lak lenx dob lenx yout Yeuf Zid Said ek.

让我帮你把牛身象角卸下，

八天后你的腰身将轻松又自在。

让你回去了，

吃饭落下肚，

喝水来安然；

吃饭才养身，

喝水才安心和相安无事啊尊敬的歌师尤子腮。

Lol Dleuk:

旁释：

Huaf nat jek dol xaod yeuf dlangb bangb mangx zot gob lak.

Draod shout jek zos dol Voud lol zot shend lak.

此时小舅哥便帮歌师尤子腮卸下身上的“牛身象角”负担啦。

继续往下是女婿为歌师尤子腮卸麻袋。

Nzend Drout Guas Dol Voud Zot Shend[308]

第六节　请求女婿卸麻袋

Nghait 1 Yeuf Zid Said Ndlad

第一则　歌师尤子腮请求

Jat god haik gaox lak nik voud ek yax,

Jat gaox nuaf dout god ek,

Suk dout las dex it las zeux uat las yeuf zid said.

Yad drik dout zhed zhongf xaof juab it lob shend sad shend dlob[309],

Drik leuf dex duab njok draod mol dex duab nqenb et ax,

Juax hnob lol zhit zeux maob maob leuf lob yaob shenb guas,

Yif hnob drik lex nqenb draod dex duab njok ek,

Yif hnob lak zhit maob maob las lex lob yaob bok ek.

我要与你讲呀女婿，

你要看看我啊，

人家会做歌师尤子腮。

会背孝家那深色麻袋行囊，

人家会背背起来很轻松，

九天腰身不会疼，

八天背着行囊很轻巧，

八天腰背也不会酸。

Suk lak god lenx dob lenx yout ek,

God Yeuf Zid Said zhit zeux uat las yeuf zid said.

God juax hnob yad drik leuf njok zhed zhongf nbaox xaof juab it lob shend sad shend dlob drik leuf dex duab njok ek,

Yif hnob yad maob maob leuf god lob yaob bus et.

Juax hnob drik lex njok dout shend sad shend dlob drik lek njok,

Yif hnob yad maob maob leuf god lob yaob

shenb ek ndros leuf lob yaob bok nat et.

像我这个后生和晚辈，

不会做人家的歌师尤子腮。

我背着孝家那麻袋行囊，

八天来让我会脖子酸。

九天来我背着孝家那麻袋行囊，

八天来让我腰酸背痛。

Daf wangf xaod wangf zhek,

Yad wangf dout gaox nik voud.

Yat bangb nyaos dout god muab nyaos dout god lob nik shend sad shend dlob zot dex duab njok dex duab nqenb ek,

Yif hnob lak zhit guas maob maob leuf lob yaob shenb;

Yad bangb god muab dangl shend sad shend dlob zot leuf dex duab njok ed,

Yif hnob lol zhit maob maob leuf lob yaob bok nat!

Guas god qenb xeuf wux shif nad lak nik voud ek.

期望啊，

期望女婿帮我卸下负担。

将我身上麻袋行囊卸下来，

八天不再让我腰身酸；

将我身上的重负卸下来，

八天不再使我腰背疼啊！

让我轻松无事啊女婿。

Lol Dleuk:

旁释：

Dol voud jeuf lol duad dout shout bus zot lob hnangb menk jeuf haik.

此时，女婿便过来卸下歌师尤子腮肩上的麻袋子，以歌回复。

Nghait 2 Dol Voud Haik

第二则　女婿唱答

Jat god haik gaox lak,

Gaox langx dob langs yout Yeuf Zid Said et yax,

Jat god nuaf dangl gaox juax hnob ek,

Gaox lob shend sad shend dlob drik leuf dex duab nqenb yax,

Juax hnob yad maob maob leuf lob yaob shenb ek.

Suk leuf dex duab nqenb draod mol leuf dex duab njok,

Yif hnob yad maob maob leuf dex lob yaob bok et ax.

Jat god yad bangb gaox muab dangl shend sad shend lil dlob ek zot leuf dex duab nqenb leuf dex duab ghak njok,

Yif hnob lol yad zhit maob maob leuf dex lob yaob bok et ax!

我要与你讲啊，

你这后生歌师尤子腮呀，

我已观察你九天，

你那行囊背得虽轻松，

九天来已让你腰身痛。

那麻袋行囊你背着，

八天来已让你腰背酸。

让我帮你把行囊卸下，

八天来使你腰背不再疼！

Juax hnob lol yad muab dout gaox lob shend sad shend lik dlob zot dex duab njok draod leuf dex duab nqenb et,

Yif hnob lol zhit guas maob maob leuf lob yaob shenb nat yos ax;

Juax hnob lol gaox draod ghangb draod let raox mol gaox bus yaob mol yad hod uat hod et.

Gaox lob yaob bok lol nqenb uat nqenb ek,

Gaox draod raox draod let mol ek,

Juax hnob mol naox ghangd let bongb blangb,
Houk dlex lol let nggangb rangx et;
Naox ghangd lol let bongb jed,
Houk dlex lol let nggangb xenb ek qenb xeuf wux shif let lak!
Yeuf Zid Said yax!
九天来要卸下你行囊，
八天来你的腰身不再酸；
九天你回家腰身轻巧而健康，
腰背轻松也自在呀。
当你回去了，
吃饭来才下肚，
喝水来才安然；
吃饭来才养身，
喝水来才相安无事啊！
尊敬的歌师尤子腮！

Lol Dleuk:
旁释：

Dol voud get haik get muab yeuf zid said shout bus lob shend hlet nghel lol jaox mol ntrad lob qeut dlait jat.

女婿边唱边从歌师尤子腮肩上卸下麻袋行囊，卸下后找个地方挂起来即可。

背景介绍

罗正荣

唱诵者： 罗正荣 Sheuf Chib（1966—），男，文山市小街镇麻栗寨村委会冬瓜林村人，掌握当地苗族婚丧文化。师从本村杨开有 Hangf Yeus（1929—1989）和蔡保珠 Chongf Dluas（1932—）等，蔡保珠又师从本村侯正才 Nblax Yal Dluas（1890—1960）。该曲是20世纪80年代中期杨开有传授。杨开有于其母亲处习得。

唱诵场域： 苗族丧葬正式赶丧当晚举行“摆大桌礼”，即摆上桌子按规程邀请客人上座坐好，以管事爷主持围绕“嘱咐委托”“询问礼节”“送灾卸负”开展的礼节。

此歌属礼仪性古歌，是目前收录中较为完整的摆大桌礼仪古歌，是研究苗族传统礼仪的重要素材。据整理组目前的调查研究，此首古歌是文山市域“摆大桌礼歌”中最完整的一首，其内容包罗万象、涉及面极广，其角色之多、功能之丰富，是研究苗族社区管理的重要信息。

采集整理： 罗永洪、熊兴坛、熊文国、陶永标。

注释

[1] Nghol Naf Drongx：摆大桌，是苗族丧葬特定程序的程序名。该程序的目的之一是"递斧头把（Jed Got Douk）"，即决定将斧头给谁，由谁来"椎（杀）牛"。苗族丧葬中，只有"椎牛（杀牛）"才隆重进行此程序。该程序一般摆两张桌子，将所有邀请的客人代表按照尊卑顺序依次安排座位。按照礼节规定，逝者若为父亲，"斧头把"则交由叔伯一方来执掌；若为母亲，"斧头把"则一般交由逝者后家大舅哥来执掌。但一般情况下，后家都不会接受请求，会交给主人家的管事爷来执掌。除非后家大舅一方带去足够人手，才会接受。其目的之二是，通过主事者组织开展此程序，在对歌中，展现对逝者的不舍，对叔伯、舅父及其他客人的极大尊重，也展现对孝子的教育之道和检验艺人高超应对能力，等等。

[2] Leud Drongx：顺着桌子逐一问候和嘱咐客人，并授以重任的过程。

[3] Nos Zax Nos Nzhis：询问钱物礼节的过程。

[4] Ngous Jux：丢杖，抛杖，指丢弃丧葬杖。其中，Jux指杖，Nenb Duad Jux和Nenb Ndrel Jux即持杖者，指有威望和德高望重说话算数的人，苗族礼俗权利的象征。

[5] Duaf Drongx：撤桌子，指撤丧桌。

[6] Nzhais Nzhab Nzhed：搬运盐米，指搬运丧盐米。

[7] Zot Gob Zot Shend：卸角卸包袱（袋子），指卸去管事爷主事的重担，也指为在办理整个丧葬事务中承担事务者卸去工作任务。

[8] Yeuf ZuxYeuf Loul：寨老爷，也称Zux Loul（寨老），属泛称。其指代村中德高望重者，在丧葬程序中请扮演寨老角色，一般负责调解纠纷、评判是非。丧葬中此角色，如果后家与主人家没有重大矛盾的（如不属非正常死亡的），实则负责砍、立和拆撑鼓木。如属非正常死亡的，Zux Loul（寨老）的裁判作用便显得尤为突出。

[9] Naf Zid Dlangb（Zid Dlangb）：逝者的大舅哥，本文的大舅或大舅哥，指大舅代表，下同。

[10] Nyangx Yeuf Gongb：姑奶，即逝者父亲的姐或妹。

[11] Naf Muaf Nyangx：大姑妈，即逝者的姐或妹。若逝者为女性，则指女性夫家一方的姐或妹。

[12] Xaod Yeuf Dlangb：小舅，小舅哥，指逝者儿媳的后家。

[13] Nik Ncaik Nik Voud：女婿，逝者女儿的夫家。

[14] Chux Guangb Fangf Jangf（Nenb Uat Maod Roub）：厨师饭匠，指做饭做菜的人。

[15] Zid Ghenx Zid Ndrual：芦笙师鼓师。

[16] Bangb Mangx Dif Xongb：帮忙弟兄。

[17] Chux Khuat：奉祝客人，奉告客人。

[18] Gongb Zhongf Nbaox Ghak Loul：各位长者尊者。

[19] Shangf Pax：上席。

[20] Xuaf Zhof：下座。

[21] Shenb Wef Yout：身位小，位卑微。

[22] Zhid Nax：坏年，坏年头，不好的年景。Zhid Xongt与之同，是Rongt Nax Rongt Xongt的反义词。

[23] Changd Ndox：阳光，晴朗；健健康康。

[24] Ged Hlob：恩爱之道。

[25] Rongd Dlob：黑森林，形容森林很大、阴森恐怖。

[26] Ged Dlangd：宽敞的道路，形容阳光大道。

[27] Ndros Ghak Lis Fud：源源不断地滴着，连绵不绝一滴一滴地流着的样子。

[28] Reb Cok：疑是岩浆石，滴着水的岩浆石柱。亦可能是石磨的一种。

[29] Reb Zhis：石磨。

[30] Ndlul Ghak Heud：连绵不绝流淌着。文中指面粉不停地从磨中流出来。

[31] Ghongb Hmongd Shix Nax Njis Nab：石磨不停地转，面粉不断地落。

[32] Njet Bel：爬坡，爬山。Njet Daox与之同。

[33] Ib Blongs：一闯，一跳，一冲，冲闯。

[34] Ndaot Leuf Ndox：通天，与天齐高。

[35] Ib Nghangs：一跳；一杆；一窜；蹿，一蹿。

[36] Geut Nyaos Nzhik：与树尖齐高，碰得着树尖。

[37] Blox Ghous：逝世，仙逝。

[38] Langx Shangb：兰山，苗族传说中的古山名。因部分地区"n""l"不分，兰山也疑为南山。南山在民间习俗中，与吉祥、长寿相关，表达了人们对长命百岁的祝愿，是长寿的象征，承载着丰富的民俗传统和美好的寓意。

[39] Luas Lenl：（藤蔓等）铺爬，到处爬的样子。

[40] Yif Ged：八条大路。与之相近的Juax Gangb指九条大道。

[41] Nongs Yif Nongs Gob Nyox：易鸟牛角鸟，转译系音意结合，暗指歌师尤子腮。

[42] Cix Khuat：清点客人，打点客人，打理客人。

[43] Dlaif Reb Langs：石板，石条，滑石板；指代老人。

[44] Xangb Del Ghak Nuas：伸手摸索着。

[45] Nghol Zhit Dout：拉不了，拉不着。与之相关的Hot Zhit Dout指喊不着．喊不了。

[46] Nzhox Dluab：魂魄。

[47] Bux Nyos：公牛。

[48] Langl Daox：匹坡，山坡，山峦。

[49] Cenb Gud Cenb Dix：亲哥弟，家族兄弟，同宗兄弟。

[50] Langs Dous：山坡，山峦，一匹坡。

[51] Hait Ghak Nuas：拖着。

[52] Hmongd Blox：死运，死亡的命运。Hmongd Duas与之同。

[53] Ib Dlad：一勺。

[54] Luaf Zhit Doul Lox Lenl：不能自由地游荡。

[55] Langl Dous：山坡，山坡，山峦，一匹坡。

[56] Naf Yeuf Mof：大摩公，摩公。文中为指路师，为逝者唱指路经的人。

[57] Guangd Shif：管事者，总管事。

[58] Box Nyangx：若逝者为男性，则指逝者自己的姐和妹；若逝者为女性，则指逝者丈夫的姐和妹。

[59] Juax Chif Juax Drangb Zhangf Gangb：九尺九丈杆，丈量的尺，丈量的标杆。

[60] Nzhual：丈量，测绘，测量。

[61] Zuas Zuas：渴望，愿望，指望；勤俭、节约。与之相关的Zuas Nyaos Dout指盼得着，能实现。

[62] Zos Zos：到来。

[63] Juab Jib：家鸡。

[64] Nblongx Mangx Nblongx Xut：麻叶灵叶。
[65] Ndoux Duab Ghak Lik Ris：活跃；忙里忙外。其中，Ndoux指活跃、发情。
[66] Yangl Gangb：半途，半路。
[67] Ndox Nzhis：深空，高空。
[68] Ndox Lol Dous Dous：老天松垮垮。
[69] Got Nbangb：手臂，肩以下手的部位。
[70] Zhit Dit：不挨近，不近，离得远。
[71] Zhangf Qif：胀气，生气，发火，发怒。
[72] Chux Qif：出气，发泄，出口气。
[73] Jaox Lol Lox：拿来测量、丈量。其中Lox指测量、丈量。
[74] Langx Ghak Luaf：生意。
[75] Ndreuf Zhit Doul：活跃不起，动不起。
[76] Dit Hlaot：挨近，靠近，抵近。
[77] Rouf：坐。
[78] Zhangf Lik Nzhos：站立，站着。
[79] Jes Maob：脚疼，脚痛。
[80] Jes Zhous：脚酸，脚麻。
[81] Langx Dob Langs Leuf Yout：后生，晚辈。文中是主持大桌礼仪式者的谦称。
[82] Lol Nzhik：话尖。文中指表面的话，没有中心没有逻辑的话。
[83] Zhof Shix：石桌。
[84] Traik Ib Drox：移一步，移步，移动步伐，插足。
[85] Yeuf Zid Said：尤子腮，系音译。本文专指主持大桌礼仪式的人，是联系主人和客人的传言者和对话人。
[86] Zuf Ghenx Zuf Ndrual：劝停笙曲和鼓点。本文中指暂停吹芦笙和敲鼓，便于穿插其他仪式。
[87] Zax Changd：恩情，礼性，礼物，心意。
[88] Daf Wangf Xaod Wangf：即大大小小的期望。
[89] Dleuk Ncib Jaox Dleuk Ntrout：纾难解困，解疑释惑。
[90] Dleuk Nzhik Jaok Dleuk Lol：纾难解困，解疑释惑。
[91] Cux Gaof：祝告，奉告，请求。
[92] Duab Yud：静悄悄地，无声无息地，悄无声息地。
[93] Ged Kud：辛劳人生，劳碌人生。与之相关的Ged Ab指痛苦人生，悲苦人生。
[94] Hlob Naf Jaox Hlob Zid：疼爱父母，忆父母恩。
[95] Sob Nzangt：板壁，隔墙。
[96] Nqangt：响；发出声音。与之相关的Ncet指响。
[97] Qenb Khuat：清点客人。
[98] Ndoux Deut Lil Dangl：忙上忙下，忙里忙外。
[99] Zhuat：山崖。
[100] Zok：灶窝，灶。
[101] Haik Nyaos Zos：说得到，说到位；与之相关的Haik Nyaos Cuat指说得全面，说得清楚。
[102] Zid Zhangd：亲属，父亲一方的亲人。与之相关的Naf Nenx指亲戚，母亲一方的亲人。
[103] Shix Daf Menx Ghak Kangd：石门槛。
[104] Nzhid Nchangd：红润，滋润，指有头有脸，有自豪感。
[105] Ntrout Lik Ntraot：形容尴尬，使什么无光。
[106] Pub Tangx：铺堂。在正堂中摆放桌子。
[107] Jux：杖，指执掌权利和主持某仪式的特定标志物，一般用竹子制作，即竹杖，长约1尺。
[108] Ib Blual（Bluas）：一顿（饭）。
[109] Zex Cenf：程序。
[110] Drongx Vangx：家园，园子；樊篱之门。
[111] Nbox：敲，打，椎，锤等。
[112] Zhus：桩，杵。
[113] Nzhat：敲，打，锲，契，一头削尖往下钉的桩。
[114] Njex：柱，柱子。
[115] Ndrof Nyaos Dlout（Ndrof Dlout）：搁得起楼棱。Ndrof指丢，放，搁；Dlout指楼棱。
[116] Buat Nyaos Zas：铺得起木板，铺板。
[117] Buat Nyaos Ndeud（Buat Ndeud）：铺得起书。
[118] Buat Nyaos Zhox：铺得起绸。
[119] Buat Nyaos Nbuas：铺得起缎。
[120] Chux Juaf Duax Lak：出嫁。文中指上菜，即为桌上宾客们上菜。
[121] Jongx Jib Lol Gof Yif Zhif：雄鸡一只。
[122] Fux Zaob Zuaf Jeud：胡椒泡酒，胡椒杂酒，指好酒。
[123] Rongt Jenb Chuax：好茶，上等茶叶。
[124] Kangd Langf：随便，随意。
[125] Suf Yuax：涮牙，塞牙缝。
[126] Daik Roub：捡菜。
[127] Nbuak Las Rex（Nbuak Rex）：邻村近寨。
[128] Daot Nzhex：耳朵通洞，指耳聪目明的智慧者。
[129] Daot Ndraos：明理，开窍，开悟，醒悟，智慧。
[130] Ib Zhual：一抱，一捆。
[131] Nbangx Ndangx Drik Hnend：握刀负箭，持刀负箭。
[132] Dous Leuf Nil Lenx Loul Nend：追寻死去老人的足迹（脚印）。
[133] Nbangx Ndangx Drik Ndongt：负剑持棍。此处的Ndongt（树）指木棍，棍。
[134] Bongb Blangb：下肚，对健康有益。
[135] Bongb Jed：养身，对身体有好处。
[136] Nggangb Rangx：安然。
[137] Nggangb Xenb：安心。
[138] Nzhet Ndox：苗族传统文化体系中，将天分为“层”，视为百褶裙一样的分层，一般认为天有九层。
[139] Fex Zik Nyangs：飞子条，飞子御，非子条。古代苗族识别人和物的通关标志，或通关牒、牌。另外，是指特定的凭证，相当于放行路条和领取存储物件、联络并打通某事件的重要凭证。引证《文选·卢谌〈赠崔温〉诗》：“恨以驽蹇姿，徒烦飞子御。”李善注：“《史记》曰：‘大雒生非子。非子居犬丘，好马及畜，善养息之。犬丘人言之周孝王，孝王召使主马于汧渭之间，马大蕃息。’‘非’与‘飞’古字通。”
[140] Box Ghaib Ntuad Dik Zhual：母鸡张开双翅护儿的样子。
[141] Dangt Nzhox Nzas：展翅高飞的样子，翱翔。
[142] Nox Shuad Deb Daof Bel：“诺刷”族群生活之地的北方。
[143] Njit（Jeuk）Lik Dik：残翅（小鸡）。
[144] Nghangt Ncut：叼着，叼。
[145] Lax Dlangd：鹰隼。Lax指隼；Dlangd指鹰。
[146] Baif Zhib：胆汁破，出胆汁，指自己没有办法解决，只能让给别人，即让道给人走，许可通行。
[147] Got Lol：话题。
[148] Nyaob Nzhik：一会儿。
[149] Keuk Nyad：哀哭，只会哀哭。
[150] Ngoux Ndrous：恋情，恩爱；谈情说爱。不正当的恋情，不正当的男女关系。
[151] Duax Ndruab Gouf：在角落中。
[152] Duax Ndruab Zhuas：在杂草丛中。

[153] Suak Juas：摸着，摸到，知情。
[154] Zhongt：砸，打，捶。
[155] Mid Dob Yaob Lik Drus：名叫幺的小儿子。Drus指最小、最末尾。
[156] Shenb Yaof Linx：长得机灵。与之相近的Shenb Yaof Ruas指俊俏聪慧。
[157] Zhaot Pluad：放，放开。
[158] Ndaot Ndrous：长成人，长成大伙子。
[159] Ndox Zhens Nghenl：天震动；出名，名扬四方。
[160] Nzent Lik Hlaot：翻过。
[161] Geuf Cuat：学全，学习全面。Geuf Cix学全。
[162] Nzhex Muas：面貌。
[163] Laif Lal：舞动。
[164] Khuak Khuak：夸奖，夸耀。
[165] Dangb Gouf：耽误。
[166] Naf Gangb Daot Daos：大道通畅，大路顺畅；指道理清楚明白。
[167] Naf Ged Daot Teud：同上。
[168] Yeuf Zid Guangd Shif Let Zongd：总管事。
[169] Ndangt Khuat Ndangt Dlangb：待客担事，即招待客人、操办礼俗。
[170] Ged Dax Ged Dol：平路，大路。
[171] Congx Zix Nat：从此，从此以后。
[172] Bof Daob：菜刀。
[173] Lox Buf Pef Pangx Nzid：萝卜拼盘，苗族文化中赋有特殊意旨的一道菜品。
[174] Ndraos Dangs：房屋正堂。
[175] Del Lox Los：得心应手，七脚八手。
[176] Vangb Shik Nzal：竹篾编织起来的簸箕。
[177] Yif Blual Juas：八顿饭。其中，Blual指顿、回、餐。
[178] Vangb Chouk Njout：竹篾编成的筛子。
[179] Del Loux：左手。
[180] Del Nangs：右手。
[181] Zhed Zuad（k）：接正房的小屋，意指偏房，厨房等。
[182] Ib Buak Bex Shik Kuaif：百样杂事，百种小杂活。其中，Buak与Bex同，均是百，前者是苗语，后者是汉语。
[183] Yuax：鸭子。
[184] Nghuaf Tlout Yuax Deb：渡过鸭子生活的地方。
[185] Nggol：鹅。
[186] Nggol Qeut：鹅生存的地方。
[187] Ib Zis Njangx（d）：一样直。
[188] Ib Zis Nded：一样长。
[189] Dongt Hout Hlux：低垂着头，低头。
[190] Nzhab：米。文中指核心，主题，中心。
[191] Dlex Dlangs Npout Ndos：黄河水漫，黄河水涨。
[192] Aob Pangb Aob Dous：两边两头。
[193] Doux Zhuas：芦苇草，芭茅草。
[194] Dloud Ghak Leud：密密麻麻，形容芦苇、芭茅等植物长势好、茂盛，在风吹过时摇曳的样子。
[195] Ndruab Ndrangb：中间。
[196] Dob Langs Dob Lis：晚生的孤儿，指孤儿们。
[197] Hlob Jed Duax Lol Zhit Hlob Shab：个长心（肝）不长，指个头大却不懂事的人，虽然长个但心智不成熟。
[198] Hlob Bleud：成熟。
[199] Ndouk Zheud：下面，煮面。其中，Zheud指面、面粉。
[200] Nzal Daos：编草凳。本文指用谷草编的草凳。
[201] Hlut：圆柱形的矮草凳，一般有约20~30厘米高，直径约30厘米。
[202] Ros：力，力气。
[203] Nzol Bek Hlaot：砍，砍伐。同Nzol Bek Leud。
[204] Ib Zif Nyaob：平起平坐，平等地坐一起。
[205] Zangd Raos：搬在一起或搬开。本文指聚拢在一起，扎堆。
[206] Ndlax Dous：下方，喻指“手心”。
[207] Ghouf Daox：坡背后。喻指“手背”。
[208] Beb Qif：三回。
[209] Beb Zhef：三转。
[210] Beb Drox：三步。
[211] Lol Zax Lol Nzhis：金玉良言。
[212] Box Mangb Box Shuad：蛮婆刷婆，系音译，古代蛮和刷两个族群的妇女称谓。
[213] Naf Chab：后妈，继母。
[214] Naf Yout：小妈，小妾。
[215] Ndraol：愁，生闷气，情绪不好，情绪低落。
[216] Ngox Dangl Nyox：杀牛，把牛放倒。
[217] Nyox Baob Gob：牛角，牛角之间的脑门。
[218] Nenl Shik Drout：马蹄。
[219] Drangs Lex Dlaos：跑个不停。
[220] Rangx Zais：彩龙。文中指灵柩。
[221] Rangx Ndrous：花龙。文中指灵柩。
[222] Zhed Zhuat：山洞房子，石岩屋（疑为正房）。
[223] Nzhab：核心，要义，实质。
[224] Dongx Sangb Dongx Sod：抽丝吐线，抽丝剥茧。
[225] Gangb Ruas：蜘蛛。
[226] Nghol Hluat Nenl：拉马绳。苗族一种丧葬家规，兴此拉马绳习俗，需要儿媳、孙媳各出一匹丈余长麻布当作屏障挂在正堂屋中央，顺着棺材挂好。待丧葬结束后由姑妈和女儿带走。此习俗疑与古代战争有关，牵（拉）马绳，表示男人驰骋疆场回来下马之时，在家妇女为男人牵马喂马的过程。此习俗表示驰骋疆场的人今已死，马缰绳交由妇女们做纪念。
[227] Ngoux Gangb Maol Mod：母蚕、苍蝇和蜜蜂。
[228] Lul：茧，蚕茧。与之相关的Gangb Lul指蚕茧，虫茧。其中，关于Gangb Lul之Lul即嫘，即蚕茧、虫茧也。今汉语之“嫘祖”即养蚕的始祖。某种意义上来说，“嫘”即苗语之Lul亦或“嫘”与苗语Lul同源。“嫘”与苗语之“Lul”意义相关，均与“蚕、蚕丝、蚕茧”有关。
[229] Ndangb：岩蜂。
[230] Chaot Mangx：麻布衣服。
[231] Xongb Zit Zid：竹子结果（籽）。寓指逝者的儿子。
[232] Bangx Xongb：竹花。寓指逝者儿媳和姑娘。
[233] Jed Got Douk：递斧头。
[234] Juax Dol Yeuf Sob：九个雷神爷。
[235] Nzat Ndox Nbeud：精准地击中天上目标。
[236] Bangb Bangb Benf Benf：好不容易的样子。
[237] Bloub Shik Caot：银白色的毛，指毛色为银白色的牛。
[238] Bloub Shik Dlangs：黄色的毛，指毛色为黄色的牛。
[239] Yenb Dif Deb：阴地，阴曹地府。
[240] Genb Nyox：根牛，即种牛。
[241] Xaof Nyox：孝牛，即儿女为感恩孝敬给老人的牛。
[242] Nyox Pix Zangb：陪葬牛，指出嫁时须在婚桌上专门指明用于陪嫁的牛，当逝世时，夫家后人还恩情提供牛来

陪葬。有的人家有“陪葬牛”，该家孝子不但要椎两头牛给逝者（陪嫁牛和陪葬牛各一头），还要椎一头“牛孝”，共椎三头牛。

[243] Maox Baob Dinb Zil：拴牛桩。苗族丧葬中椎牛须另削拴牛桩并特别敲稳固定，不得将就拴在树木或石头上。

[244] Hlangb Zhongl Hlangb Nbuas：拴牛的绳子。

[245] Ndenl Bangx Ndenl Dol：活动，场合较大的活动。与Ndenl Bangx Ndenl Tod相同。

[246] Jat Gil：明天。与Nyaob Gis和Bes Gis同。

[247] Shangb Ndox Draod Bof Ged：黎明时分，天蒙蒙亮时刻。

[248] Hlangb Zhongl Hlangb Nbuas：衣带绸绳。其中，Hlangb指带、条；Zhongl指衣服；Nbuas指绸、绸丝。

[249] Ghaix Gouk Yenl：伞歪的样子，寓指将牛椎（放）倒。

[250] Nzhex Dongs：铜耳。寓指黄牛。

[251] Nzhex Hlout：铁耳。寓指水牛。

[252] Suad Goud：吹哨子。

[253] Dlex Dreuk Zhuat：瀑布。寓指母牛。

[254] Dlex Ndros Zhuat：滴水岩。寓指公牛。

[255] Haib Lais：祭祀，祭，祭献。

[256] Ndox Sob Chab：春天，春季。

[257] Nangs Ncent：小雨，细雨。

[258] Beb Del Ghuad Lix Luax：三捧泥土。

[259] Ib Zhuas Duax Shik Yaod Mol Nax Ib Del Ghuax：束手无策来哭泣。

[260] Ncent Ndrox Nzas：（细雨）连绵不绝。

[261] Zhit Gof Yif：过意不去。

[262] Dred：枝，朵。

[263] Paik Hlaot：解，解释，解答。

[264] Khuab Xaof：教育孝子，劝孝。

[265] Yeuf Sob Lol Ghuax Ndos Gheul：天雷滚滚。

[266] Beb Res Lax：三丘田，三块田。

[267] Sheud Lol Lot：糊起来，粘起来。

[268] Mex Dlangb Mex Nzhuas：你们的后人，你们的儿孙。

[269] Nangs Zaox Nangs Ncent：阵雨雷雨连绵不断。

[270] Shed Nyaos：舍得。

[271] Yal Dongx：铜锅。与之相关的Yal Hlout指铁锅。

[272] Zid Yout：继父。文中指孝子的叔伯。

[273] Shunf Sheud Pongx Shaob：同心同德，一起努力。

[274] Laix：犁。

[275] Jux：杖，竹杖。其中，Duad Jux即执杖者，执掌者，主持人，说话算数的人。

[276] Gad Zhis：赶快。

[277] Juax Hnob：九天，非准确的数字，表示多日或者很长时间，与Yif Hnob同。

[278] Naf Jux Xongb Dlob：大黑竹杖，指用于丧葬的竹杖，表示不吉利。

[279] Ndrel Ndraol：顶天立地，站立。

[280] Zhed Zuak：偏房。

[281] Zhed Zok：厨房。

[282] Jux Xongb Dlob：黑竹杖。文中指丧事。

[283] Ngous Ndos Nguad：抛到九霄云外。

[284] Rangx Mol Gueb Rangx Khaod：龙去归龙洞。

[285] Juat Duax Mol Gueb Juat Deb：随风去归风地。

[286] Feb：返，回，返回。

[287] Ib Chif Nded Nyaod：约一尺。

[288] Beuk Drongx：门槛。

[289] Lous：滑。

[290] Ndrout Rongd：门外。

[291] Nzhais Drongx：挪动桌椅，移桌子，撤桌子。

[292] Drongx Dlob Drongx Shik Duas：黑桌亡椅，指办丧事的桌椅。Dlob指黑，表示不吉利。

[293] Nzhais Nzhab Nzhed：搬米盐。

[294] Uat Luaf：做生意，经商。

[295] Lox Zheub Gab：罗州街。苗族古歌中唱到的古地名，疑是罗州、泸州等。

[296] Nzhab Nyongl：生米。

[297] Shab：升，量粮食的器具。

[298] Lox Zheub Ndris：罗州界，罗州地界。

[299] Zhit：秤，衡量轻重的器具。

[300] Zot Gob：卸角，即卸包袱。文中指卸下牛角做成的酒壶。

[301] Duf Langs Gob Ncut：牛身象角。形容负担很重，负荷很多。

[302] Nuaf Dout：看着，看到，看。

[303] Nqenb：轻，轻松，轻轻松松。

[304] Lob Yaob Shenb：腰身。

[305] Drik Lik Njok：背，背着。

[306] Lob Yaob Bok：身体肩膀。

[307] Hod Uat Hod：干净，干干净净。

[308] Zot Shend：卸麻袋子。其中，Shend指袋子，麻袋子。

[309] Shend Sad Shend Dlob：深色黑麻袋，紫色麻袋。古代苗族人用来装衣服的麻布袋子，文中指后家用于装陪嫁衣物的麻袋子，也叫Shend Ncaik，即陪嫁姑娘的麻袋子。

劝孝歌

Khuab Xaof

劝孝歌

Ngoux Khuab Xaof

Angd... Jat god haik leuf let gus mex las,

Zhed zongl nbaox dob mol xaof juab at,

Jat et cuat nax gus cuat leuf les ghak xongt,

Rongt nax lol rongt leuf mex nax ek.

Zhid nax[1] lol zhas yat zhid leuf luak nax[2] nat muak,

Rongt xongt[3] lol zhas yad rongt leuf luak ghak xongt,

Rongt xongt lol zhas yad rongt leuf mex xongt,

Zhid xongt lol zhas yat zhid leuf luak xongt muak.

啊……我将与你们说，

众亲人孝子啊，

往年岁月如梭一去不复返，

来年又是吉年啊。

流年不利呀关乎着别人嘛，

吉年呀也联系着别人，

吉年呀也是你们的好岁月，

流年不利也关乎着别人嘛。

Jat mex ghak loul nat nil zhas zhit guaf naox yuaf bual guaf dlangb ghangd[4] zhit houk yuaf bual draod mol dlangb dlex[5] muak,

Jat nil dol nyox dluab blis blos[6] zhas zhit nblangf drox[7] yenl gus draod duax shout reb[8],

Jat zhas nyox dluab blis blos zhas zhit ncent ghak nzas[9] draod mol zax langs yenb dif deb[10],

Yeuf dlangb zid yil duax zos zhes zhat zhit rongt ndros dout god zhed zongl nbaox dob xuaf juab haik mol lot lol zax nzhis[11] muak!

曾经，你们的老人没有吃错鬼食没有喝错怪水，

老人的魂魄没有掉落在那石头上，

老人的魂魄还没有去往阴地时，

舅舅和叔伯来到你们众亲孝子面前却不好与你们说上温馨的话儿呀！

Zid Yil Khuab

叔伯劝

Houk Bual Dlangb Dlex Naox Bual Dlangb Khoud

喝错水吃错食

Angd... Jat ek nil lenx ghak loul nat lol zhas zhit nblangf drox yenl gus draod duax shout jangd[12],

Nil dol nyox dluab blis blos zhas yat zhit ncent ghak yenl draod mol zax langs yenb dif ndrangl.

Yeuf dlangb zid yil duax zos zhes zhat zhit rongt ndros dout god zhed zongl nbaox dob xuaf juab haik mol lot lol zax changd[13] muak.

Xaof juab! Haik mex lak zhed zhongl nbaox dob mol xaof juab at!

啊……二老不失足，其身躯不会入那棺材，

二老的魂魄就不会去往那阴地。

舅舅和叔伯来到你们众亲孝子面前却不好与你们说上一句暖心的话儿呀！

孝家！话儿已与你们说了啊！

Jax nax xongt lol zhas yad dangl ntreud xongt leuf lix ghak nat,

Rongt nax lol zhas yad rongt leuf luak nax

muak,

Zhid nax lol zhas yat zhid leuf mex nax muak.

Rongt xongt lol zhas yad rongt leuf luak xongt,

Zhit xongt lol zhas yat zhit leuf mex xongt muak.

Jat mex ghak loul nat nil zhas yad naox yuaf bual dlangb ghangd,

Houk yuaf bual draod mol dlangb dlex muak.

Nil yad nblangf ndrox yenl draod mol duax shout reb,

Nil dol nyox dluab blis blos zhas yad ncent ghak nzas draod mol zax langs yenb dif deb.

Hmaot nangt yeuf dlangb zid yil duax zos zhes,

Zhas yad ndros dout god zhed zongl nbaox dob xaof juab haik mol lot lol zax nzhis nat muak.

好年岁终止在今年，

吉年来变成了别人的吉年，

流年不利呀成了你们的不祥之年。

吉年呀也是别人的好年景，

流年不利呀成了你们的不祥之年。

你们的老人吃错了鬼食，

喝错了怪水嘛。

他们失足在那石头上，

他们的魂魄已飞往那阴地。

今晚你们的舅舅叔伯到来，

却要将一些好话说与你们嘛。

Jat nil ghak loul nat zhas yad naox yuaf bual dlangb ghangd,

Houk yuaf bual draod mol dlangb dles mual,

Nil zhas yad nblangf drox ghak yenl gus draod duax shout jangd muak.

Jat nil dol nyox dluab blis blos zhas yad ncent ghak nzas mol leuf zax langs yenb dif ndrangl.

Hmaot nat yeuf dlangb zid yil duax zos nif zhas yad ndros dout god zhed zhongl nbaox dob xaof juab haik mol lot lol zax changd nat lal muak xaof juab.

Mex lox yenl zhit dek zof qif[14] nat lal xaof juab.

他们老人吃错了鬼食，

喝错了怪水嘛。

失足去世才躺在那棺材里，

他们的魂魄已飞往那阴间的原野。

今晚你们孝子的舅舅叔伯到来，要将一些敞亮话说与你们嘛，

你们要心宽不生气啊，孝家。

Yeuf Dlangb Zid Yil Duax Zos

舅舅叔伯到来

Angd... Jat god haik leuf gus mex las zhed zongl nbaox dob mol xaof juab angt.

Suk let gus et mex ghak loul nat nenx lol cuat nax nghel cuat leuf ghak xongt,

Mex ghak loul nat nil zhas yad uat dangl nenx lol nyaob dout zhout lul[15] draod mol hnob ghob jit[16] ek.

Yeuf dlangb zid yil duax zos zhes zhas zhit rongt zhaot pluad[17] bloub jous yif zox jait ged[18] bongb dout mex nblax deb muak.

啊……叔伯将与你们讲呀，众孝子。

往年往月你们这老人呀，

像蚕抽丝做茧一样忙碌身体硬朗。

舅舅叔伯们到来也不好开口在堂上与你们细数四十八条道理嘛。

Jangl mex ghak loul nat nil zhas yad uat nenx lol nyaob dout zhout lul draod mol hnob ghob ndangb,

Yeuf dlangb zid yil duax zos zhes zhas yat zhit rongt zhaot pluad bloub jous yif zox jait ged bongb dout mex ndlax ndrangs[19] muas.

Jangl nax xongt lol zhas yad dangl ntreud xongt leuf gus ghak nat,

Mex ghak loul nat mex uat nenx lol nyaob zhit dout zhout lul draod mol hnob ghob jit.

Jat yeuf dlangb zid yil duax zos zhes zhas yat zhaot pluad bloub jous yif zox jait ged bongb dout mex ndlax deb muak.

Jat mex ghak loul nat mex uat nenx lol zhit dout zhout lul draod mol hnob ghob ndangb[20],

Yeuf dlangb zid yil duax zos zhes zhas yat zhaot pluad bloub jous yif zox jait ged lol bongb dout mex ndlax ndrangl nat las xaof juab.

Jat gus god haik leuf gus mex lak zhed zongl nbaox dob xaof juab angt.

你们老人像春蚕抽丝做茧一样忙活身体健康，

舅舅叔伯们到来不会开口与你们细数四十八条规矩在堂上呀。

为何吉年结束在今年，

老人生活来不像春蚕抽丝做茧身体健康。

舅舅叔伯们到来却要开口与你们细数四十八条道理在堂上嘛。

你们老人生活不像蚕抽丝做茧身体硬朗，

舅舅叔伯们到来却要开口与你们细数四十八条道理在堂上呢众孝子。

我将与你们众孝子这样说啊。

Suk let gus cuat nax ghel cuat leuf ghak xongt.

Jat mex naf mex zid zhit blox ek,

Jal ek yeuf dlangb zid yil duax zos zhes,

God zhed zongl nbaox xaof juab nil zhas zhit dlox hout chok joul[21] draod mol jex ghangb zhed zhox[22] muas.

Jat mex naf mex zid uat nenx lol nyaob zhas zhit duas,

Yeuf dlangb zid yis duax zos zhes,

Nif zhas zhit dlox hout chok joul draod mol jex ghangb zhed vual[23].

Jangl angd nax xongt lol draod dangl ntreud xongt ghak nat,

Jat mex naf mex zid zhas yad blox ek.

Yeuf Dlangb zid yis duax zos ek,

Zhed zongl nbaox xaof juab zhas yat dlox hout chok joul draod mol jex ghangb zhed zhox lak?

往年往日呀。

你们父母还健在时，

舅舅叔伯到来，

众孝子们不会三跪九叩在那楼宇下。

你们父母没有去世时，

舅舅叔伯到来，

众孝子们不会三跪九叩在那瓦房前。

为何在今年呀，

你们的父母离世。

舅舅叔伯到来了，

你们却要三跪九叩在那楼宇下？

Jat mex naf mex zid zhas yad duas,

Yeuf dlangb zid yis duax zos zhes,

Mex zhas yat dlox hout chok joul draod mol jex ghangb zhed vual,

Et... Mex zhas yad dak mex zhit boub ek mex dak yaos bet leuf mex naf bet leuf mex ghak zid.

Mex yad sheuf dout yeuf dlangb zid yil ndout zheus keud yangx keud yus[24] zhek,

Mex lox yenl zhit dek zhof qif nat lak xaof juab.

你们的父母离世了，

舅舅叔伯赶来到，

你们要三跪九叩在那瓦房脚。

啊……你们不知道，你们以为是在跪拜你们的父母。

你们是在接受舅舅叔伯的训斥和教诲，

你们要心宽不要生气呀，众孝子。

Haik Tuangx Yenb

叙团结

Angd... Jat god haik leuf let gus mex las zhed zongl nbaox dob xaof juab angt.

Suk dout cuat lenx cuat luas bend lol yaos box Hmongb yos,

God zhed zongl nbaox xaof juab hax las bend yaos box Hmongb yos muak.

Jat hmaot nat yeuf dlangb zid yis duax zos zhes,

Zhas yad haik leuf ib ndrangb lol Hmongt nzuas ib ndrangb lol Shuad dout mex nongs ek.

Mex lox yenl zhit dek zhof qif nat lak xaof juab.

Nat zhes Juab Gongb Zhangd[25] draod lol gueb Gongb Chenx[26] ek,

Xenx Zid[27] lol Jangb Binb[28],

Zid Fuf[29] lol Yif Renx[30] ek.

Yenx Mik [31]lol tongb mol Bex Jenb[32] et,

Bex Mik lol zhas yad tongb mol leuf Lox Zheub Chenx ek,

Mex let zeux dout rongt nat las xaof juab.

啊……叔伯将与你们讲了啊，我的众孝子。

各位是苗族人生的，

我众孝子也是苗族人养嘛。

今晚舅舅叔伯到来，

却要用苗语和汉语混杂着说与你们听啊。

请你们原谅不要生气呀，众孝子。

家公长来是功臣耶，

贤子来江边，

子夫遇高人啊。

盐米通往北京，

白米通达罗州城啊，

你们才有好日子过啊孝家。

Nil ghak loul nat lol gueb shif zhek ed,

Nik jat got xongt laok dif yaof maik hox guangt leuf lis ghak cait,

Nik ment got xongt laok dif yaof dot tuangx yenb ek,

Caix let box huef naof fent kait muak.

Jat nil ghak loul nat lol gueb shif zhek,

Nik jat got xongt laok dif yaof maik hox haok bangk bangk muas.

Nik ment got xongt laok dif yaof dot tuangx yenb ek,

Caix let box huef naof fent sangf nat laf.

二老如今归世了，

你们兄弟要买一合棺材。

你们兄弟要好好团结，

才不会闹分开。

二老如今归世了，

你们兄弟要买一合好材板。

你们兄弟有事好商量，

才不会闹分散。

Jat nik jat yangk nyux lol let chenx qenx yangk muak lol chenx duef muak,

Yos nyox lol draod uat nbaox ek yos hnenl lol draod uat ngeuf.

Jat taox zik kait huat lol tongx shuf shenb,

Jat nix bat nof mik nik ment yaof nif uat ib tuangx ek mex let zeux dout rongt huak xaof juab.

Jat nil ghak loul nat lol gueb shif zhek nik ment got xongt laok dif zhek yaof qenk dex ix gof dif lik jaox xenb shenb,

Bangt nik jat kangf dex ix xix haok longx mex lol zangf xaf dif.

Nik jat got xongt laok dif yaof tuangx yenb ek caix let huef hox qif ek,

Mex let zeux dout rongt nat lak xaof juab.

你们家养牛来成群养马来成对，

养牛来成堆养马来成双。

桃子开花同树生，

像泥巴糯米捏成团，日子才好过，

二老归世你们要请来风水先生，

帮看龙脉定穴好下葬。

兄弟团结才会和气，

才有好光景啊孝子们。

Khuab Geuf Ndeud[33] Uat Rongt Nenx

奉劝读书过好日子

Angt... Jat god haik leuf let gus mex las zhed

zongl nbaox dob xaof juab angt,

Nik jat yangk laok gut nyangt zaif jat zhongt deut laok pox pot wangx ek,

Yangk laok erx lol zhek yad songf gueb xox tangx[34] muak,

Yangk laok gut nyangt deub laok pox pot aif,

Yangt laok erx zik yad zhaot deuf drongx ek caix let huef maik maif nat lak!

Mex let zeux dout rongt nat las xaof juab.

Yeuk lak gut nyangt zaif jat zhongt,

Bangt nik jat lik dex haok wenx zif muak,

Yeuk lak erx zif ek yad zaif Bex Jenb chenx lol bangb lak dangb dout gongb shif,

Yeuk lak gut nyangt zaif jat zhongt bangb nik lik dex haok wenx shub,

Yeuk lak erx zif zaif Bex Jenb chenx lol bangb dout rongt wenx shub ek!

Mex let zeux dout rongt nat las xaof juab.

啊……我与孝子们说，

生女来逗婆婆高兴，

养儿要送进学堂，

养女来逗婆婆开心，

养儿要送出门才会做买卖啊孝家！

你们才有好日子过啊孝子们。

生得姑娘在深闺，

帮你家理得好文字嘛，

生儿要在北京城做公务，

生女要在家中帮你来理财，

生儿要在北京城做文官！

你们才有清福享啊孝子们。

Uat Rongt Nenx Zhit Yaox Baod
奉劝有好日子不要去赌

Haik god haik leuf gus mex las zhed zongl nbaox dob xaof juab angt.

Jat nil ghak loul nat nil uat nenx lol nyaob zhek suk dout nax Mangb Shuad [35]lol nyaob yad muax nyax ghak zas mual nyaos lax deb[36] qeut nyaob.

Jat nil ghak loul it lol gueb shif zhek nil zhas yad ndouk nyaos lob chuangf lol xaf jangb binb,

Xaf shuid lol tongx nyaos chuangx ek.

我将这样奉劝你们啊，众孝子。

二老活着时像别人家一样有钱买田地来生存。

二老归世后他们造得起船来下得了江边，

下到水里也能够同船啊。

Jat nil ghak loul it lol gueb shif zhek nil zhas yad yaox nyaos baod[37] lol zhuf nyaos suif[38],

Nggaox nyaos genb lol duad nyaos yif muas.

Jat nil ghak loul it lol gueb shif zhek nil zhas yad yaox nyaos suif lol zhuf nyaos baod,

Nggaox nyaos genb[39] lol laof nyaos hmaot[40] muas.

当二老归世前他们押得起宝来摇得起骰子，

他们熬得起更来受得了夜嘛。

当二老归世前他们摇得起骰子来押得起宝，

他们受得了夜来闹得过深宵嘛。

Suk dout god dol dob Hmongb nangt zhes ed,

Zhas zhit muax nyax zas zhcs cd mual zhit doul lax deb qeut nyaob.

Jat nil ghak loul nat lol gueb shif zhek,

Nif zhas yad ndouk zhit doul lob chuangx xaf zhit doul jangb binb xaf shuef lol tongx zhit doul chuangx muak.

Jat nil ghak loul nat lol gueb shif zhek,

Nif zhas yad yax zhit doul suef zhuf zhit nyaos baod,

Nggaox zhit nyaos genb lol laof zhit nyaos hmaot muak.

Jat nil ghak loul nat lol gueb shif zhek,

Nif zhas yad yax zhit nyaos baod lol zhub zhit nyaos suif.

Nif zhas yad nggaox zhit nyaos genb lol duad zhit nyaos yif nat las xaof juab.

就如我一样，

没有钱买田地来生存。

当二老归世后，

恐怕你们造不了船，下不了江，到不了水里，同不了船嘛。

当二老归世后，

你们摇不了骰子押不起宝，

恐怕也熬不起更来受不了深宵嘛。

当二老归世后，

你们押不起宝摇不了骰子。

恐怕熬不起更来受不了夜呀众孝子。

Yongs Naf Zox Yongs Zid Jit Njot Zax Nzhis

向父母亲学习不忘恩

Angt... Jat god haik leuf let gus mex las zhed zongl nbaox dob xaof juab angt,

Jat nil ghak loul nat lol gueb shif zhek,

Jat mex uat nenx nyaob zhek mex zhas yad yongs nyaos dout touk ot nil naf zox ek yongt dout touk ot mex zid jit.

Jat mex zeux naox tluad dangl dex ghob ghaix[41],

Mex yad mol hot leuf mex zid yil yeuf loul ek uat dol ndex ek.

啊……我有话向众孝家说，

当二老归世后，

你们在世间要向你们的父母学习。

当你们有美味佳肴时，

你们要记得喊你们的叔伯一起来享用。

Nil dout naox ek nil zhas yad ndof njoux doub ghak ndit[42],

Jat mex njex sait bloub ndos[43] od bual ghenl duax zhek,

Mex zhas mol hot mex zid yil yeuf loul ek mex zid yil yeuf loul nif zhas zhit tueb maob lot[44].

Jat nax Mangb nif ghak Shuad mol zhas zhit zhongt mex tongb[45] ek,

Zhas yad zhit naox dangl leuf rib mod[46].

Jat mex zeux naox tluad dangl dex ghob jeud[47] zhek,

Mex yad hot mol mex zid yil yeuf loul ek uat dol ndex ek.

Nil dout houk zhek nil zhas yad ndof njoux duab ghak ndrenl,

Nil zhas yad bangb mex nbos dout[48] dol njex sait bloub ndos.

他们得吃了才会庇护你们，

遇到困难和麻烦事时，

叔伯才不会推辞拒绝。

别人才不会敲你们的蜂桶，

不会吃尽你们的蜂蜜。

当你们喝酒时，

要记得喊叔伯喝在前。

他们喝了酒才会护佑你们，

才会帮你们辩白那蜚短流长。

Dol njex sait bloub ndos nil zhas yad bual ghenl duax[49] zhit nyaos zenf[50] mual,

Njex sait bloub ndos bual ghenl duax zhek mex hot mex zid yil yeuf loul zhek nil zhas zhit tix dak nil maob blangb.

Jat nil yad bangb mex nbos dout dol njex sait bloub ndos zhek,

Jat nax Mangb nif ghak Shuad lol zhas zhit zhongt mex zhuat[51] lol naox dangl mex rib ndangb[52] nat lak xaof juab.

当麻烦事接踵而至，

遇到困难时，叔伯才不借口肚子疼。

挺身而出帮助处理呀，

别人才不敢砸你们的山崖，不会吃完你们的岩蜂蜜啊众孝家。

Dout Ghous Zid Yil Yeuf Loul

不尊敬叔伯的后果

Jat god haik leuf let gus mex las zhed zongl

nbaox dob xaof juab angt,

Nchait mex uat nenx lol nyaob zhes nchait mex zhas yad yongs zhit doul touk ot mex naf zox ek,

Yongs[53] zhit doul touk ot mex zid jit.

我有话向众孝家说啊,

你们生活在世间恐怕难学得你们母亲之贤良,

难习得你们父亲之礼仪。

Jat mex uat nenx lol nyaob zhes mex naox chuad dangl dex ghob nghaix houk chuad dangl dex ghob jeud,

Mex yad das zhit yaos mex zid yil yeuf loul dex ghob nghaix mual,

Mex yad das zhit yaos mex zid yil yeuf loul dex ghob jeud.

如果你们有吃不完的佳肴和喝不完的美酒,

不请叔伯来与你们共享,

也不邀叔伯来与你们品尝。

Mex zhit mol muab dout zid yil yeuf loul hot uat dol ndex gus,

Nil zhit dout naox dangl zhes nil zhas yad zhit ndof njoux ghak ndrenl ek.

Jat nax Mangb ghak Shuad ek dol njex sait bloub ndos bual ghenl duax zhek,

Nil zhas yad mol tiaof shox zhas yad mol dod ged ek.

Jat nax Mangb mid Shuad zhas yad zhongt mex tongb lol naox dangl leuf mex rib mod.

如果不敬重叔伯在前,

不敬重他们呀,恐怕他们也不会来帮助你们哟。

当其他人找上门来寻麻烦时,

叔伯会引发事端而自己去躲藏。

坏人将会趁机砸你们的蜂桶吃尽你们的蜂蜜。

Jat mex houk chuad dangl dex ghob jeud zhes mex yad das zhit yaos zid yil yeuf loul dex ghob jeud muak,

Jat mex zid yil yeuf loul ek mex zhas zhit mol hot uat dol ndex ek.

Nil zhas zhit dout houk nil zhas yad zhit ndof njoux duab ghak ndit,

Jat ek nil zhas yad mol tiaof shox ek yad mol dod bif las.

Jat Nax Mangb Mid Shuad ek dol njex sait bloub ndos bual ghenl duax zhek,

Mex mol hot mex zid yil yeuf loul zhek zhas yad tueb dak nil maob blangb.

Nil zhas yad mol tiaof shox ek yad mol dof bif ek,

Jat nax Mangb mid Shuad zhas yad zhongt mex zhuat lol naox dangl dout mex rib ndangb muak xaof juab.

如果你们舍不得叔伯来品尝好酒,

如果不敬重叔伯在前呀。

他们恐怕将难把你们护佑,

甚至引起事端来找你们的麻烦。

当麻烦事接踵而来时,

去喊叔伯呀他们就借口肚子疼不愿出面。

而自己跑去躲避,

坏人还要敲石崖吃尽你们的岩蜂蜜啊,众孝家。

Ndod Huangx Puak Tab Huab Chib Haik Gud Dix

砍伐沙樘果树和五倍子树说团结

五倍子树

Jat god haik leuf let gus mex las zhed zhoagl nbaox dob xaof juab angt,

Uat nenx nyaob zhek,

Mex zhas yat zeux ndod ndongt zhek mex zhas yat ndod zheud dol Huangx Puas[54] lak.

Jat mex zhit mol ndod zheud dol Huab Chib[55] ek,

Jat mex zeux uat nenb jek uat rongt uat.

Mex zhit mol qib mex gud mex dix muak.

我有话与你们众孝家说哟，

你们生活在世间呀，

你们会砍就要去砍那沙樘果树，

不要去砍那五倍子树啊。

你们要好好做人，

不要去欺负你们的兄弟嘛。

Jat mex gud mex dix ix gof lak zhas yat zhit zhid chaox dongb erf gof las yat zhit zhid zheud xib ek,

Jat nax Mangb mid Shuad njex sait bloub ndos yad bual ghenl duax ek.

Mex sangd lol let muax gud let muax dix nat las xaof juab,

Jat mex let uat nenx lol nyaob zhek nchait yongs zhit doul touk ot mex naf zox ek,

Yongs zhit doul touk ot[56] mex zid jit.

Nchait mex zhas yat mol ndod nongx ndongt duax zhek nil zhas zhit zeux ndod zhek,

Mex yad mol ndod dreud dol Ndongt Huab Chib,

Mex zhit mol ndod dreud dol Ndongt Huangx Puas mual.

Mex zhit zeux qib zhek mex mol qib mex gud mex dix,

Mex zhit mol qib Mangb jaox qib Shuad,

Jat mex yad qib mol mex gud mex dix zhek.

兄弟之间不要一个朝东一个向西，

待那坏人来滋事寻衅不断时。

兄弟在一起方能一致对外呀孝家，

为人之道怕你们效仿不了母亲之贤惠，

待客之礼怕你们模仿不了父亲之礼仪。

恐怕你们只会砍树但不会选树砍啊，

就像你们去砍了那五倍子树，

没去砍那沙樘果树嘛。

你们不敢去找别人麻烦，

不敢去叨扰别人，

却回头来欺负自家兄弟。

Ix gof lak yat zhid chaox dongb erf gof las yat zhid zheud xib ek,

Jat Nax Nangb Mid Shuad njex sait bloub ndos bual ghenl duax ek.

Mex sangd langl let muax gud let muax dix nat lak xaof juab,

Haik god haik leuf let gus mex las zhed zongl nbaox dob xaof juab angt.

如果一个跑往东另一个犟朝西啊，

那么麻烦事将接踵而至。

你们就知道有兄弟帮扶的好啊众孝家，

话就如此与你们说啊。

Gud Dix Muas Nol Rongt Juax Zhangd Uat Yif Yangf

兄弟姐妹间要包容和友好

Angt... Jat god haik leuf gus mex las zhed zongl nbaox dob xaof juab angt,

Suk let gus mex uat nenx lol nyaob zhek mex yad yongs dout mex naf zox ek yongs dout touk ot mex zid jit.

Jat mex shangf las zhit wux luf mual xiaf lak zhas zhit wux kangd.

啊……我有话与你们众孝家说嘛，

生活在世间呀你们要效仿父母的礼仪与仁慈。

否则你们将向上无路走、向下无坎行（上下两难）。

Jat haik ib nik lot lol lak zhas zhit daf mangf[57] laok dif,

Haik ib nik lot lol zhas zhit daf mangf laok xongt.

Laok xongt lol zhas zhit zhid chaox dongb,

Laok dif lol zhas zhit zeud xib ek.

Jat Nax Mangb Ghak Shuad njex sait bloub ndos lol bual ghenl duax zhek,

Cax let muax gud let muax dix lol zhangf mex dangd mual.

Nchait mex uat nenx nyaos zhes,

Mex yad yongs zhit nyaos dout mex naf zox ek yongs zhit nyaos dout touk ot mex zid jit,

Jat mex shangf las nchait mex yad wux luf xiaf lak yat wux kangd mual.

说句话呀不要轻视小弟，

说句话也不要怠慢长兄。

长兄才不会朝东与你离心，

小弟也才不会朝西与你离德。

当有坏人来寻事时，

才会有兄弟出来为你们壮胆嘛。

恐怕你们生活在世间，

如果效仿不了你们父母之礼仪和仁慈，

你们恐怕将上下两难哟。

Jat haik ib nik lot lol lak zhas yat daf mangf laok xongt.

Laok xongt lol zhas yat zhid chaox dongb,

Laok dif lol zhas yat zeud xib zhek.

Haik ib nik lot lol lak yat daf mangf laok xongt,

Haik ib nik lot lol daf mangf laok dif zhek.

Nchait nax Mangb mid Shuad njex sait bloub ndos yad bual ghenl duax zhek,

Nchait zhit muax gud zhit muax dix zhangf leuf mex dangd nat lak xaof juab.

说句话若怠慢了长兄。

长兄因此而扭向东与你离心，

小弟也因此而犟往西与你离德。

说句话若对长兄失敬，

说句话若对小弟失礼。

当有麻烦之事接踵而来时，

恐怕没有兄弟站出来为你们撑腰，众孝子。

Jat mex uat nenx lol nyaob zhek mex zhas yad muax dangl juax lenx dob rongt uat juax zhangd,

Muax dangl yif lenx ncaik lol rongt uat yif yangf muak.

Muax dangl juax lenx dob zhek gud leuf juax drangb douk[58] mol njet leuf naf shuad rongd lol nox zhens draod leuf bel shab[59],

Muax dangl yif lenx ncaik nyaob hod zhed bangb mex keuk dab[60] ek.

Jat muax dangl juax lenx dob lol rongt uat juax zhangd[61],

Muax dangl yif lenx ncaik lol rongt uat yif yangf[62] muak.

Muax dangl juax lenx dob zhek zhas yad bangb mex gud dangl leuf juax drangb douk lol njet leuf naf shuad rongd lol nox zhens draod leuf bel shab,

Beb sheud eut!

Muax dangl yif lenx ncaik rongt uat yif yangf zhek,

Muax dangl yif lenx ncaik lol duad dangl yif drangb gongb[63] bangb mex nyaob hod zhed lol keuk eud muak.

Mex let zeux dout rongt nat lak xaof juab.

你们生活在世间将有九个儿子呀有九种好容貌，

有八个姑娘来生成八种好模样哟。

九个儿子呀能扛上九把斧头去那密林深处砍树，

八个姑娘呀会在家中帮忙做百褶裙。

当你们有九个儿子呀有九种好容貌，

有八个姑娘来长成八种好模样哟。

九个儿子能扛上九把斧头上那原始森林砍树，

起来了哦!
有八个姑娘来长成种好模样哟,
八个姑娘持八颗针呀在家中针织忙。
你们才会有好日子哟众孝子。

Vangx Zhit Ndluas[64] Zhod Zhit Ghuax[65]
屋不破虎不啸

Jat god haik leuf gus mex las zhed zhongl nbaox dob xaof juab angt,

Jat vangx lol zhit ndluas ek zhod lol zhas zhit ghuax ek.

Jat mex naf mex zid zhit blox zhit duas ek,

Nax Mangb Mit Shuad njex sait bloub ndos zhas yat zhit bual ghenl duax muas.

Jat vangx lol zhas zhit ndluas zhod mol duax zhas zhit lol,

Jat mex naf mex zid zhit blox zhit duas zhek,

Jat Nax Mangb Mit Shuad dol njex sait bloub ndos zhas yad bual ghenl duax zhit nyaos zos muak.

我有话与你们众孝家说嘛,
家园不坏呀虎不啸。
你们父母健在哟,
坏人找麻烦之事则不会接踵而来哟。
家园不坏呀虎不来,
你们父母健在哟,
坏人找麻烦之事则不会接踵而至哟。

Nchait ral nat mex naf mex zid zhas yad blox muak,

Jat ral nat ek jet vangx ndluas dangl nchait zhod yad lol[66] ek.

Jat mex naf mex zid nchait blox ghous yenl gus draod duas dangl zhek,

Jat dex zhod nil zhas yat lol.

Jat mex naf mex zid nchait blox ghous yenl duas dangl njuat ntreud zhek,

Nchait nax Mangb mit Shuad dol njex sait bloub ndos zhas yad bual ghenl duax nyaos zos muas.

Jat vangx lol ndluas dangl duax ek zhod lol zhas yat ghuax muak,

Jat mex naf mex zid zhas yat blox ghous yenl duas dangl njuat ntreud zhek.

Jat nax Mangb mit Shuad dol njex sait bloub ndos zhas yad bual ghenl duax nyaos zos nat lal xaof juab,

Duax nyaos zos nat lak sob xaof juab.

此次恐怕你们父母果真去世了,
恐怕家园要真坏了老虎果真要来了哦。
此次呀你们父母果真去世了,
老虎怕真的要来了。
此次恐怕你们父母真已去世,
坏人找麻烦之事将会接踵而至哟。
家园果真坏了老虎真要来咆哮了哦,
你们父母真已去世了。
坏人找麻烦之事将会接踵而来哟,
似乎真要接踵而至啊众孝子。

Jed Got Lol[67] Drout Yeuf Dlangb
递话给舅舅

Jat god haik gaox lat yeuf dlangb ek yax,

Jat ek teuf zif[68] lol sheud dangl leuf ntraot ek yax.

Erf zif[69] duax lol draod caik lex pleud[70] guas,

Teuf zif lak god haik dangl ntraot ek yax.

Uat jangl erf zif duax zhek sheud yad zuak lek hlaot [71]yeuf dlangb,

Gaox duax ndros leuf god ek ib zif zhas yad haik njet daox ek.

Ib zif nghel dous zhas yad haik nghel dous ek yax,

Jat yad haik mol nax ib drox ek sheud ndros leuf hnend[72].

让我来与您说呀舅舅,
开头要说的话我已经讲完。

中间情由我已道明哟，

开头要说的话我已经讲完呀。

后面的话要请您接过去呀舅舅，

请您帮我接过话题往上说哦。

话题若往下则往下说呀，

往前一步来持弓箭。

Mex gab haik nyaos dout zhongl nyangl xaof juab it mol leuf lox shuab shend guas?

Haik mol nax ib nik lot bangf jif huaf et yad haik dout zhed zhongl nbaox dob xaof juab nax lob shuab ghuax let nat yeuf dlangb et yax?

看你们是否能说到悲伤处让众孝子忧心来哭泣？

看你们是否能说到断肠处让众孝子忧伤来痛哭？

（叔伯斟满酒给将抚孝的舅舅，并敬酒。）

Yeuf Dlangb Zhangt

舅舅扶孝

Njot Ged Yos

忆生育之恩

Sheud lak xaof juab et!

Sheud lak xaof juab!

God guas mex ek sheud zhes mex zhit sheud et!

Mex yad daol nyaos dout yeuf dlangb zid yil haik mex zox ged ghuax ak haik zhit nyaos et cuat[73]!

Haik leuf mex zox ged nyad nghel duax ek haik zhit zouk[74] ek.

起来啦孝家啊！

起来啦孝家！

我叫你们起你们却长跪不起啊！

你们若等舅舅叔伯讲起那悲伤之事呀说不完！

你们那条悲伤哭泣之路呀道不尽啊。

God haik touk ot ek mex naf mex zid yos mex ek,

Mex ndid del ndid deut zuf raos luax lob jex[75] et,

Mex ndid del ndid deut[76] zuf raos luax lob douf[77] muas.

Ek... Mex zhas yad dlait mex naf let ndraob ek,

Mex zhas yad muab dout mex zid lob houd joul[78] ek lol uat daos dout mex nyaob lak.

Jat ek mex zhas yad mol dlait mex naf ghouf[79] muas,

Mex zhas yat muab nyaob dout mex zid lob houd joul lol uat daos dout mex rouf[80] yos xaof juab et.

Et... Mex sangd lol ek mex let njot.

Sangd zos touk ot mex naf mex zid ek mex let hlob lak.

我讲起从前父母生养你们多艰辛，

你们的手指脚趾才大如荞粒啊，

你们的手指脚趾头大如豆籽哦。

啊……母亲将你们背在胸前负重前行，

父亲把膝盖当你们的坐轿；

母亲将你们背在背上劳作，

父亲把膝盖当你们坐凳。

啊……你们想起这些要记住。

想起从前父母的养育之恩啊你们要永不忘。

Njot Ged Ngouf Changd[81]

忆遮阳庇护

Sheud lak xaof juab!

Sheud lak xaof juab ek!

Mex yad daol yeuf dlangb zid yil haik mex zox ged ghuax ek haik zhit zeuf cuat!

Haik las mex ek zox ged nyad[82] zhek duax ak haik zhit zeux zos et!

起来啦孝家啊！

起来啦孝家！

你们若等舅舅叔伯讲起那条悲伤之事呀说

不完！

说起那悲伤之事呀道不尽！

God haik touk ot mex ek naf mex zid et ek,

Zhas yad oud mex ek mol uat ghongb uat longt drout zhox ok draod mol drout dex longt.

Jat mex naf lol nchait dangl changd ndox shik gob et,

Mex zid lol zhas yat mol lod dout drout dred nblongx[83] lol dout mex uat drout dol nzhongt ek.

Jat mex naf mex zid lol zhas yat mol ek oud dangl mol uat ghongb uat longt drout zhox lol draod mol drout job deb ek,

Jat mex naf lol nchait changd ndox gob et,

Mex zid lol zhas yat mol lod dout drout dred nblongx lol dout mex uat drout dol nceb ek.

Mex sangd lol ek mex naf mex zid mex let njot,

Mex sangd zos touk ot mex ek naf mex zid mex let hlob lak xaof juab et!

讲起从前呀你们的父母，

他们背你们去种庄稼。

母亲怕太阳晒你们啊，

父亲便摘来树叶六枝当作伞让你们遮阳。

他们背你们到地里去种庄稼，

母亲怕太阳晒你们啊，

父亲便摘来树叶六枝当作伞来让你们乘凉，

你们要牢记父母恩情来追思，

记住父母恩德来追念呀众孝家！

Njot Ged Hlob

忆成长之路

Sheud lak xaof juab!

Sheud lak xaof juab et!

Jat mex yad daol yeuf dlangb zid yil haik mex zox ged ghuax ek haik zhit zeuf cuat!

Haik leuf mex zox ged nyad nghel duax ak haik zhit zeux zos et.

God haik huaf nat mex hlob touk ot mex touk yout,

Jat mex naf mex zid lol oud mex ek mol uat ghongb uat longt draod ndrangl ghangb hangd et,

Jat mex naf lol nchait mex nkhek[84] muak,

Mex zid lol nchait mex rab changd muak.

起来啦孝家！

起来啦孝家啊！

你们若等舅舅叔伯讲起那悲伤之事呀说不完！

说起你们那悲痛之事不想提起啊。

在你们还小的时候呀，

父母背你们到那山冲种庄稼，

你们的母亲时时担心你们口渴，

你们的父亲时刻惦记你们被阳光晒。

Et...

Mex naf mex zid lol zhas yat oud mex ek mol uat ghongb uat longt ndrangl ghangb dos[85] muak,

Jat huat nat mex njangx nbangb[86] lol bod del chaot[87],

Njex ghangb[88] lol bod daos dris[89].

Mex naf mex zid mol oud mex mol uat ghongb uat longt draod ndrangl ghangb dos,

Jat touk ot mex naf lol nchait mex nkhek muas,

Mex zid lol nchait mex changd ndox gob nat las xaof juab et.

Mex sangd zos touk ot mex naf mex zid mex let njot,

Mex sangd zos touk ot mex naf mex zid mex let hlob lak et!

啊……

你们父母背你们到那平地种庄稼，

你们现在虽手臂长过袖口，

腿粗撑满裤脚长大成人。

但小时候背你们到那平地种粮食，

母亲时刻惦记你们口渴哦，

父亲时时担心你们被阳光晒啊，我亲爱的众孝子。

你们要记住父母恩情来追思，

你们要牢记父母恩情来追思啊！

Haik Ged Sangt Naf Zid Mol

说送父母魂魄

Sheud lak xaof juab!

Sheud lak xaof juab et!

Mex yad daol yeuf dlangb zid yil haik mex zox ged ghuax ek haik zhit zeux cuat!

Haik leuf mex zox ged nyad nghel duax ak haik zhit zeux zos et!

Jat god yeuf dlangb zid yil ek...

God duax zos ek...

God xangf mol nbangx ndangs mol drik hnend[90] ek zaox nyaos dout mex naf ghangb ek dous leuf mex zid lik ghak nend[91] muak!

起来啦孝家！

起来啦孝家啊！

你们若等舅舅叔伯讲起那条悲伤哭泣之路呀说不完！

说起你们那条哭丧之道哟不想提起啊！

舅舅叔伯我啊……

我来到这里啊……

我来握刀剑来背弓箭，是为护送跟随你们母亲背影父亲足迹哦！

Sangt Naf Zid Mol Zos Ndos Dlex Dlangs

送父母魂魄到天地之界黄河边

Jat god yeuf dlangb zid yil ek!

God duax zos ek,

God mol nbangx ndangs mol drik hnend ek zaox[92] nyaos dout mex naf ghangb ek mol nos dout mex zid mongt[93] muak.

God sangt hlaot mex naf mex zid zhas yad mol nzux nyongs loul it dol dol ndos dlex shik dlangs[94],

Mex naf mex zid zhas yat mol doul ek.

God yeuf dlangb zid yil nat ek deut lox lol uat lox[95] ek,

God mol zhit doul zhek,

Mex naf mex zid deut yout yout[96] ek nil zhas yad mol doul ek yad mol zos dlex let dif ghak ot[97].

God yeuf dlangb zid yil nat ek deut lox lol uat lox ek,

God lol zhat yad nyaob leuf dlex dif lik ghak nat[98].

我这个做舅舅叔伯的啊！

我来到这里，

我握刀背箭是追寻你们母亲背影和打探你们父亲音信哦。

只有护送你们父母去到祝牛的黄河边，

你们的父母才能走得了啊。

舅舅叔伯我的脚大又大啊，

我过不了河，

你们父母的脚小又小他们能过河到对岸。

舅舅叔伯我的脚大又大啊，

我才留在河这边。

Mex naf mex zid zhad yad haik god dak:

Ndox nik yeuf dlangb zid yil yok yeuf dlangb zid yil ek!

Zhas yat god deut yout yout god zhas yad lol nyaos ek,

Mex deut lox lol uat lox ek,

Mex yad lol zhit doul zhek.

Mex yat draod mol haik god dex dob dex ghak git dak.

你们的父母对我说：

天哪！我的舅舅叔伯啊！

我们的脚小又小我们能渡河，

你们的脚大又大啊，

你们渡不了河。

你们要回去与我们的儿孙叮嘱。

Bof luak zid zhek zhit luangf mol dlet naox ek,

Bof luak ngoux luak nyangb zhit luangf mol zaox ek.

Bof luak zid zhek zhit luangf mol dlet,

Bof luak ngoux luak nyangb zhek zhit luangf mol dlend muak ek.

Bof luak mol dud zax ak zhek zhit luangf mol dud zax angt,

Bof luak mol dud baod zhek zhit luangf mol dud baod aot!

见到别人的果树不要乱摘，

见到人家的娘子不要去乱惹。

见到别人的果子不要乱吃，

见到人家娘子不要去乱哄嘛。

见到别人赌钱不要赌钱，

见到人家押宝不要押宝啊!

Et...

Dol zax ak lol zhit ndangb[99] et dol baod lol zhas zhit npout[100],

Zhit npout ndox nzens ghenl sheud luax shob nbangb.

Jat mex zhit mol dlend luak ngoux ak luak nyangb ek,

Luak zhas zhit muab bous dongx sheut hlout[101] lol shangf raos dout mex got jangx dlangb[102] ek.

啊……

钱物不输啊宝物才不会流失，

天不崩塌时才能够把握。

当你们不去哄骗有夫之妇啊，

人家才不会将铜枷铁链来缚脖啊。

Jat bof luak mol dud zax ek zhit dek mol dud zax[103] ek,

Bof luak mol dud baod zhek zhit dek mol dud baod muak.

Jat dol zax lol zhit ndangb baod lol zhas zhit npout,

Zhit npout ndox nzens ghenl[104] draod lol ghouk lis bel.

Jat mex zhit dek mol dlend luak ngoux luak nyangb zhek,

Jat nax Mangb nik Shuad lol muab zhit dout bous dongx sheut hlout lol shangf raos dout mex del!

Mex naf mex zid haik god let las xaof juab.

当见到人家赌钱不要去参与，

见到别人押宝了不跟从押宝。

钱物才不会输光财宝才不会流失，

天才不会坍塌下来灾难才不会降临。

你们要走正道不能贪声逐色，

人家才不会将铜枷锁铁链条来束手啊!

你们父母这样交代我的众孝子们。

Zhit Mol Rongt Ged

不走正道的后果

Nchait mex hlob uat nenx nyaob zhek,

Mex zhas yad yongs zhit dous mex naf mex zid zox ek,

Yongt zhit dout touk ot mex zid jit ek.

Nchait mex zhas yad bof dangl luak zid zhek mex kend langf mol dlet naox,

Bof luak ngoux luak nyangb zhek mex kend langf mol zaox huak.

Bof luak zid zhek mex mol luangf dlet,

Bof luak ngoux luak nyangb nchait mex luangf mol dlend[105] muas ek.

Nchait bof luak mol dud zax ek mex zhas yat mol dud zax ak,

Bof luak mol dud baod zhek mex yat mol dud baod muak.

你们长大成人生活在这世间，

你们效仿不了母亲的处世之道，

模仿不了父亲的立世之德啊。

怕你们见人家的果子你们会乱摘吃，

见了有夫之妇你们贪声逐色。

见了别人果子你们乱去摘，

见人家有夫之妇你们贪声逐色去哄骗。

恐怕见了人家赌博你们跟随去赌博，

见了别人押宝你们则去押宝。

Jat dol zax ak lol zhas yad ndangb baod lol zhas yat npout,

Pout ndox nzens ghenl draod duax ghouf lis bel.

Nchait mex lol zhas yad mol dlend luak ngoux luak nyangb zhek,

Nchait nax Mangb nik Shuad lol draod muab nyaos dout bous dongt sheut hlout shangf raos dout mex del muak.

Jat mex bof luak mol dud zax ek zhas yat mol dud zax ek,

Bof luak mol dud baod ek zhas yat mol dud baod muak,

Zax ndangb baod npout[106] zhek yad npout ndox nzens ghenl lol shob lis nbangb.

Jat mex mol dlend luak ngoux luak nyangb ek nchait luak yad muab bous dongx sheut hlout lol shangf raos mex got jangx dlangb!

Ek....

Mex naf mex zid haik god let las xaof juab!

恐怕那钱要输光宝要丢尽，

天将崩塌灾难会降临。

见了人家有夫之妇你们贪声逐色去哄骗呀，

恐怕人家要将铜枷锁铁链条来缚手。

见了别人赌钱你们要去赌钱，

见别人赌宝你们也去赌宝，

将会倾家荡产天塌下来降灾难。

当你们去调戏有夫之妇时恐怕人家要给你们戴上铁链铜枷在脖子上！

啊……

你们的父母如是交代我转告你们呀众孝子！

Sangt Zos Drongx Ndox

送到天门

Naf Zid Zos Drongx Ndox Mol Doul

父母过天门

Sheud lak xaof juab!

Sheud lak xaof juab et...

Jat god yeuf dlangb zid yil mex yad daol god haik dout mex zox ged ghuax ak haik zhit zeux cuat,

Haik dangl mex zox ged nyad nghel duax ak haik zhit zeux zouk ek.

Jat god yeuf dlangb zid yil ek,

God yaos mol nbangx ndangs mol drik hnend zaox dout mex naf ghangb dous leuf mex zid nend muak.

God yad sangt hlaot mex naf mex zid lol zhas yad mol njet ndox nzas[107] mol Nzux Nyongs Loul it lob drongx shik ndos et,

Jat mex naf mex zid ek nil zhas yad mol doul ek.

起来啦孝家！

起来啦孝家啊……

你们若等舅舅叔伯讲起那悲伤之事呀说不完，

说起那悲痛之事呀不想提起啊。

舅舅和叔伯来啊，

是来握刀负箭跟随你们父母护佑你们父母亲。

我护送你们父母直到祝牛的天门，

你们父母亲才能走呀。

Drongx Ndox Luax Njoux Hob Njoux Khuk Houd Dreus

天门大如坛口罐嘴筷头

Nil deut yout yout zhek nil yad mol doul ek,

Mex naf mex zid zhas yad mol drongx ndox shout lis ghak ot[108],

God yeuf dlangb zid yil zhas yad nyaob jex

ndox lis ghak nat muak.

Jat mex naf mex zid zhas yat dak:

Ndox yok[109]!

Yeuf dlangb zid yil yok yeuf dlangb zid yil ek,

Beb deut yout yuot beb lol doul ek,

Mex deut lol lox uat lox zhek mex yad lol zhit doul ek.

Jat beb lol zhek dex drongx ndos zhas yad dlangd dex duab ghak zob[110] ek,

Beb zhas yat draod zhek lob drongx ndos lol zhas yat luax dangl dout lob njoux shik lis hob[111],

Beb lol zhek lob drongx ndos lol zhas yat dlangd leuf dex duab ghak dreus [112]ek,

Beb draod zhek drongx ndos lol zhas yat dlangd dangl lob njoux khuk[113] muak!

他们的脚小又小能够通过天门，

你们的父母到了天门之上，

我却留在天门之下。

你们父母对我说道：

天哪！

我的舅舅和叔伯哟舅舅和叔伯，

我们的脚小又小呀我们才过得了天门，

你的脚大又大呀你过不了。

当我们回来时见那天门宽如小洞孔，

见那天门呀才大如坛口哟，

见那天门呀才宽像筷头嘛，

见那天门呀才宽似罐口啊！

Naf Zid Khuab Khat

父母嘱托

Zhek mex naf mex zid yad dak:

Ndox yok yeuf dlangb zid yil yok yeuf dlangb zid yil ek!

Mex draod mol zhek mex yad mol haik god zhed zhongl xaof juab dak,

Mex yad mol uat ghongb uat longt draod duax ak ndrout lik ghak hangd,

Lenx hlob lol uat dout jek yad bob dout lenx yout hnangd muak.

Mol uat ghongb uat longt draod ndrout daox ek,

Lenx hlob lol kud dout jek yad bob dout lenx yout naox et.

Uat zheb mangx[114] duax draod ndrout dex deb ncangb[115],

Uat ghongb uat longt draod ndrout dex deb dax[116] muak.

你们的父母说道：

天哪！舅舅叔伯哟舅舅叔伯啊！

你们回去了要告诉我的众孝子们，

要记得到那山外山冲去种庄稼，

大的赚得了要分给小的穿嘛。

要记得到山坡上去种粮食，

年长的有收获要分给年幼的吃啊。

要记得撒麻种在那陡坡上，

记得种粮食在那平地上哦。

Uat duab rongt rod[117] zhek nchait muax dob shangb[118],

Uat duab rongt rod zhek nchait muax dob nyas[119] ek!

Mex yad mol haik god dex dob dex gid let las,

Yeuf dlangb zid yil ek!

Mex zid mex naf haik god let las xaof juab.

要好好守护庄稼哟恐怕有强盗啊，

要认真看护哟恐怕有山贼啊！

你要转告我的儿孙们啦，

舅舅和叔伯啊！

你们的父母如是说的，众孝家。

Et...

Mex zhas let mol uat ghongb uat longt ek mol draod ndrout daox ek,

Lenx hlob lol kud dout zhek yad bob dout lenx yout naox ek.

Zheb mangx ndos nzas draod dif hangd,

Lenx hlob lol uat dout zhek yad bob dout leuf lenx yout hnangd guak.

Uat ghongb uat longt ndrout dex deb dax,

Uat duab rongt rod nchait muax dob nyas ek.

Uat ghongb uat longt ndrout dex deb lik ncangb,

Uat duab rongt rod nchait muax dob shangb ek.

Mex yat mol uat duab rongt rod lis nchait muax dob shangb ek,

Mex naf mex zid haik god let las xaof juab.

啊……

你们一定要到那山坡上种庄稼啊，

大的种得吃了一定要分给小的吃啊。

一定要播撒麻种在那山谷，

大的有穿了一定要给小的穿暖嘛。

（你们）一定要种粮食在那平地，

一定要好好守护防山贼啊。

一定要种庄稼在那山坡，

一定要认真守护防强盗啊。

一定要好好守护防强盗啊，

你们父母如是告诉我的嘛，众孝家。

Drongx Ndox Shout Ot[120]

送至天门之上（外）

Khat Blis

告知魂魄

Sheud lak xaof juab!

Sheud lak xaof juab et!

Sheud lak xaof juab et,

Mex yad daol mex yeuf dlangb zid yil haik dout mex zox ged ghuax ak haik zhit zeux cuat.

Haik dangl mex zox ged nyad nghel duax ak haik zhit zeux zouk ek.

起来了孝家！

起来啦孝家啊！

起来了啊众孝子们，

舅舅叔伯讲起那悲伤之事呀说不完。

说起你们那悲痛之事呀道不尽。

Jat god haik huaf nat ek god yaos nbangx ndangs drik hnend zaox dout mex naf ghangb doul leuf mex zid nend,

Sangt mex naf mex zid nil zhas yad njet hlaot nzux nyongs loul lob drongx ndox shout lik ghak ot ek.

Mex naf mex zid draod zhek mex naf mex zid lol zhit doul ek!

Mex naf mex zid yad haik god yeuf dlangb zid yil dak:

Mex draod raox mol haik god dex dob dex gid dak,

Yuad blis nyax blis gob[121] jek nyaob leuf jex ghangb lis ghak pangd[122].

Yuad daol blis dob blis gid[123] jek nyaob jex ghangb lis job[124].

Yuad daol blis ghongb blis longt[125] jek nyaob jex ghangb lis cangb[126].

Yuad daol blis zhax blis cod[127] jek nyaob leuf jex ghangb nguax[128] ek.

我握刀负箭跟随他们踪迹护佑他们前行，

送你们父母爬上那祝牛的天门之上啊。

你们父母想回哟再已回来不了啦！

他们嘱托舅舅叔伯转告你们：

你们回去告诉我们儿孙们，

需要金银魂魄了请到柜子底去寻。

需要儿孙魂魄了请到火塘底部去找。

需要粮食庄稼魂魄了请去仓库底翻。

需要畜禽魂魄了请到圈舍脚去觅啊。

Shait Mol Yuad Blis

快快要回魂魄

Et...

Huaf nat mex yad mol yuad dangl leuf dex ek lit blis nyax blis gob zhek,

Mex yad mol ntrad leuf dex ghangb lis ghak pangd;

Yuad dangl leuf dex ek lit blis dob blis gid zhek,

Mex yad mol ntrad jex ghangb lis job ok et;

Yuad dangl dex blis ghongb blis longt zhek,

Mex yad mol ntrad jex ghangb lis cangb ok.

Yuad dangl dex blis zhax blis cod zhek,

Mex yad mol ntrad leuf jex ghangb nguax zhek.

Huat nat mex yad mol ntrad leuf dex ghangb nguax das,

Mex naf mex zid yad haik god let dak et!

啊……

现在你们赶快去找回那金银魂魄呀，

立刻到那柜子底寻；

你们赶紧去觅回儿孙魂魄呀，

马上到那火塘底翻；

赶快去要回那粮食庄稼魂魄，

现在就到那仓库觅哦。

需要畜禽的魂魄，

你们要到圈舍脚去寻。

现在快快去圈舍角去找呀，

你们的父母让我这样转告你们了啊！

Zos Zhed:Uat Zhed Tab Dleuk Goux Vangb

归家：安家、化影和卸甲

Uat Zhed (Nbos Nblongx Xongb Dreuf Tab Nblongx Sib Xongb)

安家（金竹房、丝竹屋）和化影

Sheud lak xaof juab,

Sheud lak xaof juab et...

Sheud lak xaof juab et!

Mex yad daol mex yeuf dlangb zid yil haik dout mex zox ged ghuax ak haik zhit zeux cuat.

Haik mex zox ged nyad zhek yad haik zhit zeux zos ek.

起来了孝家，

起来啦孝家啊……

起来了啊众孝子们！

你们要等到舅舅叔伯讲起那悲苦之事呀说不完。

说起你们那忧伤愁苦流泪之路呀，说不完道不尽。

God yeuf dlangb zid yil yaos nbangx ndangs drik hnend dous leuf mex naf ghangb dous leuf mex zid nend guas,

Sangt hlaot mex naf mex zid mol uat dangl lob zhed zeuf yenl draod duax ak ndruab dleus[129],

Uat dangl lob zhed zhed nbos nblongx xongb dreuf[130] muas.

Sangt dangl mex naf mex zid mol uat dangl lob zhed zeuf yenl draod ndruab drongb[131] ek,

Uat dangl lob zhed zhed nbos nblongx sib xongb[132] ek.

Jat mex naf mex zid ek draod yad uat dout dex maol ngeux maol yongd zheuk[133] ek,

Draod yad uat dout dex maol ngeux maol yongd[134] bongb ek.

舅舅叔伯我现在握大刀负弓箭跟随你们父母的踪迹护佑他们前行，

送你们父母在那山垭口盖间房子，

建造的房子屋顶盖金竹叶啊。

送你们父母在那山野建造了间房屋，

房子屋顶盖丝竹叶哟。

你们父母将化为蜂和蝇在那栖居，

变成蜂蝇在那落脚。

Uat Ghongb Longt Bod Ntangb Bod Zhed

粮满仓谷满楼

Jat mex naf mex zid lol ek nyaob leuf hod zhed[135],

God nyaob leuf ndrout drongx[136] leuf lis nat muak.

Ek... Mex naf mex zid at let dak:

Yeuf dlangb zid yil yok yeuf dlangb zid yil et,

God deut yout yout ek god lol doul ek.

Mex deut lol ok lox uat lox ek mex yad lol zhit doul ek,

Mex yad mol haik god dex dob dex gid dak,

Yad mol uat ghongb uat longt duax lol sheud bod ntangb ek,

Uat duab rongt lil dangl dex jif ghongb lol ndenl nof sheud bod zhed ek!

你们父母着落在家中，

我却留在他们家门外。

啊……你们的父母说道：

舅舅叔伯哟舅舅叔伯，

我们的脚小又小回去不了啊。

你们脚大又大你们进不来，

你们要回去转告儿孙们，

一定不忘栽种庄稼收获粮食堆满楼啊，

好好打理每季的庄稼与活计要让粮食收满仓啊！

Dleuk Goux Vangb Goux Led

不忘卸甲

Zos ndrangl nyox zhod hlit[137] ek,

Yad bangb dangl god dleuk leuf lob goux vangb lol goux led muak.

Zos leuf ndox nzhis drout xangt hlit[138] muak,

Kud dangl dout dex ghongb lol bod ntangb[139].

Zos ndrangl nyox zhod hlit zhek ek,

Bangb dangl god dleuk leuf lob goux vangb shik lis sit nat las yeuf dlangb zid yil ek.

Et...

Huaf nat mex lol uat duab rongt ek muab dangl mex jif denx ghongb denx nof[140] lil bod ntangb ek.

到了冬腊（牛虎）月天啊，

不忘记帮我们卸下那兵甲。

到了夏秋六七月，

那粮食丰收来满楼。

到了冬腊月，

不忘记帮父母卸下那兵甲尊敬的舅舅和叔伯。

啊……

现在你们要好好打理每季庄稼让粮食堆满仓啊。

Zos ndrangl nyox zhod hlit nghel leuf ndox ek,

Bangb dangl mex naf mex zid dleuk dangl[141] Goux shik Vangb.

Muab dangl mex jif denx ghongb denx nof zhas yat kud bod zhed et,

Zos ndrangl nyox zhod hlit ndox ek,

Yat bangb dout mex naf mex zid lol dleuk dout lob Goux shik Led nat las xaof juab ek,

Mex naf mex zid haik god let las xaof juab.

到了冬腊月天啊，

一定不忘帮你们父母来卸下兵甲。

你们种好一季庄稼来收获满楼，

到了冬腊月，

一定不忘帮父母解除那兵甲了啊，

你们的父母这样叮嘱的呀众孝家。

Shik Njaif

永别

Lol Souk

结束语

At... God haik mex lak, at... ax(haik: yad binf shuab)!

Zhed zhongl nbaox dob draod mol xaof juab et,

Uat jangl ek?

Jat mex naf ek yax mex zid ek zhat yad uat nenx nyaob et ax,

Zhat yad dluat nyaos zax[142] ek zhas yad shid nyaos dend[143] ek it yax.

啊……我已经与你们说了啊！

众孝子和孝家们啊，

为什么啊，

你们父母在世时，

富贵宽裕还用得起金银秤呀。

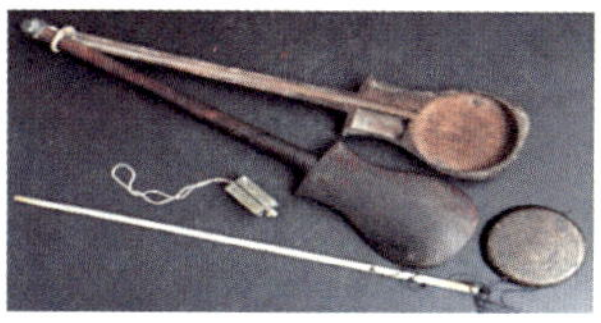

金银秤

Jat mex naf ek yax mex zid uat nenx nyaob zhit blox ek,

Mex deuf drongx bleul zhas zhit hnaod mex lob shuab shend nat ax.

Mex naf mex zid uat nenx nyaob,

Zhat yad shid nyaos dend ek zhas yad dluat nyaos zax nat ax.

Mex deuf drongx bleul zhas zhit hnaod leuf mex shuab nyad nat ax.

你们父母在世时，

出门在外呀听不到你们那悲痛声。

你们父母健在时，

用得起金银秤又富贵宽裕啊。

出门在外呀听不到你们那痛哭之声啊。

Shuab Shend Shuab Ghuax

悲伤痛哭之声

Sheud lak xaof juab,

Sheud lak xaof juab et!

Sheud lak xaof juab et ax...

Jat ral nat mex naf mex zid duas dangl zhek.

Mex lol dluat zhit nyaos zax ek zhas yad shid zhit doul dend guak ax!

Mex deuf drongx bleul zhas yad hnaod leuf mex lob shuab shend ax!

Mex lol shid zhit doul dend ek zhas yad dluat zhit nyaos zax nat ax,

Deuf drongx[144] bleul zhas nchait hnaod leuf mex lob shuab nyad ax nat lak xaof juab.

起来啦众孝家，

起来了孝子们！

起来了亲爱的众孝家啊……

父母从此与你们永别。

你们将不再宽裕用不起金银秤啊！

出门在外将会听到你们痛哭之声啊！

你们将用不起金银秤生活也不再宽裕啊，

出门在外将会听到你们的悲恸哭泣啊众孝家。

Shik Njaif Tab Ndox Nkhangt

永别和期望

Sheud lak xaof juab,

Sheud lak xaof juab et!

Sheud lak xaof juab et ax...

Jat mex gad zis[145] sheud lol ek nuaf dangl mex drongx nguas[146] zhas yad nkhangt leuf ndox duab nzhis[147] nat lak?

Gad zis sheud lol ek nuaf dangl mex drongx nguas zhas yad nkhangt leuf ndox duab nzhis nat lak?

起啦众孝家，

起来了众孝家！

起来了亲爱的众孝家啊……

你们快快起来呀看看你们的圈舍是否无恙？

快快起来啊看看你们的圈舍是否安康？

Beb gad zis sheud lol hlob mex naf sheud lol hlob mex zid nat guak,

Beb zhit boub beb nchait dak yaos haik leuf ndouk nyox duat nbuat[148] ek yax!

Mex duat nyox duax yad rab cangt[149] ek duat nbuat duax lol yad rab draox[150].

Duat nyox duax yaos yad daf leuf mex nenx mex zhangd ek,

Duat nbuat yaos daf leuf mex rex mex raol nat lak xaof juab ad!

我们赶快起来悼念你们的父母啦，

不知道的还以为是椎牛杀猪要大搞饕餮盛宴呀！

你们椎牛总要晒出骨头呀，杀猪了也应当有油味。

椎牛是用来款待你们的亲朋好友啊，

杀猪是为了招待你们邻里乡亲啊，众孝家！

Gad zis sheud lak xaof juab et!

Sheud lak xaof juab ad...

Sheud lol hlob mex naf mex zid!

Yad nuaf leuf mex drongx nguas zhat nkhangt

ndox zhens duab shit ax?

Sheud lol hlob[151] mex zid draod mex naf!

Et... Ed...

Gad zis sheud lol nuaf dout mex drongx nguas zhat yad nkhangt leuf ndox zhens nab angt ax?

Gad zis sheud lak xaof juab,

Sheud lak xaof juab et...

快快起啦众孝家啊！

起来了众孝家啊……

起来悼念你们父母！

来看看你们的圈舍门是否清秀干净？

赶快起来悼念你们父母亲！

啊……啊……

赶快起来看看你们的圈舍门是否清秀干净？

赶快起来了众孝家，

起了亲爱的众孝家啊……

Haik : Zox lol haik zos zix nat lak, dangl!

道白：歌至此结束，完！

Lol Dleuk:

旁释：

Nad yaos dol naf dol zid dob duas dangl leuf let ngoux. Cuat dol yad faib dout njot dout, yaos duas dol naf lak yad jaik dol zid, yaos duas dol zid jek yad jaik dol naf nat muak.

此歌是父母双亡所唱之歌。大家要分清记得，若母亲死亡而父亲在世，切忌将父亲之名带入；若是父亲去世母亲健在，同理。

背景介绍

罗正荣

唱诵者：罗正荣 Sheuf Chib（1966—），男，文山市小街镇麻栗寨村委会冬瓜林村人，掌握当地苗族婚丧文化。师从本村杨开有 Hangf Yeus（1929—1989）和蔡保珠 Chongf Dluas（1932— ）等。蔡保珠又师从本村侯正才 Nblax Yal Dluas（1890—1960）。该曲是杨开有于其母亲处习得，于20世纪80年代中期传授给唱诵者。

唱诵场域：Ngoux Khuab Xaof劝孝歌是丧葬仪式古歌，在正式祭祀当晚使用。此训孝古歌内容丰富全面，语言生动，极富感染力，是训孝古歌中的经典作品。

采集整理：罗永洪、熊兴坛、熊文国、陶永林。

注释

[1] Zhid Nax：坏年头，坏年，不好的年分，流年不利。
[2] Luak Nax：人家的光阴，别人的岁月。
[3] Rongt Xongt：吉年，好年，好年分。
[4] Dlangb Ghangd：鬼食，怪餐，不好的食物。
[5] Dlangb Dlex：鬼水，怪水，不好的水。
[6] Nyox Dluab Blis Blos：魂魄。其中，Dluab指影子，Blis指魂，Blos指魄。
[7] Nblangf Drox：失足，失误，指犯错误，失误。
[8] Shout Reb：在石头之上。
[9] Ncent Ghak Nzas：精神地，神采奕奕地。
[10] Zax Langs Yenb Dif Deb：阴地，阴间，阴曹地府。
[11] Zax Nzhis：情义，礼物。
[12] Jangd：坚硬光滑的物体。本文指棺材。
[13] Zax Changd：礼物，礼钱，礼节。
[14] Zof Qif：生气，有意见。
[15] Zhout Lul：做茧，织茧。
[16] Hnob Ghob Jit：星光亮，星光灿烂。
[17] Zhaot Pluad：放开。
[18] Bloub Jous Yif Zox Jait Ged：四十八条道理，四十八条规矩。
[19] Ndlax Ndrangs：田野。
[20] Hnob Ghob Ndangb：悬挂半空的星星。
[21] Dlox Hout Chok Joul：三跪九叩。其中，Dlox Hout指低头，Chok Joul指下跪。
[22] Zhed Zhox：豪华的房子，楼宇。
[23] Zhad Vual：瓦房。
[24] Keud Yangx Keud Yus：谣言，风言风语，流言蜚语。
[25] Juab Gongb Zhangd：家功长，系音译，相当于现在某方面有一定专长和研究的专家。
[26] Gongb Chenx：功臣。
[27] Xenx Zid：贤子，贤才之人。
[28] Jiangb Binb：江边。古地名。
[29] Zid Fuf：子夫，指文人。
[30] Yif Renx：艺人。
[31] Yenx Mik：盐米。即盐和米。
[32] Bex Jenb：北京。
[33] Geuf Ndeud：读书。
[34] Xox Tangx：学堂。
[35] Mangb Shuad：古代两个族群的称谓，音为"蛮"和"刷"。本文中有多处不同说法，但意思相同。如Nax Mangb Mid Shuad、Nax Mangb Ghak Shuad和Naf Mangb Mid Shuad等。
[36] Mual Nyaos Lax Deb：买得起田地。
[37] Yaox Nyaos Baod：押得起宝，押宝，指生活富足。
[38] Zhuf Nyaos Suef：摇得起骰子。文中的Suef（骰子），指赌博工具。
[39] Nggaox Nyaos Genb：熬更，熬夜，熬得起夜。文中喻旨积极参与邻里各项事务。
[40] Laof Nyaos Hmaot：闹夜，指守夜使热闹，互帮互助。
[41] Ghob Ghaix：剩肉旧肉，不好的肉。是苗族的自谦说法，而非真的旧肉、剩肉、吃剩的余肉。
[42] Ndof Njoux Doub Ghak Ndit：封口，闭口不谈，指不泄露任何消息。与Ndof Njoux Duab Ghak Ndrenl同。
[43] Njex Sait Bloub Ndos：麻烦事，是非之事，坏事。
[44] Zhit Tueb Maob Lot：指不推卸责任，义不容辞。
[45] Zhongt Mex Tongb：敲打你们的桶（指蜂桶），惹麻烦。
[46] Rib Mod：蜂蜜。
[47] Ghob Jeud：余酒，喝剩的酒。是苗族的自谦说法，而非真的余酒、喝剩的酒。
[48] Nbos Dout：掩盖，护短。
[49] Bual Ghenl Duax：接踵而至（来），（坏事）连续不断地来。
[50] Zenf：挣，进。
[51] Zhit Zhongt Mex Zhuat：不敲你们的山崖（石岩）。苗族人将首个发现的岩蜂视为己有，当发现后做个标志，宣示一种首发现权，表示已经有主人，反映了苗族人的原始的权属观。
[52] Rib Ndangb：岩蜂蜜。
[53] Yongs：模仿，效仿，模拟。
[54] Huangx Puas：沙楂果树（方言），白椰树。苗语也将其称为Hongb Puas。
[55] Huab Chib：五倍子树。传统观念中，苗族视该种树有驱邪避凶的作用，常挂在门头上用来避邪。
[56] Touk Ot：以前，从前。
[57] Daf Mangf：怠慢。
[58] Juax Drangb Douk：九把斧头。
[59] Rongd Lol Nox Zhens Draod Leuf Bel Shab：原始森林。
[60] Keuk Dab：做百褶裙。
[61] Juax Zhangd：九种，九样。
[62] Yif Yangf：八样，八种。
[63] Yif Drangb Gongb：八棵针。
[64] Vangx Zhit Ndluas：房不坏，家园不坏，家园不倒塌等。Vangx指樊，园，家园。
[65] Zhod Zhit Ghuax：老虎不咆哮。
[66] Nchait Zhod Yad Lol：恐怕老虎要来。
[67] Got Lol：话题。
[68] Teuf Zif：前面的话（歌），第一段（话）。
[69] Erf Zif：第二段（话）
[70] Caik Lex Pleud：说明，道明。
[71] Zuak Lek Hlaot：接上，接续。
[72] Hnend：箭，弓箭。
[73] Haik Zhit Nyaos Et Cuat：说不全，说不完，说不清。
[74] Haik Zhit Zouk：说不够，说不完。
[75] Jex：荞。
[76] Ndid Del Ndid Deut：脚趾手指。
[77] Douf：豆。
[78] Houd Joul：膝盖。
[79] Ghouf：背。
[80] Rouf：坐。
[81] Ngouf Changd：遮阳。
[82] Ged Nyad：悲伤哭泣之路。
[83] Lod Dout Drout Dred Nblongx：六枝树叶。

[84] Nkhek：渴，饥渴。
[85] Ghangb Dos：平地，平原。
[86] Njangx Nbangb：手臂，手挽。
[87] Bod Del Chaot：（手臂）满手袖，指长成人（手粗）。
[88] Njex Ghangb：大腿，腿。
[89] Daos Dris：裤裆，指长成人。
[90] Nbangx Ndangs Drik Hnend：持刀负箭，即手持刀剑和身背负弓箭。
[91] Nend：脚印。
[92] Zaox：跟随，跟。
[93] Nos Dout Mex Zid Mongt：询问父亲音信（音讯）。
[94] Dol Ndos Dlex Shik Dlangs：黄河边上。
[95] Lox lol Uat Lox：大又大。
[96] Deut Yout Yout：脚小又小。
[97] Dlex Let Dif Ghak Ot：河那边，河岸那一边。
[98] Dif Lik Ghak Nat：河这边，河岸这一边。
[99] Zax Ak Lol Zhit Ndangb：不输钱。
[100] Baod Zhit Npout：不输宝。
[101] Bous Dongx Sheut Hlout：铜枷锁铁链条。
[102] Got Jangx Dlangb：脖子，脖颈。
[103] Dud Zax：赌钱，赌博。
[104] Npout Ndox Nzens Ghenl：天翻地覆，山坡坍塌。
[105] Dlend：欺骗，哄，诱骗。
[106] Zax Ndangb Baod Npout：倾家荡产。其中Npout指倾覆，倒塌，坍塌，垮，崩塌等。
[107] Njet Ndox Nzas：上天，升天。
[108] Drongx Ndox Shout Lis Ghak Ot：天门之外。
[109] Ndox Yok：天哪。
[110] Duab Ghak Zob：一小绰，指洞非常小。
[111] Njoux Shik Lis Hob：坛口。
[112] Dlangd Leuf Dex Duab Ghak Dreus：大小如筷子头。
[113] Njoux Khuk：罐口，罐嘴。
[114] Zheb Mangx：撒麻种，撒麻，种麻。
[115] Deb Ncangb：坡地，陡坡地。
[116] Deb Dax：平地。
[117] Uat Duab Rongt Rod：好好地守（护）。
[118] Dob Shangb：强盗，山贼。
[119] Dob Nyas：小偷，毛贼。
[120] Drongx Ndox Shout Ot：天门之上，天门之外。
[121] Blis Nyax Blis Gob：金魂银魄。
[122] Ghangb Lis Ghak Pangd：柜子底部。
[123] Blis Dob Blis Gid：儿孙魂魄。
[124] Ghangb Job：火塘底部。
[125] Blis Ghongb BlisLongt：粮食魂魄。
[126] Ghangb Cangb：仓库底部，仓底。
[127] Blis Zhax Blis Cod：牲畜魂魄，牲畜飞禽魂魄。
[128] Ghangb Nguax：圈内，圈底部。
[129] Ndruab Dleus：垭口
[130] Zhed Nbos Nblongx Xongb Dreuf：用金竹叶盖的房子。
[131] Ndruab Drongb：在山上，在山野，在山间。
[132] Zhed Nbos Nblongx Sib Xongb：用丝竹叶盖的房子。
[133] Zheuk：着落。
[134] Maol Ngeux Maol Yongd：蝇和蜂。其中，Maol指蝇，苍蝇；Ngeux指马蜂类；Yongd指蝇，蚊子。
[135] Hod Zhed：家中，家里。
[136] Ndrout Drongx：门外，大门之外。
[137] Nyox Zhod Hlit：牛虎月，即冬腊月。苗族将农历十一月和十二月叫作牛月和虎月。其中，苗族对月分的称呼系统梳理如下：正月为Luad Hlit（兔月）、二月为Rangx Hlit（龙月）、三月为Nangb Hlit（蛇月）、四月为Nenl Hlit（马月）、五月为Yangx Hlit（羊月）、六月为Lab Hlit（猴月）、七月为Ghaib Hlit（鸡月）、八月为Dled Hlit（狗月）、九月为Nbuat Hlit（猪月）、十月为Nangl Hlit（鼠月）、十一月为Nyox hlit（牛月）、十二月为Zhod hlit（虎月）。
[138] Drout Xangt Hlit：农历六七月。
[139] Ghongb Lol Bod Ntangb：粮食满楼（仓）。
[140] Denx Ghongb Denx Nof：活计，农活，农事。
[141] Dleuk Dangl：解开，解除，卸下。
[142] Dluat Nyaos Zax：花得起钱。
[143] Dend：秤，称金银的秤；等子秤。
[144] Deuf Drongx：出门。
[145] Gad Zis：赶快，赶忙。
[146] Drongx Nguas：圈舍门。
[147] Nkhangt Leuf Ndox Duab Nzhis：阳光灿烂，晴空万里，清清秀秀，干干净净，文中指健康。
[148] Ndouk Nyox Duat Nbuat：椎牛祭（杀）猪。
[149] Rab Cangt：晒骨头。文中指留下骨头的痕迹。
[150] Rab Draox：晾油，亮油。文中指留下油的痕迹。
[151] Hlob：爱，疼爱。文中指让孝子们为亡父或亡母哭丧。

劝孝歌
Ngoux Khuab Xaof

Zhuf Ghenx Zhuf Ndrual
劝停笙鼓

Dex lol lak god haik mol leuf let nat huak ek ek yat ax!

God ngeuf zid ghenx zid ghak ndrual,

Nchait yad zos leuf mex shad duax lak zhit zeux dangl nat huak,

God ngeuf zid ghenx mol zid ghak ndrual!

Zox lol lak god haik mol leuf let nat huak ek,

God ngeuf zid ghenx mol zid ghak ndrual,

Jat cuat nax lol draod cuat xongt ek,

Mex yad mol zos njuat las dex gus it zhongl nbaox zhed xaof juab ax!

我要这样说唉呀啊!

芦笙师和鼓师,

怕是辛苦你们了,

我尊敬的芦笙师和鼓师啊!

听我这样说,

芦笙师和鼓师,

往年往日呀,

你们去到别的孝子家!

Las zhongl nbaox zhed xaof juab!

Las hout njex ndrual zhas yad dlait[1] nyaos dout mol leuf nax caik rongt nik nghaix huak,

Ghangb njex ndrual zhas yad zeub nyaos dout mol leuf nax fux zaob nik jeud[2] huak ek,

Las yad rongt zhuf leuf mex ghenx draod leuf mex ndrual nat!

God ngeuf zid ghenx mol zid ndrual ek!

Zox lol lak god haik mol leuf let nad shob ek,

God ngeuf zid ghenx mol zid ghak ndrual,

Suk dout ek xongt nax nghel draod xongt let nat zhek,

Mex duax zos duab ghak njuat god zhongl nbaox zhed xaof juab ek!

人家孝子家呀!

他们的鼓柱上能挂得起一块好肉,

鼓下能放一壶胡椒酒,

他们才好劝停你们的笙和鼓啊!

尊敬的芦笙师和鼓师!

现在我要这样说,

芦笙师和鼓师,

往年往日到今天,

你们来到了孝子家呀!

God zhongl nbaox zhed xaof juab lak hout njex ndrual dlait zhit nyaos dout mol leuf nax caik rongt nik nghaix ek,

Ghangb njex ndrual lak zeub zhit nyaos dout mol leuf nax fux zaob nik jeud ek,

God nif zhit rongt zhuf leuf mex ghenx draod leuf mex ndrual huak!

God ngeuf zid ghenx mol zid ndrual ek!

Jat god jek zhuak guak dout mex muab mex ghenx lol dlait rox raos zhaot leuf dex sob lik nzangt[3],

Zos leuf mex lob jaix nqangd zhek mex let draod lol nqangd huak,

God guak mex muab mex ghenx dlait rox raos zhaot leuf dex got njex nceb huak,

Zos leuf mex lob jait ncet ek,

Mex let draod lol ncet nat huak ek!

God ngeuf zid ghenx mol zid ghak ndrual!

他们的鼓柱上没能挂上一块好肉,

鼓下没能放一壶胡椒酒,

我不好劝停你们的笙鼓呀!

尊敬的芦笙师和鼓师!

我只能冒昧地让你们把芦笙挂在墙壁上,

等到该它响起时你们又来让它响起啊，
我只能唐突地让你们把芦笙挂在柱子上，
等到该它回响的时候，
你们又来让它响呀！
尊敬的芦笙师和鼓师！

Khuab Xaof[4]

教育孝家

Uat Zaox Lil Nongs Gok

制成循道啄木鸟

Eut...

Jat nil fuf muk[5] uat nil fuf muk,

Nil fuf muk zhas yad uat dout ngeuf zaox lil nongs gok[6] bongb lol ek,

Nil fuf muk zhas yad zhaot dout nil fuf muk ek bloub jous yif zox jait ged nghel leuf lax ndos lol.

Jat nil fuf muk uat nil fuf muk,

Nil fuf muk zhas yad uat dout ngeuf zaox lil nongs gok ndangt lol,

Nil fuf muk zhas yad zhaot dout nil fuf muk ek bleub jous yis zox jait ged[7] nghel leuf lax ndrangl lol.

唉……

人家的父母像父母，
制了一双循道啄木鸟来，
还将四十八条规矩置于人间。
人家的父母做父母才称职，
造了一对循道啄木鸟飞来，
又把四十八种规矩放到世间。

Gud Dix Hox Qif

兄弟和气

Angd...

Jangl ghak nax Hmongb ndeud del ghak Shuad[8] zhek!

Las kux sangb lol zhas yad dux shut[9] lol ek,

Yenf sangb lol zhas yad shix zif[10] mak.

Nax Hmongb ndeud del Shuad ek!

Zox jait ged lak god zhit boub muak,

God zhas yad qenx zhenb haik dout mex mol nax ib lot,

Qenx zhenb uat nik nat lol haik lenx dob hlob let dol zhangd jux[11].

啊……

那识文断字者呀！
人家哭丧也文绉绉如读书，
来奔丧也会哭得文雅。
那华丽辞藻我不会说！
那些道理我也不懂，
我只想真心与你们说上一句，
真心这样说呀持杖人。

Nik nit fuf muk guet shif maik lol deux yix hox haok guangt cait,

God xongt laok dif dob hox hox qif qif met jat zhongt bux nenx fent kait,

Nik nit fuf muk guet shif maik lol dex yik hox haok bangk bangk ax,

God xongt laok dif dob hox hox qif qif met jat zhongt bux nenx cex sangk.

Zik xaof fuf muk xaof dex hox ax!

Xaof dex taox huak lik shuk met waik zik but nenx lox;

Zik xaof fuf muk xaof dex haok ax!

Xaof dex taox huak lik shuf met waik zik bux nenx daok.

你们父母归世买得一副好棺材，
兄弟和和气气的家中才不会分开，
你们父母归世买得了一副好棺木，
兄弟和和气气的家里才不会拆散。
子女孝顺父母才对啊！
孝得桃花李树么结子不能落；
子女孝顺父母才好啊！
孝得桃花李树哟结子不能倒。

Yeuk gud nyangd met deut pox pot wangx,

Yeuk erx zik met jaot xox tangx ax;

Yeuk gud nyangd met jaot fangx qent ax,

Yeuk erx zik met jaot xox shent ax;

Yeuk gud nyangd met lix wenx zhangt[12] ax,

Yeuk erx zik met lox zaif Bex Jenb chenx[13] zhof gaot guangt ax;

Yeuk gud nyangd met lix wenx zif ax,

Yeuk erx zik met lox zaif Bex Jenb chenx rux xox zhangt jif nat yox lenx dol hlob let dol zhangd jux!

有姑娘么逗婆婆玩，

有儿子么上学堂；

有姑娘么教绣花，

有儿子么教学生；

有姑娘么理文章，

有儿子么留在北京城做高官；

有姑娘么理文字，

有儿子么留在北京城入学掌技呀当家的大儿子！

Yongs Zox Yongs Zif[14] Rex Raos Ncet

会做人村寨有回应

Heut...

Jat dak mex uat nenx lol zhek lak,

Mex zhit dik yongs dout las zhangd renx muk[15] lil,

Mex yad yongs dout mex naf zox lol yad yongs dout mex zid zif[16] muak.

Mex muax leuf daf qenx xaod shif lak,

Mex yad dol rex[17] lak rex let nqangd ex,

Mex yad dol rex lak rex let qid npaot suk nblaos ghak jangd[18] ek;

Mex yad dol raos ek raos let ncet lox,

Mex yad dol raos ek raos let qid npaot suk nblaos reb muak!

唉……

你们要会过日子呀，

不要去模仿别人家母亲的礼仪，

要去效仿你们母亲的礼俗和传承你们父亲的家规。

当你们邻居有了事情，

人家得到过你们的帮助才会积极相助，

得到过帮忙的人家才聚集起来帮你们如石柱般有力量；

你们要去帮忙寨里人们才聚集来相助，

你们要去帮忙村里人们才聚集来帮你们就如石拱般有力量！

摆截肉

Angd...

Nchait mex uat nenx lol zhek,

Mex zhit yongs dout mex naf zox lol zhit yongs dout mex zid zif zhek ek,

Mex muax leuf daf qenx xaod shif lak,

Mex zhit dol rex lak rex zhit qid npaot suk nblaos reb lox,

Mex zhit dol raos ek raos zhit qid npaot suk nblaox ghak jangd muak yox lenx dob hlob let dos zhangd jux!

啊……

怕你们不会过日子呀，

不去效仿你们母亲的礼俗和不去传承你们父亲的家规，

如果你们遇到事情，

你们未帮过邻里，邻里也不会聚拢为你们办事，

你们未帮过邻里，邻里就不会聚拢来帮忙哟大儿子！

Yongs Zox Yongs Zif

效仿传统、沿袭族规

Heut...

Jat dak mex uat nenx lol zhek lak!

Mex zhit dik yongs dout las zhangd renx muk lil,

Mex yad yongs dout mex naf zox lol yad yongs dout mex zid zif muak,

Mex muax leuf daf qenx xaod shif zhek,

Mex muax ghob nghaix[19] lol mex yad hot laos[20] mex zid yil yeuf lous nyaob shangf pax[21] lol,

Mex muax ghob jeud zhek mex yad hot laos ek mex zid yil yeuf lous nyaob shangf hout muak.

Vangx zhed[22] zhit ndluas zhod zaix zhod ndrous[23] zhit zeux lol ek,

Muax dangl njex sait bloub ndos[24] npout ghak ghens duax lak zhit zeux zos muak!

唉……

你们过日子啊!

不要去模仿别人父母的行为举止,

要去效仿你们母亲的礼仪和沿袭你们父亲的风范,

当遇到大情小事时,

有好肉时要恭请叔伯来共享,

有好酒时要诚邀叔伯来共饮。

只要房屋不破老虎就不会来,

麻烦事情也不会接踵而至啊!

Angt...

Nchait mex uat nenx lol zhek,

Mex zhit yongs dout mex naf zox lol zhit yongs dout mex zid zif muak,

Mex muax leuf daf qenx xaod shif zhek,

Mex muax ghob nghaix lol mex zhit hot laos mex zid yil yeuf lous nyaob shangf pax lol,

Mex muax ghob jeud zhek mex zhit hot laos ek mex zid yil yeuf lous nyaob shangf hout nik.

Nchait vangx zhed ndluas leuf zhod zaix zhod ndrous zhas yad zeux lol ek,

Muax dangl njex sait bloub ndos npout ghak duax lak nchait yad zeux zos muak yox lenx hlob let dos zhangd jux!

唉……

恐怕你们过日子,

不效仿你们母亲的礼仪和不传承你们父亲的家规,

当有大情小事时,

有好肉时不诚邀叔伯来共享,

有好酒时不敬请叔伯来共饮。

这样房屋破了恐怕老虎就会来,

麻烦事情恐将接踵而至啊当家的大儿子!

Gud Dix Gud Ved Duax Ndros Ndangt

兄弟姊妹共承担

Heut...

Jat dak mex uat nenx lol zhek lak,

Mex zhit dik yongs dout las zhangd renx muk lil,

Mex yad yongs dout mex naf zox lol yad yongs dout mex zid zif muak.

Mex muax leuf daf qenx xaod shif zhek,

Mex pax pob nyangs yad tongb hangd lol xaf shued nyangs yad tongb chuangx muak.

唉……

你们过日子啊,

不要去模仿别人父母的礼仪,

要去效仿你们的母亲的礼仪和沿袭父亲的家规。

当有大情小事时,

才能爬坡过坎,下水有船一样渡过难关。

Muax dangl muaf nyangx yeuf dlangb duax lak,

Mex gud dix juas gud ghak ved lol zhas yad drik denb drik daos[25] duax ndros sangt ek!

Muaf dlangb duax lak,

Mex gud dix juas gud ghak ved lol zhas yad drik denb drik daos duax ndros hlangt[26] muak yox lenx dob hlob let dos zhangd jux!

姑妈和舅父来了,

兄弟姊妹才会来相帮作陪!

姑妈和舅父来了,

兄弟姊妹才会来相助帮陪哟当家大儿子!

Yongs Zox Yongs Zif Zhit Qib Nenb

与人为善

Angt...

Jat dak mex uat nenx lol zhek lak,

Mex zhit dik yongs dout las zhangd renx muk lil,

Mex yad yongs dout mex naf zox lol yad yongs dout mex zid zif muak.

Mex muax leuf daf qenx xaod shif zhek,

Mex ndod ndongt lak mex zhit dik ndod leuf dex ndongt mangx juas ndongt nil ghak tod lox,

Mex yad ndod leuf dex ndongt faf dlob ndongt faf dleub[27] muak.

啊……

你们过日子啊，

不要去模仿别人父母的礼仪，

要去效仿你们母亲的礼俗和传承你们父亲的家规。

当遇到大情小事时，

你们不要砍了那枫树和松树，

要去砍伐那些发黑发白的树。

Mex uat nenx lol zhek lak,

Mex qib nenb zhek mex zhit qib mex gud mex dix muak,

Mex yad qib drout dex Mangb ndros dex Shuad nik.

Nchait mex uat nenx lol zhek lak,

Mex qib nenb zhek mex qib drous mex gud mex dix zhek,

Nchait dix lol nghangt las ndif lox dix lol nchait yad yeux las yis haik,

Gud lol naox lal nghangt zhek gud lol zhas yeux las guangd muak yox lenx dob hlob let dol zhangd jux!

你们为人处世啊，

不要恃强凌弱同室操戈，

要同仇敌忾一致对外。

立身处事呀，

若仗势欺人兄弟不睦，

那兄长将会与你分道扬镳，

小弟将会与你各奔前程！

Muaf Xaof[28]

训孝

Sangd Teux Senb Uat Ngoux Huab

投生做白云

Sheud lak god zhed zhongl nbaox dob xaof juab ek!

Sheud das yox god zhongl xaof juab nik!

God guak mex sheud lak mex nif zhit sheud nik,

Mex lox shit yad dlox hout cok jous[29] ghak nyangs!

起来啦孝家们！

快起来啦孝家们呀！

我让你们起来你们却一个也不起，

你们还一个个的磕头跪拜啊！

Angd...

Ndaox ndis draod touk nik ghak nzod zhek,

Mex dak mex yad zeux teux senb muak,

Mex yad teux senb nyangs dout dos ngoux huab ncod ghak leut[30] ndros nzhongd ndox nzhuab yenl[31] dex yangs ged ek,

Mex naf zhas yad muab dout mex lenx gheuf yens[32] duax ndruab jet ek.

Ndaox ndis draod touk nik ghak nzod lak,

Mex dak mex yad zeux teux senb muak,

Mex yad teux senb nyangs dout dos ngoux huab ncot ghak leut ndros nzhongd ndox nzhuab yenl dex yangs gangb lol,

Mex naf zhas yad muab dout mex lenx gheuf yens duax ndruab blangb[33] lol.

啊……

在很久以前，

你们说如果你们会投生，

要投生成云雾缭绕在半空，

母亲会把你们揽抱在怀中。

在很久以前，

你们说如果你们会投生，

要投生成白云飘浮在半空，

母亲便把你们环抱在怀里。

Yos Mex Tab Hlob Mex

出生与疼爱

Angt...

Mex dak mex yad zhox chenx[34] lol ek mex naf dex ndangd yangs[35] ek,

Mex yad chenx renx lol mex dak mex yad chenx qif lak,

Mex naf dex ndangd yangs ek mex yad chux shif muak.

Jat mex naf daf ndrenl[36] mex lol zos njuat ndrangl yif juax lob hlit lak,

Mex naf zhas yad yos leuf mex lol bongb ndreud luax deb zhek,

Mex zhas yad ghuax mol nax beb shuab,

Mex naf lob shab let zhit bual[37],

Mex naf zhas yad muab dout jangx nbangb[38] drout mex njongt ek,

Keuk dout houd joul[39] uat daos dout mex lens nyaob los.

啊……

母亲大半辈子才有你们，

希望你们长大了要成器，

母亲大半辈子了你们才出世。

母亲怀着你们八九个月，

才把你们生下地，

你们哭了三声，

母亲才放心，

她用手臂给你们做枕睡，

用膝盖给你们当凳子坐。

Deuf bleus ndox shob chab lak,

Mex naf drik mex mol ox ghongb[40] lens draod ndrangl hangd nik,

Jat dex ngoux hnob duax ndox ndit ndrangl ghangb ndox ghet lol,

Dex changd ndox lol changd uat nil ghak changd ek.

Mex naf zhas yad lod[41] dout dred nblongx lol uat gouk dout mex lens ndraif changd[42] lol ek,

Mex zhit boub zhek mex zhas yad muab dout dex nblongx lol uat shit drangs ndox zhens[43] nat muak!

春天来时，

母亲背你们到山冲去干活，

太阳升起到太阳落，

太阳出来晒又晒。

你们的母亲摘来枝叶来遮阳，

你们不懂母亲的用心还把那枝叶拿来玩耍呀！

Deuf bleus ndox shob chab lak,

Mex naf drik mex mol ox ghangb lens draod ndrangl dax nik,

Jat dex changd ndox lol gob uat gob,

Mex naf zhas yad lod dout dred nblongx lol uat gouk dout mex lens ndongt shob,

Mex zhit boub zhek mex zhas yad muab dout dex nblongx lol uat shit leuf drangs ndox zhens kox lol yox zhongl xaof juab!

春天来时，

母亲背着你们到平原去种庄稼，

太阳出来热又热，

母亲摘来枝叶给你们做帽子戴，

你们不知道拿来戴还把枝叶拿来玩乐呀孝子们！

Zheuk Yeuf Dlangb Nyaob Shangf Pax

请舅舅坐上席

Sheud lak god zhed zhongl nbaox dob xaof juab ek!

Sheud das yox god zhongl xaof juab nik!

God guak mex sheud lak mex nif zhit sheud nik,

Mex lox shit yad dlox hout cok jous ghak nyangs!

起来啦孝家们!

快起来啦孝家们呀!

我让你们起来了你们却一个也不起,

你们还一个个的磕头跪拜啊!

Angt...

Hmaot lik ghak nat ek!

Zhas yad yenb wef dout dol zhangd nax nghel zhangd ghak zhit nik,

Zhas yad guak god naf yeuf dlangb nyaob shangf pax[44] lol ek,

Mex zhas yad dlox hout cok jous zheuk god mol dex sob ndlas.

Hmaot lik ghak nat ek,

Wef dout dos zhangd nax nghel zhangd dlangb zhit nik,

Zhas yad guak god naf yeuf dlangb nyaob daof bel ek,

Mex zhas yad dlox hout cok jous zheuk god mol dex sob ndex.

Mex yad sheud lol zaik yenl dout god lot lol zax lot lol nzhis[45],

Zaik yenl zhaot nzhis nat muak yox zhongl xaof juab!

啊……

今天晚上唉!

不知是因为什么,

要让大舅我坐上席,

你们还要在我面前磕头跪拜。

今天晚上,

不知是为什么,

要让大舅我坐上座,

你们还要在我前面磕头跪拜。

你们要起来竖起耳朵听我几句话,

听完要谨记在心里呀孝子们!

Nenx Zhangd Duax Muax Zax Nzhis

亲朋好友有恩有义

Sheud lak god zhed zhongl nbaox dob xaof juab ek!

Sheud das yox god zhongl xaof juab nik!

God guas mex sheud lak mex lenx zhit sheud nik,

Mex lox shit yad dlox hout cok jous ghak nyangs!

起来啦孝家们!

快起来啦孝家们呀!

我让你们起来你们却一个也不起,

你们还一个个的磕头跪拜啊!

Angt...

Xongt nax nghel xongt nik ghak nat zhek ek!

Mex naf blox dangl njuat ntreud duas dangl laos zhek,

Nenx lol duax muax zax lol zhangd lol duax muax nzhis huak.

Hmaot nat zhek!

God yad faf zax drout mex naf jaox mol mual zhox[46] lol ek,

Mex naf let mol juas box nik,

Hleud ndeud drout mex naf jaox mol mual mangx ek!

Mex naf let mol juas yeuf yox zhongl xaof juab!

啊……

在今年呀!

你们的母亲故去,

亲戚们来了有情也有义。

今晚啊!
我要烧钱给你们的母亲拿去买绸缎,
你们的母亲才能去会祖宗,
烧纸钱给你们的母亲拿去买麻啊!
你们的母亲才能去会祖先啊孝子们!

Got Ndok Got Vongf Yeuf Dlangb Drik
麻烦事情舅舅帮

Sheud lak god zhed zhongl nbaox dob xaof juab ek!

Sheud das yox god zhongl xaof juab nik!

God guak mex sheud lak mex nif zhit sheud nik,

Mex lox shit yad dlox hout cok jous ghak nyangs!

起来啦孝家们!
快起来啦孝家们呀!
我让你们起来你们却一个也不起,
你们还一个个的磕头跪拜啊!

Jat ek cuat nax nghel cuat nik ghak xongt ek,

Mex naf nyaob zhek,

Ngoux Langs[47] nchait ghak ncut lol,

Zhas yad lil njex chuab got ndok lol zhas yad lil nyaos muax lol,

Ngoux Langs nchait ghak ncut lol,

Zhas yad sheud nzhox sheud nzaik[48] ndros dout njex chuab got ndok[49] mol nax ib zis[50] luas.

Ngoux Langs nchait ghak ncut lol,

Zhas yad lil njex chuab got ndok zhas yad lil nyaos dad ek,

Ngoux Langs nchait ghak ncut lol,

Nil zhas yad sheud nzhox sheud nzaik ndros dout njex chuab got ndok mol nax ib zis drok[51].

在往年往日呀,
你们的母亲健在时,
构兰得到管教,
她打理那织布机打理得井井有条,
构兰尊崇母亲的管教,
整天站着不停织布还伴随欢笑声。
构兰尊崇母亲的教导,
料理那织布机能料理完毕,
构兰尊崇母亲的教导,
整天站着不断织布还伴随欢乐声。

Jat nil lenx dob zhas yad muab dout buax del got vongf[52] ngous ntreud duax ndruab luax lak,

Buax del got vongf lol zhas yad zeux druax nik,

Buax del got vongf lol zhas zhit bual ghak ghenl[53] duax ndruab ghek[54] lol.

Nil lenx dob zhas yad muab dout buax del got vongf ngous ntreud duax ndruab angd lak,

Buax del got vongf lol zhas yad zeux ndrel nik,

Buax del got vongf lol zhas zhit bual ghak ghenl duax ndruab dluad muak.

儿子会扶犁来犁地,
犁地使犁才会稳当,
犁在用力时才不会损坏。
儿子会扶犁来犁田,
犁田使犁才稳得住,
犁在用力时才不会拦腰损毁。

Angt...

Xongt nax nghel xongt nik ghak nat zhek ek!

Jat mex naf blox dangl njuat ntreud duas dangl laos zhek,

Zhes dout Ngoux Langs nchait ghak ncut lol,

Ngoux Langs nchait ghak ncut lol,

Zhas yad lil njex chuab got ndok lol lil zhit muax nik,

Ngoux Langs nchait ghak ncut lak,

Zhas yad sheud nzhox sheud nzaik ndros dout njex chuat got ndok mol nax ib zis ghuax nik.

Ngoux Langs nchait ghak ncut lol,

Zhas yad lil njex chuab got ndok lol ek lil zhit dad[55] ek,

Ngoux langs nchait ghak ncut lol,

Zhas yad sheud nzhox sheud nzaik ndros dout njex chuat got ndok mol nax ib zis nyad nik!

啊……

时至今年呀!

你们的母亲去世离开了,

留下构兰孤单又害怕,

构兰担心呀,

她料理不了那织布机,

构兰忧愁呀,

她站在织布机旁无奈哭泣。

构兰担忧呀,

她料理不完那织布机,

构兰焦愁呀,

她站在织布机旁伤心悲泣啊!

Jat nil lenx dob zhas yad muab dout buax del got vongf ngous ntreud duax ndruab luax lak,

Buax del got vongf lal zhas zhit zeux druax nik,

Buax del got vongf lol zhas yad bual ghak ghenl duax ndruab ghek lol ek.

Muab dout buax del got vongf ngous ntreud duax ndruab angd lak,

Buax del got vongf lal zhas zhit zeux ndrel lol,

Buax del got vongf lol zhas yad bual ghak ghenl duax ndruab dluad muak.

儿子扶犁来犁地,

犁地使犁不稳当,

犁在用力时易损坏。

儿子扶犁来犁田,

犁田使犁稳不住,

犁在拦腰处损毁。

Angt...

Mex yad sheud lol haik dak god naf yeuf dlangb ek,

God naf yeuf dlangb bangb mex lens drik njex chuab got ndok lol zhit zhaot dif nbongt lak,

Muax dangl njex sait bloub ndos npout ghak ghenl duax lak zhit zeux ndrongt nik.

Mex yad sheud lol haik dak god naf yeuf dlangb ek,

God naf yeuf dlangb bangb mex lens drik buax del got vongf lol zhit zhaot dif ndos lol ek,

Muax dangl njex sait bloub ndos npout ghak ghenl duax lak zhit zeux zos muak yox zhongl xaof juab!

唉……

你们此时才想起要来请大舅,

大舅背织布机来也不会给你们用,

有了麻烦事情不会出手相帮。

你们此时才想起来去求大舅,

大舅背犁来不会给你们犁,

有了麻烦事情也不会伸手相助呀孝子们!

Njot Naf Zax Nzhis

记住母亲恩情

Sheud lak god zhed zhongl nbaox dob xaof juab ek!

Sheud das yox god zhongl xaof juab nik!

God guak mex sheud lak mex nif zhit sheud nik!

起来啦孝家们!

快起来啦孝家们呀!

我让你们起来你们却一个也不起!

Jat ek cuat nax nghel cuat nik ghak xongt ek!

Mex naf nyaob zhek,

Jat mex naf zhas yad yos leuf mex lol bongb ndreud luax deb zhek,

Mex ndid del[56] luax lob mangx[57],

Ndid deut luax lob douf lol,

Mex naf naox mol nax ib lot las yad ghent[58] leuf mex mol nax ib goul nik.

像往年往日呀!

你们的母亲健在时，

你们的母亲艰难生下你们，

你们手指大如麻籽，

脚趾大如豆籽，

母亲吃一口也要分一口给你们。

母亲艰难也要生下你们，

你们手指大如豆籽，

脚趾大如小米粒，

你们的母亲吃一口也要扒一口给你们呀！

Jat mex naf yos leuf mex lol bongb ndreud luax deb zhek,

Mex ndid del luax lob douf ek,

Ndid deut luax lob cod ek,

Mex naf naox mol nax ib lot las yad ghent leuf mex mol nax ib goul nat zhek!

Deuf bleul ndox sob chab lak ek,

Mex naf drik mex mol ox ghongb lens draod dif daox nik,

Bof bangx lak yad lod keuk mex jaox lak,

Bof zid lak yad dlet keuk mex naox nik,

Mex uat nenx lol zhek lak,

Mex yad njot leuf mex naf dex zax nzhis zhit njot das yox zhongl xaof juab!

春天来时，

母亲背着你们去山坡上干农活，

看见花开要摘了给你们戴，

看见果子了要摘给你们吃，

你们生活在世间呀，

是否记住母亲的恩情呀孝子们！

Nzhis Lox Shab Zhit Rongt

赤神的心坏

Sheud lak god zhed zhongl nbaox dob xaof juab ek!

Sheud das yox god zhongl xaof juab nik!

God guak mex sheud lak mex nif zhit sheud nik,

Mex lox shik yad dlox hout cok jous ghak nyangs!

起来啦孝家们！

快起来啦孝家们呀！

我让你们起来了你们却一个也不起，

你们还一个个在磕头跪拜着啊！

Angd...

Xongt nax nghel xongt nik ghak nat zhek ek!

Nzhis[59] uat Nzhis lox shab zhit rongt lol,

Nzhis yad zhaot dout nax dlangb maob lol bongb draod dif daox nik,

Mex naf lox longs[60] yout lak,

Mex naf zhas yad keuk dout naox nik.

Nzhis uat Nzhis lox shab zhit rongt lol,

Nzhis yad zhaot dout nax dlangb maob lol bongb zhaot dif ndos lak,

Mex naf lox longs yout zhek,

Mex naf zhas yad keuk dout yongf.

唉……

时至今年今日呀！

那赤神心不好，

赤神把病魔撒落在山中，

你们的母亲气场小运气背，

捡到吃下了肚。

那赤神的心不好，

赤神把病魔抛洒在山上，

你们的母亲气场小运气差，

才去捡了来吃下。

Mex naf draod zhit zos daof zhed ek,

Nzhis lob maob lol njet npaot lol zhas yad bod mex naf lob ndraos jed lak,

Mex naf draod zhit zos daof dangs ek,

Nzhis lob maob njet npaot lol bod mex naf lob ndraos blangb.

Jat ek lenx dix lol zhas yad mol leud[61] leuf lenx dob dot nenb[62],

Lenx gud zhas yad mol leud leuf lenx dob guk

chuax[63] nik,

Lenx dix lol leud dout lenx dob dot nenb duax zos njuat mex lob ndraos nik ghak zhed ek,

Lenx dob dot nenb muab dout lob tangx nenb zot[64] dout mex lob ndraos zhed lak,

Lenx dob dot nenb njangx lens bes les dak leud zhit dout mex naf jed nyox blis draod zhed nik!

你们的母亲还没回到家，
赤神的病魔就已爬满她胸口，
你们的母亲还没回到屋，
赤神的病魔就已爬遍她肚中。
兄长去寻傩医，
小弟去找药神，
兄长去寻得傩医来到家中，
他摆了个巫堂清理了你们的房屋，
他却说追不上你们母亲的魂魄叫不回家！

Lenx gud zhas yad leud dout lenx dob guk chuax lol duax zos njuat ek mex lob ndraos nik ghak dangs,

Lenx dob guk chuax lol xuaf chuax[65] lens duax ndruab khuk[66] lol,

Troub troub nyangl duax ndruab job,

Loub dout mex naf houk mol nax beb bangk[67] lol,

Mex naf houk dangl lak mex naf zhit muax ros lol!

Loub dout mex naf houk mol nax beb ghangt[68] ek,

Mex naf houk dangl lak mex naf zhit muax shad lak!

Jat ek mex naf nyaob zhek mex naf zhas yad ndrongt ek,

Mex dot[69] mex naf zhek,

Dot dot gus bluak del bluak deut[70] pluad duax nzhual zas ndongt[71] lak.

Mex naf nyaob zhek mex naf zhas yad nzhangx lol,

Mex dot mex naf zhek,

Dot dot gus bluak del bluak deut pluad duax nzhual zas dlangd yox zhongl xaof juab!

小弟去寻得药师来到家中，
那药师将药放在土罐中，
把药罐放在火塘中煨热，
倒给母亲喝三口，
你们的母亲喝后就没了气！
倒给母亲喝三下，
你们的母亲喝后就断了命！
你们的母亲在世时常病痛呻吟，
你们照顾她呀，
费尽心血也救不了她性命。
你们的母亲在世时常病痛呻吟，
你们服侍她呀，
已想尽办法却挽回不了她生命呀孝子们！

Zhangt Xaof[72]
扶孝

Hlob Zhit Lil Naox Hnangd Keuk Yout
担心兄长不帮弟弟

Sheud lak god zhed zhongl nbaox dob xaof juab ek!

Sheud das yox god zhongl xaof juab nik!

God guak mex sheud lak ek mex lens shait sheud lol ek,

Mex zhit dik dlox hout cok jous ghak nyangs!

起来啦孝家们！
快起来啦孝家们呀！
我让你们起来你们就快点起来，
你们不要一个个磕头跪拜了呀！

God naf yeuf dlangb pangx ndangx drik nik ghak ndongt[73] ek zaox ghangb[74] nos nil ghak mongt ek,

Pangx ndangx drik nik ghak hnend[75] lol zaox ghangb dous nil ghak nend muak,

Mex naf dluat ndlaik[76] yeuf Nzux Nyongs loul ghouf daox dif ot zhek ek,

God nyaob leuf pangb daox dif nat muak,

God hot mex naf mol nax beb shuab,

Mex naf dris dros[77] deb dout god mol nax duab shuab:

God naf yeuf dlangb ek!

Gaox yad duax uat dlangb zhit leuf zox deb qeut nat nik?

God draod lak draod zhit mol ek,

Lol lak lol zhit doul ek!

Gaox yad qenx jik bangb god jaox lob mongt mol,

Baof sangb dout god dex dob dex gid draod daof zhed muak.

大舅我持刀负棍跟着去打听她的消息，

握刀背箭跟着去追寻她的脚印，

你们的母亲刚到了祝牛的山那边，

我在山这边，

呼喊你们的母亲三声，

你们的母亲却只回我：

我的大舅呀！

你要来这个地方干什么？

我回也回不去，

走也走不了！

你要帮我捎个信回去，

给我在家的儿孙报丧。

Jat mex naf zhas yad haik ek:

Jat las dex gus it zhek!

Las muax naf muax zid lak,

Las dex hlob yad lil dout drout dex yout naox lol ek,

Dex yout lol zhit ghuax muak,

Dex hlob yad lil dout bob dex yout hnangd lol ek,

Dex yout lol zhit nyad ek.

你们的母亲又说：

像别人呀！

人家有父又有母，

兄长会料理吃的给弟弟吃，

弟弟才不会哭泣，

兄长会料理穿的给弟弟穿，

弟弟才不会悲伤。

Nchait god dex dob let dex gid ek!

Zhit muax naf lak,

Nchait dex hlob ek lil zhit dout drout dex yout naox lol ek,

Dex yout lol zhas yad ghuax nik,

Dex hlob lil zhit dout bob dex yout hnangd lol,

Dex yout lol zhas yad nyad nik!

恐怕我的儿孙呀！

没有了母亲，

兄长料理吃的不给弟弟吃，

弟弟会哭泣，

兄长料理穿的不给弟弟穿，

弟弟会悲伤呀！

Mex naf zhas yad draod lol haik dout god mol nax ib lot uat nik ghak nat lol ek:

Mex yad sheud lol ek,

Ndros dout las dex gus it zhek,

Bof las lil naox lak mex yad ndros dout las lil naox ek,

Bof las lil hnangd lol ek mex yad ndros dout las lil hnangd muak!

你们的母亲还告诉我这样一句：

你们要起来，

像别人家一样，

见别人料理吃的你们就要跟着去学习，

见别人料理穿的你们就要跟着去学会呀！

Jat ek mex dex hlob let lil dout drout dex yout naox lol ek,

Dex yout lol zhit ghuax muak,

Mex dex hlob let lil dout bob dex yout hnangd

lol ek,

Dex yout lol zhit nyad muak yox zhongl xaof juab!

兄长料理吃的给弟弟吃，

弟弟才不会哭，

兄长料理穿的给弟弟穿，

弟弟才不悲伤呀孝子们！

Nchait Zhit Zeux Lil Naox Lil Hnangd

担心不会打理吃穿

Sheud lak god zhed zhongl nbaox dob xaof juab ek!

Sheud das yox god zhongl xaof juab nik!

God guak mex sheud lak ek mex lens shait sheud lol ek,

Mex zhit dik dlox hout cok jous ghak nyangs!

起来啦孝家们！

快起来啦孝家们呀！

我让你们起来你们就快点起来，

你们不要一个个磕头跪拜了啊！

Angd...

God naf yeuf dlangb pangx ndangx drik nik ghak ndongt ek zaox ghangb nos nil ghak mongt ek,

Pangx ndangx drik nik ghak hnend lol zaox ghangb dous nil ghak nend muak,

Mex naf dluat ndlaik yeuf Nzux Nyongs Loul ghouf daox dif ot ek,

God nyaob leuf pangb daox dif nat muak,

God hot mex naf mol nax beb shuab,

Mex naf dris dros deb dout god mol nax duab shuab:

God naf yeuf dlangb ek!

Gaox yad duax uat lab zhit leuf ek zox deb qeut nat nik?

God draod lal draod zhit mol ek,

Lol lal lol zhit dous ek!

Gaox yad qenx qik bangb god jaox lob mongt mol,

Baof sangb dout god dex dob let dex gid draod daof zhed muak.

唉……

大舅我持剑背棍跟着去打听她的消息，

握刀背箭跟着去追寻她的脚印，

你们的母亲到了祝牛的山那边，

我在山这边，

呼喊你们的母亲三声，

你们的母亲只回我：

我的大舅呀！

你要来这个地方干什么？

我回也回不去，

走也走不了！

你要帮我捎个信回去，

给我在家的儿孙报丧。

Mex naf caix yad haik ek:

Jat las dex gus it zhek!

Las muax naf muax zid lak,

Las zhas yad zeux lil naox nik,

Las dex deb lol zhit yaos dex deb yos ndraox muak.

Las dex gus it zhek!

Las zhas yad zeux lil hnangd lol ek,

Las dex mangx nduas lak zhit yaos maox zhus langd[78] muak!

你们的母亲还说：

像别人呀！

人家有父也有母，

人家会料理吃喝，

人家的田地不是养草的田地。

像别人呀！

人家会料理穿唉，

人家的麻团不会成毛鼠窝啊！

Angt...

Nchait god dex dob dex lik gid zhek!

Zhit muax naf lak,

Nchait nil zhas zhit zeux lil naox lol ek,

Dex deb nchait yad uat leuf dex deb yos ndraox[79] muak!

God dex dob let dex gid zhek!

Nil zhas zhit zeux lil hnangd lol,

Nchait dex mangx nduas lol zhas yad yaos dout maox zhus langd muak yox zhongl xaof juab!

唉……

恐怕我的儿孙呀！

没有了母亲，

怕他们不会料理吃喝，

田地恐怕要成荒草地！

我的儿孙呀！

他们不会料理穿的，

恐怕那麻团要成毛鼠窝啊孝子们！

Nyax Gob Muab Mol Zhangt Juab Yis

钱财拿去成家立业

Sheud lak god zhed zhongl nbaox dob xaof juab ek!

Sheud das yox god zhongl xaof juab nik!

God guak mex sheud lak ek mex lens shait sheud lol ek,

Mex zhit dik dlox hout cok jous ghak nyangs!

起来啦孝家们！

快起来啦孝家们呀！

我让你们起来了你们就快点起来，

你们不要一个个磕头跪拜了啊！

God naf yeuf dlangb pangx ndangx drik nik ghak ndongt ek zaox ghangb nos nil ghak mongt ek,

Pangx ndangx drik nik ghak hnend lol zaox ghangb dous nil ghak nend muak,

Jat ek mex naf dluat ndlaik yeuf Nzux Nyongs Loul ghouf daox dif ot zhek,

God nyaob leuf pangb daox dif nat muak,

God hot mex naf mol nax beb shuab,

Mex naf dris dros deb dout god mol nax duab shuab:

God naf yeuf dlangb ek!

Gaox yad duax uat dlangb zhit leuf zox deb qeut nat nik?

God draod lal draod zhit mol ek,

Lol lal lol zhit dous ek,

Gaox yad qenx qik bangb god jaox lob mongt mol,

Baof sangb dout god dex dob let dex gid draod daof zhed muak.

大舅我持剑负棍跟着去打听她的消息，

握刀背箭跟着去追寻她的脚印，

你们的母亲刚到了祝牛的山那边，

我在山这边，

呼喊你们的母亲三声，

你们的母亲才回我：

我的大舅呀！

你要来这个地方干什么？

我回也回不去，

走也走不动啊！

你要帮我带个消息回去，

给我在家的儿孙报丧。

Angd...

Jat mex naf zhas yad haik ek:

Jat dex nyax lol zhaot jex ghangb pangd lol ek,

Dex gob lol zhaot jex ghangb nguax muak,

Dex nyax lol luax ghangb njex[80] lol,

Dex gob lol zhas yad luax ghangb hob[81] muak.

Mex naf zhas yad draod lol haik dout god mol nax ib lot uat nik ghak nat lol,

Mex yad sheud lol muab dout mex naf dex nyax lol zhangt mex dob yis lol,

Muab dout mex naf dex gob lol zhangt mex dob juab dangl yox zhongl xaof juab!

唉……

你们的母亲又说：

银子放在柜子下，

金子放在圈舍脚，

银子仿若柱脚，

金子大如罐底。

母亲还告诉我这样一句，

要用母亲的银子来筑成你们儿子的家，

要把母亲的金子来建成你们儿子的园哟孝子们！

Zheuk Deb Zheuk Qeut Zheuk Zhit Rongt
没有好的着落地

Sheud lak god zhed zhongl nbaox dob xaof juab ek!

Sheud das yox god zhongl xaof juab nik!

God guak mex sheud lak ek mex lens shait sheud lol ek,

Mex zhit dik dlox hout cok jous ghak nyangs!

起来啦孝家们！

快起来啦孝家们呀！

我让你们起来你们就快点起来，

你们不要一个个磕头跪拜了啊！

Angd...

Jat mex naf blox dangl njuat duas dangl laos zhek,

Nzhis uat Nzhis lox shab zhit rongt lol,

Nzhis yad muab dout mex naf lol duat zit ndenl[82],

Jat mex naf lol zat ncik[83] dout dol nyox lol naos laos Nzux Nyongs Loul dif drongb!

Jat ek Nzhis uat Nzhis lox shab zhit rongt lak,

Nzhis yad muab dout mex naf lol duat zit changd,

Mex naf zat ncik dout dol nyox lol naos laos Nzux Nyongs Loul dif daox nik!

唉……

你们的母亲已死亡离去，

那赤神的心不好，

赤神要把你们的母亲杀了用来祭祀，

她变成牛在祝牛的山那边吃草！

那赤神啊赤神的心不好，

赤神要把你们的母亲杀了做场仪式，

她才变成牛在祝牛的坡那边吃草啊！

Angd...

Mex naf zat ncik dout mol nax ib xod huab,

God naf yeuf dlangb ek!

Nbuax des ntluak lal muab zhit dout ek,

Ndous deut pleud lal leud zhit juas.

唉……

你们的母亲变成一团云，

大舅舅我啊！

徒手拍打无奈抓不到，

奔跑不止也无法跟得上。

Jat las dex gus it zhek!

Las zeux zheuk[84] deb draod zeux zheuk qeut ek,

Las yad zheuk dout mol dex mit yangs cangb lol.

Jat mex naf zhit zeux zheuk deb zhit zeux zheuk qeut zhek,

Zheuk dout mol dex mit yangs ndeud lol,

Zhit zhof zouk[85] mex naf rouf[86] lak zhit zouk mex naf sheud muak!

Jat las dex gus it zhek!

Las zeux zheuk deb draod zeux zheuk qeut ek,

Las yad zheuk dout mol dex mit yangs cangb lol.

Mex naf zhit zeux zheuk deb zhit zeux zheuk qeut zhek,

Zheuk dout mol dex mit yangs cangx lol,

Zhit zhof zouk mex naf but lak zhit zouk mex naf xangb muak yox zhongl xaof juab!

像别人啊！

人家会找落脚点，

人家要着落在仓库旁。

你们的母亲不会找落脚点唉，

落脚在一张纸上，

不够你们母亲蹲也不够你们母亲站呀！

像别人呀！

人家会找着落点，

人家要着落在仓库旁。

而你们的母亲不会找着落点，

着落在残墙边，

既不够你们母亲躺也不够你们母亲伸呀孝子们！

Njot Druax Zax Nzhis Sheud Lol Hlob

牢记恩情快惜爱

Sheud lak god zhed zhongl nbaox dob xaof juab ek!

Sheud das yox god zhongl xaof juab nik!

Jat ek mex uat nenx lol mex yad njot dout mex naf dex zax nzhis zhit njot nik?

Mex njot mex naf dex zax nzhis nat zhek,

Mex gad sheud lol hlob[87] mex naf das yox zhongl xaof juab!

Sheud lak god zhed zhongl nbaox dob xaof juab ek!

Sheud das yox god zhongl xaof juab nik!

God yad muab dout mex lob xaof lol uat ndat[88] jat dout Nzux Nyongs Loul dif daox,

Lol ceuk[89] nyaos dout god zhongl xaof juab leuf zox ged blox nik!

Muab dout lob xaof lol uat ndat jat dout Nzux Nyongs Loul dif drongb,

Ceuk nyaos dout god zhongl xaof juab let zox ged duas!

起来啦孝子们！

快起来啦孝家们呀！

今后呀你们是否还会记得母亲的恩情？

如果还记得母亲的恩情，

你们快快起来感怀悼念母亲啊孝子们！

起来啦孝子们！

快起来啦孝家们呀！

我要把你们的孝帕丢在祝牛的那山坡，

堵住我孝家们的死亡之道！

我要把你们的孝帕抛在祝牛的那山梁，

塞住我孝家们的死亡之路啊！

背景介绍

李自文

唱诵者：李自文Guangt Jait（1965—），男，文山市古木镇洒卡村委会巴岩村人，擅长苗族婚丧古歌。师从于熊玉有Yeuk Hmaob（1965—）。

唱诵场域：此“Ngoux Khuab Xaof劝孝歌”是丧葬仪式古歌，在出丧当晚使用。首先由Zid Yis（家中的长辈）来Khuab Xaof（教孝），再由Naf Yeuf Dlangb（大舅）来Muaf Xaof和Zhangt Xaof。该曲劝孝内容丰富全面，苗族语言生动，极富感染力。

采集整理：罗永洪、熊兴坛、熊文国、项洪兵。

注释

[1] Dlait：挂，吊。
[2] Fux Zaob Jeud：胡椒酒。
[3] Sob Nzangt：篱笆，墙壁。
[4] Khuab Xaof：教育孝子。
[5] Fuf Muk：父母。
[6] Zaox Lil Nongs Gok：遵循礼仪习俗的啄木鸟。
[7] Jait Ged：规矩，道理，规则，规律，礼俗。
[8] Ndeud Del Ghak Shuad：文化水平，汉语水平。
[9] Dux Shut：读书。
[10] Shix Zif：识字。
[11] Zhangd Jux：掌握权杖的人，即主持人，话事人，说话算数的人。这里指丧葬仪式的主持者。
[12] Lik Wenx Zhangt：理文章。
[13] Bex Jenb Chenx：北京城。
[14] Yongs Zox Yongs Zif：效仿和传承苗族文化和家族家规，指传承好的东西，这里指会做人。
[15] Las Zhangd Renx Muk：别人的母亲，这里指他人的母亲。
[16] Zif：截肉，分肉，给死者和先祖们享用的肉团和肉块，即把牛、猪或鸡等动物按照部位取肉并以族规规定分数摆放，告诉死者和先祖们该领哪分，一般分有五分即五截、七分即七截、九分即九截和十三分即十三截等。此中Zif（分数）的差异代指族规差异。
[17] Dol Rex：着落在村并与村民和睦相处。文中这里指与邻里和睦相处。Dol Raos与之相同。
[18] Nblaos Jangd：磐石，石柱，坚硬的东西。Nblaos Reb与之同。
[19] Ghob Nghaix：旧肉，剩肉。表自谦，不是指真正的剩肉和残羹剩菜。
[20] Hot Laos：热情地不断地邀请。
[21] Shangf Pax：尊位，上座。Shangf Hout与之同。
[22] Vangx Zhed：房屋，家园。
[23] Zhod Zaix Zhod Ndrous：花色的老虎。
[24] Njex Sait Bloub Ndos：坏事，麻烦事，是非之事。
[25] Drik Denb Drik Daos：背凳子，抬凳子。
[26] Hlangt：跨，跨越，指往来。
[27] Ndongt Faf Dlob Ndongt Faf Dleub：发黑发白的树，即不正常的树。文中指死亡和不吉利的事。
[28] Muaf Xaof：训孝，教育孝子，引导孝子。
[29] Dlox Hout Cok Jous：磕头作揖，磕头跪拜。
[30] Ngoux Huab Ncod Ghak Leut：云雾缭绕。
[31] Nzhongd Ndox Nzhuab Yenl：遮天蔽日。
[32] Gheuf Yens：搅着，抱着。
[33] Ndruab Blangb：肚子里。
[34] Zhox Chenx：形成。
[35] Ndangd Yangs：大半辈子。
[36] Daf Ndrenl：带着，怀着。文中指怀胎。
[37] Zhit Bual：不坏，放心。
[38] Jangx Nbangb：手臂。
[39] Houd Joul：膝盖。
[40] Ox Ghongb：干农活。
[41] Lod：摘，折。
[42] Ndraif Changd：乘凉。
[43] Drangs Ndox Zhens：调皮，跑来跑去。
[44] Shangf Pax：上座，上席。
[45] Lot Lol Zax Lot Lol Nzhis：值钱的话，有价值的话语。
[46] Zhox：绸，绸缎。
[47] Ngoux Langs：构兰，表示年轻漂亮的女子，同汉语词仙女，这里指女儿。
[48] Sheud Nzhox Sheud Nzaik：站着，立起。
[49] Njex Chuab Got Ndok：织布机。常用来表示女性。
[50] Ib Zis：并排，一起，一并。
[51] Drok：笑。
[52] Buax Del Got Vongf：犁把手，指犁，常用来表示男性。
[53] Bual Ghak Ghenl：渐渐地损坏，损坏的过程。文中指倒霉事接踵而至。
[54] Ghek：拟声词，指用力咬的样子。
[55] Dad：完成，结束。
[56]ndid del:手指头。ndid deut脚趾。ndid指，趾。
[57]mangx：麻，指麻籽。
[58]ghent：扒，分。从中分出来。
[59] Nzhis：音译为"赤或史""赤神或史神"，神名。与苗语数词zhib音近，也疑为"五神"之总称或"瘟病之总管史文业"。与中国古代"瘟神"或"五瘟之神"的传说如出一辙。即春瘟张元伯，夏瘟刘元达，秋瘟赵公明，冬瘟钟仕贵，总管中瘟史文业。另"木之精行恶风之病""金之精行注气之病""火之精行热毒之病""水之精行恶毒之病""土之精（史文业）行恶疮痈肿"，该五精五神与苗语之数词"Zhib"及"Nzhis赤神"是否有关，待考。有的版本说Nzul Shab Zhit Rongt（祝心不好）。因土语差别，Nzhis和Nzul也疑是Nzux Nyongs的简称。
[60] Longs：气场，胆子。
[61] Leud：追赶，寻找。
[62] Dob Dot Nenb：治人者，即医神。
[63] Dob Guk Chuax：药匠，药神。
[64] Zot：卸，卸掉；清理。
[65] Xuaf Chuax：下药，开药。
[66] Khuk：罐，药罐。
[67] Beb Bangk：三口。
[68] Beb Ghangt：三喉咙，即三口。
[69] Dot：抚养，服侍。
[70] Bluak Del Bluak Deut：穷尽能力。
[71] Nzhual Zas Ndongt：丈量木板，即测量木板的宽度。
[72] Zhangt Xaof：扶起孝子，让孝子起来。
[73] Pangx Ndangx Drik Ndongt：手持刀剑背负棍棒。另称为Nbangx Ndangx Drik Ndongt。
[74] Zaox Ghangb：跟在后面，跟着。
[75] Pangx Ndangx Drik Hnend：手持刀剑背负弓箭。
[76] Dluat Ndlaik：刚刚过去，刚刚过了。
[77] Dris Dros：迅速。
[78] Maox Zhus Langd：毛鼠窝，老鼠窝。其中，Maox Zhus是老鼠的一个种类，个体小。
[79] Deb Yos Ndraox：养草的地，放荒地。
[80] Ghangb Njex：柱底，柱子的底端，柱与地面相接的地方。
[81] Ghangb Hob：坛底，坛的底部。
[82] Zit Ndenl：祭祀活动，祭祀场所。Zit Changd与之同。
[83] Zat Ncik：变，变成，蜕变。
[84] Zheuk：着落。
[85] Zouk：足，够，足够。
[86] Rouf：坐，蹲。
[87] Sheud Lol Hlob：起来惜爱，起来祭奠，即哭丧悼念。
[88] Uat Ndat：丢弃。
[89] Ceuk：堵，塞。

劝孝歌
Ngoux Khuab Xaof

Zhuf Ghenx Zhuf Ndrual[1]
劝笙劝鼓

Haik lak dex lol god haik let dak ek it yox ax,

God mol ax zid ghenx mol juab zid ndrual lak huat ex zid ghenx mol juab zid ndrual ek.

Suk dout luak cuat lenx mol nyaob draod cuat dol et,

Luak nyif zhuak yad zhuf ghenx mol nyaob draod zhuf lit ghak ndrual,

Luak houd njex ndrual luak nif zhuak yad ex dlait nyaos dout nax mol beb qeut lik ghak ndoub ex,

Luak ghangb njex ndrual njis laos luak nif zhuak zeub nyaos dout nax mol beb toud lik ghak ghoub[2] dak luak leuf sob dak huat ex.

我将要这样说啊咿哟，
我尊敬的芦笙师和鼓师呀。
像在别人家呀，
人家劝停芦笙和牛皮鼓时，
在鼓柱上能挂得起二匹布，
在鼓柱下也能置得起三壶酒啊。

Suk dout dex lol god haik lit dak ed,

God mol zid ghenx mol juab zid ndrual dat lak huat ex.

Suk dout luak cuat lenx mol cuat luas ek,

Luak nyif zhuak yad zhuf ghenx mol nyaob draod zhuf lit ghak ndrual ax,

Luak houd njex ndrual luak nyif zhuak yuad dlait mol nax mol beb nchuak lik ghak ndeud ex,

Luak ghangb njex ndrual njis lox njis lal luak nyif zhuak yad ex zeub nyaos dout nax mol toud lik ghak jeud yat dak lak huat ex.

我将要这样说啊，
我尊敬的芦笙师和鼓师呀。
像在别人家呀，
人家劝停芦笙和牛皮鼓时，
在鼓柱上能挂得起三束纸，
在鼓柱下也能放得了三瓶酒啊！

Nchait dak muax dol nyaob suk dout lit dat ed yax,

Suk dout ex god mol zid tangf gob[3] nyaob draod leuf lit nad dak ex!

Nchait yad muax dol suk dout mol god zid tangf gob ex leuf lik nad ex!

Nchait god zhuf ghenx mol nyaob draod zhuf ghak ndrual ax,

Nchait god houd njex ghangb ndrual dlait zhit dout mol nax dangl beb nchuak nik ghak ndoub ek,

Ghangb njex ndrual njis laos duax dak nif zhuak yad zeub zhit dout mol nax dangl beb toud leuf lik ghoub ax!

Nchait god zhuf ghenx mol nyaob draod zhuf ghak ndrual ex,

Nchait god dex houd njex ndrual dlait zhit nyaos mol nax dangl beb nchuak nik ghak ndeud ex,

Ghangb njex ndrual njis lox lal zeub zhit nyaos nax mol beb toud ghak jeud ex.

恐怕有那么一个，
像我歌师一样的人！
像在此地作为歌师的我一样！
在劝停芦笙师和鼓师时，
在鼓柱上挂不起三块布，
在鼓柱下也放不起三瓶酒啊！
我在劝停芦笙和鼓时，
在鼓柱上挂不起三束纸，
在鼓柱下也放不起三瓶酒啊。

God zid ghenx mol juab zid ndrual hluak dat

sob huat lak ex,

Nchait god zid ghenx mol juab zid ndrual ex mex nyif zhuak muab mex dex ghenx ndrual nil zhas yad zhuf rox raos duax dak dif dek sob got lix ghak njex ex,

Nchait zos leuf mex jaix did[4] lak,

God zid tangf gob ex let jat dout mex did nax lak mol leuf god zid ghenx mol juab zid ndrual huak dat lak huat ex!

Nchait dak god zid ghenx mol juab zid ndrual ex,

Mex nyif zhuak yad muab dangl dout mex ghenx ndrual nil zhas yad zhuf rox ghak raos duax dak dif dex sob got nzangt ex!

Nchait ax zos mex jaix nqangt[5] zhek,

God zid tangf gob ex let guas mex nqangt nad,

God zid ghenx mol juab zid ndrual lox yenl nyaob draod zid zox ghak qif luax sob huat lak ex,

Ngeuf zid ghenx mol juab zid ndrual dak lak ex.

我尊敬的芦笙师和鼓师啊，

请你们把芦笙和鼓槌挂在柱子上，

需要它响亮的时候，

我歌师会请你们去让它响起呀！

我的芦笙师和鼓师啊，

请你们要把芦笙和鼓槌挂在墙壁上，

当需要你们出力的时刻，

我歌师会请你们去出力。

你们要多多谅解啊，

芦笙师和鼓师！

Zid Yis Khat
叔伯教

Zid Yis Haik[6]
叔伯叙

Suk dout dex lol god haik lit dak ek id yox,

Suk dout dex lol god khat leuf lit ghak nad dak nad ex:

Zhed zhongl nbaox xaof ghak juab ex,

Nchait cuat nax nghel nyaob draod cuat hnob ex,

Nchait god mol zid yis drox los ghenb[7] duax ndros uat ghenb ex,

Nchait god zid yis nif zhuak ral nad god zid yis duax zos,

Nchait mex naf nif zhuak yad ex tlat ghak pleud mol dout Nzux Shik Nyongs Loul dol dlex sib ghak cenb ex.

我将要这样说啊咿哟，

我将要把情况述说如下：

各位孝子呀，

往年往日啊，

叔伯我的步伐总是太过于缓慢，

以至于当我此次到达时，

你们母亲已走到了祝牛的思亲河啊。

Suk nyaos dout nik dak et cuat nax nghel cuat xongt nad ex,

Bongb nzhongs yox yenl duax suk xongt nad ex,

God mol zid yis drox lis duax nyaob draod uat lis,

Nchait ral nad god zid yis duax zos dex duab ghak njuad dex leuf lak sob huat ek,

Mex naf nif zhuak yuad ex tlat plox ghak pleud[8] mol zos njuat Nzux Shik Nyongs dol Dlex Sib Ghak Njis Luas dangl leuf sob huat dak lak huak.

Suk dout dex lol god haik lit dak ek id yox ax,

Zox lol leuf god haik leuf lit ghak nad ex,

Nchait god zhed zhongl nbaox dob mol nyaob draod xaof ghak juab zhed zhongl nbaox xaof ghak juab ex!

不像在往年往日，

就说今时今日，

叔伯我的步伐总是太过于迟缓，

以至于今年当我到来时，

你们母亲已去到了祝牛的思友河啊。

我就这样说啊咿哟，

古歌内容就这些啊，

我的众孝子们！

Haik Dob Nyuas

告诫儿孙

Uat lit ghak nad ex ral ghak nad ex,

Mex yad duax shab[9] lol nbangx mak.

Nchait mex cuat nax nghel nyaob draod cuat xongt ex,

Mex dex ghak vangx lol nyaob draod zhit ndluas[10] ax,

Dex nik zhod nyaob draod zhit mol ghuax ex.

从现在开始啊，

请你们一定要认真防备。

往年往日呀，

你们的栅栏不破，

老虎不会来这里咆哮唉。

Bongb nzhongs cuat nax nghel cuat xongt ex,

Mex naf zhit blox mol zhit duas,

Mex dex njex said zhit npout ndox zhens[11] ghak dreud ex draod mol duax ed nad lak duax leuf sob huak lak ex.

Bongb nzhongs cuat nax nghel nyaob cuat xongt ad ax,

Mex dex vangx lol zhit ndluas,

Dex ghak zhod nyaob draod zhit lol ex.

往年往日呀，

你们母亲健在时，

许多麻烦事情也不会接踵而来。

往年往日呀，

你们的栅栏不破，

老虎也不前来觊觎。

Bongb nzhongs cuat nax nghel nyaob draod cuat xongt ex,

Nchait mex naf zhit blox nghel zhit duas,

Nchait dex njex said bloub ndos[12] zhit npout ndox zhens nab draod duax leuf ghak zos nad lak.

Bongb nzhongs yox yenl suk dout xongt ghak nax suk xongt lik nad dak ed,

Nchait mex dex vangx lol nyaob yad ghak ndluas ax,

Dex zhod lix lit ghak ghuax ex.

在往年往日，

你们母亲健在时，

麻烦事也不会接踵而至。

时至今年今日啊，

你们的栅栏也许将会破，

老虎恐怕将会来咆哮。

Nchait ax bongb nzhongs xongt ghak yox yenl duax suk xongt nad ex,

Mex naf nik blox jenb draod duas dangl ex,

Mex dex njex said bloub ghak ndos nik npout ndox zhens nab draod lit ghak duax leuf lit nad ax.

Bongb nzhongs yox yenl duax suk xongt lit nad dat huat ed,

Nchait ex mex dex vangx lit ndluas duax nghel zhod let lol ex,

Bongb nzhongs yox yens duax suk xongt nad ex,

Nchait mex naf nif zhuak yad blox jenb duas dangl nchait dex njex said bloub ghak ndos nchent npout ndox zhens nab yad duax lit ghak zos nad lak xaof juab ax.

时至今年今日，

你们母亲已寿终，

你们的麻烦事将接踵而来哟。

就在今年今日啊，

你们的栅栏已破老虎才敢前来，

就在今年今日，

你们母亲仙逝，麻烦事情才接踵而至啊孝家们。

Zid Dlangb Khuab
舅父训导

Zid Dlangb Haik Zid Yis
舅父与叔伯对话

Caob gaox xenb mol zhit zeux dangl lak zid yis et id yox ax,

Nchait zid yis nik zid yis ek nchait yad caob dangl gaox xenb mol zhit zeux dangl lak nad ex.

您真是万分操心啊，

多少事情都让您操心不完呀叔伯。

Nchait ex zhangs lax[13] nghel nyaob zhangs ghak deb,

Nchait zhangs lax nghel nyaob zhangs deb duax zos yad baob,

Nchait ral nad nil lenx loul ek duas dangl nil lenx loul duas,

Nchait yad zhes dout nik ngoux nzhuas dob nzhuas nyaob ex,

Nchait gaox nif zhuak yad caob duax nghel nyaob draod zhit caob ex!

话说田埂牢固在田边，

这次田埂却要垮，

现在长者已经故去，

留下孤儿孤女在人间，

您恐怕不操心也不行呀！

Nchait ex ral nad ex nil lenx loul duas dangl nil lenx loul nyaob yad duas das dak,

Nchait yad buad dangf dout ek dex zhangs lax lol baob nyaob draod dex zhangs ghak angd ex,

Nchait yad zhes dout ngoux nzhuas dob nzhuas,

Nchait gaox zid yis duax zos yad guangd zos zhit guangd nad lak zid yis yox zid yis ek ax?

此次长者是真故去，

就如田埂垮塌成泥，

留下孤儿孤女在世上，

您是不是要来帮忙教育管理呀叔伯？

Khuab Dob Nyuas
劝导儿孙

Suk dout dex lol god haik let dak ek id yox ax,

Zhed zhongl nbaox dob ex mol xaof juab nik zhed zhongl nbaox dob mol xaof ghak juab ak dak huat dak lak ex!

Suk dout ex nil lenx loul nif zhuak yad mol doul nil lenx loul nyaob draod mol ed,

Mex lak gab njot dout nil lenx loul ndaox ndis jenb draod touk nzod ex,

Nil lenx loul uat zox[14] lak nyaob draod yongs zox ex,

Nil lenx loul duax nghel uat jit duax nyaob draod uat nyaos ghak jit.

我将要这样说啊，

我的众孝子呀！

如今长者虽然已经故去，

你们可还记得，

过去长者沿袭的是正宗的礼仪，

传承的是正规的礼俗。

Nchait dak god zhed zhongl nbaox dob xaof juab dak et,

Nchait mex yad yongs nyaos dout mex naf zox ek nchait mex lak yongs dout mex naf ghak jit.

Nchait mex nif zhuak yad muax dangl ghob nghaix mex nif zhuak yad hot nyaos dout mex zid yis draod shangf tax[15],

Muax dangl ghob jeud zhek,

Mex nif zhuak yad hot dout mex yeuf loul draod duax nyaob drout shangf zhox ek.

Nchait nax ghak Mangb mid Shuad dex njex said bloub ndos npout ndox zhens nab,

Mex zid yis nif zhuak yad muab dangl Nax Ghak Mangb Mid Shuad dex njex said bloub ndos et dud druax ndus ghak ndreud,

Nchait Nax Mangb Mid Shuad duax nghel nyaob draod zhit bof nad lak xaof juab nik xaof juab ax.

我的众孝子啊，

你们应当学习父母的礼俗和文化。

在平常你们有肉吃时要请叔叔上榻来共享，

当你们有酒喝时，

也要邀伯父上桌来共饮啊。

当坏人前来寻衅滋事时，

你们叔叔会当仁不让来帮你们，

外人也不敢来找麻烦呀孝家。

Suk dout ek zhed zhongl nbaox dob xaof juab zhed zhongl nbaox dob mol xaof ghak juab ex,

Ral nad ed nchait ex mex dak uat nenx zhek nif zhuak ax zhit yongs dout nil naf zox ex,

Mex uat zhangd ek zhit yongs dout mex zid jit ex.

Nchait mex nif zhuak yad muax dangl ghob nghaix,

Mex zhit hot dout zid yis nyaob draod drout shout shangf tax et,

Muax dangl ghob jeud ek,

Mex zhit hot dout mex yeuf loul draod drout shout shangf ghak zhox ex.

我的众孝子呀，

如果你们学不到母亲的待人之礼，

也学不到父亲的处事之道。

有美味佳肴的时候，

不恭请叔叔来共享，

有酒喝的时候，

也不敬请伯父来共饮。

Nchait dak ek nax ghak Mangb mid Shuad dex njex said bloub ndos npout ndox duab ghak zhens ghak nab[16],

Nchait mex let hot dout mex zid yis nchait mex zid yis duax ndros nyaob draod yeuf ghak loul ex,

Nchait nil yad tueb nil maob ghak blangb[17] ex,

Nchait mex zid yis jaox nghel nyaob draod yeuf ghak loul ex nil ax yad jat uat dangl nax Mangb mid Shuad ex,

Uat nbox zas reb[18] draod puat zhuat mol naox dangl rib ghak mod[19] duax nghel draod nzuas rib ghak ndangb ex.

当麻烦事排山倒海般到来时，

你们邀请叔伯来指点帮忙，

他们将会一个个推托肚子疼，

犹如外人一般不管不顾，

只顾劈山开洞找蜂蜜（吃）。

Nchait mex uat nenx zhek mex zhit yongs dout mex naf zox ek,

Mex uat zhangd zhes zhit yongs dout mex zid jit ex,

Mex muax dangl ghob nghaix[20] mex zhit hot nyaos dout mex zid yis nyaob draod yeuf loul naox ek,

Muax dangl ghob jeud ek mex zhit hot dout mex zid yis jaox nghel nyaob draod yeuf loul houk ex,

在人生中你们学不到母亲的待人之礼，

在为人上你们没学到父亲的处事之道，

有美味佳肴时未邀请叔伯来共享，

有酒水时未邀请叔伯来共饮。

Nchait dak nax ghak Mangb draod mid Shuad dak ed dex njex ghak said bloub ghak ndos ex npout ndox zhens ghak dreud ex,

Mex lit hot nyaos dout mex ghak zid yis nchait ex mex lit mol hot dout mex yeuf ghak loul ex,

Nchait ex mex zid yis jaox nghel yeuf ghak loul ek,

Duax nghel nyaob draod tueb maob nil dex duab bos[21] ex.

当万千麻烦事情来临，

才想起去邀的叔伯相助，
你们的叔伯来到呀，
将会蹲着装病帮不了。

Nchait huaf gaot ex nchait mex zid yis jaox nghel yeuf loul nik yad jat nyaos dout Nax Ghak Mangb Mid Shuad,

Draod mol naox dangl rib ndangb duax nghel draod nzhuas rib ghak mod ex,

Mex jeuf zhit dout rongt lak xaof juab ax.

Ad ak zhed zhongl nbaox dob mol xaof juab mol zhed zhongl nbaox dob xaof juab ed,

Suk ex dout ex bongb nzhongs yox yenl duax suk mol xongt lik ghak nad lak zhed zhongl nbaox dob xaof juab nik xaof juab dak ed!

Suk ex dout ek cuat nax nghel cuat ghak hnob nad,

Nchait god mol yeuf dlangb ex nif zhuak yad duax zos njuat ex,

Nchait dak yad bof dout mex naf nil zhuak ex yad mol uat dangl lob rangx rox ghak raos duax dak nyaob draod ndrangl ghak drongx nad lak zhed zhongl xaof juab ax.

那时候叔伯像没事一样，
只顾自己吃蜂蜜啊，
你们就没办法呀孝家。
孝家啊孝家，
今年真是个送丧之年呀众孝家！
往年往日呀，
舅父我一来到你们家中，
能见你们的母亲在门前安然地梳妆打扮。

Suk ex dout ex bongb nzhongl hmaot nad ex,

Nchait yeuf dlangb yad duax zos dex duab lik ghak njuat,

Nchait mex naf nil zhuak yad nik mol uat dangl Nzux Shik Nyongs Loul nax dangl ib dol ncaik duax mol draod uat leuf lit ghak ghongb nax lak xaof juab nik xaof juab ax.

Nchait cuat nax nghel cuat ghak hnob ex,

Nchait dak yeuf dlangb yad duax zos duab leuf bef ghak njuat ax,

Yeuf dlangb yad bof dout ex mex naf nil zhuak yad uat dangl lob rangf rox shib ghak yenl duax mol uat mol nax ib njuat ghak khuat ox.

像今天这个送丧夜，
舅父我来到家，
却见你们母亲去做了祝牛的种地佣人。
往年往日呀，
舅父我一来到家中，
就能见到你们的母亲身着盛装去做客。

Suk ex dout ex ral ghak nad yeuf dlangb duax zos njuat ex,

Nchait dak yeuf dlangb yad bof dout mex naf ex nif zhuak yad ndif dout lob rangx zas lik ghak yenb mol ex,

Uat dangl Nzux Shik Nyongs Loul nax dangl ib dol ncaik lit ghak mol kud ghongb duax ndros mol et kud lis ghak khuat nad lak ek xaof juab nik xaof juab ax.

此次当我到来之时，
却见到你们母亲躺在灵柩中，
成为祝牛的一个种地佣人和待客帮手。

Suk dout ek zhed zhongl nbaox dob mol xaof juab nik xaof juab ax nchait zhed zhongl nbaox xaof juab nad dak ex,

Uat nit jangl ek nchait ral let ghak nad et,

Nchait ax god mol yeuf dlangb zid yis nif zhuak yad haik dangl ek nchait dex lol Hmongb duax nghel zhit suk dex lol lit ghak Shuad.

Nchait ex zid yis yeuf dlangb yad haik nyaos dout nil dex lol Mangb jaob lol lit ghak nzongs[22] ex,

Nchait yad drous dout ek god mol xaof juab mex nongs nik mex jeuf yad nongs nad dak lak et.

孝家啊孝家，

恐怕这次呀，

舅父我要用苗语说尽心中的思念。

之后还得用其他民族的语言来祭祀，

你们孝子觉得管用你们要好好洗耳恭听。

Ral nad ex zid yis yeuf dlangb ex nil zhuak yad haik dout dex lol Mangb jaox nghel lol Shuad ax,

Nchait mex ex fuf muk gueb liaok shif ex,

Nchait yad maik dout yit hox ghak haok bangf lit ghak bangf ex,

Mex dek gob dif ax nchait yad hox lit ghak qif ex,

Zit mef ax yad nix ghak zhit bof nenx fenb lit ghak sangf ax xaof juab nik xaof juab nad ed.

现在舅父和叔伯要先这样述说，

当你们的父母归世，

你们孝子为他们买了一副好棺材，

你们兄弟之间需要更加和睦团结，

姊妹之间不能分散呀孝家。

Nchait ral nad ex nchait dak zid yis yeuf dlangb yad haik dout god xaof juab at ax,

Nchait ral nad et dex fuf muk gueb liaok shif ex,

Nchait yad maik dex ib hot haot dangl guangt lis ghak ncait ax,

Got dif nil zhuak yad nix zif nchait et dex zik mex nif zhuak duax zos zhit fenb kaib ex,

Mex jeuf dout rongt lak nax zhed zhongl xaof juab lak ak et ak ed.

Nchait fuf muk gueb liaok shif ex,

Nchait ex nil mex dak got dif ex nif zhuak yad maik det yib hox dak haok jenb longx mol zangf ex xaf tuk,

Mol maix lit ghak ib xix lit ghak dif,

Nchait dak god xaof juab mex jeuf dout rongt nad lak zhed zhongl xaof juab ax!

此次叔伯舅父要训诫到孝子，

你们的父母已归世，

要买来一副好棺木，

兄弟要共同来操办姐妹也不分开，

你们的生活才会幸福甜蜜。

当父母离世，

你们要买一合金龙棺材来下葬，

买得一穴地用来安葬，

将来你们才会有幸福生活啦众孝子！

Uat nit jangl dat dak ed xaof juab nik xaof juab,

Nchait ek ral nad ex uat nit jangl mex dak nchait yad guas nyaos dout god mol zid yis yeuf dlangb yad haik dout mex dak god zhed zhongl xaof juab zox ghak ged ghuax lak,

Nchait dak god zid yis yeuf dlangb haik zhit zeux dangl ex,

Nchait yad guas nyaos dout god haik nyaos dout god zhed zhongl xaof juab zox ghak ged nyad lak god haik zhit cuat.

孝家啊孝家，

你们让舅父叔伯我给你们讲那些催人泪下的话，

舅父叔伯恐怕说也说不完唉，

讲那些感人至深的事啊也讲不清哟。

Uat nit jangl ex mex lak gab njot dout ndaox ndis jenb touk ghak nzod ex,

Mex naf nil zhuak yad yos dout mex ek mid duax ndros uat ghak mid ix,

Ndid del ndid deut ek nif zhuak yad muax dangl lob douf lik ghak ndit.

Nchait dak mex lak gab njot dout ek ndaox ndis touk nzod,

Mex naf nil zhuak yad yos dout mex mol yout duax ndros yout ex uat leuf lik ghak yout et,

Mex dex ndid del ndid deut ex maol nyox nyongk luax dangl lob douf lik ghak boud.

你们是否还记得过去，

你们的母亲把幼小的你们生下，

手脚指头才大如脱壳豆籽。

你们是否也还记得从前，

你们的母亲把弱小的你们生下，

手脚指头才大如黄豆。

Mex lak njot mex naf lak zhit njot nad lak god zhed zhongl xaof juab mol zhed zhongl xaof juab?

Uat nik jangl xaof juab mol xaof juab dak ed,

Mex njot zos mex naf mex nil zhuak ax gangd jenb lol hlob dout mex let ghak naf nad lak zhed zhongl xaof juab!

Mex lak yad guas nyaos dout zid yis yeuf dlangb ex haik nyaos dout mex zox ged ghuax lak,

Zid yis yeuf dlangb ex haik zhit zeux dangl,

Mex lak nif zhuak yad guas zid yis yeuf dlangb haik dout mex zox ged nyad zhek,

Zid yis yeuf dlangb haik zhit zeux lik ghak cuat!

你们是否想念你们的母亲呀？

若是想念你们的母亲了，

请你们赶紧来道别了呀！

恐怕你们让舅父叔伯说起父母那催人泪下的过往，

我们说也说不完，

恐怕你们让舅父叔伯说起父母那感人肺腑的从前，

我们说也说不尽啊！

Mex lak gab njot nyaos dout nik dak ndaox ndis touk ghak nzod,

Mex naf nif zhuak yad muab mex yos dout ex nchait dak maol nyox ghak nyongk[23] ex,

Mex lak nif zhuak yad naox nyaos dout mex naf let ghak mil[24] ex,

Mex naf nif zhuak yad muab dout mex naf dex houd joul lol uat mex daos lik ghak nzhel,

Mex gab njot lik ghak dout nad lak lal zhed zhongl xaof juab ek?

你们是否还记得过去，

母亲把你们生下时你们很脆弱，

需要吃到母亲的乳汁，

母亲会把膝盖当作你们的座椅，

你们是否真心记得呢？

Mex lal ndaox ndis jenb lak touk lik ghak nzod ax?

Mex lak gab njot dout mex dex ghak ndid del ndid deut maol nyox duab ghak nyongk,

Mex lak nif zhuak yad naox dout mex naf lit ghak ndraob[25] ex,

Mex naf let muab dout mex naf let ghak houd joul lol uat dangl mex daos lik ghak nyaob lak nad zhed zhongl xaof juab nik xaof juab ax.

Mex dak njot zos mex naf ex mex nif zhuak gangd jend lol hlob dout mex let ghak naf lak zhed zhongl xaof juab ax!

你们是否还记得以前？

你们的身体还极其脆弱，

你们吃着母亲的乳汁，

母亲会把自己的膝盖做你们的座凳啊孝家。

若你们还记得请你们赶紧来道别了呀！

Suk nyaos ghak dout dak zhed zhongl xaof juab nik zhed zhongl xaof juab ax,

Uat nit jangl nchait ex zid yis yeuf dlangb nik yad haik dout mex zox ged ghuax lak nchait dak haik nyaos zhit cuat,

Haik dout ex god zhed zhongl xaof juab zox ghak ged nyad duax ek haik zhit zeux dangl,

Uat nik jangl mex lak gab njot nyaos dout nchait dak ndaox ndis jenb yuad zhaot draod mol touk lik ghak nzod ek ex,

Bongb nzhongs yox yenl duax suk hnob lis ghak nad ex.

孝家呀孝家，

说起你们父母那感人至深的过往呀说不完，

唱起父母那催人泪下的从前哟唱不尽，

你们是否还记得起过去，

以及到今天的送丧日。

Mex naf nif zhuak yad blox jenb draod duas ghak dangl nik.

Nchait mex naf lob ndraos vangx ndraos ghak zhed zhek nchait yad yaos nyaos dout lob zhed nblongx sib lik ghak xongb ex,

Mex naf lob zhed ex nif zhuak yad yaos nyaos dout lob zhed gus yaos dout maol ngeux nghel maol mod[26] mol naox dangl lob qeut lik ghak bongb[27] ax.

Uat nit jangl uat ex nchait dak mex zhit boub dex ex nchait dak ex,

Mex dak mex naf mol zhek mex naf lob zhed duax ndros rongt leuf lik ghak zhed,

Mex naf lob zhed nif zhuak yuad yaos dout lob zhed mol nblongx sib lik ghak shuab[28] ex,

Nchait ed mex naf lob zhed nif zhuak yuad yaos dout maol ngeux nghel maol mod mol naox dangl lob qeut lik ghak buab[29] nad zhed zhongl xaof juab nik xaof juab.

你们母亲已真的离去。
她的房子将会是棕叶和竹条来建盖，
也是蜂蝇虫蛹觅食和着落的地方。
你们还以为故去的母亲，
会有一座像样的房屋，
但是她的房屋仅仅是一间棕叶蕨叶房，
是蜂蛹虫蝇找食和栖身的地方。

Uat nik jangl nchait zhed zhongl xaof juab nik xaof juab nik dak ed,

Ral nad mex daf njot zos mex naf lak zhit njot?

Mex njot zos mex naf mex lak gangd jend lol hlob dout mex let ghak nax nad lak ax!

孝家啊孝家，
你们是否想起你们母亲的恩情?
若你们念想她请赶紧来道别了呀!

Uat nik jangl suk ex mex ndaox ndis jenb draod touk lik ghak nzod ot,

Mex gab njot ek dout ex mex naf mex dak dex ndid del ndid deut ex hlob maol nyox ghak nyongk hlob duax suk lob lik gouk[30] ex,

Mex naf ex nif zhuak yad ex oud dangl mex mol uat dangl nax mol ib jif lik ghak ghongb.

Mex naf nif zhuak nchait dak mex changd ndox lik ghak gob,

Nchait dangl ex dex changd ndox zhit lik ghak rab,

Mex naf nif zhuak yad lod[31] dangl dred nblongx lol uat dangl mex ghak lik ghak gouk let duax mol draod ngouf lik nzongt[32] nad lak zhed zhongl xaof juab nik xaof juab et.

过去，
刚降生的你们脆弱如纸伞，
母亲却背着你们做完一季农活。
你们的母亲担忧烈日炎炎炙烤，
担心那骄阳似火把你们伤，
摘下树叶当伞为你们遮挡阳光呀孝家。

Mex njot mex naf lak zhit njot?

Mex njot zos mex naf mex nif zhuak gangd jend lol hlob dout mex let naf lak zhed zhongl xaof juab nik xaof juab!

Ad ax zhed zhongl xaof juab nik xaof juab et ex!

Uat nik jangl uat ex ral nad ex zid yis yeuf dlangb,

Haik dout mex zox ged ghuax lak haik zhit zeux dangl ex,

Zid yis yeuf dlangb ek haik dout mex zox ged nyad lak duax nghel ex haik zhit zeux lik ghak cuat ax,

Sheud lak xaof juab nik sheud lak xaof juab ax!

你们是否记得你们母亲的恩情?
若记得请你们赶紧起身来与母亲道别呀!
孝家啊孝家!
这次舅父叔伯的述说，
催人泪下的话我们说不尽，
感人至深的事我们唱不完，
赶紧起来了我的孝子们!

Zid yis yeuf dlangb nif zhuak yad haik dout

dak mex dak zhed zhongl nbaox dob mol xaof juab ex,

Ral nad ex mex nif zhuak yad njot nyaos dout mex let ghak naf ex,

Mex nif zhuak yad yos zhax nghel yos ghak cot ex,

Mex nif zhuak yad mol ek yuad nyaos dout dex blis zhax nghel blis ghak cot ex,

Dex blis zhax nghel blis cod ex yad nyaob ghak dout mex jex ghak ghangb lik ghak nguax[33];

Nchait mex nif zhuak yad yuad nyaos ghak dout dak mex dex deb ghak blis ghongb jaox nghel blis ghak longt ex,

Nchait yad nyaob dout mex dex deb mol jex ghak ghangb lik ghak pangd[34] ax.

舅父叔伯将转告你们呀众孝子，
你们要认真感谢你们的母亲，
日后你们需要养殖畜禽了，
你们要找到畜禽的魂魄，
畜禽的魂魄就在圈舍脚；
你们需要种植粮食作物了，
粮食的魂魄就在柜子底。

Uat nik jangl nchait dak god zhed zhongl xaof juab nik xaof juab ed xaof juab nik xaof juab ex,

God zhed zhongl xaof juab et nchait dak ral nad ex zid yis yeuf dlangb nchait yad haik dout mex zox ged ghuax zhek haik zhit cuat ex,

Haik dout mex zox ged nyad duax ndros haik zhit lis ghak zos ex.

Nchait ral nad ex god zhed zhongl xaof juab,

Nik dak del loux[35] ex nchait yad zaik dout[36] zid yis yeuf dlangb dex blis zhax nghel blis cot ex.

Nchait dak ral nad mex dak yad sheud lol et,

Nchait yad zaik dout mex dex ghak blis nyax ndros draod blis lit ghak gob[37] nat xaof juab nik xaof juab ax.

孝家啊孝家，
此次舅父叔伯说着催人泪下的话语说不完，
那感人肺腑的事说不尽。
孝家啊孝家，
请你们伸出左手来接住牲畜之魂。
这一次请你们快快起来啊，
请接住金银的魂魄啊。

背景介绍

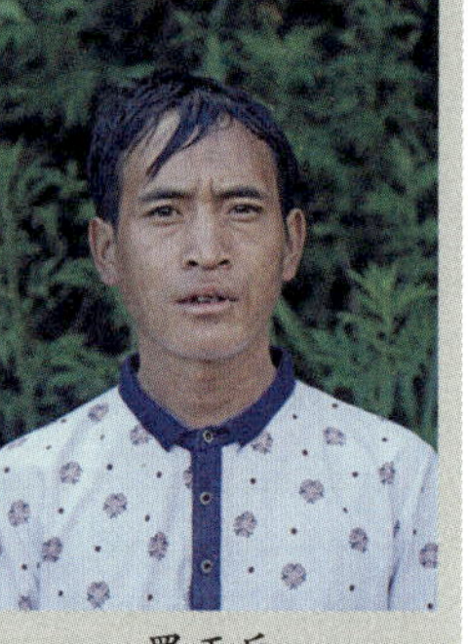

罗正兵

唱诵者：罗正兵 Baod Chib（1982—2024），男，文山市平坝镇腊窝村民委半坡村人，精通当地苗族婚丧文化。师从腊窝村民委腊窝村小组 Nzhuab Baok Dlob 陶开明（1928—2010）。

唱诵场域：唱诵时间大致是安葬日的早上，在天未亮鸡鸣之时，烧纸钱之前。此前叔伯和舅公就要协商好，如果杀得起牛就要摆好饭桌来协商，如果杀不起牛也要拉一块木板坐下来协商。在丧事中使用时，若叔伯或者舅父其中一个人不会，经过两人协商后由一人来唱。

采集整理：罗永洪、熊文国、熊朝兰、熊兴坛。

注释

[1] Zhuf Ghenx Zhuf Ndrual：劝停芦笙和鼓，使正在奏响的芦笙和敲打震颤的鼓点停下来。

[2] Beb Toud Ghoub：三壶酒。

[3] Zid Tangf Gob：歌师。

[4] Jaix Did：用力的时候。

[5] Jaix Nqangt：响起来的时刻，响起来的时候。

[6] Zid Yis Haik：叔伯唱。此作简要介绍，角色上有“叔伯”和“舅父”两个，对唱惯例为“叔伯叙、舅父劝（Zid Yis Haik Yeuf Dlangb Khuab）”和“舅父述、叔伯圆（Yeuf Dlangb Haik Zid Yis Ngeuk）”。若逝者为母，则“叔伯叙、舅父劝”，若逝者为父，则“舅父述、叔伯圆”。通常在凌晨鸡鸣时刻，“烧纸（Hleud Ndeud）”仪式前对唱，角色间会在前一晚“打地铺（Ndouk Dif Pub，简化仪式）”或“摆大桌（Nghol Naf Drongx，传统仪式）”仪式中，舅父和叔伯通过“你犁我耙还是我犁你耙”隐语来对接好谁先起歌。多数两人对唱，但因另一个的具体原因，也存在一人唱两个角色的特殊情况，即一人唱两个角色。

[7] Ghenb：慢悠悠，动作慢，行动迟缓。与之相关的Ghenb Duax Ndros Uat Ghenb即行动不便，十分缓慢。

[8] Tlat Plox Ghak Pleud：跳跃着。

[9] Duax Shab：认真对待。

[10] Ndluas：破，坏，烂。

[11] Npout Ndox Zhens：天坍塌的样子，指麻烦事接踵而来。

[12] Njex Said Bloub Ndos：麻烦事务，事务，事情。

[13] Zhangs Lax：田坎，田埂。

[14] Zox：文化，礼俗。

[15] Shangf Tax：榻上，矮桌子。

[16] Npout Ndox Duab Ghak Zhens Ghak Nab：排山倒海，天翻地覆，天崩地裂。

[17] Maob Ghak Blangb：肚子疼。

[18] Nbox Zas Reb：劈山。

[19] Rib Mod：蜂蜜。与之相关的rib ndangb指岩蜂蜜。

[20] Ghob Nghaix：剩肉，余肉，残羹剩饭。并非真正的剩肉，系自谦。

[21] Duab Bos：蹲着，坐着，是Nyaob Duab Bos的简称。

[22] Lol Nzongs：鬼话，胡话。自谦说法，并非指胡说八道的话。

[23] Maol Nyox Ghak Nyongk：细嫩，指婴儿脆弱。

[24] Mil：奶，奶水。

[25] Ndraob：胸口，胸脯。

[26] Maol Ngeux Maol Mod：苍蝇蜂蛹。

[27] Qeut Lil Ghak Bongb：着落之地。

[28] Shuab：蕨。

[29] Qeut Lis Ghak Buab：栖身之所，依靠之处。

[30] Gouk：伞，纸伞。

[31] Lod：折，摘。

[32] Ngouf Nzongt：乘凉。Nzongt荫，树荫。

[33] Nguax：圈，舍，圈舍。

[34] Pangd：柜子。

[35] Del Loux：左手。

[36] Zaik Dout：接住，捧住。

[37] Blis Nyax Blis Gob：金银财宝的魂魄。

接灵歌
Qid Daol Blis

起灵歌
Ngoux Qid Blis

Renx Yenb Bod Ndox
人烟住满天

Bangf maos sheud shoub shit shit lit bangf shit lik maos[1] zhouk ndox nzhis lit vongs,

Nenb hab deb nzhif lik laos jangx beb dangd shik!

Nad ax at jangl yad zhouk dout guk Mangf Guab[2] yad dout god nax ib cat ek?

Mangf Yis[3] yad nduas shik nab[4] not Mangf Yis yad duas ghak nax ib zis,

Mangf Guab yad nduas ghak zis enb yuax nex.

Jangl yuad zhouk dout guk ndaox ndis draod touk nzod ot ek nzod lis aob touk ndex ot ek,

Jangd leuf nblax deb jangs renx zhangt[5] ndout duax nyaob uat ndout ek,

Jangd leuf nblax deb renx yenb[6] ek nyaob bod ndox[7] ek,

Jangl nik Huangf Hof[8] zhit zeux sheud chaox tinb[9] ek,

Shued Hox[10] zhit zeux sheud chaox dif[11].

悲歌起哟天黑得深沉，

人和地紧紧相连！

天地黑得如此紧密哟为何还要牵涉蔓瓜啊？

蔓艺唠叨着责备自己为何要死去，

蔓瓜也唠叨着埋怨着嗯哟呢。

说到远古的时候，

说起世间人烟是多又多，

世间人烟住满天，

黄河水哟不会来滔天，

水河哟不会淹没大地。

Huab Daik Guangd Ndox Deb
花岱管天地

Yaos dout Qenx Chaox[12] dex Huab Daik[13] yad nyaob bes nyangs[14] gus guangd nyaos dout beb Muak Hongf Huab Lik[15],

Jat leuf Huangx Hox zhit zeux sheud chaox dif Shued Hox zhit zeux sheud chaox tinb.

Jangd yaos dout Qenx Chaox dex Huab Daik yuad nyaob bes nyangs gus guangd nyaos dout beb Muak Hongx Huab Jenb[16] lok,

Jangs nik lob ndox dlit lit nzhens[17] nblax deb zhit zeux baob[18] ek,

Lob deb dlit ndox duab ghak nzhens nblax deb zhit zeux ndluas[19].

Jat leuf lob ndox dlit lit nzhens nblax deb duab nens zhit zeux maob ek,

Lob deb dlit ndox duab ghak nzhens nblax deb duab nens zhit zeux duas shot lak.

Jangs nblax deb ek renx yenb ek nyaob bod ndox lak,

Jangs renx zhangd nyaob bod hangd ek,

Jat leuf nblax deb renf yenb nyaob bod daox ek,

Jangs leuf lob ndox dlaot lik juak lob deb duax

dlaot lik dleuf.

前朝的花岱活着时能管得了红马花狸，

黄河不会漫过大地来水河不会滔天。

前朝花岱在世时管得住红马花精，

天地相互支撑大地稳固不会垮，

天地互相支持大地牢固不会破。

天地牢固人间不会病，

天地稳当世人不会亡。

世间人烟居满天，

大地人种住满谷，

世间人烟居满坡，

天上地下光秃秃。

Muak Hongx Huab Lik Tab Muak Hongx Huab Jenb Qid Shab

“红马花狸”和“红马花精”作妖孽

Jangs nblax deb duab nens ndout duax uat dit ndout ek,

Jangs leuf nblax deb duab nens nyaob bod daox lak,

Jangs nblax deb duab nens uat zhit dout naox nik,

Jangs leuf nblax deb duab nens nyaob bod hangd ex,

Jangs leuf nblax deb duab nens let duax uat zhit dout hnangd shot lok.

Jangs leuf Huangx Hox let sheud chaox tinb ek Shued Hof let sheud chaox dif,

Jat leuf Qenx Chaox dex Huab Daik zhit nyaob bes nyangs guangd zhit dout beb Muak Hongx Huab Lik;

Jangs leuf Huangx Hox let zeux sheud chaox dif Shued Hox let sheud chaox tinb ek,

Jat Qenx Chaox dex Huab Daik zhit nyaob bes nyangs guk guangd zhit dout beb Muak Hongx Huab Jenb let.

世间人烟多又多，

世间人烟住满坡，

世间之人做不得吃，

世间人种满山谷，

世间之人苦不得穿。

黄河才滔滔朝天水河才淹没大地，

只因前朝花岱死后管不了红马花狸；

黄河才滔滔朝地水河才漫过天地，

只因前朝花岱归世管不了红马花精。

Jangd leuf lob ndox dlit lik nzhens nblax deb let zeux baob ek,

Lob deb dlit ndox duab nzhens jat leuf nblax deb let zeux ndluas,

Jat lak lob ndox dlit lit nzhens nblax deb duab nens let zeux maob ek,

Lob deb dlit ndox duab nzhens jat nblax deb duab nens let zeux duas.

Jat leud[20] zeux duas ek duas mol naf ib ngeus[21],

Jat leuf goux vangb goux qangt[22] hnyangd[23] lox laos paob leuf lous zeus[24] jat zeux blox mol blox leuf ib dos,

Jangb goux vangb goux qangd let hnyangd lox laos khaob leuf lous deut[25] nik!

说起天撑不住大地会垮，

大地撑不了天大地会破，

当天撑不了世间之人才会生病，

大地抵不住世间之人才会死亡。

别人会死哟要死成双，

你死后却一人背沉重簸箕垂至腘窝，

那沉重簸箕将碰到你脚后跟啊！

Naf Ngouf Mit Zeus Duas

咪奏之死

Jangd let yad ax Naf Ngoux Mit Zeus[26] let

blox ghous jenb duas dangs,

Jangs leuf Naf Ngouf Mit Zeus let drik dout goux vangb goux qangd njet zos Nzux Shit Nyongs lob drongx ndos,

Jat leuf Nzux Shit let Nyongs yad dak jangs gaox yad duax uat zhangd nax dlangb ghak zhit shot nek?

Jangs Naf Ngoux Mit Zeus let dak jangs leuf nblax deb renx yenb nyaob bod ndox lak,

Jat leuf renx zhangd nyaob bod hangd.

Jat leuf nblax deb duab nens dob uat zhit dout naox lak,

Jangs nblax deb duab nens duax uat zhit dout hnangd sob lak.

Jangd jat leuf nblax deb renx zhangd nyaob bod ndox ek,

Lob ndox dlaot let juak lob deb duax dlaot let dleul,

说起年轻的咪奏哟，
你背起簸箕爬到祝牛的天门口，
祝牛问你到天上来做什么？
咪奏回答说天下人烟已住满，
人烟遍地满山川。
天下人间种了不够吃，
大地人间做了不够穿。
天下人种已住满，
天地一片光秃秃。

Jat leuf gus nblax deb renx zhangd nyaob bod daox lak,

Jangs leuf nblax deb duab nens uat zhit dout naox lak,

Jangs Huangf Hof let sheud chaox tinb Sheud Hof let sheud chaox dif,

Jat Qenx Chaox dex Huab Daik zhit nyaob bes nyangs guk guangd zhit dout jat beb Muak Hongx Huab Lik;

Jat leuf Huangf Hof let sheud chaox dif Shued Hof let sheud chaox tinb ek,

Jat Qenx Chaox dex Huab Daik zhit nyaob bes nyangs guk guangd zhit dout beb let Muak Hongx Huab Jenb let.

Lob ndox dlit lik nzhens lak nblax deb let zeux baob ek,

Lob deb let ndox duab ghak nzhens nblax deb let zeux ndluas,

Jangs lob ndox dlit lik nzhens nblax deb duab nens let zeux maob ek,

Lob deb dlit ndox duab nzhens nblax deb duab nens let zeux duas,

Beb duas beb let lol shob lak!

大地人种居满坡，
大地人烟难找食，
黄河滔滔水朝向天水河漫漫淹大地，
前朝花岱死去管不了红马花狸；
黄河漫漫淹大地水河滔滔朝向天，
前朝花岱死亡管不了红马花精。
天撑不住地会垮，
地撑不了天会破，
天撑不了世间人才会病，
地撑不住世间人才会亡，
我们去世了哟才来到天上啦！

Draod Lol Dleuk Goux Vangb Goux Led

返回人间来卸负

Jangs leud gud ek[27] Nzux Shit Nyongs let dak:

Jangs leuf Naf Ngoux Mit Zeus jangs leuf gaox muax dob muax gid draod daof ghangb,

Jat gaox yad mol dleuk leuf gaox lob goux vangb goux qangd[28] ed shib des shib deut lik langs[29],

Let njet dout Nzux Shit Nyongs let zox gangb let.

祝牛才说：

咪奏呀你有儿女在世上，

你要回去卸下那束缚手脚的簸箕，

才能轻松爬上祝牛的那条道。

Jangs leuf gaox muax dob muax gid draod daof zhed,

Yangs ghak yad nghel leuf nblax deb dleuk leuf ghak goux vangb goux qangd shib des shib deut lik langs,

Let njet dout Nzux Shit Nyongs zox gangb nik!

Jangs Naf Ngoux Mit Zeus let yad mol zos leuf dex yangs gangb[30] ek,

Yangs nad Naf Ngoux Mit Zeus yad draod los dleuk leud Naf Ngoux Mit Zeus lob goux vangb nik.

Naf Ngoux Mit Zeus yad mol zos Nzux Shit Nyongs dex yangd ged,

Naf Ngoux Mit Zeus let draod los dleuk leuf Naf Ngoux Mit Zeus lob goux led[31].

你有儿孙在人间，

咪奏你要回去解除簸箕才能轻松赶路哟，

才能爬上祝牛的那条路！

现在咪奏去到半路，

她要回来解除背负在身的簸箕。

现在咪奏去到半途，

她要回来卸掉背负在身的席子。

Jangs Naf Ngoux Mit Zeus yad duas leuf ib zos duax gouf beb hnob nek,

Ib beb gouf beb jous nyongs ib zos duax gouf beb hnob Naf Ngoux Mit Zeus.

Jangs zos leuf Nzux Shit Nyongs dex yangs gangb,

Naf Ngoux Mit Zeus let draod los dleuk leuf nil lob goux shik ghak vangb let.

Naf Ngoux Mit Zeus yad mongs zos Nzux Shit Nyongs dex yangs ged,

Naf Ngoux Mit Zeus let draod los dleuk leuf Naf Ngoux Mit Zeus lob goux shik ghak led lek.

Jat Dob Langs Shit Ghak Yout[32] ek!

咪奏已逝去一十三天，

咪奏已离世一十又三日。

到了祝牛神的半道，

咪奏才返回家里解除背负的簸箕。

咪奏到了祝牛的半路，

她才又返回家中卸除背负的席子。

年轻丈夫哚郎哟！

Naf Ngoux Mit Zeus xaod[33] jed nghaix los zhit dout jax rib[34] yad dex cangt duax zhit dout jax mangx[35]?

Jangs lef Naf Ngoux Mit Zeus let draod los dleuk leuf Naf Ngoux Mit Zeus lob goux shit ghak vangb nik,

Jat Naf Ngoux Mit Zeus yad duas leuf ib hlit duax beb jous nyongs ib zos duax gouf beb hnob,

Ghak nghaix zhit dout jax mangs ghak cangt duax zhit dout jax rib,

Naf Ngoux Mit Zeus let draod los dleuk leuf Naf Ngoux Mit Zeus lob goux shik ghak led lek!

咪奏肉身是否已腐败玉骨是否脆如麻秆？

咪奏要返回来解除她的簸箕哟，

咪奏已死去半月一十三天，

她肉身未腐玉骨未化，

咪奏她返回来卸下她的席子啦！

Nenx Dlangb Zuak Lol Uat Zhenx Ndeus
制作人神对话的竹卦

Jat leuf dob langs shik ghak yout yad keuk ngouk drangb las nzhet[36],

Blox duab blas[37] njet raos dif drongb duax draod dif hangd dras vongs[38] leuf zongx xongb[39],

Zongx xongb houd bous yad zongx xongb

ndros yad zeux ghous,

Jangs yad lus laos[40] duax draod ndruab ndrangb[41] jat puat pleud[42] duax uat aob shangb let,

Jangs yad muab jaox lol uat dout Naf Ngoux lik blis lob goux shik ghak vangb lek.

丈夫哚郎捡起锋利的镰刀，
快速从这山到那谷砍下竹丛，
竹子连根被砍倒下来，
削去竹枝将中段剖开成两片，
拿来做成了咪奏灵魂的化身。

Jat dob Langf Shit Ghak Yout ek nis yad keuk ngouk drangb las nzhet,

Blox duab blas jangd njet vongs njet raos dif drongb duax draod dif hangd ax,

Jangs yad lod zongx xongb houd bous jat zongx xongb zos zeux ghous,

Jat puat pleud lus laos duax draod beb nzhik puat pleud duax uat aob cib[43] lik,

Jat yad muab dout ib bluax[44] jaox los uat dout hnangd leuf lit blis lob goux shik ghak led shot lok.

丈夫哚郎捡起锋利的镰刀，
快速从山谷到山上砍来竹子，
竹子连根枝叶被砍倒下来，
削去竹枝将竹尖剖开成两片，
一片用来做成咪奏魂魄的着装。

Dob Langs Nblex Shad Dlangx Uat Dlangx
哚郎的稻谷金灿灿

Jangs leuf gus Dob Langs Shit Ghak Yout ek!

Jangs yad zheb[45] dout dex jif lax,

Jat dex jif lax duax draod ndruab deb[46] nik,

Jat dex jif lax dlangx dlof tluat[47] duax cheuk zis[48] shob,

Cheuk zis shob at jangs Dob Langf Shik Ghak Yout ek!

Yad muab leud gud dex jif lax gus draod hlaik los zos,

Jat yad ndouk bes raos[49] ek jat ghox bes gaot[50] ghox draod ndruab reb[51] nik,

Jat yad muab jaox los ruax bes njaot[52] yad dlet nyaos nax beb duab lob[53] ek,

Uat dout naf ngoux blis[54] lob daos rouf[55] sob leuk.

年轻的丈夫哚郎哟！
在田里种了一季稻，
秧苗田里长，
稻谷成熟金灿灿谷穗微微晃，
哚郎的谷穗弯弯轻轻摇啊！
他把这季稻谷来收割，
收来哟赶紧磨快快舂，
舂来揉做成粑粑三个，
当成凳子让咪奏灵魂坐。

Jat Dob Langs Shik Ghak Yout ek!

Yad zheb dout dex jif lax duax draod ndruab deb lek,

Jat dex jif lax yad dlangx dlof tluat suk cheuk zis shod ax,

At jangs yad Dob Langf Shik Ghak Yout ek yad muab leuf dex jif lax gud draod hlaik los zos,

Jat muab jaox los ndouk bes raos ek jat ghox bes hlaot duax draod ndruab reb lok,

Jat muab jaox lol dlet lik raos naf beb tongx[56] let muab jaox lol ruax bes njaos dlet raos naf beb lob ek,

jat yad uat dout naf ngoux lik blis lob daos gus rouf nongs ghenx nongs ndrual draod teuf hnob los guas.

年轻丈夫哚郎哟！
他在田里又撒一季谷，
谷穗轻轻摇哟谷子黄生生，
哚郎他把这季谷子匆匆来收割，
快快磨哟赶紧舂，

三筒粑粑来揉成，
做成灵座坐听笙鼓音。

Dob Langf Shik Yout yad njet laos dif drongb duax draod dif hangd yad njet raos drab raos,

Dras vongs zongx xongb houd bous yad zongx xongb ndros zeux ghous,

Yad muab jaox lol puat pleud duax uat aob dos[57] lik,

Jangs muab jaox lol uat dout naf ngoux blis tab dout yangx jenb guk draod zuak lol[58] sob lak enb yuax nex,

Jat leuf ngoux gud bangf gus enb shik maol dangs sob lak.

唪郎哟他快爬上那山冲，
砍下一棵竹，竹子倒下来，
剖开成两块，
拿来做成神灵与人间对话的竹卦。
悲歌溯源至此没有了嗯哟哪！

背景介绍

唱诵者：陶占宝 Shuad Sif Dlob（1959— ），男，文山市德厚镇湖海村委会石榴红村人，17岁学成，掌握当地苗族婚丧文化，擅长苗族古歌。该曲从其岳父李文林Shuad Muak Jait处学来，李文林又师从其兄Shend Fuf Jait（汉语姓名不详）。

陶占宝

唱诵场域：此歌属苗族丧葬古歌，专用于“烧灵”仪式。

版本述评：该歌是文山市苗族烧灵仪式歌中最具特色的“接魂古歌”之一。其内容有诸如“黄河水哟不会来滔天，水河哟不会淹没大地”等多处关于黄河滔天的叙述，是研究苗族传统文化中的“黄河记忆”及相关“河洛文化背景”的重要素材。

采集整理：罗永洪、熊文国、熊朝兰、熊兴坛、陶永林。

注释

[1] Bangf Maos Sheud Shoub Shit Shit Lit Bangf Shit Lik Maos：苗族丧葬烧灵（即葬后13天举行的丧葬仪式）期间专用曲调，该曲调不能在去世之时运用。诵唱者称，这是烧灵（Uat Blis）期间专用曲调，若懂得此规矩的，一般不与去世时的“Nenb Loul Soud Soud”曲调混淆，此与Nenb Loul Soud Soud起调完全不同。因此，年轻学习者们需记住此规矩方符合苗族丧葬文化礼仪和规矩。此Bangf Nat Sheud Shoub Shit Shit Lit Bangf Shit Lik Maos这种专用曲调讲解来源于前辈艺人Lax Sif Dlob的专门传授。其Lax Sif Dlob系唱诵者爷辈族人，20世纪70年代去世。Bangf Shit Lik Maos即Ngoux Maol悲歌的一种变称和起调方式。

[2] Mangf Guab：蔓瓜，人名。

[3] Mangf Yis：蔓艺，人名。

[4] Nduas Shik Nab：唠叨着，埋怨着，念叨着，责备地。

[5] Renx Zhangt：人种。

[6] Renx Yenb：人烟。

[7] Bod Ndox：满天，指人烟在天地间住满。

[8] Huangf Hof：黄河。

[9] Chaox Tinb：朝天，指水涨朝天。

[10] Shued Hox：水河。

[11] Chaox Dif：朝地，指水漫过大地。

[12] Qenx Chaox：前朝。苗族古歌中常唱起的时代概念，与之

相对的是"后朝"。苗族一般以浑水朝天之前叫前朝，浑水朝天兄妹制人烟之后叫后朝。

[13] Huab Daik：花岱，系音译，神名。据古歌内容看，是管天地的神。另外，也疑为"黄帝"，待考。

[14] Nyaob Bes Nyangs：活着，在世。

[15] Muak Hongx Huab Lik：红马花狸。转译的汉语音译，根据本文内容当是在水中"作孽"形似马一样的怪物。

[16] Muak Hongx Huab Jenb：红马花精。转译的汉语音译，根据本文内容当是在水中"作孽"形似马一样的怪物。上述两怪物与河洛文化背景如出一辙，疑与河洛文化相关。如《礼记·礼运》"河出马图"；《尚书·顾命》孔安国传："伏羲王天下，龙马出河，遂则其以画八卦，谓之河图。"《竹书纪年》"帝禹夏后氏"。陈注："当尧之时，禹观于河，有长人，白面鱼身，出曰：吾河精也。呼禹曰：文命治水。言讫授禹河图，言治水事……洛书龟书是为洪范。"《周易·系辞上》："河出图，洛出书，圣人则之。"备此一说，仅供参考。

[17] Dlit Lit Nzhens：张开着，支撑（开）着。形容天空如眼皮一样张开着，指天地稳固，稳当。

[18] Baob：垮。

[19] Ndluas：破，坏，烂，破烂。

[20] Leud：他们，别人，人家。

[21] Ib Ngeus：一对，一双，成双成对。

[22] Goux Vangb Goux Qangt：苗族烧灵使用的簸箕。

[23] Hnyangd：重，沉重，重量。

[24] Lous Zeus：膝部腘窝部位（弯曲部位）。

[25] Lous Deut：脚后跟。

[26] Naf Ngoux Mit Zeus：咪奏，指年轻的女性逝者。

[27] Jangs Leud Gud Ek：词头，相当于此时，那时。

[28] Dleuk Goux Vangb Goux Qangd：解除"簸箕"。因"簸箕"形似"盾牌"，苗族人以"簸箕"代替逝者身上的盾牌或兵甲。Dleuk Goux Vangb即为逝者解除盾牌，让逝者轻松回到祖宗之地。此歌取"解除簸箕"之意。

[29] Shib Des Shib Deut Lik Langs：轻手轻脚，使脚手轻松。

[30] Yangs Gangb：半路。

[31] Goux Led：席子，用席子为逝者铺的床。因"席子"形似"战袍"，苗族以"席子"代替战袍。举行解除席子仪式意为解除。文中即为逝者解除身上的"战袍"，让逝者轻松回到祖宗之地。此歌取"席子"之意。

[32] Dob Langs Shit Ghak Yout：逝者的年轻丈夫及后人。以逝者为大为尊，故称为Langs。Dob Langs音译为"哚郎"。

[33] Xaod：晓。文中指可知否。

[34] Jax Rib：化成蜜。文中指逝者肉体腐化、腐败。

[35] Jax Mangx：骨头，用Mangx（麻）来隐喻。文中指骨头尚未脆如麻秆。

[36] Las Nzhet：锋利的镰刀。

[37] Blox Duab Blas：消失一会儿。

[38] Dras Vongs：用力地砍。

[39] Zongx Xongb：竹丛，竹篼。

[40] Lus Laos：削去，捋去。

[41] Ndruab Ndrangb：中间。

[42] Puat Pleud：剖开，劈开。

[43] Aob Cib：两片，两块。文中指竹卦，也称Cib Xongb或Zhenx Ndeus。

[44] Ib Bluax：:一条竹篾，一片竹篾。

[45] Zheb：撒，种，播种。

[46] Ndruab Deb：地里。

[47] Dlangx Dlof Tluat：金黄色的（稻谷），形容稻谷成熟、金黄色的样子。

[48] Cheuk Zis：（稻谷）成熟时谷穗在微风中轻轻摇曳的样子。

[49] Ndouk Bes Raos：匆忙地打（谷）。

[50] Ghox Bes Gaot：快快地舂，赶紧舂。

[51] Reb：碓窝，石碓，磨。

[52] Ruax Bes Njaot：揉，搓揉。

[53] Duab Lob：一个。此处指放置在簸箕中用以祭祀的"大米粑粑"，虽然歌中未明确粑粑，但结合苗族丧葬习俗，部分家族使用粑粑祭祀灵魂的做法，可明确知晓，其指代粑粑。

[54] Ngoux Blis：逝者的灵魂。

[55] Daos Rouf：凳子，坐凳。其中，因草凳形如粑粑，故用凳子代指祭祀所用的粑粑。

[56] Beb Tongx：三筒（粑粑）。

[57] Aob Dos：两边，两块。此处指竹卦Zhenx Ndeus，是苗族丧葬的祭祀工具，是人与神对话的媒介。

[58] Zuak Lol：对话，接话。

接灵歌

Ngoux Daol Blis[1]

Nyaob Ndrout Ndrouk

屋外祭祀

Ngoux Houd Boul

起调

Blis maos[2] shik shout out,

Shout shoub shik lol yox drout shout let mak nzhox lik ghak blis ex!

灵魂悲歌悠悠哦，

余音飘荡深沉哟灵魂！

Zhouk ndox jangl shik lik vongs,

Ndox zhouk deb hed ndox zhis yend let jangl shik lik vaos,

Yuad zhouk dout juax jous yif lob ncongt ndox[3] mol yis zhed,

Njis nzhox blis[4] njis ndox njis deb[5] yend draod lol zos nat shob guas[6] ix!

Zhouk ndox jangl shik lik vongs,

Ndox zhouk deb hed ndox nzhis yend let jangl shik lik vongs,

Yuad zhouk dout juax jous yif lob ncongt ndox mol yis zhed,

Njis nzhox blis njis ndox njis deb yend draod lol zos nat shob guas nzhox lik ghak blis ex!

天黑乎乎，

地阴沉沉，

九十八重天黑黑到了家门前，

魂魄在天地间飘游似乎归来到这儿啊！

天阴沉沉，

地黑乎乎，

九十八重天阴阴到了家门口，

魂魄游荡在天地间似乎已来到这里啊！

Nzhox Blis Duas Mol

魂魄形成

Blis maos shik shout out,

Shout shoub shik lol yox drout shout let mak nzhox lik ghak blis ex!

Nzhox blis ghak zhox leuf dex sob lik shab[7],

Nzhox blis ghak zhuak yuad duas bek lik nad shob guas ix!

Nzhox blis ghak zhox leuf dex sob lik nzangt[8] nad,

Nzhox blis ghak zhuak yuad duas bek lik nyad shob guas nzhox lik ghak blis ex!

灵魂悲歌悠悠哦，

余音飘荡深沉哟灵魂！

魂魄触碰到山墙，

似乎它才会死亡！

魂魄踩到了板壁，

似乎它才会归天啊魂魄！

Nbout Shuad Zhit Rongt

梦不吉利

Blis maos shik shout out,

Shout shoub shik lol yox drout shout let mak nzhox lik ghak blis ex!

灵魂悲歌悠悠哦，

余音飘荡深沉哟灵魂！

Ndrous Langx[9] zhos yuad but leuf ndox nzhis dex ndrangb lik hmaot[10]deb nzhis leuf dex ndrangb lik nyongs,

Ndrous Langx zhos yuad uat dout leuf nax dlangb lol nbout shuad[11] zangb[12] yuad mol ndros luas luf nbangx[13] guak ix,

Uat dout leuf nax dlangb lob nbout shuad lik

pef[14] nad shob huak zhos yuad mol ndros luas luf leuf duax mol uat ib let del[15] .

Ndrous Langx zhos yuad sheud ncit dak Ngoux Langs dex shik let qif nad guak,

Ndrous Langx zhos yuad haik dout Ngoux Langx dak:

Uat jangl hmaot nat god zhos yuad but leuf ndox nzhis dex ndrangb lik hmaot dex nzhis leuf dex ndrangb lik nyongs angt.

God zhos yuad uat dout leuf naf dlangb lob nbout shuad zangb yuad mol ndros luas luf nbangx guak ix,

Uat dout leuf naf dlangb lob nbout shuad let pef nax shob guas zhos yuad mol ndros luas luf leuf duax mol uat ib let del ak.

宙郎睡到半夜三更，

做了一个要去帮别人的坏梦，

做了一个与别人牵手的脏梦。

宙郎黯然神伤起身叫醒构兰，

跟爱妻构兰说道：

宙郎我睡到夜半三更。

做了一个要去帮别人的坏梦，

做了一个与别人牵手的脏梦。

Hleud Jangs Jab Hleud Jangs Ndongt

烤树根占卜吉凶

Ngoux Langx zhos yuad sheud lol choub gas[16] dex nyuas ghob roub jaox nghel ghob lik maod[17] nat guak,

Ndrous Langx naox dangl Ndrous Langx zhos yuad del lous[18] duax duad jangs jab dlangx[19],

Del nangs[20] duax duad jangs ndongt mol daof hnob muax leuf nof Mangb tab leuf nof Shuad.

Nof Mangb nof Shuad[21] zhos yuad muab dangl dol nyuas jangs jab zhaot nzhongs leuf dex ndruab let job[22] nad guas,

Dol nyuas jangs jab zhos yuad gob lat leuf dex duax shik ched guak ex.

Nof Mangb nof Shuad zhos yaos dak:

Nex[23] ged blox lol draod zhit muax guak ix nbuat dait[24] lak drongl zhit lik dout[25],

Zhos yaos bof dout leuf naf zid lol ndros nex yuad leuf lob goux lik led guak.

构兰赶紧起身来热那残羹剩饭，

宙郎饭后左手提起杉树的黄根，

右手拿起树干到了昔日有算命官的地方。

算命官把杉树根放入火塘中，

杉树根噼噼啪啪燃起来。

占卜师说道：

死亡卦象虽未显但祭猪神却难护佑你，

卦象显示已亡父母来求你们帮解下战袍。

Ngoux Langx zhos yuad haik dout Ndrous Langx dak:

Zhit nchait lak mol draod zhit dit od nat nchait nad shob guas,

Goux vangb[26] lak jat beb zhaot,

Goux led[27] lol jek beb dleuk,

Zhos yuad dinf jaix zhos yuad lob nyongs hnob guak dinf nyongs duax mol let bongb shob guas.

Dinf jaix duax draod zhaod let hmaot,

Dinf nyongs duax mol drout leuf zhaod hnob shob guas,

Dinf jaix duax mol jat leuf zeux zos guak,

Dinf nyongs duax mol nyongs let yaos shob guas nzhox lik ghak blis ex.

构兰对宙郎说道：

我们不要太担心，

盾牌来由我们解，

战袍来由我们卸，

只需商定好时日。

定时间来寻好时，

定日子来找吉日，

好时该来自会到，

吉日该到自会来。

Uat Zhenx[28] Uat Cib

制竹卦来对话

Blis maos shik shout out,

Shout shoub shik lol yox drout shout let mak nzhox lik ghak blis ex!

灵魂悲歌悠悠哦，

余音飘荡深沉哟灵魂！

迎候魂灵

Ndrous Langx del lous zhos yuad mol nghangt dout lob drangb zuak lik nyax[29] guak,

Yuad mol zad dout leuf zongx xongb[30] gud shik let nenk lol ex.

Jat bel ndox nzhik lol zhit lik yuad zhas bes deb boul lol draod zhaot lik zhes,

Zhos yuad dout lob yangd zongx lik ndruab jaox lol puat pleuf duax mol uat aob lik shangb shob guas.

Ib shangb zhos yuad jaox lol uat dout leuf nzhox blis lob goux lik vangb guak,

Muax ib shangb zhos yuad jaox lol uat dout leuf nzhox blis zhuf xix[31] guak duax mol khat lik gangb shob guas.

宙郎左手拿起银砍刀，

砍竹扛回家。

竹尖削除竹根也舍去，

只要中间一截拿来剖两半。

一半做成魂魄栖居的盾牌，

一半拿去做成魂魄的竹席以引路。

Ndrous Langx del nangs zhos yuad mol nghangt dout lob drangb zuak lik nyax guak,

Yuad mol zad dout lob zongx xongb gud shik nenk lol guak.

Zhas bes deb lol draod draod lol zhes zhas bel ndox lol zongf zhit let lol yuad shob guas,

Zhos yuad lob dout lob yangd zongf let ndrangb jaox lol puat pleud duax mol uat aob let cib shob guas,

Ib cib zhuak jaox lol uat dout leuf nzhox blis lob goux lik led shob guas,

Muax ib cib jaox lol uat dout leuf nzhox blis zhuf xix guak duax mol khat lik ged shob nzhox lik ghak blis.

宙郎右手拿起银砍刀，

砍下竹子回家中，

竹尖削除竹根也不取，

只用中间一截一刀劈两片，

一片用作装扮灵魂的战袍，

一片拿给灵魂做指路的竹卦。

Daox Nzangt Daol Blis

到坟茔接魂魄

Blis maos shik shout out,

Shout shoub shik lol yox drout shout let mak nzhox lik ghak blis ex!

灵魂悲歌悠悠哦，

余音悠远又深邃哟灵魂！

Nzhox blis ghaib zaik duax caik sob nik nzangt del lous ndros yuad nghangt dout ib drangb mod nik dongx[32] guak,

Yuad mol daol dout leuf nzhox blis dex nbongt lik nzangt njis yenl ghangb nzangt duax ncuab lik nzhuab[33] jex ghouf nzangt duax ncuab lik deul[34] ex.

Jex ghangb nzangt ghouf nzangt zhos zhuab dout beb del angd luax[35] dout leuf dex duax shik nyad shob guas,

Nzhox blis zhos yuad sheud njaof jenk lik nteud zhos yuad gheus gheuf Ndrous Langx dex dut lik chaot!

Zhos yuad lol uat ged gas leuf duax shik reuf shob guas,

Ndrous Langx ghangb nzaix duax caik sob nik ndros del lous zhos yuad mol nghangt dout leuf drangb hnend nik dongx guak,

Yuad mol daol dout leuf nzhox blis dex nbongt lik nzangt ex.

Jex yend ghouf nzangt duax ncuab lik deul,

Jex yend ghangb nzangt duax ncuab lik nzhuab nax guak.

手提长铜枪和接魂鸡放坟头，

将迎接构兰的灵魂。

构兰坟脚长绿青苔坟头生树苔，

坟头坟脚抓三把土放声悲哭啊！

构兰灵魂起身抓紧宙郎的衣角同归来，

手提铜弓箭和接魂竹筛，

到坟墓迎接构兰灵魂。

构兰坟头已长树苔藓，

坟脚已生青苔。

Jex yend ghangb nzangt ghouf nzangt zhos yuad zhuab dout leuf beb del angd luax dout leuf dex duax shik heud shob guas!

Nzhox blis zhos yuad shend njaof jens lik nteud gheus gheuf Ndrous Langx dex dut lik chaot ex,

Zhos lol uat ged jat leuf duax shik reuf shob guas nzhox lik ghak blis ex!

坟头坟脚抓上三把土放声号哭啊！

构兰灵魂急忙起身抓住宙郎的衣襟，

紧紧拉住一同归来啊！

Nbangx Dlex Nyax Dlex Gob Daol Blis

备金水银水迎接魂魄

Blis maos shik shout out,

Shout shoub shik lol yox drout shout let mak nzhox lik ghak blis ex!

灵魂悲歌悠悠哦，

余音缥缈又悠长哟灵魂！

Ndrous Langx zhos yuad mol daol dout leuf nzhox blis dex nyuas nzhut[36] lik touk guak,

Ndrous Langx zhos yuad huet mongt[37] nzhongl drout leuf naf Ngoux Langs,

Zhos yuad choub dout lob genf[38] dlex nyax dlex gob[39] duax mol drout leuf nzhox blis duax draod youl nik njoux[40] guak ex!

Ndrous Langx zhos yuad mol daol dout leuf nzhox blis dex nyuas nzhut nik zhuas shob guas,

Ndrous Langx zhos yuad huet mongt drout leuf naf Ngoux Langs,

Zhos yuad choub dout lob genf dlex nyax dlex gob duax mol leuf nzhox blis nik draod nzuad lik muas shob guas nzhox lik ghak blis ex!

当宙郎把构兰灵魂迎来时，

宙郎传信给构兰，

烧壶金水银水给构兰灵魂漱口啊！

当宙郎把逝者的灵魂迎来时，

宙郎将消息告诉构兰，

烧壶金水银水给灵魂洗脸啊！

Jeud Nblex Jeud Nblouf Daol Blis

备酒水迎接魂魄

Blis mol shik shout out,

Shout shoub shik lol yox drout shout let mak nzhox lik ghak blis ex!

灵魂悲歌悠悠哦，

余音飘荡深沉哟灵魂！

Ngoux Langs zhos yuad juax hnob duax hout jeud nblex[41],

Gouf hnob duax hout jeud nblouf[42].

Jeud nblex ghangb suk jeud nblouf oud,

Jeud nblex jeud nblouf oud ghangb rib ghak

las[43] leuf dex duab shik qab[44] nat guak,

Zhos yuad muab dout leuf jeud nblex jeud nblouf lol dlend dout leuf nzhox blis dex yangd lik gab[45] nat shob guas ex!

Naf Ngoux Langs zhos yuad juax hnob duax uat jeud nblex guak ex,

Gouf hnob duax hout jeud nblouf oud.

Jeud nblex ghangb suk jeud nblouf ad,

Jeud nblex jeud nblouf ghangb rib ghak las leuf dex duab shik ched[46] nat guak,

Zhos yuad muab dout leuf jeud nblex jeud nblouf lol dlend dout leuf nzhox blis dex yangd lik ged nat shob guas nzhox lik ghak blis ex!

构兰九天来煮米酒，

十天来煮糯酒。

米酒糯酒一样甜，

米酒糯酒甘甜飘香满街市，

将那灵魂安放抚慰在街市啊！

构兰九天来酿米酒，

十天来煮糯酒。

米酒糯酒一样醇香，

米酒糯酒甘甜来飘洒，

将那灵魂安慰在路上！

Njuad Nblex Njuad Nblouf Daol Blis

糯米粑粑迎接魂魄

Blis maos shik shout out,

Shout shoub shik lol yox drout shout let mak nzhox lik ghak blis ex!

灵魂悲歌悠悠哦，

余音袅袅又悠长哟灵魂！

Naf Ngoux Langs zhos yaos juax hnob duax uat njuad nblex[47] at,

Gouf hnob duax uat njuad nblouf[48] oud.

Njuad nblex ghangb suk njuad nblouf ad,

Njuad nblex njuad nblouf ghangb rib ghak las leuf dex duab shik qab nad guak ex,

Zhos yuad muab dout leuf njuad nblex njuad blouf lol uat dout leuf nzhox blis lob gouk[49] nzhox blis lob daos let rouf yend leuf lob goux lik vangb shob guas.

Naf Ngoux Langs zhos yuad juax hnob duax uat njuad nblex guak,

Gouf hnob duax uat njuad nblouf oud.

Njuad nblex ghangb suk njuad nblouf ad,

Njuad nblex njuad nblouf oud ghangb rib ghak las leuf dex duab shik ched nat guak,

Zhos yuad muab dout njuad nblex njuad nblouf lol uat dout leuf nzhox blis lob daos rouf yenb leuf lob goux lik led shob guas nzhox let ghak blis ex!

构兰九天来做米粑粑，

十天来做糯粑粑。

米粑粑和糯粑粑一样味美，

米粑粑和糯粑粑甜蜜可口，

将米粑糯粑放在兵甲之上当作亡灵的凳子呀。

构兰九天来做米粑粑，

十天来做糯粑粑。

米粑粑和糯粑粑一样好吃，

米粑粑和糯粑粑甜蜜适口，

将米粑糯粑放在战袍中当作亡灵的凳子哟。

Muab Dled Daol Blis

备狗迎接魂魄

Blis maos shik shout out,

Shout shoub shik lol yox drout shout let mak nzhox lik ghak blis ex!

灵魂悲歌悠悠哦，

余音飘荡深沉哟灵魂！

Ndrous Langx zhos yuad juax hnob duax draod mual dled,

Gouf hnob duax draod mual lik dled shob guas ex,

Zhos yuad muab dout dol dled dlob dled njoux

lik nded[50] duax shob guas,

Dol dled duax qid nat shob guas.

Naf box dled[51] njous nded yeus dled[52] duax mol jaob lik zhus guak ex,

Zhos yuad muab dout leuf box dled jaox lol ndual lik zhed[53],

Yeus dled zhos yuad jaox lol daol dout leuf beb dex lik nyox shob guas ex!

宙郎九天在买狗，
十天也在买狗，
买来长嘴黑狗，
用狗来开启仪式。
公狗母狗用来祭献那木桩，
要将母狗祭献给灵魂来看家，
公狗用来看护那牛儿啊！

Ndrous Langx zhos yuad juax hnob duax draod mual dled,

Gouf hnob duax draod mual lik dled shob guas,

Zhos yuad muab dout dled dlob dled njoux lik njangx[54] shob guas,

Dol dled duax dik hluat lik hmangb[55] nat shob guas ex.

Naf box dled njoux nded yeus dled duax mol bloub lik ncit[56] shob guas,

Zhos yuad muab dout leuf box dled jaox lol ndual lik zhed,

Yeus dled jaox lol daol dout beb dex lik nyox gus zhaot drongb leuf lob ghangb khaod lik reb[57] shob nzhox lik ghak blis ex!

宙郎九天在买狗，
十天也在买狗，
买得那直嘴黑狗呀，
用藤条把它拴起来。
那长嘴母狗和粗毛公狗呀，
祭祀母狗看护家，
祭祀公狗守候放养山中的牛儿啊逝者灵魂！

Nbangx Ghet Daol Blis
备鸡蛋迎接魂魄

Blis maos shik shout out,

Shout shoub shik lol yox drout shout let mak nzhox lik ghak blis ex!

灵魂悲歌悠悠哦，
余音袅袅又深沉哟灵魂！

Loud ghaib zhoux ghet[58] les box ghaib duax ndes ghet[59] let zheus,

Naf box ghaib zhos yuad ndes dout leuf lob ghet duax nghel dif uat lik njangx[60] shob guas,

Zhos yuad muab dout leuf naf box ghaib ghet ghoux[61] lol dlend dout leuf nzhox blis naox chaik lik nax hnob shob guas,

Zhos yuad ncuat dout leuf nzhox blis njis yend leuf lob goux lik vangb shob guas.

公鸡乱叫窝母鸡产蛋少，
母鸡产下蛋的烧灵仪式就要简单启动，
要将母鸡臭蛋摆哄得灵魂每日来用餐，
引诱得那亡魂爬到那兵甲之上。

Lout ghaib zhoux ghet les zhek box ghaib duax ndes ghet let zheus shob guas ex,

Naf box ghaib zhos yuad ndes dout leuf lob ghet duax nghel dif uat nik nded shob guas!

Zhos yuad muab dout leuf naf box ghaib ghet ghoux zhos yuad lol dlend dout leuf nzhox blis naox chaik lik yend nad shob guas,

Zhos yuad ncuat dout leuf nzhox blis njit yend leuf lob goux lik led shob guas nzhox lik ghak blis ex!

公鸡叫窝来母鸡产蛋少，
母鸡产下蛋的烧灵仪式要长时间举办哟！
似乎要用母鸡寡蛋来哄得灵魂每日吃早饭，
似乎能够引诱灵魂爬上那战袍之中啊！

Shaib Zangx Shaib Qeut

引魂魄至床铺上祭祀

Ngoux Houd Boul

起调

Blis maos shik shout out,

Shout shoub shik lol yox drout shout let mak nzhox lik ghak blis ex!

灵魂悲歌悠悠哦，

余音飘荡深沉哟灵魂！

Zhouk ndox jangl shik let vongs,

Ndox zhouk deb hed ndox zhis yend let jangl shik lik vaos,

Yuad zhouk dout juax jous yif lob ncongt ndox mol yis zhed,

Njis nzhox blis njis ndox njis deb yend draod lol zos nad shob guas ix!

Zhouk ndox jangl shik lik vongs,

Ndox zhouk deb hed ndox zhis yend let jangl shik lik vongs,

Yuad zhouk dout juax jous yif lob ncongt ndox mol yis zhed,

Njis nzhox blis njis ndox njis deb yend draod lol zos nad shob guas nzhox lik ghak blis ex!

天黑乎乎，

地阴沉沉，

九十八重天黑黑到了家门前，

魂魄飘游天地间归来到此啊！

天黑乎乎，

地阴沉沉，

九十八重天阴阴到了家门前，

魂魄飘游天地间已来到啊！

Zangx Zeub Zangx Cit Xongb

逝者床铺

Blis maos shik shout out,

Shout shoub shik lol yox drout shout let mak nzhox lik ghak blis ex!

灵魂悲歌悠悠哦，

余音缥缈又深沉哟灵魂！

Nzhox blis yuad shik duax lol yuad zos guak yuad shik duax mol yuad let yangt shob guas ex,

Zhos yuad yangt lox zhis yangt lis luas[62],

Zhos yuad yangt lox yangt lis luas lol shout lik ndrual[63] nzhox blis lob zangx zeub zangx cib lik xongb[64] nab shob guas.

Nzhox blis zhos yuad haik shend yox yenl dak,

Nzhox blis hnob nyongs mol leuf zhit dout lex nded,

Hnob nyongs mak mol leuf zhit dout leuf ndout nat shob guas.

Uat jangl yuad bangf caob bangf dex shik lik nyax zas[65] zhed caod zhed dex shik lik nyad?

Nzhox blis zhos yuad chongf draod zhit zeux kongd shob guas ex!

魂魄飘飘悠悠将到来，

游荡在空中飘浮不定，

随震颤木鼓声飘到兵甲上。

魂魄徘徊不定地说，

他离去的时日不长，

离去的日子本不多。

为何办事家里破费不少又哭声一片？

灵魂从天而来却不会屈身栖居啊！

Nzhox blis yuad shik duax mol yuad zos guak,

Yuad shik duax mol yuad let yangt nat guak,

Zhos yuad yangt lox zhis yangt lis luas,

Zhos yuad yangt lox yangt lis luas lol shout lik ndrual nzhox blis lob zangx zeub zangx cib lik zhenx shob guas.

Nzhox blis zhos yuad haik shend yox yenl dak,

Nzhox blis hnob nyongs mol zhit dout lik nded,

Hnob nyongs mol leuf zhit dout let ndout nat shob guas.

Uat jangl yuad bangf caob bangf dex shik lik nyax zhed caod zhed dex shik lik nyad shob guas?

Nzhox blis zhos yuad chongf draod zhit zeux let nghent[66] shob guas nzhox let ghak blis ex!

魂魄将到来，

似乎已飘飞而来了，

游荡在空中飘浮不定，

随震颤木鼓声飞到兵甲和竹卦上。

魂魄忧伤地说道，

他离去的时日不长，

他离去的日子不久。

为灵魂花了太多钱财为何还哭声一片？

灵魂从天而来却没有动听的好话来安慰家人啊！

Zeub Zhed Houd Blangs

正堂祭祀

Ngoux Houd Boul

引子

Blis maos shik shout out,

Shout shoub shik lol yox drout shout let mak nzhox lik ghak blis ex!

灵魂悲歌悠悠哦，

余音绵长又深沉哟灵魂！

Zhouk ndox jangl shik let vongs,

Ndox dros deb hed ndox zhis yend let leuf jangl shik lik vaos,

Yuad zhouk dout juax jous yif lob drongx ndox Mox Yis[67] zhed,

Njis nzhox blis njis ndox njis deb yend draod lol zos nat shob guas!

Zhouk ndox jangl shik lik vaos,

ndox drous deb hed ndox zhis yend let leuf jangl shik lik vongs,

Yuad zhouk dout juax jous yif lob drongx ndox Mox Yis zhed,

Njis nzhox blis njis ndox njis deb yend draod lol zos nad shob guas nzhox lik ghak blis ex!

天呀黑乎乎，

地呀阴沉沉，

九十八重天黑黑到了摩艺神家门口，

魂魄飘游天地间已来到此处啊！

天黑乎乎，

地阴沉沉，

九十八重天阴阴到了摩艺神家门前，

魂魄飘游天地间已来到这里啊！

Zangx Zeub Zangx Cit

逝者床铺

Blis maos shik shout out,

Shout shoub shik lol yox drout shout let mak nzhox lik ghak blis ex!

灵魂悲歌悠悠哦，

余音袅袅深沉哟灵魂！

Nzhox blis yuad shik duax mol yuad let zhuas guak,

Yuad shik duax mol yuad let yangt shob guas,

Zhos yuad yangt lox zhit yangt lis luas,

Zhos yuad yangt lox yangt lis luas lol shout let ndrual,

Nzhox blis zhos yuad chongf draod lol bof dlangb duax mol leuf bof lik khuat shob guas ex.

Nzhox blis zhos yuad haik shend yox yenl dak ex,

Nzhox blis chongf draod naox zhit doul,

Nzhox blis zhos yuad haik shend yox yenl nzhox blis zox ged ab duax mol leuf zox ged lik kud shob guas.

Nzhox blis zhos yuad chongf draod naox zhit doul,

Nzhox blis zhos yuad yongs luax dex lik cod[68] shob guas!

魂魄已到来，

似乎已飘飞来到了，

游荡在空中飘浮不定，

随那震颤木鼓声已飘然而来，
飘到兵甲和竹卦上受祭见祖宗。
魂魄徘徊在此，
他飘飞而来却吃不下饭呀，
他只是在述说着他艰难困苦的日子。
魂魄从天而来不能吃食，
魂魄如小米一般大啊！

Nzhox blis yuad shik duax mol yuad lik zhuas guak,
Yuad shik duax yuad let yangt nat shob guas,
Yuad yangt lox zhis yangt lis luas,
Zhos yangt lox yangt lis luas lol rongt lik ndrual,
Nzhox blis zhos yuad chongf draod lol duax mol leuf box dlangb duax mol leuf bof lik khuat shob guas.
Nzhox blis zhos yuad haik shend yox yenl,
Nzhox blis zox ged kud duax mol leuf zox ged lik ab nat shob guas.
Nzhox blis zhos yuad chongf draod naox zhit doul,
Nzhox blis zhos yuad yongs luax dex lob nzhab shob guas nzhox lik ghak blis ex!
魂魄已到来，
已飘飞来到了，
游荡在空中飘浮不定，
随那震颤木鼓声已飘然而来，
飘到兵甲和竹卦上受祭见祖宗。
魂魄徘徊在此，
他只是在述说着他的艰难困苦日子。
魂魄从天而来不能吃下饭啊，
魂魄如米粒般大啊！

Ngoux Souk
结束

Cuat nax zhit zit zid,
Zit zid duax suk zid lik xongb[69] shob guas ex.
Ghenx souk rongt duax yuad souk lik ndrual,
Ndrual souk rongt duax yuad souk lik chongb[70] shob guas!
Cuat nax zhit zit zid,
Zit zid duax suk zid lik nzhenx guak.
Ghenx souk rongt duax yuad souk lik ndrual,
Ndrual souk rongt duax yuad souk lik ghenx shob guas nzhox lik ghak blis ex!
往年不结果，
结果似那竹花果。
笙辞结束了到鼓韵，
鼓韵结束了到婚辞啊！
往年不结果，
结果就如栗树果。
笙辞结束了将结束那鼓辞，
鼓辞结束了就要结束那笙辞啦！

背景介绍

王廷国

唱诵者：王廷国 Liax Chenx Wos（1985— ），男，文山市东山乡合掌村委会三家村人。十八九岁开始学习苗族古歌，20岁左右学成，师从砚山县三合村委会响水龙村朱勇峰 Bangx Zhot。

唱诵场域：Ngoux Daol Blis“接魂歌”属苗族丧葬古歌，为葬后13天，把逝者灵魂接回家，在仪式启动时唱诵的祭词，并伴随相应芦笙的吹奏。仪式分三步：接魂、指引灵魂安置在床铺和引导灵魂至正堂。该古歌章节完整、结构严谨，是文山市苗族烧灵仪式中最为完善的“接魂歌”之一。

采集整理：罗永洪、吴建兰、熊文国、熊兴坛。

注释

[1] Daol Blis：迎接魂魄，接魂。

[2] Blis Maos：悲歌，是Ngoux Blis Maos的简称，为“烧灵”的专用词，Maos（Maol）是悲歌的标志性词语。Blis Maos可理解为“烧灵悲歌”。苗族古歌中说起的“Ngoux Maol”之概念来源于远古人类模仿（Maol Hlob）猿猴的悲哭声。

[3] Juax Jous Yif Lob Ncongt Ndox：九十八重（层）天。

[4] Njis Nzhox Blis：游荡的魂魄。

[5] Njis Ndox Njis Deb：在天地间转，在天地间游荡。

[6] Shob Guas：似乎，好像，表示不太确定和猜测的事。

[7] Sob Shab：山墙，墙体。

[8] Sob Nzangt：隔墙，板壁，指房间与房间之间的隔墙、隔板。

[9] Ndrous Langx：宙郎，系音译，指较年轻的男性。

[10] Ndox Nzhis Dex Ndrangb Lik Hmaot：三更半夜。

[11] Nax Dlangb Lol Nbout Shuad：梦。

[12] Zangb：脏，不干净，不吉利，不好。

[13] Luf Nbangx：帮忙，做事。

[14] Nbout Shuad Lik Pef：不吉利的梦。

[15] Ib Del：一伙，一堆，一手。

[16] Choub Gas：赶快加热（饭），赶快把菜或饭加热，使……尽快热起来。

[17] Ghob Roub Jaox Nghel Ghob Lik Maod：残羹剩饭，冷菜冷饭。

[18] Del Lous：左手。

[19] Jangs Jab Dlangx：杉树根。

[20] Del Nangs：右手。

[21] Nof Mangb Nof Shuad：古代“蛮和刷”两个族群的官员，该文指算命官，占卜师。

[22] Ndruab Let Job：火塘中。

[23] Nex：你们。

[24] Nbuat Dait：用以祭祀的母猪。将未阉但也不能再生育的母猪用来祭祀，祈求饲养牲畜顺利，是苗族祭祀文化中一种较为独特的习俗。

[25] Drongl Zhit Lik Dout：护佑不了，不能保护。

[26] Goux Vangb：簸箕，卸除盾牌。因“簸箕”形似“盾牌”，故将“簸箕”视为兵甲之“盾牌”。苗族人死后13天举行的“烧灵”仪式中Dleuk Vangb（解簸箕）即卸兵甲之“卸盾牌”的仪式。本文取“卸除盾牌”或“卸兵甲”。

[27] Goux Led：席子。因“席子”形似“战袍”，故将“席子”视为兵甲之“战袍”。“烧灵”仪式中Dleuk Led（解席子）即是卸兵甲之“脱战袍”“卸除战袍”的仪式。其Dleuk Goux Vangb Goux Led该文统一取“卸兵甲”义。

[28] Zhenx：竹卦。详见P105。

[29] Zuak Nyax：银砍刀。

[30] Zongx Xongb：竹丛。

[31] Zhuf Xix：竹席。

[32] Ib Drangb Mod Nik Dongx：一把长铜枪，有长柄，顶端装置铜尖头。

[33] Duax Ncuab Lik Nzhuab：长青苔。

[34] Duax Ncuab Lik Deul：生树苔衣，生树苔，生苔藓。

[35] Beb Del Angd Luax：三把泥土。

[36] Dex Nyuas Nzhut：一小串。

[37] Huet Mongt：传递信息。

[38] Genf：壶。

[39] Dlex Nyas Dlex Gob：金水银水。

[40] Youl Nik Njoux：漱口。Youl漱，洗，涮。

[41] Hout Jeud Nblex：煮米酒。

[42] Hout Jeud Nblouf：煮糯米酒。

[43] Ghangb Rib Ghak Las：香甜，甘醇。

[44] Duab Shik Qab：飘香，散发。

[45] Gab：街，集市。

[46] Duab Shik Ched：飘香，散发。

[47] Uat Njuad Nblex：做米粑粑。

[48] Njuad Nblouf：糯米粑粑。

[49] Gouk：伞。

[50] Dled Dlob Dled Njoux Lik Nded：长嘴黑狗。

[51] Box Dled：母狗。

[52] Yeus Dled：公狗。

[53] Ndual Zhed：在房前屋后诅咒使干净。其中，Ndual指咒，诅咒，唠叨。

[54] Dled Dlob Dled Njoux Let Njangx：直嘴黑狗。

[55] Dik Hluat Hmangb：用藤条拴。

[56] Bloub Let Ncit：（狗）毛粗。

[57] Khaod Let Reb：石洞，石山洞。

[58] Zhoux Ghet：（鸡、禽）叫窝，指产蛋时的鸣叫。

[59] Ndes Ghet：下蛋，产蛋。

[60] Uat Let Njangx：直截了当，简易，指烧灵仪式办理得简易简单。

[61] Ghet Ghoux：寡蛋，未受精的蛋。

[62] Yangt Lis Luas：飞，飘荡飞舞。

[63] Shout Ndrual：木鼓上。

[64] Zangx Zeub Zangx Cib Xongb：稳定好的床铺，指用于祭祀灵魂的道具。

[65] Bangf Dex Shik Lik Nyax Zas：花了很多钱（银），破费很多银两。

[66] Zhit Zeux Let Nghent：不会叫，不会喊，指没有温柔疼爱的好话来安慰。

[67] Mox Yis：摩艺，神名。

[68] Yongs Luax Dex Cod：蜕变成大小如小米一样，比喻魂魄与小米粒大小相当。

[69] Zid Xongb：竹果，竹子果。

[70] Chongb：婚，婚姻，喜事。本文指一种美好愿望，希望丧事不再发生。

民俗古歌古辞

Ngoux Loul Dlangb Khuat

制鼓歌

Raox Ndrual

制鼓歌

Ngoux Raox Ndrual[1]

Nenb loul souk soud[2] soud loul it shob ek,

Jat nenb hab deb dak yuad nzhif lik vongs[3] ek,

Nenx hab deb dak yuad nzhif lik loul[4] ek,

Jat nens hab deb dak yuad zhouk leuf lob ndox shob ek end yuak nek!

年长者睡得沉啊似乎已长眠不醒，

人和地也紧密相连啊，

人和地似乎紧紧相连密不可分唉，

天地人似乎都沉浸在密不可分的黑暗里了哎嗯呀呢！

Nenb zhek let hnaod shob ek,

Jat yuad yaos dout leuf ndongt mangx let dak,

Nyaob ndongt mangx mol juax hnob jaox mol juax ged rongd nox zhens leuf nox zhens ghak shab juax ndrous shob ek.

Jat yuad yaos dout beb Hmongb zux jaox mol Hmongb loul,

Let mol muab dout dex nik ndongt mangx mol ndongt lik tod[5] jaox mol dex nik ndongt maol sod[6] lik ndod lol zos shob ek,

Jat dex nik ndongt mangx ndongt lik tod ndongt lik ghak maol sod yad nyaob dout rongd nox zhens ghak shab gouf juax ghuak.

人们有传说，

传说那枫木，

长在九天九程外的九重原始森林里。

我们的苗族先祖，

想把枫木松树和樟木砍来，

它们却远在那十九重原始森林中。

Jangl yad yaos dout beb Hmongb zux jaox mol Hmongb loul,

Let yad mol muab dout dex nik ndongt maol sod jaox lol draod lol juas shob lok end yuak nek!

Nenb zeux let nad shob ek.

Jangd beb ndongt lik maol sod yad yuad dout zhangd nax dlangb ghak zhit let lol uat dout dex nik ndongt maol sod let rangf ?

Ndongt maol sod let ndraod nqangt lol duax let lol ndros muax rangs[7].

Uat let jangl yad yuad dout zhangd nax dlangb ghak zhit jaox lol uat dout dex nik ndongt maol sod let rongt ghak jed shob ek?

Ndongt maol sod let ndraod nqangt lox duab lik lol cax let muax nbet shob ek.

我们的苗族先祖，

去把樟木砍来制成鼓嗯呀呢！

制鼓的先祖们是这样说的。

那樟木要用什么来装扮？

樟木才会有韵律又有内容。

要用什么打扮樟木的身形？

樟木才会有韵味有内涵。

Jangl dex nik Hmongb zux mol Hmongb loul,

Let yad mol muab dout dex nik deud maol nyox dlangs[8],

Let jaox lol uat dout dex nik ndongt maol sod let lob rongt rangf,

Jangl dex nik ndongt maol sod cax let lol dluat lol nbet let hot dout ndrous ndrual[9],

Ndongt maol sod let ndraod nqangd lox duab lik lol cax let muax rangs shob ek!

Jangl yuad yaos dout Hmongb zux mol Hmongb loul,

Let yad mol muab dout dex nik deud nyox dlob ek,

Let jaox lol kot dout dex nik ndongt maol sod let jed shob ek,

Dex nik ndongt maol sod lob nbet cax let hot dout dex ghak ndrous ndrual,

Cax let ndraod nqangd lox duab lik lol draod lol muax nbet shob lok!

Jangl dex nik Hmongb zux mol Hmongb loul,

Jat let muab dout dex nik deud maol nyox dlangs,

Jaox lol kot dout dex nik ndongt maol sod let lol hnangd zhongl uat rangf shob ek,

Ndongt maol sod cat let ndraod nqangd lox duab lik lol cat let muax rangs jek.

我们的苗族先祖，

拿来嫩黄牛皮，

装扮樟木的身姿，

樟木制品才有声有色唤来“神鼓”，

樟木才有内容有韵律啊！

我们的苗族先祖，

拿来黑牛皮，

打扮樟木的身形，

樟木制品才绘声绘影喊来“鼓郎”，

樟木才有韵律有内涵啊！

我们的苗族先祖，

拿来黄牛皮，

给樟木当作衣物穿在身，

樟木才震颤有韵律有内容。

Jangl nil nat jat nblax deb duab nens,

Let muax dout lenx ghak loul sheud lol blox ghous jenb duas jek,

Cax let yuad cout dex nik ndongt maol sod ndrous ndrual tab leuf ngoux ghens ek,

Draod lol uat zix uat ngeuf cat let ndraod lol muax rangs shob lok end yuak nek!

Nenb zeux let nat shob ek!

现在世间之人，

有长者去世，

樟木牛皮鼓才搭配芦笙，

成双成对来内容配韵律嗯呀呢！

这是能工巧匠做出来的啊！

Jangl yuad yaos dout dex nik ndongt maol sod jek,

Yuad yaos dout leuf dex nik Hmongb zux mol Hmongb loul let mol muab dex nik deud maol nyox dlob ek,

Jaox lol kot drout dex nik ndongt maol sod jaox lol hnangd nbuak jed sob ek,

Jangl dex nik ndongt maol sod lob nbet hot ndrous ndrual jek.

Nik nat jek nblax deb duab nens jek,

Muax dout lenx ghak loul blox ghous jenb duas dangl jek,

Let yuad dout ndrous ndrual maol sod tab ngoux ghens ek,

Jaox lol uat zix mol uat ngeuf cax let jaox lol ndraod nqangd lox duab lik lol muax nbet shob lok end yuak nek.

Jangl yuad yaos dout dex nik nenb zeux let nad sob ek!

那樟木树干啊，

是先祖们拿来黑牛皮，

给它当作衣物穿在身上，

樟木制品才响亮变神鼓。

现在世间之人，

有长者逝去，
芦笙才搭配樟木牛皮鼓，
内涵配韵律成双成对来嗯呀呢，
这是那能人制作出来的啊！

Jangl dex nik nblax deb duab nens,

Muax dout lenx ghak loul blox ghous jenb duas dangl jek,

Jangl ndrous ndrual let yad draod leuf dex ghak ndrous ndrual duax lak dlait nchik dex nik sob njex[10],

Ndrous ndrual let ndraod nqangd lox duab lik lol ndros muax nbet,

Jangl yad yaos dout ngoux ghens let ndraod nqangd lox duab lik lol ndros muax rangs.

Ngoux ghens dlait lik nchik dif ghak sob nzangt[11] shob ek,

Let muab dout ngoux ghens jaox lol chod let muax rangs shob ek.

Ngoux ghens tab ndrous ndrual let ndraod nqangd lox duab lik lol ndaot leuf daox shob ek.

Ngoux ghens tab ndrous ndrual cax let sangt nik lenx ghak loul sheud mol juas nbaox shob lok.

Jangl yuad yaos dout dex ghak ndrous ndrual maol sod tab ngoux ghens,

Let dak ndraod nqangd lox duab lik lol hot muax nbet ndros muax rangs jek,

Let ndraod nqangd lox duab lik lol duax lak draod dif dleuf.

今天世间的人们，
有长者去世，
牛皮鼓挂在那柱子上，
它才会震颤有韵律有名称呀，
配上芦笙也更加有内涵。
芦笙挂在那板壁上，
奏响芦笙才有韵律有内涵。
芦笙配牛皮鼓震颤悠扬响彻那山坡，
才能送逝者去与祖先会合。
樟木牛皮鼓搭配芦笙，
成双成对来奏响有名分，
声音嘹亮传四方。

Jangl nil nat yad yaos dout ngoux ghens tab ndrous ndrual,

Cax let sangt dout dex ghak loul mol juas box lak draod juas yeuf shob lok end yuak nek!

Nenb zeux let nat shob ek,

Jangl yuad yaos dout dex ghak ngoux ghens tab ndrous ndrual jek,

Let ndraod nqangd lox duab lik lol drout dif daox ek.

Cax let sangt dout nik lenx ghak loul sheud juas nbaox shob lok.

Jangl ngoux ghens let ndraod leuf ngoux ghens dex sob njex,

Ndrous ndrual maol sod let yuad ndraod nqangd lox duab lik lol dex sob nzangt ek,

Cax let keuk ngouk ngoux ghens zuak leuf rangx nqaik[12],

现在只有牛皮鼓和芦笙，
才能送逝者去会见祖先嗯呀呢！
制鼓的先祖们是这样传的。
让芦笙搭配牛皮鼓，
声音悠扬震颤响彻那边山坡，
才能送逝者去和祖先会合。
笙曲婉转绕鼓柱，
鼓声响亮震屋墙，
笙乐婉转又嘹亮。

Ngeuf dob zeus[13] zeux ngas[14] lex las,
Ngeuf dob nghuas del[15] sheud lol nghangt ek,
Draod ghenx duab lik las sheud ris njex ek,
Draod ndrual lik las duax lak sheud ris hloub[16] ek.
Rangx nqaik ngeuf dob zeus zeux ngas lex las,
Ngeuf dob nghuas cax let dout nax lob qeut duax ndros shik lud[17],
Nik lob qeut duax ndros shik loub[18] ek.

两个聪明者有智慧，
两个勤劳者有力量，

笙声悠扬绕鼓柱，
鼓点徐徐转鼓桩。
两个聪颖者有智慧，
勤劳者有地方来互比，
也有地方来互赛！

Jangl ngoux ghens let ndraod leuf ngoux ghens mol dif sob nzangt ek,

Jangl ndrous ndrual maol sod let yuad ndraod ndrous ndrual maol sod lik las duax lak ndeuf sob njex,

Let keuk ngouk ngoux ghens zuak leuf rangx nqaik.

芦笙曲回响在屋壁上，
牛皮鼓震动在柱上，
笙乐悠扬又嘹亮。

Ngeuf dob zeus zeux ngas lex las,
Ngeuf dob nghuas del sheud lol nghangt ek,
Draod ghenx duab lik las duab las sheud ris njex ek,
Draod ndros lik las sheud ris hloub ek.
Rangx nqaik ngeuf dob zeus zeux ngas lex las,
Ngeuf dob nghuas cax let dout nax lob qeut lud,
Nik lob qeut duax drous draos shik loub muak.
两个聪颖者有智慧，
两个勤劳者有力量，
笙声悠悠绕鼓柱，
鼓点徐徐转鼓桩。
两个聪颖者来举办，
勤劳者才有地方来相比，
也才有地方来竞赛。

背景介绍

唱诵者：熊春贵 Ndeud Lik Hmaob（1954— ），男，文山市红甸回族乡平坝寨村委会康家寨人，掌握当地婚丧文化。

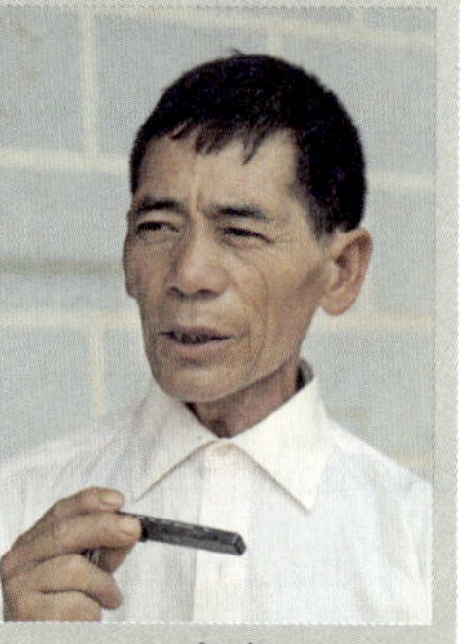

熊春贵

唱诵场域：一般以村小组为单位共用一个办丧牛皮鼓。牛皮鼓若有破损不能使用，需重制新鼓。制作时，须村小组全体成员动手制作，把所需制鼓材料备全（直径50～60厘米中空鼓木、未生过牛崽的母牛的无杂色牛皮、斧头、杉木枝、藤条、绳索和撬杆等），选好制鼓地点，动手制新牛皮鼓前，歌师唱诵此“制鼓歌”作为开工仪式歌。

版本述评：此版“制鼓歌”属于民俗古歌，在制作牛皮鼓时唱诵。现在制作牛皮鼓时，存在省略唱诵古歌的情况，也因十几年或者几十年才可能重新制作牛皮鼓，此歌极易失传。因此，这首古歌的收集意义重大，极有收藏价值，是传统制鼓民俗古歌的经典，也是该传统民俗缘由的最好见证。

采集整理：罗永洪、黄英、熊文国、陶永林。

注释

[1] Ngoux Raox Ndrual：制鼓歌，即制作牛皮鼓的歌。
[2] Souk Soud：沉，（睡）沉沉。
[3] Nzhif Lik Vongs：很紧密，非常地紧密。
[4] Nzhif Lik Loul：紧密得很，紧密得过分。
[5] Ndongt Tod：松木。
[6] Ndongt Maol Sod：樟木。
[7] Muax Rangs：有韵律，有内容。
[8] Deud Maol Nyox Dlangs：嫩黄牛皮。
[9] Ndrous Ndrual：鼓郎，鼓神，公鼓。苗族人视牛皮木鼓为公为男为神，视芦笙为（Ngoux Ghens）女性。
[10] Sob Njex：柱子。
[11] Sob Nzangt：板壁。
[12] Rangx Nqaik：疑是芦笙名曲。
[13] Dob Zeus：能干者，手巧人，聪颖者。
[14] Zeux Ngas：聪明能干，智慧能工。
[15] Dob Nghuas del：勤劳者。
[16] Hloub：木桩，木杵。文中指挂鼓的木柱。
[17] Shik Lud：互比，互竞，技艺竞赛。
[18] Shik Loub：互赛，互相追逐，技艺竞赛。

花山歌
Nghouk Daox

花山起源歌
Lol Zax Houd Daox Qid Zud[1]

Lenx Dus Ndok Ndox Deb
谁编织天地

Jangl ndox dis njuat dangd nad[2] nik buab pongx yeus gud luas ax!

Jangd dak ndaox ndis aob xongt nzod nad ek nzod nzod duax dangl aob xongt lik ot ax,

Jangl lob ndox yenl yis[3] suk ghuad ok[4] nad ek,

Yad yaos jangd dout lenx dus sheud lol ndok[5] ot ax?

Jangl yad jangd dout dak Pangx Gud Wangx[6] sheud lol ndok nad ax!

岁月更迭到如今啊，亲朋好友们！

在远古时候，

天混沌不堪像鸭屎，

是谁来把天织？

传说是盘古王织天！

Jangl lob deb yenl yit suk ghuad ghaib nad ek,

Jangl lob deb yad yaos lenx dus jangd dout lenx dus sheud lol hab ad ek?

Lob deb nyif yad jangd dout Zhangb Guk Laok[7] duax dak sheud draod lol hab ax,

Jangl Zhangb Guk Laok yad muab lob deb hab dlangd duax ndros uat dlangd ax!

Jangl nchait Pangx Gud Wangx sheud yad zhaot pluad[8] lob ndox lol ndros zouk kangd[9] nad nik ndox dis njuat nad nik buab gud dix pongx yeus buab gud luas ax!

地还稀软混沌像鸡屎，

是谁来把地编？

传说是张古老编地，

张古老把地编织得宽又宽！

盘古王织好的天刚能盖住地呀亲朋好友们！

Drongb Hangd Dik Nbet
给山川河流命名

Jangl Zhangb Guk Laok yad muab dex dek drongb sheud nyenf dlox dlaos[10] sheud draod lol muax nbet ek,

Sheud yad muab dex drongb sheud zos nyenf dlox dlaos muax nbet[11] nad sheud muax hangd sob nik ndox dis njuat nad nik buab pongx yeus gud luas ax!

张古老不停为山川取名山川才有了名称，

不断给河谷命名，河谷才有了名字呀兄弟朋友们！

Pangx Gud Wangx Zhangb Guk Laok Naf Zid Yaos Lenx Dus
盘古王张古老的父母是谁

Jangd dak Pangx Gud Wangx dak lenx lik zid sheud yad yaos lenx lik dus nad ax?

Jangl Pangx Gud Wangx zid sheud yad yaos Yeuf Lik Nzhus[12] nak.

Zhangb Guk Laok lenx naf sheud yad yaos lenx dus ek?

Zhangb Guk Laok lenx lik naf sheud yad yaos

Bos Lik Fux[13] nid ax.

Jangd dak Yeuf Lik Nzhus hab Bos Lik Fux mib sheud yad muax lob ndox dangl lob deb duax[14],

Lob ndox ndros zhif dout,

Lob deb duax ndros zhif dad ax.

盘古王之父是谁呢？

盘古王之父是尤柱。

张古老之母又是谁？

张古老之母是博福。

尤柱和博福将天地来轮替，

老天从此形成，

大地也生成。

Ndox Fangb Deb Luangf Hmongb Zhid Qeut
天地混乱苗族搬家

Jangl nchait dak suk lob ndox ndros yuad fangb[15] sob ek,

Suk lob deb duax ndros yad luangf[16] nik ndox dis njuat dangd nad nik buab pongx yeus gud luas ax!

Jangd dak beb gud dix lik Hmongb dak let sheud yad zhid deb duax ndros zheuk qeut[17] nad ek!

Jangd dak suk lob ndox ndros yuad fangb nat ek lob deb duax yad luangf,

Yad luangf dangl dex duab ghak lik nax Mangb ek,

Beb gud dix lik Hmongb gud luas let zhid deb duax ndros zheuk qeut nad yad,

Keuk dout[18] zox ged qif bleud lob ged lux lik shab nik ndox dis njuat dangd nad nik buab gud dix pongx yeus buab gud luas ax!

天呀将要荒芜，

这大地也将混乱啊亲朋好友们！

我们苗家才随之而迁徙哟！

说起天地混乱不止，

天下人间一片混乱啊，

我们苗家兄弟也随之迁徙唉，

从此踏上悲伤痛苦之路啊兄弟朋友们！

Jangd dak suk lob ndox ndros yuad fangb lob deb dax dak nyaob sheud yad luangf ek,

Yad luangf dex duab ghak zheul nad ek.

Beb nbaox gud dix Hmongb gud luas let sheud keuk dout zox ged zhid deb duax ndros zheuk qeut nad nik at,

Jangl beb gud dix let sheud yad keuk dout zox ged lux shab[19] zox ged qif bleud shob nik ndox dis njuat dangd nad buab pongx yeus gud luas ax!

说起天地荒芜世间混乱呀，

那是生灵涂炭哟混杂一起。

我们苗家兄弟姐妹也随之背井离乡，

从此踏上悲苦之路啊亲朋好友们！

Jangd dak lob ndox dlangd duax ndros uat dlangd[20] ak,

Beb gud dix Hmongb gud luas let yad dak duax nyaob bod leul hangd[21] shob nik ndox dis njuat nad buab pongx yeus gud luas ax!

Jangd dak lob ndox dak sheud yad dlib duax ndros uat dlib[22] ek,

Beb gud dix Hmongb gud luas dak sheud yad nyaob bod hangd duax ndros lol bod deb nik ak.

天地它宽又宽，

苗家兄弟住满那山谷！

天地它广又广，

我们苗家人遍布在各地啊亲朋好友们！

Jangd dak beb gud dix lik Hmongb gud luas zhas beb sheud yad haik dout beb dol njex nceb njex ncongt[23],

Haik dout beb dol njex nceb nad yad zeuf haod dus duax lak,

Dol njex ncongt yad zeuf haod dus lol nik ndox dis njuat nad buab pongx yeus gud luas ax!

Jangd dak beb dol njex nceb nat dak lenx zid sheud yad yaos lenx dus ek?

Njex lik nceb lenx zid sheud yad yaos Yeuf Lik Yaob[24].

Jangl njex lik ncongt[25] lenx naf shuad yad yaos lenx dus ek?

Njex lik ncongt lenx naf sheud yad yaos dout Bos Lik Taox[26] shob nat nid ek.

传唱我们苗家花山的侧杆和中杆，
追溯侧杆哪里来，
寻问中杆哪里生啊亲朋好友们！
侧杆之父是谁？
侧杆之父是尤幺。
中杆之母又是谁？
中杆之母是博陶。

侧杆中杆下舞蹈

Yeuf Yaob Box Taox Zhangt Njex Bangs

尤幺和博陶立花杆（谤柱）

Jangl Yeuf Lik Yaob hab Box Lik Taox mib[27] sheud dol njex nceb njex ncongt nad,

Yad sheud zeuf yox lik yens zhaob gus nax Mangb mid Shuad rongd nox zhens ghak shab[28] lob rongd leuf rangx[29] ek ax,

Jangl Yeuf Lik Yaob hab Bos Lik Taox mex sheud yad mol muab dout dol njex nceb njex ncongt nad sheud jaox lol jaos raos sheud draod drout dif deb ghuad lik luax lab[30] ad.

尤幺和博陶所立的侧杆和中杆，
生长在原始森林的龙树中，
他们砍来侧杆和中杆立在红土地上。

Fed Rongt Jenf Fongf

祝愿与供奉

Jangd dak beb gud dix lik Hmongb gud luas dak sheud yad mol gongf dout[31] beb dol njex nceb njex ncongt nad,

Yad ndif rangf[32] zas yenl mol gongf dout beb dol njex nceb njex ncongt nad nik ax.

Beb yad mol gongf dout beb dol njex nceb njex ncongt nad,

Sheud yad huaf wangf ndox ndus[33] dangf dout Bangx Deus Langs Kaib Huab Gab[34]。

我们苗家兄弟姐妹把侧杆和中杆来供奉，
我们着新装去供奉。
我们要供奉那侧杆和中杆，
祈求人丁兴旺像蒡莞朗开化街。

祭祀侧杆中杆

Jangd dak Yeuf Lik Yaob hab Box Lik Taox mix sheud yad muab dol njex nceb njex ncongt nad sheud jaox lol jaos raos sheud draod drout dif deb ghuad luax dlangs[35] nat ek.

Jangd dak beb baox gud dix lik Hmongb gud luas yad ndif rangf zas yenl[36] sheud yad mol gongf dout beb Hmongb dol njex ncongt nad ek.

Beb yad mol gongf dout beb dol njex nceb njex ncongt nad sheud huaf wangf ndox lik ndus sheud buad dangf Bangx Deus Kaib Huab Langs[37] shob nik ndox dis njuat dangd nad nik buab gud dix lik Hmongb gud luas nad ax!

尤幺和博陶砍来侧杆中杆插在黄土地上，

我们苗家亲朋好友穿盛装去祭祀。

我们要祭祀侧杆和中杆，祝愿世间兴旺发达如开化开花城亲朋好友们啊！

Jangd dak Box Lik Taox hab Yeuf Lik Yaob sheud yad muab dol njex nceb njex ncongt nad jaox mol jaos rox lik raos draod dex drongb reb dlob ek,

Beb nbaox gud dix Hmongb gud luas sheud yad fongf gaof dout beb Hmongb zux Hmongb loul[38] dak sheud yad muax juax lenx ncaik yif lenx lik dob[39] nad nik ax!

Jangd dak Hmongb Zux Hmongb Loul let sheud yad muab dol njex nceb njex ncongt nad sheud jaox mol jaos raos sheud draod dex drongb reb dais[40] ax,

Jangd beb yad haik fongf gaof dout beb Hmongb zux Hmongb lik loul nad muab juax lenx lik dob sheud yif lenx ncaik nad nik ax.

博陶和尤幺把侧杆中杆栽在黑石山，

我们请求寨老奉告让大家人丁兴旺（有九女八男）！

博陶和尤幺把侧杆中杆栽在风化石中，

我们祈求寨老奉祝让大家儿孙满堂！

Jangd dak zox zos zeux haik muax zeux sheud zhit zeux souk ax,

Souk njuat ntreud sheud draod ndrangl dax lak ad shuat rox raol[41] draod shout jangd nad ax.

Beb sheud yad muab beb Hmongb Zux Hmongb Loul dol njex nceb njex ncongt nad sheud haik nyaos jax lak nyaob sheud shaib gab haik nyaos hlangd shob nik ndox dis njuat dangd nad buab pongx yeus buab gud luas ax!

Jangd dak zox zhuak nyaob sheud zeux haik lak muax zos nyaob sheud draod zhit zeux souk,

Souk ntreud duax dangl draod shout jangd yuad shuat ris rox lik raos sheud draod ndrangl lik dax shob od.

Beb yad muab beb Hmongb zux Hmongb loul dol njex nceb njex ncongt nad sheud yad haik nyaos hlangd shaib gab haik nyaob jax sob nad nik ndox dis njuat nad nik buab gud dix lik Hmongb gud luas ax!

古歌会起不会结尾，

将匆匆结束在坝子里的树干上。

我们试着歌颂看看寨老那侧杆和中杆能否复活啊亲朋好友们！

古歌会起不会结束，

将匆匆结束在原野中那树干上。

我们试着盛赞看看寨老那侧杆和中杆能否复生啊苗族朋友们！

背景介绍

熊应海

唱诵者： 熊应海 Khuat Drus Hmaob（1949— ），男，文山市柳井乡奢都村委会牛滚塘村人，掌握当地苗族芦笙、婚丧古歌和山歌古调。

唱诵场域： 此歌在苗族花山节祭杆仪式中使用，另在花山对唱山歌追根溯源之时也可使用，以示对花山节的纪念。

版本述评： 此花山起源歌属Zox Houd Boul（山歌古调），在形式上传唱基本定型，多作追根溯源之用。所唱内容涉及天地由来、族群迁徙、花山民俗和发展繁衍等，其作为苗族花山节的重要文化成分，对研究苗族花山的来源具有重要作用。

采集整理： 罗永洪、熊文国、陶全翠、熊兴坛。

注释

[1] Lol Zax Houd Daox Qid Zud：花山起源歌，是追溯苗族花山节来源的古歌之一。

[2] Ndox Dis Njuat Dangd Nad：时代更迭不断，属文山苗族山歌起调，另外，相近的起调还有Ndox Dangs Njuat和 Ndox Des Njuat等。

[3] Ndox Yenl Yis：天混沌不清的样子。

[4] Ghuad Ok：鸭屎。

[5] Ndok：编织。

[6] Pangx Gud Wangx：盘古王，苗族传说中创造天地的神。

[7] Zhangb Guk Laok：张古老，苗族传说中创造天地的神，散见于苗族芦笙辞、婚丧古歌、山歌古调中。

[8] Zhaot Pluad：放开。

[9] Zouk Kangd：够盖，刚刚够覆盖。

[10] Nyenf Dlox Dlaos：不断地念叨，不停地念叨。

[11] Muax Nbet：有名分，有称呼，有名字。

[12] Yeuf Lik Nzhus：尤理柱，尤柱，系音译，是神话人物“盘古王”的父亲。

[13] Bos Lik Fux：博哩福，博福，系音译，是神话人物“张古老”的母亲。

[14] Ndox Dangl Deb Duax：天地轮替，天地变换。

[15] Ndox Ndros Yuad Fangb：天将荒芜。

[16] Deb Duax Ndros Yad Luangf：地将混乱。

[17] Zhid Deb Duax Ndros Zheuk Qeut：迁徙。

[18] Keuk Dout：捡得，踏上，走上。

[19] Zox Ged Lux Shab：伤心之路，悲苦之道。Zox Ged Qif Bleud与之同。

[20] Dlangd Duax Ndros Uat Dlangd：宽又宽。

[21] Nyaob Bod Leul Hangd：在山冲居住得满满的，即山冲居住的人多。

[22] Dlib Duax Ndros Uat Dlib：远又远。其中，Dlib即远，与Dleb（远）同。

[23] Njex Nceb Njex Ncongt：花山的两根花杆名称。花山场上一般要立两根花杆，一根叫Njex Nceb，一根叫Njex Ncongt，也视为一公一母，Njex Nceb暂译为“侧杆”，Njex Ncongt暂译“中杆”。两根花杆合称为Njex Bangs，即“谤木（柱）”，谤木，相传尧舜时于交通要道竖立木柱，让人在上面写谏言，称“谤木”，指广开言路，听取各方意见，今演变成华表。典出《淮南子》卷九《主术训》、《后汉书》卷五十四《杨震传》亦有记载。其中，“Bangx和 Bangs”内容均以“询经问典”式进行，如苗族丧葬中Zid Said（信使者）之“刨根问底”和花山场上艺人们“追根溯源”式的对歌，均有“谤”的要义。

[24] Yeuf Lik Yaob：尤哩幺，尤幺，系音译，古人名，男性，可意译为幺爷爷。Yaob音“幺”，根据“谤木（柱）”是“尧舜时于交通要道竖立木柱，让人在上面写谏言，称‘谤木’”的传说和Njex Bangs与“谤木（柱）”的关系，Yaob也疑为“尧”“尧帝”。

[25] Njex Ncongt：主杆，中心杆，中杆，处于中心位置的花杆名称。花杆上一般挂有布条彩带，如旗状。因此，Ncongt疑为“中”，与甲骨文“中”形似，意义也相同，如甲骨文“中”即“旗旒之象形，如竖立的一面旗帜，字形本是氏族的一种徽帜”；Ncongt与“中”音近（同韵），形同、义同。由此，与之对应的Njex Nceb可理解为“侧杆”或“副杆”。

[26] Bos Lik Taox：博哩陶，博陶，系音译，古人名，女性，可意译为“陶奶奶”。

[27] Mib：你们。与Mix、Mex同意，方音差别。

[28] Rongd Nox Zhens Ghak Shab：原始森林。

[29] Rongd Leuf Rangx：龙树林。

[30] Ghuad Luax Lab：红泥土。

[31] Gongf Dout：供奉。

[32] Ndif Rangf：打扮着装，着装靓丽。

[33] Huaf Wangf Ndox Ndus：逐渐发展，逐渐兴旺发达。

[34] Bangx Deus Langs Kaib Huab Gab：蒡莞朗开化街。“开化城”在苗语中意为鲜花盛开的地方，即今文山城。

[35] Ghuad Luax Dlangs：黄泥土。

[36] Ndif Rangf Zas Yenl：着盛装，穿新衣服。

[37] Bangx Deus Kaib Huab Langs：开花开化城。

[38] Hmongb Zux Hmongb Loul：寨老，指德高望重的老人。

[39] Juax Lenx Ncaik Yif Lenx Dob：九个姑娘八个儿子。与Juax Lenx Lik Dob Sheud Yif Lenx Ncaik（九男八女）同，寓意子孙兴旺。相关论述“九男八女”为蚩尤的子女，是较为常见说法。但此版本中的“九女八男”行文为押韵而出现，罕见表述，两者均表示子女多，人丁兴旺。

[40] Reb Dais：风化石。

[41] Shuat Rox Raol：很快地搂起。

谤柱（花杆）源自哪里

Njex Bangs Zeuf Ceud Qeut Dus

Dol nik njex nceb[1] zeuf yenl mol leuf ghak zhit deb?

Dol nik njex bangs[2] ceud yenl mol leuf nax ghak zhit ndrangl lax ad?

Dol nik njex nceb zeuf yenl leuf gus Lux Juab Lik Deb[3]!

Dol nik njex bangs ceud yenl drout leuf gus Lux Juab Lik Ndrangl!

Jangl nzuax nzas dex luas ek!

Jangl ndaox ndis touk nzod,

Ad jangl lenx dus zhas yad muab dol nik njex zhangt raos drout leuf gus denx nzhuas rongd mol leuf dex houk lik deb?

Dol dus zhas yad muab dol nik njex bangs ceud yenl leuf gus denx nzhuas rongd draod houd ndrangl?

侧杆源自何地？
谤柱源自何方？
侧杆源自鹿家地！
谤柱源自鹿家坝！
各位好友啊！
在那远古时候，
是谁把侧杆立在坝头丛林中？
是谁把谤柱立在山野灌木丛？

Jangl daox ndis touk nzod,

Wef yaos beb Hmongb Yeuf Dongx[4] zhas yad muab dol nik njex nceb zhangt raos drout leuf gus denx nzhuas rongd mol dex houd rongd deb!

Yaos leuf gus beb Hmongb Yeuf Dongx zhas yad muab dol nik njex bangs ceud yenl mol leuf dex denx nzhuas rongd ndrangl shob!

在远古的时候，
是我们苗族铜爷把侧杆立在坝头丛林中！
是我们苗族铜爷把谤柱立在山野灌木林！

Zhas zhangt pluad dol nik njex nceb ek,

Dol nik njex nceb nqangt dangl ndox ndus[5] juax jous yif mol lob buak lik zhox deb!

Juax zox gangb lak duax zhit dot ghangb,

Yif buak lik zox ged sheud dangl yox yenl dangf raos suk nyaos dex naf ndangb let dak mid mod[6] feb lol jangl ndox dangl gud luas!

Ad jangl nik dak zhangt pluad dol njex bangs ek,

Dol nik njex bangs zhas yad nqangt dangl ndox ndus juax yif mol lob buak lik jox ndrangl!

Juax zox gangb lak duax zhit dot ghangb,

Yif buak lik zox ged zhas yuad sheud dangl lik yox yenl dangf nyaos suk raos dex naf ndangb let dak mid mod ndlangk!

侧杆一立起来，
它就声名远播传遍九十八个地方！
人们在九条大道上川流不息熙来攘往，
在八条大路上络绎不绝簇拥而来呀各位好友！
谤柱一立起来，
它就声名远扬传遍千家万户！
九条大道上的人们络绎不绝，
八条大路上的人群纷至沓来！

背景介绍

陶开成

唱诵者： 陶开成 Lax Shenb Dlob（1948— ），男，文山市新平街道盘龙社区落水洞居民小组人，掌握当地婚丧文化，擅长苗族古歌。

唱诵场域： 此歌在苗族花山节祭杆仪式中使用，另在花山对唱山歌追根溯源之时也可使用，以示对花山节的纪念。

采集整理： 罗永洪、熊文国、熊兴坛、黄太恩。

注释

[1] Njex Nceb：音义结合暂译为“侧杆”或“副杆”。

[2] Njex Bangs：花山的两根花杆合称。一般情况下，花山上要立两根花杆，一根叫Njex Nceb，一根叫Njex Ncongt，也被视为一公一母，Njex Nceb暂译为“侧杆”，Njex Ncongt暂译“中杆”。花杆也叫Njex Bangs，即“谤木（柱）”，该文取“谤柱”。谤木，相传尧舜时于交通要道竖立木柱，让人在上面写谏言，称“谤木”，指广开言路，听取各方意见，今演变成华表，典出《淮南子》卷九《主术训》、《后汉书》卷五十四《杨震传》亦有记载。如houd bangx（花山主、花山主持者）、nghouk bangx nghouk ndrual、zhangt njex bangs（立花杆）、khout njex bangs（倒花杆）等，其中之“bangx和 bangs”内容均以“询经问典”式进行，如苗族丧葬中Zid Said（信使者）之“刨根问底”和花山场上艺人们“追根溯源”式对歌，均有“谤”的要义。故留此作参考。

[3] Lux Juab Deb：鹿家地，地名，系音义结合转译。

[4] Hmongb Yeuf Dongx：苗族铜爷，人名。

[5] Nqangt Dangl Ndox Ndus：驰名天下，名震四方，闻名遐迩。

[6] Naf Ndangb Let Dak Mid Mod：大岩蜂和小蜜蜂。

历史地名歌
Nbet Deb

九曲龙潭歌
Lol Zax Juax Qit Bangl Rangx[1]

Jangl ndox dangs dangd nad yaos leuf buab nif pongx yeus buab gud luas[2] at.

Uat jangl dex hangd nded[3] hangd rongt jaos ghex[4] ek,

Jangl dex hangd lox lak duax rongt jaos dlaol[5].

Mex zhit boub ndaox ndis touk nzod,

Beb Bangx Deus Kaib Huab Langs[6] nyaob beb Juax Qit Bangl Shix Liuf Hongx[7] deb mid ndos raol[8] nat nik buab luas at!

亲爱的朋友们啊。

话说谷地长好栽蒜，

谷地宽好种葱。

你们可知在很久以前，

我们的文山“开花城”，就在九曲龙潭石榴红村中啊我的朋友们！

Uat jangl dex hangd nded hangd rongd jaos dlaol,

Dex hangd lox hangd rongd jaos leuf bod ghex.

Jangl mex zhit boub zhek ndaox ndis touk nzod,

Bangx Deus Kaib Huab Langs nyaob dout beb Juax Qit Bangl beb Shix Liuf Hongx deb mid ndos rex nik buab luas.

长谷地好栽葱，

宽谷地好种蒜。

你们可知在很久以前，

我们的文山“开花城”，就在九曲龙潭石榴红村里啊我的朋友们！

Jangl ndox dangs dangd nad buab luas at,

Luak jangd jeud Bangx Deus Deb Juax Qit Bangl xeut laos juax lob drongb duax yif lob hangd[9],

Jangl Juax Qit Bangl yuad guangd dout beb Shix Liuf Hongx dex gud dix Hmongb nghel yad yuad uat dout naox nyaob uat dout hnangd nik buab luas.

Jangl mex zhit boub zhek Bangx Deus Deb Juax Qit Bangl yad yaos dout juax lob drongb duax yif lob nkouk[10],

Uat jangl Bangx Deus Deb Juax Qit Bangl yuad guangd dout beb Shix Liuf Hongx gud dix Hmongb yad uat dout lik naox nyaob uat dout houk nik buab Hmongb!

此时此刻我的朋友啊，

人们常说开花城有八个九曲龙潭九座山，

护佑着石榴红村苗族同胞们有吃又有穿。

你们不知“开花城”九曲龙潭有九座山有八道拐，

护佑着石榴红村苗族同胞有吃又有喝啊我的朋友们！

Jangl ndaox ndis touk nzod,

Mex zhit boub Bangx Deus Deb Juax Qit Bangl zhek yad yaos juax lob nkouk duax yif lob qeut,

Jangl mex zhas boub Bangx Deus Deb ndaox ndis touk nzod Juax Qit Bangl dex ghak ghux[11] duax qaob got deut[12] nik buab luas.

Jangl ndox dangs buab luas ek,

Bangx Deus Deb Juax Qit Bangl dex dlex nchab let duax draod uat nchab,

Yuad uat dout beb Juax Qit Bangl gud dix Hmongb let lob qeut duax rongx rab dab nik gud luas;

Jangl Bangx Deus Deb Juax Qit Bangl dex dlex hod let duax nyaob uat hod,

Yuad uat dout beb Bangx Deus Deb Juax Qit Bangl gud dix Hmongb ntrad lob qeut duax draod rongt ncuat sod ak nik buab luas!

在很久以前，

你们不知“开花城”九曲龙潭是九弯又八个地方，

你们也不知“开花城”九曲龙潭贝壳多得戳脚杆啊我的朋友们。

亲爱的朋友，

“开花城”九曲龙潭水清又清，

是我们苗家人晒百褶裙好地方；

“开花城”九曲龙潭净又净，

这里方便我们苗家洗麻线啊我的朋友！

背景介绍

唱诵者： 陶占宝 Shuad Sif Dlob（1959— ），男，文山市德厚镇湖海村委会石榴红村人，掌握当地苗族婚丧文化，擅长苗族古歌，17岁学成。该曲从其岳父李文林 Shuad Muak Jait处学来，李文林又师从其兄 Shend Fuf Jait（汉语姓名不详）。

陶占宝

唱诵场域： 不限制场合，多在对石榴红村的九曲龙潭溯源时唱诵。

版本述评： 此版山歌是“开花城（文山）”和石榴红村九曲龙潭关系的具体体现。“开花城”作为文山州和海外苗族的寻根地，古歌内容唱诵古时的开化城便坐落在今石榴红村九曲龙潭所在地。不管是史实还是猜想，此种追根溯源，以实物为基础传唱的山歌，对于研究和开发苗族寻根文化或今石榴红村九曲龙潭文化具有重要意义。

采集整理： 罗永洪、熊文国、熊兴坛。

注释

[1] Juax Qit Bangl Rangx：九曲龙潭。其位于文山市老坞海村委会石榴红村旁，有Juax Qit Bangl Rangx（九曲龙潭）和Juax Qeut Bangl Rangx（九方龙潭）等称呼，此处流传是“开化府故地”，并附有相关传说，一度被文山州内外和海外苗族视为是寻根之地。

[2] Pongx Yeus Buab Gud Luas：朋友。

[3] Hangd Nded：长长的山冲。

[4] Rongt Jaos Ghex：好栽蒜。

[5] Rongt Jaos Dlaol：好栽葱，Dlaol葱。

[6] Bangx Deus Kaib Huab Langs：开花开化城，是苗语地名称谓与汉语地名的结合表述，为文山“开花城”。文山城、文山州、文山范围等概念，在苗语中均称作Bangx Deus（开花）Langs（城）。此中“Bangx Deus（开花）+Kaib Huab（开花）+Langs（城）”形式，是重复加深刻画的手法。地名“文山”在苗语中称“Bangx Deus（开花）”，当系“开化”一词，谐音误听为“开花”，后意译为苗语发音，并在苗族中使用苗语广泛传开“开花之城”即文山。

[7] Juax Qit Bangl Shix Liuf Hongx：九曲湖石榴红村，是苗语地名称谓与现代地名的结合表述。

[8] Ndos Raol：在村旁边，同Ndos Rex。

[9] Juax Lob Drongb Duax Yif Lob Hangd：九座山八个山冲。

[10] Juax Lob Drongb Duax Yif Lob Nkouk：九座山八个弯（拐）。

[11] Ghux：螺丝、贝类的壳。

[12] Qaob Got Deut：刺到脚，戳着脚。

祭祀古辞
Dlangb Khuat

祛灾星歌
Dot Shob[1]

Lol Dleub:

道白：

Yaos yif dus dot shob lek, yif dus muab dex nik vangb las shik muab dex qongt lol ndruab dex nik nongb ghongb nongb zhangd, suk let baob guk、nblex、douf、nzuak det ib yangf muab ib nzhid jaox lol zhaot hod lob vangb, yol jeuf ndual uat nad let:

要是轮到哪家做祛灾星祭祀活动，哪家就准备一个簸箕，装包谷、谷粒、豆和高粱等各一点，准备好之后就开始唱：

五谷杂粮

Nyaob Hod Zhed Ndual
家中祭祀

It id...

Mongf Blangs[2] nyaob zox ged dlangd,

Mongf Blangs luax hout jangd,

Mongf Blangs nyaob zox ged dleb et,

Mongf Blangs loux houd reb et!

Yuad mol hot dout Mongf Blangs,

Mongf Blangs zhit nyaob hod zhed et.

Jangl nchait at Zid Jif Mof[3] ndros duax zos?

Zid Jif Mof yuad drout luak dex kout ndoub[4] sob job sob lik deus[5] tlat lik coub,

Zid Jif Mod yuad drout leuf dex kout deud[6] sob job sob lik deus tlat lik pleud.

Zid Jif Mof yuad muab dout vuk liangf zax gux[7] zhas yuad ndros dout nil yif nat（haik: Jaik Nbet, Xongx Juab lak shik Taox Juab jeuf haik nbet）.

咦咿（起调一）……

蒙隐住在大路边，

它大如石柱头，

蒙隐居所路途远，

它形如磐石首啊！

欲把蒙隐叫来，

他却不在家唉。

为什么祭摩公跟着一起到来？

祭摩公要穿上他的布鞋携着火塘边的火枪飞快地来啊，

祭摩公要穿上他的皮鞋带着火塘边的火枪迅速赶来。

祭摩公要拿五谷杂粮来到某某家啊（在此处点出姓氏）。

Zhit ndual nil nyongs zix[8],

Zhit ndual nil nyongs dous[9] ot,

Zhit ndual nil blis nyax jaox blis gob ot,

Zhit ndual nil blis ghongb jaox blis longt,

Zhit ndual nil blis zhax jaox blis cod.

Yuad ndual maob ndual nzhangx ndual said ndual lol,

Ndual dout keud zhued keud let hof,

Ndual dout zhox bos muas[10] dais hlait nyangs[11] hod lik shit ndros dout ndox hnob lik hlit jongl[12] mak.

祭摩公将不诅咒现在，

不诅咒将来，

不诅咒金魂和银魂，

不诅咒庄稼粮食魂，

不诅咒家畜牲口魂。

要诅咒和祛除那病痛灾魔，

要诅咒和祛除那流言蜚语，

要诅咒和祛除盖面布祭祀盆并将这些通通诅咒祛除在天尽头。

Zid Jif Mof yuad muab dout vuk liangf zax gux zhas yad ndual lik zhis drout guak nil gangx,

Ndual lik zhis drout guak nil hod od,

Yuad ndual dout oux juax xongt zhit guak ndangb[13],

Ndual dout yif xongt zhit guak ndut[14],

Ndual dout cab nax jaox buat xongt zhit guak nil draod ghangb lol od!

Ndual dout out cab nax jaox buat xongt zhit guak nil draod feb lut.

祭摩公拿着五谷杂粮诅咒并祛除一切不吉利让其家光明，

诅咒并赶尽一切灾凶让其家干净，

灾凶病痛九年将不会出现，

八载不再爆发，

驱除一切不吉利千年百载不再回来哦！

诅咒一切灾凶病痛千载百年不再显迹。

Zid Jif Mof yuad ndual lik zhis drout guak nil gangx,

Ndual lik zhis drout guak nil hod od,

Yuad ndual dout juax xongt nat zhit guak ndut,

Ndual dout yif xongt lak zhit guak ndangb.

Ndual dout cab nax jaox buat xongt zhit guak nil draod ghangb lol,

Ndual dout cab nax jaox buat xongt zhit guak nil draod feb ghangb[15].

祭摩公诅咒并祛除一切不吉利，

诅咒并赶尽一切灾凶让其家干净，

祈祷灾凶病痛九年将不会爆发，

八载不再出现。

驱除一切不吉利千年百载不再回来哦，

诅咒一切灾凶病痛千年万载不再回头。

Zid Jif Mof yuad muab dout vuk liangf zax gux,

Zhas yad ndual mol lak ndual lol od,

Ndual cangb hax zhenf draod ndual zhos ok,

Ndual mol langf ndual hluat ndual dangl hax zhenf draod ndual zhos.

祭摩公拿着五谷杂粮，

要念叨来念叨去，

全部念叨了还要重复来重复去，

要喋喋不休唠叨不断地念诵。

Zid Jif Mof yuad muab dout vuk liangf zax gux,

Zhas yad ndual lik zhis drout guas nil gangx,

Ndual lik zhis drout guak nil hod od,

Yuad ndual dout juax xongt zhit guak ndangb,

Ndual dout yif xongt nat zhit guak ndut,

Ndual dout cab nax jaox buat xongt[16] zhit guak nil draod ghangb lol od,

Ndual dout cab nax jaox buat xongt ongd zhit guak nil draod feb lut ox!

Zid Jif Mof yuad ndual dout juax xongt nat zhit guak ndut,

Ndual dout yif xongt nat zhit guak ndangb,

Ndual dout cab nax jaox buat xongt zhit guak nil draod ghangb lol,

Ndual dout cab nax jaox buat xongt zhit guak nil draod feb ghangb.

祭摩公拿着五谷杂粮来念叨，

不仅要让族人安康，

让其干净与和顺，

还要祈求九年来安定，

祈盼八年常安稳，

所有灾凶病痛千年万载不再归，

一切不吉利千载百年不再来！
祭摩公祈盼让灾凶九年不发生，
让病痛八年不显现，
一切不吉利千年万载不再归，
所有灾凶病痛百年千载不再来。

Zid Jif Mof yuad muab dout dos sob job sob lik deul,

Ndual drout dex Mangb dex Shuad[17] dex ghangb deul,

Yuad ndual guak dex Mangb dex Shuad uat ib beus[18];

Zid Jif Mof yuad muab dout dos sob job sob lik deul,

Ndual dout dex Mangb dex Shuad dex ghangb job ox,

Yuad ndual dout dex Mangb dex Shuad uat ib wob[19] ot.

祭摩公拿起火塘边那火枪，
念叨着外人的柴火，
祈盼他们心悦诚服扎一堆，
祭摩公拿着火塘边那火枪，
念叨着外人的火塘，
祈愿他们同甘共苦聚一窝啊。

Zid Jif Mof yuad muab dout dos sob job sob lik deul,

Ndual dout dex daox baob lal daox cot[20] ot,

Ndual drout dex rongd ghous lal rongd ndouk[21],

Ndual drout dex dlex lak dex dlex jaox leuf dlex lak,

Yuad ndual drout dex juat lak,

Dex juat yuad jaox mol baos leuf rangx khaod[22] et,

Rangx bof jek rangx saot[23] et!

祭摩公拿起火塘边那火枪，
祈求让那土坡垮来泥土盖，
让那森林倒来树木压，
让那长流水使灾祸随水逝，
让那狂风将病痛卷入龙洞，
龙见了便将一切不吉利咬碎唉！

Ras nat,

Guak dout nil yif nat angd,

Naf hlob jaox mid yout out gud dix jaox ved njoul[24],

Naf dob jaox naf zid, gud dix jaox gud ved[25] ed,

Lenx hlob jaox lenx mid id yuad nyaob let nchent suk leuf lob drongx denb[26] ent nyaob let nzheus suk leuf lob drongx zeub et,

Nenx duax lal nenx khuak lak zhangd duax lal zhangd ncheut[27] nat des yuad shout.

这一次，
要让他家，
大人和小孩、兄弟和姊妹，
母子和夫妻、弟兄和妯娌，
大大小小身体安康健壮如桌凳一样稳固，
人来了人夸乡亲见了乡亲美啊嘚咿嘍噢（收调）。

Lol Dleub:
道白：

Rangx nad ndual dangl.

Dangl jaik muab lob vangb hod jaod nongb ghongb nongb zhangd ib lob gouf zhed[28] muab ib nik dout zheb dout, get zheb get haik dak:

Sob job sob lik deul[29] nyaob gouf zhed,
Sob job sob lik deul nyaob gouf ntangb,
Lob douf lob jex hlangd[30];
Sob job sob lik deul nyaob muax qeut,
Lob douf lob jex uat leut[31].
在堂屋内念诵祈愿完毕。

唱完此曲后，便将簸箕内的五谷杂粮各抓一把撒到每个屋角，边撒边说：

火塘火枪哟安居在屋角，
火塘火枪哟安居在楼上，

豆粒荞种长；

火塘边火枪哟安居有地方，

荞种豆粒长茂盛。

撒杂粮

Dleub lol:

道白：

Chuad jaod nongb ghongb nongb zhangt[32] jek jaox loub ndrout rongd det bob ghaib. Rangx nyaob zhed ndual tab rangx ndrout rongd kheb shuab zhit ib yangf.

簸箕内余下的五谷杂粮则撒在大门外喂鸡等家禽。在屋内祈祷吟唱的调与屋外的不一样。

Nyaob Hod Zhed Ndual Shob

屋内咒灾婆

Hleud Job Nqot Box Shob

生火熏灾婆

Pox ob od[33](nbuad dlex zhuas),

Gangx ndos dangs gil gangx lat ad,

Ngoux hnob od nzend lik bleul ef,

Jit lik vuas[34] Box lik Muaf[35] houd muas vangx[36] lat.

Gangx ndos dangs gil draod bof ged,

Ngoux hnob ox Nzend lik bleul ek,

Jit lik vuas Box lik Muaf houd muas zhed[37].

泼噢哦（含水喷出，下同），

早上天蒙蒙亮天将明，

太阳光芒万丈，

辉映在麻婆的篱笆园中。

早上天蒙蒙亮天将明，

太阳光芒四射，

映照在麻婆那屋院墙头上。

Dangs gil nat ab,

Lif Zit[38] eb hleud job jax ax,

Box lik Muaf ax hleud job jax,

Job jax yuad nqot lik nab,

Yuad maob leuf Box Shob[39] dex ghak hlangb shad[40] ax,

Lif Zit eb hleud job muas[41] ox,

Job muas yuad nqot let yuad maob leuf Box Shob dex ghak hlangb bot[42] lat,

Gaox zhit nzend duax lak Box Shob ox?

今早上，

理兹在火塘生火，

麻婆在火塘烧火，

火塘着火烟熏火燎，

燎痛了灾婆的命根，

理兹在火塘烧火，

火烧疼了灾婆的命脉呀，

你还不显露出来呀灾婆？

Zhif Ndox Deb

制造天地

Dongx Bif Lik Xuaf[43] lak,

Nil nyaob nil dangb gof[44] duax lak,

Jed dongx[45] let zeuf[46] euf,

Nil nyaob nil dangb gof zeuf ad!

Dongx Bif Lik Xuaf lak,

Nil nyaob nil yuad zhif dout ib pangb lik ndox[47] lak,

Jed dongx let zeuf ax,

Nil nyaob nil yuad zhif dout ib pangb deb[48] ed!

铜比哩夏啊，

他自己呀走来，

铜身的形成哦，

是自己来生成啊！

铜比哩夏啊，

他来造得半边天，
铜身才生成，
制得一方地唉！

Dongx Bif Lik Xuaf lak,
Yuad muab ndox ndros zhif dout,
Jed dongx let zeuf ad,
Yuad muab lob deb ndros zhif dad,
Jangl nchait lob ndox yuad dlot lik dlad[49],
Lob deb yuad dlaot lik ndleud[50] et.
铜比哩夏啊，
要将天来造好，
铜身才来生成，
要将地来制成，
那天呀光溜溜，
地呀光秃秃唉。

Zhif Renx Yenb Renx Zhangd Tab Cuat Zhangd

造人烟人种和万物

Renx yenb[51] lak zhit muax huak ax,

Renx zhangd[52] lak zhit zeuf ax,

Yuad yaos dout shif renx lenx dus sheud zhif leuf renx yenb?

Yuad yaos dout Laok Link Pox[53] sheud zhif leuf renx yenb ax,

Laok Link Pox yuad muab renx yenb ndros zhif dout oud,

Renx zhangd ndros zhif muax lak.

Yuad zhif dout Shid Yis[54] ndros uat ndex lak,

Zhif dout Box Shob uat ndruab ndrangb,

Zhif dout Yangx Lik Yuas[55] uat daof ghangb.

人烟也没有，
人种未生成，
是谁来造人烟？
是老脸婆起来造人烟。
老脸婆将人烟来造好，
人种来造成。
把施艺生在前面，
将灾婆产在中间，
把神杨亚育在后面。

Shid Yis Box Shob tab Yangx Yuas Faib Gangb Faib Ged

施艺、灾婆和杨亚三神分道

Yuad zhif dout shangb nenb shangb lik yais[56] drout Shid Yis jaox lak ax,

Guak leuf Box Shob uat drout Shid Yis naox lak ax;

Yuad zhif dout shangb nenb shangb lik yais drout Shid Yis guangd,

Guak leuf Box Shob od uat drout Shid Yis hnangd.

老脸婆制得巫神傩神让施艺带，
叫灾婆来伺候施艺吃；
制得山神巫鬼让施艺管，
让灾婆来伺候施艺穿。

Yuad zhif dout juax jous yif drangb dras[57] nyif drout Shid Yis dot[58],

Yuad zhif dout juax jouf yif drangb dras dot drout Yangx Lik Yuas shif sob jaof shif mod[59];

Yuad zhif dout juax jouf yif drangb dras nyif drout Shid Yis dlend[60],

Zhif dout juax jous yif drangb dras hot dreud Yangx Lik Yuas ab shif sob jaox shif hnend[61].

老脸婆制得九十八把大刀给施艺来处理，
造得九十八把大刀判给杨亚舞刀又弄枪；
制得九十八把大刀让施艺来管理，
造得九十八把大刀喊杨亚来试梭又射箭。

Yuad zhif dout oud juax lob hnob[62] ox duax shik drob[63] ox,

Zhif dout yif lob hlit[64] duax shik drit[65] ax.

Juax lob hnob ox yuad changd leuf juax hnob ndox ghab ab ax,

Yif lob hlit yuad zhouk leuf yif hmaot ndox ghak ndit.

Juax lob hnob yuad changd leuf juax hnob ndox lak,

Box Shob ox ngenl uat naox[66] lak Box Shob sangd houk draox[67] lak,

Box Shob ngenl uat hnangd angd Box Shob sangd houk nchangd[68].

老脸婆制得九个太阳来相互追逐，

造得八个月亮来互相追赶。

九个太阳出来要炙烤九天，

八个月亮出来又黑暗八晚。

九个太阳要炙烤九天啦，

灾婆懒得做吃的她只想喝油，

灾婆懒得做穿的她只想吸血。

Yangx Yuas Duat Hnob Hlit

杨亚射日月

Box Shob zhud yif lox lat,

Box Shob yuad mol nzhaos dout Yangx Lik Yuas dak:

Yangx Lik Yuas ab gaox muab leuf ngoux hnob ndrous hlit[69] ib ix ndros duat dangt,

Lob ndox yik leuf[70] gaox guangd;

Gaox mol muab leuf ngoux hnob ndrous hlit ib ndros duat zhes ax,

Lob ndox yik leuf gaox ndrel[71] ax.

灾婆有主意啦，

灾婆对杨亚说：

杨亚你去将太阳和月亮射光，

老天就由你管；

你去将太阳和月亮杀完，

老天规矩就由你立。

Yangx Lik Yuas at ndros zhit boub,

Yangx Lik Yuas yuad ndangt hnend[72] let dab rongt[73] muab leuf ngoux hnob ndrous hlit it ndros duat zhes ax,

Lob ndox yuad zhouk leuf xangt xongt ndof ghak ndit[74];

Yangx Lik Yuas at ndros zhit boub,

Yangx Lik Yuas yuad ndangt hnend let dab rongt muab leuf ngoux hnob ndrous hlit it ndros duat tab,

Yuad zhouk leuf xangt xongt ndof ghak njab[75].

杨亚不知情，

支好弓箭把太阳和月亮射落，

从此老天便黑漆漆七年；

杨亚不知道，

架好弓箭把太阳和月亮射下，

从此天空便黑洞洞七载。

Lenx Dus Qid Shab

是谁使坏心

Laok Link Pox let nzend bleul duax haik dout Shid Yis dak ak:

Drongx nenb[76] enx god zhif dout muax lak,

Drongx yais[77] god zhif dout jat ax,

Gaox zhit zaox leuf zox ghak shangb nenb ghangb[78],

Dous leuf zox ghak shangb yais lut[79],

Shaib yaos dout shif renx lenx dus sheud qid shab[80] ed?

Lob ndox let zhouk ghak njab[81] ax!

老脸婆才赶忙出来对施艺说道：

神堂我制得有，

神桌我也造得有啊，

你要跟着那巫神的背影，

追寻那神傩留下的印迹，

去看看世间是谁在起坏心？

才导致老天黑黢黢一片啊！

Shid Lik Yis let muab leuf drongx nenb ndros lol denb,

Drongx yais ndros denb dout ad,

Shid Lik Yis let nyaob bes raos lob nyik

drongx nenb end,

Shid Lik Yis let nbuax del ndus deut[82] sheud ndaot leuf ndox[83] lak ax,

Dol zhit lol zhit bof,

Dangb bof dout zox ghak shangb nenb shangb lik yais yuad dis les nzhongd[84] ndeuf Box Shob jed dol nzhox[85] lak af.

Shid Lik Yis let nbuax del ndus deut sheud ndaot zhuas[86] af,

Dol zhit lol zhit bof ot,

Dangb bof dout zox ghak shangb nenb shangb lik yais yuad dis les nzhongd ndeuf Box Shob jed dol dluab.

施艺摆起那傩神堂，

置好那巫桌，

施艺上桌登堂来下阴间，

手舞足蹈登上天，

什么都没见，

只见那巫神傩神指向了灾婆的魂魄。

施艺足蹈手舞登上丛林尖，

什么也不见，

只见那巫神傩神朝向了灾婆的身影。

Shid Lik Yis let draod ghak raox ndros draod lol zos[87] ax,

Laok Link Pox let nos dout Shid Lik Yis let dak:

God zaox leuf zox ghak shangb nenb ghangb,

Dous leuf zox ghak shangb yais lut.

God congx bes deb njet tlout bel ndox[88] lak,

Dol zhit lak zhit bof,

Dangb bof dout zox ghak shangb nenb shangb lik yais yuad dis les nzhongd ndeuf Box Shob jed dol nzhox lak ax!

God congx bes deb njet tlout bel shuab[89] ax,

Dol zhit lol zhit bof od,

Dangb bof dout zox ghak shangb nenb shangb let yais yuad dis lek nzhongd ndeuf Box Shob jed dol dluab!

施艺周游一圈返回来，

老脸婆问施艺他便回答：

我跟随在傩神身后，

找寻那巫神印迹。

我从地上爬上天，

什么都没见，

只见那巫神傩神指向了灾婆的魂魄啊！

我从矮处爬到高处，

什么也没见，

只见那怪傩神巫朝向了灾婆的身影！

Yangx Yuas Guangd Ndox

杨亚来管天

Laok Link Pox let id haik dout Shid Lik Yis dak:

Gaox mol guak dout Yangx Lik Yuas ax muab leuf Box Shob ndros duat dangl,

Lob ndox yik leuf Yangx Yuas guangd;

Gaox mol guak dout Yangx Lik Yuas at muab leuf Box Shob ndros duat zhes ax,

Lob ndox yik leuf Yangx Lik Yuas ndrel ax.

老脸婆对施艺说道：

你叫杨亚去把灾婆灭亡，

老天事务送由杨亚掌管；

你让杨亚去把灾婆杀死，

老天规矩交由杨亚确立。

Shid Yis Lil Deb

施艺来管地

Gaox nyaob gaox uat rongt guangd,

Ndlax deb ndos yenl[90] box ghaib loud ok[91] let zeux ghuat[92],

Ngoux hnob ndrous hlit let gangd nzend lol ax.

你在这里要治理好天下大地，

世间的母鸡公鸭才会鸣叫，

太阳月亮才敢出来转啊！

God mol god guangd dout daf hox[93] let jangb binb[94],

Huangx Hox[95] zhit guak nil sheud caox ndox[96] lak,

Shued Hox[97] zhit guak nil sheud caox tinb[98] ax!

我去管好大河大江边，

不让黄河水来漫过边，

不给水河水来涨朝天啊！

Lol Dleub:

道白：

Zex cenf zos nad dot shob teux nghait nyaob hod zhed ndual dangl. Daof ghangb yad mol ndrout rongd jangb sod raox sheud lol ndual.

在家中唱的程序至此已经完成。之后，大家在屋外聚拢成一团，进行第二程序，把族人各自带来的“彩线”连接并围起来祈祷。

围“彩线”

Nyaob Ndrout Rongd Ntet Shob

屋外咒灾婆

Lol Dleub:

道白：

Zex Cenf yaos sob jangb sod, let draod lol ntet.

先将彩线连接起来，绕着人群拉好，再回头唱。

Jangb Shangb Hot Box Shob

抽丝拉线引灾婆

Pox ob od,

Dangs gil nat Lif Zit oub sheud jangb shangb[99],

Box lik Muaf sheud jangb shangb,

Jangb shangb lik ris draod dif daox lak,

Box Shob yuad dous shangb lik ris[100] duax houk draox lat at.

Dangs gil nat angd Lif Zit oub sheud jangb sod[101],

Box lik Muaf sheud jangb sod,

Jangb sod lik ris duax dif hangd,

Dangs gil nat Box Shob yuad dous shangb lik ris duax houk nchangd lat!

Gaox zhit dek duax lat Box Shob ox.

泼噢哦，

今早理兹起来拉丝，

麻婆起来拉线，

丝线拉到那山坡，

灾婆将沿着丝线来喝油咯。

今早理兹起来拉线，

麻婆起来拉丝，

丝拉到那山谷，

灾婆将沿着丝线来吸血啦！

灾婆你还不快快来啊。

Dcul Gob Nyongs Loul

火烧祝牛

Dangs gil nat,

Lif Zit sheud khangt nzaix[102] lak ax,

Box lik Muaf sheud khangt nzaix lat at;

Lif Zit sheud khangt zhuad[103],

Box lik Muaf sheud khangt zhuad.

Zhuad ngis[104] zhuad ghak nguad,

Zhuad yuad gob nzaix lat,

Nzaix ngis nzaix ghak nguad,

Nzaix yuad gob ntangb.

今天早上呀，

理兹起来烤粪箕，

麻婆也起来烤粪箕；

理兹起来熏炕笆，

麻婆也起来熏炕笆。

炕笆熏得干燥燥，

炕笆起火来烘粪箕，
粪箕烘得干枯枯，
粪箕将要烧楼板。

Ntangb ngis ntangb ghak nguad ab,
Ntangb yuad gob zhed ib;
Zhed ngis zhed ghak nguad ab,
Zhed yuad gob ndox lat.
Yuad gob dout Box Nyongs Loul[105] lol bongb ntangb[106],
Yeus Nyongs Loul[107] lol bongb zhed.
楼板啊干巴巴，
楼板拿来烧房屋；
房屋啊干焦焦，
房屋快要烧上天啦。
将烧得那博牛老掉下楼，
将烧得那尤牛老掉下房。

祛灾星

Shuad Nzhongd Jaix Dot Shob

细数除灾日

Box Nyongs Loul let sheud lol ched[108],
Yeuf Nyongs Loul let sheud lol haik dout:
Ib zhongl gud dix zid dob yuad shuad lik nzhongd[109] leuf juax hlit lob ndox hnob ox,
Njot let nzhongd lob jaix ndros dot shob ox!
Yeuf Nyongs Loul let sheud lol haik dout:
Ib zhongl gud dix zid dob yuad shuad let nzhongd leuf juax hlit lob ndox zhous[110] lat at,
Njot lik nzhongd lob jaix sheud nzol doux[111] lat af.
博牛才起来骂，
尤牛便对大伙说：
大家要细数九月的天，
记住祛除灾星的时日哦！
尤牛老便对大伙道：
大家要细算九月的秋，
记得砍芭茅草祭祀的时间。

Lol Dleuk :
旁释：

Zex Cenf nad yaos jangb sod hot let,dex gud dix duax zos ib huaf muab sod zuak sheud lol,ndrel uat ib beus, muab sod jangb dout wex jat.

这段程序是拉线时唱的，族人将带来的三色线连接起来站着围成堆，拉线将人群围起来。

Nzend nad dangl jek draod lol yeuk sod[112], guas buab wef jaod duab nenb muab drangb las Nzend lol dout zid shob[113] duad jat, get yeuk get haik dak:

此段结束后回来拆线，叫围着的族人递镰刀出来由主持人拿着，主持人边拆线边说道：

祛灾星

Zhit yeuk nil blis nyax blis gob, zhit yeuk nil blis ghongb blis longt, zhit yeuk nil blis zhax blis cod, zhit yeuk nil blis dob blis gid; Yad yeuk maob yeuk nzhangx, yeuk said yeuk lol, yeuk keud zued keud yangx keud yul hod lek shit zhox zhis mol leuf dex lob nik hlit jongs[114].

Yeuk dangl jek muab jaod sod mol kuab drout dif dol ndongt huab chib[115], drangb las[116] yol muab zhaot hod deut huab chib. zos ndot beb yad drab doux.

不折他家金魂银魄，不折他家庄稼魂粮食魄，不折他家牲畜魂飞禽魄，不折他家子女儿孙魂魄；要折掉他家那病痛与呻吟，折掉他家那风言风语，折掉他家那流言蜚语，一切不吉利全部都干干净净抛弃到那月穷岁尽之地。

折完线后，将彩线挂在旁边立着的五倍子树干上，镰刀放在树脚等后续唱完时备用。

Nzol Doux
砍芭茅草

Jaos Doub Daol
理兹和麻婆种瓜

Pox ob od,

Dangs gil nat Lif Zit sheud jaos doub ox,

Box lik Muaf sheud jaos doub[117] ox.

Doub hlob doub ghab roux lak ax,

Doub yuad uat dout Shid Yis doub yous njoux[118] lat ax,

Doub hlob doub nkouk gob[119] od,

Doub yuad uat dout Shid Yis doub yous lot[120] ob.

泼噢哦，

今早理兹起来种瓜，

麻婆也起来种瓜。

瓜呀长得好，

长大可做施艺糊口瓜，

瓜呀长得弯如牛角，

长熟可做施艺度日瓜。

Dangs gil nat angd dlex zal lik ras[121] ak zeuk ghangb reb,

Shid Lik Yis yuad muab dout doub dlex zal lik ras ax,

Yuad ndob leuf Box Shob dex duab ghak ped,

Box Shob yuad nghel leuf nblax deb[122] ax;

Dlex zal lik ras zeuk ghangb hangd,

Dangs gil nat Shid Lik Yis yuad muab dout doub dlex zal lik ras yuad ndob leuf Box Shob nax beb duab bangt ax,

Box Shob yuad nghel leuf nblax ndrangl[123] lat.

Gaox zhit deuf duax lak Box Shob?

今早冷水出自石缝脚，

施艺拿起那瓢冷水，

将弄湿灾婆的屁股，

灾婆将下到凡间；

冷水源自那山谷，

今早施艺拿那瓢冷水，将泼向灾婆三口，

灾婆将来到世上。

你还不出来吗，灾婆？

Box Shob Deuf Duax
灾婆出来

Box Shob yuad nzend lik bleul dif nbongt ndox[124] lat,

Jit lik ongt[125] lol langs nyox[126] lat ax;

Box Shob ox yuad nzend lik bleul dif nbongt ndens[127],

Jit lik ongt lol langs nens[128] ax.

灾婆现身在天际啦，

她亮晃晃来到那牛圈边；

灾婆出来在场边啦，

她亮闪闪来到那马圈旁啊。

（唱至此，不再围绕着聚拢的人群转圈，而是在人群边上插着的五倍子树下穿梭几个来回，边穿梭边唱。）

Nblongx njangs[129] zeuf leuf nblongx njangs,

Nblongx njangs zeuf ndruab drongb[130] ax,

Dangs gil nat Shid Lik Yis yuad muab leuf nblongx njangs uat leuf Box Shob lob qeut bongb[131] ax.

Nblongx njangs zeuf leuf nblongx njangs,

Nblongx njangs zeuf ndruab dleuf ot,

Dangs gil nat angd Shid Lik Yis yuad muab dex nblongx njangs uat leuf Box Shob lob qeut zheuk[132] lat.

Gaox zhit deuf duax lak Box Shob ox?

刺包树生刺包树叶，

刺包树叶生在那山野，

施艺要拿刺包树叶来铺成灾婆的着落点。

刺包树生刺包树叶，

刺包树叶生在那山垭，

施艺要拿刺包树叶来铺好灾婆的栖息处。

你还不出来啊，灾婆？

Shid Yis Box Shob Shik Ndouk Duat

施艺与灾婆搏杀

Box Shob duax lak Box Shob del ghak las ndros jaox dras[133],

Shid Lik Yis del dleub del ghak nblas[134] ax;

Box Shob duax lat Box Shob del ghak las ndros jaox ndangx[135],

Shid Lik Yis del dleub del ghak nblas.

Dex nat jek Shid Lik Yis let del ghak las ndros jaox dras.

Box Shob bof et Box Shob yuad nchait lik ncut[136] ndraif lik ndrenl[137] dex nblongx doux[138] lat ax,

Shid Lik Yis yuad tlat leuf daof bel daof dous[139] shoux lat.

砍灾婆

灾婆来她手拿刀，

施艺赤手空拳却灵活；

灾婆来她手持剑，

施艺空拳赤手却本领强。

（唱至此，主持人要从地上捡起镰刀。）

现在施艺有了刀。

见施艺持刀灾婆吓得躲进芭茅叶下，

施艺便上蹿下跳去寻找。

Dex nat jat Shid Lik Yis let del ghak las ndros jaox ndangx,

Box Shob bof et Box Shob yuad nchait lik ncut nzaif lik ndrenl dex nblongx njangs,

Shid Lik Yis yuad tlat leuf daof bel daof dous drangs.

Dangs gil nad Shid Lik Yis yad yos dout dol jongx loud ghaib[140] ghuat,

Bof Box Shob duax lat yad ghuat nzuax dik[141] lik kaot.

Dangs gil nad Shid Lik Yis ib dras yad muab leuf Box Shob houd nzhox[142] lol kif ntraot[143];

Shid Lik Yis yad yos dout dol jongx loud ghaib ghuat,

Bof Box Shob duax lak yad ghuat nzuax dik lik teud[144],

Dangs gil nad Shid Lik Yis ib dras yad muab leuf Box Shob houd nzhox kif ndreud.

现在施艺手握刀剑，

见施艺持剑灾婆怕得藏进刺包树叶中，

施艺跑上跑下到处找。

施艺养只公鸡展翅来鸣叫，

雄鸡见灾婆来了便扇起翅膀。

今早施艺一刀精准刺向灾婆的胸膛；

施艺养只雄鸡来嘶鸣，

雄鸡见灾婆来了便扇起翅膀，

今早施艺一刀砍断灾婆的首级。

祭祀交接

Dangs gil nat Shid Lik Yis yuad muab Box Shob duat uat aob shangb[145],

Guak ib zhongl gud dix zid dob yuad faf wangf[146] let gus suk shob ndangb[147];

Dangs gil nat Shid Lik Yis yuad muab leuf Box Shob sheud duat dot od,

Guak ib zhongl gud dix zid dob yuad faf wangf let gus suk shob mod[148].

Dangs gil nat Shid Lik Yis yuad muab leuf Box Shob duat dout mol piaob liux mol guof had ax,

Guak nil qenb nyenx wangf gud zhit draod lol ntrad;

Dangs gil nat Shid Lik Yis yuad muab leuf Box Shob duat dout piaob liux mol guof hox lat ax,

Guak nil qenb nyenf wangf gud zhit draod lol.

Dangs gil nat Shid Lik Yis yuad muab leuf Box Shob duat uat aob shangb,

Yangx Lik Yuas yuad caik hnend lik pluad[149] ndrat nbeud leuf Box Shob dex ghak khaod blangb[150] ax.

今早施艺已把灾婆身体劈两半，
让家族兄弟们像岩蜂一样兴旺；
今早施艺已将灾婆首级来砍断，
家族兄弟们似蜜蜂来繁荣。
今早施艺将灾婆斩断让其随波漂流，
让灾婆千年万载回不来；
今早施艺把灾婆劈死让其随河漂流，
让灾婆千年万载不回来喽。
今早施艺已将灾婆身首砍两半，
杨亚一箭射中灾婆肚上。

Dleub lol:
道白：

Haik dangl nad jek, drab ngouk dol doux uat dot ndreud, dangl.

唱到此，便手起刀落将芭茅草砍断，全部程序完成。

背景介绍

唱诵者： 陶福祥 Gangf Wuk Dlob（1969— ），男，文山市德厚镇福海村委会石榴红村人。

陶福祥

唱诵场域： 此歌在祛灾星民俗中使用。此民俗是一年一度的家族小聚仪式，形式上与祭祀猪神民俗相似，均属家族祭祀。但祛灾星民俗的举行时间因姓氏不同而有所区别，大多与“九”“七”这些数字有关，如在文山本地举行仪式的时间一般在农历八、九、十月的单数日进行，尚未发现在这些月之外或双数日举行仪式的。

版本述评： 此古歌属于民俗祭祀歌，其内容完整，结构之间联系紧密，是文山市域内“祛灾星歌”中较好的版本之一。古歌内容主要以消灾祛病类古辞展开，其中贯穿若干个情节。就内涵而言，借每年一次的仪式合作“消灾”时，将家族成员团聚在一起，增加族内交流和沟通，促进家族和谐团结。

采集整理： 罗永洪、熊文国、吴建兰、熊兴坛。

注释

[1] Dot Shob：祛除灾婆（星），肃清灾婆（星），消灭灾婆（星），祭祀灾婆（星）。Dot Shob可音译为“哆嗦”，其中Dot指肃清、断、消失，如Dot Ghangb即肃清、消弭、断后使足迹和踪迹消失。dot另有祭祀、养、生的意思。Shob为灾婆、灾星。古人以天象附会人事，认为某星辰出现异常，人间便有灾变，因称引起灾变的星体为灾星，后来也认为人的命运亦与星辰相关，流年不利，是因灾星光临，亦泛指恶厄运，指造成巨大灾难的人或事物。结合整体要义，Dot Shob暂定义为祛灾星。

[2] Mongf Blangs：蒙隐，指主持祛灾仪式的人。Mongf不明，音似“蒙”。Blangs即消失、隐没、丢失、隐匿和消亡。

[3] Zid Jif Mof：祭摩公，指主持仪式者。

[4] Kout Ndoub：布鞋。

[5] Sob Job Sob Lik Deus：火塘边的火枪。

[6] Kout Deud：皮鞋。

[7] Vuk Liangf Zax Gux：五谷杂粮。

[8] Nyongs Zix：不明，疑为现在。

[9] Nyongs Dous：不明，疑为将来。

[10] Zhox Bos Muas：盖面布，指死人专用的盖面布。

[11] Dais Hlait Nyangs：用于祭祀的盆，祭祀时装祭食酒水的盆或者葫芦瓢。

[12] Ndox Hnob Lik Hlit Jongl：日月落在天尽头。

[13] Zhit Guak Ndangb：不再显露，不再显现。

[14] Zhit Guak Ndut：不再发生，不再爆发。其中，Ndut指爆发、发生。

[15] Feb Ghangb：回头，回来。Feb Lut与之同。

[16] Cab Nax Jaox Buat Xongt：千年百载。

[17] Dex Mangb Dex Shuad：古代两种族群的称谓。

[18] Uat Ib Beus：做一堆，指团结在一起。

[19] Uat Ib Wob：做一窝，指团结在一起。

[20] Daox Baob Lal Daox Cot：坡垮来土覆盖。

[21] Rongd Ghous Lal Rongd Ndouk：森林倒伏了森林打（或压）。

[22] Baos Leuf Rangx Khaod：席卷而入龙洞中。

[23] Rangx Saot：龙咬，龙咬碎。

[24] Ved Njoul：姊妹。

[25] Gud Ved：妯娌。

[26] Drongx Denb：桌子、凳子。

[27] Ncheut：羡慕。

[28] Gouf Zhed：屋角。

[29] Sob Job Sob Lik Deul：火塘火枪，火塘柴火。

[30] Jex Hlangd：养长，养种发芽。

[31] Uat Leut：茂盛，郁郁葱葱，形容长势很好。

[32] Nongb Ghongb Nongb Zhangt：粮种。

[33] Pox Ob Od：泼噢哦（起调之一），为口含水喷出之声。

[34] Jit Vuas：亮晶晶，光芒四射，光芒万丈。

[35] Box Lik Muaf：麻婆，古神名。

[36] Houd Muas Vangx：樊篱，篱笆园的园栏上方。

[37] Houd Muas Zhed：屋山头，屋头。

[38] Lif Zit：理兹，系音译，神名，相当于伙计，帮忖做事的神。

[39] Box Shob：灾婆，神名。

[40] Hlangb Shad：生命，命。

[41] Job Muas：火塘之眼，火眼。

[42] Hlangb Bot：生命之气息。

[43] Dongx Bif Lik Xuaf：铜比哩夏，苗族传说中的神名。

[44] Dangb Gof：自己，自身，单个。

[45] Jed Dongx：铜身。

[46] Zeuf：生，生成，形成。

[47] Ib Pangb Lik Ndox：半边天，一片天。

[48] Ib Pangb Deb：一方地，一片地。

[49] Dlot Lik Dlad：光溜溜。

[50] Dlaot Lik Ndleud：光秃秃。

[51] Renx yenb：人烟。

[52] Renx zhangd：人种。

[53] Laok Link Pox：老脸婆，神名，苗族造天地和人烟的神。

[54] Shid Yis：施艺，神名，苗族传说中的药神，巫傩医药创始者和管理人，也指主持公道者。

[55] Yangx Lik Yuas：杨哩娅或杨亚，神名，苗族传说中的执弓箭射日月的神。

[56] Shangb Nenb Shangb Yais：神巫怪傩，巫傩鬼怪。

[57] Juax Jous Yif Drangb Dras：九十八把大刀。

[58] Dot：判决，评判，判断，处理，处置。

[59] Shif Sob Jaof Shif Mod：试梭试枪，舞枪弄棒。

[60] Dlend：哄，骗，诱惑，让其开心。

[61] Shif Sob Jaox Shif Hnend：试梭试箭，玩梭射箭。

[62] Juax Lob Hnob：九个太阳，苗族传说有九个太阳。

[63] Shik Drob：相互追逐追赶。

[64] Yif Lob Hlit：八个月亮，苗族传说有八个月亮。

[65] Shik Drit：相互追逐追赶。

[66] Ngenl Uat Naox：懒得做吃的。与之相关的Ngenl Uat Hnangd指懒得做穿的。

[67] Sangd Houk Draox：想喝油，想喝油水。

[68] Sangd Houk Nchangd：想吸血。

[69] Ngoux Hnob Ndrous Hlit：太阳和月亮；其中，Ngoux指女性；Ndrous指男性。在苗族的观念中，将太阳视为女，月亮视为男。

[70] Yik Leuf：依，顺从，依了，服从。

[71] Ndrel：立，站立，立（规矩），掌管，停，止。

[72] Ndangt Hnend：握弓箭，支弓射箭。

[73] Dab Rongt：认真，仔细。别称Duab Rongt。

[74] Ndof Ghak Ndit：严丝合缝，严密。

[75] Ndof Ghak Njab：同上。

[76] Drongx Nenb：神堂，神桌，傩神供堂，专指巫师傩神平时在正堂一侧供奉的神堂，有别于祖宗神堂。

[77] Drongx Yais：神堂，神桌，专指巫师跳巫时临时摆放的桌子。

[78] Shangb Nenb Ghangb：神巫的背影。

[79] Shangb Yais Lut：傩神的印迹。

[80] Qid Shab：打坏主意，起坏心眼，捣乱，捣蛋。

[81] Zhouk Ghak Njab：黑透，黑漆漆，黑暗，形容天很黑。

[82] Nbuax Del Ndus Deut：手舞足蹈。

[83] Ndaot Leuf Ndox：齐天高，到天上。

[84] Dis Les Nzhongd：朝向，指向，转向。

[85] Nzhox：魂，魄。

[86] Ndaot Zhuas：齐树木高，与丛林树尖高，到丛林之上。

[87] Draod Lol Zos：返回，回到。

[88] Bes Deb Njet Tlout Bel Ndox：从地上到天上，自地上爬通天上。

[89] Bes Deb Njet Tlout Bel Shuab：自矮处到高处。

[90] Ndlax Deb Ndos Yenl：满天下，满世间。

[91] Box Ghaib Loud Ok：母鸡公鸭。

[92] Ghuat：鸣叫。

[93] Daf Hox：大河。

[94] Jangb Binb：江边。

[95] Huangx Hox：黄河。

[96] Sheud Caox Ndox：涨漫朝天，涨过天边。

[97] Shued Hox：水河，河名，具体不明，待考证。

[98] Sheud Caox Tinb：漫过天。

[99] Jangb Shangb：拉线，吐丝。

[100] Dous Shangb Lik Ris：沿着丝线来。

[101] Jangb Sod：拉线，牵线。

[102] Khangt Nzaix：熏烤粪箕。

[103] Khangt Zhuad：熏烤炕笆或朗筛。

[104] Zhuad Ngis：炕笆干燥。

[105] Box Nyongs Loul：博妞老，天神，掌管人生死的神，是Nzux Nyongs Loul（祝牛老）的别称。

[106] Bongb Ntangb：从楼上掉下来，掉楼。

[107] Yeus Nyongs Loul：尤妞老，天神，掌管人生死的神，是Nzux Nyongs Loul（祝牛）的别称。

[108] Ched：骂，咒骂，骂骂咧咧。

[109] Shuad Lik Nzhongd：细数，记得，认真记住。

[110] Ndox Zhous：秋季，秋天。

[111] Nzol Doux：砍芭茅草。

[112] Yeuk Sod：拆线，将连接起来的线拆除。

[113] Zid Shob：主持肃清灾婆仪式或祭祀灾婆仪式的人。

[114] Hlit Jongs：月尽，月穷。

[115] Ndongt Huab Chib：五倍子树，方言称为枤木树。

[116] Las：镰刀。

[117] Jaos Doub：种瓜。

[118] Yous Njoux：糊口，度日。Yous也称为Yos，指养。

[119] Doub Nkouk Gob：像牛角一样的瓜。

[120] Yous Lot：糊口，度日。

[121] Dlex Zal Lik Ras：冷冰冰的水。

[122] Nblax Deb：人间，世间。

[123] Nblax Ndrangl：世间，世上。

[124] Nbongt Ndox：天际，天边。

[125] Jit Ongt：亮闪闪，金煌煌。

[126] Langs Nyox：牛圈。

[127] Nbongt Ndens：活动场所附近。

[128] Langs Nens：马圈。

[129] Nblongx Njangs：刺包树叶。

[130] Ndruab Drongb：山中，山里面。

[131] Qeut Bongb：着落点，立足之地。

[132] Qeut Zheuk：着落点，立足之地。

[133] Jaox Dras：持刀。

[134] Del Dleub Del Ghak Nblas：赤手空拳却灵活。其中，Del Dleub指空手；Del Ghak Nblas指手巧灵活。

[135] Ndangx：剑，长剑。

[136] Nchait Lik Ncut：战战兢兢，担惊受怕。

[137] Nzaif Lik Ndrenl：躲藏。

[138] Nblongx Doux：芭茅草叶。

[139] Daof Bel Daof Dous：上上下下。

[140] Jongx Loud Ghaib：雄鸡，公鸡。

[141] Nzuax Dik：扇翅膀，公鸡展翅鸣叫的样子。

[142] Houd Nzhox：胸膛，身首。

[143] Kif Ntraot：刺入，插入，杀，刻。

[144] Nzuax Dik Lit Teud：公鸡展翅鸣叫的样子。

[145] Duat Uat Aob Shangb：劈为两半。

[146] Faf Wangf：发旺，发展。成群结队。

[147] Shob Ndangb：岩蜂窝。

[148] Shob Mod：蜜蜂窝。

[149] Caik Hnend Lik Pluad：开弓，放开弓使箭飞出。

[150] Khaod Blangb：肚子。

祭门猪神辞

Uat Nbuat Drongx

Lol Dleub:

道白：

Muax dex yif yaos uat nenx zhit rongt, yos nbuat yos nik zhax nik cod[1] zhit hlob, yos zhit sheud, wef jat uat rongt nenx, yos zhax cod sheud lol hlob rongt jek let uat nbuat drongx. Kend nyaob naox zhab hnob sab aob uat. Duad lil dex dol bod hlit[2] mid ngoux nbuat[3] ib dol, dlex hod, ndif dail, dras, hloub deul[4], hluat sod mangx ib zox, zas ndongt ib dlaif, buad drangx xongb[5]（nad yad shaib lenx dus yis let dlangb khuat[6] yaos zheus zif, muax zhib zif, xangt zif, juax zif, gouf beb zif, suk yaos juax zif jek uat juax lob drangx xongb, yaos zhib zif jek uat zhit lob drangx). Ib yaos gud dix duax zos duax cix. Aob yaos muab dlex hod nzuad khaod drongx. Muab duax zos nbaox gud dix hot zis mol hod zhed, gaox duad dol hlangd deul[7] fongb drongx geut drongx.

有的人家因生活拮据，养牲畜不顺，为让生活过得幸福一些，养牲畜顺利一点便举行祭祀门猪神活动，一般在大年初二举行。须准备足月小黑母猪一头、干净清水若干、盆碗、刀具、柴火许多、麻绳一条、木板一块和竹筒（这里得看家族的规矩是几截，有五截、七截、九截和十三截规矩的，如是九截则准备九个竹筒，是五截则准备五个竹筒）。一是族人到齐；二是用清水象征性清洗大门。将来到的族人全部喊到家中，主持人手持一根燃烧着的木棍将大门关闭封好。

Hot dak:

念诵道：

Od... Naf zid dlangb drongx,

Hnob nad yaos rongt hnob,

Hmaot nad yaos rongt hmaot,

Beb yaos geut maob geut nzhangx[8],

Yad geut said geut lol[9],

Geut keud yangx keud yul.

Beb zhit geut blis nyax[10] blis gob,

Zhit geut blis gid blis dob,

Zhit geut blis ghongb blis longt[11],

Zhit geut blis zhax blis cod,

Jaod zhit rongt jaox zhox zhis deuf mol od.

喔……大门神，

今天是吉日，

今晚是吉时，

我们要关了那病痛和呻吟，

要关了那流言蜚语，

要关了那飞短流长。

我们不关那金魂银魂，

不关那儿孙魂，

不关那庄稼粮食魂，

不关那牲畜魂，

一切不吉利都将被赶出门哦。

Lol Dleub:

道白：

Huaf gat khet hlaot lob drongx, muab dol hlangd deul ib yaos[12] hlaot jeuf geut ngouk. Muab dlex nzuad nbuat hod hod, muab hluat mangx kit nbuat jangb mol daof lob drongx nzangs qeut but, sod mangx kit nbuat jangb lol dik[13] daof naf drongx, gaox jeuf haik dak.

此时，把门开了，用燃烧的木棍在门前晃动一下便将大门关上。将小母猪用清水擦洗干净，用麻绳将小猪拴好拉到主人的床铺脚，麻绳另一头连在大门处并念诵：

Hot Dak:
念诵：

Od... Naf zid dlangb drongx,
Hnob nad yaos rongt hnob,
Hmaot nad yaos rongt hmaot,
Beb keuk gaox zhax gaox cot drout gaox,
Gaox zhit khuab ndrous zhit khuab shent[14],
喔……大门神，
今天是吉日，
今晚是吉时，
我们要祭献牲畜给你，
你不要恋恋不舍牵肠挂肚。

Lol Dleub:
道白：

Haik dangl let jek muab nbuat duat. Dol nbuat duat dangl naox dangl dex nik bloub nik cangt hod zhox zhis[15] zhit dek laif deuf ndrout rongd, yad fouk[16] hod lob ghangb dangs zhed.

说完便将小猪宰了。小猪宰杀煮吃完其过程产生的全部垃圾不能往屋外丢，全部埋在堂屋中。

Zab Zif Lol Dleub :
祭祀族规：

Muab dol nik ngoux nbuat duat dangl zhend rongt[17], muab puat muab lob dluad muas[18] hlaik deuf lol uat houd nghaix[19], drout zif huaf gat uat houd nghaix zit. Beb yis zhos uat zhib zif: Ib zif yaos doub hout, ib zif yaos nbuat lous del[20], ib zif yaos nbuat nangs del, ib zif yaos nbuat lous deut, ib zif yaos nbuat nangs deut[21] tab nbuat got dud (dangf souk dud[22]). Dluad muas jaox lol xeut nik nchangd[23] nik blangb hnyod[24] hout ib dail, hout dout jek, yad jaox lol drout leud zhib zif nghaix gat.

将小黑母猪杀了处理干净，剖开后将“猪儿窝”取出来作为“头肉”，用以一一祭祀。本篇中家族信奉“五截”的规矩：一截取猪头，一截取猪左前腿，一截取猪右前腿，一截取猪左后腿，一截取猪右后腿连尾巴（作为收尾）。“猪儿窝”拿来拌“血旺子”和肠胃等煮成一碗，煮熟后盛入五个竹筒进行祭献。

Buat zas:
铺板：

Nyaob shout zangx buat rongt dlaif nik zas, shout dlaif zas kub[25] lob ndif, ndif hod kub zox nik kit nbuat jaob hluat mangx[26], muab nak druax, jangb mol kit lob naf khaod drongx. Shout zas jek zeub zhib lob buad drangx xongb, zhib lob dail ndif faib Zif.

在床上将木板铺好，木板上盖一个碗，碗中盖住，按稳拴猪的细麻线一头，另一头拉至大门拴好。木板上摆五个竹筒和五个盛截肉的碗或盆，一切就绪主持人便开口念诵。

Hot Dak:
念诵：

Hnob nad yaos rongt hnob,
Hmaot nad yaos rongt hmaot,
Beb keuk gaox zhax gaox cot dout gaox jek,
Gaox zhit khuab ndrous zhit khuab shent nat louk.
今天是吉日，
今晚是吉时，
我们给你牲给你畜，
你不要再恋恋不舍牵肠挂肚喽。

Lol Dleub:
道白：

Gaox aob caik del ib caik duad fub[27] hak jaod guat nghaix dluad muas xeut nchangd hnyod congx houd zos dut[28] drout hod buab zhib lob drangx xongb, ib caik del ib nik yaos[29] dout jek, lob njoux haik uat: Blis lol blis lol.

Nghangt ib ras dangl faib dex mid nyuas dob gid houk, tab dex nik nyuas dak: Houk guat mid nongs, houk guat mid nongs. Houk dangl ib ras shout ib lob buad drangx.

Gaox uat zhib ras bod dangl shout dangl jek, muab dex ndif nghaix shout mol zuad hout faib cuat dol gud dix naox, dangb guas yad muab ndif gus dluad muas xeut nchangd hnyod tab zif gus caik del nghangt mol faib Zid Yil Yeuf Loul[30] naox. Yad haik dak.

主持人一只手持瓢舀那碗猪子宫拌旺子肠（肚）胃汤，从头到尾顺沿倒入五个竹筒中，另一只手也依次在竹筒上晃动一次，口中一边说道："魂来了，魂来了。"

倒满一次则将截肉羹汤分给在边上看热闹的娃娃们喝，并与娃娃们说：喝小鸟汤，喝小鸟汤，喝完一次收一个竹筒。

主持人反复这样完成五次，收完五个竹筒，便将五个盆中的截肉拿去砍了煮给家人们吃。但是，要将那碗猪子宫拌旺子肠（肚）胃和那盆盛有前腿截肉的菜抬去给叔伯吃，并念诵。

Hot Dak:
念诵：

Hnob nad yaos rongt hnob,
Hmaot nad yaos rongt hmaot,
Beb yad zongs gaox zif louk,
Gaox zhit khuab ndrous zhit khuab shent nat louk.
Blis los blis los...
今天是吉日，
今晚是吉时，
我们已经祭献给你截肉了，
你不要再恋恋不舍牵肠挂肚喽。
魂来了魂来了……

Lol Dleub:
道白：

Haik dangl, dex gud dix muab dol nbuat nghaix naox dangl hod hod jek yad mol khet drongx. Kheb drongx zhas yat haik:

上述说完，众家门将猪肉全部享用完，就可以打开大门，开门时要念诵：

Od... Naf zid dlangb drongx,
Hnob nad yaos rongt hnob,
Hmaot nad yaos rongt hmaot,
Beb chenx zif[31] uat cuat ek,
Beb zix nat yad kheb drongx jek.
Beb yad kheb maob kheb nzhangx,
Kheb keud yangx keud yus,
Kheb said kheb lol ek,
Zhit rongt dex deuf mol zhox zhis nat lak.
喔……大门神，
今天是吉日，
今晚是吉时，
我们的截肉已经祭完祭全，
我们从今起要开门了。
我们要开门让病痛和呻吟出去，
要开门让谣言是非出去，
要开门让飞短流长出去，
一切不吉利都出去。

Beb zhit kheb blis nyax blis gob deuf mol,
Zhit kheb blis gid blis dob deuf mol,
Zhit kheb blis zhax blis cod deuf mol,
Zhit kheb blis ghongb blis longt deuf mol,
Beb zhos kheb dex zhit rongt deuf mol zhox zhis.
我们开门不让金魂银魂出去，
开门不让儿孙魂出去，
开门不让牲畜魂出去，
开门不让庄稼粮食魂出去，
开门只让那些不吉利的东西全部出去。

Lol Dleub:
道白：

Huaf gat kheb hlaot lob khaod drongx.
说完，便打开大门。

Shik Jaid Lol Dleub:
禁忌道白：

Uat Zif huaf gat, zhos haik lol Hmongb, zhit haik bef zhangd lol. Uat dangl kheb drongx hnob ghangb yad jaid khuat beb hnob, nyaob yol yif lob khaod drongx traik dol njex kit lob maof nblongx[32], jat dex khuat bof, dex khuat jeuf zhit ngangs zhed lak. Yaos dex khuat zhit boub dangb[33] jek ngangs zhed jek drox zhous zhit rongt nat.

举行截肉祭祀仪式时，只能说苗语。截肉祭祀仪式举行完成并打开门后，第二天起便要“忌客”三天。在自己家门口插根小木桩，将竹篾帽戴在木桩上，客人来了看见便不再进入家中。如果有人不懂礼节进入家中，便视为不吉利的事。

背景介绍

罗正荣

讲述者：罗正荣 Sheuf Chib（1966—），男，文山市小街镇麻栗寨村委会冬瓜林村人，掌握当地苗族婚丧文化。师从于本村杨开有 Hangf Yeus（1929—1989）和蔡保珠 Chongf Dluas（1932—）等。蔡保珠又师从本村侯正才 Nblax Yal Dluas（1890—1960）。

采集整理：罗永洪。

注 释

[1] Nik Zhax Nik Cod（Zhax Cod）：牲畜。
[2] Bod Hlit：满月，足月。
[3] Ngoux Nbuat：未下过崽儿的母猪。
[4] Hloub Deul：柴，木柴，柴棍。
[5] Buad Drangx Xongb：竹筒，以竹节为底进行分割成筒。竹筒直径一般3～5厘米，高约7～9厘米，用来盛肉食和肉汤用以祭祀。
[6] Dlangb Khuat：家族族规。
[7] Hlangd Deul：燃烧着的木棍。
[8] Geut Maob Geut Nzhangx：关住病痛和呻吟，指让病痛和灾祸引发的痛苦不再发生。
[9] Geut Said Geut Lol：关住流言蜚语。
[10] Blis Nyax：银子的魂，银的魂魄。
[11] Blis Ghongb Blis Longt：庄稼和粮食的魂魄。
[12] Ib Yaos：晃一下，摇一下。
[13] Dik：连接。
[14] Zhit Khuab Ndrous Zhit Khuab Shent：不要念念不舍，不要牵肠挂肚。
[15] Hod Zhox Zhis：全部，一切。
[16] Fouk：埋，掩埋；覆盖。
[17] Zhend Rongt：处理干净，处理完成。
[18] Dluad Muas：猪儿窝，猪胎盘，指猪的子宫，卵巢。直译为“腰眼”，指整个生殖系统。
[19] Houd Nghaix：打头祭献的肉和汤，用于首祭的肉和汤。
[20] Nbuat Lous Del：猪左前肢。
[21] Nbuat Nangs Deut：猪右后腿。
[22] Souk Dud：收尾，结束，指将猪尾巴当作结束和收尾。
[23] Nchangd：血，血旺子。
[24] Blangb Hnyod：肠胃，肠肚。
[25] Kub：盖，压。
[26] Hluat Mangx：麻线。
[27] Duad Fub：拿着瓢。
[28] Congx Houd Zos Dut：从头至尾。
[29] Ib Nik Yaos：轻轻一晃。
[30] Zid Yil Yeuf Loul：叔叔和伯伯，叔伯。
[31] Chenx Zif：截肉，肉分，指规矩和礼俗。疑是Zhenx Zif的别称。
[32] Maof Nblongx：竹篾帽。
[33] Zhit Boub Dangb：不懂礼节，不知礼节，不懂事。

祭祖辞
Hot Bos Yeuf

Hod Zhed
屋内神龛

Bos Yeuf（祖辈）：

Yeuf XX ak、Bos XX ak,
Sif Guangb Cax Shenx Six Guangb Cax Menx,
Dlangb zhouk dlangb zhis,
Mex duaf cix duaf juab ak.
某某爷爷啊、某某奶奶啊，
四位财神和四位门神，
各位神灵，
你们全部一起啊。

Hnob (hmaot) nat,
Beb uat dout maod uat dout nghaix lol naox,
Beb yad gus zhit dout naox zhit dout houk,
Beb yad sob hot gus mex lol naox,
Mex yad naox mol baod fux baod yeuf,
Guas beb ib rangs naf dob mid yout,
Nyaob daof ghangb zhit muax maob zhit muax ngens qenb qenb xeuf xeuf,
Uat dout naox dout houk let dout haib dout lais mex,
Mex yad lol naox mol ndaot maob ndaot nzhangx ndaot said hod zhox zhis nad lek hek!
今天（夜）呀，
我们做好了饭菜，
我们没有先享用，
我们要先祭献给你们，
你们食用后要记得保佑，
让我们一家老小，
日后没病没痛、清清秀秀，
我们有吃有喝才能再祭献给你们，
你们吃后，要为我们家彻底祛除疾病和谣言之苦嘞嘿！

Naf Zid（父辈）：

End Zaid ak、end Naf ak,
Zid Nzeuf XX ak、Naf Nzeuf XX ak...
Sif Guangb Cax Shenx Six Guangb Cax Menx,
Dlangb zhouk dlangb zhis,
Mex duaf cix duaf juab ak.
我父亲啊、母亲啊，
某某叔叔（伯父）啊、某某婶婶（伯母）啊……
四位财神和四位门神，
各位神灵，
你们全部一起啊。

Hnob (hmaot) nat,
Beb uat dout maod uat dout nghaix lol naox,
Beb yad gus zhit dout naox zhit dout houk,
Beb yad sob hot gus mex lol naox,
Mex yad naox mol baod fux baod yeuf,
Guas beb ib rangs naf dob mid yout,
Nyaob daof ghangb zhit muax maob zhit muax ngens qenb qenb xeuf xeuf,
Uat dout naox dout houk let dout haib dout lais mex,
Mex yad lol naox mol ndaot maob ndaot nzhangx ndaot said hod zhox zhis nad lek hek!
今天（夜）呀，
我们做好了饭菜，
我们没有先享用，
我们要先祭献给你们，
你们食用后要记得护佑，
让我们一家老小，
日后没病没痛、清清秀秀，
我们有吃有喝才能再祭献给你们，
你们吃后，要为我们家彻底祛除疾病和谣言之苦嘞嘿！

Gud Dix Tab Dex Yout（同辈和小辈）：

Dix lous XX ak、gud XX ak...
Nyangb dis XX、nyangb gud XX ak...
Dob XX ak、nchaik XX ak...
Sif guangb cax shenx six guangb cax menx,
Dlangb zhouk dlangb zhis,
Mex duaf cix duaf juab ak.
某兄啊、某弟啊……
某嫂子啊、某弟妹啊……
某儿啊、某女啊……
四位财神和四位门神，
各位神灵，
你们全部一起啊。

Hnob (hmaot) nat,
Beb uat dout maod uat dout nghaix lol naox,
Beb yad gus zhit dout naox zhit dout houk,
Beb yad sob hot gus mex lol naox!
Mex yad naox mol baod fux baod yeuf,
Guas beb ib rangs naf dob mid yout,
Nyaob daof ghangb zhit muax maob zhit muax ngens qenb qenb xeuf xeuf,
Uat dout naox dout houk let dout haib dout lais mex,
Mex yad lol naox mol ndaot maob ndaot nzhangx ndaot said hod zhox zhis nad lek hek!
今天（夜）呀，
我们做好了饭菜，
我们没有先享用，
我们要先祭献给你们！
你们食用后要记得庇护，
让我们一家老小，
日后没病没痛、清清秀秀，
我们有吃有喝才能再祭献给你们，
你们吃后，要为我们家彻底祛除这疾病和谣言之苦嘞嘿！

（以上祭祖词为一轮唱词，完整的祭祖仪式需唱诵三轮，并对应祭词祭献酒食。）

Ndrout Rongd

门外

Shik muak chongb shik muak ved shik muak njoul,
Dlangb chaib[1] dlangb nkhek[2],
Mex duaf cix duaf juab.
Lol naox ek shout maob shout nzhangx,
Shout said shout lol hod zhox zhis nad lek hek!
各位兄弟姐妹，
各位神灵，
你们各位一起啊。
吃完后收走病收走痛，
收走这一切是非和谣言嘞嘿！

（此轮需去大门外、不超过屋檐滴水线外处进行。）

背景介绍

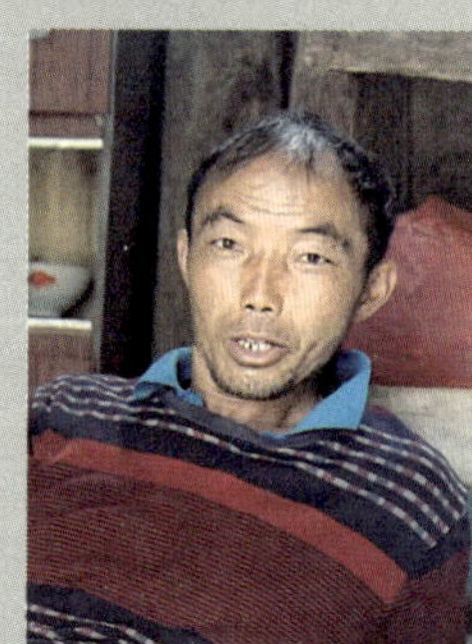
熊开书

唱诵者： 熊开书 Sent Hmaob（1966—），男，文山市古木镇纸厂社区黑山居民小组人。师从黑山村熊正华 Yeuf Lux Hmaob（1944—2005）。

版本述评： 此首祭祖辞内容完整，结构严谨。其作为苗族祖先崇拜文化重要组成部分的同时，蕴含着苗族的孝道文化、长幼次序等多个方面的文化内涵。

采集整理： 熊文国。

注释

[1] Dlangb Chaib：饥饿之神，饿鬼。

[2] Dlangb Nkhek：饥渴之神，渴鬼。

年节祭祖辞

Naox Zhab[1] Naox Cot[2] Hot Bos Yeuf

Lais Jeud:

祭酒：

Nil nad gus ak,

Naf Bos XX Yeuf XX mex,

Nil nad gus hnob nat naox zhab beb jous hmaot[3] das,

Beb uat nghaix uat khoud shad das,

Beb zhit dout naox nghangt jeud zhit dout houk,

Beb yad shob haib shob lais mex dout ndros houk ak.

Houk nat zhes yad mol shout maob shout nzhangx shout said shout lol zhox zhis[4] let mol lik heuk,

Beb (buab nyuas) nyaob daof ghangb kud uat dout naox dout houk,

Beb let shob haib shob lais[5] mex nad let heuk.

现在啊，

某某奶奶、某某爷爷，

今天是大年三十晚上（这里是什么节日相应变换即可），

我们做好肉做好饭并提酒来，

我们没有先吃先喝，

我们要先祭献你们，邀你们来一起喝啊。

喝了要去收病、收是非、收一切不吉利，

我们后生在世才赚得吃赚得喝，

我们才能祭祀你们啊。

Lais Nghaix Maod:

祭饭肉：

Nil nad gus,

Naf Bos XX Yeuf XX mex,

Nil nad gus hnob nat naox zhab beb jous hmaot das,

Beb uat nghaix uat khoud shad das,

Beb zhit dout naox,

Beb yad shob haib shob lais mex dout ndros naox ak.

Naox nat zhes yat mol shout maob shout nzhangx shout said shout lol zhox zhis lis mol let heuk,

Beb (Buab nyuas) nyaob daof ghangb kud uat dout naox dout houk uat ghongt rongt rongt,

Beb let shob haib shob lais mex nad let heuk.

现在啊，

某某奶奶、某某爷爷，

今天是大年三十，

我们做好肉做好饭，

我们没有先吃，

我们要先祭献你们，邀你们来一起吃啊。

吃完了要去收病、收是非、收一切不吉利，

我们后生在世才赚得吃、赚得喝，种庄稼才丰收，

我们先敬献你们。

Lais Jaod Boub Zhit Cuat:

祭祀不知姓名者：

Nil nat gus god naf god zaid mex ak,

Nil nat gus beb zhit boub ak,

Mex ndros boub,

Beb zhit njot mex ndros njot,

Yad hot ib cix lol ndros naox ndros houk.

Yad shout maob shout nzhangx shout said shout lol zhox zhis lis mol let heuk,

Beb nyaob daof ghangb uat ghongb uat longt rongt rongt,

Shob haib shob lais mex nad let heuk.

现在啊，我父亲我母亲，
今天我不懂，
你们知道的，
我们记不住你们能够记住的，
你们要喊了一起来同吃同喝。
要去收病、收是非、收一切不吉利，
我们后生在世种庄稼才丰收，
我们先祭祀你们了哟。

Lol Dleub:
道白：

Huaf gat, gaox yad haik nik dlad nghaix maod tab jeud sheud lol mol ndrout rongd jeuf get haik get nzend del loub keuk dex dlangb naox. Haik let suk:

此时，舀一勺肉饭和酒到门外，边唱边反手将祭品向外倒给不明逝者和诸神享用。祭词如下：

Lais Ndrout Rongd
在屋外唱祭祀诸神

Dlangb drongx dlangb zhed[6] shenb khaod dlex[7] shenb khaod hangd[8] shenb houd daox shenb houd bel[9] shenb muas chongb muas gol[10] muas ved muas njoul,

Hmaot nad beb uat beb jous hmaot naox,

Uat nghaix uat khoud shad lol muax jeud lol zhit dout houk,

Beb yad shob haib shob lais mex ek,

Mex yad houk houk shout maob shout nzhangx shout said shout lol mol hod zhox zhis nat lak heuk,

Beb nyaob daof ghangb uat ghongb uat longt rongt rongt,

Shob haib shob lais mex nat let heuk!

门神、房神、水塘神、山谷神、漫山遍野诸神和婚姻诸神、姊妹神哟，

今晚我们做年夜饭吃（其他节日仅为“今晚我们祭献饭食”），

酒肉熟了我们先不吃，

我们要先祭献你们啊，

你们享用了要去收了那病痛、那流言蜚语及一切不吉利，

后生们种庄稼才丰收，

先祭献祖先和诸神哟！

在逢年过节吃饭前，先准备一双筷子、三个碗（一个碗盛饭、一个碗盛酒、一个碗盛肉）。在神堂上摆好后，分别于神堂、中柱、大门、灶台等处烧香烧纸；然后在堂上按辈分一一点名祭祀酒，再一一祭祀饭和肉，直至全部点清为止；最后到屋外将酒和祭食先后祭献给那些不知名的祖先、诸路神仙和孤魂野鬼等。

苗族大多祭祀四代逝者，即爷辈、父辈、同辈和下一代，也有部分祭祀七代、九代的。无论祭祀几代，每次点名祭辞大多如上（仅供参考）。

背景介绍

唱诵者： 罗正达 Xangf Chib（1950—2018），男，文山市平坝镇小坝子村委会吗哩大地村（Naf Deb）人，通晓苗族历算，对天气观测、农作物播种、栽种、预测较有经验。

罗正达

采集整理： 罗永洪。

注释

[1] Zhab：年，过年。“年”是一种怪物，即年兽。“年”的甲骨文为“”，、，四脚蛇的样子与“年”的甲骨文形状相似，苗族称“四脚蛇”和“壁虎”为“Zhad”。“Zhad”与“Zhab（年）”音同或音近，与“年”的甲骨文字形相似。

[2] Cot：节，节日。其中，Naox Cot指过节。

[3] Beb Jous Hmaot：三十晚上，除夕。

[4] Zhox Zhis：全部，一切。

[5] Shob Haib Shob Lais：先祭祀，先祭献。

[6] Dlangb Drongx Dlangb Zhed：门神房神。

[7] Shenb Khaod Dlex：水塘神。

[8] Shenb Khaod Hangd：山谷神。

[9] Shenb Houd Daox Shenb Houd Bel：漫山遍野的神。

[10] Shenb Muas Chongb Muas Gol：婚姻诸神。

送祖归家辞

Zhaot Bos Yeuf

Nad zhes,

Naox zhab sab beb das,

Beb uat nghaix uat khoud shad das,

Bet zhit dout naox zhit guaf houk ax,

Beb zhas yad hot dout Bos XX Yeuf XX mex lol ndros naox ndros houk ax,

Naox naox houk houk ek!

现在啊，

是大年初三，

我们的饭菜做好了，

我们没有先吃先喝，

我们先喊某某祖先来吃来喝，

尽管吃喝享用啊！

Mex yad shout maob shout nzhangx,

Shout said shout lol hod zhox zhis deuf mol,

Keuk beb uat dout naox dout houk,

Beb uat ghongb lal yad ntrout njes uat longt lak yad ntrout jangs nad lak,

Beb shob haib shob lais mex dout dol ndex nad lak let heuk.

你们要收走那病痛，

要收走那流长蜚短和一切不吉利，

让我们做得吃做得喝，

让我们种庄稼来发芽、种粮食来生根哟，

我们先祭献给你们。

Nad zhes,

Naox zhab sab beb das,

Beb uat nghaix uat khoud shad das,

Beb zhit dout naox zhit guaf houk ax.

Nil nad zhes,

Beb dob lis[1] zhit boub mex shik boub,

Beb dob lis zhit njot mex shik njot ax,

Yad hot dout mex gud mex dix mex ved mex njoul lol ndros naox ndros houk ax,

Naox naox houk houk ek!

现在啊，

是大年初三，

我们的饭菜做好了，

我们没有先吃先喝。

现在啊，

我们后生晚辈不懂事，你们懂事，

我们后生晚辈不知道，你们知道，

要喊着你们的兄弟姊妹一起享用啊，

尽管吃喝享用啊！

Mex yad shout maob shout nzhangx,

Shout said shout lol hod zhox zhis deuf mol drout daox ndros ndrout bes[2],

Keuk beb uat dout naox uat dout houk,

Yad juab dlangl dout ros[3] dout beb yis dout faib gangb draod faib ged.

Beb uat ghongb lal yad ntrout jes[4] uat longt lak yad ntrout jangs[5] nad lak,

Beb shob haib shob lais mex dout dol ndex nad lak let heuk.

Naox dangs jek yad draod raox mol rod mex vangx mex zhed let heuk,

Yad mol nghouk mex daox[6] rod mex bes[7] nad let heuk.

你们要收走那病痛，

要收走那流长蜚短和将一切不吉利抛弃在野外，

让我们赚得吃赚得喝，

要让我们家阴阳分界、道清理明。

让我们种庄稼来发芽、种粮食来生根哟，

我们先祭献你们哦。

你们享用完了要回去守好你们的家园，

要回去踩你们的花山守护你们的原野啊。

背景介绍

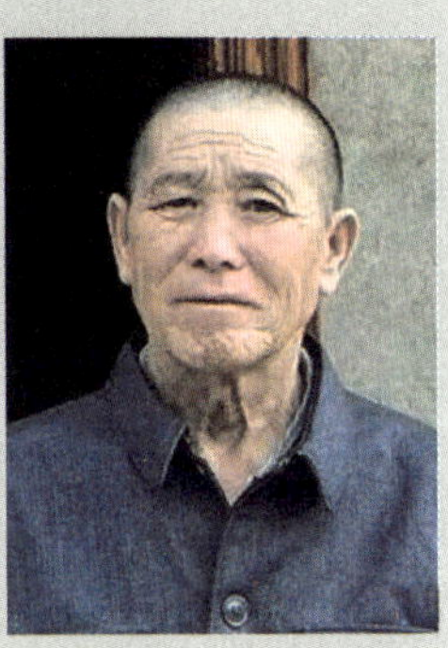

李自发

唱诵者：李自发Tangx Jait（1957— ），男，文山市平坝镇底泥村委会山后上犀牛塘村人，擅长苗族唢呐的演奏。1979年2月，曾作为骡马队支前民兵参加对越自卫反击战，荣立三等功。

采集整理：罗永洪。

注释

[1] Dob Lis：后生，晚辈。

[2] Drout Daox Ndros Ndrout Bes：野外。

[3] Juab Dlangl Dout Ros：加力用力，即用力、努力。

[4] Ntrout jes：发枝，发芽。

[5] Ntrout Jangs：生根，长根。

[6] Nghouk Mex Daox：去踩你的花山。

[7] Rod Mex Bes：守好你们的家园。其中，Bes指原野、山川。

祭龙辞
Zit Rangx

Lol Dleub:
道白：

Dex Hmongb ndout shuf yaos rangx hlit[1], muax jaod yaos rangx hlik sab aob, muax jaod yaos rangx hlik nangl hnob tab nenl hnob, kend mol zit rangx. Jangb nbuat ib dol, ghaib ib ngeuf, suab hluat nghenb ib zox, xangb ndeud, ndoub lab, daos bangf. Nyaob ghangb got ndongt rangx uat lob mid zangx (bloub dol njex, bloub dol khangb, muab hluat kit druax) dout zeub doub hout nbuat tab ngeuf ghaib.

苗族人祭龙大多在苗历年首龙月（苗历龙月相当于传统历法十二地支纪月卯月即二月），有的在苗历二月即龙月初二，有的选择苗历龙月鼠日或马日。祭龙前准备一头猪、一对鸡、一条芭茅草绳、一匹红布和几根木棍。在龙树脚搭一个长方形小木床（在四根木柱上搭四根木条，拴稳当）用以放置祭祀的猪头和鸡。

Mol zos zhaob ndongt rangx[2] jek (hod dex raol dob muax nil lob khaod qeut zit), yad jaob jif ib lot dak:

人到龙树脚后，要交代说：

Hnob nad yaos rongt hnob rongt nyongs,
Beb duax zit rangx nat,
Deuf bleuf ndox shob chab jek ndox zhit khuad ngis nguad[3],
Gaox yad baod fux baod yeuf[4] dout beb dex lax dex deb zhit keuk dlex guad[5],
Yad muax nangs ndrouf ndob lax deb keuk beb uat dout naox uat dout houk.
今天是良辰吉日，
我们来祭龙了，
新春之际祈愿老天不要干燥，
保佑我们的土地不被水淹，
希望土地得到细雨滋润让我们有吃有穿。

Lol Dleub:
道白：

Nyaob ghangb got ndongt kaob bloub dol zhus, duaf bloub dol khangb, muab hluat kit druax dout zeub doub hout nbuat. Jaob jif dangl jek mol muab jangb duax dol nbuat ngeuf ghaib duat, zhend rongt. Muab dlaif ndoub lab mol zuak ib zox hluat nghenb, jaox mol kit zhaob ndongt rangx, nghangt doub hout nbuat tab ngeuf ghaib jaox mol zeub shout zangx, hleud xangb ndeud, xangb hleud traik dout bloub lob gouf bloub dol njex.

在龙树脚固定四根木柱（桩），再横搭四根木条，用绳子拴稳后，放置猪头等祭品。交代完毕后，将拉来的猪和鸡宰杀后清洗干净。将红布与芭茅草绳结起来，拿去围着拴在龙树上，然后将猪头和鸡放置在小木床上，便开始烧香烧纸。香插在对应四个方位的四只木桩脚下。

Zit:
祭：

Huaf gat haik dak:
Beb yad tab gaox daif hongx[6] ek,
Gaox yad baod dout beb rex raol uat dout naox houk.
唱诵词：
我们要给你挂红，
你要保佑我们村寨百姓有吃有喝。

Lol Dleub:

道白:

Get haik get dlet nghaix shad dout rangx lous naox, zit dangl yad bet beb bet.

边说边用手掐肉食祭祀龙王，祭祀完毕后要跪拜三次。

Haik dangl nad jek, jaox doub hout nbuat mol hout xeut lob yal nghaix ndros cuat dol ib huaf faib naox[7].Zit dangl jek, dex nenb yad jif deut zhit kend mol uat nof uat cuat yangf, lenx dus fangf[8] jek, zhas yad draod zit ib ras. Zit rangx dangl jek lob raol yad hot dout dol zid nenb[9] mol ib yif yif qeb hluad deul[10].

上述祭词念唱结束，将猪头重新放入肉锅中混着煮后，让村民一起分羹享用。祭祀完毕，人们要忌脚，不准上山做活计和使用工具等。如果有人不守规则，则由违反者自掏腰包重新祭祀。祭龙顺利结束后，苗寨要请巫师挨家挨户去帮忙扫火星、祛火灾。

背景介绍

罗正荣

陈述者：罗正荣 Sheuf Chib（1966—），男，文山市小街镇麻栗寨村委会冬瓜林村人，掌握当地苗族婚丧文化。师从本村杨开有 Hangf Yeus（1929—1989）和蔡保珠 Chongf Dluas（1932— ）等。蔡保珠又师从本村侯正才 Nblax Yal Dluas（1890—1960）。

版本述评：此祭龙活动是一种蕴含民间信仰的民俗活动，是祈求保佑一方水土的长治久安的传统文化。在村寨中只要约定俗成将某座山的某棵树定义为祭祀的"龙树"，这座大山便得到村民敬畏，不会随意遭到破坏，生态环境受到村民的保护。可见，此民俗在构建乡村社会和谐与践行生态文明等方面的文化约束效能早已显现。

采集整理：罗永洪。

注 释

[1] Rangx Hlit：龙月。在苗族民间，将一年十二个月用十二地支进行对应，如一月为兔月、二月为龙月（苗历龙月相当于中国传统历法十二地支纪月卯月即二月）、三月为蛇月、四月为马月、五月为羊月、六月为猴月、七月为鸡月、八月为狗月、九月为猪月、十月为鼠月、十一月为牛月、十二月为虎月。年的排列也如此，若今年是牛（丑）年，明年便依次排列为虎（寅）年。也有相生相克的说法，如鸡月与兔月相克、龙月与狗月相克、鼠月与马月相克、蛇月与猪月相克、牛月与羊月相克、猴月与虎月相克。年、日的排列和相生相克类同。

[2] Ndongt Rangx：龙树，苗寨大多有自己固定的龙山龙树。

[3] Khuad Ngis Nguad：干燥，干焦焦。

[4] Baod Fux Baod Yeuf：保福保佑，保佑。

[5] Dlex Guad：水冲土地。

[6] Daif Hongx：挂红，戴红。

[7] Faib Naox：分配食用，分羹。

[8] Fangf：犯，犯规。

[9] Zid Nenb：巫师，傩神。

[10] Qeb Hluad Deul：扫火星，扫火灾星。

祭山神土地辞

Zit Dlangb Tud Dif[1] Shangb Shenx[2]

Lol Dleub:

道白：

Zit Dlangb tud dif kend yaos hod zhed dex nyox dex nbuat xangt nyuas bod beb dangs gil touk, uat lob daob teux uat nik ndif maod, jaox nik xangb ndeud nik jeud mol bel tud dif zit jaod lol:

祭祀山神土地，家中有牛或猪下崽儿满三天的早上进行该仪式，主人家要做一个“刀头”（煮熟的方形肉团），准备一碗饭和酒、香纸去土地山神那里，祭词如下：

Zit:

祭：

Ok... Tud dif ek,

Hnob nat beb naf nyox (naf nbuat) jaox nyuas bod beb dangs gil[3],

Beb uat nghaix uat maod shad duax zhek,

Gaox yad lenl gaox let zax nzhis mol,

Lenl mol jek yad baod fux baod yeuf beb let nik zhax nik cod,

Yad hlot uat pout ndul,

Jat beb uat dout naox dout houk let duax juas gaox,

Let bob gaox naox od,

Gaox gad lol lenl zax nzhis mol!

哦……山神土地啊，

今天是我们的母牛（或母猪）生崽儿满三天的早上，

我们做好酒肉饭菜来祭献您，

您要领走我们的情义，

领走了要保佑我们的牲畜，

让它们兴旺成群，

让我们有吃有喝才能来向您祭献，

才有您吃的哟，

您赶快来领了这分情义！

背景介绍

陈述者： 罗正荣 Sheuf Chib（1966—），男，文山市小街镇麻栗寨村委会冬瓜林村人，掌握当地苗族婚丧文化。师从本村杨开有 Hangf Yeus（1929—1989）和蔡保珠 Chongf Dluas（1932—）等。蔡保珠又师从本村侯正才 Nblax Yal Dluas（1890—1960）。

罗正荣

采集整理： 罗永洪。

注释

[1] Dlangb Tud Dif：土地神。

[2] Shangb Shenx：山神。

[3] Dangs Gil：早，早上。也称为Daik Gil。

祭田地辞
Zit Lax Zit Deb

Lol Dleub:

道白：

Zos drout hlit nenl gouf bloub hnob, zit lax zit deb jek yad duat dol ghaib hout shad jaox mol daof dex ndos lax ndos deb, nyaod ndos deb duaf lob nik zangx, muab dol ghaib zeub shout lob zangx, hleud xangb ndeud dout jek yad haik aob beb nik lot lol:

到农历六月二十四日，祭田地要杀只鸡煮熟了带到田边地角，在那用木条随便搭个床铺架子，把鸡放在架子上，烧上香纸便开始祭祀。祭词如下：

Zit:

祭：

Hnob nad yaos drout hlit nenl gouf bloub,

Beb uat nghaix uat maod duax hot tinx gongb dif muk naox,

Mex naox yad baod fux baod yeuf nik ghongb nik longt,

Zhit guas nil muax gangb[1] muax maob[2] ek,

Ndox deb dax dos[3] lax deb druax ndrenl[4] ghongb longt pout yenl[5],

Dex nenb changd ndox los nbangx dout naox houk,

Beb let dout duax zit mex guas!

今天是农历六月二十四日，

我们做好熟食来祭祀田公地母，

你们吃了要保护庄稼，

让其不受虫灾病害，

天地平安、田地稳当、庄稼丰收，

人间康健有吃有喝，

我们才能来祭祀你们（土地神）！

背景介绍

陈述者： 罗正荣 Sheuf Chib (1966—)，男，文山市小街镇麻栗寨村委会冬瓜林村人，掌握当地苗族婚丧文化。师从本村杨开有 Hangf Yeus（1929—1989）和蔡保珠 Chongf Dluas（1932—）等。蔡保珠又师从本村侯正才 Nblax Yal Dluas（1890—1960）。

罗正荣

采集整理： 罗永洪。

注释

[1] Gangb：虫。文中指虫灾。

[2] Muax Gangb Muax Maob：病虫害。文中指作物受到虫灾病害。

[3] Dax Dos：平安，太平。

[4] Druax Ndrenl：稳当，牢固。

[5] Pout Yenl：茂盛，作物等长势良好。

祭药王辞

Zit Yox Wangx

Lol Dleub:

道白：

Aob xongt ndex, dex loul dex nenb muax jaod kend nyaob lob zhab hod mol zit yox wangx. Dol yox wangx yaos Hmongb lol ndrual dol Shid Yis[1] lak. Dex nenb yaos kend uat lob nik qeut dout nyaob. Lob zhab hod dex loul muab dol ghaib ghuat nblas[2] duat jaox lol zit lob qeut nyaob, hleud xangb hleud ndeud dangl zhos yaos uat lob zof yif, haik dak:

以前，部分老人经常在春节期间去祭祀药王，药王就是苗族传说中的施艺神。人们会安顿个地方给药王，他们常在春节期间将刚长成、会鸣叫的公鸡杀了祭祀药王。边烧香、烧纸，边向药王作揖（不下跪），祭词如下：

Zit:

祭：

Yok... Naf yox wangx ok,

Hnod nad god muab dol ghaib keuk gaox jek,

Gaox yad bangb god muab dex chuax det lol keuk god jaox mol kot dex hlob dex yout.

Dex loul dex hluak,

Luak yuad drous ros jek beb yad jaox chuax mol kot,

Yad jat luak rongt.

Hnob nad gaox yad lenl gaox zax nzhis mol nat yeuf yox wangx Shid Yis et!

哟…… 药王啊药王，

今天我已把公鸡祭献给你，

你要将药和药方告诉我让我拿去治病救大大小小、老老少少的人。

当人们需要时，

我们要将药拿去治病救人，

让人们好起来。

今天药王施艺神来领走你的钱物吧！

背景介绍

陈述者： 罗正荣 Sheuf Chib（1966—），男，文山市小街镇麻栗寨村委会冬瓜林村人，掌握当地苗族婚丧文化。师从本村杨开有 Hangf Yeus（1929—1989）和蔡保珠 Chongf Dluas（1932—）等。蔡保珠又师从本村侯正才Nblax Yal Dluas（1890—1960）。

罗正荣

采集整理： 罗永洪。

注释

[1] Shid Yis：施艺，系音译，神名。相传施艺神医术高超精湛，死人都能医活。施艺行医天下，深得民心。天上祝牛神为庆贺和办理其儿子的生日，将施艺的父母杀了用以宴会招待宾客，还邀请施艺参加宴会，生日过后，施艺返回人间，发现父母已经去世，便返回天庭要求祝牛神还魂给其父母，但祝牛神佯装不知道说，你父母的肉你得吃，汤也得喝了，不能再为其父母还魂。于是施艺怒发冲冠，将其巫傩神具抛撒广天下，从此不再行医，天下人才病痛不止和死亡，虽然有人捡到施艺从天上抛下来的巫具会“跳神”，但因捡不齐巫具而不能将病痛全部解除，从此，人死不能复生、不能再救活。

[2] Ghuat Nblas：熟练鸣叫（的鸡），指刚刚长成、开鸣、成熟的公鸡。

招魂辞
Hot Blis

Sheud zhenl lol sheud zhenl lol,
XX jat god yad hot gaox lol zhed,
Hmaot nad lob ndox lol yad zhouk lis das ek,
Dex nyox nenl lol gueb[1] leuf zhed ek,
Ghaib nbuat lol gueb leuf nguax[2].
Gaox yad mol zeuf leuf hongx huab tab[3],
God yad hot guas lol,
Yad mol ghous dout luak njex reb njex nqaot[4],
Yad ghous leuf luak dex ghangb pangd duax lak,
God yad hot guas lol et.
起来了起来了，
某某，我要喊你回家了，
今晚天将黑了，
牛群已归圈，
鸡群和猪儿已回舍。
你的魂魄恐怕去投了胎，
我将呼唤魂魄回来，
你可能是倒在了别人的石柱下，
你恐怕是困在了别人的柜子底下，
我要喊你回家喽。

Sheud zhenl lol sheud zhenl lol,
Yad lol ndros naf ndros zid ek,
Ndros gud ndros dix ek,
Yad lol ndros nzangx ndros qeut et,
Yad lol ndros naox ghangb let bongb blangb,
Houk dlex lol let bongb jed,
Naox ghangb lol let nggangb rangx lol,
Houk dlex lol let nggangb xinb nat yok X X.
Sheud zhenl lol sheud zhenl lol...
起来了起来了，
回来与父母在一起，
回来和兄弟在一起，
回来与床铺在一起，
回家来吃香能下肚，
喝水能养身，
吃香来安然，
喝水来安心啊，某某。
起来了起来了……

Lol Dleub:
道白：

Lob nik ghet ndrel sheud jek, dol nik nzhox blis lol rod zhed rod jed[5]. Yaos zhit lol jek lob ghet uat ndraos ncit[6] zhit zeux ndrel, shaob gat yad hot cuat khaod cuat qeut dangl. Dol nik nzhox blis[7] lol jek, gaox zhas yad hleud ngouk nik ndeud nik xangb hot dak sheud zhenl lol sheud zhenl lol nat, jaox xangb mol cok daof ghangb zangx dout leuf.

Dangl leuf.

当鸡蛋站立起来时，表示被招魂者的魂魄已回来守家安身了。要是魂魄没有回来，鸡蛋则不会站立起来。此时，喊魂者就得四处喊齐叫全。当鸡蛋站立魂魄回来时，再烧香烧纸呼唤道“起来了起来了”，随即将点燃的香插到被招魂者的床脚。

唱诵该辞前，需准备香纸、凳子和鸡蛋（或鸡），喊几个人的魂则准备几个鸡蛋。一般在傍晚时分，在大门槛上摆上一张椅子或长凳，喊魂者便端坐在边上，要先把香纸烧好，手持鸡蛋在光滑的桌面上不停地喊。

背景介绍

诵唱者：罗正荣Sheuf Chib（1966 —），男，文山市小街镇麻栗寨村委会冬瓜林村人，掌握当地苗族婚丧文化，师从本村杨开有Hangf Yeus（1929—1989）和蔡保珠 Chongf Dluas（1932—）等。蔡保珠又师从本村侯正才 Nblax Yal Dluas（1890—1960）。

采集整理：罗永洪。

罗正荣

注 释

[1] Gueb：归，回归。
[2] Nguax：圈，圈舍。
[3] Hongx Huab Tab：红花胎，指魂魄将去投胎。
[4] Njex Reb Njex Nqaot：石岩柱，石柱。
[5] Rod Zhed Rod Jed：回来守家安身。
[6] Ndraos Ncit：生气，垂头丧气，闷闷不乐。
[7] Nzhox Blis：魂魄。

芦笙师祭逝者辞

Zid Ghenx Ndenl Duas Haib Lais

Nil nat gus ak,
God tab XX duad dout gaox njex sob ghens nat zhes,
XX god uat zaox jeud dout gaox houk,
God let haik bob gaox nongs nat ax!
Gaox houk zhit dangl uat toud drik,
Yad ndlas nax ndlas xongt[1] dout leuf dlangb deb yax.
现在啊，
我和某某主持你的芦笙仪式，
某某我要祭一杯酒给你喝，
我才说给你听！
你喝不完你要拿壶来装，
要到阴地去度过年岁。

Ib zaox zhund aob zaox,
Ib zaox zhund leuf aob zaox nat lak,
Houk! Houk zhit dangl uat ndrangx ndruab,
Houk zhit dangl uat toud drik,
Yad ndlas nax ndlas xongt dout leuf dlangb deb nat.
Aob zaox zhund leuf beb zaox nat ax,
Beb zaox zhund leuf juax zaox nat,
Houk! Houk zhit dangl uat toud drik,
Houk zhit dangl uat ndrangx ndruab,
Yad ndlas nax ndlas xongt dout leuf dlangb deb nat lak.
一杯酒当两杯，
一杯酒准两杯了，
喝！喝不完用筒装，
喝不完拿壶背，
要到阴地去度过岁月。
两杯酒当三杯了，
三杯相当于九杯哟，
喝！喝不完用筒装，
喝不完拿壶背，
要到阴地去度过岁月。

Nil nat gus ak
God uat zaox jeud dout gaox houk dangl dal,
God let haik bob gaox nongs nat ax,
XX god uat zaox jeud dout gaox houk!
God tab XX duad leuf gaox let njex sob ghens nat zhes,
God let duad dangl nat lak let heuk!
现在啊，
我已将酒祭献给你了！
我要与你说，
某某我已将酒祭献给你喝！
我和某某来主持你的仪式，
我已交代完了啊！

背景介绍

王正兵

唱诵者：王正兵 Yenx Wos（1970—），男，文山市平坝镇小坝子村委会鸣哩大地村（Naf Deb）人，掌握当地苗族婚丧文化。16岁师从本村王兴文 Liux Sangt Wos（1949— ）。王兴文从本村父辈王学友 Shix Baok Wos（1909—1986）和王学山 Sangb Wos（1902—1982）。二位老师傅又师从马关县仁和镇老蒋箐王氏家族。

采集整理：罗永洪。

注 释

[1] Ndlas Nax Ndlas Xongt：度过光阴，度过岁月。

祭师*祭祀逝者辞

Ndenl Duas Ndeus Dlangb

Dleub lol:
道白：

Nenb duas dangl muab ghenx ndrual zhangt dout tab dol loul ndeus aob beb lot lol:
人去世后，将芦笙和鼓柱立好，祭师祭献逝者时的祭词：

Uat zaox kaob jeud:
祭献酒水：

Gaox nyaob jax nens[1] zhit dous duas jax dlangb[2],
God uat zaox kaob jeud dout gaox houk,
Houk ek yad shout maob shout nzhangx[3] shout said shout lol[4],
Shout keud yangx keud yul[5] hod zhox zhis[6] mol nat lak heuk.
你存活不成死要变成神，
我将一杯酒祭献给你，
喝了，你要去收了那病痛和流言蜚语，
收了那谣言和一切不吉利。
（此时，给逝者倒一杯酒。）

Zaox jeud nik,
Aob zaox aob zuak yaos gaox jeud,
God ndeus gaox yad zaik mol houk,
Beb zaox yaos gaox jeud,
God ndeus gaox yad zaik mol houk.
Bloub zaox lak yaos gaox zaox kaob jeud,
God ndeus gaox yad zaik mol houk.
这酒呢，
两杯都是献给你的酒，
我祭献给你你要接着喝，
（倒酒在竹卦上祭祀，倒完三杯后同样往下重复说。）
三杯是献给你的酒，
我祭献给你你要接着喝。
四杯是献给你的酒，
我祭献给你你仍要接着喝。

Zhib zaox lak yaos gaox zaox kaob jeud,
God ndeus gaox yad zaik mol houk.
Droub zaox lak yaos gaox zaox kaob jeud,
God ndeus gaox yad zaik mol houk.
Xangt zaox xangt zuat lak yaos gaox zaox kaob jeud,
God ndeus gaox yad zaik mol houk.
Zaox kaob jeud god uat gaox houk dangl zhek!
五杯是献给你的酒，
我祭献给你你要接着喝。
六杯是献给你的酒，
我祭献给你你仍要接着喝。
七杯是献给你的酒，
我祭献给你，你要拿去喝。
酒我已经祭献给你了！

Ndeus maod:
祭献饭食：

Huaf nat zhek gaox let maod shad das,
God muab gaox naox.
现在你的饭食已经熟了，
我拿给你享用。

Lol Dleuk:

---

*：苗语称为Zid Yil（叔伯）或Juab Zhangd（家长），一般由逝者兄弟担任，若逝者为女性，则由夫兄或夫弟担任，若无夫则由其兄弟担任。

旁释：

Duad dlad[7] nzend del[8] loub nghaix maod keuk dol duas hod lob ploub doub[9].

Dangl.

手持祭勺将肉食等反手倒入葫芦瓢中。

结束。

背景介绍

唱诵者： 罗正荣 Sheuf Chib（1966—），男，文山市小街镇麻栗寨村委会冬瓜林村人，掌握当地苗族婚丧文化。师从本村杨开有 Hangf Yeus（1929—1989）和蔡保珠 Chongf Dluas（1932—）等。蔡保珠又师从本村侯正才 Nblax Yal Dluas（1890—1960）。

罗正荣

收集整理： 罗永洪。

注释

[1] Jax Nens：生而为人，活着是人。
[2] Jax Dlangb：死而成神、成鬼。
[3] Shout Maob Shout Nzhangx：收病痛，即结束病痛。
[4] Shout Said Shout Lol：收流言蜚语，收谣言。文中指辟谣。
[5] Keud Yangx Keud Yul：流言蜚语，谣言；蜚短流长。
[6] Zhox Zhis：全部，一切。
[7] Dlad：祭勺，勺子。
[8] Nzend Del：反手。
[9] Ploub Doub：葫芦瓢，用葫芦做成的祭盆。

芦笙辞篇

Jes Rangx Ghens

程式芦笙辞
Ghenx Gangb Ged

散式芦笙辞
Sangd Ghenx

民俗芦笙辞
Ghenx Jangx Jes

程式芦笙辞
Ghenx Gangb Ged

立笙鼓辞
Zhangt Ghenx Ndrual

指路芦笙辞
Naf Ghenx[1]

Wef lak Nzux Nyongs Lous[2],
Sheud das lol shab yad shab zhit rongt dek,
Zhas yad zhaot pluad juax let heud[3] maob draod nghel ndax ndrangl,
Yif heud maob draod nghel ndax deb des yod[4],
Lenx dob ak duas dex sob lik ghak las.
只因那祝牛啊，
他心呀心不好，
放下九样病疫到人间，
放下八种病痛到世间啊，
逝者才遇到了灾难。

Lenx dob yat dob duas!
Ndax deb nat zhit yaos gaox ib dos,
Zhas yad yaos dout luak cuat lenx ndros draod cuat luas des yod.
Lenx dob yat dob duas,
Des yongt lik ghak longt draf laf,
Dol ghak las at las longt draf laf,
Dol ghak las lit yongt dol las,
Lenx dob yat dob duas dex sob lit ghak las.
逝者啊逝者！
世间不只有你一个人会去世，
还有其他很多人做伴啊。
逝者啊逝者，
喁吁哩噶咯咋啦，
哆噶啦啊啦咯咋啦，
哆噶啦哩吁哆啦，
逝者啊逝者的灾难。

Gaox lens yad nyaob jax nens zhit deus,
Jax dlangb gus zhat zhek,
Gaox lenx yad uat dout lox shab yat shab duax nded mol juas dout gus gaox bos ndros gaox yeuf des yod!
Lenx dob yat dob duas,
Des lent lit ghak longk draf laf,
Dol ghak las ad las longk draf laf,
Dol ghak las ib lit ghak las.
你不能作为人而活着，
已经离世而去，
你要放心去见你的祖先啊！
逝者啊逝者，
喁哩噶咯咋啦，
哆噶啦啊啦咯咋啦，
哆噶啦咿哩噶啦。

Lenx dob yat dob duas zhek!
Gaox lens yad mol zos njuat yenb dif deb[5] zhek,
Gaox lens yad mol juas dout gus gaox bos ndros gaox yeuf.
Gaox mol zos yenb dif deb zhek,
Gaox yad hnaod dout luak ghaib lol ghuat zhek,
Gaox lens yad muab dout gaox ghaib lol ghuat.

Gaox ghaib ghuat las ghaib zhit deb nat zhek,
Lenx haid zhit yaos gaox bos draod gaox yeuf.
逝者啊逝者！
当你去到了阴地，
你将见到你的祖先。
当你去到了那阴间，
听到人家鸡鸣声，
你也放鸡去打鸣。
若你的鸡鸣叫后人家的鸡未应答，
那不是你的祖先。

Gaox lenx yad mol zos njuat yenb dif deb zhek,
Gaox hnaod dout las let ghaib lol ghuat,
Gaox yad zhaot dout gaox ghaib lol ghuat zhek.
Nchait gaox ghaib ghuat las ghaib deb nat zhek,
Lenx haid yad let yaos gaox bos ndros gaox yeuf des yod,
Lenx dob yat dob duas,
Nchait gaox lens let mol zhaod dout gaox bos ndros gaox yeuf des yod.
Lenx dob yat dob duas,
Des longt let ghak longs drox lol,
Dol ghak las ad las longt drox lol,
Dol ghak las ib lib ghak longs draf!

当你去到了阴地，
听到人家鸡鸣声，
你也放鸡去打鸣。
若你的鸡鸣叫后人家的鸡就应答，
那才是你的祖先，
逝者啊逝者，
这样你才能找到你的祖先。
逝者啊逝者，
嘚咯哩噶咯咗咯，
哆噶啦啊啦咯咗咯，
哆噶啦咿哩噶咯咋！

背景介绍

熊应林

唱诵者： 熊应林 Baok Hmaob（1962—），男，文山市古木镇牛棚村委会小横塘村人，擅长长蒙巴芦笙技艺。

演奏场域： 此歌用于丧葬仪式中“古歌指路程式”之后，吹奏芦笙曲给逝者指路。

采集整理： 罗永洪、黄英、熊文国。

注 释

[1] Naf Ghenx：指路芦笙辞，也称芦笙大辞。即丧葬仪式中的“第一首芦笙曲”或“最重要的一首芦笙曲”。同一程式所使用的曲目中，另有Ghenx Dlob（芦笙黑曲）、Ghenx Zhangt Ghoud（扶灵芦笙曲）和Ghenx Zhangt（芦笙扶曲）等不同的称呼和版本。此芦笙辞为文山市蒙巴使用较多。

[2] Nzux Nyongs Lous：祝牛，系音译，另有Nzux Shik Nyongs、Nzux Ghak Nyongs等称呼，指掌管生死或病痛的神。

[3] Juax Heud Yif Heud：九宗，八种。量词苗语Heud具象化思维表述，同“串”“排”等。

[4] Des Yod：啊，蒙巴芦笙辞专有语气词，为便于汉语行文，汉译取“啊”，字译当有“哟”之意。

[5] Yenb Dif Deb：阴间，地府。

扶灵芦笙辞

Ghenx Zhangt Ghoud

Njis Ghenx[1]

转笙鼓

Dongx lax box lak lens dut lad zhad ghens lol,

Drof dib drof lens dit lit drof lol,

Dlongx duas dlongb nzhik mongx duas luad,

Duas luad duas luad duas dut luad,

Duas luad duas dut dut lat,

Dak lox dut luad,

Duas dout dut luad,

Zhouk ruas box lak luad dut luad.

咚啦啵啦嘞嘟啦喳笙咯，

咋滴咋嘞嘀哩咋咯，

咚嘟咚吱嘛哒啦，

哒啦哒啦哒嘟啦，

哒啦哒嘟嘟啦，

哒咯嘟啦，

哒嘟嘟啦，

昏暗啵啦啦嘟啦。

Beb yad njis ghak zhit ghens lat?

Beb yad njis dout box lox lenx ghak naf[2] ghens ghak ris ib lol njis it[3] lat!

我们要转什么芦笙曲？

我们要转逝者芦笙曲呀来转咿啦！

Dob duas dob duas,

Dlongx nyuat lent lol dlongx zhit lak nyox dlongx zhit lak lol,

Drof dit drof lent dit lit drof lol dlongx duas dlongb nzhik mongx duas luad,

Duas luad duas dut luad,

Duas luad duas dut dut lak duas nyox dut luad,

Duas dut dub luad,

Zhouk ruas box lak luad dut luad.

Beb yad njis ghak zhit ghens lat?

Beb yad njis dout box lox lenx ghak naf lenx dob duas ghenx ghak ris ib lol njis zos[4]!

逝者啊逝者，

咚啦嘞咯吱啦牛咚吱啦咯，

咋嘀咋嘞嘀哩咋咯咚哒咚吱蒙哒啦，

哒啦哒嘟啦，

哒啦哒嘟嘟啦哒牛嘟啦，

哒嘟嘟啦，

昏暗啵啦啦嘟啦。

我们要转什么芦笙曲？

我们要转逝者芦笙曲呀来转到！

Dob duas lat dob duas,

Dlongx nyuat lent lol dlongx zhit lak nyox dlongx zhit lak lol,

Zhof dit zhof lent dit lit zhof lol dlongx duas dlongb nzhik mongx duas luad,

Duas luad duas dut luad,

Duas luad duas dut dut lak duas nyox dut luad,

Duas zos dub luad,

Zhouk ruas box lak luad dut luad.

Beb yuad njis ghak zhit ghens lat?

Beb yuad njis dout box lox ghak lenx ghak naf lenx dob duas ghenx ghak ris ib lol njis luad[5]!

逝者啊逝者，

咚啦嘞咯咚吱啦牛咚吱啦咯，

咋嘀咋嘞嘀哩咋咯咚哒咚吱蒙哒啦，

哒啦哒嘟啦，

哒啦哒嘟嘟啦哒牛嘟啦，

哒嘟嘟啦，

昏暗啵啦啦嘟啦。

我们要转什么芦笙曲？

我们要转逝者芦笙曲呀来转够！

Dob lat dob duas,

Dob duas dlongx nyuat lent lol dlongx zhit lak nyox dlongx zhit lak lof,

Drof dit drof lent dit lit drof lol dlongx duas dlongb nzhik mongx duas luad,

Duas luad box lak lent,

Zhouk ruas duas luad box lak lol lent lad.

逝者啊逝者，

逝者咚啦嘞咯咚吱啦牛咚吱啦咯，

咋嘀咋嘞嘀哩咋咯咚哒咚吱蒙哒啦，

哒啦啵啦嘞，

昏暗哒啦啵啦咯嘞啦。

Box lak lens lat box lak lens,

Dub ghens lol dit luad lens,

Dob duas dlongb nzhik mongx duas luad,

Duas lat box luak lent duas luaf box nyuat lat,

Box luak lens lax zhaf lax lak ghenx ndrual chuab lat,

Box lak lens lax draf!

啵啦嘞啦啵啦嘞，

嘟庚咯嘀啦嘞，

逝者咚吱蒙哒啦，

哒啦啵啦嘞哒啦啵呐啦，

啵啦嘞啦咋啦啦笙鼓吹啦，

啵啦嘞啦咋！

Nos Duas Zhenb Duas Juad

是否真正去世

Draf lab dras laf lad box lak lent draf,

Box lak lab draf dib,

Dlongf luad box lak lens lof nyox dut luad,

Dut zos dut luad.

Box lox ghak lenx ghak naf leut ib duas ndros zhenb lak ib lol duas juad?

Ib lol nongs ghenx lol dit lat,

Box lak lol longb lak lof zhof zhof zhof!

咋啦咋啦啦啵啦嘞咋，

啵啦啦咋嘀，

咚啦啵啦嘞咯牛嘟啦，

嘟咗嘟啦。

逝者是真去世还是假去世？

来听笙曲咯嘀啦，

啵啦咯咚啦咯咋咋咋！

Draf laf box lak nyaf lab shuad nyox duas lat lak longx lak kox lol,

Duas lenx dit lat lak longx ib nyox zos lol,

Duas lenx dit lol duas lenx duas lol.

Dlongf luad box lak lens lof nyox dut luad,

Luad dut zos lak dut luad.

咋啦啵啦呐啦唰牛哒啦啦咚啊咯咯，

哒嘞嘀啦啦咚咿牛喳咯，

哒嘞嘀咯哒嘞哒啦。

咚啦啵啦嘞咯牛嘟啦，

啦嘟咋啦嘟啦。

Box lox ghak lenx ghak naf lat ib lens dob duas leut ib lol duas zhenb lol duas juad[6]?

Ib lol nongs ghenx lol lent duas nyox drox lol longf nyaob longx nyof,

Longx nyaob lat lent nyof longx dul dax lax draf,

Dat lad box lak lent zhouk ruas,

Dlab lad box lak lol lent lad lad box lak lent lat,

Box lat lent zid ghens.

逝者是真去世还是假去世？

来听笙曲咯嘞哒牛咋咯咚哪咚喏，

咚呐啦嘞喏咚嘟哒啦咋，

哒啦啵啦嘞天渐黑，

哒啦啵啦咯嘞啦啦啵啦嘞啦，

啵啦嘞芦笙师。

Dit luad lent lol longx duas dlongb nzhik mongx duas lad,

Dat lat box lak lent dras laf,

Mox nyaob lat box lak lens lax draf laf,

Lak ghenx ndrual dlab lat lak box lak lens lax draf.

嘀啦咯咚哒咚吱嘛哒啦，
哒啦啵啦嘞咋啦，
嘛哪啦啵啦嘞啦咋啦，
啦笙鼓哒啦呐啵啦嘞啦咋。

Nyaob Ndeuf Dol Duas Ndouk Zhenx Ndeus[7]
在逝者身旁打竹卦

Ghens laf draf ghens lat drat lad,
Ib dlongb bos lens dlongx drof,
Zhit lak nyox ghens drof zhit lak nyox ghens drof,
Box duas lenx drof,
Zhit lak nyox ghens drof dut luad.
Yuad dob duas yad,
Shout zangx let ris zhit yaos dob duas dex qeut ndrel,
Shout qeut let ris zhit yaos dob duas dex qeut nyaob lak,
Dob duas yad sheud shob.
庚啦咋庚啦咋啦，
咿咚啵嘞咚咋，
吱啦牛庚咋吱啦牛庚咋，
啵哒嘞咋，
吱啦牛庚咋嘟啦。
逝者啊逝者，
床上似乎已不是你的栖息处，
铺上也似乎不是你的安身地，
逝者快快起身咯。
（此处，先将竹卦合拢置于笙管上，吹奏中把竹卦从笙管上打下来，芦笙师作揖态以表示尊敬，若竹卦一开一合，表示得到逝者允诺，确认真去世和程序正确。）

Dob duas yad gaox caob nchait yad,
Ngoux ghaib ib nik zhous uat gaox luas zhek.
Ngoux ghaib ib nik zhous uat gaox luas jat lat,
Dob duas yad dis nzhex ghak ris ib lol nongs ndrual,
Dis hout ghak ris lol nongs ghenx lat!
逝者啊请不要害怕，
鸡仔会做你的伴儿。
鸡仔已做了你的伴儿，
你要侧耳来听鼓调，
转过头来听笙曲呀！

Dob duas yot,
Duas ghens lat box lak lens dlongx duas lens dlongx drof,
Zhit lak nyox ghens drof zhit lak nyox ghens drof,
Box duas lenx zhof zhit lak nyox ghens drof.
Drof lof dlongx duas dlongb nzhik mox duas luad,
Yuad! Dob duas yad,
Shout zangx let ris zhit yaos dob duas dex qeut ndrel,
Shout qeut let ris zhit yaos dob duas dex qeut nyaob lat!
逝者啊逝者，
哒庚啦啵啦嘞咚哒嘞咚咋，
吱啦牛庚咋吱啦牛庚咋，
啵哒嘞咋吱啦牛庚咋。
（奏至此处，再次打竹卦观看，若两片竹卦正好一开一合，随即继续后续的笙调。）
咋咯咚哒咚吱嘛哒啦，
唉！逝者呀，
床上已不是你的栖息处，
铺上也不是你的安身地啦！

Dob duas yad gaox caob nchait yad,
Ngoux ghaib ib nik zhous uat gaox luas zhek,
Ngoux ghens yad ndraod duab shik das uat gaox luas jek,
Ndrous ndrual ndraod duab shik das uat gaox luas jat lat.
Dob duas yad dis nzhex ghak ris ek lol nongs ghenx,

Dis hout ghak ris ek lol nongs ghenx lat.

Dob duas yot,

Duas ghens lat box lak lens dlongx duas lens dlongx drof,

Zhit lak nyox ghens drof zhit lak nyox ghens drof,

Dlongx duas lenx drof zhit lak nyox ghens drof lol,

Duas dlongb nzhik mox duas luad[8]!

逝者啊请不要害怕，

鸡仔会做你的伴儿，

笙曲也做了你的伴儿，

连鼓调都做了你的伴儿了。

你要侧着耳朵去听笙曲，

转过头来听鼓调呀。

逝者啊逝者，

哒笙啦啵啦嘞咚哒嘞咚咋，

吱啦牛庚咋吱啦牛庚咋，

咚哒嘞咋吱啦牛庚咋咯，

哒咚吱嘛哒啦！

（至此结束，仪式性将逝者从床上扶起来，然后交到正堂停尸处。只因活着的时候在床上栖息，去世后要仪式性从床上搀扶，后请到正堂停尸处。）

背景介绍

唱诵者：陶成云 Ngas Zhuf Dlob（1962— ），男，文山市德厚镇湖海村委会石榴红村人，擅长苗族芦笙技艺。

陶成云

演奏场域：此歌用于丧葬仪式中“指路程式（唱诵指路歌）”和“立笙鼓程式”之后，继续“指路程式”，用芦笙曲向逝者再三确认是否是真正去世，仪式性邀请逝者灵魂和尸首合一。

采集整理：罗永洪、熊文国、陶忠海、熊兴坛、陶永林。

注 释

[1] Njis Ghenx：转笙，起笙，属仪式性芦笙演奏的特定程序。

[2] Box Lox Ghak Lenx Ghak Naf：芦笙中对女性逝者的雅称。

[3] It：芦笙曲式第一指标志。

[4] Zos：芦笙曲式第二指标志。

[5] Luad：芦笙曲式第三指标志。

[6] Nos Duas Zhenb Duas Juad：是否真正去世。仪式性对逝者进行确认是否是真正去世，与指路歌相似程序有异曲同工之妙。

[7] Zhenx Ndeus：竹卦，是苗族丧葬的祭祀工具，是人与神鬼对话的媒介。别称有Zhenx、Zhenx Zis、Cib Ndeus、Cib Xongb等。其作用是通过打卦、看卦开合情况判断逝者是否真去世、是否得到和允诺等。卦有开开、合合和开合三种变化形式，每种形式表达不同内涵。通过打卦确认后才继续下一个程序和环节，展示了对逝者的终极人文关怀。竹卦在苗族丧葬习俗中用于人和鬼神交流的工具，祭司念念有词将竹卦抛在地上时，若一半朝上翻开，一半朝下俯卧，则表明死者已领会。其中，“貞（贞）”的甲骨文 与苗族丧葬仪式使用的竹卦zhenx 实物相似。籍于此，供参考。

[8] Duas Dlongb Nzhik Mox Duas Luad：至此，将逝者从床上抬起放到正堂停尸处。只因活着的时候在床上栖息，去世后要放到正堂停尸处。

早餐辞
Ghenx Chaik

早餐芦笙辞
Ghenx Chaik

Ndot Ib Luas Ndid[1]
第一章 铺调

Dit lak lol longt dux ghak lol zol,

Zol dux ghak lenl lal lak zax dux ghak bleut dab lak dit dux ghak lax bleut,

Bleut lak dux ghak lend dif lal zad dad lad zol lol did lens dux ghak lal zal lak lens did lax zal,

Zal dad lak das lal dux ghak lens dit lad zad lad,

Zad lal dux ghak it lak dux ghak lal gol.

嘀啦咯隆嘟噶咯着，

着嘟噶嘞啦啦咋嘟噶嘣哒啦嘀嘟噶啦嘣，

嘣啦嘟噶嘞嘀啦咋哒啦唑咯嘀嘞嘟噶啦咋啦嘞嘀啦咋，

咋哒啦哒啦嘟噶嘞嘀拉咋拉，

咋啦嘟噶依啦嘟噶啦喔。

Yuad zhous ruas ib lol ghens deut lak zad lal dux ghak it lak dux ghak lal zul ghens,

Lenl dux ghak lal zax las lent zal lal ib lens dux ghak lal zal lal it gox las longt lal gox dis lis dlongx lal,

Dis dlongx lal lal lent lak gol des lux dux ghak lal gux shel,

Bleul dux ghak lax zox lent dat lak lens dit lad lal lal lal zad lad dux ghak zol lol did lens deux ghak lal bleuk lak,

Bleuk dab lak bleul deux ghak lox dlongt dux ghak lax lal dux ghak lens did lax zal.

呀奏惹依咯庚嘚啦咋啦嘟噶依啦嘟噶啦着庚，

嘞嘟噶啦咂啦嘞咋啦依嘞嘟噶啦咋啦依哦啦隆啦哦嘀里喔啦，

嘀喔啦啦嘞啦哦嘚噜嘟噶啦噶谁，

嘣嘟噶啦唑嘞哒啦嘞嘀拉啦啦啦咋拉嘟噶吃咯嘀嘞嘚噶啦嘣啦，

嘣哒啦嘣嘚噶咯隆嘚噶啦啦嘟噶嘞嘀啦咋。

Zal dad lat das lal dux ghak lens dit lad zad,

Zad lal dux ghak it lak dux ghak lal gol,

Shuab nyol duas dat lat dlongx lax deut lat las longt deut lat lal zul ghens,

Lenl ib lak khuad lad it lad lak dangx lat lol dux ghak lox ix lat zal lal.

咋哒啦哒啦嘟噶嘞嘀啦咋，

咋啦嘟噶依啦嘟噶啦哦，

沙哝哒哒啦喔啦嘚啦拉隆嘚啦拉卒庚，

嘞依啦咔拉依拉啦当啦咯嘟噶咯依啦咋啦。

Dis lis dlongx lal,

Dis dlongx lal lal lent lat gol des lux dux ghak lal gol gox shel,

Bleul dux ghak lax zox lat lat dlongx nyeul,

Lad jat lat dit dux ghak lax zal las jat lat dif dux ghak lax pleut,

Duas lad dux ghak lent zut lat zal dad lad lenl dad lad lent dat lak zal.

嘀哩隆啦，

嘀隆啦啦嘞啦个嘚噜嘟噶啦个咯涩，

乐嘟噶噶啦着啦啦隆妞，

拉家啦嘀嘟噶啦咋咋啦家啦地嘟噶啦乐，

哒啦嘟噶嘞卒啦咋哒啦嘞哒啦嘞哒啦咋。

Lent lal dux lak lent zid lak bleul nyof dlongt lad lad dlongt dat lak lait dux ghak lenx bleul,

Nyof ndrous lad dout hlout lak gol lad dout hlout dux ghak longt lax zal,

Zal dad lak rens ndrous lat lak dux ghak longt lax zal.

嘞啦嘟拉嘞子啦嘞哝隆啦啦隆哒啦来嘟噶嘞嘞，

哝着啦都喽啦哦啦都嘞嘟噶隆啦咋，

咋哒啦任着啦啦嘟噶隆啦咋。

本章皆为芦笙音调韵律，在Ghenx Hmongb Shib（蒙诗芦笙曲）中，演奏完整的芦笙曲通常由此章开始，同时，也可以一笔带过或者不吹奏，直接吹奏下一章的内容。在丧葬芦笙曲程序中，本章最难学，演奏此曲，往往可以此判断演奏者的芦笙功底和水平。

Ndot Aob Njis Ghenx Ndrual
第二章 转笙鼓

Nzend Ib Lob Houd
第一节 引子

Dit lat dux ghak lad,
Dut lad ghens lol.
嘀啦读噶拉，
嘟拉庚咯。

Nzend Aob Lob Nzhab
第二节 内容

（本节要吹三指，逝者为男性共转九圈，逝者为女性共转七圈。转前三圈时吹第一指；转中间三圈时吹第二指；逝者为男性，转最后三圈时吹第三指，逝者为女性，转最后一圈时吹第三指。）

Dis lent dif lait dait lait zol zol lol dlongx las das las dlongt duas lox beb yad,

Duas lad duas ghens lad dad lad duas lad duas it ghens lak zos lal it yad.

Beb yuad njis ghenx,
Beb yuad njis ndrual,
Beb yad njis ghak zhit ghens?
Beb yued njis dout lenx ghak lous[2] ghens,
Njis ghak yot ghak yot ghak zhit ndrual?
Beb yad njis ghak yot lenx ghak lous ndrual,
我们要转去转来转去转来呀！
芦笙啊响啊响，
我们要转笙，
我们要转鼓，
我们要转什么芦笙？
我们要转逝者的芦笙。
一直在转什么鼓？
我们要转逝者的牛皮鼓。

Duas lak **dit** lait zol,
Dlongx dit lol dlongx duas lol.
哒啦嘀啦喽，
隆嘀咯隆哒咯。

Nzend Beb Njis Ghenx Souk Ghenx
第三节 转笙鼓收辞

Dait dux ghak lens dub dub lak,
Zox lox ghak lens zas dub dub lak,
Dux duab dux ghak lens lak dux ghak lens lal zal.
呔嘟噶呤嘟嘟啦
着咯噶呤着嘟嘟啦
嘚哒读噶呤啦嘟哒读噶呤啦咋。

Duf duab dux ghak lait daik lait,

Duf duab dux ghak lait zof dux ghak lait dlongb lait zox das lens lof dlongb dut lab,

Duf duab dux ghak lait daik lait,

Duf duab dux ghak lait zof dux ghak lait dlongb lait zox das lens zof dlongb dut lab dit dux ghak lenx duas,

呣哒读噶来哒啦

呣哒读噶来唑读噶来咚来唑哒呤咯咚嘟啦，

呣哒读噶来哒啦

呣哒读噶来唑读噶来咚来唑哒呤咯咚嘟啦嘀嘟噶呤哒，

Lad lad dlat dat lat dux ghak lend das laf,[3]

Zaf dat lat renx las dlat dat lat dux ghak lend lak zas,

Zaf dat lat renx las dlat lat dux ghak lend lak zas.

啦啦哒哒啦嘟噶呤哒啦，

咋哒哒轫呐哒哒啦嘟噶嘞啦喳，

咋哒哒轫呐哒哒啦嘟噶嘞啦喳。

Ndot Beb Sob Ghenx[4]

第三章　朔庚

（此章为Sob Ghenx，共有四个跪拜。内容分三节，其中第一、第二节是相同的，每段中有两个跪拜，第三节是收辞，所有的收辞都可相同。）

Nzendt Ib Sob Ghenx Ib

第一节　朔庚一

（此处，芦笙师逆时针转两圈鼓柱后左单膝跪拜，再顺时针转一圈后右单膝跪拜，孝子双膝跪拜。）

Zax dat lat zas zas lal zab dux ghak lat,

Duf duab dux ghak lak dit lal zas zas lal,

Duf duab dux ghak lend lat,

Ghenx las das lal dat dat lad ghens dub lat yad!

咋哒啦咋咋啦咋嘟噶啦，

嘟哒嘟噶啦嘀啦咋咋啦，

嘟哒嘟噶勒啦，

哽啦哒喇哒哒啦哽嘟啦呀！

Jat las ib lenx ghak lous lat it shend ghak yenl lat it yad naox chaik[5] lat it,

Duas ndaik lait **dit**[6] lat zol dit lat dux ghak zol lat ak zol,

Lal dux ghak lat daik lait **dit** lat.

逝者啊来吃早饭啦，

哒呔来迭啦唑嘀啦嘟噶唑啦啊唑，

啦嘟噶啦呔啦迭啦。

Zol lal dux ghak lal dal lal,

Lad zol dit lol das zox das longs zox lal lox luas lens,

Dit lol das zox das longs zox lal lox zas das lax zas das lal,

Duf duab dux ghak lend lat,

Ghenx las das lal dat dat lad ghens dub lak yad!

唑啦嘟噶啦哒啦，

拉唑嘀咯哒唑哒隆唑啦咯啦呤，

嘀咯哒唑哒隆唑啦咯咋哒喇咋哒啦，

嘟哒读噶呤啦，

哽啦哒啦哒哒拉哽嘟啦呀！

Jat las ib lenx ghak lous lat it shend ghak yenl lak it yad naox chaik lak it!

Duas ndaik lait dit lat zol dit lat dux ghak zol lat ak zol,

Lal dux ghak lat daik lat dit lat,

Zol lat lat dlongx los,

Zol lat lat dlongx los,

Lend duas lal zox,

Duas lox lend lal zal.

逝者啊来吃早饭啦！

哒呔来迭啦唑嘀啦嘟噶唑啦啊唑，

啦嘟噶啦呔啦迭啦，

唑啦啦咚咯，

唑啦啦咚咯，

呤哒啦唑，

哒咯呤啦咋。

Nzend Aob Sob Ghenx Aob
第二节　朔庚二

（此处，芦笙师原地逆时针转一圈后左单膝跪拜，再顺时针转一圈后右单膝跪拜，孝子双膝跪拜。）

Zax dat lat zas zas lal zab dux ghak lat,

Duf duab dux ghak lak dit lal zas zas lal,

Duf duab dux ghak lend lat,

Ghenx las das lal dat dat lad ghens dub lat yad!

咋哒啦咋咋啦咋嘟噶啦，

嘟哒嘟噶啦嘀啦咋咋啦，

嘟哒嘟噶勒啦，

哽啦哒喇哒哒啦哽嘟啦呀！

Jat las ib lenx ghak lous lat it shend ghak yenl lat it yad naox chaik lat it!

Duas ndaik lait **dit*** lat zol dit lat dux ghak zol lat ak zol,

Lal dux ghak lat ndait lat **dit** lat.

逝者啊来吃早饭啦！

哒呔来迭啦唑嘀啦嘟噶唑啦啊唑，

啦嘟噶啦呔啦迭啦。

Zol lal dux ghak lal dal lal,

Lad zol dit lol das zox das longs zox lal lox luas lens,

Dit lol das zox das longs zox lal lox zas das lax zas das lal,

Duf duab dux ghak lend lat,

Ghenx las das lal dat dat lad ghens dub lak yad!

唑啦嘟噶啦哒啦，

拉唑嘀咯哒唑哒隆唑啦咯啦呤，

嘀咯哒唑哒隆唑啦咯咋哒喇咋哒啦，

嘟哒读噶呤啦，

哽啦哒啦哒哒拉哽嘟啦呀！

*：此处加粗，表示该词吹奏时为重音，下同。

Jat las ib lenx ghak lous lat it shend ghak yenl lak it yad naox chaik lak it,

Duas ndaik lat dit lat zol dit lat dux ghak zol lat ak zol,

Lal dux ghak lat daik lat dit lat,

Zol lat lat dlongx los,

Zol lat lat dlongx los,

Lend duas lal zox,

Duas lox lend lal zal.

逝者啊来吃早饭啦，

哒呔啦迭啦唑嘀啦嘟噶唑啦啊唑，

啦嘟噶啦呔啦迭啦，

唑啦啦咚咯，

唑啦啦咚咯，

呤哒啦唑，

哒咯呤啦咋。

Nzend Beb Souk Ghenx
第三节　收辞

（此处，芦笙师起来作揖，孝子可以坐着或蹲着，同时与芦笙师一起作揖。）

Duf duab dux ghak lait daik lait,

Duf duab dux ghak lait zol dux ghak lait dlongb lait zox das lens lol dlongb dut lad.

嘚哒读噶来哒啦，

嘚哒读噶来唑读噶来咚来唑哒呤咯咚嘟啦。

Duf duab dux ghak lait daik lait,

Duf duab dux ghak lait zol dux ghak lait dlongb lait,

Zox das lens zol dlongb dut lad dait dux ghak lenx duas.

嘚哒读噶来哒啦，

嘚哒读噶来唑读噶来咚来，

唑哒呤咯咚嘟啦呔嘟噶呤哒。

Lad lad dlat dat lat dux ghak lend das lal,

Zal dat lat renx las dlat dat lat dux ghak lend lak zas,

Zal dat lat renx las dlat lat dux ghak lend lak zas.

啦啦哒哒啦嘟噶呤哒啦，

咋哒哒韧呐哒哒啦嘟噶嘞啦喳，

咋哒哒韧呐哒哒啦嘟噶嘞啦喳。

本章配鼓技巧：击三次鼓心，再配一次鼓缘，即为"咚咚咚，哒"。在听到尾句时，则鼓声改为结鼓，即为"咚咚咚咚咚，咚"，以此连击三次。

在学芦笙曲时，芦笙师一般会先教授这部分，因为此部分比较难学，其他的相对容易。芦笙师傅认为，只要学通此章，就相当于学通了整个程序曲目，掌握整套程序芦笙曲的主干，其他程序芦笙曲都是以这个为本源而进行相应变化。

Ndot Boub Zuak Ngoux
第四章　接歌

（此章为接歌，与歌师合作，若有歌师，则以第一节与歌师一直配合；若没有歌师，则直接吹奏完接下一章。）

Nzend Ib Das Ghenx
第一节　铺垫歌曲

（此节与歌师配合，吹奏完此节，歌师就跟着唱早餐歌（Ngoux Chaik）。一般情况下，歌师的歌也是分节，每唱完一节，芦笙师就吹奏此节笙曲配合。当歌师唱到歌最后一节结束时，芦笙师配合吹奏完此节后，再开始接下一节。）

Bleud lal dat bleud lal dat lad dit lat duas lens zox zol,

Lend zox dux ghak lait zol longx dlif,

Longt dat lat dit.

欧啦哒欧啦哒啦嘀啦哒嘞着唑，

嘞唑读噶来唑隆地，

隆哒啦嘀。

Nzend Aob Souk Ghenx
第二节　收辞

Duf duab dux ghak lait dait lait,

Duf duab dux ghak lait zol dux ghak lait dlongb lait zox duas lens zol,

Dlongb dut lad dit dux ghak lenx duas,

嘟哒读噶来哒啦，

嘟哒读噶来唑读噶来咚来唑哒嘞咯，

咚嘟啦嘀嘟噶嘞哒，

Lad lad dlat dat lat dux ghak lend duas lal,

Das lal dux ghak lend las,

Dlat dat lat dux ghak lend lat zas,

Zal dat lat renx las dlat dat lat dux ghak lend lak zas.

啦啦哒哒啦嘟噶嘞哒啦，

哒啦嘟噶嘞啦，

哒哒啦嘟噶嘞啦唑，

咋哒哒刃啦哒哒啦嘟噶嘞啦唑。

本章配鼓技巧：吹奏第一节时，只需用鼓槌连敲两下，直至此章第一节芦笙曲结束，鼓响为"咚咚，咚咚，咚咚"，歌师唱歌时不打鼓。在吹奏尾句时，也要结鼓，即为"咚咚咚咚咚，咚"，以此连击三次。

Ndot Zhib Nbet Ghenx
第五章　叙事内容

此章为叙事内容部分，吹奏到此章，也是Zid Yis（家长）开始祭祀的时候。在芦笙曲吹奏程序中，比如Ghenx Hluad Ndeud（烧纸曲）、Ghenx Jaob Zhax（祭牲曲）等，也就在此节中的叙事内容不同，其余部分只需更改个别词语即可。

Nzend Ib Lob Houd

第一节 引子

Ghenx lol duas lens lak das zol it,

Zox lol lox dout zox duas lens zox dout duas lens zox zol,

Zox dout duas lend zol,

Dit lox dux ghak lol ghens dut lad.

庚咯哒嘞啦哒唑依，

着喽咯兜着哒嘞着兜哒嘞着唑，

着兜哒嘞着唑，

嘀咯嘟噶咯庚嘟啦。

Nzend Aob Lob Nzhab

第二节 内容（一）

Yad... Jat las ib lenx ghak lous yad!

Khuat chongb khuat gol it yad,

Ndros naox chaik shob ek!

呀……逝者呀！

你的亲朋好友呀，

要一起和你吃早饭啊！

Lenx ghak lous yad!

Jaox dout nenx dlangb zhangd ghak zhit ek,

Naox chaik ghak shuak zos ndeuf leuf **it**[7] shob ek!

逝者呀！

带着你的亲朋好友，

来吃饭呀！

Langx dob ghak yout[8] yad,

Ndeus[9] lol shik hlaot shik hlaot dout ek,

Lenx ghak lous yad!

Lenl mol shik hlaot duax ndros mol ib shob lak.

后生晚辈呀，

可以开始祭祀啦，

逝者呀！

快快领了带着走。

Nzend Beb Ghenx Njangd[10]

第三节 衔接调

Duas lens lak das zol ib,

Zox lol lox dout zox duas lens end zox dout duas lens zox zol,

Zox dout duas lend zol,

Dit lox dux ghak lol ghens dut lad.

哒嘞啦哒唑依，

着咯罗兜着哒嘞诶着兜哒嘞着唑，

着兜哒嘞唑，

嘀咯读噶咯庚嘟啦。

Nzend Bloub Lob Nzhab (Aob)

第四节 内容（二）

Yad... Jat las ib lenx ghak lous yad!

Khuat chongb khuat gol it yad,

Ndros naox chaik shob ek!

呀…… 逝者呀！

亲朋好友呀，

要和你一起吃饭啊！

Lenx ghak lous yad!

Jaox dout nenx dlangb zhangd ghak zhit ek,

Naox chaik ghak shuak duax ndeuf leuf **it** shob ek.

逝者呀！

带着你的亲朋好友，

来吃饭呀。

Langx dob ghak yout yad,

Ndeus lol shik hlaot shik hlaot dout ek.

Lenx ghak lous yad!

Lenl mol shik hlaot duax ndros mol ib shob lak.

后生晚辈呀，

可以开始祭祀啦。

逝者呀！

快快领了带着走。

Nzend Zhib Ghenx Njangd

第五节 衔接调

Duas lens lak das zol ib,

Zox lol lox dout zox duas lens end zox dout duas lens zox zol,

Zox dout duas lend zol,

Dit lox dux ghak lend duas lait dait lait zox lal lox dit lat lox ghend bleul lal,

Bleud lal dat bleud lal dat lad dit lat duas lens zox zol dait lat.

哒嘞啦哒唑依，

着咯罗兜着哒嘞诶着兜哒嘞着唑，

着兜哒嘞唑，

嘀罗嘟噶嘞哒来哒来着啦咯嘀啦咯庚欧啦，

欧啦哒欧啦哒啦嘀啦哒嘞着唑呔来。

Nzend Drout Souk Ghenx

第六节 收辞

Duf duab dux ghak lat dat lat,

Duf duab dux ghak lat zol dux ghak lat dit lat zox duas lens zol dlongt dut lad.

嘟哒读噶啦哒啦，

嘟哒读噶啦唑读噶啦嘀啦着哒嘞唑哄嘟啦。

Duf duab dux ghak lait dait lait lad dux ghak lait zol dux ghak lait dlongb lait,

Zox duas lens zol dlongx dut lad dit dux ghak lenx duas.

嘟哒读噶哒来哒来拉读噶来着读噶来咚来，

唑哒嘞咗咚嘟拉嘀嘟噶嘞哒。

Lad lad dlat dat lat dux ghak lend das lal,

Das lal dux ghak lend dlaos,

Dlat lat dux ghak lend lak zas,

Zal dat lat renx las,

Dlat dat lat dux ghak lend lax zas.

啦啦哒哒啦嘟噶嘞哒啦，

哒啦嘟噶嘞啦，

哒哒啦嘟噶嘞啦咋，

咋哒啦刃啦，

哒哒啦嘟噶嘞啦咋。

本章配鼓技巧：用鼓槌连敲两下，鼓响为“咚咚，咚咚，咚咚”，直至芦笙曲结束。在听到尾句时，改为结鼓，即为“咚咚咚咚咚，咚”，以此连击三次。

Ndot Drout Draod Ghenx

第六章 收笙回鼓

在这章收笙回鼓，芦笙师在吹奏第一节时，他会回转向后面跪着的孝子跪两次，并做两个揖，表示芦笙吹奏完，可以不用跪了。第一节要结束时就开始绕鼓转，先逆时针转三圈，再顺时针转三圈，算作一轮以此顺序转下去。当逝者为女性时，需转七转；当逝者为男性时，则转九转，所转方向与第二章Ghenx Njis Ndrual相反。

Nzend Ib Lob Houd

第一节 预告

（本节吹奏时，芦笙师单膝回跪孝子，孝子前去烧香烧纸，孝女哭丧。）

Dis lak gud luas yad,

Beb yad draod ghenx shob lak dif lait dait lait zol,

Dis lak gud luas yad,

Beb yad draod ndrual shob lak dif lait dait lait zol.

转啦朋友们啊！

我们要收笙啦！

转啦朋友们啊！

我们要回鼓啦！

Dis lak gud luas yad,

Beb yad draod ghenx,

Beb yuad draod ndrual,

Draod njex ndrual yad,

Jat las ib lenx ghak lous yad,

Zaox zhit juas shob lak dif lait dait lait zol.

转啦朋友们啊！

我们收笙，

我们回鼓，

回柱鼓呀，

逝者啊！

快跟上呀！

Dis lak gud luas yad,

Beb yad draod ghenx,

Beb yuad draod ndrual,

Draod njex hloub yad,

Jat las ib lenx ghak lous yad,

Zaox zhit dout shob lak dis lend dif lait dait lait zol,

Zox das lad,

Dit lad ghens lol.

转啦朋友们啊！

我们收笙，

我们回鼓，

回柱鼓呀，

逝者啊！

快快跟上呀！

着哒啦，

迭啦哽咯。

Nzend Aob Lob Nzhab

第二节 收内容

（本节要吹三指，转前三圈时吹第一指；转中间三圈时吹第二指；逝者为男性转最后三圈时吹第三指；逝者为女性则转最后一圈时吹第三指。所转方向与第二章的第二节相反。）

Dis lend dif lait dait lait zol zol dlongx las das las dlongt duas lox beb yad,

Duas lad duas ghens lad dad lad duas lad duas it ghens lak zos lal it yad,

Beb yad draod ghenx,

Beb yuad draod ndrual,

Bed yuad draod ghak zhit ghenx?

Beb yuad draod dout lenx ghak lous ghenx,

Njis ghak yot ghak yot ghak zhit ndrual?

Beb yuad njis ghak yot lenx ghak lous ndrual,

Duas lak **dit** laik zol,

Dlongx dit lol dlongx duas lol.

我们要转去转来转去转来呀！

芦笙啊响啊响，

我们收笙，

我们回鼓，

我们要收什么笙？

我们要收了逝者笙，

一直在回什么鼓？

我们要回了逝者鼓，

哒啦嘀啦唑，

隆嘀咯隆哒咯。

Nzend Beb Draod Ghenx Souk Ghenx

第三节 收笙回鼓收辞

Dis lend dif lait dait lait zol zol dlongx las das las dlongt duas lox beb yad,

Dait dux ghak lens dub dub lat,

Zox dux ghak lens zax dub dub lak,

Duf duab dux ghak lens lak dux ghak lens lal zal,

Duf duab dux ghak lait daik lait,

Duf duab dux ghak lait zol dux ghak lait dlongb lait zox das lens lol dlongb dut lad,

我们要转去转来转去转来呀！

呔读噶呤嘟嘟啦，

着读噶呤咋嘟嘟啦，

嘚哒读噶呤啦读噶呤啦咋，

嘚哒读噶来哒啦，

喟哒读噶来唑读噶来咚来唑哒呤咯咚嘟啦，

Duf duab dux ghak lait daik lait,

Duf duab dux ghak lait zol dux ghak lait dlongb lait zox das lens zol dlongb dut lad dait dux ghak lenx duas,

Lad lad dlat dat lat dux ghak lend das lal,

Zal dat lat renx las dlat dat lat dux ghak lend lak zas,

Zal dat lat renx las dlat lat dux ghak lend lak zas.

喟哒读噶来哒啦，

喟哒读噶来唑读噶来咚来唑哒呤咯咚嘟啦呔嘟噶呤哒，

啦啦哒哒啦嘟噶呤哒啦，

咋哒哒韧呐哒哒啦嘟噶嘞啦唑，

咋哒哒韧呐哒哒啦嘟噶嘞啦唑。

Dit lat ak,

Dex gud dix yox dex gud luas!

Gud luas yox!

嘀啦啊，

各位兄弟姐妹们！

朋友们！

本章配鼓技巧：当芦笙响起时，两根鼓槌同时敲击，其中一根击鼓心，一根击鼓缘，响声为“咚哒，咚哒，咚哒，咚哒……”，直至收尾句时才改为结鼓，即为“咚咚咚咚咚，咚”，以此连击三次。

背景介绍

杨发荣

唱诵者： 杨发荣Zhangk Yeus (1963—)，男，文山市柳井乡新发寨村委会老帽子寨人，是该村上门女婿，擅长芦笙演奏。其师从本村芦笙师熊友贵Hnof Zheub Hmaob（1934—）。

芦笙辞结构： 完整程序芦笙结构和框架为：Luas Ndid→Ghenx Njis Ndrual→（Sob Ghenx→Zuak Ngoux→Nbet Ghenx）×3 Ndid（即Ndid Dut、Ndid Zos、Ndid Luad）→Draod Ghenx。整曲芦笙吹完大概要40分钟，如果加上歌师演唱的部分，时间则更长，大概为1小时。

演奏场域： 本辞在祭奠期间早餐开始之前吹奏，以芦笙为媒介仪式性邀约逝者前来用餐，是程序芦笙中使用次数最多的曲目。这曲演奏之始，孝子须拿香和纸候着，等芦笙师的指示。

收录整理： 本辞是熊兴坛在与杨发荣师傅讨教学习时，根据教授的程序性芦笙曲进行记录的，其中的章和节是整理者本人结合仪式规程进行详细记录和分解的，是文山市苗族芦笙辞结合仪式规程进行整理记录的首创，在演奏时不间断，须全部相连吹奏。分类的目的是为使读者大体了解在丧葬过程中“蒙诗”程序芦笙曲的框架结构，以方便芦笙学习者找到突破口，同时在章节末尾都加入鼓声搭配技巧，以便了解芦笙吹奏之处该怎么配鼓乐。

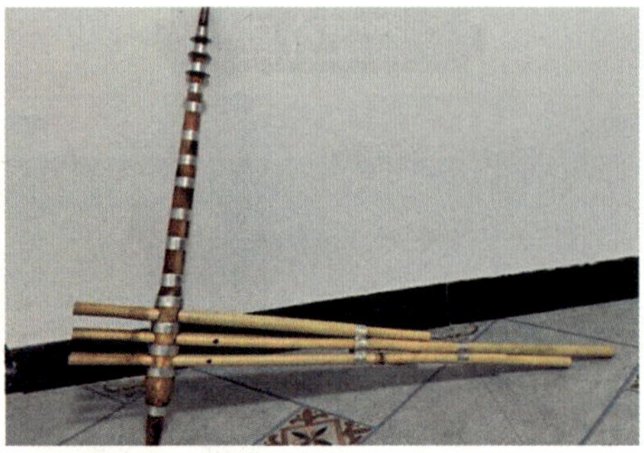

芦笙实物图

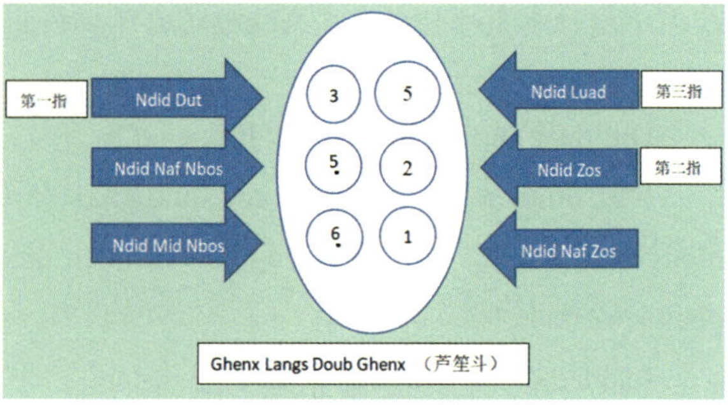

芦笙六管名称视图

注 释

[1] Luas Ndid：铺调。1.弹，指，即在芦笙演奏时，手指打笙孔的动作；2.芦笙管，即音管。在芦笙的六根音管中，分别称Ndid Luad、Ndid Zos、Ndid Naf Zos、Ndid Dut、Ndid Naf Nbos、Ndid Mid Nbos。Luas Ndid指“铺调”乐章，在演奏芦笙曲时，由Luas Ndid开始，同时，也可以直接把Luas Ndid省略，直接从第二章开始。另外，Luas Ndid也称Ndid Ghenx。

[2]Lenx Ghak Lous：芦笙师对死者的雅称。这个称呼，是根据逝者在家庭中的角色进行变化。当逝者在家庭中为年长者，男性则称为Lenx Ghak Lous，女性则称为Box Ghak Naf。当逝者的父母和父或母任一方仍健在，男性则称为Lenx Dob Duas，女性则称为Lenx Ncaik Duas（很少出现，对象一般为未嫁的女孩）。

[3]Lad Lad Dlat Dat Lat Dux Ghak Lend Das Laf：此句为笙声结尾最明显的标志，当演奏到此句，表示芦笙曲在收尾。此时，鼓师的两根鼓槌同时连续击打鼓心，再重击鼓心一次，鼓点为“咚咚咚咚咚咚，咚”，以此重复三次，即表示收尾。

[4]Sob Ghenx：音译为“朔庚”，是程序芦笙框架中固定的一部分。

[5]Naox Chaik：吃早饭。

[6]Dit：第一指音调位置。其为Ndid Dut、Ndid Zos、Ndid Luad三指变换的地方，在本文中加粗以提示在苗族芦笙中，每曲要吹三指才结束。

[7] Ib：音调位置，为Ndid Dut、Ndid Zos、Ndid Luad三指变换的地方。

[8] Langx Dob Ghak Yout：后生晚辈，指Zid Yis（叔伯），即逝者家族中负责祭祀的“家长”。

[9] Ndeus：祭祀，吃。

[10] Ghenx Njangd：衔接调，在不同芦笙辞间起到起承转合、衔接过渡的作用。

早餐芦笙辞
Ghenx Chaik[1]

Dlongx laf dax lak lens duas luad luad,
Duas luad ghens mof drof lof dax lak ghens,
Dax lak lent dout drof lat drof dol lol dlongx laf.
Dax lak lent zhib lat draf,
Dax lak lenx duas lad lad,
Zhuas luad zhuas zhit luad,
Zhuas luad zhuas zhit dlongb lat.
咚啦哒啦嘞哒啦啦，
哒啦庚么咋咯哒啦庚，
哒啦嘞嘟咋啦咋哆咯咚啦。
哒啦嘞吱啦咋，
哒啦嘞哒啦啦，
哒啦哒滴啦，
哒啦哒吱咚啦。

Det lox beb yad draod ghens lout,
Dat lat beb yad mol yad njis ndrual ghens lout,
Dax lak luad dut luad ghens lat,
Dat lat beb yad draod dout Mox Shik Lak Nyongs[2] lenx dob duas,
Dat lat ghenx ghak ris dob duas ib lol njis ncet.
Dob duas dat lat dob duas,
Ongf lab dax lak lent lol ongx longx,
Det lox ongx lak longx des lof,
Drof lof dax lak lent.
嘚咯我们要收笙喽，
哒啦我们要去转笙鼓喽，
哒啦啦嘟啦庚喽，
哒啦我们要吹魔诗牛的逝者那笙曲，
哒啦逝者的笙结束曲来绕杆。
逝者哒啦逝者，
嗯啦哒啦嘞咯嗯咙，
嘚咯嗯啦咙嘚咯，
咋咯哒啦嘞。

Dax lak lens dout drof lat drof,
Drof lof ongx laf dax lak lent zhit lat draf,
Dax lak lenx zhuas luad,
Dad lad zhuas luad zhuas zhit luad,
Zhuas luad zhuas zhit dlongb lat.
Des lof beb yad draod zos dout lout,
Beb yad mol yad njis ndrual zos dout lout,
Dax lak luad dut lad.
Zos dout lout beb yad draod dout Mox Shik Lak Nyongs lenx dob duas,
Dat lat ghenx ghak ris dob duas ib lol njis zos yout.
哒啦嘞咚咋啦咋，
咋咯嗯啦哒啦嘞吱啦咋，
哒啦嘞咋啦，
哒啦哒啦哒吱啦，
哒啦哒吱咚啦。
嘚咯我们要把笙曲收回，
我们才能去转笙鼓咯，
哒啦啦嘟啦。
我们要吹魔诗牛那逝者的结束曲，
哒啦吹逝者那芦笙结束曲来转鼓杆。

Dob duas dat lat dob duas,
Ongf lat dax lak lens lol ongx longx,
Det lox ongx lak ongx des lof.
Drof lof dax lak lens,
Dax lak lens dout drof lat draf,
Dlongx laf dax lak lens zhib lat draf.
Dax lak lenx duas luad,
Dat lat zhuas luad zhuas zhib luad,
Zhuas luad zhuas zhib dlongt lat.
逝者哒啦逝者，
嗯啦哒啦嘞咯嗯咙，
嘚咯嗯啦咙嘚咯。

咋咯哒啦嘞，
哒啦嘞咚咋啦咋，
咚啦哒啦嘞吱啦咋。
哒啦嘞咋啦，
哒啦哒啦哒吱啦，
哒啦哒吱咚啦。

Des lox beb yuad draod nad yot dout lout,
Dax lak luad dut luad nuaf yot.
Beb yuad mol yuad njis ndrual nad yot,
Dax lak yuad dut luad nad yot,
Dat lat beb yad draod dout Mox Shik Lak Nyongs lenx dob duas,
Dat lat ghenx ghak ris dob duas ib lol njis nad yot.
Dob duas dat lat dob duas,
Ongf lat dax lak lens lol ongx longx,
Det lof dax lak longx des lof.
Drof lof dax lak lent,
Dax lak lens dout drof lat drof,
Drof lof dlongx laf draf lol draf dab lat lenf,
Dad lad lens dat lat draf laf lent laf,
Dax lak zhib lat dleuf nyof dlongb,
Lad lad dlongb lat lens lenx dleuf.
嘚咯我们又要回到这里呀，
哒啦啦嘟啦又要回到这里！
哒啦我们要去这里转鼓呀，
哒啦呀嘟啦呐哟，
哒啦我们要吹摩诗牛的逝者那返回曲，
哒啦吹逝者那返回笙曲来此处转笙鼓。
逝者哒啦逝者，
嗯啦哒啦嘞咯嗯咙，
嘚咯嗯啦咙嘚咯。
咋咯哒啦嘞，
哒啦嘞咚咋啦咋，
咋咯咚啦咋咯咋哒啦嘞，
哒啦嘞哒啦咋啦嘞啦，
哒啦吱啦嘚呀咚啦，
啦啦咚啦嘞嘞嘚。

Nyox nzhuas luad dat lat,
Gof luad dab hlat lat,
Dol ghak longx lax draf,
Zhaf dab lak bleux zhuas,
Lat lat dox lak longs lax draf.
Draf dab lat draf dab lat,
Dax lak lent draf,
Dax lak laf drof dit,
Drof laf lof ghak lens,
Lol ghak lox lax ib luad,
Ib lait lait ib luad.
牛哒啦哒啦，
咯啦哒啦，
哆嗬咙啦咋，
咋哒啦嘚咋，
啦啦哆啦咙啦咋。
咋哒啦咋哒啦，
哒啦嘞咋，
哒啦咋嘚，
咋啦咯嗬嘞，
咯嗬咯啦咿啦，
咿啦啦咿啦。

Dad lad Mox Shik Nyongs dob lab duas lat,
Ib doux ghak lak yeus ib lol naox chaik lat.
Ib lol nongs ghenx lol dit longt ghak lol longb lol zhof zhof zhof!
Det longt dol ghak lol longt zhof zhof zhof!
Bleul dak lax drof lol ongx det das lens lat,
Beb beb bet ghens lat,
Bleus laf dak hlaf laf hlat ongx,
Det lat dol ghak longx laok kox.
哒啦摩诗妞的逝者，
赶紧起来用早餐啦。
咿来听笙曲咯嘚嗬咯咙咯咋咋咋！
嘚咙哆嗬咯咙咋咋咋！

嘚哒啦咋咯咚嘚哒嘞啦，
我们要跪拜啦，
嘚啦哒啦啦啦咚，
嘚啦哆噶咙啦咳。

Lak longx det lat dol ghak longx laf drox,
Lens longx det lof duat lak longx des lof,
Drof laf ghak lens lol ghak lox ib luad,
Ib lait lait ib luad.
Dad lad ib Mox Ghak Nyongs dat lad dob duas,
Ib ndoux ghak lais yeus lat ib lol naox chaik lat.
Ib lol nongs ghenx dab lat bleul das laf drof lol lox lat lat,
Lat lat dlongx nyof lat lat dol lak longd nyof.
啦咙嘚啦哆噶咙啦咋，
嘞咙嘚咯哒啦啦咙嘚咯，
咋啦噶嘞咯噶咯咿啦，
咿啦啦咿啦。
哒啦摩诗牛的逝者，
赶紧起来用早餐啦。
咿来听笙曲哒啦嘚哒啦咋咯咯啦啦，
啦啦咚牛啦啦哆啦咙牛。

drax lak lat dit lax draf,
Draf dab lat lens dab lad lens dat lat draf,
Lens lol dax lak lens zhib lat bleul nyox dlongb luad lad,
Dlongb duab lad leus lenx bleul.
Bleul nyox zhuas luad duab luas lat,
Gof luad duab hluat luat luat dol lak longs lax draf,
Draf dab lat bleux zhuas hluat lat dol lak longs lax draf,
Draf dab lat dax lak lens laf draf,
Dax lak lens lat drat,
Nad ib lat zas lens drox drof.
咋啦啦滴啦咋，
咋哒啦嘞哒啦嘞哒啦咋，
嘞咯哒啦嘞吱啦嘚牛咚啦啦，
咚哒啦嘞嘞嘚。
嘚牛哒啦哒啦啦，
咯啦哒啦啦哆噶啦咋，
咋哒啦嘚咋啦啦哆啦咙啦咋，
咋哒啦哒啦嘞啦咋，
哒啦嘞啦咋，
呐咿啦咋嘞咋咋。

Det lox des lof ib drad,
Drad lad Mox Shik Nyongs lenx dob duas,
Duas bel xangb zhit nghad zhit nghad jat yot.
Dad lad dob duas yad nax maob ghak ris lol zhit ndroux zangx[3],
Mid maob dex duab ghak ris lol zhit ndroux jed yout[4].
Dob duas yad khuat chongb khuat lik gol[5] yad lol naox chaik yot,
Dob duas yad ghuax duab ghak ris lol naox chaik yot,
Dob duas yad ghuax duab ghak ris lol houk ghak kaob jeud yot.
Drad lad dob duas yad ghuax duab ghak ris lol naox zhit dous yot,
Drad lad dob duas yad ghuax duab ghak ris lol houk zhit dous yot.
Dob duas yout des lens yot drof,
Lens yout lout ib zhox ib drof lol,
Ongx yuad duas lak lens drox drof,
Det lenx des lof det lenx enx,
Des lox das lens lol ghox lens dob duas lenx drof!
嘚咯嘚咯咿咋，
咋啦摩诗牛的逝者，
去世后长眠不醒哟。
哒啦只因逝者大病不离床，
小病也不离身啊。
逝者的亲朋好友呀，赶紧来用餐喽。
逝者他哭哭啼啼来用餐，
逝者他呜呜咽咽来饮酒喽。

哭哭啼啼的逝者吃不下，
呜呜咽咽的逝者也喝不下。
逝者呀嘚嘞哟咋，
嘞哟喽咿咋咿咋咯，
咚呀哒嘞咋咋，
嘚嘞嘚咯嘚嘞嗯，
嘚咯哒嘞咯咯嘞逝者嘞咋！

背景介绍

李文成

唱诵者： 李文成Zeux Baod Jait（1976— ），男，文山市东山乡南林村委会红土坡村人，擅长苗族芦笙技艺。16岁师从本村李国文Faid Shenb Jait（1970— ）。

演奏场域： 本辞在祭奠期间午餐开始之前使用，以芦笙为媒介仪式性邀约逝者前来用餐。

采集整理： 罗永洪、黄英、熊兴朝、熊文国、熊兴坛、王德静、邹玉珍。

注释

[1] Ghenx Chaik：早餐芦笙辞。属于程式曲目，在正常祭奠期间早餐开始前演绎，主要目的是邀请逝者用餐。

[2] Mox Shik Lak Nyongs：魔诗牛、魔诗啦牛，神名。别称有Mox Shik Nyongs、Mox Ghak Nyongs等。

[3] Nax Maob Ghak Ris Lol Zhit Ndroux Zangx：大病不离床。

[4] Mid Maob Dex Duab Ghak Ris Lol Zhit Ndroux Jed Yout：小病不离身。

[5] Khuat Chongb Khuat Gol：亲朋好友，指非血亲和姻亲关系的亲朋好友。与之相关的词有Gud Dix Nenx Zhangt（兄弟后家、血亲和姻亲关系）、Tongx Dlangb Dik（des） Dreus（同一宗族、血亲关系）和Nenx Zhangt Ndruab Ret（后家亲人、姻亲关系）。

小箴芦笙辞

Ghenx Mid Zhenb[1]

Sob Ghenx:

前奏：

Deut leut leut zhuf luf longx lal,

Zhaf laf zhux lux longx lad,

Dol ghak lox dak lol,

Dol ghak lad lad zhuf longx ghens laf zhaf,

Zhaf dol ghak lens dib lat dat,

Lad lad longx lab dol ghak lens dib des.

咿溜溜嘱噜咙啦，

咋啦嘱噜咙啦，

哆噶咯哒咯，

哆噶啦啦嘱咙庚啦咋，

咋哆噶呤嘀啦哒，

啦啦咙啦哆噶呤嘀咿。

Des lol dol ghak lens dat lak lens lat,

Ib khuat chongb ndros zhas zhit guat muas bongb,

Lak lox dib laf zhaf longx deut leut dib lat dol ghak lox.

咿咯哆呤，

宾客流什么泪，

啦咯嘀啦咋咙咿溜嘀啦哆噶咯。

（反复演奏三次。）

Bus Ghenx:

转芦笙：

Dat lad dat lad,

Dat dol ghak lens dib dol ghak leut longx dib lof,

Dol ghak lens dat lak lens lat lib.

Beb yad bus lat nit XXX dol njex ghens lat nit longx dit lol,

Dol ghak lens dit laf zhaf,

Das lox dit lol zhol dik laf zhaf,

Lit lad lit lad dol ghak leut,

Dol ghak lad longx das dib leut longx das dib lad.

哒啦哒啦，

哒哆噶呤嘀哆噶溜咙咯，

哆噶呤哒啦呤啦咿。

我们要转某某某的笙柱啦嘀咙嘀咯，

哆噶呤嘀啦咋，

哒啰嘀咯嘱嘀啦咋，

哩啦哩啦哆噶溜，

哆噶啦咙哒嘀溜咙哒嘀啦。

Lit lad lit lad lit,

Dol ghak lens dit dol ghak leut longx dik lol,

Dol ghak lens dib lat lens lat lib.

Beb yad bus lat ib XXX dol njex ghens lat nit longx dit lol,

Dol ghak longx dit lol zhof,

Dol ghak lens dit laf zhaf,

Dak lox dit lol zhof dib laf zhaf,

Lit lad lit lad dol ghak leut,

Dol ghak lad dol ghak leut.

哩啦哩啦哩，

哆噶呤嘀哆噶溜咙嘀咯，

哆噶呤嘀啦呤啦哩。

我们要转某某某的笙柱啦嘀咙嘀咯，

哆噶咙嘀咯咋，

哆噶呤嘀啦咋，

哒咯嘀咯咋嘀啦咋，

哩啦哩啦哆噶溜，

哆噶啦哆噶溜。

（至此，转笙结束。）

Ghenx Chaik Nbet:
早餐正辞：

Dat lat dab lax,
Dol ghak lens lat das lax lax laf zhaf laf,
Lat lat dab lax,
Dol ghak lens lat das lax lax laf zhaf laf.
Dak luf zhuf luf dlux lol daf lox,
Dol ghak dlend luf zhaf lax,
Dol ghak lens dat lat lens lat lib XXX et.
啦啦哒啦，
哆噶呤啦哒啦啦啦咋啦，
啦啦哒啦，
哆噶呤啦哒啦啦啦咋啦。
哒噜嘱噜嘟咯哒咯，
哆噶咵噜咋啦，
哆噶呤哒啦呤啦哩某某某呀。

Jat lak khuat chongb khuat gol yad naox chaik lat,
Gaox let chaik shad zhek,
Beb yad muab shuab ngoux shuab ghens keuk dout gaox naox gaox let dout naox!
Lat zhuf longx lad lad lad,
Zhuf zhuf laf dol ghak zhuf longx lad.
Dangs lat dangs lat,
Ngoux deb dangs dal lak ngoux ax ndrous deb dangs dal lak ngoux.
(Deb let nad lak dout: Ndox deb dangl dal lak lox ndrous deb dangl dal lak lox)
宾客要用早餐啦，
你的早餐已做好，
我们要用歌声配着芦笙曲祭献给你，你才吃得到！
啦嘱咙啦啦啦，
嘱嘱啦哆噶嘱咙啦。
完了完了，
古歌已答唱完。
（或如此回答：天地更替咯）

Dal lol des ghak lens dib lak lens lad dad,
Dol ghak longx dib laf zhaf,
Dol ghak lent dit lol zhof,
Dal lox dit lol zhof dit lak zhaf.
Dangs lat dangs lat,
Ngoux deb dangs dal lak ngoux ax ndrous deb dangs dal lak ngoux.
哒咯咵噶呤嘀啦呤啦哒，
哆噶咙嘀啦咋，
哆噶呤嘀咯咋，
哒咯嘀咯咋嘀啦咋。
完了完了，
古歌已答唱完。

Yeuf ngoux hot ngoux lat,
Zos gaox shad duax leuf yeuf ngoux,
Des laf dol ghak lens dib lak lens lad dad.
Dol ghak longx dib lol zhof,
Dol ghak lens dib laf zhaf,
Das lox dit lol zhof dit laf zhaf.
Lit lad lit lad dol ghak leut,
Dol ghak lad longx das dib leut longx.
歌师啊您唱歌，
真是辛苦您了，
咵啦哆噶呤嘀啦呤啦哒。
哆噶咙嘀咯咗，
哆噶呤嘀咯咋，
哒咯嘀咯咗嘀啦咋。
哩啦哩啦哆噶溜，
哆噶啦咙哒嘀溜咙。

Juab Ngoux:
接歌：

Dangs lat dangs lat,
Ngoux deb dangs dal lak ngoux af ndrous deb dangs dal lak ngoux.
Yeuf ngoux hot ngoux lat,
Zos gaox shad duax leuf yeuf ngoux,

Des laf dol ghak lens dib lak lens lad dad.

完了完了，

古歌已答唱完。

歌师啊您唱歌，

真是辛苦您了，

啰啦哆噶呤嘀啦呤啦哒。

Dol ghak longx dib lol zhof,

Dol ghak lens dib laf zhaf,

Das lox dit lol zhof dit laf zhaf.

Lit lad lit lad dol ghak leut,

Dol ghak lad longx das dib leut longx.

哆噶咙嘀咯咗，

哆噶呤嘀咯咋，

哒咯嘀咯咗嘀啦咋。

哩啦哩啦哆噶溜，

哆噶啦咙哒嘀溜咙。

（此为古歌和笙曲搭配段，一直使用以上笙曲演奏，直至搭配古歌唱诵完结。）

Longx dit lof zhof,

Lens dib lal zhaf,

Dak lox dib lol zhof dit laf zhaf.

Lit lad lit lad dol ghak leut,

Dol ghak lad longx das dit leut longx das dit leut.

咙嘀咯咗，

呤嘀啦咋，

哒咯嘀咯咗嘀啦咋。

哩啦哩啦哆噶溜，

哆噶啦咙哒嘀溜咙哒嘀溜。

（演奏至此作揖，证明歌师所献唱的古歌，已经传达给逝者。）

Xaof juab hleud xangb:

孝子烧香火：

Sheud lat sheud lat,

Zhed zhongl nbaox dob xaof juab et.

Sheud lol caik dout mex bangx xangb bangx ndeud lak zhuf longx lad,

Zhuf zhuf laf dol ghak zhuf longx lad.

Sheud lat sheud lat,

Zhed zhongl nbaox dob xaof juab,

Sheud lol caik dout mex bangx xangb bangx ndeud,

Keuk dout mex lenx loul ib jaox mol yenb dif deb,

Mual lax lol dout qeut nyaob,

Ib lol jaox lol dout qeut rouf lak zhuf longx lad.

起身起身，

一群孝子啊。

起身来献上你们的香纸，

嘱嘱啦哆噶嘱咙啦。

起身起身，

一群孝子啊。

起身来献上你们的香纸，

让你们的老人带去阴间，

买田来有住所啊，

有居处啊嘱咙啦！

（孝子给芦笙师跪拜致谢时，芦笙师用此段回复，直至孝子一一跪拜完毕。）

Longx dit laf zhaf,

Lens dit lol zhof,

Dak lox dit lol zhof dit zhaf laf.

Lit lad lit lad dol ghak leut,

Dol ghak lad longx das dit leut longx das dit leut.

咙嘀啦咋，

呤嘀咯咗，

哒咯嘀咯咗嘀咋啦。

哩啦哩啦哆噶溜，

哆噶啦咙哒嘀咙哒嘀溜。

（至此，非正式芦笙师吹奏的小篾完结，接下来由正式芦笙师吹奏的大篾进行回笙。）

背景介绍

唱诵者：熊正友Baod Yenx Hmaob（1979— ），男，文山市平坝镇小坝子村委会吗哩大地村人，掌握苗族婚丧习俗。16岁师从本村罗正武 Vangx Chib（1969—2010）。罗正武又从本村王兴文Liux Sangt Wos（1949— ）。王兴文从本村王学友Shix Baok Wos（1909—1986）和王学山Sangb Wos（1902—1982），二位老师傅又师从马关县仁和镇老蒋箐王氏家族。

熊正友

罗正武

王兴文

版本评述：此首“Mid Zhenb”（小箴芦笙辞）作为参照物，与之对应的是“Naf Zhenb”（大箴），两者均为蒙邶芦笙辞的特有乐调。此辞属丧葬仪式的程式芦笙曲，是蒙邶芦笙曲的代表版本之一。

采集整理：罗永洪、熊文国。

注 释

[1] Mid Zhenb：小箴，系半音译，与之对应的有Naf Zhenb（大箴）。蒙邶芦笙曲中的Naf Zhenb（大箴）和Mid Zhenb（小箴）属芦笙音乐概念范畴，紧扣程式仪式。此中，“大、小”为意译，“箴”为音译，不指代乐器，指代“乐型、乐种”。Naf Zhenb（大箴），可泛指程式芦笙曲，原则上只有正式芦笙师才有权吹，有时指《指路芦笙曲》。其中，早晚餐程式芦笙曲，正式芦笙师可以授权给帮忙芦笙师吹奏。Mid Zhenb（小箴）即非正式芦笙师吹奏的。即使同是吹奏早晚程式芦笙曲，与Naf Zhenb（大箴）比较，Mid Zhenb（小箴）者在前奏上有几处芦笙辞存在区别；叙事内容上为了避免对正式芦笙师的不尊重，也需要“圆说”几句。Mid Zhenb（小箴）和Naf Zhenb（大箴）疑为曲牌名，另有诸多不明，待考。

早餐芦笙辞
Ghenx Chaik

Did lis did lis[1] dol ghak dat lat dat lat,
Dat lat dob duas lens lol dat lad.
Dob duas dob duas duas ghak das ib leut,
Yad zhes dout lenx dob ghak git[2] yad draod daof ghangb yad!
嘀哩嘀哩哆噶哒啦哒啦，
哒啦逝者呤咯哒啦。
逝者逝者真逝去咿喽，
要留下儿孙在世间呀！

Lenx dob ghak git yad duad dlad beb ndib beb lais[3] leut,
Yad uat dout nax bluas chaik leut.
Lenx dob duas yad sheud ghak zhenl lol naox chaik duas ndeuf it leut,
Dras lent leut dras lent leut dib lil!
儿孙要手握祭勺来祭祀喽，
因为早餐已做好。
逝者将要起身来用餐喽，
咋呤喽咋呤喽嘀哩！

背景介绍

黄家亮

唱诵者：黄家亮 Geuk Huangx（1965—2019），男，文山市喜古乡古那冲村委会村人，擅长苗族芦笙技艺。15岁师从古那冲本村的李正祥 Sheuf Jait（1916—1999）。

演奏场域：本辞在祭奠期间早餐开始之前使用，以芦笙为媒介仪式性邀约逝者前来用餐。

版本评述：此首早餐芦笙辞系传承蒙抓芦笙技艺者唱诵。据其描述，该曲属于蒙抓芦笙曲。文山市范围内，目前除马塘镇个别村寨还流传有蒙抓芦笙曲外，其他地区几乎没有流传，因此在本书中该曲正是蒙抓芦笙辞的代表篇目之一。

采集整理：罗永洪、黄英、熊发德、杨发能、熊文国。

注 释

[1] Did Lis Did Lis：嘀哩嘀哩。系音译，芦笙曲韵律，为此版本芦笙曲的显著特点，该曲是当前文山市流传不多的 Hmongb Nzhuab芦笙调。

[2] Lenx Dob Ghak Git：儿孙。

[3] Duad Dlad Beb Ndib Beb Lais：手握祭勺来祭祀。

早餐芦笙辞
Ghenx Chaik

Dob duas yuad naf maob ghak ris[1] zhit ndroux jed[2],

Mid maob ghak ris zhit ndroux drox[3],

Dob duas yuad duas naf maob lik ntangd lik ntangd it.

Dob duas yuad sheud zhit doul sob!

Gaox khuat chongb khuat gol yuad naox chaik,

Dob duas yuad sheud zhit doul lol naox chaik shob!

逝者他生前大病不离身，

逝者他生前小病不离体，

逝者正死于那缠身病痛。

逝者已不能起身！

逝者你的亲朋好友已经吃早餐，

逝者却不能起身来吃早餐了！

Dob duas yuad gaox dob gaox gid et gaox gud gaox dix,

Yuad muab dout ngoux ghens ndrous ndrual ndraod duab shik las,

Yad lol zhangt dout dob duas yuad sheud duab ghak zhenl yad lol naox chaik sob!

Dob duas yuad naox zhit doul houk zhit doul,

Dob duas yad uat drangx uat doub,

Ndif let mol das nax ndif let mol das xongt jat shob lat dob duas sob!

逝者啊你的儿孙和兄弟，

用那悠扬的笙声鼓韵，

呼唤逝者起来吃早餐啊！

逝者吃不下啊喝不了，

只好装在瓢筒里带着走，

去度过往后的年岁啊！

背景介绍

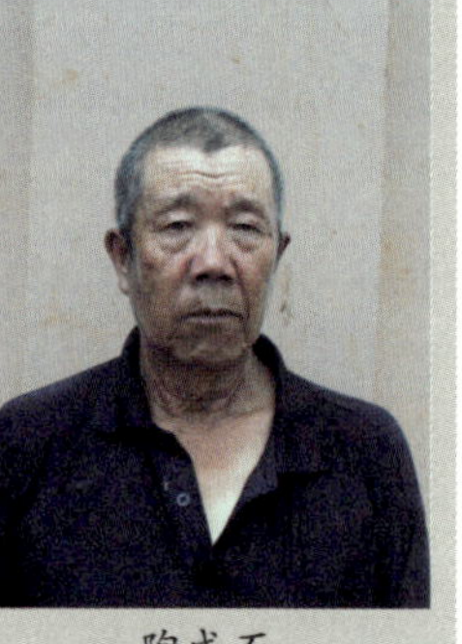

陶成石

唱诵者： 陶成石 Fux Nzeus Dlob（1953—2023），男，文山市德厚镇湖海村石榴红村人，擅长苗族芦笙技艺。

演奏场域： 逝者去世后，在祭奠期间早餐开始之前使用该辞，以芦笙为媒介仪式性邀约逝者前来用餐。

采集整理： 罗永洪、熊文国、熊兴坛、陶永林。

注 释

[1] Ghak Ris：围着，纠缠着。

[2] Zhit Ndroux Jed：不放弃身体这个“温床”。

[3] Zhit Ndroux Drox：感染小病的样子，在步伐上显现出来，即步履蹒跚。

迎客辞
Daol Khuat

迎客芦笙辞
Ghenx Njoul Zhed[1]

Des lak zos dux ghak lens dit lab dad dad dad dad,
Dangd nad zhek lak das,
Ndrual luax ghak gob dus[2] deus lak daf,
Ndrual luax ghak gob dus nqangd[3],
Khuat chongb khuat gol yuad njoul zhed!
嘚啦唑嘟噶呤嘀啦哒哒哒哒哒，
这个时候啊，
鼓像号角一样脆响，
像号角一样洪亮，
亲朋好友来聚齐！

Ndrual luax ghak gob dus deus lak af,
Ndrual luax ghak gob dus nqangd,
Khuat chongb khuat gol yuad njoul vangx!
Beb yad qeux dout yeuf guangd shif,
Nghol drongx bob khuat nyaob lak af,
Dlet[4] yenb bob khuat saob[5] lak!
Nghol drongx bob khuat rouf lak ak,
Dlet yenb bob khuat saob!
鼓像号角一样脆响，
像号角一样响亮，
亲朋好友来凑热闹！
我们要请管事爷，
摆桌拿凳给客坐，
递烟给客抽！
摆桌拿凳给客坐，
递烟给客抽！

Des lal dux ghak lat dat lat duf dab dux ghak lens did yik,

Zos lens das longx lad das las ad ak zok lens das lad lens dit lad das lal,

Zox lens das longt lad das las ad at lad las dit lad das lal,

Zox das zox lal dib dux ghak ghens lak zol dux ghak leus dib lad dlad dlad dlad bleus dit lit dlad.

嘚啦嘟噶啦哒啦嘟哒嘟噶呤嘀仪，
唑呤哒隆拉哒啦啊啊嘬呤哒拉呤嘀拉哒喇，
唑呤哒隆拉哒啦啊啊拉啦嘀拉哒喇，
唑哒唑拉嘀嘟噶庚啦唑嘟噶嘞嘀拉哒哒哒嘞嘀哩哒。

Ndrual luax ghak gob dus deus lak daf,
Ndrual luax ghak gob dus nqangd,
Khuat chongb khuat gol yuad njoul zhed!
Ndrual luax ghak gob dus deus,
Ndrual luax ghak gob dus nqangd,
Khuat chongb khuat gol yuad njoul zhed!
Bed yuad qeux dout yeuf guangd shif,
Nghol drongx bob khuat nyaob lak laf,
Dlet yenb bob khuat saob lak!
鼓像号角一样清脆，
像号角一样洪亮，
亲朋好友来聚齐！
鼓像号角一样嘹亮，
像号角一样的洪亮，
亲朋好友来到齐！
我们要请求管事爷，
摆桌拿凳给客坐啊，
递烟给客抽！

Des lal dux ghak lat dat lat duf dab dux ghak lens did yik,

Zos lens das longx lad das las ad ak zok lens das lad lens dit lad das zol,

Zox lens das longt lad las dit lad das zol,

Zox lens das longt lad las dit lad das zol,

Lak zox lak zox lox dib deut lat did zol dux ghak lens lat,

Dat lat did zol dux ghak lens lad dad ib das.

嘚啦嘟噶啦哒啦嘟哒嘟噶呤嘀仪，

唑呤哒隆拉哒啦啊啊唑呤哒拉呤嘀拉哒唑，

唑呤哒隆拉啦嘀拉哒唑，

唑呤哒隆拉啦嘀拉哒唑，

啦唑啦唑咯嘀嘚啦嘀唑嘟噶呤啦，

哒啦嘀唑嘟噶呤拉哒依哒。

Gud dix zos lal dal gud luas bongb,

Gud dix gud luas sheud ghak zhenl yad nghel[6] beb yad nghet[7] luas ghenx,

Gud dix zos lax lal gud luas bongb,

Gud dix gud luas sheud ghak zhenl lak nghel beb yad nghet luas ndrual.

Des lab dux ghak lat dat lat duf dab dux ghak lens did yik,

Zos lens das longx lad das las ad ak zok lens das longx lad lens dit lad das zol,

Deut lak did zol dux ghak lens lax zax,

Zox los zox lol dit das lal das las dit lad zox lal zox lox dit,

Gud dix gud luas nyaob ndruab ndrout,

Zos lad zos lox dit lad ak,

Gud dix gud luas nyaob ndruab bel.

亲朋好友呀要来到，

亲朋好友起来吹笙吹三曲！

亲朋好友呀要来到，

亲朋好友起来敲鼓敲三调！

嘚啦嘟噶啦哒啦嘟哒读噶呤嘀仪，

唑呤哒隆拉哒啦啊啊唑呤哒隆拉呤嘀拉哒唑，

嘚啦嘀唑嘟噶呤啦咋，

唑咯唑咯嘀哒啦哒啦嘀拉唑喇唑咯嘀，

亲朋好友坐外面！

唑拉唑咯嘀啦啊，

亲朋好友坐堂上！

背景介绍

唱诵者：杨永海 Zhouk Yeus（1965—），男，文山市平坝镇石洞门村委会黄石洞村人，掌握苗族婚丧习俗，擅长苗族芦笙演奏。

杨永海

演奏场域：此辞主要用于迎接来奔丧的亲朋好友。

采集整理：罗永洪、马士洪、熊兴坛。

注 释

[1] Njoul Zhed：迎客，门前迎客的热闹场景。
[2] Gob Dus：用牛角制作成的号角。
[3] Nqangd：洪亮。
[4] Dlet：揪，捏，掐，摘，采摘，此处指捏烟（毛烟）。
[5] Saob：花费；吸，抽。
[6] Nghel：下。
[7] Nghet：价钱，价值，此处为“段，曲”的意思。

迎客芦笙辞
Ghenx Daol Khuat

Dit lak lox xongt lik gat ak,

Zhangt drout jux[1] lox it zhad,

Ncaik ghak voud let duax zos yox let duax zos!

Wef let zhit let duax bongb yox it zhad?

Wef dout lenx ghak lous dot nangs xongt[2] lik gat ak zhaot nzhuab nenl[3],

Ncaik ghak veud let duax bongb yox let duax bongb lak yox!

Dex gud dix lol dex gud luas lak,

Duax beb wangx lol duax beb tlat lak zhit gangd qid!

那一年啊，

立杖一根呀，

女婿要到来哟要来到！

女婿为何来？

因为鼠年霉运老人故去入了棺，

女婿才来到哟才来到！

亲朋好友们，

我们接咯我们迎！

背景介绍

陶开成

唱诵者： 陶开成 Lax Shenb Dlob（1948—），男，文山市新平街道盘龙社区落水洞居民小组人，擅长古歌和芦笙。

演奏场域： 该辞主要用于迎接来奔丧的亲朋好友，其迎接的对象主要为逝者的女儿女婿。

采集整理： 罗永洪、熊文国、熊兴坛。

注释

[1] Jux：棍，木棍，指鼓柱。

[2] Nangs Xongt：鼠年，指霉运之年。

[3] Nenl：马，逝者担架，此处指棺材或担架。

送礼芦笙辞
Ghenx Sangt Changd Ndox

Duas nyox nzhus duas nyox nzhus,

Duas lent lad zhul nual dlent lad dlent lait duas lait dex ndruab zhed lat.

Beb yad haik yat beb yad haik,

Dangd jaix dol zhit jaix?

Dangd nyongs lak lat it dos zhit nyongs lat?

哒牛杵哒牛杵，

嘟呤啦嘱喏呤啦呤来逝世在家中啦。

我们要再三说，

此时是何时？

此刻是几刻？

It yad dangd dout lenx ghak lik dob lat ib lens guangd zongd ndouk bek ndreud ntet bek nqangt[1],

Lenx ghak nik dob ghak langs it yad duad dos zhit?

Lenx ghak nil dob ghak langs it yad deuk denb longx[2].

Lox des nangl it yad duad dos zhit?

Lox des nangl it yad deuk denb ndreud yad zhaof ghak raox it yad zos daof blangs.

Cenb ghak raos it yad zos daof zuak[3],

Cenb dout naf bes nenx[4] it yad rouf bel dluab.

Nchait beb naf bek nenx it yad nghel ntuad zax zit bek zhangd nghel ntuad jit,

Naf bek nenx it yad ntuad dout nax ghak buat lak lol zit bek zhangd.

此时是孝家管事吩咐吹笙打鼓的时刻，

孝子手上拿什么？

他手上持冥灯笼。

孝子右手持什么？

右手持灯来照亮堂屋。

亲人来到侧屋上，

抬桌摆凳来坐下。

亲人来献物又交礼，

献上成百礼物待客。

Dout ib ghak buat lat,

Guat muas shit des nual ndruab zhed lat des nual ndruab zhed lat.

Geus leuf lib dlent lol zhol lak dlongx lad,

Geus leuf lib dlend lol zhol lak dlongx lad.

Dlongx lad dol lak lent lait dlent lad dol lak leut,

Zhol zhol lox zhol lak dit lait nit zhol zhol lak zhol lak deut,

Lat lib deut lat zhol lad,

Lad lad zhol lak leut dit lad dad,

Lad dol lak lend lol lox longx dut lol duas nyox nzhus duas nyox nzhus!

得到一百钱物，

感恩的泪水呀洒落堂屋。

笙曲要收喽哩呤咯嘱啦咚啦，

笙曲要完喽哩呤咯嘱啦咚啦。

咚啦哆啦呤来噔啦啦哆啦喽，

嘱嘱咯嘱啦嘀来呢嘱嘱啦嘱啦嘚，

啦哩嘚啦嘱啦，

啦啦嘱啦喽嘀啦啦，

啦咚啦呤咯咯咙嘟咯咯哒牛杵哒牛杵！

背景介绍

唱诵者： 张正祥Pux Ndris(1978—)，男，文山市喜古乡古那冲村委会古那冲村人，掌握苗族婚丧等习俗礼仪，是蒙抓芦笙的主要传承人之一，对苗族传统文化有较深的造诣。16岁时师从本村张顺光 Shuangt Ndris（1959— ）。张顺光又师从本村李正祥 Sheuf jait（1904—1983）。李正祥又师从马关县八寨镇老马店村委会草果山村侯氏 Soud Dluas（1895—?）。

张正祥

演奏场域： 此辞在亲朋好友前去奔丧时使用。

采集整理： 黄英、熊发德、熊文国、罗永洪、杨发能、张兴德。

注 释

[1] Ndouk Bek Ndreud Ntet Bek Nqangt：指丧葬事务中各项事务的办理，诸如吹笙打鼓、招待客人等。

[2] Denb Longx：灯笼，此指冥灯笼。

[3] Daof Zuak：侧屋，偏房。

[4] Cenb Dout Naf Bes Nenx：姻亲，指大舅哥一方的亲人。

晚餐辞
Ghenx Hmaot

晚餐芦笙辞
Ghenx Hmaot[1]

Ghenx Njis Ndrual[2]
转鼓曲

Dlongx lax zhaf lak lens dat,
Dit yad zhad ghens lof zhof,
Zhof ghens zhod lot zhof,
Dlongx nyof ongx zhuas luad,
Zhad lad zhuas luad zhuas dut luad,
Zhuas luad zhuas dub ghenx duas nyox.
咚啦咋啦呤哒，
嘀呀咋庚咯咗，
咗笙咋咯咋，
咚喏咚咋啦，
咋啦咋啦咋嘟啦，
咋啦咋嘟庚哒牛。

Beb yad ghenx ghak nchait ghak zhit ghens?
Beb yad ghenx ghak nchait Nzux Shib ghak Nyongs ghens shob;
Beb yad ghenx ghak nchait ghak zhit zos yat?
Beb yad ghenx ghak nchait Nzux Shib ghak Nyongs zos.
Beb yad bet ndox let das,
Yad bet deb das yad bet deb let zhas yad dit ndox let das yad.
Beb yad ndouk shik ndreud shik ndreud Nzux Shib ghak Nyongs dex nbongt zangx,
Yad kaob shik ndreud shik ndreud Nzux Shib ghak Nyongs dex nbongt dlex（led）.
我们要吹什么笙曲？
我们要吹祝牛的笙曲；
我们要吹什么笙曲到？
我们要吹祝牛的笙曲到。
我们真诚跪天又拜地，
直跪拜到天际。
我们在祝牛的床榻边不断地敲打着，
我们在祝牛的席子旁轻轻地拍击着。

Nbet Ghenx
晚餐正调

Zhas duax duax duax duax lat lens lat dat lad,
Ib lat duas lens traik drox,
Des nyox ghens lof zhit yuad,
Zhad dob duas yad draod lol dob duas yad duas ndros mol.
又来来来来啦呤啦哒啦，
咿啦来迈步，
喟牛笙咯不要，
笙曲引路带逝者离去。

Zhas ib nblongx lik shab yuad zhit zeux rens yad,
Ib rongd lik shangb yad zhit zeux gangx yad.
Ib nblax lik deb yad ib dex duab nens yad zhit zeux duas yad,
Ib dex ndox yad ib lol ndif dangl.
Ib nblongx lik shab yuad zeux rens yad,
Ib rongd lik shangb yad yuad zeux gangx.

Ib dex ndox yad ib ndax deb dex duab nens yuad zeux duas yuad let shob!

高处树叶不会掉落，
茂密森林不会明亮。
世间之人不会死，
天下也能装得完。
高处树叶会掉落，
茂密森林会明亮。
天下之人才会去世啊！

背景介绍

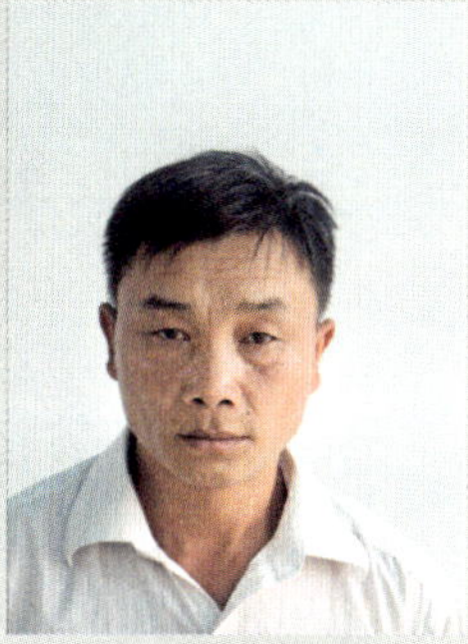
熊开甲

唱诵者：熊开甲 Soud Pax Hmaob（1968— ），男，文山市开化街道永通社区大龙潭居民小组人，擅长苗族芦笙技艺。

演奏场域：本辞在祭奠期晚餐开始之前使用，以芦笙为媒介仪式性邀约逝者前来用餐。

采集整理：罗永洪、黄英、熊文国。

注释

[1] Ghenx Hmaot：晚餐芦笙辞。"晚餐芦笙辞"是芦笙曲（辞）一种特定"篇章"结构的称呼。在此篇目中，根据芦笙师的陈述，篇章构成规律为"Ghangb Njex Ndrual（转鼓曲）+ Pus Ghenx（正调前奏、此处省略）+Ghenx Hmaot（晚餐正调）"形式。

[2] Ghenx Njis Ndrual：转鼓曲。"转鼓曲"是芦笙曲（辞）特定"篇章"结构的称呼。

晚餐芦笙辞
Ghenx Hmaot

Bus Ghenx
起笙

Dlongx lax dax lak lens dit lens,
Dol ghak lad dad lad ghens lol,
Duas lens zhof dol ghak lut dut lut zhof,
Zhof lol dix dual dlangb duas nyox ghens lad,
Dad lad duas lad duas dit lad,
Duas lad duas dit ghens lak nyox beb yad!
咚啦哒啦呤嘀呤，
哆噶啦哒啦笙咯，
哒呤咗哆噶噜嘟噜咗，
咗咯嘀哒当哒牛庚啦，
哒啦哒啦哒嘀啦，
哒啦哒嘀庚啦我们要！

Beb yad bus let ghak zhit ghenx lat?
beb yad bus ghenx bus ndrual ghens lat;
Beb yad bus let ghak zhit ndrual?
Beb yad bus ghenx bus ndrual ghens lat!
Beb yad bus leuf ghak zhit ghens lat?
Beb yad bus dout Nzux ghak Nyongs lenx dob duas,
Ghenx ghak ris ghak ris ib mol njis lob,
Ghak ris ghak ris ib mol njis nad.
我们要吹什么笙曲？
我们要吹笙鼓曲呀；
我们要敲什么鼓调？
我们要敲笙鼓调呀！
我们要吹什么笙曲？
我们要吹祝牛那逝者的笙曲，
笙曲不断来转全，
笙曲不止来转到。

Lak lens mol zhox ox,
laf ent mol zhox ok,
Duas nyox lenx duas mol.
Las lens zhof dak lens dut lut zhof,
Def daf dlangb duas nyox ghens lad,
Dit lad ghens lol zhof zhof zhof,
Dlangb duas nyox ghens lad.
Zhaf lad das lent deut leut,
Zhaf lad das nyox langb zhaf langb zhaf lub longf,
Dub lut dol ghak lent lol longb lad,
Lad lad dlangt lat dol ghak lent das lax,
Dol ghak langt lat dol ghak lens laf zhax,
Res naf dlab das lend lax zhax.
啦呤去咗哦，
啦嗯去咗喔，
嘟牛呤嘟去。
啦呤咗哒呤嘟噜咗，
㖿哒当哒牛庚啦，
嘀啦笙咯咗咗咗，
当哒牛庚啦。
咋啦哒呤兜溜，
咋啦哒牛哏咋哏咋噜咙，
嘟噜哆噶呤咯咙啦，
啦啦哏啦哆噶呤哒啦，
哆噶哏啦哆噶啦咋，
喏哪哒哒呤啦咋。

Sob Ghens
朔庚

Zhaf ab lat zhak dak laf dad lad dol ghak lens zhaf,
Laf langb laf zhas dak laf longx laf,
Das lens lat das nyox lox beb yuad!
咋啊啦咋哒啦哒啦哆噶呤咋，
啦哏啦咋哒啦咙啦，

哒呤啦哒牛咯我们呀!

Beb dlangb lat beb yuad uat yuad,

Lenx dob duas yuad ndros dob duas,

Ghens ghak dleus leuf ib sheud bek zhens leut ib lol naox hmaot lat,

Ib lol nongs ghens lat.

Ib lol ndet dit lol dut lut dol ghak lol longb lol zhof zhof!

Duas lens zhof lol dut lut dol ghak nyox lof beb yuad,

Beb yuad lenx dob duas yad ndros dob duas yad,

Ghens ghak dleus leuf ib sheud bek zhens leut ib lol naox hmaot lat,

Ib lol nongs ghens lat.

Dol ghak lens zhof lol dub lent zhof ib lad,

Lad dlangb lat dol ghak lens das lax,

Dlangb lat dol ghak lens zhaf lad res naf dlab dol ghak lens lak zhaf!

我们要呀要,

逝者呀逝者,

笙曲响亮逝者起身来用餐,

起身来听笙曲,

来的嘀咯嘟噜哆噶咯咙咯咗咗!

哒呤咋咯嘟噜哆噶牛咯我们要,

我们的逝者呀逝者,

笙曲响亮逝者起身来用餐,

起身来听笙曲。

哆噶呤咗咯嘟呤咗咿啦,

啦哏啦哆噶呤哒啦,

哏啦哆噶呤咋啦喏呐哒哆噶呤啦咋!

Nbet Ghenx

内容

Dit ghens lol,

Dit lad dit dlangb duas lens dux zhof,

Duas nyox ghens lad,

Dad lad beb yad Nzux ghak Nyongs lenx dob duas yad!

Khuat chongb khuat lik gol yad lol naox chaik ib shob it,

Ib yad dob duas yad lol naox zhit doul houk zhit doul.

Ib yad dis nzhex ib lol nongs ghenx,

Dis muas ib lol nongs ndrual yox had nad ib shob et,

Dob duas yox lens lak nyox ib zhof lens zhof langb duas lens dux zhof,

Duas nyox ghens lad,

Dad lad Nzux ghak Nyongs lenx dob duas yad!

嘀庚咯,

嘀啦嘀哏哒呤嘟咗,

哒牛庚啦,

哒啦我们祝牛的逝者呀!

宾客朋友们要来用晚餐,

但逝者终究吃不了喝不下。

逝者转头来此听笙曲,

回首来这里听鼓调哟,

逝者哟呤啦牛咗呤咗哏哒呤嘟咗,

哒牛庚啦,

哒啦祝牛的逝者呀!

Draod Ndrual

收鼓

Dad lad beb yad draod ghak zhit ghenx lat?

Beb yad draod dout Nzux ghak Nyongs lenx dob duas.

Jaox ged ghak ris mol das nax,

Jaox ged ghak ris mol das xongt ib shob et.

Dob duas yat dob duas,

Duas lens ghens lat duas nyox ib zhof,

Zhof dlangb duas lens dix zhof.

我们要结束什么笙曲?

我们要结束逝者的笙曲。

笙曲已引领逝者呀去度年月,

笙曲已引导逝者呀去度光阴。

逝者呀逝者，
哒呤庚啦哒牛咿咗，
咗哏哒呤嘀咗。
（上述呈三段式重复。）

Dad lad lenx dob duas yat,
Beb yad uat gaox zhous yot,
Gaox nyaob gaox zhit hnaod ib shob et.
Dob duas lat dob duas,
Duas nyox ghens lat lak lol lib zhof,
Lax dlangb duas lens dix zhof.
逝者呀逝者，
我们要致敬您呀，
尽管您似乎已听不到了。
逝者呀逝者，
嘟牛庚啦啦咯哩咗，
啦哏嘟牛嘀咗。

Duas nyox ghens lad,
Dad lad Nzux ghak Nyongs lenx dob duas yad,
Beb yad uat gaox zhous yot!
Gaox nyaob gaox zhit mol,
Beb yad mol yot des lox del lent deut leut zhof,
Zhof dix dual langb duas nyox ghens lad.
Dad lad duas lad das dit lad,
Duas lad duas dit ghens lat nyox.
Beb yad draod ghak zhit ghens et?
Beb yad draod ghenx draod ndrual lol pinb sob njex.
嘟牛庚啦，
哒啦祝牛的逝者呀，
我们要感谢您！
请您不要着急走，
我们将把笙曲吹个不停，
咋嘀哒哏哒牛庚啦。
哒啦哒啦哒嘀啦，
哒啦哒嘀庚啦牛。
我们要收什么笙曲？
我们要收起那芦笙和鼓来靠柱脚。

Beb yad draod ghak zhit ndrual?
Beb yad draod ndrual lol pinb sob nzangt et.
Beb yad draod ghak zhit ghenx et?
Draod dout nzux ghak nyongs lenx dob duas dol njex ghens,
Lad of lad lens zhof lox das lens lol zhof duas nyox lenx duas nyof ghens lad,
Dad lad ghens lof...
我们要收什么鼓？
我们要收笙收鼓来靠墙角。
我们要结束什么鼓调？
我们要结束祝牛的逝者那鼓调，
啦哦啦呤咗咯哒呤咯咗哒牛呤哒牛庚啦，
哒啦笙咯……

背景介绍

唱诵者： 熊文明 Qeux Guangb Hmaob（1988— ），男，文山市古木镇纸厂社区黑山居民小组人，掌握当地的苗族丧葬礼节，是该村最年轻的芦笙师之一。师从其父熊开耀 Yal Hmaob（1968— ）。

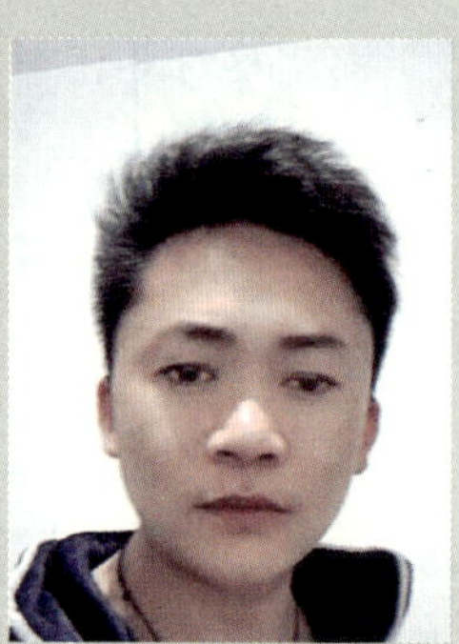
熊文明

演奏场域： 本辞在祭奠期晚餐开始之前使用，以芦笙为媒介仪式性邀约逝者前来用餐。

版本评述： 该晚餐芦笙辞中的“宾客朋友们似乎已经来用餐，但逝者终究吃不下喝不下……逝者呀逝者，我们要致敬您呀，尽管您似乎已听不到了”内容，体现了后人对逝者最高的尊敬和怀念。

采集整理： 熊文国。

交牲辞
Jaob Zhax

交牲芦笙辞
Ghenx Jaob Zhax

Yad dob duas yad naf maob ghak ris,

Yad mid maob dex ghak ris zhit ndroux jed[1] yat.

Dob duas yad duas nax duab shik nad,

Shik nad it yad dob duas yad.

Lenx dob lenx gid yad,

Muab dout dol zhax ghak ris ghak ghob (juas)[2],

Ndros ndaot ndox huak gud mol Shuad deb[3]!

逝者呀大病不断，

小病也不离身。

逝者在此就终结，

在此终结了呀逝者。

逝者的子孙后代呀，

拿来牲畜和祭食，

祭献给你带到天堂扛去刷地呀！

Dob duas yad,

Gaox yad sheud lol keuk gaox let dout yat!

Dob duas yad jaox dout nax duab ib nik dol,

Yad mol ndaot nax ghak ris mol ndaot xongt[4] ib yat.

Dob duas yad draod dout nax cab ghak buat[5] dol,

Ghak dob ghak gid yad yos nax ghak ris yos xongt ib yat dob duas!

逝者呀，

你要起身来捡（拿）才会得到哟！

逝者你带走一个，

带去度过那年年岁岁。

给子孙后代带回成百上千个，

让子孙后代年年岁岁过上好日子呀逝者！

背景介绍

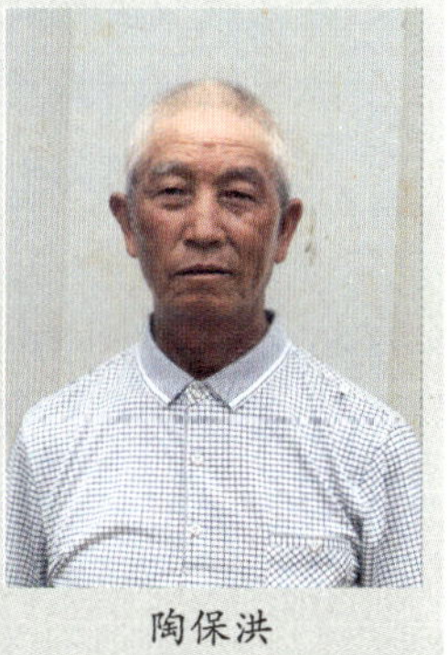
陶保洪

唱诵者： 陶保洪 Zix Raof Dlob（1955—），男，文山市德厚镇湖海村委会石榴红村（Juax Qit Bangl Rangx）人，擅长苗族芦笙技艺。

演奏场域： 此辞在丧葬日常祭奠期间，给逝者祭献牲口时使用。

采集整理： 罗永洪、熊发德、熊文国。

注释

[1] Zhit Ndroux Jed：疾病不舍弃身体这个温床，即百病缠身。

[2] Ghob：祭食。此处Ghob是Ghob Juas的简称，即饭食，指祭食。

[3] Shuad Deb：刷地。Shuad（刷）指古时候特定族群的称呼，Deb（地）前加族称，即“某族群的地方”。

[4] Ndaot Nax Ghak Ris Mol Ndaot Xongt：度过了年岁。Ndaot指“冒、现、出”，Nax Xongt为“岁年”。运用“Ndaot（冒、现、出）+Nax Xongt（岁年）”具体意象，表示“一年接着一年、一年又一年”。

[5] Nax Cab Ghak Buat：成百上千。

交牲芦笙辞
Ghenx Jaob Zhax

Jat sangb ndox yuad bof ged[1],

Sangb ndox yuad bof gangb[2].

Jat nil loul[3] njot leuf duab ras,

Nil loul sheud njot dout muax dob draod muax gid.

Jat nil lenx dob draod nil gid yad,

Hlob hmaod[4] dout nil lenx loul ib dol aob caik deut caik del[5],

Yuad keuk dout nil loul jaox nghel yenb dif ndrangs[6] des yod!

清晨天将亮，

清早天将明。

逝者您要牢记，

要记得有子孙和后代。

逝者您的子孙和后代，

祭献给您一只鸡，

让您带到阴间之地哟！

Jat nil loul sheud jaox dout ib dol mol dek,

Nil loul sheud zhes dout cab nax buat dol keuk dout nil lenx dob xaof juab,

Sheud yos njoux lol draod ghangb,

Yos jed draod daof ghangb des yod!

让逝者带去一只呀，

要留下成百上千只给孝子，

让孝子在往后得以养家糊口，

让孝子在日后得以维持生计哟！

（此部分是祭鸡。）

Jat nil loul njot leuf duab ras,

Jat nil loul njot genl muax dob draod muax gid.

Haik dout nil lenx dob draod nil gid yad,

Hlob hmaod dout ib dos bloub caik deut duax gob[7] drout nil loul des yod!

Nil loul sheud njot leuf duab ras,

Jat zid yis yeuf dlangb lol nyaob zhit nyaob des yod?

Zid yis yeuf dlangb lol nyaob zhek,

Zid yis yeuf dlangb yad suat raos drangb nik ndangx dlangs,

Sheud njet raos mol nax beb nik njis draod nil loul dex nyox hout.

请逝者好好记住，

要谨记着有子孙和后代。

告诉您呀您的子孙和后代，

恭敬地祭献给您一头牛哟！

请逝者好好记住，

叔伯和舅父是否在场嘚哟？

若叔伯和舅父在，

请叔伯和舅父拿起大黄刀，

迅速在祭献给逝者的牛头上转三圈（指宰杀祭牛）。

Nil loul njot drous muax dol cenb zid yis des yod!

Jat nil lenx cenb zid yis yad suak raos drangb deuk laif las duax zos draod dex nyox hout,

Jat nil loul sheud jangb dout nil loul dol nyox blis sheud nghel yenb dif ndrangs deb.

Nil loul sheud jaox dout ib dol mol des yod,

Nil loul sheud zhes dout cab nax buat dol keuk dout nil nbaox dob xaof juab,

Sheud yos njoux lol draod daof ghangb,

Yos jed draod daof ghangb des yod!

逝者要记得有个亲叔伯哟！

亲叔伯拿起斧头甩向祭牛头（指敲打祭牛的头），

逝者才能牵着他的牛魂到阴间。

逝者带去一头哟，

要留下成百上千头给孝子，

让孝子在往后得以养家糊口，

让孝子在日后得以维持生计哟！

Sheud lol des yod lens,

Sheud lol des yod nbaox dob xaof juab.

Sheud lol des yod,

Nchait dout mex yad sheud lol nghol dout mex del draod mex deut,

Sheud lol nghol dout mex dob draod mex gid des yod!

Las das lid leut lid las dat leut lid dat longx laf!

起身来了各位，

起身来了孝子们。

起身了哟，

你们要振作起来，

起身来抚养你们的子孙后代哟！

啦哒哩喽哩啦哒喽哩哒咯啦啊！

（此部分是祭牛）

背景介绍

杨正永

唱诵者：杨正永 Fuax Yeus（1981— ），男，文山市古木镇阿车村委会石缸村人，擅长蒙巴芦笙技艺。

演奏场域：该辞属于丧葬程式曲目，在给逝者祭献牲口的时候演奏。

采集整理：罗永洪、黄英、熊发德、熊文国。

注 释

[1] Bof Ged：天亮。

[2] Bof Gangb：天明。

[3] Nil Loul：长者（老者他）。此处指逝者，属雅称。

[4] Hlob Hmaod：疼爱。此中为“因为疼爱，所以祭献”。

[5] Ib Dol Aob Caik Deut Caik Del：一只两脚两手动物，指用来祭祀的鸡。

[6] Yenb Dif Ndrangs：阴间，地府。

[7] Ib Dos Bloub Caik Deut Duax Gob：一只“四脚长角”动物，指祭牛。

交牲芦笙辞
Ghenx Jaob Zhax

Jat sangb ndox draod sangd bof ged,
Nil zhed zhongl nbaox dob xaof juab,
Yad muab dout del hluat mangx juab hluat nduas[1],
Kit dout dol nik zhax genb ntreud,
Yad jaob dout nil let del nil let deut.
Nil let dol zhax genb ntreud,
Nil let yad jangb draod luak zhed dek.
天刚蒙蒙亮，
逝者的众孝子，
拿着麻绳和麻线，
拴好牲口的前脚和后腿，
交到逝者手上直至祭祀完。
逝者的牲口呀，
才能牵往魂归处。

Jat gil shangb ndox draod sangd bof gangb,
Nil loul yad muax dob draod muax gid,
Dex dob gid yad muab dout dex hluat mangx zuak hluat nduas,
Kit dout dol nik zhax genb ntreud,
Yad jangb dout nil let del nik let deut,
Nil let dos zhax genb ntreud,
Nil let yad jangd draod luak zhed dek,
Jat nil let njot leuf duab ras!
Zid yis yeuf dlangb nyaob zhit nyaob?
Zid yis yeuf dlangb nil nyaob zhek,
Yad muab dex drangb nik ndangx dlangx suak lens shout nyox ghouf,
Muab drongb douk laif las shout nyox gob des.
明天天刚蒙蒙亮，
逝者的儿女们，
拿着麻绳和麻线，
拴好牲口的前腿和后脚，
才能拉走祭祀牲口，
他的这个牲口，
才能带去他乡，
请逝者要记住啊！
叔伯大舅在不在？
若叔伯大舅在，
要举起黄刀甩着绕牛背，
要拿起斧头晃着转牛角。

Jat nil let dout nil let dol zhax genb ntreud,
Nil let yad jaox ib dol mol,
Jat cab nax buak dol draod lol,
Drout zhed zhongl nbaox dob xaof juab sheud yos njoux yos jed draod daof ghangb des jat.
Nil let dout nil dol zhax genb ntreud,
Nil let yad jaox ib dol mol,
Jat zhed zhongl nbaox dob xaof juab yad muab dout dex nghaix lol sheud zuak khuat[2].
逝者才得到他唯一的牲口，
他带走一头，
要给众孝子返回成百上千头，
让众孝子往后得以养家糊口。
逝者得到牲口，
他带走一个，
也让孝子们拿牲口肉来答谢客人。

Jat nil let yad jax nenb zhit doul jax dlangb gus dout,
Jax nenb dout ghuad yenl del zhes,
Zhes yenl dout yenb.
Ghuad yenl dex del jek,
Ghuax lak leuf ghuax lak duas.
Sheud lol deb rongt nbaox dob xaof juab!
Sheud lol deb rongt nbaox nyangb!
Sheud lol deb rongt nbaox ncaik!
Sheud lol xik [3]dout mex dob draod mex gid,

Sheud lol zuak dout mex dob sheud zuak dout mex gid des yod,

Zhed zhongl nbaox dob xaof juab des yod did did did!

他难以为人归世而去，

他撒手人寰，

离世去了阴间。

今已撒手离去，

伤心不已但终究还是要离去。

请起身来好好回答呀，我的孝子们！

请起身来好好回答呀，我的儿媳们！

请起身来好好回答呀，我的女儿们！

请起身来好好抚育儿女，

起身来养育后代，

我的孝子们嘚哟嘀嘀嘀！

背景介绍

唱诵者：张忠发 Fux Ndris（1970—），男，文山市柳井乡新发寨村委会铁厂村人。

张忠发

演奏场域：该辞在给逝者祭献牲口的时候演奏。

采集整理：罗永洪、黄英、熊发德、王德静、熊文国。

注释

[1] Hluat Mangx Hluat Nduas：麻绳麻线。

[2] Zuak Khuat：答谢客人，为“延续客人之间的往来之道”。

[3] Xik：抚育，养育，携带。

祭献香纸辞
Hleud Ndeud

烧纸芦笙辞
Ghenx Hleud Ndeud

Ndot Ib Luas Ndid[1]
第一章 铺调

Dit lak lol longt dux ghak lol zol,

Zol dux ghak lenl lal lak zax dux ghak bleut dab lak dit dux ghak lax bleut,

Bleut lak dux ghak lend dif lal zad dad lad zol lol did lens dux ghak lal zal lak lens did lax zal,

Zal dad lak das lal dux ghak lens dit lad zad lad,

Zad lal dux ghak it lak dux ghak lal gol.

嘀啦咯隆嘟噶咯着，

着嘟噶嘞啦啦咋嘟噶嘣哒啦嘀嘟噶啦嘣，

嘣啦嘟噶嘞嘀啦咋哒啦唑咯嘀嘞嘟噶啦咋啦嘞嘀啦咋，

咋哒啦哒啦嘟噶嘞嘀拉咋拉，

咋啦嘟噶依啦嘟噶啦喔。

Yuad zhous ros ib lol ghens deut lak zad lal dux ghak it lak dux ghak lal zul ghens,

Lenl dux ghak lal zax las lent zal lal ib lens dux ghak lal zal lal it gox las longt lal gox dis lis dlongx lal,

Dis dlongx lal lal lent lak gol des lux dux ghak lal gux shef,

Bleul dux ghak lax zox lent dat lak lens dit lad lal lal lal zad lad dux ghak zol lol did lens deux ghak lal bleuk lak,

Bleuk dab lak bleul deux ghak lox dlongt dux ghak lax lal dux ghak lens did lax zal.

呀奏惹依咯庚嘚啦咋啦嘟噶依啦嘟噶啦着庚，

嘞嘟噶啦砸啦嘞咋啦依嘞嘟噶啦咋啦依哦啦隆啦哦嘀里喔啦，

嘀喔啦啦嘞啦哦嘚录嘟噶啦噶谁，

嘣嘟噶啦唑嘞哒啦嘞嘀拉啦啦啦咋拉嘟噶咗咯嘀嘞嘚噶啦嘣啦，

嘣哒啦嘣嘚噶咯隆嘚噶啦啦嘟噶嘞嘀啦咋。

Zal dad lat das lal dux ghak lens dit lad zad,

Zad lal dux ghak it lak dux ghak lal gol,

Shuab nyol duas dat lat dlongx lax deut lat las longt deut lat lal zul ghens,

Lenl ib lak khuad lad it lad lak dangx lat lol dux ghak lox ix lat zal lal.

咋哒啦哒啦嘟噶嘞嘀啦咋，

咋啦嘟噶依啦嘟噶啦哦，

沙哝哒哒啦喔啦嘚啦拉隆嘚啦拉卒庚，

嘞依啦咔拉依拉啦当啦咯嘟噶咯依啦咋啦。

Dis lis dlongx lal,

Dis dlongx lal lal lent lat gol des lux dux ghak lal gol gox shel,

Bleul dux ghak lax zox lat lat dlongx nyeul,

Lad jat lat dit dux ghak lax zal las jat lat dif dux ghak lax pleut,

Duas lad dux ghak lent zut lat zal dad lad lenl dad lad lent dat lak zal.

嘀里隆啦，

嘀隆啦啦嘞啦个啰录嘟噶啦个各涩，
乐嘟噶噶啦着啦啦隆妞，
拉家啦嘀嘟噶啦咋咋啦家啦地嘟噶啦嘞，
哒啦嘟噶嘞卒啦咋哒啦嘞哒啦嘞哒啦咋。

Lent lal dux lak lent zid lak bleul nyof dlongt lad lad dlongt dat lak lait dux ghak lenx bleul,

Nyof ndrous lad dout hlout lak gol lad dout hlout dux ghak longt lax zal,

Zal dad lak rens ndrous lat lak dux ghak longt lax zal.

嘞啦嘟拉嘞子啦乐哝隆啦啦隆哒啦来嘟噶嘞乐，

哝着啦都喽啦哦啦都乐嘟噶隆啦咋，
咋哒啦任着啦啦嘟噶隆啦咋。

Ndot Aob Njis Ghenx Ndrual
第二章　转笙鼓

Nzend Ib Lob Houd
第一节　引子

Dit lat dux ghak lad,
Dut lad ghens lol.
嘀啦嘟噶拉，
嘟拉庚咯。

Nzend Aob Lob Nzhab
第二节　内容

Dis lent dif lait dait lait zol zol lol dlongx las das las dlongt duas lox beb yad,

Duas lad duas ghens lad dad lad duas lad duas it ghens lak zos lal it yad.

Beb yuad njis ghenx,
Beb yuad njis ndrual,
Beb yad njis ghak zhit ghens?
Beb yued njis dout lenx ghak lous[2] ghens,
Njis ghak yot ghak yot ghak zhit ndrual?
Beb yad njis ghak yot lenx ghak lous ndrual,
我们要转去转来转去转来呀！
芦笙啊响啊响，
我们要转笙，
我们要转鼓，
我们要转什么芦笙？
我们要转逝者的芦笙。
一直在转什么鼓？
我们在转逝者的牛皮鼓。

Duas lak dit lait zol,
Dlongx dit lol dlongx duas lol.
哒啦嘀啦唑，
隆嘀咯隆哒咯。

Nzend Beb Njis Ghenx Souk Ghenx
第三节　转笙鼓收辞

Dis lent dif lait dait lait zol zol lol dlongx las das las dlongt duas lox beb yad,

Dait dux ghak lens dub dub lak,

Zox lox ghak lens zas dub dub lak,

Dux duab dux ghak lens lak dux ghak lens lal zal.

我们要转去转来转去转来呀！
呔嘟噶呤嘟嘟啦
着咯噶呤着嘟嘟啦
啰哒嘟噶呤啦嘟哒嘟噶呤啦咋。

Duf duab dux ghak lait daik lait,

Duf duab dux ghak lait zof dux ghak lait dlongb lait zox das lens lof dlongb dut lab,

Duf duab dux ghak lait daik lait,

Duf duab dux ghak lait zof dux ghak lait dlongb lait zox das lens zof dlongb dut lab dit dux ghak lenx duas,

啰哒嘟噶来哒啦
啰哒嘟噶来唑嘟噶来咚来唑哒呤咯咚嘟啦，
啰哒嘟噶来哒啦

嘚哒嘟噶来唑嘟噶来咚来唑哒呤咯咚嘟啦嘀嘟噶呤哒，

Lad lad dlat dat lat dux ghak lend das laf, [3]

Zaf dat lat renx las dlat dat lat dux ghak lend lak zas,

Zaf dat lat renx las dlat lat dux ghak lend lak zas.

啦啦哒哒啦嘟噶呤哒啦，

咋哒哒韧呐哒哒啦嘟噶嘞啦喳，

咋哒哒韧呐哒哒啦嘟噶嘞啦喳。

Ndot Beb Sob Ghenx
第三章　朔庚

Nzendt Ib Sob Ghenx Ib
第一节　朔庚一

（此处，芦笙师逆时针转两圈鼓柱后左腿单膝跪拜，再顺时针转一圈后右腿单膝跪拜，孝子双膝跪拜。）

Zax dat lat zas zas lal zab dux ghak lat,

Duf duab dux ghak lak dit lal zas zas lal,

Duf duab dux ghak lend lat,

Ghenx las das lal dat dat lad ghens dub lat yad!

咋哒啦咋咋啦咋嘟噶啦，

嘟哒嘟噶啦嘀啦咋咋啦，

嘟哒嘟噶勒啦，

哽啦哒喇哒哒啦哽嘟啦呀！

Jat las ib lenx ghak lous lat it shend ghak yenl lat it lol duad ndeud[4] lat it,

Duas ndaik lait dit[[5]] lat zol dit lat dux ghak zol lat ak zol,

Lal dux ghak lat daik lait dit lat,

逝者啊来领纸钱啦，

哒呔来迭啦唑嘀啦嘟噶唑啦啊唑，

啦嘟噶啦呔啦迭啦，

Zol lal dux ghak lal dal lal,

Lad zol dit lol das zox das longs zox lal lox luas lens,

Dit lol das zox das longs zox lal lox zas das lax zas das lal,

Duf duab dux ghak lend lat,

Ghenx las das lal dat dat lad ghens dub lak yad!

唑啦嘟噶啦哒啦，

拉唑嘀咯哒唑哒隆唑啦咯啦呤，

嘀咯哒唑哒隆唑啦咯咋哒喇咋哒啦，

嘟哒嘟噶呤啦，

哽啦哒啦哒哒拉哽嘟啦呀！

Jat las ib lenx ghak lous lat it shend ghak yenl lak it lol duad ndeud lak it!

Duas ndaik lait dit lat zol dit lat dux ghak zol lat ak zol,

Lal dux ghak lat daik lat dit lat,

Zol lat lat dlongx los,

Zol lat lat dlongx los,

Lend duas lal zox,

Duas lox lend lal zal.

逝者啊来领纸钱啦！

哒呔来迭啦唑嘀啦嘟噶唑啦啊唑，

啦嘟噶啦呔啦迭啦，

唑啦啦咚咯，

唑啦啦咚咯，

呤哒啦唑，

哒咯呤啦咋。

Nzend Aob Sob Ghenx Aob
第二节　朔庚二

（此处，芦笙师原地逆时针转一圈后左单膝跪拜，再顺时针转一圈后右单膝跪拜，孝子双膝跪拜。）

Zax dat lat zas zas lal zab dux ghak lat,

Duf duab dux ghak lak dit lal zas zas lal,

Duf duab dux ghak lend lat,

Ghenx las das lal dat dat lad ghens dub lat yad!

咋哒啦咋咋啦咋嘟噶啦，

嘟哒嘟噶啦嘀啦咋咋啦，

嘟哒嘟噶勒啦，

哽啦哒喇哒哒啦哽嘟啦呀！

Jat las ib lenx ghak lous lat it shend ghak yenl lat it lol duad ndeud lat it!

Duas ndaik lait dit lat zol dit lat dux ghak zol lat ak zol,

Lal dux ghak lat ndait lat dit lat,

逝者啊来领纸钱啦！

哒呔来迭啦唑嘀啦嘟噶唑啦啊唑，

啦嘟噶啦呔啦迭啦，

Zol lal dux ghak lal dal lal,

Lad zol dit lol das zox das longs zox lal lox luas lens,

Dit lol das zox das longs zox lal lox zas das lax zas das lal,

Duf duab dux ghak lend lat,

Ghenx las das lal dat dat lad ghens dub lak yad!

唑啦嘟噶啦哒啦，

拉唑嘀咯哒唑哒隆唑啦咯啦呤，

嘀咯哒唑哒隆唑啦咯咋哒喇咋哒啦，

嘟哒嘟噶呤啦，

哽啦哒啦哒哒拉哽嘟啦呀！

Jat las ib lenx ghak lous lat it shend ghak yenl lak it lol duad ndeud lak it,

Duas ndaik lat dit lat zol dit lat dux ghak zol lat ak zol,

Lal dux ghak lat daik lat dit lat,

Zol lat lat dlongx los,

Zol lat lat dlongx los,

Lend duas lal zox,

Duas lox lend lal zal.

逝者啊来领纸钱啦，

哒呔啦迭啦唑嘀啦嘟噶唑啦啊唑，

啦嘟噶啦呔啦迭啦，

唑啦啦咚咯，

唑啦啦咚咯，

呤哒啦唑，

哒咯呤啦咋。

Nzend Beb Souk Ghenx

第三节　收辞

（此处，芦笙师起来作揖，孝子可以坐着或蹲着，同时与芦笙师一起作揖。）

Duf duab dux ghak lait daik lait,

Duf duab dux ghak lait zol dux ghak lait dlongb lait zox das lens lol dlongb dut lad,

嗙哒嘟噶来哒啦，

嗙哒嘟噶来唑嘟噶来咚来唑哒呤咯咚嘟啦，

Duf duab dux ghak lait daik lait,

Duf duab dux ghak lait zol dux ghak lait dlongb lait,

Zox das lens zol dlongb dut lad dait dux ghak lenx duas.

嗙哒嘟噶来哒啦，

嗙哒嘟噶来唑嘟噶来咚来，

唑哒呤咯咚嘟啦呔嘟噶呤哒。

Lad lad dlat dat lat dux ghak lend das lal,

Zal dat lat renx las dlat dat lat dux ghak lend lak zas,

Zal dat lat renx las dlat lat dux ghak lend lak zas.

啦啦哒哒啦嘟噶呤哒啦，

咋哒哒韧呐哒哒啦嘟噶嘞啦喳，

咋哒哒韧呐哒哒啦嘟噶嘞啦喳。

Ndot Bloub Nbet Ghenx
第四章 叙事内容

Nzend Ib Lob Houd
第一节 引子

Ghenx lol duas lens lak das zol ib,

Zox lol lox dout zox duas lens zox dout duas lens zox zol,

Zox dout duas lend zol,

Dit lox dux ghak lol ghens dut lad.

庚咯哒嘞啦哒唑依，

着喽咯兜着哒嘞着兜哒嘞着唑，

着兜哒嘞着唑，

嘀咯嘟噶咯庚嘟啦。

Nzend Aob Lob Nzhab (Ib)
第二节 内容（一）

Yad, jat las ib lenx ghak lous yad!

Yaos dout gaox dob gaox gid yad!

Gaox gud gaox dix yad!

Khuat chongb khuat gol yad!

Muab dout zax rangs ghak ris[6] zos ndeuf it shob ek.

呀，逝者呀！

您的儿女呀！

（如果是交子女的钱纸，只说儿女就行。）

兄弟姐妹呀，

亲朋好友呀！

带着钱纸在那里。

Langx dob ghak yout[7] yad,

Ndeus[8] lol shik hlaot shik hlaot dout ek.

Lenx ghak lous yad!

Lenl mol shik hlaot duax ndros mol.

Mual lax lol dout sheuf yad,

Mual deb ndros dout nyaob ek.

后生晚辈呀，

可以开始祭奠啦。

逝者呀！

快快领了带着走。

买田自己来耕，

买地自己栽种。

Lenx ghak lous yad!

Draod dout nax cab ghak buat dlaif yad!

Gaox dob gaox gid yad,

Gaox gud gaox dix yad,

Khuat chongb khuat gol yad,

Yos njoux yos lot[9] draod daof ghangb ib shob lak!

逝者呀！

你要返千百钱（元）呀！

给你的子女，

兄弟姐妹，

亲朋好友，

让他们能养家糊口呀！

Nzend Beb Ghenx Njangd
第三节 衔接间调

Duas lens lak das zol ib,

Zox lol lox dout zox duas lens end zox dout duas lens zox zol,

Zox dout duas lend zol,

Dit lox dux ghak lol ghens dut lad.

哒嘞啦哒唑依，

着咯罗兜着哒嘞诶着兜哒嘞着唑，

着兜哒嘞唑，

嘀咯嘟噶咯庚嘟啦。

Nzend Bloub Lob Nzhab (Aob)
第四节 内容（二）

Yad, jat las ib lenx ghak lous yad!

Yaos dout gaox dob gaox gid yad!

Gaox gud gaox dix yad!

Khuat chongb khuat gol yad!

Muab dout zax rangs ghak ris zos ndeuf leuf ib shob ek,

Langx dob ghak yout yad,

Ndeus lol shik hlaot shik hlaot dout ek.

逝者呀！

你的子女呀！

兄弟姐妹呀！

亲朋好友呀！

带着钱纸在那里！

后生晚辈呀，

可以开始祭祀啦。

Lenx ghak lous yad!

Lenl mol shik hlaot duax ndros mol,

Mual lax lol dout sheuf yad,

Mual deb ndros dout nyaob ek.

逝者呀！

快快领了带着走，

买田自己来耕，

买地自己栽种。

Lenx ghak lous yuad!

Draod dout nax cab ghak buat dlaif yad!

Gaox dob gaox gid yad,

Gaox gud gaox dix yad,

Khuat chongb khuat gol yad,

Yos njoux yos lot draod daof ghangb ib shob lak!

逝者呀！

你要返千百元（钱）呀！

给你的子女，

兄弟，

亲朋好友，

让他们能养家糊口呀！

Nzend Zhib Ghenx Njangd

第五节 衔接间调

Duas lens lak das zol ib,

Zox lol lox dout zox duas lens end zox dout duas lens zox zol,

Zox dout duas lend zol,

Dit lox dux ghak lend duas lait dait lait zox lal lox dit lat lox ghend bleul lal,

Bleud lal dat bleud lal dat lad dit lat duas lens zox zol dait lat.

哒嘞啦哒唑依，

着咯罗兜着哒嘞诶着兜哒嘞着唑，

着兜哒嘞唑，

嘀罗嘟噶嘞哒来哒来着啦咯嘀啦咯庚欧啦，

欧啦哒欧啦哒啦嘀啦哒嘞着唑哒啦。

Nzend Drout Souk Ghenx

第六节 收辞

Duf duab dux ghak lat dat lat,

Duf duab dux ghak lat zol dux ghak lat dlongb lat,

zox duas lens zol dlongt dut lad.

嘟哒嘟噶啦哒啦，

嘟哒嘟噶啦唑嘟噶啦嘀啦，

着哒嘞唑哄嘟啦。

Duf dab dux ghak lait dait lait,

Lad dux ghak lait zol dux ghak lait dlongb lait,

Zox duas lens zol dlongx dut lab dit dux ghak lenx duas.

嘟哒嘟噶啦来呔来，

拉嘟噶来唑嘟噶来咚来，

着哒嘞唑哄嘟啦嘀嘟噶嘞哒。

Lad lad dlat dat lat dux ghak lend das lal,

Das lal dux ghak lend dlaos,

Dlat lat dux ghak lend lak zas,

Zal dat lat renx las,

Dlat dat lat dux ghak lend lax zas.

啦啦哒哒啦嘟噶嘞哒啦，

哒啦嘟噶嘞啦，

哒哒啦嘟噶嘞啦唑，

咋哒啦刃啦，

哒哒啦嘟噶嘞啦唑。

Ndot Zhib Draod Ghenx

第五章 收笙回鼓

Nzend Ib Draod Ghenx Lob Houd

第一节 收笙预告

（本节吹奏时，芦笙师单膝回跪孝子，孝子前去烧香烧纸，孝女哭丧。）

Dis lak gud luas yad!

Beb yad draod ghenx shob lak dif lait dait lait zol!

Dis lak gud luas yad!

Beb yad draod ndrual shob lak dif lait dait lait zol!

转啦朋友们啊！

我们要收芦笙啦！

转啦朋友们啊！

我们要回鼓啦！

Dis lak gud luas yad!

Beb yad draod ghenx,

Beb yuad draod ndrual,

Draod njex ndrual yad,

Jat las ib lenx ghak lous yad!

Zaox zhit juas shob lak dif lait dait lait zol!

转啦朋友们啊！

我们收芦笙，

我们回鼓，

回柱鼓呀，

尊敬的逝者啊！

快跟上呀！

Dis lak gud luas yad!

Beb yad draod ghenx,

Beb yuad draod ndrual,

Draod njex hloub yad,

Jat las ib lenx ghak lous yad!

Zaox zhit dout shob lak dis lend dif lait dait lait zol!

Zox das lad,

Dit lad ghens lol.

转啦朋友们啊！

我们收笙，

我们回鼓，

回鼓柱呀，

尊敬的逝者啊！

快快跟上呀！

着哒啦，

迭啦哽咯。

Nzend Aob Draod Ghenx Lob Nzhab

第二节 收笙内容

Dis lend dif lait dait lait zol zol dlongx las das las dlongt duas lox beb yad!

Duas lad duas ghens lad dad lad duas lad duas it ghens lak zos lal it yad,

Beb yad draod ghenx,

Beb yuad draod ndrual,

Bed yuad draod ghak zhit ghenx?

Beb yuad draod dout lenx ghak lous ghenx,

Njis ghak yot ghak yot ghak zhit ndrual?

Beb yuad njis ghak yot lenx ghak lous ndrual,

Duas lak dit laik zol,

Dlongx dit lol dlongx duas lol.

我们要转去转来转去转来呀！

芦笙啊响啊响，

我们收芦笙，

我们回鼓，

我们要收什么芦笙？
我们要收了逝者的芦笙，
一直在回什么鼓？
我们要回了逝者的牛皮鼓，
哒啦嘀啦唑，
隆嘀咯隆哒咯。

Nzend Beb Draod Ghenx Souk Ghenx

第三节　收笙回鼓收辞

Dis lend dif lait dait lait zol zol dlongx las das las dlongt duas lox beb yad!

Dait dux ghak lens dub dub lat,

Zox dux ghak lens zax dub dub lak,

Duf duab dux ghak lens lak dux ghak lens lal zal,

Duf duab dux ghak lait daik lait,

Duf duab dux ghak lait zol dux ghak lait dlongb lait zox das lens lol dlongb dut lad.

我们要转去转来转去转来呀！
呔嘟噶吟嘟嘟啦，
着嘟噶吟咋嘟嘟啦，
嘚哒嘟噶吟啦嘟噶吟啦咋，
嘚哒嘟噶来哒啦，
嘚哒嘟噶来唑嘟噶来咚来唑哒吟咯咚嘟啦。

Duf duab dux ghak lait daik lait,

Duf duab dux ghak lait zol dux ghak lait dlongb lait zox das lens zol dlongb dut lad dait dux ghak lenx duas,

Lad lad dlat dat lat dux ghak lend das lal,

Zal dat lat renx las dlat dat lat dux ghak lend lak zas,

Zal dat lat renx las dlat lat dux ghak lend lak zas.

嘚哒嘟噶来哒啦，
嘚哒嘟噶来唑嘟噶来咚来唑哒吟咯咚嘟啦呔嘟噶吟哒，
啦啦哒哒啦嘟噶吟哒啦，
咋哒哒韧呐哒哒啦嘟噶嘞啦唑，
咋哒哒韧呐哒哒啦嘟噶嘞啦唑。

Dit lat ak,
Dex gud dix yox dex gud luas!
Gud luas yox!
嘀啦啊，
各兄弟姐妹们！
朋友们！

背景介绍

杨发荣

唱诵者： 杨发荣 Zhangk Yeus（1963—），男，文山市柳井乡新发寨村委会老帽子寨人，为本村上门女婿。师从本村芦笙师熊友贵 Hnof Zheub Hmaob（1934—）。

演奏场域： 人去世后，在祭奠期间烧纸钱时使用该辞，以芦笙为媒介仪式性邀约逝者来领亲朋好友和子女的纸钱。此曲一开始，孝子就得去拿香和纸候着，等着芦笙师的指示。

采集整理： 熊兴坛根据师傅教授的程序性芦笙曲所记，其中的章和节是由整理者记录和分解的，在演奏时不需间断，须全部相连吹奏。分解的目的是使读者大体了解丧葬过程中“蒙诗”程序芦笙曲的结构框架，以方便芦笙学习者找到突破口。

注释

[1] Luas Ndid：1.弹，指，即在芦笙演奏时，手指打笙孔的动作；2.芦笙管，即音管。在芦笙的六根音管中，分别称Ndid Luad、Ndid Zos、Ndid Naf Zos、Ndid Dut、Ndid Naf Nbos、Ndid Mid Nbos。Luas Ndid即陪“铺调”乐章，在演奏芦笙曲时，由Luas Ndid开始，同时，也可以直接把Luas Ndid省略，直接从第二章开始。其中，Luas Ndid也称Ndid Ghenx。

[2] Lenx Ghak Lous：芦笙师对死者的雅称。这个称呼，是根据逝者在家庭中的角色进行变化。当逝者在家庭中为年长者，男性则称为Lenx Ghak Lous，女性则称为Box Ghak Naf。当逝者的父母和父或母任一方仍健在，男性则称为Lenx Dob Duas，女性则称为Lenx Ncaik Duas（很少出现，对象一般为未嫁的女孩）。

[3] Lad lad dlat dat lat dux ghak lend das laf：此句为笙声结尾最明显的标志，当演奏到此句，表示芦笙曲在收尾。此时，鼓师的两根鼓槌同时连续击打鼓心，再重击鼓心一次，鼓点为“咚咚咚咚咚咚，咚”，以此重复三次，即表示收尾。

[4] Duad Ndeud：Duad 握、掌握，拿、拿在手中；Ndeud纸，钱纸。Duad Ndeud为拿钱，领纸钱的意思。

[5] Dit：第一指位置，是三指变换的位置其下标粗提示。

[6] Zax Rangs Ghak Ris：一串串的钱，指献给死者的纸钱。

[7] Langx Dob Ghak Yout：后生晚辈，音译，指Zid Yis叔伯，即逝者家族负责祭祀的“家长”，即掌管祭祀的人。

[8] Ndeus：祭祀，吃。

[9] Yos Njoux Yos Lot：养家糊口。

献纸芦笙辞

Ghenx Hleud Ndeud[1]

Dak dak lid liut lid dak,

Dak dak lid liut lid dak,

Dak dak liut lid lat longk lol,

Lol longx dat ad dad lad dik liut.

Dak dak lid lol zhof lol longx luas zhof longk lid,

Dak dak liut lid liut dak liut lid zhof longk lid,

Dak dak liut lik lat zhof lid liut,

Dad lid liut lid zhof lol lak longk zhaf lal.

Dak lal liut lit longk lak,

Dak laf dak laf liut lik longk lak,

Dak laf zhaf laf liut lid,

Zhaf longk did liut did liut lit longk laf,

Zhaf liut did zhaf longt did lik longk laf.

哒哒哩溜哩哒,

哒哒哩溜哩哒,

哒哒溜哩啦咙咯,

咯咙哒啊哒啦嘀溜。

哒哒哩咯咋咯咙啦咋咙哩,

哒哒溜哩溜哒溜哩咋咙哩,

哒哒溜哩啦咋哩溜,

哒哩溜哩咋咯啦咙咋啦。

哒啦溜哩咙啦,

哒啦哒啦溜哩咙啦,

哒啦咋啦溜哩,

咋咙嘀溜嘀溜哩咙啦,

咋溜哩咋咙嘀哩咙啦。

Jat sangb ndox[2] yad bof ged des yod,

Nil let njot leuf duab ras muax dob draod muax gid,

Muax ncaik lol nyaob draod muax voud nyaob draod daof ghangb des yod!

Jat sangb ndox yad bof gangb des yad,

Nil let renf dout muax dob des longk lof,

Nil let renf dout muax ncaik des yod!

Dex dob draod dex gid,

Dex ncaik lol nyaob draod dex voud,

Fed dex zax juat draod fed ndris[3] des yod!

Shid dout nyax zas lak xangb ndeud,

Buad lenx drob nil let del des yod nil let deut.

当黎明破晓天将亮时,

逝者记起他有儿又有孙,

有女儿和女婿还在身后!

当黎明破晓天将明时,

逝者才知道有儿又有孙,

知晓有女儿女婿还在身后!

儿子孙子们,

女儿女婿们,

献上纸钱和情意哟!

各位用那香纸钱,

让逝者轻松愉快地去阴间哟。

Nil let jaox ib buat mol longk lof,

Jaox cab nax buat draod lol drout zhongl dob xaof juab,

Yos dex njoux ak yos jed draod daof ghangb des yod!

Nil let njot leuf duab ras yod,

Zid yil yeuf dlangb[4] lol nyaob draod daof ghangb.

Dex zid yil yeuf dlangb,

Yad muab dout drangb nik ndangx dlangx haod langl mol nax beb njis yod duax ndruab lik dangs.

逝者带去一百(分),

返回成百上千(分)给众孝子,

让他们在往后得以养家来糊口哼哟!

逝者要记住最后一次呀,

是叔伯和舅父在操办啊。

叔伯和舅父啊，

他们拿起大黄刀在堂屋里转三圈。

Nil let yad drik dout nyax zas lak xangb ndeud,

Zos leuf ndrangl dax ndrangl hangd yod,

Nax Mangb Shuad zhit gangd cangd des yod!

Nil let yad drik dout nyax zas lak xangb ndeud,

Zos leuf ndrangl dax ndrangl lik ndos,

Nax Mangb Shuad zhit gangd zhenb des yad!

逝者背上祭献的香纸钱，

到了远方的河谷和山川，

外人才不敢抢嘚哟！

逝者背上祭献的香纸钱，

到了远方的平原和边疆，

外人才不敢争哟！

Nil let yad drik dout nyax zas tab xangb ndeud,

Jaix nens duab ndus draod yenb dif yangx dif ndrel yif nbuas,

Draod ghuad yenb dif deb ghuak lait gus des yod!

Zhongl dob xaof juab des yod!

Mex zhit dek hnyad dex mex naf mex zid jax nens zhit doul,

Jax dlangb ghuak lait gus des yod zhongf dob xaof juab des yod dit dit dit!

逝者背上祭献的香纸钱，

策马扬鞭去阴地成家，

在阴间与后人阴阳两隔哟！

众孝子们啊！

请你们不要哭泣逝者不能继续在世为人，

与众孝子阴阳两隔嘚哟嘀嘀嘀！

Dak dak lid liut lid dak,

Dak liut lid las longk lol,

Lol longk dat ad,

Dad lad dik liut dak lat lid lol,

Zhol lol longt lol zhof longk lid,

Dat dat liut lid liut dak liut lid zhof longt lid.

Dak dak liut lid lad zhof lind liut,

Dad lind liut lid zhof lol lak longx zhaf laf,

Dak laf dak laf liut dik longk las liut,

Dak laf dak laf liut dik longk laf.

Dak laf dak lid lak longt liut,

Liut liut lit longk lak lak,

Dat lid liut dad lad liut lid lol,

Dat lak longk dat lat dat dat dat laf xangb dleub[5],

Lif dik dak dak laf xangb dleub!

哒哒哩溜哩哒，

哒溜哩啦咙咯，

咯咙哒啊，

哒啦嘀溜哒啦哩咯，

咋咯咙咯咋咙哩，

哒哒溜哩溜哒溜哩咋咙哩。

哒哒溜哩啦咋呤溜，

哒呤溜哩咋咯啦咙咋啦，

哒啦哒啦溜哩咙啦溜，

哒啦哒啦溜哩咙啦。

哒啦哒哩啦咙溜，

溜溜哩咙啦啦，

哒哩溜哒啦溜哩咯，

哒啦咙哒啦哒哒哒啊白香，

哩嘀哒哒啊白香！

背景介绍

唱诵者：韩绍友 Chenf Hangx (1964—)，男，文山市古木镇阿富村委会阴洞村人，擅长蒙巴芦笙技艺。

韩绍友

演奏场域：此辞在丧葬日常祭奠期间，有孝子前来跪拜时使用。

采集整理：罗永洪、黄英、熊文国。

注释

[1] Ghenx Hleud Ndeud：献纸芦笙曲，直译为“烧纸芦笙曲”，属程式芦笙曲目。

[2] Sangb Ndox：黎明，表示天欲亮未亮时段。

[3] Fed Dex Zax Juat Draod Fed Ndris：献上纸钱和恩情。fed本意“许愿、祝愿”，此处表示“献上、敬献”。

[4] Zid Yil Yeuf Dlangb：叔伯和舅父，因在丧葬仪式中，叔伯和舅父两个角色代表担任着宰杀“祭祀牛”的重任，故与“大黄刀”联系起来叙述。

[5] Xangb Dleub：白香，香灰，香燃烧完留下的灰。

献纸芦笙辞
Ghenx Hleud Ndeud

Lit longl lit longl,
Lib dak longk dak lid dak longt lol,
Lib dak longk lak at lat longl zhof lol.
Nyox duas nyox ghens,
Dak at liub liub dit lat longl,
Dak at lat longk daf,
Lat longk lol zhof zhof zhof zhof!
Lent daf laf daf liub liub dak longk lak at,
Dat liub dat liub dat liub liub,
Dat longk dak at lat longl,
Dak liut lid liut dak lid dat longk lol.
哩咙哩咙,
哩哒咙哒哩哒咙咯,
哩哒咙啦啊啦咙咋咯。
牛嘟牛庚,
哒啊溜溜嘀啦咙,
哒啊啦咙哒,
啦咙咯咋咋咋咋!
呤哒啦哒溜溜哒咙啦啊,
哒溜哒溜哒溜溜,
哒咙哒啊啦咙,
哒溜哩溜哒哩哒咙咯。

Gaox lenx yad mol gud dous dix[1],
Gaox lenx yad njot genl njot genl,
Muax ib lat ib nik dol ndrous langx[2] nik dob nik gid nyaob draod daof ghangb des yod!
Ndrous langx nil dob nik gid,
Yad lux raos lux raos lox shab[3] lak shab zhit duas,
Yuad muab dout dex bangx xangb juab bangx ndeud,
Yuad keud dout nil loul jaox mol buat led dangl buat zangx.
Yad nil loul jaox ib lat ib shuf mol,
Yuad zhes dout cab nax buat shuf draod,
Ndrous langs nik dob nik gid yos njoux lol yos jed draod daof ghangb des yod.
Lid dol ghak dat liub liub dak longk lof!
您老去走亲串友,
心里要一直记着,
记得逝者有一群儿孙在世上哟!
逝者的儿孙们啊,
心痛不已却又心不甘,
要拿来香和纸,
给逝者拿去铺好床铺。
逝者带一束去,
要返回成百上千束,
好给儿孙们来养家糊口嘚哟。
哩哆噶哒溜溜哒咙咯!

背景介绍

唱诵者: 徐昌洪 Chongf Dluas (1984—),男,文山市古木镇牛棚村委会牛棚村人,擅长蒙巴芦笙技艺。

徐昌洪

演奏场域: 此辞在丧葬日常祭奠期间,有孝子前来跪拜时使用。

采集整理: 罗永洪、黄英、熊文国。

注释

[1] Mol Gud Dous Dix:拜访拜访兄弟姐妹,走亲串友。
[2] Ndrous Langx:郎哥,对男性逝者的雅称。
[3] Lux Raos Lox Shab:痛心不已。

献纸芦笙辞

Ghenx Hleud Ndeud

Sob Ghens

朔庚

Zhaf lab zhas dak laf lad dak lent zhaf,

Laf daf lak lent ib zhaf ghens,

Dak laf dlongx end dad lad lens lat,

Dol lak nyof das lad dad lad,

Duas dit lad dit dit lad dit lat lenx ghak loul lat.

Beb yuad nyax zas lat ongx duas deut leut ib lol lol,

Dit lit lox lak zhof lens zhof lol dol lof,

Zhof lol dol lof lak lens deut leut dib lol dol,

Dib lat zhof lak lol dat lat lad das longx dib lat.

咋啦咋哒啦啦哒嘞咋，

啦哒啦嘞咿咋庚，

哒啦咚嗯哒啦嘞啦，

哆啦牛哒啦哒啦，

哒嘀啦嘀嘀啦嘀啦逝者呀。

我们要钱财啊咚哒嘚嘞咿咯咯，

嘀哩咯啦咋嘞咋咯哆咯，

咋咯哆咯嘞嘚嘞咿咯哆，

嘀啦咋啦咯哒啦啦哒咙嘀啦。

Dol lak longx laf zhof lox dol lak,

Duas longx dit lol dit,

Dol lak longx duas lol duas,

Duas longx duas das lol.

Dlongx end dad lad lens lat nyof das lak,

Lad duas dit lad dit dit,

Dit leud dit lat lenx ghak loul lat dit.

哆啦咙啦咯哆啦，

哒咙嘀咯嘀，

哒啦咙哒咯哒，

哒咙哒哒咯。

咚嗯哒啦嘞啦咚哒牛，

啦哒嘀啦嘀嘀，

嘀啦嘀啦逝者啦嘀。

Beb yuad nyax zas lat ongx duas leut ib lol dol,

Dit lit dox lak zhof lent zhof dol lol lof zhof.

Dol lak lens dait lait dib lol dol.

我们要钱财啊咚哒嘞咿咯哆，

嘀哩哆啦咋嘞咋哆咯咋，

哆啦嘞哒啦咿咯哆。

Dluf hait lat dlongx nyof,

Dluf hait lat dlongx nyof dol lof lent das lax zhof,

Longx das lox lak das dib laf zhaf,

Daf laf dlongx end dol ghak lait dait lait.

嘟嗨啦咚牛，

嘟嗨啦咚牛哆咯嘞哒啦咋，

咙哒咯啦哒嘀啦咋，

哒啦咚嗯哆噶来哒来。

Dlongx end lad dol ghak lait dait lait,

Dlongx lox dol lak lait lol,

Dol lak lait dib lait dos lol dof lak enb denb lad lad.

Lad dad lad dlous lout dol lak lent dol lax zhax,

Dax lax dlongs maos hout,

Dol lak lens das lax zhax dax lax,

Res naf dlab lenx ghak loul zhaf daf laf dol zhuas.

咚嗯啦哆噶来哒来，

咚咯哆噶来咯，

哆啦来嘀来哆咯哆啦嗯嘚啦啦。

啦哒啦咚喽哆啦嘞哆啦咋，

哒啦咚嘛吼，

哆啦嘞哒啦咋哒啦，

热那哒逝者咋哒啦啦哆咋。

Nbet Ghenx[1]

献纸

Dol ghak lens dait lait duas lol dol lak,
Dongs dit lad lad dad lad ghens lad,
Dit lad dad lad dit lat,
Das lol dol lak ghens lad dad lad,
Duas lad duas dit ghens lat dat lat.
哆噶嘞哒来哒咯哆啦，
咚嘀啦啦哒啦笙啦，
嘀啦哒啦嘀啦，
哒咯哆啦笙啦哒啦，
哒啦哒嘀笙啦哒啦。

Beb yad dad lad lenx ghak loul dout lout,
Jek lenx ghak loul yad jaik dout gaox dob gaox gid shob et,
Gaox zix gaox ngeuf zhas yad muab dout zax rangs ghak ris[2] duax drout ndeuf shob et!
Dout lenx ghak loul yat!
Zhit yaos dout tangx gob tangx dix[3].
Souk lout lox dlet ghak laos duad cib xongb,
Beb lox ghak laos duad cib ndeus et,
Zhuak yuad ndeus lox ghak laos ghak laos nax cab nghel buat dlaif.
逝者喽，
你要离别了你的儿孙，
你的伴侣拿来一串串纸钱在那里啊！
给逝者你用呀！
是你的堂哥堂弟。
一手握竹卦，
一手拿祭勺，
祭献给你成百上千元（钱）。

Dout gaox lenx ghak loul ndros yad,
Jaox mol mual lax lol dout nyaob shob et,
Mual deb lol ndros dout sheuf et!
Gaox lenx ghak loul ndros yad,
Lenl lol ghak laos nax ib dlaif mol zhek,
Lol yad draod cab nax buat dlaif,
Drout gaox zix gaox ngeuf,
Gaox dob gaox gid gaox nyangb gaox dob ndros yad,
Yos njoux yos lot[4] draod daof ghangb,
Gaox let mol mak dob duas lait!
当你收到后，
要带去买田来耕种，
买地来栽种啊！
逝者啊，
领得一元钱去，
要返回成百上千元，
给你的伴侣，
给你的儿孙和儿媳呀，
让他们在世上得以养家糊口，
你才离去呀！

Zhas dol ghak lens dak lens,
Lait lak dlongx lent,
Laf lox lait dol lak lens das lal zhof,
Dait lak lox dol ghak lens,
Daik lax zhof dol lof das lak zhof,
Das lox dit luad dat dlongx dad lais dait lait.
咋哆噶嘞哒嘞，
来啦咚嘞，
啦咯来哆啦嘞哒啦咋，
哒啦咯哆噶嘞，
哒啦咋哆咯哒啦咋，
哒咯嘀啦哒咚哒来哒来。

三种献纸类型

苗族丧葬办理一般有三个过程，即“Duas（死）”时的办理、“Sit（思）”时的办理和“Dleuk Vangb（卸甲）”时的办理三个过程。这三个过程的剪纸非常重要，不得有误。其主要区别在剪“Yaob Pax（腰牌）”的变化上，如“Duas（死）”时的办理“剪纸腰牌”在胸部，“Sit（思）”时的办理“剪纸腰牌”在膝部，“Dleuk Vangb（卸甲）”时的办理“剪纸腰牌”在脚跟部。剪纸腰牌“由上而下”的变化，表示办理丧事过程“有头有尾”“有始有终”。

背景介绍

陶前醒

唱诵者： 陶前醒 Zhok Dlob（1964—），男，文山市柳井乡新发寨村委会老寨村人，擅长苗族芦笙技艺。

演奏场域： 此辞在丧葬日常祭奠期间，有孝子前来跪拜时使用。

采集整理： 罗永洪、黄英、熊发德、熊文国。

注 释

[1] Nbet Ghenx：献纸名称，即叙事内容，在此篇目中，根据芦笙师的陈述，其存在省略起调的情况。

[2] Zax Rangs Ghak Ris：一串串的钱，指献给死者的纸钱。

[3] Tangx Gob Tangx Dix：堂哥堂弟，指祭祀者。

[4] Yos Njoux Yos Lot：养家糊口。

号角辞
Nchot Draos

号角芦笙辞
Ghenx Nchot Draos

Jat sangb ndox draod teuk gis teuk lik nzod,

Nongs Yangx Yos[1] sheud lol ndros sheud qod[2],

Sangb ndos draod teuk gis sangb,

Jat Nongs Yangx Yos sheud lol ndros qod dlangb[3],

Liut liut dak lal liut liut dak lal!

Drout ndid del yox drout ndid del[4],

Nyaob geus nyaob geus luax yos,

Duas geus duas geus luax laol.

清晨破晓天亮得早，

杨亚乌起身来聚集，

清晨放亮天明得早，

杨亚乌起来一起驱赶那魔鬼，

溜溜哒啦溜溜哒啦！

有六管的芦笙哟芦笙，

在世活着是泥养，

死后是土埋。

Muax ib ndid[5] mol zuak dangl nenb lol,

Muax ib ndid mol zuak dlangb lol.

Mol zhit mol dif yod?

Nongs Yangx Yos mol dif yat!

Jat dlangb nyaob njex zhuat,

Zhongl dob xaof juab gheuf dout ndangx hmod leud duat yad sheud lol ib ndros duat!

Dlangb nyaob njex ntangb,

Zhongl dob xaof juab gheuf dout ndangx hmod leud duat yeuk sheud lol ib ndros changb changb[6] dif yod!

有一管与人间对话，

有一管与鬼神对话。

去不去那里哟？

杨亚乌去那里呀！

鬼怪在悬崖，

众孝子拿着刀枪去追杀呀！

鬼怪在楼梁，

众孝子握着刀枪去驱赶呀！

Duat duat duat lat lox lik lat!

Beb yad uat dout gob lik nyox gob dus[7] sheud lol njis got njex ncongt,

Beb yad uat dout gob lik nyox gob dus sheud lol njis got njex nceb.

Duax raos draod mol bongb,

Haid yox haid yenl draod hnob duax,

Mol yenl luax ndruab,

Haid yenl mol luax geus.

哒哒（冲冲）哒（冲）啦咯哩啦！

我们要用牛角做号角去转中花杆，

我们要用牛角做号角去转侧花杆。

从日落开始，

荡涤到日出，

扫荡到泥中，

追击到大地尽头。

Box Hmongb box Shuad sheud lol nuaf,

Hluak dob hluak Shuad sheud lol shaib,

Liut liut dak lal zhaf lak zhaf lit lad lad.

Dat lat lat,

Duat duat duat[8],

Dat lat lox lik lad!

Beb yad uat dout gob lik nyox gob dus sheud lol njis hod njex ncongt,

Beb yad uat dout gob lik nyox gob dus sheud lol njis got njex nceb[9].

Mol yenl luax ndruab,
Haid yenl luax geus.
Box Hmongb box Shuad sheud lol nuaf,
Hluak dob hluak Shuad sheud lol shaib.
各族妇女起来瞧，
各族男士起来看，
溜溜哒啦咋啦咋哩啦啦。
哒啦啦，
杀杀杀，
哒啦咯哩啦！
我们要用牛角做号角去转中花杆，
我们要用牛角做号角去转侧花杆。
荡涤到泥土里，
扫荡到大地尽头。
各族妇女起来观，
各族男士起来看。

Jat beb yad xik dout Nongs Yangx Yos mol xenf xangb lol zos dif yod,

Beb yad xik dout nik Nongs Yangx Yos mol xenf xangb lol zos dif yat!

Jat beb yad xik dout nik Nongs Yangx Yos duax dif zangx[10] lol duad jeud[11] rouf dif yod,

Beb yad xik dout nik Nongs Yangx Yos duax dif zangx lol dout qeut nyaob dif yat!

我们携杨亚乌献香回到那边，
我们带杨亚乌祭香回到那里呀！
我们携着杨亚乌在床上举酒坐在那里哟，
我们带着杨亚乌在床上呀有个坐处！

背景介绍

杨自学

唱诵者： 杨自学 Nplaib Rangs Yeus（1949—2022），男，文山市古木镇阿富村委会阴洞村人，擅长蒙巴芦笙曲调。14岁师从平坝镇小坝子村委会小坝子下寨村邹氏Baod Bluat（1900—1980）。

演奏场域： 在丧葬祭奠仪式中，家族兄弟等亲属和近邻前来帮忙守夜，人员较多。到半夜时，家中长者叫唤一声，大家便排队在芦笙师身后，身背背包，手持号角、长刀、弓弩和棍棒等，在芦笙师的引领下，围着房屋巡逻（男逝者九圈，女逝者七圈）。房屋前后立有七或九根留尖竹竿，苗语称为Ncongt Xongb（竹旗）。

版本评述： 该辞是文山市苗族存在"战争遗迹"的芦笙辞重要篇目之一，是研究苗族传统历史、战争仪式记忆和群体记忆等的重要资料。

采集整理： 罗永洪、黄英、熊文国。

注释

[1] Nongs Yangx Yos：杨亚鸟。苗族传统文化体系中的神鸟。这里指逝者。

[2] Sheud Qod：聚集，驱赶，闹，蒙巴的Ghenx Nchot Draos（齐聚芦笙曲）也叫Ghenx Qod。

[3] Qod Dlangb：驱赶魔鬼，驱鬼；祭祀神，祭祀祖先。其中，对象为“恶鬼”，表驱赶；对象为“神祇”，表祭祀。

[4] Drout Ndid Del：六根指头，指六根笙管。文中Drout Ndid（六指）指苗族芦笙，因传统芦笙有六根笙管。其中，西部苗族亚支蒙巴芦笙说辞将Drout（六）发音为Dreut。

[5] Ib Ndid：一管。在文中可指代芦笙的一根管，或一根笙管的音调。传统的六管芦笙分Ghenx Langs和Ghenx Shent两种。Ghenx Langs六根笙管音调分别为“1、2、3、5、5、6”；Ghenx Shent六根笙管音调分别为“1、2、3、5、6、6”。

[6] Sheud Lol Ib Ndros Changb：一起来继续，一起来宣扬。可缩写为Sheud Ndros Changb。Changb为“接续、扬、抬”，如 Changb Del（扬手）、Changb Dlaos（继续）。

[7] Nyox Gob Dus：牛角做的号角。其中Nyox即牛，Gob Dus指号角。

[8] Duat Duat Duat：杀杀杀，与上述“Dat dat”相同，仅为音变，其含义同战场上鼓舞士气的口号。

[9] Njex Nceb Njex Ncongt：花山的两根花杆名称。花山场上一般要立两根花杆，一根叫Njex nceb，一根叫Njex Ncongt，也视为一公一母，Njex nceb暂译为“侧杆”，Njex Ncongt暂译“中杆”。两根花杆合称为Njex Bangs，即“谤木（柱）”，谤木，相传尧舜时于交通要道竖立木柱，让人在上面写谏言，称“谤木”，指广开言路，听取各方意见，今演变成华表。典出《淮南子》卷九《主术训》，《后汉书》卷五十四《杨震传》亦有记载，如houd bangx（花山主、花山主持者）、Nghouk Bangx Nghouk Ndrual、Zhangt Njex Bangs（立花杆）、Khout Njex Bangs（倒花杆）等。其中之“Bangx和 Bangs”内容均以“询经问典”式进行，如苗族丧葬中Zid Said（信使者）之“刨根问底”和花山场上艺人们“追根溯源”式的对歌，均有“谤”之要义。故留此作参考。

[10] Duax Dif Zangx：在床上，在本文中指“安放逝者的竹制担架”，苗语也称“Gul”。

[11] Duad Jeud：举酒。

佐召芦笙辞

Ghenx Nchot Draos[1]

Sob Ghens

起调

Dlongx dax lak lent cait zhof lak luad ghens mof,

Lof das ib lol zhox lent cait lait zhof lol dlongx lol lif das lad,

Das lad das ib lad,

Das lad das ib lent lat mof ib lad.

Beb yuad ndros dout dob duas yuad ndouk dlangb ndouk nzongs[2] jat.

Dob duas yot beb yuad njis ndrual ghenx yout!

Dlongx lat dlongx lat lat lat las laf zhox lox dlongx des lof,

Zhof lof das ib lof dok lent cait lait zhof lof dlongx lof lif das lad.

咚哒啦嘞嚓咋啦啦笙么，

啰哒咿咯咋嘞嚓来咗啰咚啰哩哒啦，

哒啦哒滴啦，

哒啦哒咿嘞啦么咿啦。

我们要与逝者一起抵御妖魔鬼怪。

逝者呀我们要转笙鼓喽！

咚啦咚啦啦啦哒啦咋咯咚嘚咯，

咋咯哒咿咯嘚呤嚓啦咋咯咚咯哩哒啦。

Njis Ndrual[3]

转鼓

Dob duas yuad!

Gaox dob gaox gid yot gaox gud gaox dix,

Yuad nghangt dout ndangx hnend nghel gob dus[4],

Yuad ndros dout gaox ndouk dlangb ndouk nzongs jat.

Beb yuad ndouk deuf drongx ndouk ndrangs,

Beb yuad ndouk leuf hnob bongb nghel hlit geus[5].

逝者哟！

你的儿孙和兄弟们，

要抬起大刀、弓箭和号角，

和你一同抵御妖魔鬼怪。

我们要在大门和平原外抵御，

直到太阳落下和月亮消蚀。

Dob duas yot!

Des lof zhof lent cait lat zhof lof dlongx lof lif das lad.

Dob duas yuad!

Gaox dob gaox gid yot gaox gud gaox dix,

Yuad ndros dout gaox nghangt dout ndangx hnend nghel gob dus,

Yuad ndros dout gaox ndouk dlangb ndouk nzongs jat.

Beb yuad ndouk deuf drongx ndouk deuf ndrangs,

Beb yuad ndouk leuf hnob bongb nghel hlit geus.

Dob duas yout!

Des lof zhof lent cait lait zhof lof dlongx lof lif das lad.

逝者哟！

嘚咯咋嘞嚓啦咗啰咚啰哩哒啦。

逝者哟！

你的儿孙和兄弟们，

他们要抬起大刀、弓箭和吹响号角，

和你一同抵御妖魔鬼怪。

我们要在大门和平原外抵御，

直到太阳落下和月亮消融。

逝者哟！

嘚咯咋嘞嚓来咗啰咚啰哩哒啦。

Raik Drox Raik Nend

隐匿踪迹

Dob duas yuad!

Beb yuad zad ndangx ghak ghol lol ceuk ged[6] yat,

Dob duas yot duax zhit bof.

逝者哟！

我们甩着大刀来堵路呀，

逝者去世了也看不见。

Dob duas yot!

Des lof zhof lent cait lait zhof lof dlongx lof lif das lad.

Dob duas yuad!

Sheud gaox zok gaox nyaob gaox but zok at,

Sheud gaox zok gaox nyaob gaox khaod zok.

Dob duas yot!

Dek lof zhof lent cait lait zhof lof dlongx lof lif das lad.

逝者哟！

嘚咯咋嘞嚓来咗啰咚啰哩哒啦。

逝者呀！

站立在你的火塘旁。

你依旧还在火塘边；

逝者哟！

嘚咯咋嘞嚓来咗啰咚啰哩哒啦。

Draod Ndrual[7]

收住鼓点

Das lad das ib lad,

Das lad das ib lent lof mof ib yuad.

Dob duas yuad!

Sheud gaox zok gaox nyaob gaox but zok at,

Sheud gaox zok gaox nyaob gaox khaod it at.

Dob duas yot!

Des lof zhof lent cait lait zhof lof dlongx lof lif das lad.

Das lad das ib lad,

Das lad das ib lent lak mof ib yuad.

Beb yuad draod ghenx beb yuad njis ndrual ghens yot,

Beb yuad suk let Mox Ghak Nyongs lens dob duas,

Yuad njis bek yut bek yut lol njis longt.

哒啦哒滴啦，

哒啦哒咿嘞啦么咿呀。

逝者哟！

站立在你的火塘旁，

你依旧还在火塘边。

逝者哟！

嘚咯咋嘞嚓来咗啰咚啰哩哒啦。

哒啦哒滴啦，

哒啦哒咿嘞啦么咿呀。

我们要结束笙词要返鼓点喽，

我们要像魔牛的逝者一样，

悄无声息而有序地收住鼓点。

背景介绍

陶正宝

唱诵者：陶正宝Yangx Baok Dlob（1976— ），男，文山市卧龙街道白沙坡社区芭蕉冲居民小组人，擅长婚丧古歌和苗族芦笙技艺。12岁师从砚山县盘龙乡三合村委会响水龙村王友林Cax Vuk，13岁学成。

演奏场域：在丧葬祭奠仪式中，家族兄弟等亲属和近邻前来帮忙守夜，人员较多。到半夜时，家中长者叫唤，大家便排队在芦笙师身后，身背背包，手持号角、长刀、弓弩和棍棒等，在芦笙师的引领下，围着房屋巡逻（男逝者九圈，女逝者七圈）。

版本评述：此辞是文山苗族存在"战争遗迹"的芦笙辞重要素材之一，对于研究苗族传统历史、战争历史、战争仪式群体记忆和芦笙辞内容特点等具有重要意义。

采集整理：罗永洪、熊文国、王有权、熊兴坛、马朝娟。

注 释

[1] Nchot Draos：音译为佐召。Draos即兵、军队。意为世间纷乱。

[2] Ndouk Dlangb Ndouk Nzongs：驱赶妖魔鬼怪。

[3] Njis Ndrual：转鼓，芦笙演奏的程序之一。

[4] Ndangx Hnend Nghel Gob Dus：大刀、弓箭和号角。当前多指仪式性用具，侧重象征性，而非功能性。

[5] Hnob Bongb Nghel Hlit Geus：太阳落下和月亮消融。Hnob Bongb指"太阳落山"，即表示一天；Hlit Geus指"月亮消融、由圆到缺"，即表示一个月。两者合意，当表示战事防御旷日持久。

[6] Ceuk Ged：堵路，封路，封锁道路。

[7] Draod Ndrual：收住鼓点，演奏芦笙时的程序之一。进行此仪式时，屋内的芦笙师持续吹奏，等待屋外带队巡逻的芦笙师归来，两个一起合奏收尾部分的内容。

号角芦笙辞

Ghenx Nchot Draos

Dat lat dol lak lat,
Dat lat ghens ib lol,
Jil nib box lak lent deut leut zhol lent zhof,
Lol zhof dlongx lak nzhuas mof[1] dib dlus lenx,
Das lad dad lad das lad das dit lad,
Das lad das dib ghens ib leut des lox it yad.
哒啦哆啦啦，
哒啦庚咿咯，
叽呢啵啦呤兜喽做呤咋，
咯做咚了喳么滴嘟呤，
哒啦嗒啦哒啦啦哒滴啦，
哒啦哒滴庚咿喽嘚咯咿呀。

Beb yad jaox dout dob duas yad,

Mol ndouk dlangb ndouk nzongs[2] ndrangl dax ndrangl dol zhid[3] shob it!

Dat lat dol lak lad dit lad.

Beb yad beb yad!

Beb yad jaox dout dob duas yad,

Mol ndouk dlangb ndouk nzongs ndrangl dax ndrangl dol draod ndrangl ged et!

Beb yad draod ghenx ghak ris ib duax njet hloub[4],

Ghak rib ghak ris ib duax njet dif.

我们要带着逝者呀，
到平原平坝抵御妖魔鬼怪！
哒啦哆啦啦滴啦。
我们呀我们呀！
我们要带着逝者，
到原野和边关道路去抵御妖魔鬼怪！
我们要回笙来到棺木旁，
慢慢转呀转回到那里。

Lol zhof lat das lal zhox lol,
Lat das laf zhox lal lol,
Det longx gox lox dik lol det zhol lol,
Dis nib box lak lent deut leut zhol lent zhol lol,
Dlongx lak nzhuas mof dib bleus lenx das lad,
Das lad das dit lad,
Das lad das dib ghens ib leut,
Des lox it yad!
咯做啦哒啦做咯，
啦哒啦做啦咯，
嘚隆咯喽滴咯嘚做咯，
滴呢啵啦呤兜喽做呤做咯，
咚了喳么滴呗呤哒啦，
哒啦哒滴啦，
啦哒啦啦哒滴庚咿喽，
嘚咯咿呀！

Beb yad jaox dout dob duas yad,

Mol ndouk dlangb ndouk nzongs draod ndrangl dol zhid shob it!

Beb yad jaox dout dob duas yad,

Draod lol bongb zos zit shob it!

Dat lat zhol lak lad dat lad,

Beb yad beb yad!

Beb yad jaox dout dob duas yad,

Ndouk dlangb ndouk nzongs ndrangl dax ndrangl dol zhid shob it,

Beb yad jaox dout dob duas los bongb zos yad zit shob it!

我们要带着逝者呀，
到平原平坝抵御妖魔鬼怪！
我们要带着逝者呀，
归来到家中安心祭祀！
哒啦做啦啦哒啦，
我们呀我们呀！
我们要带着逝者，
到原野和边关道路把妖魔鬼怪打跑，
带着逝者回来放心祭献啊！

Ghenx ghak ris ib duas njet hloub,
Ghak rib ghak ris ib duas njet zos.

Lol ongx lat dal lal ongx,
Lat das lal zhox det lol gox lox,
Des lol det zhol,
Dis nib box lak lent deut leut zhol lent zhol lol,
Dlongx lak nzhuas mof dit dleus lent,
Das lad dad lad das dit lad,
Dad lad das dit ghens let,
Des lox it yad.
我们要收笙到那棺木旁，
余音袅袅在逝者旁。
咯咚啦哒啦咚，
啦哒啦咋㖞咯喽，
㖞咯㖞咋，
滴呢啵啦呤兜喽咋呤咋咯，
咚了喳么滴呗呤哒啦，
哒啦哒滴啦，
啦哒啦啦哒滴庚嘞，
㖞咯咿呀。

Beb yuad jaox dout dob duas yad,
Mol ndouk dlangb ndouk nzongs draod ndrangl hangd it!
Dat lat dal lak lad dat lad.
Beb yad beb yad!
Beb yad jaox dout dob duas yad,
Mol ndouk dlangb ndouk nzongs draod ndax ndrangl lol draod ndrangl hangd zhid shob et!
Dob duas yot!
Ghenx ghak ris ib duas njet hlaob,
Ghak rib ghak ris ib duas njet lad[5].
我们要带着逝者，
到河谷抵御妖魔鬼怪！
哒啦哆啦啦哒啦。
我们呀我们呀！
我们要带着逝者，
到平原河谷抵御那妖魔鬼怪把他们打跑！
逝者哟！
我们要收笙到那棺木上，
余音缭绕在逝者旁。

Lat das laf zhongx lat das,
Lak zongx lal lox det longx gox lox,
Des lol des zhol,
Dis nib box lak lent deut leut zhol lent zhol,
Dlongx lak nzhuas mof,
Dit lad dox lak lent.
啦哒啦咚啦哒，
啦咋㖞咯喽噶咯，
㖞咯㖞咋，
滴呢啵啦呤兜喽咋呤咋，
咚啦喳么，
滴啦咚啦呤。

背景介绍

杨忠林

唱诵者： 杨忠林Gaob Yeus（1983—），男，文山市平坝镇小坝子村委会璜龙桥村人，擅长苗族芦笙技艺。17岁师从本村李正安Wangx Baok Jait（1960—2016）。

演奏场域： 在丧葬仪式中，此辞用于家中日常祭奠。

采集整理： 罗永洪、熊文国、熊兴坛。

注释

[1] Nzhuas Mof：疑与Nzhouf Gut Dud、Yangs Dleub等同为芦笙“曲牌名称”，相关称呼有Nzhuas Ghenx（s）Mof。
[2] Ndouk Dlangb Ndouk Nzongs：抵御妖魔鬼怪。
[3] Zhid：跑，逃跑。
[4] Njet Hloub：爬上棺材或立鼓撑木以祭祀。其中，Njet指爬、上、爬上；Hloub指大而光滑的整木，此处指棺材、鼓撑木或树干。
[5] Njet Lad：安然爬上、坦然爬上，此处指逝者可以放心安心坦然地睡在棺材里让人祭祀（献）。

烧灵辞
Ghenx Blis

指蔵芦笙辞
Ghenx Deut Zif[1]

Ndot Ib Sob Ghenx
第一章 朔庚

Nzend Ib Sob Ghenx Ib
第一节 朔庚一则

Zax lat zas zas lal zab dux ghak lat zal,
Lal dux ghak lak dib lal zas das lal,
Duf duab dux ghak lat dlongx dit,
Lax dux ghak ghens it laik it,
Ghens it laik yad.
咋啦咋咋啦咋嘟噶啦咋，
啦嘟噶啦嘀啦咋哒啦，
嘟哒嘟噶啦咚嘀，
啦嘟噶庚依来依，
庚依来依呀。

Jat las ib box ghak zhit lak it ndrous ghak blis[2] lak it shend ghak yenl lak it lol duad zif lat it!

Zos ndeuf it lol dit lat dux ghak lol lat ak lol,
Dux ghak zos lens daik lol,
Daik dux ghak lens duas lal duas lens duas das lal,
逝者灵魂啊来领蔵肉啦！
唑㝵依咯嘀啦嘟噶咯啦啊咯，
嘟噶咗嘞呔咯，
呔嘟噶嘞哒喇哒嘞嗒哒啦，

Duf duab dux ghak lat dlongx dit,
Lax dux ghak ghens it laik it,
Ghens it laik yad.
嘟哒嘟噶啦咚嘀，
啦嘟噶庚依来依，
庚依来依呀。

Jat las ib box ghak zhit lak it ndrous ghak blis lak it shend ghak yenl lat it lol duad zif lat it!

Zos ndeuf it lol dit lat dux ghak lol lat ak lol,
Lol dlongx lat longx zol,
Dlongx lat longx zol dut lat longx dub lal zal.
逝者灵魂啊来领蔵肉啦！
唑㝵依咯嘀啦嘟噶咯啦啊咯，
咯咚啦咙唑，
咚啦咙唑嘟啦咙嘟喇咋。

Nzend Aob Sob Ghenx Aob
第二节 朔庚二则

Zax lat zas zas lal zab dux ghak lat zal,
Lal dux ghak lak dib lal zas das lal,
Duf duab dux ghak lat dlongx dit,
Lax dux ghak ghens it laik it,
Ghens it laik yad.
咋啦咋咋啦咋嘟噶啦咋，
啦嘟噶啦嘀啦咋哒啦，
嘟哒嘟噶啦咚嘀，
啦嘟噶庚依来依，
庚依来依呀。

Jat las ib box ghak zhit lak it ndrous ghak blis lat it shend ghak yenl lat it lol duad zif lat it!

Zos ndeuf it lol dit lat dux ghak lol lat ak lol,
Dux ghak zos lens daik lol,
Daik dux ghak lens duas lal duas lens duas das lal,

Duf duab dux ghak lat dlongx dit,

Lax dux ghak ghens it laik it,

Ghens it laik yad.

逝者灵魂啊来领裁肉啦!

唑喟依咯嘀啦嘟噶咯啦啊咯,

嘟噶咗嘞呔咯,

呔嘟噶嘞哒喇哒嘞嗒哒啦,

嘟哒嘟噶啦咚嘀,

啦嘟噶庚依来依,

庚依来依呀。

Jat las ib box ghak zhit lak it ndrous ghak blis lat it shend ghak yenl lat it lol duad zif lat it!

Zos ndeuf it lol dit lat dux ghak lol lat ak lol,

Lol dlongx lat longx zol,

Dlongx lat longx zol dut lat longx dub lal zal.

逝者灵魂啊来领裁肉啦!

唑喟依咯嘀啦嘟噶咯啦啊咯,

咯咚啦咙唑,

咚啦咙唑嘟啦咙嘟喇咋。

Nzend Beb Souk Ghenx

第三节 收辞

Duf duab dux ghak lait daik lait,

Duf duab dux ghak lait lol dux ghak lait dib lait,

Zox das lal dut dut lad dait dux ghak lend zox das lal dut lad daik dux ghak lend duas,

Lad dad lad dlat dat lat dux ghak lend zas lal.

嘟哒嘟噶来哒啦,

嘟哒读噶来咯嘟噶来嘀来,

唑哒喇嘟嘟拉呔嘟噶嘞唑哒喇嘟拉呔嘟噶嘞哒,

啦哒啦哒哒啦嘟噶嘞哒啦。

Lal gus dlat dat lat dux ghak lend duas lak zax,

Zax lat ghenx dlaos dlat dat lat dux ghak ghens das lak zal!

啦咕哒哒啦嘟噶嘞哒啦咋,

咋啦庚唠哒哒啦嘟噶庚哒啦咋。

Ndot Aob Nbet Ghenx

第二章 叙事内容

Nzend Ib Lob Houd

第一节 引子

It shob lak duas lens duax lens lak zol,

It zox lol zox dout zox dux ghak lend zox duas lens zol,

Zox dout duas lens zol,

Dit lax dux ghak lol duas nyox it yad,

Ghens it yad daik ghens it yad dad lad.

依嗖啦哒嘞哒嘞啦唑,

依唑喽唑咯兜唑嘟噶嘞唑哒嘞咗,

着兜哒嘞着唑,

嘀喇嘟噶咯哒喏依呀,

庚依呀呔庚依呀嗒拉。

Nzend Aob Lob Nzhab (Ib)

第二节 内容(一)

Jat las ib box ghak zhit lak it ndrous ghak blis yad!

Zhenx zif ndros ndros dangl shob ek,

Zhenx zif dluad[3] dail naot[4] ek it yad!

逝者呀!

裁肉放完了,

裁肉祭食满盆啦呀!

Yaos gaox gud gaox dix yad!

Ndeus[5] lol shik hlaot shik hlaot zos ndeuf it shob ek.

Jat las ib box ghak zhit lak it ndrous ghak blis yad!

Lenl mol shik hlaot shik hlaot zhenx zif duax ndros mol it shob lak!

是你的兄弟呀！

在那里祭给你。

逝者呀！

快快领了截肉带着走！

Nzend Beb Ghenx Njangd (Ib)

第三节 衔接调（一）

Duas lens duas lend lak ak zol,

It zox lol zox dout lox dux ghak lend zox duas lens zol,

Zox dout duas lens zol,

Dit lax dux ghak lol duas nyox it yad,

Ghens it yad daik ghens it yad dad lad.

哒嘞哒嘞啦啊唑，

依唑咯唑兜咯嘟噶嘞唑哒嘞唑，

唑兜哒嘞唑，

嘀咯嘟噶咯哒喏依呀，

庚依呀呔庚依呀嗒拉。

Nzend Bloub Lob Nzhab (Aob)

第四节 内容（二）

Jat las ib box ghak zhit lak it ndrous ghak blis yad!

Zhenx zif ndros ndros dangl shob ek,

Zhenx zif dluad dail naot ek!

逝者呀！

截肉放完了，

截肉满盆啦呀！

Yaos gaox gud gaox dix yad,

Ndeus lol shik hlaot shik hlaot zos ndeuf it shob ek.

Jat las ib box ghak zid lak it ndrous ghak blis yad!

Lenl mol shik hlaot shik hlaot zhenx zif duax ndros mol it shob lak!

是你的兄弟呀，

在那里祭给你。

逝者呀！

快快领了截肉带着走！

Nzend Zhib Ghenx Njangd(Aob)

第五节 衔接调（二）

Duas lens duas lend lak ak zol,

It zox lol zox dout lox dux ghak lend zox duas lens zol,

Zox dout duas lens zol,

Dit lax dux ghak lol duas nyox ghens it yad dad lad,

Ghens it yad daik laik it yad.

哒嘞哒嘞啦啊唑，

依唑咯唑兜咯嘟噶嘞唑哒嘞唑，

唑兜哒嘞唑，

嘀喇嘟噶咯哒喏庚依呀哒拉，

庚依呀呔来依呀。

Nzend Drout Souk Ghenx

第六节 收辞

Dad lad duf duab dux ghak lait daik lait,

Duf duab dux ghak lait lol dux ghak lait dib lait,

Zox das lal dut dut lad dait dux ghak lend zox das lal dut lad daik dux ghak lend duas.

嗒拉嘟哒嘟噶来哒啦，

嘟哒嘟噶来咯嘟噶来嘀来，

唑哒喇嘟嘟拉呔嘟噶嘞唑哒喇嘟拉呔嘟噶嘞哒。

Lad dad lad dlat dat lat dux ghak lend zas lal,

Lal gus dlat dat lat dux ghak lend duas lak zax,

Zax lat ghenx dlaos dlat dat lat dux ghak ghens das lak zal.

啦哒啦哒哒啦嘟噶嘞哒啦，

啦咕哒哒啦嘟噶嘞哒啦咱，

咋啦庚唠哒哒啦嘟噶庚哒啦咋。

背景介绍

唱诵者：熊兴华Hangf Hmaob（1981—），男，文山市柳井乡新发寨村委会老帽子寨（DLeuf Drongx Vangs）人。15岁师从本村芦笙师熊友明Zhaof Hmaob。

演奏场域：逝者下葬13天后，家人把逝者魂魄迎回家，在祭奠献截肉时使用该辞。孝子拿香纸跪拜，等待芦笙师以芦笙为媒介仪式性邀约并指示逝者和祖先领截肉。此辞只在烧灵时使用。

采集整理：熊兴坛。

熊兴华

注释

[1] Deut Zif：指示截肉（给死者和先祖们享用），即把猪或鸡等动物按照部位取肉并以族规规定份数摆放，告诉死者该领哪份。一般分有五份即五截、七份即七截、九份即九截和十三份即十三截等。

[2] Box Ghak Zhit Lak It Ndrous Ghak Blis："男灵女灵"芦笙师对逝者灵魂的雅称。

[3] Dluad：盖过，满过，漫过，没过。

[4] Naot：祭食，用于丧葬祭祀的专称。

[5] Ndeus：祭祀，吃。

指葳芦笙辞

Ghenx Deut Zif

Sob Ghenx

朔庚

Zal dad lak zas zas lal zad dux ghak laik zat lal dux ghak lat longt lal,

Zas dad lak dlongf lal dux ghak lat ongx dit duas lens it lak dit lit,

Ghens lak it dex zox dex nbuas sheud hab deb lak it,

Box ghak blis[1] lak it yuad lik zhit yuad zhax lax njout deut[2] lak ongf!

咋嗒啦咋咋喇咋嘟噶来咋喇嘟噶咙喇，

咋嗒啦咚啦嘟噶啦嗯嘀哒嘞依啦嘀哩，

绫罗绸缎来织地，

祭灵不要用多趾牲畜！

Dit lit dux ghak lol it lol zol zol zol,

Zol dit lak lend das lal zox lax ongf dit duas lens it lak dit dit,

Dit lak ongx duf dit dux ghak lal lal,

It shuad nyox dit lal das nyox dux ghak longx gox lax ongf,

Nzhuas mol dit zol dit dut lat lend dit.

嘀哩嘟噶咯依咯咗咗咗，

咗嘀啦嘞哒喇唑啦嗯嘀哒嘞依啦嘀嘀，

嘀啦嗯嘟嘀嘟噶喇啦，

依唰喏嘀喇哒喏嘟噶咙咽喇嗯，

喳磨嘀咗嘀嘟啦嘞嘀。

Zol dit dux ghak lal duas ad lak,

Dlongf lal dux ghak lak lak ongx dit duas lens it lak dit lit,

Ghens lak it dex zox dex nbuas sheud hab deb lak it,

Box ghak blis lak it yuad lik zhit yuad zhax lax njout deut lak ongf!

咗嘀嘟噶喇哒啊啦，

咚拉嘟噶啦啦嗯嘀哒嘞依啦嘀哩，

绫罗绸缎来织地，

祭灵来不要变异牲畜！

Dit lit dux ghak lol it lol zol zol zol,

Zol dit lak lend das lal zox lax ongf dit duas lens it lak dit dit,

Dit dit lak lend das lal zox lal ongd dit dux ghak longx lol,

Ongd dit dux ghak longx lol.

嘀哩嘟噶咯依咯咗咗咗，

咗嘀啦嘞哒喇唑啦嗯嘀哒嘞依啦嘀嘀，

嘀嘀啦嘞哒喇唑喇嗯嘀嘟噶咙咯，

嗯嘀嘟噶咙咯。

Nbet Ghenx

说辞

Dit zol dut las zol dux ghak lend lak dat lad it lak duas lens zol,

Dit nyox dus lol dit nyox dus lol blis yad.

嘀咗嘟啦咗嘟噶嘞啦哒拉依啦哒嘞咗，

嘀喏嘟咯嘀喏嘟咯吡呀。

Blis yad dit lit dux ghak lit blis yad!

Blis yad dit lit dux ghak lend blis lens!

Box ghak blis yad draod lol dleuk vangb,

Ndrous ghak blis yad draod lol dleuk vangb ghak ris lol dleuk lik it shob ek!

灵魂呀灵魂！

灵魂呀灵魂！

灵魂要回来解簸箕啦，

灵魂要回来在那里解簸箕！

Box ghak blis yad gaox dob gaox gid yad,

Chud dout dail nghaix dail naot[3] zos shout lous jangf shob ek,

Box ghak blis yox ndif shend[4] leuf zox it duas longs zol!

灵魂呀是你的子孙呀，

把肉和饭放在砧板上了，

灵魂呀用麻袋装了带走！

Dit nyox dus lol dit nyox dux ghak lend ongx dis lais dis lent dit laik lend ongx,

Jongf lal dux ghak las lol ghens yat das lal,

Dux ghak longt las zas lad it lak duas longs zol,

Dit nyox des lol dit nyox des luf it yad.

嘀喏嘟咯嘀喏嘟噶嘞嗯嘀来嘞嘀来嘞嗯，

炯啦嘟噶啦咯庚呀哒喇，

嘟噶咙啦咋拉依啦哒咙咗，

嘀喏㖞咯嘀喏㖞噜依呀。

Blis yad dit lit dux ghak lit blis yad!

Blis yad dit lit dux ghak lend blis lens!

Box ghak blis yad draod lol dleuk vangb[5],

Ndrous ghak blis yad draod lol dleuk vangb ghak ris lol dleuk lik it shob ek!

灵魂呀灵魂！

灵魂呀灵魂！

灵魂要回来解簸箕啦，

灵魂要回来在那里解簸箕！

Box ghak blis yad!

Gaox dob gaox gid ek,

Gaox gud gaox dix yad,

Ndros chenx ghak ris lol ndros zif jat shob ek,

Box ghak blis yox ndif shend leuf zox it duas longs zol!

灵魂呀！

是你的子孙，

你的兄弟呀，

把截肉分好放好了，

灵魂呀快用麻袋装了带走！

Dit nyox des lol dit nyox dux ghak lend longx dit lais dis lens dit laik lend ongx,

Jongf lal dux ghak las lol ghens yat das lat dux las longd lak dat lad it lak duas longs zol,

Dit nyox des lol dit nyox des luf blis yad.

嘀喏嘟咯嘀喏嘟噶嘞嗯嘀来嘞嘀来嘞嗯，

炯喇嘟噶啦咯庚呀哒啦嘟啦咙啦哒拉依啦哒咙咗，

嘀喏㖞咯嘀喏㖞噜吡呀。

Blis yad dit lit dux ghak lit blis yad!

Blis yad dit lens dux ghak lend blis lens!

Box ghak blis yad draod lol dleuk vangb,

Ndrous ghak blis yad draod lol dleuk vangb ghak ris lol dleuk lik it shob ek!

灵魂呀灵魂！

灵魂呀灵魂！

灵魂要回来解簸箕啦，

灵魂要回来在那里解簸箕！

Box ghak blis yad!

Zhenx zif gaox duad dangl ek,

Zhenx zif gaox duad cuat shob ek,

Denb lak zhenx zif zeux lais nquad[6],

Nzux Bangs Nzux Lous[7] yad ndros gaox dlouk gox dlouk nkaod jat ek gaox dout shob ek,

Box ghak blis yox ndif shend leuf zox it duas longs zol!

灵魂呀！

截肉你拿完，

截肉你拿全，

反手献祭截肉块，
祝谤祝老舀给你了你才能得，
灵魂呀用麻袋装了走！

Dit nyox des lol dit nyox dux ghak lend lox jongf dux ghak lox lol ghens yat,
Ghens yat das lak.
嘀喏嘚咯嘀喏嘟噶嘞咯炯嘟噶啰咯庚呀，
庚呀哒啦。

背景介绍

唱诵者：王祖云 Nzhuab Geuk Wos（1965— ），男，文山市开化街道干河社区旧城居民小组（Ghob Langs Raol）人，熟悉当地芦笙文化，掌握丧葬芦笙礼俗。

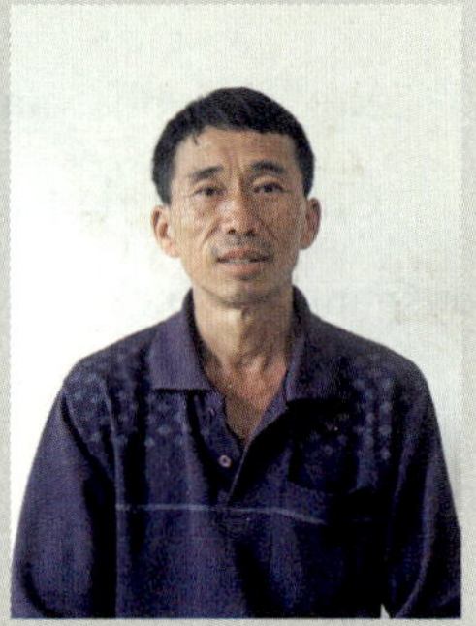
王祖云

演奏场域：该辞为逝者下葬13天后接逝者魄回来，在祭奠截肉时使用，是烧灵程序芦笙中最独特的一曲，只有烧灵时才吹奏。

采集整理：罗永洪、熊兴坛。

注释

[1] Box Ghak Blis：魂魄，对逝者灵魂的称呼，指女性。男性为Ndrous Ghak Blis。

[2] Njout Deut：多趾。脚趾发生变异，发育不正常。

[3] Dail Nghaix Dail Naot：装祭食的盆，即祭盆。Naot祭食，用于丧葬祭祀的专称，相当于Maod，活人用Maod，死人用Naot。

[4] Ndif Shend：装麻袋。

[5] Dleuk Vangb：解除簸箕；卸甲，卸下盔甲战袍。传说，苗族勇士身上穿着盔甲和战袍，牺牲后得将其盔甲战袍卸下来，使其轻松去与祖宗相聚。Dleuk解除，卸下；Goux Vangb簸箕。直译为"解除簸箕"。因"簸箕"形似"盾牌"和"盔甲"，苗族人以"簸箕"代替逝者身上的"盾牌"或"盔甲"。因此，久而久之，苗族丧葬程序中就以"解簸箕"（Dleuk Goux Vangb）替代"卸兵甲"的习俗，该习俗也称"祭灵"或"烧灵"。据传，古时候战士的盾牌盔甲使用竹篾编织的。Dleuk Goux Vangb解除"簸箕"，即为逝者解除"盾牌"和"盔甲"，让逝者轻松回到祖宗之地。Goux Led席子，用席子为逝者铺的床。因"席子"形似"战袍"，苗族人以"席子"代替战袍。Dleuk Goux Led即为逝者解除身上的"战袍"，让逝者轻松回到祖宗之地。

[6] Nquad：（反手）倒，泼，铸。苗族祭祀祭食过程中，手持装有祭食的祭勺反手向外倒入祭盆，反手的动作为苗族祭祀的规矩，这样逝者（祖先）才能领取，反之则不能领取。在日常生活中，对于活人来说，不能使用此动作，否则表示极端无礼或视为没有教养。

[7] Nzux Bangs Nzux Lous：音译为"祝谤祝老"，指祭师，一般由死者的叔叔或伯伯担任。Bangs是对仪式主持者的尊称。Bangs即"谤"。主持者在祭祀中不停地念叨的过程，如谤言。Bangs的组词有Njex Bangs，即谤木。关于相传尧舜时于交通要道竖立木柱，让人在上面写谏言，称"谤木"，指广开言路，听取各方意见，今演变成华表。故留此作参考。

散式芦笙辞
Sangd Ghenx

芦笙“统辞”
Tongt Ghenx

芦笙“统辞”
Tongt Ghenx[1]

Mid Blual

咪巴

Zax das lal zik das lak zab dux ghak lat zal,
Lal dux ghak las dab lax dit lox,
Dlongf lol dux ghak lens it lait nyos das lad zhit lad at,
Zhit zhit lad ghenx it lait nyox das lad zhit lad it lak,
Zhit zhit lad ghens ib lait.
咋哒啦嗞哒啦咂嘟噶啦咱，
喇嘟噶啦嗒喇嘀啰，
隆咯嘟噶嘞咿来喏哒拉吱拉啊，
吱吱拉庚咿来喏哒拉吱拉咿啦，
吱吱拉庚咿来。

Ghak nyos ghenx bongb zhed lak,
Beb yad haik lak,
It it laik it laik bes yos it yad lad!
It box ghak naf[2] lak duax bongb zhed,
Lal longx zol lol longx longf ent laik!
笙曲来到家，
我们要说啦，
咿咿来咿来呗哟咿呀拉！
博嘎娜来到家，
喇咙咗咯咙咙嗯来！

Shuad nyox dit das nyox longs gux,
Duas lens duas lox das las lox lox end lal zox lal dal lens lal ongf,
Dit lox dit lens dlongx lol duas lens duas lol,
Dlongf dux ghak lens it lak nyox duas lad zhit lad it lak,
Zhit lad ghens it lak nyox duas lad zhit lad,
Zhit lad ghens it lak.
莎喏嘀哒喏咙咕，
哒嘞哒啰哒啦啰嗯喇咝喇哒嘞啦嗯，
嘀啰嘀嘞隆咯哒嘞哒咯，
隆嘟噶嘞咿啦喏哒拉吱拉咿啦，
吱拉庚咿啦喏哒拉吱拉，
吱拉庚咿啦。

Ghak nyos ghenx bongb zhed lak,
Beb yad haik lad,
It it lak it lak bes yof it yad!
It box ghak naf lak ghenx bongb zhed,
Lal ongx zol lox dux ghak longf end lak dit dux ghak lend lox!
笙曲来到家，
我们要说啦，
咿咿来咿来呗哟咿呀！
博嘎娜的笙曲来到家，
啦嗯咗啰嘟噶咙嗯啦嘀嘟噶嘞啰！

Dit dux ghak lend lol lol dud longt zox lol end dut das lal zax lal dlangs,

Zax dat dlongf dad dux ghak lens lak dlongf lad dux ghak lol lol,

Lens lol dux ghak lens dib ek,

Ghens lol dux ghak lens dib ek,

Ghenx lol zhit lad das ak lad dat lad dat das lak lend das lal,

Das lens lal dat lak lend lax zax.

嘀嘟噶嘞咯咯嘟隆唑咯嗯嘟哒喇咋喇来，

咋嗒隆哒嘟噶嘞啦隆拉嘟噶咯咯，

嘞咯嘟噶嘞嘀诶，

庚咯嘟噶嘞嘀诶，

庚咯吱拉哒啊拉哒拉嗒哒啦嘞哒喇，

哒嘞喇嗒啦嘞喇咋。

Mid Nongb Nzhuk[3]

咪哝祝

Duas nyox ghens lox duas nyox ghens it lak,

Box lox it yad lad yox,

Duas nyox ghens lox duas nyox ghens duas nyox ghens it lak,

Box lox it yad lad,

Box yad box lox ib lens it yuad zhit zhit lad ghens it lak.

哒喏庚啰哒喏庚嗯啦，

伯啰咿呀拉哟，

哒喏庚啰哒喏庚哒喏庚嗯啦，

伯啰咿呀拉，

伯呀伯啰咿嘞咿呀吱吱拉庚咿啦。

Ghak nyox ghenx bongb zhed lak,

Beb yad haik lad it it laik it laik bes yof it yad!

It box ghak naf lak ghenx bongb zhed yad,

It lol das las longx lal lal longd lak dak lak longf lol zox!

笙曲来到家，

我们要说呀咿咿来咿来呗哟咿呀！

博嘎娜的笙曲来到家，

咿咯哒啦隆喇喇咙啦哒啦咙咯唑！

Duf lens las lens las dat lait ghens,

Dit lens dlongb lol lol lens lad lad,

Dit lens dlongb lol lol lens lad.

嘟嘞啦嘞啦哒来庚，

嘀嘞咚咯咯嘞拉啦，

嘀嘞咚咯咯嘞拉。

Zhit lad dux ghak lens it lak,

Dlongx lad dux ghak lens it lak,

Dlongx lad dux ghak lol lol,

Dlongx lad dux ghak lend lol dux ghak lol,

Lol dux ghak lol dub lak,

Lol dux ghak lol dit lak lol box lend lol dit lak lol lad.

吱拉嘟噶嘞咿啦，

咚拉嘟噶嘞咿啦，

咚拉嘟噶咯咯，

咚拉嘟噶嘞咯嘟噶咯，

咯嘟噶咯嘟啦，

咯嘟噶咯嘀啦咯伯嘞咯嘀啦咯拉。

Lens dit lad zad lad dlongf end lat zad,

Dlongf end lak lol zol dit lol dit lal lox dut dax lax zal,

Zad dux ghak lend lak das lak,

Las jab dit lol dit lal longx dut lax zal,

Zal dat dlongf lad dux ghak lens dlongf lad dux ghak lol.

嘞嘀拉喳拉咚嗯啦咱，

咚嗯啦咯唑嘀咯嘀喇啰嘟哒喇咱，

咋嘟噶嘞啦哒啦，

啦家嘀咯嘀喇咙嘟喇咋，

咋哒咚拉嘟噶嘞咚拉嘟噶咯。

Lens lol dux ghak lens dit,
Ghens lol dux ghak lens dit,
Ghenx lol zhit lad das,
Lad dat lad das lend das lal,
Das lens lal dat dat lat lend lax zax.
嘞咯嘟噶嘞嘀，
庚咯嘟噶嘞嘀，
庚咯吱拉哒，
拉哒拉哒嘞哒喇，
哒嘞喇哒哒啦嘞喇咋。

Naf Blual[4]

纳巴

Zat dat lal zik lat dut lax zal,
Lat dat lal zik lat dut lax zal,
Duf lad dux ghak lend duas lens lax zal,
Dux ghak lat dat lal zhit lat dut lax zal,
Lal dux ghak lat dat lal zhit lat dut lax zal.
咋哒啦嗞啦嘟喇咋，
啦哒喇嗞啦嘟喇咋，
嘟拉嘟噶嘞哒嘞喇咋，
嘟噶啦哒喇只啦嘟喇咋，
喇嘟噶啦哒喇只啦嘟喇咋。

Dlongf lad dux ghak lend duas lens lax zal,
It dux las lens das,
It dux las lens duas lens duas lol duas nyox longs gux lox it yad,
Zhit zhit lad ghens it lait.
咚拉嘟噶嘞哒嘞喇咋，
咿嘟啦嘞哒，
咿嘟喇嘞哒嘞哒咯哒牛喏隆咕啰咿呀，
吱吱拉庚咿来。

Ghak nyos ghenx bongb zhed lak,
Beb yad haik lad it it laik ib laik bes yof it yad!
It box ghak naf lak ghenx bongb zhed lol,
Duas nyox duas nyox ghens lend dit lik it it it!
笙曲要来到家，
我们说呀咿咿来咿来呗哟咿呀！
博嘎娜的笙曲来到家，
哒诺哒诺庚嘞嘀哩咿咿咿！

It lol duas lens duat duas lens lal,
Zol lol dux ghak lend lens zol ongt lak das lal zox,
Lend lens zol lol ongt lak das lal zox zad zad,
Das lal zox zad zad das lal zox das lal zol zol,
Zol zol zol,
Zol ent dit lol zox dux lox dlongx dax lax zox.
咿咯哒嘞嗒哒嘞喇，
唑咯嘟噶嘞嘞唑嗯啦哒喇唑，
嘞嘞唑咯嗯啦哒喇唑咋咋，
哒喇唑咋咋哒喇唑哒喇唑唑，
唑唑唑，
唑嗯嘀咯唑嘟啰咚嗒喇唑。

Dlongx das lal zox end dlongx lax lax zal zat lak longf dad lad,
Shuad nyox duas shuad nbuat duas lak,
Dlongx dif lad ad lak,
Jongx deut it lak zal lad dlongt duas lent lax zal.
咚哒喇唑嗯咚喇喇咋咱啦咙嗒拉，
莎喏哒莎叭哒啦，
咚嘀拉啊啦，
疆嘚咿啦咋拉咚哒嘞喇咋。

Nzuas Ghens Mof[5]

爪庚磨

Zat das lax zik lak zad dux ghak lak zal,

Lal dux ghak lat dab lal dit dlongf dux ghak lens it lak,

Dlongf lad dux ghak lens ghak nzhuas ghens mof,

Mof ok mof dit lak enx lad lad.

咋哒喇嗞啦咋嘟噶啦咋，

喇嘟噶啦哒嗒喇嘀咚嘟噶嘞咿啦，

咚拉嘟噶嘞噶爪庚陌，

陌哦陌嘀啦嗯拉啦。

Dlongx lad dux ghak lens ghak nzhuas ghens mof,

Mof ok mof dit lak enx lad lad,

Zhit zhit lad ghens it lak.

咚拉嘟噶嘞噶爪庚陌，

陌哦陌嘀啦嗯拉啦，

吱吱拉庚咿啦。

Ghak nyos ghenx bongb zhed,

Beb yad haik lak it laik bes yof it yad!

It box ghak naf lak ghenx bongb zhed lal ongx,

Zol lol ongx lal ad lak shuad nyox dit das nyox longs gux ok!

笙曲来到家，

我们说呀咿来呗哟咿呀！

博嘎娜的笙曲来到家，

唑咯嗯喇啊啦莎诺嘀嗒诺咙咕哦！

Lol duas lens duas lol dux ghak lens end lal zox,

Lent lal longf dit lol dit lens dlongx end lol duas lens duas lol,

Dlongf duas las dlongf lad dux ghak lens das nzhuas ghens mof,

Mof ok mof dit lak enx lad lad.

咯哒嘞哒咯嘟噶嘞嗯喇唑，

嘞喇咙嘀咯嘀嘞咚嗯咯哒嘞哒咯，

咚哒喇咚拉嘟噶嘞哒爪庚磨，

陌哦陌嘀啦嗯拉拉。

Dlongx lad dux ghak lens ghak nzhuas ghens mof,

Mof ok mof dit lak enx lad,

Zhit zhit lad ghens it lak.

咚拉嘟噶嘞噶爪庚磨，

陌哦陌嘀啦嗯拉，

吱吱拉庚咿啦。

Ghak nyos ghenx bongb zhed,

Zhed lak beb yad haik lak it laik bes yof it yad!

It box ghak naf lak ghenx bongb zhed lol,

Zol dux ghak longf end lak dit las lend lol!

笙曲来到家，

我们说呀咿来呗哟咿呀！

博嘎娜的笙曲来到家，

唑嘟噶咙嗯啦嘀啦嘞咯！

Naf Nongb Nzhuk[6]

纳哝祝

Duas lens duas nyox ghens lens duas nyox duf,

Duas nyox duf gud luas,

Gud luas ghak gud luas!

Gud luas ghak gud lol duas lens duas nyox duf,

Duas nyox duf it yad lak,

Zhit zhit lad ghens it lak!

哒嘞哒哒喏庚嘞哒喏嘟，

朋友曲呀，

朋友呀朋友！

朋友呀朋友曲，

哒喏嘟咿呀，

吱吱拉庚咿啦！

Ghak nyos ghenx bongb zhed,

Zhed lak beb yad haik,

It box ghak naf lak ghenx bongb zhed lol!

笙曲来到家，

我们说呀，

博嘎娜的笙曲来到家！

Duas lens duas nyox ghens,

Duas lenx duas nyox duf,

Duas nyox duf it duf box langs nzhes,

It duf box langs nzhes ongx nyax ongx nyax dux ghak lens it lak,

Ongx nyax ongx nyax dux ghak lol.

哒嘞哒喏庚，

哒嘞哒喏嘟，

哒喏嘟咿嘟伯啷嗻，

咿嘟伯啷嗻嗯哪嗯哪嘟噶嘞咿啦，

嗯哪嗯哪嘟噶咯，

Dlongx lad dux ghak lens lol dux ghak lol,

Lol dux ghak lol dub lol dux ghak lol dit,

Dit dub lol dit daik lol lad,

Lens dut lad zad lad dlongf end lak zad lad ghens dux dangl lak lox.

咚拉嘟噶嘞咯嘟噶咯，

咯嘟噶咯嘟咯嘟噶咯嘀，

嘀嘟咯嘀呔咯拉，

嘞嘟拉咋拉咚嗯啦咋拉庚嘟来啦咯。

Nzhouf Got Dud[7]

奏咽独

Zat dat lal zik lat dut lax zal,

Lat dat lal zik lat dut lax zal,

Nzhouf got dud dux lat lens lax zal.

咋哒啦嗞啦嘟喇咋，

啦哒啦嗞啦嘟喇咋，

奏咽独嘟啦嘞喇咋。

Das las zat dat lal zik lat dut lax zal,

Lat dat lal zik lat dut lax zal,

Nzhouf got dud dux lat lens lax zal.

哒啦咋哒啦嗞啦嘟啦咋，

啦哒喇嗞啦嘟喇咋，

奏咽独嘟啦嘞喇咋。

Dlongx lad dux ghak lens duas lens lax zal lal,

It ndox lol lens das it ndox das lens duas lens,

Duas lol dol nyox longs gux lox it yad,

Zhit zhit lad ghens it lak.

咚拉嘟噶嘞哒嘞喇咋喇，

咿哚咯嘞哒咿哚哒嘞哒嘞，

哒咯嘟喏啷咕啰咿呀，

吱吱拉笙咿啦。

Ghak nyos ghenx bongb zhed lak,

Beb yad haik lad it laik bes yof it yad,

It box ghak naf lak ghenx bongb zhed lol.

笙曲来到家，

我们说呀咿来呗哟咿呀，

博嘎娜的笙曲来到家。

Duas nyox ghens lend dit lik it,

Box leut lik it lol duas lens duas nyox ghens lend dit lik it it it,

Duas lens duat duas lens lal zax lol,

Dux ghak lend lens zol ongd lak das lal zox.

哒喏庚嘞嘀哩咿，

伯嘞哩咿咯哒嘞哒喏庚嘞嘀哩咿咿咿，

哒嘞嗒哒嘞喇咋咯，

嘟噶嘞嘞吃嗯啦哒啦唑。

Lend lens zol ongd lak das lal zox,

Jad shad das lal zox,

Jad shad das lal zox das lol zol zol zol zol zol,

Dit nyox zox dax lox dlongx das lox zox.

嘞嘞吃嗯啦哒喇唑，

加沙哒喇唑，

加沙哒喇唑哒咯吃吃吃吃吃，

嘀喏唑嗒啰咚哒啰唑。

Dlongx lax zal dat lak lal dad lad shuad nyox duas dat lak shuad nbuat duas,

Dlongx dif lat ad lat jongx dat lat it lak,

Zal lad dlongt duas lens lax zal.

咚喇咋哒啦喇嗒拉莎喏哒嗒啦莎吧哒，
咚嘀啦啊啦囧嗒啦咿啦，
咋拉咚哒嘞喇咋。

Nzhik Ghenx[8]
致庚

Yuad Ndeud Duas
要生死簿

Zal dux ghak lal dux ghak lal,
Zal lad lens dis lal zal das lad lens dis lal,
Dlongt lak lens lol dit lal ongx lad lad.
咋嘟噶喇嘟噶喇，
咋拉嘞嘀喇咋哒拉嘞嘀喇，
咚啦嘞咯嘀喇嗯拉拉。

Dlongt lat dux ghak lens lol dit lal ongx lad,
Lens ak lal dit ghens ak lal dit ghens ek lal dit zol zol lol,
Dut longt zox ongd dut das lal zal.
咚啦嘟噶嘞咯嘀喇嗯拉，
嘞啊啦嘀庚啊喇嘀庚诶喇嘀咗咗咯，
嘟咙唑嗯嘟哒喇咋。

Las jab dit lox beb yad haik lad,
Ib ghak lous it yuad ghak zhit lak?
Ib ghak lous it yad lol yuad dlaif ndeud blox lox dlaif ndeud duas lak!
Dux ghak las lol dit lat dux ghak lens lax zax.
我们要问呀，
老人呀要什么？
老人呀要生死簿！
嘟噶啦咯嘀啦嘀啦嘟噶嘞哒咋。

Drous Dlangb Zhit Maob
得什么病

Zal dux ghak lal zad lal dux ghak lal longt dux ghak lens lox zhit lol ongx lad,
Zal ongt dux ghak lens lox zhit lol ongx lad dux ghak lens ek las dut ghens,
Las dut zox lol zhit nongb zox ongx dut das lal zal.
咋嘟嘎喇咋喇嘟噶喇咙嘟噶嘞啰吱咯嗯拉，
咋嗯嘟噶嘞咯吱咯嗯拉嘟噶嘞啦嘟庚，
啦嘟唑咯吱哝唑嗯嘟哒喇咋。

Dux ghak las jat dit lox duax beb haik beb yad haik,
Ib dol lous yuad duas ndit ndros shik mol!
Ib ghak lous maob ghak zhit?
Ib ghak lous yad maob njeuk[9] it lak.
嘟噶啦家嘀啰我们要问，
老人逝世要离去！
老人呀得了什么病？
老人呀得了疟疾病。

Ongx lal dud dit duas lens das lax zal,
Zal lens das dat lat longx dib longx zal,
Dux ghak lal jat dit lox maob njeuk it lak,
Zal lad dlongf ongt lol dit das lal zax.
嗯喇嘟嘀哒嘞哒喇咋，
咋嘞哒嗒啦咙嘀咙咋，
嘟噶喇家嘀啰牛结病呀，
咋拉咚嗯咯嘀哒喇咋。

Yuad Zas Ndongt
要棺材

Zal dux ghak lal dux ghak lal,
Zal lad lens dis lal,
Zal lad lens dis lal dal lal.
咋嘟噶喇嘟噶喇，
咋拉嘞嘀喇，
咋拉嘞嘀喇哒喇。

Dlongb lak dux ghak lens lol dit lal ongx lad dad lad,
Dlongb dux ghak lens dit lal ongx lad dux ghak lens ak lal dit ghens ek,

Lal dit zox lol lol dit dlongb zox end dut das lax zal.

咚啦嘟噶嘞咯嘀喇嗯拉嗒啦，

咚嘟噶嘞嘀喇嗯拉嘟噶嘞啊喇嘀庚，

喇嘀唑咯咯嘀咚唑嗯嘀哒喇咋。

Lal jab dit lol beb yad haik lad,

Ib ghak lous yad duas ek ndros shik mol!

Ib ghak lous it yad ghak zhit lak?

Ib ghak lous yad lol yuad lad ib ghak lous it ghak zas ndongt lak!

das lax dit lak dux ghak lens lax zax.

我们问呀，

老人逝世要离去！

老人呀要什么？

老人呀要来要棺材呀！

哒喇嘀啦嘟噶嘞喇咋。

Dlongs Ghak Ntluad Ghak Dluat

轻松自如

Zal dux ghak lal zad lal dux ghak lal longt dux ghak lens lox zhit lol ongx lad,

Dux ghak lens las dub ghens dux ghak las dub zox lol,

Zhit lens zox ongk dut das lal zax.

咋嘟噶喇咋喇嘟噶喇咙嘟噶嘞啰吱咯嗯拉，

嘟噶嘞啦嘟庚嘟噶啦嘟唑咯，

吱嘞唑嗯嘟哒喇咋。

Dux ghak las jab dit lox duax beb haik,

Ib dol lous yuad duas let ndros shik mol,

Ib dol lous yuad dlongs[10] ghak ntluad ghak dluat?

Ib dol lous ib dol njex ndongt ek!

我们要问呀，

老人逝世要离去，

老人呀为什么走得轻松自如？

因为树干好呀！

Ongx lal dub dit duas lens lax zal,

Dux ghak lal lens duas das las longx dax lax zal,

Dux ghak las jab dit lol dlongs ghak ntluad ghak ntluad ek,

Ib ghak lous ib dol jes ndongt!

Zal lad dlongf lol lens das lal zax.

嗯喇嘟嘀哒嘞喇咋，

嘟噶啦嘞嗒哒啦咙哒喇咋，

嘟噶啦家嘀咯咚噶吱噶吱诶，

老人的树干好呀！

咋拉咚咯嘞哒喇咋。

Ndongt Gud Suk Nangs Njuad Dut

棺材轻如松鼠尾

Zal dux ghak lal dux ghak lal,

Zal lad lens dis lal,

Zal lad lens dis lal dal lal dlongb lak dux ghak lens lol dit lal ongx lad dad lad,

Dlongb dux ghak lens lol dit lal ongx lad dux las lens ak lal dit ghens ek,

Lal dib zox lol lol las dib zox.

咋嘟噶啦嘟噶喇，

咋拉嘞嘀喇，

咋拉嘞嘀喇哒啦咚啦嘟噶嘞咯嘀嗯拉嗒拉，

咚嘟噶嘞咯嘀喇嗯拉嘟噶啦嘞啊喇嘀庚诶，

啦嘀唑咯咯啦嘀唑。

Dut longt zox end dut das lal zax end las jab dit,

Beb yad haik lad,

Ib ghak lous it yad duas it ndros shik mol,

Ib ghak lous it yad lol yuad dout ib dol ndongt it yad lol gud,

Ib ghak lous it nangs njuad dut[11] lak!

Dux ghak las lol ongt dit las dux ghak lens das lal zax.

嘟咙唑嗯嘟哒喇咋嗯啦家嘀，

我们要问呀，

老人啊死了要离去，

老人的棺材扛起来呀，

轻飘飘如松鼠尾！

嘟噶啦咯嗯嘀啦嘟噶嘞哒啦咋。

Nghangx Nenb Gud Ndongt

众人扛棺材

Zal dux ghak lal zad lal dux ghak lal longt dux ghak lens lox zhit lol ongx lad,

Dlongf lot dux ghak lens lax zhit lol ongx lad,

Dux ghak lens las dub ghens dux ghak las dub zox,

Zhid longt zox ongx dut das lal zal.

咋嘟噶喇咋喇嘟噶喇咙嘟噶嘞啰吱咯嗯拉，

咚咯嘟噶嘞喇吱咯嗯拉，

嘟噶嘞啦嘟庚嘟噶啦嘟唑，

吱咙唑嗯嘟哒啦咋。

Dux ghak las jab dit lol duax beb haik,

Ib dol lous yuad duas let ndros shik mol end ib dol lous,

Ib dol lous yuad duas let ndros shik mol!

Ib nghangx ghak yeus dob yad mol muab dout nax lax ib dol ndongt jaox lol gud,

Jaox lol gud lal ongx lal dub dit duas lens das lax zax!

嘟噶喇家嘀咯我们问，

老人逝世要离去，

老人逝世要离去！

一群人呀要去把棺材扛，

拿来扛呀嗯喇嘟嘀哒嘞哒喇咋！

Zal lens das das las longx das lax zal,

Dux ghak lal jab dit lol zhit langx gud lak!

Zal lad dlongf end lol lens das lal zax.

咋嘞哒哒隆哒喇咋，

嘟噶啦家嘀咯不难扛啊！

咋拉咚嗯咯嘞哒喇咋。

Gud Njet Daox Dlangb Zhit

扛爬什么坡

Zal dux ghak lal dux ghak lal,

Zal lad lens dis lal,

Zal lad lens dis lal.

咋嘟噶啦嘟噶啦，

咋拉嘞嘀喇，

咋拉嘞嘀喇。

Dlongb lak dux ghak lens lol dit lal ongx lad dad lad,

Dlongb lak dux ghak lens lol dit lal ongx lad dax lat lend,

Lal dit ghens lal dit zox lol dux ghak las dit zox lol dub dlongb zox.

咚啦嘟噶嘞咯嘀喇嗯拉嗒拉，

咚啦嘟噶嘞咯嘀喇嗯拉嗒啦嘞，

喇嘀庚喇嘀唑咯嘟噶啦嘀唑咯嘟咚唑。

Dut das lal zax das lal jab dit lol beb yad haik,

Ib ghak lous ib yuad lad duas it ndros shik mol,

Dob ghak langs[12] it yad lol gud it ghak lous it yad mol njet dout lak daox ghak zhit lak it?

Ghak daox baob[13] lak it ghak deb npout[14] lak it,

Dux ghak las lal ongb dit lak dux ghak lens lax zax!

嘟哒喇咋哒喇家嘀咯我们要问，

老人去世要离去，

后生晚辈要来扛老人去爬什么坡？

去爬那天翻地覆坡，

嘟噶啦喇嗯嘀啦嘟噶嘞喇咋！

Fouk Ndox Hod It

埋在地下

Zal dux ghak lal zad lal dux ghak lal longt dux ghak lens lox zhit lol ongx lad,

Zal ongt dux ghak lens lox zhit lol ongx lad

dux ghak lens ek las dub ghens,

Dux ghak las dub zox lol zhib nongb zox ongx duas dux lax zal,

Dux ghak las jab dit lol duax beb haik lad duax beb haik lak.

咋嘟噶喇咋喇嘟噶喇咙嘟噶嘞啰吱咯嗯拉，

咋嗯嘟噶嘞啰吱咯嗯拉嘟噶嘞诶啦嘟庚，

嘟噶啦嘟唑咯吱哝唑嗯哒嘟噶喇咋，

嘟噶喇家嘀咯我们要问我们要说呀。

Ib dol lous duas let ndros shik mol,

Ib dol lous it yad mol ndros dout blax lax deb mol njis cuat[15],

Blax lax deb mol njis zos!

Yuad mol muab dout ib dol lous dob yad mol njeuk dout khaod luax lab let khaod luax dlangx[16],

Dob yad mol muab dout ib dol lous dob fouk dout ndox hod it[17] lak ndox hod it lak!

老人逝世了要离去，

要把那天下走遍，

要把那大地走全！

要去挖了红土洞和黄土洞，

才把老人埋在了阴间啊阴间！

Ongx lal dub dit duas lens das lax zax,

Zal lens duas das las longx dub longx zal.

嗯喇嘟嘀哒嘞哒啦咋，

咋嘞嗒哒啦咙嘟咙咋。

Njet Daox Drout Cangt

爬放骨坡

Zal dux ghak lal dux ghak lal,

Zal lad lens dis lal,

Zal lad lens dis lal.

咋嘟噶喇嘟噶喇，

咋拉嘞嘀喇，

咋拉嘞嘀喇。

Dlongb lak dux ghak lens lol dit lal ongx lad dad lad,

Dlongb lak dux ghak lens lol dit lal ongx lad dux ghak lens las dit ghens,

Las dit zox dux lol las dit zox dux lol dub longb zox lol end dux das lax zal.

咚啦嘟噶嘞咯嘀喇嗯拉嗒拉，

咚啦嘟噶嘞咯嘀喇嗯拉嘟噶嘞啦嘀庚，

啦嘀唑嘟咯啦嘀唑嘟咯嘟咙唑咯嗯嘟哒喇咋。

Las jab dit lol beb yad haik lad,

Ib ghak lous it yad duas it ndros shik mol,

Dob ghak langs it yad lol gud ib ghak lous yad mol njet dout daox ghak zhit lak?

Daox drout cangt lak!

啦家嘀咯我们问呀，

老人去世要离去，

后生晚辈要来扛了老人去爬什么坡？

去爬放骨坡！

Das lax las af ongb dit lak dux ghak lens dax lal zax,

Lal jab dit lol daox drout cangt lak!

Zal lad dlongt duas longx lax zal.

哒喇啦啊嗯嘀啦嘟噶嘞嗒喇咋，

喇家嘀咯坡放骨呀！

咋拉咚哒咙喇咋。

Nenx Dlangb Faib Gangb

人鬼分离

Zal dux ghak lal zad lal dux ghak lal longt dux ghak lens lox zhit lol ongx lad,

Zal longt dux ghak lens lol zhit lal ongx lad dad lad dux ghak lens las dub ghens,

Las dub zox lol zhib nongb zox ongx duas dux lax zal.

咋嘟噶啦咋喇嘟噶喇咙嘟噶嘞咯吱咯嗯拉，
咋咙嘟噶嘞咯吱喇嗯拉嗒拉嘟噶嘞啦嘟庚，
啦嘟唑咯吱哝唑嗯哒嘟喇咋。

Dux ghak las jab dit[18] lol duax beb haik lad,
Ib dol lous yad duas let ndros shik mol,
Ib dol lous it yad nenx ghak dlangb yad dlangb ghak nenx it yad,
Nenx ghak dlangb ndros faib gangb[19],
Dlangb ghak nenx it lak ndros faib ged[20]!
嘟噶啦家嘀咯我们要问呀，
老人逝世要离去，
人和鬼呀鬼和人，
人和鬼要分道，
鬼和人要分路！

Nenx ghak dlangb yad dlangb ghak nenx it yad,
Nenx ghak dlangb lox zhit bof dous[21],
Dlangb ghak nenx lox zhit bof lut[22]!
Ongx lal dub dit das lens das lax zal.
人和鬼呀鬼和人，
人鬼各有归属不徘徊，
鬼人各自归家不见痕！
嗯喇嘟嘀哒嘞哒喇咋。

Laos drout Khaod Red
葬在石窟

Zal dux ghak lal dux ghak lal,
Zal lad lens dis lal,
Zal lad lens dis lal.
咋嘟噶喇嘟噶喇，
咋拉嘞嘀喇，
咋拉嘞嘀喇。

Dlongb lak dux ghak lens lol dit lal ongx lad,
Dlongb lak dux ghak lens lol dit lal ongx lad,
Dux ghak lens enk lal dit ghens,
Lal dit zox lol dit longt zox end dut das lax zal.
咚啦嘟噶嘞咯嘀喇嗯拉，
咚啦嘟噶嘞咯嘀喇嗯拉，
嘟噶嘞嗯喇嘀庚，
喇嘀唑咯嘀咙唑嗯嘟哒喇咋。

Las jab dit lol beb yad haik lad,
Ib ghak lous yad duas it ndros shik mol,
It ngoux ghak langs[23] it yad lol gud ib ghak lous,
Njet shout ndox it ndox lak shab,
It nghel blax deb it ndrangl[24] lak dlangd!
啦家嘀咯我们问呀，
老人逝世要离去，
晚辈们要抬着老人，
上天啦天太高，
去原野呀原野太宽！

Ngoux ghak langs it yad lol gud lak ib ghak lous it yad mol nghel drout dlax dax lax deb lox,
Yad mol muab ib ghak lous laos drout blax lax deb lob khaod reb lox,
Ib ghak lous yad mol ndros dout dlax dax lax deb lox lob khaod reb shik buat but lak it,
Blax dax lax deb ib lob khaod jangd shik buat zhangd[25]!
Lal ongx las ongb dit lak dux ghak lens lax zal.
后生们抬着老人到了原野咯，
才勉强埋在石窟里，
才在石窟铺了床，
才在石洞铺了榻！
喇嗯啦嗯嘀嘟噶嘞哒咋。

背景介绍

唱诵者：熊朝明 Shuad Nzeus Hmaob（1949—），男，12岁学成芦笙。

熊朝全Zex Wangx Hmaob（1953—），男。

熊朝明和熊朝全二人系兄弟，文山市红甸乡平坝寨村委会熊家二队村人，对苗族文化有较深造诣，擅长苗族芦笙演奏，均师从其父。

熊朝明

熊朝全

演奏场域：Tongt Ghenx（统庚）属丧葬芦笙曲中的程式曲外的“统曲”，逝者去世后，在祭奠的过程中除程序以外的场域都可以吹奏。

版本评述：该辞是Hmongb Shib（蒙诗）芦笙“统曲”演奏技艺展示的重要标志，是文山市域内最为系统和完善的芦笙“统曲”，其完整性可以与程式芦笙辞相媲美，也是研究文山市苗族芦笙的重要素材之一。根据芦笙师的演奏（叙述）顺序，概述如下：由第一个曲牌Mid Blual（咪巴）起，经曲牌Mid Nongb Nzhuk（咪哝祝）、Naf Blual（纳巴）、Nzuas Ghens Mof（爪庚磨）、Naf Nongb Nzhuk（纳哝祝）、Nzhouf Got Dud（奏啯独），最后到曲牌Nzhik Ghenx（致庚）进行演奏。其中，演奏者须严格遵循曲牌顺序进行演奏，不得混乱。上述七个曲牌的顺序为系统递进，但也具有相对独立性，即各个曲牌的句式、结构、韵脚、格律以及使用方式较固定，演奏者可根据场合、情景和主客等条件填入适当的词，将词有规律地套入其曲牌后进行演绎，从这个意义上讲，苗族芦笙之所以“无穷无尽”便是“Tongt”（统）的作用使然。

收录整理：罗永洪、熊文国、熊兴坛、陶永林。

注 释

[1] Tongt Ghenx：芦笙“统辞”。Tongt：统，套，系统，指芦笙辞的体系和系统内容。

[2] Box Ghak Naf：音译为博嘎娜，对女性逝者的雅称。男性逝者为Yeuf Lik Zid。

[3] Mid Nongb Nzhuk：音译为“咪哝祝”，疑为苗族芦笙曲牌名称，是苗族亚支系蒙诗芦笙“统辞”中专有名词。

[4] Naf Blual：音译为“纳巴”，疑为苗族芦笙曲牌名称，是Hmongb Shib芦笙“统辞”的专有名词。

[5] Nzuas Ghens Mof：音译为“爪庚磨”，疑为苗族芦笙曲牌名称，是Hmongb Shib芦笙“统辞”的专有名词。Nzuas拌，混；Ghens芦笙，庚；Nzuas Ghens笙曲伴奏（指芦笙多管配合演奏）。

[6] Naf Nongb Nzhuk：音译为“纳哝祝”，疑为苗族芦笙曲牌名称，是Hmongb Shib（亚支系蒙诗）芦笙“统辞”中专有名词。

[7] Nzhouf Got Dud：音译为“奏啯独”，疑为苗族芦笙曲牌名称，是Hmongb Shib（亚支系蒙诗）芦笙“统辞”中专有名词。

[8] Nzhik Ghenx：音译为“致庚”，疑为苗族芦笙曲牌名称。是Hmongb Shib芦笙“统辞”中专有名词，也称为Yangs Dleulb。Nzhik有“顶尖”“极致”之义，取音“致”，其意为“极致、精致”，有一语双关的期望和效果。

[9] Maob Njeuk：疟疾病，俗称打摆子，也称为Uat Nbeuk和Maob Nbeuk、Uat Njuad。

[10] Dlongs：往上颠；枝繁叶茂，绿透顶，如Nzhuab Dlongs Ghak Ngeud（绿透顶）；特别有干劲，有劲头，特别高兴的样子。

[11] Nangs Njuad Dut：松鼠的尾巴。Nangs Njuad指松鼠。

[12] Dob Langs：后生晚辈；孤儿。

[13] Daox Baob：垮坡，坡垮，垮了的山坡。

[14] Deb Npout：（天翻）地覆，覆地。

[15] Njis Cuat：周游，游遍，转全转完。

[16] Luax Dlangx：黄土。

[17] Ndox Hod It：天的里面，指天地间。

[18] Las Jab Dit：较固定的曲调标志。

[19] Faib Gangb：分道，隔开，分开。

[20] Faib Ged：分路，隔开，分开。

[21] Zhit Bof Dous：不见踪迹，不见徘徊。

[22] Lut：痕迹。

[23] Ngoux Langs：后生晚辈，一般指女性后辈。

[24] Ndrangl：低处，坝子，原野。

[25] Zhangd：用竹篾或木条编织成的榻，具有晾晒、遮挡和铺垫等功能的物件。

起祖辞
Jangs Ghenx

起祖芦笙辞
Ghenx Qid Zud

Des nyox nzhus zhongx des nyox nzhus dab lat[1],

Wef leuf touk dab lat,

Nax ghak zhit dab lat sheud zhif ndox?

Zhongx des nyox nzhus zhongx des nyox nzhus dab lat,

Wef leuf touk dab lat,

Nax ghak zhit dab lat sheud zhif ndox lax ib yuad?

Wef leuf touk dab lat,

Pangx Gud Wangx[2] ib sheud zhif ndox lox ib yuad[3].

Wef leuf touk dab lat,

Nax ghak zhit dab lat sheud zhif deb lat ib yuad?

Wef leuf touk dab lat,

Zhangb Guk Laok[4] lol sheud zhif deb lat ib yuad.

㖿牛嘱嘣㖿牛嘱哒啦，

在久远的时候，

是何人来造天？

嘣㖿牛嘱嘣㖿牛嘱哒啦，

在久远的时候，

是何人来造地呀？

在久远的时候，

是盘古王来造天呀。

在久远的时候，

是何人来造地呀？

在久远的时候，

是张古老来造地呀。

Pangx Gud Wangx ib yuad muab lol ib lob ndox leuf ib ndros zhit muax lak ib yuad,

Zhangb Guk Laok ib yuad muax leuf ib lob deb lol ndros zhit dout lak ib yuad.

Pangx Gud Wangx ib yuad zhif mol ib lob ndox,

Beb yuad ndlangk shik ndluat shik ndluat[5],

Beb yuad nyaob zhit druax lak ib yuad.

Zhangb Guk Laok lat ib yuad zhif mol ib lob deb,

Beb yuad ndlangk shik ndluat shik ndluat,

Beb yuad nyaob zhit dol lak ib yuad.

盘古王造好一个天来什么都没有，

张古老造好一块地后不能相合。

盘古王造的天，

住着犹如水波晃荡，

我们居住不稳固。

张古老造的地，

住着犹如水波荡漾，

我们落脚不平稳。

Pangx Gud Wangx lat ib yuad,

Nghel mol ib lob ndox leuf,

Yuad mol shaib leuf ib yuad,

Nghel leuf ib yangd mol nuaf leuf ib yangd,

Shaib mol ib lob ndox,

Beb yuad chenx shik chub shik chub[6] lat duax ndeuf it!

盘古王呀，

来到造好的天空，
巡视了又巡视，
来一程哟巡视一程，
把整个老天查过遍，
我们才慢慢稳固下来啊！

背景介绍

唱诵者：陶兴成Soud Zhangb Dlob（1952— ），男，文山市新平街道祥民社区花桥居民小组人，掌握当地苗族婚丧文化，擅长演奏苗族芦笙。

演奏场域：此辞在丧葬程式规定以外都可以演奏，属于程序外的芦笙“散曲”。

采集整理：罗永洪、黄英、陶英国、熊文国。

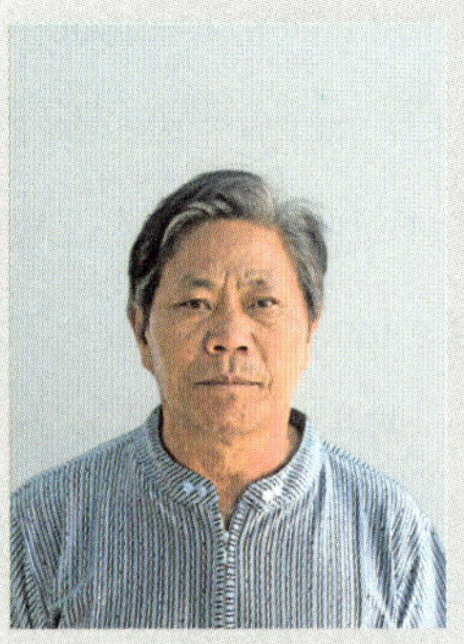

陶兴成

注释

[1] Dab Lat：用“哒啦”音代，无实意，借用芦笙音韵，在辞中用于衔接Nbet Ghenx（芦笙主题词）。

[2] Pangx Gud Wangx：盘古王，是苗族传说中负责造天的人。

[3] Ib Yuad：用“咿呀”音代，无实意，同Ib Yad，借用芦笙音韵，在辞中用于衔接Nbet Ghenx（芦笙主题词）。

[4] Zhangb Guk Laok：张古老，是苗族传说中负责造地的人。Pangx Gud Wangx（盘古王）负责造天，Zhangb Guk Laok（张古老）负责造地。虽暂不确定两者是何种关系，但成对出现。

[5] Ndlangk Shik Ndluat Shik Ndluat：来回摇晃如水浪。

[6] Chenx Shik Chub Shik Chub：不明。疑为“（老天）慢慢稳固下来”。

起祖芦笙辞

Ghenx Qid Zud

Duas nyox ghens lak duas nyox ghens lak,

Beb yad jangd jangs lik zox[1] draod touk ot ek zhit muax nongb lof ongf,

Duas nyox ghens af duas nyox ghens lak,

Beb yad jangd jangs lik zox draod touk ot ek zhit muax nongb ax.

嘟牛庚啦嘟牛庚啦，

我们要讲远古时候没有文化之根，

嘟牛庚啦嘟牛庚啦，

我们要讲远古时候没有文化之源。

Zhit muax zox lak zhit yad muax lenx dus lol khat zox laf,

Zhit muax jit ax zhit muax lenx dus it yad los khat jit ek!

Yad yaos nyaob dout ek ndaox it ghak ndis it yad touk bek nzod,

Box Lof Ghak Shoub[2] Yeus Lif Bek Songd[3] los khat zox lof,

Yad yaos dout ndaox ib ghak ndis Box Lof Ghak Shoub Yeus Lif Bek Songd los khat jit.

没有文化没有人来创造，

没有技艺也没有人来传授！

在那远古之时，

是那博罗嘎梭和尤里北颂来创造文化，

是那博罗嘎梭和尤里北颂来教授文化。

Box Lof Ghak Shoub Yeus Lif Bek Songd yad lol muab dout nil dex yad nblait dongx laf duax ndouk dongx,

Khat dout beb Hmongb dex jangs zox los.

Yad yaos dout Box Lof Ghak Shoub Yeus Lif Bek Songd muab nyaos dout nil dex nblaik hlout,

Duax lax ndouk hlout let.

Yad lol khat dout beb Hmongb dex ghak jit,

Box Lof Ghak Shoub Yeus Lif Bek Songd duax ndouk hlout duax taid taid[4],

Box Lof Ghak Shoub Yeus Lif Bek Songd,

Duax ndouk hlout yad ndouk lol haod dus,

Yad ndouk lol haod it ndouk lok haod it.

Lof ongf dit lof lent jongb lof ongf.

博罗嘎梭和尤里北颂拿着他们的铜片来铸铜，

把文化之根教给了我们人类。

博罗嘎梭和尤里北颂拿着他们的铁片来铸铁，

铸就了我们苗家的文化之源。

博罗嘎梭和尤里北颂啊，

在那铸台之上铸铁，

博罗嘎梭和尤里北颂啊，

在哪里打铁呀在哪里？

要在那里铸铁呀在那里铸铁。

咯嗯滴咯棱炯咯嗯。

背景介绍

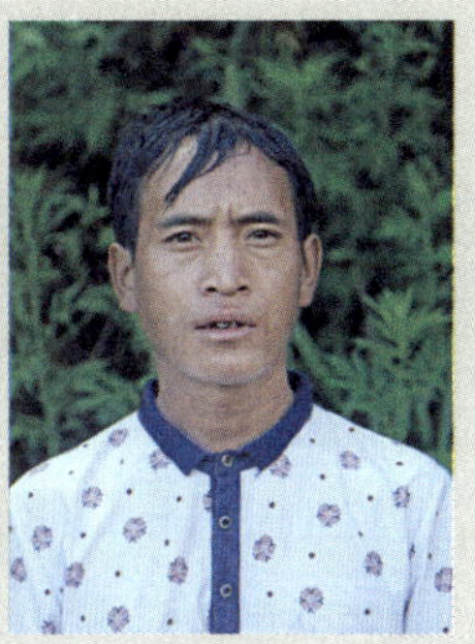
罗正兵

唱诵者：罗正兵Baod Chib（1982—2024），男，文山市平坝镇腊窝村民委半坡村人，掌握当地苗族婚丧文化。师从腊窝村民委腊窝村小组陶开明 Nzhuab Baok（1928—2010）。

演奏场域：非仪式性场合都可以演奏此辞。

版本评述：该辞围绕“文化起源”和“文化创制者”，是研究苗族传统文化体系中关于文化来源的重要素材之一。

采集整理：罗永洪、马士洪、熊朝兰、熊兴坛。

注释

[1] Jangs Lik Zox：文化的根源，文化的起源。

[2] Box Lof Ghak Shoub：博罗嘎梭，古人名，女性，是苗族古代传说创造文化和传授文化的人。

[3] Yeus Lif Bek Songd：尤里北颂，古人名，男性，是苗族古代传说创造文化和传授文化的人。

[4] Taid Taid：在铸台上铸造。铸台，煅铁台。

笙鼓来源辞

Ghenx Ndrual Lenx Dus Uat

Duas nyox ghens it lak duas nyox ghens it lak,

Beb yad haik it lak beb yad haik lak yad yad haik dout,

Ndrous ghak ndrual it yad yaos dout nax it ghak zhit ndros lol raox lak,

Ndrous ghak ndrual yad yad yaos dout Nzuax Dlangb Nzuax shik Ghuk[1] it sheud lol raox lak.

Ngoux it ghak ghenx it yad yaos ghak zhit nax ghak zhit lol uat,

Ngoux it ghak ghenx yad yad yaos dout ndaox it ghak ndis it touk ghak nzod Langx Gub ghak Mid lik Njangk[2] sheud lol uat,

Ndrous ghak ndrual it yad yaos dout Dlangb Nzuax it shik Ghuk it ndros shik raox lak.

哒喏庚伊啦哒喏庚伊啦，

我们要说呀要叙述，

牛皮鼓是谁来制成？

牛皮鼓是丹扎古来制成。

芦笙是谁来做成？

芦笙是远古之前郎古咪姜来做成，

牛皮鼓是丹扎古来做成。

Ndrous shik ndrual yad ndraod ndrox it ghak ndras it,

Ndrous shik ndrual it muax shik lob,

Ndrous shik ndrual Dlangb Nzuax it shik Ghuk it yad raox dout.

Ndrous ghak ndrual yad jaox dout nil Hmongx it ghak Bos[3] it yad duax njet nens[4] shob,

Yad ngoux it ghak ghenx it yad yaos dout Langx Gub Mid Njangk draod lol uat lak,

Langx Gub Mid ghak Njangk yad lol uat dout ek.

牛皮鼓不停地响起，

响声才有主题有核心，

牛皮鼓是由丹扎古来制得。

牛皮鼓才把蒙博带入棺材，

芦笙是郎古咪姜来制成，

郎古咪姜制成了芦笙。

Ngoux it ghak ghenx it ndraod ndrox it ghak ndras,

Ngoux it ghak ghenx yad lol muax rangx lak,

Ngoux it ghak ghenx it yad jaox nyaos dout ek it Hmongx it ghak Bos it yad jaox mol njet nens dangl,

Njet leuf haid dus it lad?

Njet leuf haid it lof ongf njet leuf haid luad lof njet haid luad!

芦笙响过不断，

芦笙才有内容有中心，

芦笙才把“蒙博”带入棺材，

将逝者带到哪里啊？

带到那里呀带到这里！

背景介绍

唱诵者： 罗正兵Baod Chib（1982—2024），男，文山市平坝镇腊窝村民委半坡村人，掌握当地苗族婚丧文化。师从腊窝村民委腊窝村小组陶开明Nzhuab Baok Dlob（1928—2010）。

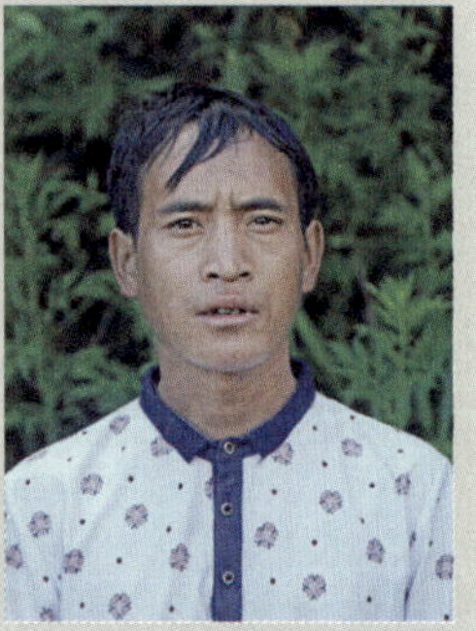

罗正兵

演奏场域： 该辞属丧葬芦笙曲中的散曲，制作牛皮鼓和程序以外都可以吹奏。

采集整理： 熊兴坛、罗永洪、马士洪。

注释

[1] Nzuax Dlangb Nzuax Ghuk：扎丹扎古，苗族传说中的神，指创造牛皮鼓的神。

[2] Langx Gub Ghak Mid Lik Njangk：郎古咪姜，苗族传说中的神，指创造芦笙的神。

[3] Hmongx Bos：蒙博，系音译，对女性逝者的尊称。

[4] Njet Nens：上马，上架，即装入棺材，入殓。

医、瘦辞
Nenb Yais

施艺芦笙辞
Ghenx Shid Yis

Jangd dout ghak zhit ghak zhit lol rongt ngoux lox?

Jangd dout Ngoux ghak Trub[1] it lol rongt ngoux.

Jangd dout ghak zhit ghak zhit ek lol rongt ndrous?

Jangd dout Ngoux ghak Trub Ndrous ghak Trub[2] lol rongt ndrous.

Ngoux ghak Trub it Ndrous ghak Trub zhit muax dob zhit muax gid,

Ib yad at muax dout Dongx lax Nqait Shid ghak Yis[3] nax ib duab dol Shid ghak Yis,

Dongx lax Nqait Shid ghak Yis it nzongx lax nenb[4] it lol ghouf ndox ox,

Ntuad xangb ntuad lik yais[5] it bongb ndlax deb Shid ghak Yis.

要说天下谁最美丽？
天下楚妹最美丽。
要说世间谁最帅气？
世间楚郎最帅气。
楚妹和楚郎没有更多儿女，
只生董洽施艺一个，
董洽施艺在天上跳神，
在天上烧香施展方术。

Nzux ghak Nyongs shab zhit dax lak,

Nzux ghak Nyongs it shab zhit dol,

Nzux ghak Nyongs it yad lol muab it Ngoux ghak Trub it Ndrous ghak Trub jaox mol,

Jaox let mol it yad duat uat Nzux Nyongs lous ib lenx dob hlob zax rab changd[6] ek.

Shid ghak Yis it draod ghangb draod lol zos,

Shid ghak Yis it nzongx lak nenb njet ghouf ndox ox ntuad xangb leuf ntuad ghak yais it bongb ndlax deb,

Shid ghak Yis it ib lenx dob maob ib lenx dob zhangt[7] ek blox qeut dus,

Shid ghak Yis it zaox zhit dout leud zhit dout Shid ghak Yis ib lenx.

祝牛心不公，
祝牛心不平，
祝牛要把楚妹和楚郎的魂魄带走，
去做祝牛大儿子的寿礼祭物。
施艺周游回到家，
施艺烧香去天上，
跳神算命查不到父母病因，
施艺找不到也跟不上逝去的魂魄。

Ngoux ghak Trub Ndrous ghak Trub,

Shid ghak Yis it ib ntuad xangb ntuad ghak yais njet ghouf ndox yad lol shaib,

Yuad lol shaib Ngoux ghak Trub Ndrous ghak Trub nghaix it luak naox dangl guat ek luak houk cuat,

Shid ghak Yis it ib zaox zhit dout ek leud zhit dout lak leud zhit dout dol ghak lad.

楚妹和楚郎啊，
施艺焚香算命到天上来呈现，
楚妹和楚郎的肉被吃完汤也给喝尽，
施艺找不到也跟不上啦。

背景介绍

唱诵者：罗正荣Sheuf Chib（1966—），男，文山市小街镇麻栗寨村委会冬瓜林村人，掌握当地苗族婚丧文化。师从本村杨开有 Hangf Yeus（1929—1989）和蔡保珠 Chongf Dluas（1932—）等。蔡保珠又师从本村侯正才 Nblax Yal Dluas（1890—1960）。

演奏场域：此辞属于苗族丧葬礼仪曲，在丧葬仪式里任何时候都可演奏，不属于丧葬仪式程序里的曲目。

采集整理：罗永洪、马士洪、熊兴坛。

罗正荣

注释

[1] Ngoux Ghak Trub：构嘎楚或楚妹，传说中神医施艺的母亲。

[2] Ndrous Ghak Trub：奏嘎楚或楚郎，传说中神医施艺的父亲。相传楚妹和楚郎中年得子Shid Yis（施艺），视如掌上明珠。

[3] Dongx Nqait Shid Yis：董洽施艺，也别称为Shid Yis（施艺），被视作苗族的药神。相传，施艺是苗族传说中的一个神医，医术精湛，本领强大，人死都能医活。于是，他便行走天下治病救人。祝牛心歹毒，用计杀了施艺的父母楚妹和楚郎做他大儿子的生日宴，还特别邀请施艺一起品尝。当施艺在天上与祝牛酒肉几天后返回家中，发现父母已经死去。于是返回天庭向祝牛要回父母之魂魄。祝牛告知他“你父母的肉你已经得吃，汤已经得喝，现在已经没有办法复活你父母的肉身”。得知真相后，施艺悲恸欲绝，怒发冲冠，将他自己的巫具从天上抛撒下来。如今，人们因找不齐这些巫具，跳巫才不真，不能救活死去的人……为什么在歌或者芦笙曲中总在说“跳巫真还是不真”的叩问，来源于此矣。

[4] Nzongx Nenb：跳神，跳傩神。

[5] Ntuad Xangb Ntuad Yais：烧香走阴，烧香算卦预测。

[6] Zax Rab Changd：礼钱，祭祀物。

[7] Zhangt：发亲。

施艺芦笙辞

Ghenx Shid Yis

Duas nyox ghens lox duas nyox ghens it lak,

Jangd it lad jangd dout ghak zhit nghel nzhual ndox lox?

Duas nyox ghens lol duas nyox ghens it lak,

Jangd it lad jangd dout ghak zhit nghel nzhual ndox lox?

It Shid Ghak Yis lak it nblax dax lax dex lox mol kot lol lak it zad dad lad it ghouf ndox lox mol kot cuat lak it zad.

嘟牛庚咯嘟牛庚嗯啦，
是什么来测量天？
嘟牛庚咯嘟牛庚嗯啦，
是什么来测量天咯？
是施艺医遍人间又治遍了天。

Suk lak ib box ghak naf lak it yad yad dout dout lak ib lob maob lox,

Duas lak drol nzat lak it duas zhuak shangb lak it Shid Ghak Yis lak it yad,

Yuad zhib[1] dout lak lenx dob zid lak it,

Kaid dout lak ngeuf leuf dob leud[2] lak it,

Yad mol leud dout lak Shid Ghak Yis lak it ndros duax zos lak it ndros lol duax bongb lak it.

今年啊母亲生了病，
病重躺在了那床榻，
才支使父亲和儿子，
使唤父子去打听，
去请施艺来医治。

Shid Ghak Yis lak it yad yad keuk lik ngouk dud lad lob drongx yais[3] lox ndros lol blend lak it,

Shid Ghak Yis lak it yad yad keuk lik ngouk dud lad lob drongx nenb dud lak ndros dend dout lak it.

Shid Ghak Yis lak it yad keuk lik ngouk dud lad rouf lis dreud dud lad lob drongx yais lak it,

Shid Ghak Yis lak it rouf lik nduad dut lak lob drongx nenb lak it.

Shid Ghak Yis lak it yad ib lol dak lak it shid Ghak Yis:

Dut lad uat gaox[4] zhous lox gaox lol kot dut lak,

Lob zax changd[5] lox muax lens njot dut lak Shid Ghak Yis,

Dut lad uat gaox zhous lox gaox lol kot dut lak,

Lob zax changd lox muax lens nyad lak it Shid Ghak Yis lak it.

施艺迅速摆出了神桌，
施艺赶快登上了神堂。
施艺坐在神桌上查，
施艺坐在神堂上巡。
施艺对他的九千八百神仙说：
感谢诸神啊能来医，
你们恩情我记得，
感谢诸神啊能来治，
你们恩情我记住。

Yad yad it yad keuk lik ngouk dub lad lob ndrual dongx[6] lox ncet lik ncet lik ek nzas dak lad ndraod ghouf ndox,

Shid it Ghak Yis lak it Shid Ghak Yis lak it yad lol haik leuf it,

Shid Ghak Yis dut lad mex nyaob mex hot lis lak it zaox lak zhit juas lak ongf dangd zhit dout lak it,

Shid Ghak Yis let yuad lol haik lak it,

Shid Ghak Yis dut lad nghaix dut lad yangx lik nzuad,

Nghaix jed rib lak let cangt dout lak dlangx lik npluad dol lak cangt nploub mangx lak it.

施艺敲锣声响彻天，
施艺对家人说，

你们请得晚我追不上也拦不住你们母亲的魂魄，

施艺对家人说，

母亲肉身已腐烂，

骨是麻秆骨身是蜜肉身治不了啦。

Shid Ghak Yis lak it yuad lol khat lak it,

Shid Ghak Yis lak it yad it yad zhes lik ngouk dut lad lob drongx yais lox ndros zhit uat lak it,

Shid Ghak Yis lak it yad it yad zhes lik ngouk dut lad lob drongx yais lox ndros zhit kot lak it,

Shid Ghak Yis lak it yad it yad keuk lik ngouk dut lad drangb nghangx nenb[7] lox caix lik ngouk lak it bes lik ghouf zhuat lak it,

Shid Ghak Yis lak it yad yad zhes lik ngouk dut lad drangb ndangx nenb lox caik lik ngouk luak let dex ghouf zhed lak dux ghak lal.

施艺就对家人说，

施艺要把那神桌撤下不再医，

施艺要把那傩堂停了不再治，

施艺把他的神杖搁置在那山崖，

施艺把他的神杖闲置在墙角边。

背景介绍

唱诵者： 李文生 Lax Shix Jait（1977—），男，文山市东山乡南林村委会红土坡村人，14岁师从本村李国文Faid Shenb Jait（1970—）。擅长苗族芦笙技艺。

李文生

演奏场域： 该辞属丧葬芦笙曲中的散曲，逝者去世后，在祭奠的过程中除程序以外都可以吹奏。

版本评述： 这是一首流传于苗族民间的悲情古辞，是苗族祭祀药王的渊源，也是研究芦笙散辞的重要素材之一。

采集整理： 罗永洪、黄英、熊兴朝、熊兴坛。

注 释

[1] Zhib：支使，使唤。

[2] Leud：赶，追赶，跟随。这里表示向四周打听厉害和有名的医者或巫师。

[3] Drongx Yais：施艺治病使用的桌子，也指神堂。

[4] Gaox：你，这里指的是施艺统领的能治病的各位神仙。苗族巫师在跳神中，常常说到自己Jaox Dreud Juax Cab Yif Buat Khuat，即携带很多的神仙。

[5] Zax Changd：礼物，礼金，恩情。

[6] Ndrual Dongx：铜鼓，锣鼓。

[7] Nghangx Nenb：神杆，神杖，指巫师神坛装饰，此物是巫傩的标志。

疫病芦笙辞
Ghenx Maob Deb[1]

Duas nyox ghens lak duas nyox ghens lak,

Deuf ghak bleul it lak ndox lis shod chab[2] lof ongt,

Duas nyox ghens duas nyox ghens lak,

Deuf ghak bleul it yad ndox lis shod chab it lad.

Xangt hlit ndox[3] lol lens lens droux laf zid doux treud lak ndox maob sheud[4] lak,

Zid doux zit ndox maob zit.

嘟牛庚啦嘟牛庚，

热季开始到来，

嘟牛庚哟嘟牛庚，

到了热天气，

七月天芭茅草抽穗天下疫病起，

芭茅草结籽呀天下疫情发。

Dex zid doux yad shad ndlaos bek lut lak bek lend bek lend ib ndangd daox,

Yad suk dout Box Lox Ghak Naf[5] it yad mol keuk dout ib lob guab[6] ib lob guab it yad ndros keuk naox laf !

Dex zid doux it yad shad ndlaos bek lut lak bek lend[7] ib ndrangb dleuf,

Yad suk dout Box Lox Ghak Naf it yad mol keuk dout ib lob guat it lak ib lob guat ndros keuk leuf,

Box Lox Ghak Naf it yad mol keuk dout ib lob guat it yad naox ib ghak dangs!

成片的果实累累呀满山坡，

博罗嘎娜捡到一棵毒药吃下啊！

成片的果实累累呀遍山垭，

博罗嘎娜捡了一棵毒药啊，

捡到一棵毒药啊来吃完！

Box Lox Ghak Naf it zos sangb hmaot ndros zhit gangx,

Box Lox Ghak Naf keuk dout ib lob guat it yad naox it ghak dangs.

Box Lox Ghak Naf it zos sangb hmaot ndros zhit hod,

Box Lox Ghak Naf dob ghak nzeus it yad shend ghak yens yad mol hot Box Lox Ghak Naf it lak lenx cenb gud jaos cenb dix it.

Box Lox Ghak Naf it lak lenx cenb gud jaos cenb dix,

Shend ghak yenl yad duax bongb shend ghak yenl yad duax zos.

天未亮啊博罗嘎娜，

她便捡到毒药来吃。

天未明哟博罗嘎娜，

那幺儿心急如焚请来她亲兄弟啊。

博罗嘎娜的亲兄弟啊，

他们忧心忡忡赶来哟心忧伤。

Box Lox Ghak Naf lenx cenb gud et jaos cenb dix,

Del ghak loux lof yad lol duad dex jangs chuax[8],

Loux it ghak del yad lol duad dex houd chuax[9] lak,

Yad lol haik dout nax laf beb fub it dlex ib ghak zal ghak ral,

Yad lol troub yad lol loub.

Box Lox Ghak Naf it ndros lol houk,

Box Lox Ghak Naf sheud lak lak sheud zhit dous it lak houk lak zhit dous.

博罗嘎娜的亲兄弟啊，

急忙找来药根啊左手舂，

迅速找到药首哟左手磨，

舀来三瓢水哟冷冰冰，

快快煨药呀快快倒药。

请博罗嘎娜起来喝，

她爬不起来喝也喝不到。

Box Lox Ghak Naf it lak lenx cenb gud jaos cenb dix,

Yad lol shuak dout Box Lox Ghak Naf it lak dex ndid del dex ndid del,

Yad zal ib rox ib zal ghak ras it Box Lox Ghak Naf it lak dex hlangb shat.

Box Lox Ghak Naf lenx cenb gud jaos cenb dix,

Yad los shuak dout Box Lox Ghak Naf it lak dex ndid deut dex ndid deut,

Yad zal ghak rox ghak ral ghak ras it Box Lox Ghak Naf dex hlangb bleud.

博罗嘎娜的亲兄弟，
抚摸着博罗嘎娜的手指，
但她气若游丝啊早已冷冰冰。
博罗嘎娜的亲兄弟，
抚摸着博罗嘎娜的脚趾，
她命悬一线啊早已凉飕飕。

Box Lox Ghak Naf it yad lens cenb gud jaos cenb dix,

Shend yox it yat shend lik ghak yenl yad lol haik dout Box Lox Ghak Naf it lak dob ghak nzeus,

Yad lol buas Box Lox Ghak Naf it lak buas del ghuax lak,

Yad lol buas dout Box Lox Ghak Naf yad lol buas it lak buas jed nyad lak nyad bes leus,

Yad lol haik lak zhit muax naf!

博罗嘎娜的亲兄弟啊，
他们忧伤地来与幺儿说，
来轻抚博罗嘎娜的手哭泣，
来抱着博罗嘎娜的身躯号哭，
哭诉从此没有了母亲！

背景介绍

罗正兵

唱诵者：罗正兵Baod Chib（1982—2024），男，文山市平坝镇腊窝村民委半坡村人，掌握当地苗族婚丧文化。师从腊窝村民委腊窝村小组陶开明Nzhuab Baok Dlob（1928—2010）。

演奏场域：该辞属丧葬芦笙曲中的散曲，逝者去世后，在祭奠的过程中除程序以外都可以吹奏。

版本评述：此辞是研究芦笙散曲和苗族迁徙到南方的重要参考资料之一。

采集整理：罗永洪、熊朝兰。

注释

[1] Maob Deb：疫情，疫病，传染病。

[2] Ndox Lis Shod Chab：热天气之始。

[3] Xangt Hlit Ndox：七月天。

[4] Ndox Maob Sheud：天病起。

[5] Box Lox Ghak Naf：博罗嘎娜，指女性逝者。芦笙词中专用的名词，也称为Box Ghak Naf。

[6] Ib Lob Guab：一棵毒（药）。Guab毒。

[7] Shad Ndlaos Bek Lut Lak Bek Lend：（草籽）成熟后随风摇曳互相碰撞发出如珍珠响声的样子。

[8] Jangs Chuax：药根。

[9] Houd Chuax：药头，药丛，药蔟。

杨亚辞
Yangx Yuas

杨亚芦笙辞
Ghenx Yangx Yuas[1]

Duas nyox ghens lox duas nyox ghens it lak,

Wef dol zhit yad zeuf[2] dout ib ngoux hnob lol lox?

Duas nyox ghens lox duas nyox ghens it lak,

Wef dol zhit yad zeuf dout yad it ndrous hlit lak?

嘟牛庚咯嘟牛庚嗯啦,

为什么会有一个太阳?

嘟牛庚咯嘟牛庚嗯啦,

为什么会有一轮月亮?

Yad wef dout juax lob hnob lox yif lob hlit lak it,

Yad rab dout nblax lax deb lox ngis bek nguad lak,

Yad lad wef dout juax lob hnob lox yif lob hlit lak it,

Yad rab dout nblax lax deb lox ngis bek ngouk lak duas lad zhad it lak.

Yab lad suk dout ib lenx ghak dus it yad shab lol rongt lak?

Yad suk dout Yangx Ghak Yuas it yad shab lol rongt lak,

Yangx Ghak Yuas it yad yad lad jaox ghak teud[3] it lak,

Yad mol ndod[4] dout dex ndongt mangx[5] lak dex ndongt tod[6] it lak ghous ghak nuas lak nghel ndlax deb lak.

从前天上有九个太阳八个月亮,

晒得人间干枯枯,

过去天上有九个太阳八个月亮,

晒得人间枯焦焦。

是谁心地善良?

是杨亚心地善良,

杨亚带着砍刀,

去砍倒枫树和松木。

Yad lad Yangx Ghak Yuas it yad yad lad muab dout yangd ghak boul jaox lol zuak dout sob[7] lak,

Yangd bel nzhik lak jaox lol zuak dout hnend it lak.

Yad duat lak dout juax lob hnob lol duas shik ndlob,

Yad duat nyaos dout yif lob hlit lak it duas shik ndit[8] lak.

杨亚把树干拿来组成箭,

把树梢制成弓。

射下九个太阳老天变黑漆漆,

射了八个月亮大地变暗沉沉。

Yad lad Yangx Ghak Yuas it yad shab zhit duas lax,

Yad lad nblax dax lax deb lak dex ghak nongs it yad zhit bof ged it lak mol keuk gangb lax,

Dex ghak ghaib it yad zhit bof ged it lak mol keuk nzhab lak.

Yab lad Yangx Ghak Yuas it yad shab zhit duas lax,

Yangx ghak Yuas it yad zhaod lak dout dol zhod zaix it yad dol zhod ndrous[9] it yad hot ngoux hnob lak,

Dol zhod zaix it yad zhod bes ndrous it yad lob shuab lox lax,

Yad lad ngoux lax hnob lox dex ndrous hlit lak nchait bes ncut[10] lak ngouf[11] bes rox lax.

杨亚心不安，
鸟儿看不见虫吃，
鸡儿看不清米啄。
杨亚心不甘，
杨亚找只花虎来喊太阳，
老虎啸声震天响，
太阳月亮害怕藏起来。

Yad lad Yangx Ghak Yuas it yad shab zhit duas lax,

Yangx Ghak Yuas it yad zhaod lak dout dol zid bux lux it bux ghak nyaox it yad hot ngoux hnob lak,

Dol zid bux lux it bux ghak nyox it yad nyox lox god ghak nded ghak nded lak it lol ndaot ndox lax,

Yad lad ngoux lox hnob lox dex ndrous hlit lak it nchait bes ncut lak zhit deuf lol lax.

Yad lad Yangx lax bes Yuas it yad shab lak zhit duas lax,

Yangx bes Yuas it yad yad lad zhaod nyaos dout dol loud ghaib it yad hot ngoux hnob lax,

Yad dol loud ghaib it yad ghuat bes leul[12] it yad nax beb shuab lax,

Ngoux lox hnob lox dex ndrous hlit lak let yad lad deuf bles bleus bles bleus[13] bes nbongt ndox nzhuab lax.

Yad lad Yangx ghak Yuas it yad shab zhit duas lax,

Yangx bes Yuas it yad zhaod nyaos dout dol loud jox lox it jox ghak ghaib[14] it yad hot ngoux hnob,

Dol loud ghaib it yad lob shuab rongt lak,

Ngoux lox hnob lox dex ndrous hlit lak yad deuf bles bleus bles bleus bes nbongt drongb lak.

杨亚心不死，
杨亚就拉头公牛来喊太阳，
牛角太长顶着天，
太阳月亮惊恐躲回去。
杨亚心也不安，
杨亚再抱只公鸡来喊太阳，
公鸡连续叫三声，
太阳和月亮冒头在天边。
杨亚心也不甘，
杨亚放只大公鸡来喊太阳，
公鸡鸣叫悦耳又动听，
太阳和月亮跃出现山头。

Yad lad ngoux lox hnob lox zhit muax dol bes zhit it yad dot leuf loud ghaib mongt,

Ngoux lox hnob lox dex ndrous hlit lak it yad muab dout lob ruas nyax[15] it yad dot leuf loud ghaib mongt[16] lak.

Loud ghaib it yad zhit zeux ndongt lak,

Draod ghak hnad ruas[17] duax dub ndox,

Draot ghak ghub ruas[18] lol dub houd lak.

Yad lad loud ghaib it yad zhit muax dlangb ghak zhit yuad dot leuf ngoux hnob mongt lak,

Loud ghaib it yad muab dout loud bes ghaib it yad lob ghak drangx[19] it yad dot leuf ngoux hnob mongt[20] lak.

Loud ghaib it yad ghuat bes leul,

Yad ngoux lox hnob lox dex ndrous hlit lak deuf bles bleus bles bleus bes dex njaot dleuf[21],

Yad lad ngoux lox hnob lox yad rab dout nblax lax deb lak dex loud ghaib lol lox dex bloub dik[22] lol lox dex bloub dut[23].

太阳月亮没有什么报答公鸡恩，
太阳月亮送把银梳报答公鸡恩。
公鸡不会戴哟，
将梳齿戴朝天呀戴朝天，
将梳背戴向头呀戴向头。
公鸡没有什么回报太阳，
送支竹箫来回报。
公鸡日日报晓鸣不止，
喊得太阳月亮追逐在山间，
照得大地亮堂堂，鸡鸣起舞万物生。

背景介绍

唱诵者：罗正喜Nzhuab Baok Chib（1958— ），男，文山市平坝镇小坝子村委会吗哩大地村（Naf Deb）人，掌握苗族婚丧习俗，擅长芦笙。师从柳井乡杨柳井村委会团田村马朝友 Zeux Rangs（1930—2005）。

演奏场域：该辞属丧葬芦笙曲中的散曲，逝者去世后，在祭奠的过程中除程序以外都可以吹奏。

采集整理：罗永洪、熊兴坛。

罗正喜

注 释

[1] Yangx Yuas：杨亚，苗族传说中一个射日月的神。
[2] Zeuf：长，生，有。
[3] Teud：锅铲、大勺等工具名称，在本文中指伐木工具；也是厨师别称，在丧葬礼俗中掌管吃喝的主要角色名称；抖，抖动。
[4] Ndod：砍。
[5] Ndongt Mangx：枫树。
[6] Ndongt Tod：松茅树。
[7] Sob：梭镖。
[8] Ndit：状词。
[9] Zhod Zaix Zhod Ndrous：带花纹的老虎。
[10] Nchait Bes Ncut：担惊受怕。
[11] Ngouf：躲，藏。
[12] Ghuat Bes Leul：鸣叫，鸣叫不止。
[13] Deuf Bles Bleus Bles Bleus：形容太阳出来在天边一种跳跃的样子。
[14] Loud Jox Ghaib：旺公鸡。
[15] Ruas Nyax：银梳子。
[16] Dot Mongt：答谢恩情。
[17] Hnad Ruas：梳齿。
[18] Ghub Ruas：梳背。梳子的齿背。
[19] Lob Drangx：（支）竹箫，笛。
[20] Mongt：音信，音讯。
[21] Njaot Dleuf：山坳，山垭。
[22] Bloub Dik：翅膀羽毛。
[23] Bloub Dut：尾毛，尾翼。

杨亚芦笙辞

Ghenx Yangx Yuas

Duas nyox ghens lox duas nyox ghens it lak,

Wef ghak zhit yad zit[1] ngoux hnob lak?

Duas nyox ghens lox duas nyox ghens it lak,

Wef ghak zhit yad zit ngoux hnob lak it?

Yad Yeuf Lux Shoub[2] das lox ib lik ghak lous yad mol muab dout ib nyax zas yad ib lik shik pat yuad zit ngoux hnob leuf it yad.

Wef ghak zhit yad zit ndrous lik hlit lak it?

Yad Yeuf Lux Shoub las lox ib lik ghak lous lak it yuad mol muab dout ib nyax zas yad ib lik shik pat yuad zit ndous hlit leuf it.

Yad lad zit dout juax lob hnob lak duax shik zos lak it,

Zit dout gouf lob hlit[3] lak ak duax shik zib[4] lak it.

嘟牛庚咯嘟牛庚嗯啦，

为什么要祭祀太阳？

嘟牛庚咯嘟牛庚嗯啦，

为什么要祭祀太阳？

是老尤叟有钱财要去祭太阳。

为什么要祭月亮？

是老尤叟有钱财要去祭月亮。

去祭出了九个太阳来到，

祭出了十个月亮来追赶。

Yad lad ngoux dax lax hnob das lox yad deuf duax lox it,

Ndrous deut leut hlit lak it yuad deuf lol lak it,

Ngoux dax lax hnob dub yuad rab lak it nblax lax deb leuf it ngis[5] lik shik nguad leuf,

Ib ghouf ndox lox it ngis lik shik ngob das lox ndros zhit cuat,

Ndongt lik ghak mangx dob yuad ib duab dol yad zeux lik njens das lox blox ghouf ndox lox it.

Yad lad Yangx it yad Yangx Ghak Yuas yad shab lak zhit duas it,

Yuad mol muab dout dex lik ghak lox lox it yad mol muab dout nax drangb dras lol shik ghak hnad lak it,

Yuad mol zad dout ndongt ghak mangx das lox les dout lob dluad lak it,

Yuad mol ndod leuf ndongt lik ghak lous leuf let dex dol lik jed ek,

Ndongt lik ghak mangx dub yuad ndlaos leuf ghak lens it yad nghel nblax deb leuf it yad.

九个太阳出来了，

十个月亮也出来，

太阳把人间晒得干枯枯，

天上也干得脆生生，

枫树都快要在天上消亡了。

杨亚心不服，

他去拿得一把带齿大刀，

要去砍断枫树腰，

要去劈断老树身，

枫树才快快滑落到人间。

Yangx it yad Yangx Ghak Yuas yad shab lak zhit duas lak,

Dit yad lad dis lik ghak lox lox it yad mol muab dout ndongt ghak mangx ib houd bul[6] leuf it lol rous[7] dout leuf ib lik ghak nzhik leuf lol rous hnend[8].

Yuad mol duat dout ngoux dax lax hnob das lox dex duab lob dluad it,

Yuad mol duat dout ndrous deut leut hlit lak dex ndos jed.

Ngoux dax lax hnob das lox nchait lik ncut leuf zhit deuf duax,

Ndrous deut leut hlit yad nchait lik nqenb das lox zhit deuf lol lak it,

Yad lad lob ndox zhouk leuf lik njab das lak zhit zeux gangx,

Lob deb it yad zhouk leuf lik ndit dak lak zhit zeux jit lak it.

杨亚心不死，

他将枫树头和树尖来制成弓和箭。

射中了太阳的腰，

射中了月亮的身。

太阳害怕不敢出，

月亮恐慌不敢露，

天上黑漆漆不见亮，

地上暗沉沉不见明。

Yad lad Yangx it yad Yangx Ghak Yuas yad shab lak zhit duas,

Yuad mol zhaod dout nax lik zhit yuad hot ngoux hnob leuf it,

Yuad mol zhaod dout nax lik zhit yuad hot hot ndrous hlit lak it.

Yuad mol zhaod dout nyox lik bux[9] lox hot ngoux hnob lak it,

Yad mol zhaod dout nyox lik bux lox hot ndrous hlit lak it.

Nyox lik bux leux it nghaod[10] ghak ngheut das lox beb duab lob shuab lak it,

Ngoux dax lax hnob das lox nchait lik ncut das lak zhit deuf duax ib,

Ndrous deut leut hlit yad nchait lik nqenb das lox zhit deuf lol lox,

Yad Lob ndox zhouk leuf lik njab das lak zhit zeux gangx,

Lob deb it yad zhouk leuf lik ndit das lak zhit zeux jit lak it yad lad.

杨亚心不甘，

想要去找什么来叫太阳，

想要去找什么来唤月亮。

就去找了头公牛来叫太阳，

就去找了头公牛来唤月亮。

公牛向天吼三声，

太阳害怕不敢出来，

月亮恐慌不敢露面，

天上暗沉沉不会亮，

地上黑漆漆不会明。

Yad lad Yangx it yad Yangx Ghak Yuas it yad shab lak zhit duas,

Yad mol zhaod dout dol loud ghaib[11] leuf ghak jongx shik baos[12] leuf it yad hot ngoux hnob leuf it,

Yad mol zhaod dout dol loud ghaib leuf ghak jongx shik baos leuf it yad hot ndrous hlit lak it.

Dol loud ghaib leuf ghak jongx shik baos lak it yad nzuax nzhongd leuf it lol nzhik dik yad nzhik dik lik nzhik dik lik nzhik dik it jat let ghuat lik ghak leus dax lox beb duab lob shuab,

Yad mol hot dout ngoux dax lax hnob das lox yad deuf duax lax,

Ib ndrous deut leut hlit lak it dob yuad deuf lol.

杨亚心不死，

又找来公鸡叫太阳，

找来公鸡唤月亮。

公鸡扇翅叫三声，

太阳便出来亮晶晶，

月亮便出来亮汪汪。

Ib ngoux dax lax hnob lak it shend ghak yenl sangd zhit muax lax ghak zhit yad dot lak ib ngoux lik ghaib das lax dex zox lob mongt[13] nat it,

Ngoux dax lax hnob das lox shend ghak yenl leuf it yad mol muab dout lob ruas nyax[14] lax,

Yad mol dot dout ngoux ghak ghaib das lox dex zox lob mongt lak it.

Ngoux ghak ghaib leuf it shend ghak yenl it yad zhit zeux jaox das lox zhit zeux ndongt lak it,

Zhaot shik hnad lol dub ndox lox it,

Zhaot shik ghub lol dub houk.

Ndrous deut leut hlit lak it shend ghak yenl sangd zhit muax lax ghak zhit yad dot lak ib ngoux lik ghaib lox dex zox lik mongt,

Ndrous deut leut hlit lak it shend ghak yenl leuf it yad mol muab dout lob ruas gob lak,

Yad lol dot dout ngoux lik ghaib das lox dex zox let mongt lak it.

Ngoux lik ghaib zhit zeux jaox das lax zhit zeux ndongt lak it,

Zhaot shik ghub lox lol dub lob houk zhaot shik hnad lak lol dub ndox lox it,

Zhaot shik ghub lox lol dub lob houk lak it yad.

太阳没有什么报答公鸡，
拿了一把银梳子送公鸡，
报答公鸡传信恩。
公鸡不懂系来不会戴，
把那梳齿戴朝天，
将那梳背来抵头。
月亮没有什么报答公鸡，
拿了一把金梳子送公鸡，
报答公鸡传信情。
公鸡不懂戴来不会系，
把那梳齿戴朝天，
将那梳背来抵头。

Ngoux dax lax hnob dud lad ndrous deut leut hlit it shend ghak yenb dob yad yaox dout Nzux Ghak Lox Shid lik Ghak Nyongs dud lad lob nbongt ndox,

Ib ngoux lik ghaib lak it loud lik ghaib lak it shend ghak yenl dud lad nyaob dout Nzux Ghak Lox Shid lik Ghak Nyongs dud lad lob nbongt deb lak it,

Ngoux dax lax hnob lak it shend ghak yenl lak of draod hnob bongb.

太阳和月亮欢快地在祝牛的天边追逐，
母鸡和公鸡高兴地在祝牛的地旁歌唱，
太阳从此安然自在来东升西落。

背景介绍

唱诵者：王祖云 Nzhuab Geuk Wos（1965— ），男，文山市开化街道干河社区旧城居民小组（Ghob Langs Raol）人，熟悉当地芦笙文化，掌握丧葬芦笙礼俗。

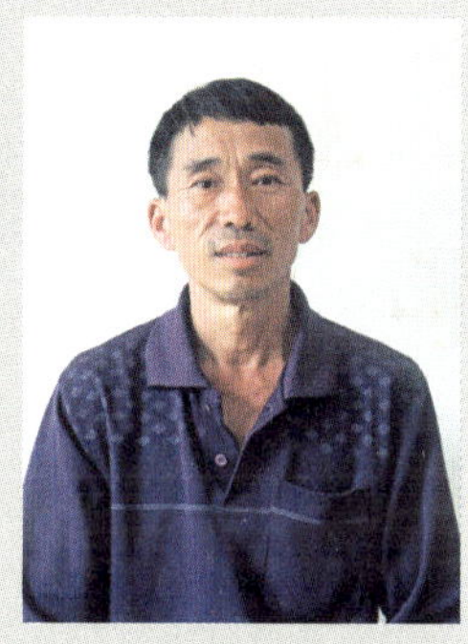
王祖云

演奏场域：Ghenx Yangx Yuas属丧葬芦笙曲中的散曲，逝者去世后，在祭奠的过程中除程序以外都可以吹奏和使用。

采集整理：罗永洪、熊文国、熊兴坛。

注释

[1] Zit：祭祀。
[2] Yeuf Lux Shoub：老尤叟，Yeuf Shoub的别称。
[3] Gouf Lob Hlit：十个月亮。此处是根据吟诵者的唱诵内容进行记录和翻译，在苗族中多数流传的为八个月亮，十个月亮疑为吟诵者口误。
[4] Zib：追，一个跟着一个。
[5] Ngis：干，脆。
[6] Houd Bul：树的根头。Bul是芦笙辞。
[7] Rous：组合，组装。
[8] Hnend：箭，弓箭。
[9] Nyox Bux：公牛。Bux公。这是Bux Nyos（成年公牛）的倒装说法。
[10] Nyox Nghaod：牛叫。
[11] Loud Ghaib：公鸡。
[12] Jongx Baos：特别旺盛的公鸡。
[13] Dot Mongt：传递消息。
[14] Ruas Nyax：银梳。

其他
Bef Zhangd

芦笙逝辞
Ghenx Duas

Ghenx Nzuad Muas
洗漱调

Duas nyox ghens[1] lol duas nyox ghens enb lat!

Deuf let bleul lak ndox sob chab lof,

Lob nax xongt ndros zhit rongt lak,

Ib lob xongt lak mol zos dangd nad.

嘟牛庚来嘟牛庚嗯啦!

初春已悄然到来,

却不是个好年头,

一年光景到如今。

Mox Ghak Nyongs[2] lat yad lol zhaot dout nax lob maob,

Nil bongb ghak nzhongs drout Box Ghak Naf[3] dex yangd jed.

Ib box ghak naf lat zhas yad maob shik nzas[4] lak duax ndruab shab,

Ncat ghak nzis[5] duax ndruab bleud lat!

Ib box ghak naf!

Zhas yad shend bek yens[6] zhas yad naox zhit doul,

Lol shend bek yens dak yad houk zhit doul lat ib.

魔噶牛啊来抛病种,

降落到博噶娜的身上。

博噶娜的肝隐隐作痛,

心也疼痛如针扎啦!

博噶娜啊!

惆怅着吃不下,

徘徊着喝不下。

Box ghak naf!

Zhas yad shend bek yens nchait yad blox,

Lol shend bek yens ndros yad duas lat ib.

Box ghak naf zhas yad duas ghak dangl,

Yad dak zhes dout ib lenx dob ghak yos lat ndros lol jat lat.

Ib lenx dob ghak yos lat,

Ib yad dak ndros dout ib lenx nyangb dak jaox lenx dis lat ib cix ghak dol[7] lat.

Yad mol muab dout tongb ghak yox lol bloub jous drox[8] lof,

Yad mol muab dout tongb ghak jed lak bloub jous jes[9] lat it.

博噶娜啊!

徘徊着恐怕要消逝,

彷徨着恐怕要去世啦。

博噶娜果真逝去了,

只留下一个亲儿子在世上。

亲儿啊,

家族到齐来和他夫妇俩商量。

挑着香椿木桶千里迢迢去取水,

担着构树木桶四面八方去挑水。

Yad mol gud dout dlex ghak zhit lak it?

Yad mol gud dout dlex ncuab reb[10] ek lof!

Yad mol gud dout ghak zhit lat ib?

Yad mol gud dout dlex ncuab ndongt[11] lat ib!

Yad lol troub lat ib,

Yad lol nzuad dout box ghak naf dak goud luax dlob lat,

Ib goud luax dlangs dak yangx ghak nzhuad.

Nzuad nzhaos ndruab blax deb lat ib ndros ghak nzhuad,

Nzuad nzhaos ndruab blax ndrangs lat ib ndros ghak dangl.

Ib shend bek yens dak yad guat muas bongb,

Lol shend bek yens dak yad guat muas shit yad guat muas shit.

去挑到什么水?

去挑到石洞青苔水!

去挑到什么水?

去挑到树洞青苔水!

将水烧热后,

要洗去博噶娜身上黑污泥,

要洗去博噶娜身上黄土垢。

洗漱水湿漉漉滴在世上,

洗漱水湿漉漉滴在世间。

惆怅着啊潸然泪下,

忧伤着啊眼泪洒呀眼泪洒。

Ghenx Kot Chaot

更衣调

Duas nyox ghens lol duas nyox ghens enb lat!

Deuf let bleul lak ndox sob chab lof,

Lob nax xongt ndros zhit rongt lak,

Ib lob xongt lak mol zos dangd nad.

嘟牛庚来嘟牛庚嗯啦!

初春已悄然到来,

今年不是个好年头,

一年光景到如今。

Mox Ghak Nyongs lat yad lol zhaot dout nax lob maob,

Nil bongb ghak nzhongs drout box ghak naf dex yangl jed.

Ib box ghak naf lat zhas yad maob shik nzas lak duax ndruab shab,

Ncat ghak nzis duax ndruab bleud lat!

Ib box ghak naf!

Zhas yad shend bek yens zhas yad naox zhit doul,

Lol shend bek yens dak yad houk zhit doul lat.

魔噶牛啊来抛病种,

降落到博噶娜身上。

博噶娜的肝隐隐作痛,

心也疼痛如针扎啦!

博噶娜啊!

惆怅着吃不下,

忧伤着喝不了。

Ib box ghak naf!

Zhas yad shend bek yens nchait yad blox,

Lol shend bek yens ndros yad duas lat!

Ib box ghak naf zhas yad duas ghak dangl,

Yad dak zhes dout ib lenx dob ghak yos lat ndros lol jat lat.

Ib lenx dob ghak yos lat!

Ib yad dak ndros dout ib lenx nyangb dak jaox lenx dis lat ib nzis ghak dol lat.

Yad mol muab dout box ghak naf dak yad lob chaot zhox ak ndros chaot nbuas[12] lat,

Yad lol kot lat box ghak naf dak yad hnangd ghak ngouk duax shout jed dat,

Shat[13] bek hlaot lat ib duax ndruab dluad lat ib!

Shens ghak yens dak yad plut lob nzhex,

Lol shend bek yens dak yad plut lob muas lat.

Shend bek yens dak yad guat muas bongb,

Lol shend bek yens dak yad guat muas shit yad guat muas shit!

博噶娜啊!

彷徨着恐怕将去世,

惆怅着恐怕要逝去啦!

博噶娜果真逝去了，
留下亲儿子一人在世间。
亲儿啊！
你夫妇俩要与亲人团结一心。
取博噶娜的绫罗绸缎衣，
拿给博噶娜穿在身，
帮博噶娜系在腰间呀！
轻轻地洗去你双耳的污垢，
缓缓地洗去你眼上的灰尘。
彷徨啊潸然泪下，
忧伤啊眼泪洒呀眼泪洒！

Ghenx Deut Ged
指路调

Duas nyox ghens lol duas nyox ghens enb lat!
Deuf let bleul lak ndox sob chab lof,
Lob nax xongt ndros zhit rongt lak,
Ib lob xongt lak mol zos dangd nad.
嘟牛庚来嘟牛庚嗯啦！
初春已经悄然到来，
却不是个好年头，
一年光景到如今。

Mox Ghak Nyongs lat yad lol zhaot dout nax lob maob,
Nil bongb ghak nzhongs drout box ghak naf dex yangl jed.
Ib box ghak naf lat zhas yad maob shik nzas lak duax ndruab shab,
Ncat ghak nzis duax ndruab bleud lat!
Ib box ghak naf,
Zhas yad shend bek yens zhas yad naox zhit doul,
Lol shend bek yens dak yad houk zhit doul lat.
Ib box ghak naf,
Zhas yad shend bek yens nchait yad blox,
Lol shend bek yens ndros yad duas lat!
Ib box ghak naf zhas yad duas ghak dangl,
Yad dak zhes dout ib lenx dob ghak yos lat ndros lol jat lat.
魔噶妞啊来抛个病种，
降落到博噶娜的身体上。
博噶娜的肝隐隐作痛，
心也疼痛如针扎啦！
博噶娜啊，
惆怅着吃不下，
彷徨着喝不了。
博噶娜啊，
彷徨着恐怕将逝去，
忧心着恐怕要去世啦！
博噶娜果真逝去了，
留下亲儿子一人在世上。

Ib lenx dob ghak yos lat,
Yad dak ndros dout lenx cenb dix jaox cenb gud lat ib cix ghak dol lat.
Yad mol muab dout naf drangb dras lat it,
Yad mol zab dout dol nzhuas xongb lat it,
Yad nzhual nded lak yad nzhual dout lat,
Nzhual dout nax duab dol lat.
Yad lol muab dout nax drangb dras lat ib,
Yad lol puat hlaot dol nzhuas xongb lat,
Ib tlat lik pleud lad duax aob shangb lat,
Muax cib kheb lat ib muax cib ghok[14] lat ib.
Yad lol uat dout ib lenx dlangb lat ib shik zuak lol[15],
Yad zuak let jangl?
Yad zuak let it!
亲儿啊，
你要和兄弟们齐心来商量。
拿起一把柴刀，
砍根竹子做竹卦，
所需长短测量好，

量得一根适合用。
去拿起一把柴刀，
将竹子对半剖开，
竹子瞬时成两片，
一片朝着上，一片朝着下。
才得以跟鬼神来对话，
要对什么话呢？
要对这样那样的话！

Ghenx Ruf Cax

入殓调

Duas nyox ghens lol duas nyox ghens enb lat!
Deuf let bleul lak ndox sob chab lof,
Lob nax xongt ndros zhit rongt lak,
Ib lob xongt lak mol zos dangd nad.
嘟牛庚来嘟牛庚嗯啦！
初春已悄然到来，
今年却不是个好年头，
一年光景到如今。

Mox Ghak Nyongs lat yad lol zhaot dout nax lob maob,

Nil bongb ghak nzhongs drout box ghak naf dex yangl jed.

Ib box ghak naf lat zhas yad maob shik nzas lak duax ndruab shab,

Ncat ghak nzis duax ndruab bleud lat!
Ib box ghak naf!

Zhas yad shend bek yens zhas yad naox zhit doul,

Lol shend bek yens dak yad houk zhit doul lat.
Ib box ghak naf!
Zhas yad shend bek yens nchait yad blox,
Lol shend bek yens ndros yad duas lat!
Ib box ghak naf zhas yad duas ghak dangl,

Yad dak zhes dout ib lenx dob ghak yos lat ndros lol jat lat.

魔噶牛啊来抛病种，
降落到博噶娜身。
博噶娜的肝隐隐作痛，
心也疼痛如针扎啦！
博噶娜啊！
惆怅着吃不下，
忧伤着喝不了。
博噶娜啊！
彷徨着恐怕将逝去，
悲伤着恐怕要去世啦！
博噶娜果真逝去了，
只留下亲儿子一人在世间。

Ib lenx dob ghak yos lat,

Yad dak ndros dout lenx cenb dix jaox cenb gud lat ib nzis ghak dol lat.

Yad mol muab dout box ghak naf dak yad hof ndongt mangx[16],

Lol hof ndongt tod dak xangb ghak nghad lat ib duax ndruab dangs lat ib!

Hof ndongt mangx lol hof ndongt tod!

Yad lol buas ghak raos[17] dak ek box ghak naf zhas yad mol teuf nax hnob mol teuf xongt.

Shend bek yens dak yad draod zhit dout lat ib,
Shend bek yens dak yad draod zhit dout!
亲儿啊，
你要和族人们一起来商量。
抬来博噶娜的枫木棺材，
抬来松木盒棺材横放在正堂！
枫木松木棺材啊！
把博噶娜拥抱着度过往后的年岁。
惆怅啊一去不返，
忧伤啊永世不归！

Ntrad Zid Ghenx Zid Ndrual

寻笙师鼓师调

Duas nyox ghens lol duas nyox ghens enb lat!
Deuf let bleul lak ndox sob chab lof,
Lob nax xongt ndros zhit rongt lak,
Ib lob xongt lak mol zos dangd nad.
嘟牛庚来嘟牛庚嗯啦!
初春已悄然到来,
今年却不是个好年头,
一年光景到如今。

Mox Ghak Nyongs lat yad lol zhaot dout nax lob maob,

Nil bongb ghak nzhongs drout box ghak naf dex yangl jed.

Ib Box Ghak Naf lat zhas yad maob shik nzas lak duax ndruab shab,

Ncat ghak nzis duax ndruab bleud lat!
Ib box ghak naf!
Zhas yad shend bek yens zhas yad naox zhit doul,
Lol shend bek yens dak yad houk zhit doul lat ib.
Ib box ghak naf!
Zhas yad shend bek yens nchait yad blox,
Lol shend bek yens ndros yad duas lat ib.
Box Ghak Naf zhas yad duas ghak dangl,

Yad dak zhes dout ib lenx dob ghak yos lat ndros lol jat lat.

魔噶牛啊来抛病种,
落到博噶娜的身上。
博噶娜的肝隐隐作痛,
心也疼痛如针扎啦!
博噶娜啊!
惆怅着吃不了,
忧郁着喝不下。
博噶娜啊!
彷徨啊恐怕将逝去,
忧郁着恐怕要去世啦。
博噶娜果真逝去了,
留下一个亲生儿子在世上。

Ib lenx dob ghak yos lat,

Yad dak ndros dout lenx cenb dix jaox cenb gud lat ib nzis ghak dol lat.

Yad mol ntrad dout ib ged rex nof jaox ged raol[18] lat ib dol zid ghenx nof ndros zid ndrual lat ib.

Ib ged rex nof dol zid ghenx nghel duax zos lat ib,

Yad dak dol zid ghenx nof yad lol muab dout ib ngoux ghens lat ib,

Chuab lis teud dex yangl xongb lat ib.

Yad dak ib goux ghens lat ib ndraod ghak ndrenl lat ib,

Yad lol bangf dout box ghak naf zhas yuad duas teux hnob lat ib.

亲儿啊,
你要和兄弟们同心齐力来商量。
走遍村村寨寨来找到芦笙师和鼓师。
来自村寨的芦笙师,
拿起带来的芦笙呀,
响亮吹起来。
笙曲悠扬又婉转,
博噶娜逝去便有陪伴。

Ib ged raos lat ib dol zid ndrual lat ib nghel duax zos lat ib,

Yad dak dol zid ndrual yad lol muab dout ib ndrous ndrual lat ib,

Kaob bes teud lat ib deud nyox dlob lat ib.

Yad dak ib ndrous ndrual lat ib ndraod bek ndrenl lat ib,

Yad lol bangf dout box ghak naf zhas yad duas teux hnob lat ib.

Ib ngoux ghens ek nof ib ndrous ndrual lak ndraod ghak ndrenl lat ib,

Yad lol bangf dout box ghak naf dak yad duas teux hnob ek nof duas teux hmaot lol lox duas teux hmaot!

来自村寨的鼓师，
拿起那鼓槌，
敲击起那黑牛皮鼓。
鼓声洪亮又清脆，
博噶娜逝去有陪伴。
笙声鼓调响起来，
日日夜夜伴随着博噶娜！

背景介绍

陶福祥

唱诵者：陶福祥 Gangf Vuk Dlob（1969— ），男，文山市德厚镇湖海村民委员会石榴红村人，擅长苗族芦笙技艺。

演奏场域：此辞属芦笙“散曲”，在丧葬中，除去吹奏程式曲目的时候不可使用，其余均可使用。

采集整理：罗永洪、熊文国、陶忠海、熊兴坛。

注释

[1] Duas Nyox Ghens：嘟牛庚，芦笙辞起调惯用音调短语。

[2] Mox Ghak Nyongs：魔噶牛，另有Nzux Shik Nyongs、Nzux Ghak Nyongs等称呼，在苗族传统文化体系中，指代掌管生死或病痛的鬼神。

[3] Box Ghak Naf：博噶娜，女性逝者的泛称，与之对应的是“Yeux Lik Zid（男性逝者的泛称）”。

[4] Maob Shik Nzas：隐隐作痛，阵痛。

[5] Ncat Ghak Nzis：气痛。

[6] Shend Bek Yens：惆怅、徘徊或彷徨着，低声呻吟着。

[7] Cix Ghak Dol：团结，到齐，同心同德。

[8] Bloub Jous Drox：四十步。文中指到很远的地方去挑水。

[9] Bloub Jous Jes：四十方，四十个方向。文中指四面八方去取水，用树枝丫表示各个方向，如Gaox Jes Ndox Gat（你那一方山）；Gaox Nyaob Jes Ndox Dus?（你在哪个方向）。

[10] Dlex Ncuab Reb：石洞青苔水。

[11] Dlex Ncuab Ndongt：树洞青苔水。

[12] Chaot Zhox Ndros Chaot Nbuas：绫罗绸缎做成的衣裳，指逝者出生时的胎盘。按照苗族的传统习惯，小孩出生时，如果是女孩，其胎盘一般埋在床脚，意为勤俭持家，繁衍后代；男孩则埋在房屋的中柱之下，意为长大后成为家庭的顶梁柱。这与苗族《指路经》是相一致的。

[13] Shat：系，拴。

[14] Ghok：朝下，本义指“闭合”。

[15] Zuak Lol：对话，通话；另有Qeut Zuak Lol指对话之处、接话的地方。

[16] Ndongt Mangx：枫木，古歌古辞中常见的“神树”，另见《文山苗学文库》图书中也翻译为“芋麻树”。

[17] Buas Ghak Raos：拥抱，相拥，环抱。

[18] Ged Rex Nof Jaox Ged Raol：村寨内外的往来关系。

孤儿芦笙辞
Ghenx Ndrous Nzhuas

Luas Ndid
铺调

Dut luas dut luas lad longt lol,

Longt lol box ghak lens lad lol longt lak zos lol box ghak lens lad zad,

Zad lal box ghak lend lak lak zal dal lal,

Lad it lak box ghak lend lol zox zox lol zox lox zot lol dif lad dux ghak las zox lox das lens box ghak lax zal,

Dit zox dus dlangt lak leut dux duas dux lol lol das lent lid lol zot.

嘟啦嘟啦拉隆咯，

隆咯伯噶嘞拉咯隆啦咗咯伯噶嘞拉咋，

咋喇伯噶嘞啦啦咋哒喇，

拉依啦伯噶嘞咯唑唑咯唑咯咗咯嘀拉嘟噶啦唑咯哒嘞伯噶喇咋，

嘀唑嘟啷啦嘞嘟哒嘟咯咯哒嘞哩咯咗。

Zot lol das zot lot box ghak lent lad zad,

Dlongf lad box ghak lent lid lax zal,

Zal ad lak das lal box ghak lens lad,

Zad lal box ghak lend lat las zal das lal,

Lad ek lak box ghak lend lol zox zox lal zox.

咗咯哒咗咯伯噶嘞拉咋，

隆啦伯噶嘞哩喇咋，

咋啊啦哒喇伯噶嘞拉，

咋喇伯噶嘞啦拉咋哒拉，

拉哎啦伯噶嘞咯唑唑喇唑。

Zot lol dif lad box ghak lak zox lol duas lens box ghak lax zal,

Dit zox dus dlangt leut dux duas dux lol lol dux ghak lent lid lol zot,

Zot lol duas zot lot box ghak lent lad zad,

Dlongf lad box ghak lent lid lax zax,

Zhix lax zal.

咗咯嘀拉伯噶啦唑咯哒嘞伯噶喇咋，

嘀唑嘟啷嘞嘟哒嘟咯咯嘟噶嘞哩咯咗，

咗咯哒咗咯伯噶嘞拉咋，

隆拉伯噶嘞哩喇咋，

吱喇咋。

Dlongx lak box ghak longx lax lal zal,

Zal lent lak lent leul box ghak lent dex luas,

Zot lot box ghak lend did lak zot lot lit,

Zox lol das zox lol longx duas.

隆啦伯噶隆喇啦咋，

咋嘞啦嘞嘞伯噶嘞嘚啦，

咗咯伯噶嘞嘀啦咗咯哩，

咗咯哒唑咯隆哒。

Zox lox longx duas lat las longx lax lal zal,

Zas das lax zal lal dlongx lal lal lal,

Zox dux ghak lens lol deut leut dux ghak lens lol did zul ongx lal,

Zox box ghak lenx lol deut leut box ghak lenx lol lad zol ongx lal.

唑咯隆哒啦拉隆喇啦咋，

咋哒喇咋啦隆拉拉拉，

咗嘟噶嘞咯嘚嘞嘟噶嘞咯嘀祝嗯拉，

唑伯噶嘞咯嘚嘞伯噶嘞咯拉唑嗯喇。

Zox lox zol lad box ghak leut box ghak lent it lad zad,

Zad lad dit lad zot lot box ghak lad lol did zot lot box ghak lens los duas,

Dis zox duas.

唑咯咗拉伯噶嘞伯噶嘞依拉咋，
咋拉嘀咗咯伯噶拉咯嘀咗咯伯噶嘞咯哒，
嘀唑哒。

Duas ndeut ib zhib dib lak duas leux box ghak leut lid duas leux box ghak lol,

Duas leux box ghak leut lid duas haik it lak,

Duax leux box ghak duax zol lol lol.

死在那吱嘀啦哒嘞伯噶嘞哩哒嘞伯噶咯，
哒嘞伯噶嘞哩哒嗨依啦，
嗒嘞伯噶嗒唑咯咯。

Zot lol dif lad ek lak lend lox zox,

Zot lad box ghak lend lat dut luas,

Dlangt longf lad box ghak lend lat gud luas,

Dlangt longf lad box ghak lent lat lad box ghak lens lat box ghak lens ib lak.

咗咯嘀拉诶啦嘞啰唑，
咗拉伯噶嘞啦嘟啦，
啷隆拉伯噶嘞啦咕啦，
啷隆拉伯噶嘞啦拉伯噶嘞啦伯噶嘞依啦。

Duas nyox blis it yad blis it yad blox lox box ghak lad,

Lad dlat lak box ghak lenx das lal,

Lad box ghak lat lat box ghak lend lax zax,

Zax das lak renx lak dlat lak box ghak lend lax zax.

哒牛哗依呀哗依呀伯啰伯噶拉，
拉哒啦伯噶嘞哒喇，
拉伯噶啦啦伯噶嘞喇咋，
咋哒啦韧啦哒啦伯噶嘞喇咋。

Zax lak lal ongx lox zax lak lal ongx,

Dut lol duas lad box ghak lat lol dit lad lik luas,

Kox lox box ghak luas lut ghenx.

咋啦喇嗯啰咋啦喇嗯，
嘟咯哒拉伯噶啦咯嘀拉哩啦，
阔啰伯噶啦噜庚。

Nbet Ghenx

说辞

Nzhab Lol Ib

内容一则

Lad dit lad zot lol lox,

Duas nyox ghens lox duas nyox ghenx it lak,

Ngoux ghak nzhuas it yad zhit muax naf lol lox!

Duas nyox ghens lox duas nyox ghens it lak,

Ngoux ghak nzhuas it yad zhit muax naf lak,

Ndrous bes nzhuas it yad zhit muax zid.

啦嘀啦唑啰咯，
嘟牛庚咯嘟牛庚咦啦，
孤儿呀没有父母！
嘟牛庚咯嘟牛庚咦啦，
孤儿呀没有母亲，
孤儿呀没有父亲。

Yad lad ngoux ghak nzhuas it yad shend bes yens it yad zhit muax dus lol khat[1] lak,

Ndrous bes nzhuas it yad shend bes yens it yad zhit muax dus lol khuab lak it yad!

Ngoux ghak nzhuas it yad shend bes yens it yad zhit muax qeut lol dlait[2] lak,

Ndrous bes nzhuas it yad shend bes yens it yad zhit muax qeut lol buab[3] lak it yad lak!

孤儿哀叹呀没有谁来教育，
悲泣呀没有谁来教导呀！
孤儿感伤啊无依又无靠，
心酸哟没无处可安身！

Ngoux ghak nzhuas it yad shend ghak yens it yad zhit muax naf lak,

Ndrous bes nzhuas it yad shend bes yens it yad zhit muax zid lak it yad!

Ngoux ghak nzhuas it yad shend bes yens it yad guat muas ndros lox,

Ndrous bes nzhuas it yad shend bes yens it yad guat muas **shit**[4] lol lox guat muas **shit**!

孤儿呀哀叹着没有母亲，
孤儿呀悲泣着没有父亲！
孤儿感伤呀眼泪掉，
孤儿心酸呀眼泪流！

Ghenx Njangd Ib

一则衔接

Lol das nyox lent lid dlongb lat zox ghak lenx luas,

Kox lox zox ghak duas nyox ghend lol dut zox ghak lens dlongb lol dut zox ghak lens lad,

Dut zox ghak lens dlongb lol duas lens lad,

Dit lad zox ghak lens it lak.

咯哒牛嘞哩隆啦唑噶嘞啦，

阔咯唑噶哒牛庚咯嘟唑噶嘞隆咯嘟唑噶嘞啦，

嘟唑噶嘞隆咯哒嘞啦，

嘀啦唑噶嘞依啦。

Dix lax zox ghak lens lol,

Zox ok lol ib lak zox ok lol zos let duas leb mol zos,

Duas mol yad ghens it lak yad,

Ghens daf lol dit lit ib dlongb lak box ghak lenx luas,

Kox lox box ghak luas lut ghens.

嘀啦唑噶嘞咯，

唑哦咯依啦唑哦咯唑嘞哒嘞磨唑，

哒磨呀庚咦啦呀，

庚哒咯嘀哩哩隆啦伯噶嘞啦，

叩咯伯噶啦噜庚。

Nzhab Lol Aob

内容二则

Lab dit lad zot lol lox,

Duas nyox ghens lox duas nyox ghenx it lak,

Ngoux ghak nzhuas it yad zhit muax naf lol lox!

Duas nyox ghens lox duas nyox ghens it lak,

Ngoux ghak nzhuas it yad zhit muax naf lak,

Ndrous bes nzhuas it yad zhit muax zid lak it yad lad!

啦嘀啦唑啰咯，

嘟牛庚咯嘟牛庚咦啦，

孤儿呀没有父母！

嘟牛庚咯嘟牛庚咦啦，

孤儿呀没有母亲，

孤儿呀也没有父亲！

Ngoux ghak nzhuas it yad shend bes yens it yad zhit muax dus lol khuab lak,

Ndrous bes nzhuas it yad shend bes yens it yad zhit muax dus lol khat lak it yad!

Ngoux ghak nzhuas it yad shend bes yens it yad zhit muax qeut lol dlait lak,

Ndrous bes nzhuas it yad shend bes yens it yad zhit muax qeut lol buab lak it yad lak!

孤儿哀叹啊没有谁来教导，

悲泣哟没有谁来教育呀！

感伤啊无依无靠，

心酸哟无处安身！

Ngux ghak nzhuas it yad shend ghak yens it yad zhit muax naf lak,

Ndrous bes nzhuas it yad shend bes yens it yad zhit muax zid lak it yad!

Ngoux ghak nzhuas it yad shend bes yens it yad guat muas ndros (bongb) lox,

Ndrous bes nzhuas it yad shend bes yens it yad guat muas **shit** lol lox guat muas **shit**!

孤儿呀哀叹没有母亲，

孤儿呀悲泣没有父亲！

孤儿感伤呀眼泪掉，

孤儿心酸呀眼泪流！

Ghenx Njangd Aob

二则衔接

Lol das nyox lent lid dlongb lat zox ghak lenx luas,

Kox lox zox ghak duas nyox ghend lol dut zox

ghak lens dlongb lol dut zox ghak lens lad,

Dut zox ghak lens dlongb lol duas lens lad,

Dit lad zox ghak lens it lak,

Dix lax zox ghak lens lol.

咯哒牛嘞哩隆啦唑噶嘞啦，

阔咯唑噶哒牛庚咯嘟唑噶嘞隆咯嘟唑噶嘞啦，

嘟唑噶嘞隆咯哒嘞啦，

嘀啦唑噶嘞依啦，

嘀啦唑噶嘞咯。

Zox lol ib lak zox ok lol zos let duas leb mol zos,

Duas mol yad ghens it lak yad.

Dut lol dlongt lol lox das lal zal,

Lal box ghak lent let dit lad box ghak lens let box ghak lens lib lak.

唑哦啦依啦唑哦咯唑嘞哒嘞磨唑，

哒磨呀庚咦啦呀，

嘟啰隆啰咯哒喇咋，

喇伯噶嘞嘞嘀拉伯噶嘞嘞伯噶嘞哩啦。

Zox lak it dlongb lad zot box ghak lenx duas,

Lad dit lad dlat lat box ghak lenx das lal,

Lad box ghak lat lat box ghak lend lak zas,

Zas lak rens lak dlat lat box ghak lend lak zas.

唑咯依隆拉咗伯噶嘞哒，

拉嘀拉哒啦伯噶嘞哒啦，

拉伯噶啦啦伯噶嘞啦咋，

咋啦韧啦哒啦伯噶嘞啦咋。

（此句为收尾，当听到这句时，鼓声要改为结鼓打法，即为“咚咚咚咚咚，咚”，连击三次。当吹到第三指时，再加上一句“Chuab dangl lox, dex gud dix lox dex gud luas”，就结束此曲芦笙曲。）

Zax lak lak ongx lol lox zax lak ongf lox,

Dut lol duas lad box ghak lat lol dit lad lis luas,

Kox lox box ghak luas lut ghens.

咋啦啦嗯咯啰咋啦嗯啰，

嘟咯哒拉伯噶啦咯嘀拉哩啦，

阔咯伯噶啦噜庚。

背景介绍

罗正喜

唱诵者： 罗正喜 Nzhuab Baok Chib（1958— ），男，文山市平坝镇小坝子村委会吗哩大地村（Naf Deb）人，掌握苗族婚丧习俗，擅长芦笙。师从柳井乡杨柳井村委会团田村马朝友 Zeux Rangs（1930—2005）。

芦笙辞结构： 该曲根据师傅教授的散曲芦笙曲进行苗文转写和整理，其中的段落是整理者设置的，在演奏时不可间断，全部相连吹奏。分段的目的是为使读者大体了解在丧葬过程中“Hmongb Shib”（蒙诗）学习散曲芦笙的结构和框架，以方便芦笙学习者找到突破口。完整的散曲芦笙框架为Luas Ndid+Nbet Ghenx × 3 Ndid（即Ndid Dut、Ndid Zos、Ndid Luad）+Chuab dangl lox，即先吹Luas Ndid部分，再接三遍Nbet Ghenx，三遍Nbet Ghenx要吹完三指，再接最后的Chuab Dangl Lox，Dex Gud Dix Lox Dex Gud Luas。在散曲芦笙中，可以将本文中内容一则和内容二则换成其他散辞。本曲配鼓技巧为：吹奏内容一则和内容二则时，只打鼓边，即为“哒哒，哒哒，哒哒……”，其余部分为击三次鼓心，再配一次鼓边，即为“咚、咚、咚，哒”。

演奏场域： 此辞属芦笙“散曲”，在丧葬中，除去吹奏程式曲目的时候不可使用，其余均可使用。

采集整理： 罗永洪、熊兴坛、熊文国。

注释

[1] Khat：教育，教授。文中后句提及“Khuab”，意思相同。也可与该词相连“Khuab Khat”，也是教的意思。

[2] Dlait：挂，吊，垂。

[3] Buab：依靠。

[4] Shit：第一指音调位置。为Ndid Dut、Ndid Zos、Ndid Luad三指变换的地方。在苗族芦笙中，每曲要吹奏三指才结束，其三指均在本文中Nbet Ghenx（说辞）中变动。第一指为Ndid Dut，即在演奏这曲芦笙第一遍演奏至此位置时，手指必须按（指）的是Ndid Dut这根芦笙管；第二指为Ndid Zos，即在演奏这曲芦笙第二遍演奏至此位置时，手指必须按（指）的是Ndid Zos这根芦笙管；第三指为Ndid Luad，即在演奏这曲芦笙第三遍演奏至此位置时，手指必须按（指）的是Ndid Luad这根芦笙管。

天亮芦笙辞

Ghenx Gangx Ndos

Duas nyox ghenx duas nyox ghens,

Gangx lak ndox lak dangs gis let gangx,

Duas nyox ghenx duas nyox ghens,

Gangx lak ndox lak dangs gis let gangx,

Sangb ndox dangs gis lak nzod lak zhit nzod?

Duas lak ib ngoux das lak hnob zhit deuf duax,

Ib ndrous hlit zhit deuf lol!

Box Lox Ghak Naf it yad sheud ngoux das lak hnob lob nzhol nyax[1] lol nzhol jat,

Ib ndrous hlit lob nzhol gob[2] lol nzhol zhes!

Box Lox Ghak Naf leud ib dol loud ghaib loud lik ghaib let ib ghuax,

Nzuax lax shik teud shik teud ib shik teud lol ndros ghuat!

Sheud muab lik dout box lox ghak naf leud it ngoux das lax hnob lob nzhol nyax lol hlet jat,

Ib ndrous hlit lob nzhol gob lol hlet zhes!

Box Lox Ghak Naf ngoux das lak hnob let deuf duax!

Ib ndrous hlit let deuf lol!

Box Lox Ghak Naf sheud ngoux das lak hnob deuf shik teud shik teud,

Ib shik teud shik teud duas ndeuf it lof duas ndeuf it!

嘟牛庚嘟牛庚，

清晨天亮了，

嘟牛庚嘟牛庚，

清晨天明了，

天边亮了早不早？

太阳没出来，

月亮也没出现！

博罗嘎娜那太阳被银锁锁住，

月亮被金锁锁稳！

博罗嘎娜赶来一只大公鸡鸣叫，

扇动翅膀来鸣唱！

才把金锁打开来，

才把银锁打开来！

太阳才出来！

月亮才出来！

博罗嘎娜那太阳才蹦跳着，

照耀在天那边！

背景介绍

唱诵者：熊林跃 Gox Shenb Hmaob（1984— ），男，文山市柳井乡新发寨村委会老帽子寨村人，擅长是苗族芦笙技艺。

熊林跃

演奏场域：此辞不属于丧葬程式曲目，在丧葬仪式里天即将亮时演奏。

采集整理：罗永洪、黄英、熊兴坛。

注 释

[1] Nzhol Nyax：银锁。

[2] Nzhol Gob：金锁

夜半芦笙辞

Ghenx Ndrangb Hmaot[1]

Lat lad hlat dix duas nyox ghens[2] duas nyox ghens enb lat,

Lob ndox zal ghak rox ghak ras dex dangs hmaot.

Dix duas nyox ghens duas nyox ghens enb lat,

Lob ndox zal ghak rox ghak ras dex dangs hmaot,

Lob deb zal ghak rox ghak ras dex dangd nad.

啦啦哪滴嘟牛庚嘟牛庚嗯啦,

半夜呀天渐渐阴冷。

滴嘟牛庚嘟牛庚嗯啦,

夜晚呀天渐渐寒凉,

大地呀越来越阳寒。

Jangl Box Ghak Naf[3] it yad[4] njet zangx but buas dob lak buas gid but,

Njet zangx ndlob lak buas dob lak buas gid ndlob.

Jangl Box Ghak Naf it yad uat lak ib dol nbout shuad ndros zhit rongt lak,

Box Ghak Naf it yad zox hmongd blox lak ndros yuad bongb,

Zox hmongd duas ndros yuad dit ek!

Box Ghak Naf it yad sheud lol haik dout:

Gaox zid lak ib yat gaox zid!

God njet zangx but buas dob lak buas gid but,

Njet zangx ndlob lak buas dob lak buas gid ndlob ek.

God uat lak ib zox nbout shuad ndros zhit rongt ek,

God zox hmongd blox lak ndros yuad bongb lak,

Zox hmongd duas ndros yuad dit ek!

博嘎娜上床睡也抱着儿孙睡,

博嘎娜上床眠也抱着儿孙眠。

博嘎娜做了个不吉利的梦,

说博嘎娜的逝期将要至,

死期将要来呀!

博嘎娜咿呀起身说:

孩子他爸呀!

我抱着儿孙上床睡,

抱着儿孙上床眠呀。

我做了个不吉利的梦,

梦到逝期将要至,

死期将要近呀!

Jangl Box Ghak Naf it yad lenx dob gut jaox dob dix,

Yad del ghak loux it yad jaox xangb lak,

Del ghak nangs it yad jaox ndeud,

Yad ntuad nenb lak zox ged dleb[5],

Yad ntuad yais lak zox ged dlangd[6].

Yad mol zos Shid Ghak Yis it yad keuk lik ngouk ib zhuf xangb lak gob zhit rongt ek,

Yad mol zos Shid Ghak Yis it yad keuk lik ngouk ib jux ndeud gob zhit hod.

Box Ghak Naf it yad zox hmongd blox lak ndros yad bongb,

Zox hmongd duas lak ndros yad dit ek!

博嘎娜的儿女们,

右手拿着香,

左手捏着纸,

要占卜让路远,

要驱邪让道宽。

求得施艺燃香燃不好,

找到施艺烧纸烧不尽。

博嘎娜的厄运将要至,

博嘎娜的死期真要来啊!

Box Ghak Naf it yad lenx dob gut jaox dob dix ib Shid Ghak Yis yad draod lol zos.

Box Ghak Naf it yad shab zhit duas ek,

Box Ghak Naf it yad lol nos dout lenx dob gut jaox dob dix,

Ib zhuf xangb lak gab gob rongt?

Ib jux ndeud gab gob hod lak zhit hod?

Lenx dob gut jaox dob dix it yad lol haik dout Box Ghak Naf,

Ib zhuf xangb lak gob zhit rongt,

Ib jux ndeud gob zhit hod.

Box Ghak Naf it yad zox hmongd blox ndros yad bongb lak,

Zox hmongd duas ndros yad dit ek!

尽管儿女们和施艺已来到。
博嘎娜她见了不甘心，
博嘎娜来问儿女们，
一炷香燃得好不好？
一卷纸烧尽了没有？
侄子们告诉博嘎娜，
一炷香来燃不好，
一卷纸也没烧尽。
她的厄运将要至，
她的归期已来临！

Lenx dob gut jaox dob dix,
Yad lol nyad ghak leul ek zhit muax zid,
It nyad ghak leul ek zhit muax naf.
Shend ghak yenl it yad guat muas bongb,
Shend ghak yenl it yad guat muas shit.
Lof das lox lof ongx dlongb lat,
Dol ghak lent das laf zof!

博嘎娜的儿女们，
放声痛哭啊没有父亲，
放声哀号哟没有母亲。
惆怅啊泣不成声，
忧伤哟潸然泪下。
咯哒咯咯呕咚啦，
哆噶呤哒啦嘬！

背景介绍

唱诵者：陶成友 Vangf Laok Dlob（1950— ），男，文山市德厚镇朝阳村委会卡左村人，掌握当地苗族婚丧习俗及芦笙演奏。

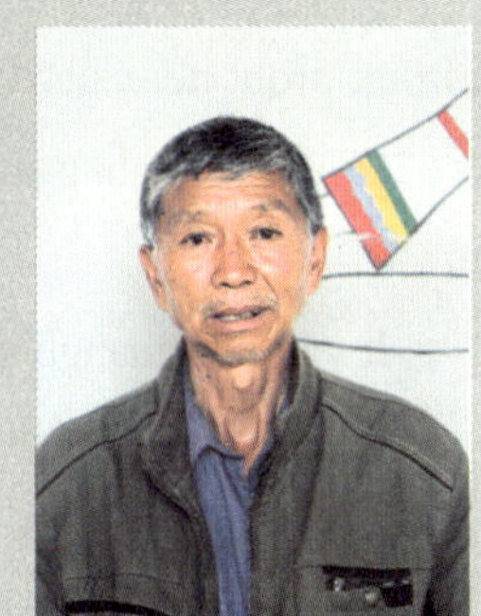

陶成友

演奏场域：此辞不属于丧葬程式曲目，在丧葬仪式里，一般在半夜时演奏。

采集整理：罗永洪、熊文国、熊兴坛、陶永林。

注释

[1] Ghenx Ndrangb Hmaot：夜半芦笙曲。另有别名Ghenx Nbout Shuad（芦笙梦曲）。

[2] Duas Nyox Ghens：嘟牛庚，系半音译。等同于其他地区的Des Nyox Nzhus，是芦笙辞中引出性、衔接性和标志性等多种功能的短语，通常置于辞首，在实意语句之间衔接。

[3] Box Ghak Naf：音译为博嘎娜，女性逝者的统称，另有Box Nas Loul和Box Lox Ghak Naf等称呼。

[4] It Yad：咿呀，系音译，半虚词，多数句式中无实意，作芦笙音调词，用于衔接前后句，该词较为灵活，存有义项“要”的情况。

[5] Ged Dleb：路远，指延长生命。

[6] Ged Dlangd：路宽，生命之路宽广，指祛除病魔让生命得以延长。

夜半芦笙辞

Ghenx Ndrangb Hmaot

Jangs nyox ghens lol ongx jangs nyox ghens enb lat,

Zhouk ndox dex dangs hmaot,

Ib deb zhouk dex dangs hmaot it yuad.

嘟牛庚嘟牛庚嗯啦，

天黑到半夜，

地黑已三更。

Beb yuad haik yot it yuad,

Suk it yuad ib ghak loul ndros duas dangl,

Ib ghak loul it yuad zhes ib jaod dob bek ndroux drout ndax deb,

Ib ndroux ghak nzhuas drout nblax ndrangs lat.

It yad dot ghangb ndroux,

It yad ndroux ghak nzhuas.

Shend ghak yens it yad lol haik dout:

Zox ged ndroux yuad uat jangs uat?

Zox ged nzhuas yuad uat jangl uat?

我们要说啊，

长者已经逝去，

留下子女在世间，

留下孤儿在人间。

从此将阴阳两隔，

只留孤儿在世。

惆怅着吟唱道：

生离死别之的路怎么走？

孤儿凄惨的生活怎么过？

Suk ib yuad dot ghangb ndroux[1],

Ib ndroux ghak nzhuas.

Shend ghak yenl ib yuad lol haik:

Zox ged ndroux yuad jangl lol uat?

Zox ged nzhuas yuad jangl lol uat lak?

Dit yuad luad dot ghangb ndroux,

Ib ndroux ghak nzhuas,

Shend ghak yenl it zhit muax naf,

Nyad bek leuf it yuad zhit muax zid lat!

长者真要阴阳两隔，

从此只留下孤儿。

忧心忡忡地吟唱道：

生死离别之路怎么走？

孤儿凄凉的日子怎么过？

长者真要阴阳两隔，

从此只留下了孤儿。

悲伤呀从此没有了母亲，

哀痛呀从此没有了父亲！

Dit yuad lat dit,

Yad dent lat dol lak lol zhof luad,

Zhob lol ak lox lol dib dlangb lot,

Dib lof lak ongx lof zhas dex mik nongt (longt) shenk[2] lof.

Zhot lat dol lak lent lof zhof,

Dit lat dol lak lad lad.

Zhot lak dol lak lent lol,

Dit dax ghens ghens lol zhof.

嘀呀啦嘀，

呀嘚啦哆啦咯咋啦，

咋咯啊咯咯嘀当咯，

嘀咯啦咚咯咋嘚咪哝呻咯。

咋啦哆啦呤咯咋，

嘀啦哆啦啦啦。

咋啦哆啦呤咯，

嘀哒笙笙咯咋。

Dangx lax dax las las ib yot,

Dangx lax dax las lof.

Lof ib lenx bof ib yot,

Zhos lof ongx lof ib yot.

Zhos lof ongx lad zhad,

Zhos lof ongx lad zhad,

Dol lak lent dit yad zhad,

Lad lof lens zhox lol dib dlongb lot.

Dib lof lak ongx lof zhas dex mik nongt(longt) shenb lof,

Lol yat lol gox lol gox duas nyox ghens[3].

当啦哒啦啦咿哟，

当啦哒啦咯。

咯咿呤啵咿哟，

咋咯咚咯咿哟。

咋咯咚啦咋，

咋咯咚啦咋，

哆啦呤嘀啦咋，

啦咯呤咋咯嘀咚啦。

嘀咯啦咚咯咋嘚咪哝呷咯，

咯呀咯噶咯噶嘟牛庚。

背景介绍

项保堂

唱诵者：项保堂Xongx Dangs（1972—2023），男，文山市卧龙街道塘子寨社区姑娘寨居民小组人，擅长苗族芦笙技艺。师从砚山县界牌村Nyax Yeuk（汉语姓名不详）和青海村其岳父吴金成Khuat Lik Dlob。

演奏场域：此辞不属于丧葬程式曲目，在丧葬仪式里，一般在半夜时演奏。

采集整理：罗永洪、熊文国、熊兴坛、马羿歌、邹玉珍。

注释

[1] Dot Ghangb Ndroux：告别后人。

[2] Dex Mik Nongt（Longt） Shenk：暂时无法翻译，疑为苗族古语。类名词，芦笙曲艺词汇，做芦笙曲韵律词。

[3] Lol Gox Lol Gox Duas Nyox Ghens：在标志性起调词Duas Nyox Ghens前重复Lol Gox，疑为曲艺芦笙辞的起调技巧。

夜半芦笙辞

Ghenx Ndrangb Hmaot

Duas nyox ghenx duas nyox ghenx enb lat,

Zos ndox zhis lol ongx dex ndrangb hmaot[1];

Lol ongx duas nyox ghens duas nyox ghens end,

Deb let zhis lol ongx dex ndrangb hmaot.

嘟牛庚嘟牛庚嗯啦，

半夜三更呀天黑尽；

滴嘟牛庚嘟牛庚嗯啦，

三更半夜呀天漆黑。

Beb yuad chod lat beb yuad haik lat ib,

Suk leuf ib luak muax gud luak muax dix,

Lat ib luak muax ved lak luak muax njoul lak,

Ib luak yuad mol but ndlob[2] lat it.

Suk dout dlangb ndraox ib ghak nzhuas,

Ndros zheus gud ndros zheus dix lat it yad dad lad.

Des ghak loux lak lol yad gheuf dob,

Del ghak nangs lat it yad gheuf gid let.

我们要吹奏呀我们要诉说，

人家有兄又有弟，

人家有姐又有妹，

人家可以去休息。

逝者留下这孤儿，

他无兄弟又无姐妹。

左手要照管儿女，

右手要照料子孙。

Yad mol nyad lenx ghak loul lak ib dex ndid del lak it lol luax ghongb,

Yad mol nyad lenx ghak loul it dex ndid deut lol luax ndraox.

Ib lenx ghak loul ib shend ghak yenl,

Lenx ghak loul ndros zhit boub lak it yad dad lad,

Lenx ghak loul ib lenx nyangb lat it yad mol nyad dout lenx ghak loul,

Lenx ghak loul ndros zhit boub lat it!

Lenx ghak loul lat it yad dad lad!

Shend ghak yenl lat it yad mol teux deuf leuf nof[3] dak lol teux zhit dout,

Teux deuf leuf zud[4] lak lol teux zhit nyaos lak it.

哭诉没有人去种庄稼，

哀泣没有人去除杂草。

孤儿悲伤哭泣着，

逝者却不知，

儿媳伤心哭哀着，

逝者却不晓啊！

逝者她呀！

惆怅呀不能转世到官宦之家，

忧愁呀不能投胎到贵人之户。

Yad mol zat dout[5] dol nongs yangx[6] nongs ghoub ghus[7] lat ib,

Dlous ghak laos lat ib drout ndrangl drongb,

Yad mol uat dout ib lenx nyangb nghel ghak luas ib mol uat ghongb lak ib.

Yad mol zat dout dol nongs yangx lat lol ongx nongs ghoub ghus lat lak ib,

Ghoud let laos drout ndrangl daox lak,

Yad mol ndros dout nil lenx nyangb dis luas mol uat naox[8] lak ib.

只能化身作杜鹃鸟和布谷鸟，

在那山间破壳而出，

去陪伴儿媳在山间干活。

也只能化身为杜鹃鸟和布谷鸟，

在那山间长大成形，

去陪护儿媳在山坡干活。

Lenx ghak loul ib lenx nyangb lak ib,

Lol njangd[9] dangd nangd ndox njangd zhit juas lak ib,

Njangd dangd nangd deb lol njangd zhit dout lak ib.

Shend ghak yenl lol guat muas bongb,

Nyad ghak leul lol guat muas shit lak guat muas shit.

Shit shit shit shit lol ghak nyox lol ongx jongb!

Zhit muax dangs lad gud luas ghenx.

逝者那儿媳呀，

忙得够天也够不着，

够地也够不到。

她惆怅着吟唱啊眼泪落，

她放声地哭号啊泪花洒。

泪花洒啊洒，一泻千里！

娱乐笙曲吹完了朋友们。

背景介绍

王文学

唱诵者：王文学 Lax Guangt Wos（1978— ），男，文山市开化街道干河社区旧城居民小组人，擅长苗族芦笙辞和芦笙舞蹈，被认定为文山州级非物质文化遗产传承人，师从其父王祖卫。

演奏场域：此辞不属于丧葬程式曲目，在丧葬仪式里，一般在半夜时演奏。

采集整理：罗永洪、熊文国、熊兴坛。

注释

[1] Ndox Zhis Lol Ongx Dex Ndlangb Hmaot：半夜三更。ongx 语气词，无实意。

[2] But Ndlob：睡觉，休息。常见形式是But Dlangb Ndlob。

[3] Nof：官，文中指有权有地位的人。

[4] Zud：主，文中指富裕有地位的人。

[5] Zat Dout：化身，变成。

[6] Nongs Yangx：杜鹃鸟。另，与之相关的鸟名Nongs Goub Guef Yangx（鹰鹃）、Nongs Oux Voub（噪鹃）等。

[7] Nongs Ghoub Ghus：布谷鸟。

[8] Uat Naox：做生产。

[9] Njangd：够，伸手去拿的样子。

缢死芦笙辞

Ghenx Dlait Duas

Duas nyox ghens lox duas nyox ghens,

Deuf lik bleus ndox sob chab lox!

Duas nyox ghenx lox duas nyox ghens it lak,

Deuf lik bleus leuf ndox sod chab lox,

Yad dad lad suk dout nblongx lox shik xongb lak it nblongx ghak ndongt lox hlangd zid nab lox!

Deuf lik bleul xangt yif hlit lak ak ndox sob zhous[1] lox,

Nblongx shik xongb lak it nblongx ghak ndongt lak it rens ghak cheuk!

Yad dad lad suk dout Ngoux Ghak Ab[2] lox njet daox shab[3] lox,

Yad mol hnaod lak nongs gub ghus lox ndros dout ghuax!

Ndrous Ghak Yox[4] lox nghel qeut ghel[5] it,

Yad mol hnaod lak goub gif yangx[6] lox ndros lol ghoub lak it!

嘟牛庚咯嘟牛庚，

春天到来了！

嘟牛庚咯嘟牛庚，

春天到来时，

竹叶树叶纷纷生长！

八九月秋天到来时，

竹叶树叶又纷纷落！

构阿去爬了那山坡，

听到布谷鸟的叫声！

者约去到了那山谷，

听到杜鹃鸟的啼叫！

Yad dad lad suk dout Ngoux Ghak Ab lox wef ghak zhit lak ndros let blox lox?

Yad dad lak suk dout Ngoux Ghak Ab yad wef dout lak lob vox hmangb[7] lox ndros let blox lox!

Ngoux Ghak Ab lox wef ghak zhit let ndros let duas?

Ngoux Ghak Ab it yad wef dout leuf lob vox hluat[8] lox ndros let duas it!

Yad lad suk dout Ngoux Ghak Ab lox,

Yuad mol ndros dout lob vox hmangb lol shik dik njongt[9] lak!

Lob vox hluat lol shik buak but!

可为什么构阿会逝世？

有个藤圈圈住呀才逝世！

为什么构阿会死去？

有个绳套套着呀才死去！

是构阿咯，

用藤圈做了枕头！

去与那绳套相拥而眠！

背景介绍

唱诵者：熊朝明 Shuad Nzeus Hmaob（1949— ），男，文山市红甸回族乡平坝寨村委会牛腊冲新寨熊家二队人，擅长苗族芦笙演奏，12岁出师。

熊朝明

演奏场域：此辞不属于丧葬程式曲目，在丧葬仪式里，为非正常死亡的逝者唱奏（演奏程式曲目外的场域）。

采集整理：罗永洪、熊兴坛、熊文国、陶永林。

注释

[1] Ndox Sob Zhous：秋天。

[2] Ngoux Ghak Ab：构阿，是对命运悲苦非正常死亡的年轻女性逝者的称呼。

[3] Njet Daox Shab：到高原处，爬高处。

[4] Ndrous Ghak Yox：音译为“者约”，是对缢死年轻男性的称呼。

[5] Nghel Qeut Ghel：到低洼处，到平原处。

[6] Goub Gif Yangx：杜鹃鸟。

[7] Vox Hmangb：藤蔓圈，藤蔓套，藤子做的套。

[8] Vox Hluat：绳圈，绳套。

[9] Njongt：枕头，枕。

出门芦笙辞
Ghenx Deuf Ndrangs

Duas nyox ghenx duas nyox ghens,

Nenx bes dlangb it yuad deuf drongx lox!

Duas nyox ghenx duas nyox ghens,

Nenx bes dlangb it yuad deuf drongx lox!

Dlangb bes nzhas leud bes ndras it yuad deuf ndrangs!

嘟牛庚嘟牛庚，

神灵要出门了！

嘟牛庚嘟牛庚，

神灵要出门了！

要去那野外啰！

Box Lox Ghak naf it yad!

Shaib dout lob lik ndox lox zhit zeux gangx lox!

Lob lik deb lox zhit zeux sangb!

Box Lox Ghak Naf it yad ncaik lenx nyangb,

Ndros loux del ghak los[1] it yad duad zhout[2] gangx,

Ndros ndas loux del ghak las it yad duad zhout jit,

Yad jaox leuf dout Box Lox Ghak Naf it yad deuf leuf ndrangl drongx!

博嘎娜她啊！

看那天不亮！

看那地也不明！

博嘎娜她儿媳，

用左手拿着火把来点亮，

忙握火把去照明，

要带着博嘎娜出了门！

Box Lox Ghak Naf it yad let shaib dout,

Lob lik ndox it yad let zeux gangx lox!

Lob lik deb let zeux sangb!

Box Lox Ghak Naf it yad ncaik lenx nyangb,

Yad ndros loux del ghak los it yad duad[3] zhout gangx,

Ndros ndas loux del ghak las it yad duad zhout jit,

Yad jaox leuf dout Box Lox Ghak Naf it yad deuf ndrangl drongx lox.

博嘎娜才看到，

老天才会亮！

大地才会明！

博嘎娜的儿媳，

左手拿火把来照明，

快握火把去点亮，

带着博嘎娜好出门！

Box Lox Ghak Naf it yad let shaib dout,

Lob lik ndox lox let zeux gangx ax!

Lob lik deb let zeux zhangt!

Box Lox Ghak Naf it yad ncaik lenx nyangb,

Yad jaox leuf dout Box Lox Ghak Naf it yad deuf leuf ndrangl drongx zos daof bel!

Box Lox Ghak Naf it yad ncaik lenx nyangb,

Del ghak lox it yad duad del ghak lox it yad duad!

博嘎娜才看清，

老天才会有光明！

大地才会亮起来！

博嘎娜的儿媳们，

要带着博嘎娜出门到野外！

博嘎娜的儿媳们呀，

快伸手来拿伸手来握！

背景介绍

熊林明

唱诵者： 熊林明Zhaof Hmaob（1963—），男，文山市柳井乡新发寨村委会老帽子寨（Dleuf Drongx Vangs）人，擅长是苗族芦笙技艺。

演奏场域： 该曲是在送葬当天天未亮时，把办丧场地从屋内搬到野外椎牛处时吹的芦笙曲。

采集整理： 罗永洪、黄英、熊兴坛。

注释

[1] Loux Del Ghak Los：用左手拿。

[2] Zhout：火把。

[3] Duad：拿，握；舂。

娱乐芦笙辞

Ghenx Wangx Luas

Duas nyox nzhus duas nyox nzhus,

Zhouk ndox it duas ndeuf it leut zhouk ruas it ndox bes rous,

Duas zhit yad haik beb yad haik at beb yad haik at ak!

Box Ghak Naf it yad jaox dex ghaib lal lol jaox dex ok,

Yad lol ghuax bes ris bes rous it,

Yad ntrad qeut but uk ntrad qeut but,

But khaid dus lal lol but ndeuf it lak,

Des nuas ndruab zhed des nuas ndruab zhed.

哒牛杵哒牛杵，

天黑了死在那儿呀夜幕降临黑漆漆，

死去静悄悄啊我们却要说也要讲！

博嘎娜带着鸡群和鸭儿，

彷徨悲伤着悄悄地哭泣，

寻地方栖息呀找地方睡，

去哪里睡哦去那里睡，

去到家里去到家中。

背景介绍

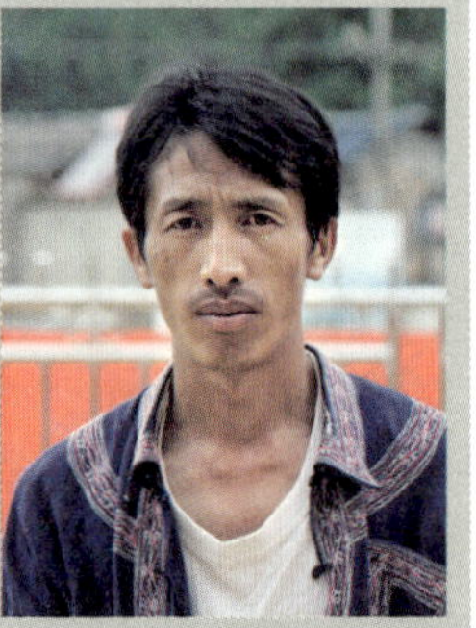

杨发能

唱诵者： 杨发能 Tinx Yeus（1974—），男，文山市喜古乡古那冲村委会古那冲村人。掌握苗族婚丧等习俗礼仪，是Ghenx Hmongb Nzhuab（蒙抓芦笙）的主要传承人之一，对苗族传统文化有较深的造诣。师从本村张顺光 Shuangt Ndris（1959—）。张顺光师从本村李正祥 Sheuf Jait（1904—1983）。李正祥又师从马关县八寨镇老马店村委会草果山村侯氏 Soud Dluas（1895—？）。

演奏场域： 该芦笙辞系Ghenx Hmongb Nzhuab（蒙抓芦笙）的代表之一，属于娱乐性的芦笙散曲，可在任何场合演奏。

采集整理： 罗永洪、黄英、张兴德。

民俗芦笙辞
Ghenx Jangx Jes

花山起源辞
Nghouk Daox

花山芦笙辞
Ghenx Zhangt Houd Daox[1]

Des nyox nzhus des nyos nzhus ib lat!
Deuf ghak bleul ib yid ndox sob chab,
Lob ndox zhouk ghak ruas ghak ruas zhit zeux gangx,
Lob deb zhouk ghak ruas ghak ruas zhit zeux zhouk lat it yad!
嘟牛嘱嘟牛嘱咿啦！
新春悄然到来，
天空越来越阴暗不明亮，
大地越来越暗淡不亮堂啦！

Beb yad Zhux Luf Shend Ghak Lous[2] it yad!
Muab nax ib njex nceb ib njex ncongt[3],
Zhangt ghak raos drout ndrangl dax.
Zhux Luf Shend Ghak Lous it yad!
Muab nax ib njex nceb lat ib njex ncongt,
It yid zhangt ghak raos drout ndrangl drongb.
我们的祝鲁寨老呀！
拿起侧杆和中杆，
立在了原野中。
我们的祝鲁寨老呀！
拿起侧杆和中杆，
立在那山坡上。

Ib njex nceb lat ib njex ncongt yad dlait dout nax lak dlaif lol dlaif ndoub lab,
Feb ghak leul ib yid cuat zox gangb,
Dlait dout nax lak dlaif lol dlaif ndoub dlangs,
Feb ghak leul juax zox gangb zhit dot ghangb it yad.
Beb nbaox Hmongb ndros duax zos lak lof,
Shend ghak yenl beb nbaox Hmongb dol nof zud[4] lak lof,
Dol nof zud ib shend ghak yenl lol guat muas bongb!
侧杆和中杆挂上红布条，
踩山消息传四方，
挂上了黄布带，
踩山消息传不断。
我们苗家齐到来，
一起祭奠我们共同的祖先，
悼念祖先啊涟涟！

背景介绍

唱诵者： 陶开宾 Shend Mangk Dlob（1947— ），男，文山市新平街道盘龙社区落水洞居民小组人，掌握苗族婚丧文化，擅长苗族芦笙技艺。

陶开宾

演奏场域： 此曲在花山节开幕活动开场祭祀之时使用。

采集整理： 罗永洪、黄英、熊文国。

注释

[1] Ghenx Zhangt Houd Daox：花山芦笙辞，花山节的举办是以花杆（Njex Nceb Njex Ncongt）的竖立为标志，立了花杆即预示花山节的举办，所以二者互相指代。此中Ghenx Zhangt Houd Daox（花山芦笙辞），也有Ghenx Njex Nceb Njex Ncongt（花杆芦笙辞）之称。Zhangt立，立起来；Houd Daox坡首，坡头。

[2] Zhux Luf Shend Ghak Lous：祝鲁寨老。Zhux Luf音译为“祝鲁”，因与“逐鹿”音近，对应“逐鹿”与否，值得溯源和探究；Shend Ghak Lous即寨老，苗族族老的称呼。

[3] Njex Nceb Njex Ncongt：花山的两根花杆名称。花山场上一般要立两根花杆，一根叫Njex Nceb，一根叫Njex Ncongt，也视为一公一母，Njex Nceb暂译为“侧杆”，Njex Ncongt暂译为“中杆”。两根花杆合称为Njex Bangs，即“谤木（柱）”，谤木，相传尧舜时于交通要道竖立木柱，让人在上面写谏言，称“谤木”，指广开言路，听取各方意见，今演变成华表。典出《淮南子》卷九《主术训》，《后汉书》卷五十四《杨震传》亦有记载，如Houd Bangx（花山主、花山主持者）、Nghouk Bangx Nghouk Ndrual、Zhangt Njex Bangs（立花杆）、Khout Njex Bbangs（倒花杆）等。其中之“Bangx和Bangs”内容均以“询经问典”式进行，如苗族丧葬中Zid Said（信使者）之“刨根问底”和花山场上艺人们“追根溯源”式的对歌，均有“谤”之要义。故留此作参考。

[4] Nof Zud：首领，头领，官。

花山芦笙辞

Ghenx Zhangt Houd Daox

Duas nyox ghens duas nyox ghens it lat,
Wef dos zhit yad zeuf dout ib njex nceb[1] lol lof ?
Duas nyox ghens duas nyox ghens it lat,
Wef dos zhit yad zeuf dout ib njex ncongt[2] lat?
嘟牛庚嘟牛庚咿啦，
为何会生出“侧杆”咯？
嘟牛庚嘟牛庚咿啦，
为何会长出“中杆”呀？

Yad lad suk dout ndlax lax deb laf dex ghak loul it yad,
Zhit muax dob lak zhit muax git[3] lat!
Yad ndlax lax deb dex ghak loul yad jaox ghak teud[4] lat,
Yad mol ndod dout dex ndongt mangx lal dex ndongt tod lat,
Ghous ghak nuas lat nghel ndlax deb lat.
Yad ndlax deb lak dex ghak loul it yad,
Yad mol muab dout dex ndongt mangx lak dex ndongt tod lat,
Traik bel ncik bel ncik it yad draod ndrout drongb lat,
Yad lad ceud bek ris it yad dex gud dix lol dex gud luas sheud duax bongb laf.
因为从前世间的人们呀，
没有儿女呀没有子嗣！
他们带工具，
去砍枫木和松树啦，
把树砍倒在大地上。
世间上的人们啊，
把那枫木和松树扛来，
插在那山坡上，
亲朋好友们来聚拢。

Yad lad ndlax deb laf dex ghak loul,
Yad muab dout dex ndongt mangx dex ndongt tod lat,
Traik bel ncik bel ncik it yad draod ndrangl dax lax,
Ceud bek ris it yad dex gud dix laf dex gud luas yad duax shik nzax[5] laf,
Yad lad dex gud dix laf dex gud luas yad lad luas dout nax beb hnob lat!
Yad lad ndlax lax deb laf dex ghak loul it yad,
Yad lad muab dout ib njex nceb laf dex njex ncongt,
Lat khout bek ris it yad draod ndrout drongb,
Yad lad ghuak dout dex maob nzhangx[6] lol dex maob ngenl[7] sheud zhit bongb lat!
从前世间上的人们，
拿来了枫木和松树，
把树杆插在原野上，
亲朋好友来聚集，
他们得以开心三日啦！
世间上的人们呀，
将侧杆和中杆，
慢慢放倒在山后，
祈愿祛除百病消灾趋吉！。

Yad lad suk dout ndlax lax deb laf dex ghak loul it yad,
Muab dout ib njex nceb laf dex njex ncongt,
Yad khout ghak ris it yad draod ndrangl dax lax laf,
Yad guak dout ndlax lax deb laf dex maob nzhangx laf dex maob ngenl sheud but nzas laf.
Yad lad nblax lax deb dex ghak loul it yad,
Yad lad muab dout dol njex nceb laf dox njex ncongt,
Yad lad jaox lol uat dout zangx laf!

Yad ceud bek ris ib blis nyax laf dex blis dob laf sheud bod dangs laf!

世间上的人们，
他们将侧杆和中杆，
慢慢放倒在原野上，
祈求百病全无消灾解厄。
世间上的人们，
把放倒后的侧杆和中杆拿来，
制作成床铺啦！
从此财源广进呀儿孙满堂！

Yad lad dex ghak loul it yad,

Muab dout ib njex nceb laf dex njex ncongt,

Lat let yad lad jaox lol uat dout qeut lat,

Yad lad ceud ghak ris it yad dex blis dob laf dex blis git lat!

Npout ghak ris it yad suk dout ib nbaox zheut lat!

Yad lad ndlax lax deb laf dex ghak loul it yad,

Muab dout ib njex nceb laf dex njex ncongt,

Lat let yad jaox lol uat dout qeut jaox lol buat dout led lat,

Ceud bek ris it yad ib blis nyax it yad dex blis dob sheud bod zhed lol lox sheud bod zhed!

世间上的人们，
把放倒后的侧杆和中杆呀，
拿来制作成床铺，
从此财源满满多子多福！
人丁兴旺如锦鸡群！
世间上的人们，
把放倒后的侧杆和中杆，
拿来制作成床铺好草席，
从此财源不断儿孙满堂！

背景介绍

唱诵者： 罗正喜 Nzhuab Baok Chib（1958— ），男，文山市平坝镇小坝子村委会吗哩大地村（Naf Deb）人，掌握苗族婚丧习俗，擅长芦笙。师从柳井乡杨柳井村委会团田村马朝友 Zeux Rangs（1930—2005）。

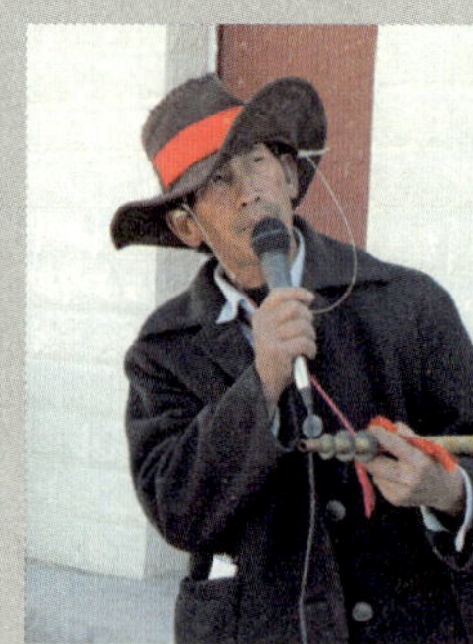
罗正喜

演奏场域： 此曲在花山节开幕活动开场祭祀之时使用。

采集整理： 罗永洪、熊文国、马文馨、熊兴坛。

注释

[1] Njex Nceb：侧杆，处于侧边位置的杆。

[2] Njex Ncongt：中杆，处于中心位置的杆。侧杆和中杆合称为Njex Bangs，即谤柱、谤木。

[3] Zhit Muax Dob Lak Zhit Muax Git：没有子嗣。是苗族花山节的“求子说”来源版本之一。

[4] Teud：铲、刀等工具。

[5] Duax Shik Nzax：簇拥着来（聚会），密密麻麻地来。

[6] Maob Nzhangx：病痛和灾难。

[7] Maob Ngenl：病，疾病。

花山芦笙辞

Ghenx Zhangt Houd Daox

Zhaf laf dax las ghens nzhik laf dax las laf,
Laf zhad dax las ghens nzhik laf,
Daf laf dax las laf,
Laf zhad dax las lens ent lat ak las dak lof.
咋啦哒啦笙吱啦哒啦来，
啦咋哒啦笙吱啦，
哒啦哒啦啦，
啦咋哒啦嘞嗯啦啊啦哒咯。

Beb yuad chod,
Beb yuad chod dol luas ghens.
Dol lak mif doub ghens,
Dol lak mif doub ghens,
Mif lif doub bof zhangb ghens,
Zhof lof dol las lens dub laf zhaf,
Zhaf laf dol ghak las doub dit las lox.
Beb yuad chod lat,
Beb yuad haik lat ib,
Dex xongb dex ndongt zeuf qeut dus ib?

Dex xongb leuf dex ndongt zeuf leuf daox bel ndrout bel ndrout drongb leut!

我们要吹奏，
我们要吹奏友谊笙。
那个咪嘟庚，
那个咪嘟庚，
笙斗对笙管，
咋咯哆啦嘞嘟啦咋，
咋啦哆噶啦嘟嘀啦咯。
我们要吹呀，
我们要说呀，
竹子和树木长在何处？
竹子和树木长在那遥远的高山上！

Ib dex Hmongb ib ghak lous lat it yad!
Mol muab dout ib zux xongb leuf zux ndongt ndod lol zos lat ib.

Dex Hmongb ib ghak lous lat it yad mol muab dout ib zux xongb lat it yad lol zhangt dout ib njex ncongt ib,

Dex Hmongb ib ghak lous lat it yad lol muab dout ib zux ndongt yad lol zhangt dout ib njex nceb leut ib.

Dex Hmongb ib ghak lous lat!

Yad lol muab dout ib njex nceb ib njex ncongt yad lol zhangt lat ib daox bel ndrout bel ndrout drongb leut ib,

Dex Hmongb let ntrad dout lat ib lob qeut bongb[1].

苗族古人呀！
砍来竹子和树木。
把竹子立成“中杆”，
把树木立成“侧杆”。
苗族古人呀！
把花杆立在那山坡上，
从此苗族才找到一个落脚的地方。

Dit yuat dex gud luas!
Beb yuad chod,
Beb yuad haik ib,
Dex xongb dex ndongt zeuf qeut dus ib lif?

Dex xongb zeuf leuf ib daox bel ndrout bel ndrout nad ib,

Dex Hmongb ib ghak lous lat it yad mol muab dout ib dex xongb leut dex ndongt nzol[2] lol zos lat ib.

Beb yad chod!
Beb yad chod lod dol lak lens!
朋友们哟！
我们要吹奏，
我们要说呀，
竹子和树木生长在何处？

竹子和树木生长在遥远的山岭，
古人们才将竹子和树木砍回来。
我们要吹奏！
我们要问呀！

Dex Hmongb ib ghak lous lat yad!

Mol muab dout ib zux xongb yad lol zhangt dout ib njex ncongt lak ib,

Dex Hmongb ib ghak lous lat it yad mol muab dout ib zux ndongt yad lol zhangt dout ib njex nceb lat ib.

Dex Hmongb ib ghak lous lat it yad mol muab dout ib njex nceb let njex ncongt traik laos ib daox bel ndrout bel ndrout nad lat ib,

Dex Hmongb dex gud dix mol ongx dex gud luas lak ib beb ntrad dout lob qeut ntrad[3].

苗族古人呀！
把竹子立成“中杆”，
把树木立成“侧杆”。
谤柱花杆立在山坡上，
苗家兄弟姐妹才有了个相会的地方。

Det yuat dex gud luas!

Beb yuad chod,

Des luas beb chod lod ghenx lent beb chod lol ghak mif bos lol ghak chod chod chod!

Des luas beb chod ghens lat beb chod lol ghak mex bof lol ghak plaob!

Des yuat dex gud luas!

Det yuat dlongb lof dol ghak longf dit lit zhof zhuad luad luad,

Dut luax zhaf laf dol ghak las zhad lat duf lax zhaf,

Zhaf lad dol ghak ghenx lol ghenx dik,

Ghens nyongf dit lit dol ghak lol liangb lol zhof zhof zhof zhof!

Zhof zhof... zhof zhof!

Chod chod... chod chod!

朋友们哟！
我们要吹奏，
朋友呀快来吹，吹，吹！
我们来展示呀！
朋友们哟！
嘚哟咚咯嘟噶咙嘀哩唑爪啦啦，
嘟啦咋喇嘟噶啦咋啦嘟喇咋，
咋啦嘟噶庚咯庚嘀，
庚哝嘀哩嘟噶咯啦咯唑唑唑！
唑唑……唑唑！
奏奏……奏奏！

背景介绍

王文学

唱诵者： 王文学 Lax Guangt Wos（1978— ），男，文山市开化街道干河社区旧城居民小组人，擅长苗族芦笙辞和芦笙舞蹈，被认定为文山州级非物质文化遗产传承人，师从其父王祖卫。

演奏场域： 此曲在花山节开幕活动开场祭祀之时使用。

采集整理： 罗永洪、熊文国、熊兴坛。

注 释

[1] Qeut Bongb Qeut Ntrad：指落脚和安身之地，与迁徙渊源密切相关。

[2] Nzol：砍。

[3] Qeut Ntrad：有寻处，有个地方去寻找。

民俗辞
Raox Ndrual Tab Naox Zhab

制鼓芦笙辞
Ghenx Raox Ndrual[1]

Zhaod dob duas yad!

Beb yad zhaod ghak zhit ghenx[2] at?

Beb yad zhaod ngoux yad njis ndrual ghens lat bof lak lad zhit lad!

Beb yad zhaod ghak zhit ndrual shot lat?

Beb yad zhaod ngoux yad njis ndrual ghens lat dob duax bof!

Ndongt zux ndongt ghak loul[3] shob lat.

找逝者呀！

我们将找什么笙曲啊？

我们将找古歌找笙鼓来见啦！

我们将找什么鼓音啊？

我们将找到古歌找着笙鼓来见逝者啦！

我们要找祝老那神木古树啦。

Gud luas gud luas dak laf zhox lak ongk dit dak lol dlongx des lol,

Lol das las lent gof lak lent dit lit zhof,

Gof zhof lol dlongx lis des lis laf dlongb duas nyox zhit lad,

Das lad das zhit lad,

Das lad das zhit ghenx lat das nyox bet yad.

Beb yad njis ghak zhit ghenx lak?

Beb yad njis dout ndongt zux ndongt ghak loul ghak ghenx shob lat.

Beb yaod njis ghak zhit ndrual[4]?

Beb yad njis dout ngoux ghenx mol ndrous ndrual ghenx shob lat!

朋友朋友哒啦嚗啦嗯嘀咁咯咙嘚咯，

咯哒啦棱咯啦棱滴嚗，

咯嚗咯咙哩嘚哩啦咙哒牛吱啦，

哒啦哒吱啦，

哒啦哒吱笙啦哒牛跪呀。

我们将吹什么笙曲啊？

我们要吹奏古树笙曲啦。

我们将敲什么鼓音啊？

我们要敲鼓音来配笙曲啦！

Gud luas gud luas das laf zhox ongx dib dak lol dlongx des lol,

Lol das las lent gof lak lent dit lit zhof,

Dof lol dlongx lis des lis laf dlongb das nyox zhit lad,

Das lad das zhit lad das lab das zhit ghenx lat das nyox bed yad.

Beb yad zhaod ghenx beb yad zhaod ghak zhit ghenx lak?

Beb yad zhaod zhaob ndongt zux ndongt ghak loul yad,

Ghak ghenx ghak rit it lol njis ghenx shob lat!

Beb yad zhaod ghak zhit ndrual beb yaod zhaod ngoux ghenx yad,

Ngoux ghenx zhaod ndrous ndrual ghenx lak!

Ghenx ghak rit it lol ril shob lat!

朋友朋友哒啦嚗啦嗯嘀咁咯咙嘚咯，

咯哒啦棱咯啦棱滴嚗，

咯嚗咯咙哩嘚哩啦咙哒牛吱啦，

哒啦哒吱啦哒啦哒吱笙啦哒牛呗呀。

我们找芦笙曲我们要找什么芦笙曲啦？

我们要找神木古树芦笙曲呀，

清脆笙曲绕笙管！

我们要找鼓我们要找笙，

芦笙找牛皮鼓的音来相和!

悦耳笙声绕芦笙啦!

Gud luas gud luas das laf zhox ongx dib dak lol dlongx des lol,

Zhof lol das lent gof lat lent dit lit zhof,

Gof zhof lol dlongx lis des lis laf,

Dlongb duas nyox dlongf laf las lent dit lit dlongf laf das las lol lox dlongd lad.

Nyox duas luad lad zhit duas lat das lent das laf,

Lenx las dat lat das lak longx laf daf,

Zaf daf laf zaf dat lat zhit lat zhab dak lax zaf dak lat zat laf dit lol,

Dlongd daf lak lend lat das nyof duas lad zhit lad lat.

朋友朋友哒啦嘬啦嗯嘀咩咯咙嗕咯,

嘬咯哒棱咯啦棱滴哩嘬,

咯嘬咯咙哩嗕哩啦,

咙哒牛吱咙啦啦啦棱滴哩咙啦哒啦咯咯咙啦。

诺达啦拉吱达啦哒嘞哒啦,

嘞啦哒啦哒啦咙啦哒,

咂哒啦吱啦咂哒啦咂哒啦咂啦滴咯,

咙哒啦嘞啦哒牛死啦吱啦啦。

Nyox duas luad lad zhit lad lat ib ghak ghenx lad ib ghangb ndrual ib,

Lol zaik ghenx lat ib lol nongs ghenx lol.

Dit lat das lol longt lol zhit zos lol dlongd dax lax,

Zhox lol ged das lent lat zhit zhit zhit laf longx,

Zhof daf lat laf dat lat shuad nyox dit laf das nyox nongs gof lat,

Duas lenx dit lat laf das longx lax zhof laf,

Das lat ongf dit lol dat lak lenx duas,

Lol dlongx lad dol ghak lent dat lak nyox duas lad zhit lad lat.

Nyox duas lad zhit lad lat ib ghangb ndongt zux ndongt ghak loul yad lol zaik ghenx[5] laf lol dik ghak lol,

Longx lol zos zof lol dlongt dax lax zox lox dlab longx lol daf las,

Lab ongx lol dat lat zhit ongx zos,

Ongx dol dax lax zaf daf lat las dlongf dit lol.

牛死啦还是未死啦哒嘞哒啦那笙和鼓下,

来接笙曲来听鼓音。

滴啦咯咙咯吱嘬咯咙哒啦,

嘬咯给哒嘞啦吱吱吱啦咙,

嘬哒啦啦啦咿啦刷牛嘀啦哒牛听咯啦,

哒嘞嘀啦咙啦嘬啦,

哒啦嗯滴咯哒啦逝者,

咯咙啦哚嘎棱哒啦牛死啦吱啦啦。

神木古对要与芦笙曲来对话啦,

咙咯嘬嘬咙哒啦嘬咯哒咙咯哒啦,

嗯咯哒啦吱嗯嘬,

嗯哚哒啦咋哒啦啦咙滴咯。

Dit nyox ghens laf duas nyox ghens lol,

It yad zab dout ndongt zux ndongt ghak loul yad nyaob khaod dus shob lat?

Ndongt zux ndongt shik loul yad zeuf khaob dus shob lat?

Ndongt mangx ndongt ghak tod zeuf dout ndongt jab dex shik nyongs yad zeuf dout Nox Shuad Deb draod daof bes shob lat,

Ndongt zux ndongt shik loul yad zeuf dout Nox Shuad Deb draod daof dous shot lat.

嘟牛庚啦嘟牛庚咯,

神木古树哪里砍?

神木古树哪里生?

枫木松木和杉木呀在北方生,

神木古树呀在南方长。

Ndongt zux ndongt shik loul yad!

Zongx xongb mol nongb ndongt,

Zongx xongb ghak ris yad,

Zeuf dout rongd nox rongd ghak shab[6] yad!

Ndongt zux ndongt shik loul yad!

Zhit muax juab yad,

Ndongt zux ndongt ghak loul zhit muax yis shob lat,

Yad dout nax ghak zhit yad lol uat dout ndongt mangx ndongt shik loul yad ghak juab ghak yis shob lat?

那神木古树呀!

竹丛和树种,

摇曳不止呀,

生长在那原始森林中呀!

神木古树呀!

没有配偶,

也没有同伴,

要拿什么来做枫木和神木古树的伴侣啊?

Yad yuad dout zongx xongb yad zeuf dout rongd nox nzhens shab gouf juax qangd[7] shob lat,

Rongd nox nzhens shab gouf juax jangs[8] yad,

Zongx xongb zhit muax rangs[9] yad!

Zongx xongb shend ghak yenl zhit muax yis shob lat!

Yuad dout zongx xongb yad zongx ndongt yad zeuf nyaos daox deb daof drongb reb shob lat!

Yad muax dout ndongt zux ndongt ghak loul yad jaox lol zos njuat shob lat!

Ndongt zux ndongt ghak loul yuad dout nax ghak zhit shob lat?

Ndongt zux ndongt ghak loul yad,

Yuad dout zongx xongb yad lol uat dout ndongt zux ndongt ghak loul yad ghak juab ghak yis shob lat.

要拿生长在十九重原始森林的竹丛,

生长在十九处原始森林的竹丛呀,

竹子呢喃没有伴呀!

竹子嘀咕没有友啦!

竹子古树生长在石山上啦!

砍来那神木古树啦!

拿来做什么呀?

神木古树呀,

拿来配成双配成对。

Ndongt zux ndongt ghak loul yad yuad dout nax ghak zhit shob lat?

Yuad dout mol dout Shuad Zux Shuad Ghak Loul yad dol nyox dlob nyox zaix shob lat,

Yad dex cangt lak ndros zhit yuad dex ghaix ndros zhit naox lat,

Yuad dout nyox bes dlob yad nyox bes zais yad paot deud nyox ndros lol khuad shob lat,

Yad jaox lol rat ghak raos ghak raos ndongt zux ndongt ghak loul lob ghak dluad shob lat.

Ndongt zux ndongt ghak loul yad yuad dout nax dol zhit shob lat?

Ndongt zux ndongt ghak loul yad yuad dout Nax Mangb Ghak Shuad dol nyox zais dol nyox caot shob lat,

Yad nax ghak zhit ndros zhit yuad,

Yuad dout dex ghak cangt ndros zhit naox shob lat dex ghaix ndros zhit houk,

Yad yuad dout Shuad Nyox Shuab Ghak Loul yad paot deud nyox ghak ngis[10] shob lat.

那神木古树要什么来制呀?

要拿刷祝刷老的黑牛花牛来绷,

不要骨来不吃肉,

只要它的干皮来做成,

拿来绷紧在神木古树的腰上。

神木古树呀要拿什么来制成?

神木古树呀要拿娜蛮嘎刷的花牛白牛皮来绷紧,

其他部位都不要,

不吃骨肉不喝汤,

只拿娜蛮嘎刷那干牛皮来绷紧。

Yuad jaox lol ris ghak raos ghak raos ndongt zux ndongt ghak loul lob ndraos shob lat,

Ndongt zux ndongt ghak loul yad nax ghak zhit ndros zhit boub shob lat,

Ndongt zux ndongt ghak loul yad lob chaot yad hnangd nyaos dout lob chaot zhox ndros chaot ghak nbuas duax ndros xangd ndros ndlob shob lat!

Ndongt zux ndongt ghak loul yad ndros dout shuad nyox shuad ghak loul yad ndros lol ndlob shob lat!

Ndongt zux ndongt ghak loul yad hnangd dout chaot zhox chaot lik nbuas yad lol nbos dout leuf ndongt zux ndongt ghak loul yad dex ndraos jed shob lat,

Ndongt zux ndongt ghak loul yad lol ndros boub ghak ged shob lat,

Ndongt zux ndongt ghak loul yad mol ntrad dout zongx xongb ghak ris ghak ris,

要一圈圈绕在那神木古树的腰身上，
让神木古树在不知不觉中，
穿上绫罗绸缎衣裳呀！
要陪着刷牛刷嘎老去沉睡啦！
神木古树将穿着绫罗绸缎衣服在前胸啦，
神木古树制成牛皮鼓要来行使礼俗啦，
要去寻得竹子做的芦笙配成对，

Yuad dout nax ghak zhit?

Yuad dout zongx xongb yad yuad dout dex dlaif nblait dongx dlangs yad jaox lol ndif dout zongx xongb ghak rangx shob leuf,

Zongx xongt ghak rangs zhit muax res[11] shob lat!

Yuad dout nax ghak zhit yuad lol dik dout zongx xongb ghak nbet shob leuf?

Zongx xongb yuad ghuax nghent nzas yad ndraod dout leuf guk nblax deb yad ndros lol hnaod shob lat,

Zongx xongb yad ndraod duab lik nguad ndraod dout duab lik nguad shik nguad sheud ndaot ndox ndros ndaot deb shob lat.

Uat let nblax deb dex duab nens lenx ghak hlob ghak yout duas ek,

Zhas yad ek yuad dol ngoux ghenx tab ndrous ndrual aob naf zid lol pef dout ek,

Ngoux ghenx ndrous ndrual zhas yad ndraod duax lik nzhas ndros ndaot ndox ndraod duax lis nzhens ndros ndaot deb shob lat!

Zongx xongb lol uat dout leuf zongx xongb yad zongx xongb ndros zhit muax,

Zongx xongb yad duax zos ek zhit muax ghak rangs yad!

要拿什么来做成音律韵味啊？
要拿黄铜片来装饰那竹管，
芦笙没有伴呀！
又拿什么来给芦笙取名？
芦笙才能在天地间悠扬响起让人听到，
芦笙的韵律才清脆响亮在天地间。
这样人间那些死去的老老少少们，
才有笙声和鼓韵来配成双配成对啊，
笙声和鼓韵才响彻天地啦！
竹子制成芦笙呀没有音律灵魂，
芦笙呀没有韵味呀！

Ndongt zux ndongt ghak loul yad,

Dex nat yad ndongt zux ndongt ghak loul yad duax ndros dout nzhut dex duab shik ndit zhit zeux hnaod shob lat,

Ndros ghak ghenx yad bus leuf dex duab ghak ghenx zhit zeux ndraod shob lat.

Dex nat ek zhas yad yuad nyaos dout nblax deb dex duab nens,

Jaox lol muab nyaos dout ngoux ghenx yad chod ndraod dex duax shik nguad ndros ndaot ndox shob lat,

Nblax deb dex duab nens yad keuk dout dol ghuk yad lol kaob naf beb duab ghuk,

Yuad lol ndraod dout ndaot ndox ndros ndaot zhuas shob lat.

那神木古树呀！

制成了似乎沉闷而不会响啊，
与芦笙相配似乎不会响啦！
需要世间的人，
吹奏那芦笙悠扬响彻天，
世间之人拾起鼓槌敲牛皮鼓三槌，
让那鼓声响遍山野林间。

Lenx dus ntrad ghak ged nenx ndros ged zhangd[12] duax ndros lol ghuax ndros lol guat muas shob lat?

Ghak box ghak ndongt zux ndongt ghak loul shob lat!

Dub duas longt duas lent lat das lol lat ib cax lol longt duas lens cax zhof.

是谁引来亲朋好友在葬礼上痛哭流涕？
是那神木古树制成的牛皮鼓呀！
嘟哒咙哒嘞啦哒咯啦咿喳咯咙哒棱喳嘬。

背景介绍

熊朝全

唱诵者： 熊朝全 Zex Wangx Hmaob（1953— ），男，文山市红甸回族自治乡平坝寨村委会熊家二队村人，对苗族文化有较深造诣。

演奏场域： 此曲在苗族制作牛皮鼓过程中使用。

采集整理： 罗永洪、黄英、熊文国、王有权。

注释

[1] Raox Ndrual：制作木鼓。Raox即制作、绷、绕。

[2] Zhaod Ghak Zhit Ghenx：找什么芦笙（曲）。Zhaod意为找，寻找，寻觅，指制作木鼓之后要找来芦笙配对。在苗族的观念中“Ndrual（鼓）”与“Ghenx（芦笙）”是一对，就如夫妻一样配对才能使用。制鼓歌的演唱，实际上鼓还未制成或者正在制作，属未配对状态，因此，这里用“Zhaod（找）”一词。在此容易误读为“Draod Ghenx（结束芦笙）”。

[3] Ndongt Zux Ndongt Ghak Loul：神木古树。

[4] Njis Ghak Zhit Ndrual：转（敲）什么鼓。

[5] Zaik Ghenx：接笙，衔接芦笙。

[6] Rongd Nox Rongd Ghak Shab：原始森林，森林。

[7] Gouf Juax Qangd：十九格，十九间。

[8] Gouf Juax Jangs：十九根，十九条根源。

[9] Zhit Muax Rangs：不成首，不成音（韵）律，不成曲，不成调。

[10] Deud Nyox Ghak Ngis：晾（风）干的牛皮，干牛皮，枯牛皮。

[11] Zhit Muax Res：没有结果，没有怀孕，没有窝。

[12] Ged Nenx Ndros Ged Zhangd：亲朋好友交往之道。

年节芦笙辞

Ghenx Naox Zhab[1]

Zal ad lat zas yat duf lax zal,
Naox lob zhab dux ghak lens lax zal,
Lal dux ghak zal ak lat zas yat dux ghak lax zal,
Naox lax lob zhab lak dux ghak lens lax zal.
Zal lal dub dit dux ghak longx,
Dal dub dit dux ghak longx dal dal mol dal,
Ndros mol duas lox dux ghak longx dux ghak las kox lox dit yad yad dad lad.
咋啊啦咋呀嘟喇咋，
过个年呀嘟噶嘞喇咋，
喇嘟噶咂啊啦咱呀嘟噶喇咋，
过个年啦嘟噶嘞喇咋。
咋喇嘟嘀嘟噶哝，
哒嘟嘀嘟噶哝哒哒磨哒，
唑磨哒啰嘟噶哝嘟噶啦咳啰嘀呀呀哒拉。

Ib ghak lous lak it yad naox zhab,
Lenx ghak yeuf lak it yad naox cot[2] lak,
Ib ghak yeuf lak it yad mol muab dout dol nbuat zaix[3] lol rod zhab[4] lak it,
Ib lenx ghak yeuf lak it yad lol muab dout dol nbuat ndrous[5] lak it yad lol rod dout lob bangx cot[6] lak,
Nzhual mol lob bangx cot lak nzhual mol.
老人要过年呀，
老人要过节咯，
老人呀要去把那头花猪拿来过年，
老人呀要去把那头彩猪拿来守岁，
陪伴着过节呀陪伴着过节。

Duas lox dux ghak lens dub lait dub,
Enx dit dux ghak longx duas lox dux ghak lens it lait ghend it lait,
Nzhual mol duas lox dux ghak lens lal zox lox dux ghak lend nyod,
Dlongf lol ongx lal dux ghak lal zox lox ongf dux ghak lend lal,
Zox lox ongf lad dux ghak lend lal zox lol dux ghak lol zol zol zol,
Dux ghak lol zol zol zol,
Dit las lox nyof lol lox dlongx,
Nyof lol lox dlongx,
Mol lol ongf dit lik dux ghak las longx dal dad lad lens das lal zox lol,
Lens dit dux ghak lol lak lad lens dux ghak lol lak.
哒啰嘟噶嘞嘟来嘟，
嗯嘀嘟噶隆哒啰嘟噶嘞依来庚依来，
喳磨哒啰嘟噶嘞喇唑啰嘟噶嘞喏，
哝啰嗯喇嘟噶喇唑啰嗯嘟噶嘞喇，
唑啰嗯拉嘟噶嘞喇唑咯嘟噶咯唑唑唑，
嘟噶咯唑唑唑，
嘀啦啰喏咯啰隆，
喏咯啰隆，
磨咯嗯嘀哩嘟噶啦哝哒嗒拉嘞哒喇唑咯，
嘞嘀嘟噶咯啦拉嘞嘟噶咯啦。

Shuad nyos duas lak dux ghak lend lax zal,
Zal ad lak lenx dus jaox ad lak shenx jenb ghend lait,
Dlongf lad dux ghak lens lait dux ghak lens lax zal,
Nyox lol dlongx lad lad nzhat lak dux ghak lend lax zal.
Zal ad lak dlongf lal dux ghak lens lol dit lol dlad,
Dux ghak lens dit lit dlongf lal dux ghak lens lol nyof lol dlongt lad,
Dlongf lal dux ghak lens lol it zal ad lad dux ghak lens lol ongx nyof lol dlongt lad lad.

Dlongt dlongt lad dit dux ghak longx duaf ongf lob dat dux ghak lenx das,

Deux dux ghak longx das ad lak lad dad lad zas das las dux ghak lend lal zas lal lal das las lal,

Zal ad lak renx las guangb dux ghak longx dax lax zal,

Zal lak renx las guangb dux ghak lend das lat lat ongx nyof.

莎喏哒啦嘟噶嘞喇咱，

咱啊啦嘞嘟教啊啦呻筋庚来，

咚拉嘟噶嘞来嘟噶嘞喇咱，

喏咯咚拉拉咂啦嘟嘎嘞喇咱，

咱啊啦咚喇嘟噶嘞咯嘀咯嗒，

嘟哈嘞嘀哩咚喇嘟噶嘞咯喏咯隆拉，

咚喇嘟噶嘞咯依咱啊拉嘟噶嘞咯嗯喏咯隆拉拉。

咚咚拉嘀嘟噶咙嗒嗯咯哒嘟噶嘞哒，

嘚嘟噶咙嗒啊啦拉哒拉咋嗒啦嘟噶嘞喇咋喇啦哒啦喇，

咋啊啦韧啦光嘟噶咙嗒喇咋，

咋喇韧啦光嘟噶嘞哒啦啦嗯喏。

背景介绍

王文学

唱诵者：王文学 Lax Guangt Wos（1978— ），男，文山市开化街道干河社区旧城居民组人，擅长苗族芦笙辞和芦笙舞蹈，被认定为文山州级非物质文化遗产传承人，师从其父王祖卫。

演奏场域：此曲在花山节开幕活动开场祭祀之时使用。

采集整理：罗永洪、熊文国、熊兴坛。

注 释

[1] Zhab：年，过年。传说“年”是一种怪物，即年兽。“年”的甲骨文为“ ”。 、 ，四脚蛇的样子与“年”的甲骨文形状相似，苗族称“四脚蛇”和“壁虎”为“Zhad”。“Zhad”与“Zhab年”音近音同，与“年”的甲骨文字形相似。籍于此供参考。Naox Zhab过年。

[2] Naox Cot：过节。Cot节。

[3] Nbuat Zaix：彩色的猪，彩猪，此指过年猪。

[4] Rod Zhab：守年，守岁。

[5] Nbuat Ndrous：彩色的猪，彩猪，即过年猪。

[6] Bangx Cot：年味，节味，指节日的氛围。

其他口碑篇

Jes Lol Ndrual Lol Zhes

故事传说

Lol Ndrual

访谈语料荟萃

Lol Zhes

·文山市苗族优秀口碑古籍选·

HMONGB BANGX DEUS LANGS GHOB ZENS NGOUX LOUL

故事传说
Lol Ndrual

洪水滔天前后传说
Dlex Dlangs Njet Ndox Ndex Ghangb

Box Yeus Yos Nyuas
男人生娃和女人生娃

Ndaox ndis touk nzod ot, ndox deb nad yos nyuas yaos yeus yos, yos dol nyuas nyaob hod lob hlit[1] hax yuad duat dol nyox drout naox, dol nyuas luax dol gongx nzeud[2], cangt yaos cangt nyax cangt gob[3], hlob jek suk dol nangb, ib xongt plik[4] ib cenx deud, oud shout drongb jangx hloub[5], dex huaf box ghaib bof dob zeux drous njeuk naox leuf. Beb xongt zeux nyaob baik[6] nyaod nyaod, beb jous xongt let zeux mol ged tlat dous, drout jouf xongt let hlob dad, zhit rongt taox. Dangb guas, rongt let jek yaos zhit zeux duas, duas jek zeux draod, dex yeus yos nyuas uat duab nens bod ndox yenl[7]!

很久很久以前，人间是男人生娃，男人生个孩子坐月子要杀头牛来给他吃。生下来孩子只有蚂蚱那么大，其骨头是金骨银骨，像蛇蜕皮一样一岁长一点，一年蜕一层皮。把孩子背在小腿上，有时不小心，鸡看见就被啄了吃。三年才会坐起来，三十年才能走路跑路，六十年才长成人，极不好养育。但是，好处就是这种人不会真的死，死了能复生。正因如此，男人生娃时代，人烟满天地！

Dex yeus yos nyuas langx langx taox hlob jek, dex box jeuf dak: Ek... Mex dex yeus zhit muax bend shif yos nyuas let, yos ib dol beb xongt dob zhenf oud ndeuf houd joul, zhos zeux nyaob baik baik, box ghaib bof drous dob zeux muab njeuk naox leuf, jat beb uat box yos, zid gongb[8] yos hlaot jeuf luax lob daos, zid gongb yos nyuas zhuak naox nzhik ghet ghaib jeuf dout. Jeuf uat nad, zix touk gat lol, yos nyuas jeuf jat box yos, nyaob ndruab hlit huaf zhuak naox ghet.

男人生娃难抚养长大，女人就说："哎……你们男人没本事生孩子，生一个三年了还背在小腿上，还不会坐起来，不小心还被母鸡啄吃了。让我们女人来生，我们生呀一生下来就有凳子一样大，坐月子也只需吃点鸡蛋就行。"就这样，从那时起，孩子就由女人来生，坐月子也只吃鸡蛋。

Touk dex yeus yos nyuas gat, dex nenb zhit zeux duas, cangt yaos cangt nyax cangt gob, dex yeus yos yos dex nenb uat bod ndox yenl, lob ndox ndruab zhit dangl.

男人生娃时，这人不会真死，骨头是金骨银骨，天下到处是人，住也住不下。

Daof ghangb dex box yos nyuas jek, hlob shait[9], rongt yos jax[10], dangb guas cangt yaos cangt ploub mangx, nghaix yaos nghaix ghangb rib[11], zeux duas.

后来女人生娃，孩子长得快，好抚养，但是骨头是麻秆骨，肉是蜜肉身，会死亡。

Wef dol zhit dex ngoux kend hot dak: Touk dex nenb zhit zeux duas, duas lak yad zeux draod lol, nif nat dex nenb zeux duas zhit zeux draod, yaos zix dex nat lol nid.

为什么古歌中经常会唱道：以前的人不会死，若死了也会活过来，现在人死不能复生，正是源自这里。

Lob Ndox Qid Shab

老天起坏心

Ndax deb nyaob bod nenb, lob ndox let lol said dex nenb shab rongt tab zhit rongt[12], shab rongt jek zhes nghel lol, shab zhit rongt jek yad muab zhif duas, lob ndox zeux uat, nil sangd dak: Uat jangl let muab dex nenb shab zhit rongt zhif duas? Nil sangd zos jat lob ndox npout dlex dlangs sheud njet ndox.

世间人满天，老天就筛选那些善良和凶恶的人，把善良的人留下来，把凶恶的人治死。老天想着：怎样才能把恶人治死？用洪水滔天淹人间吧。

Muax rangx ngoux uat nat haik: Lenx dus shab rongt, lenx dus dout nyaob ndrual ndongt[13], lenx dus shab dax, lenx dus dout nyaob ndrual dlax[14]. Ndlax deb Fux Gob Fux Mef[15] shab rongt shab dax, let dout nyaob ndrual ndongt ndrual dlax.

所以，才有古歌这样唱：谁心地善良，谁得坐木鼓，谁心地公正，谁得坐漂鼓，天下福哥福妹善良又公正，才得坐了木鼓漂鼓。

Dlex Dlangs Yenb Ndaot Ndox

黄河滔天

Laix Deb Nzhib Yeuf Shoub

犁地遇尤叟神

Nyaob touk nzod ot, muax beb muas nol, nil buab uat nenx shik hlob shik hmaod[16], uat nenx gangx shab los[17]. Aob dol hlob nax hnob mol uat lax uat deb[18], zhes Fux Mef nyaob zhed uat naox uat houk.

在很久很久以前，有三兄妹，他们相亲相爱，生活幸福。两个哥哥天天去犁地种地，留妹妹在家做饭。

Muax ib ras, aob gud dix mol laix deb bes houd drongb, kud jax kud duas[19] laix laix ib hnob, draod ghangb mol zhed, dif aob hnob duax, dlaif deb rongt suk zhit dout laix drous. Aob gud dix zhas kud jax kud duas laix laix ib hnob, dif beb hnob draod duax lal suk let.

有一次，俩兄弟去犁山头上的那块地，辛辛苦苦犁一天恢复成原样两家之后，第二天再去，那块地跟没犁一样恢复成原样，两人又辛辛苦苦去犁了一天。第三天再去看，还是跟没有犁过的一样。

Aob lens zhit boub yaos wef let jangl. Dol dix lous jeuf nbout deul nab dak: “Ved, yaos uat jangl ax! Beb kud jax kud duas laix ib hnob hnob, jangl dif aob hnob draod suk zhit dout laix? Hmaot nat god nif yuad uat rongt shaox shaib, yaos wef let jangl?”

两人感到特别疑惑。大哥特别生气地说：“喂，这是怎么回事呀！我们辛辛苦苦犁好的地，怎么第二天就恢复了原样？今晚我倒要看看，是怎么回事？”

Jeuf uat nat, aob gud dix hmaot ndox ngouf duab rongt[20] shaib, zos ndox deb dangs hmaot, shaib bof ib dol naf yeuf, bloub hout uat dleub bous, fux zid dleub bous suk jangs dlaos[21], hnangd jat ib jed chaot koub sib, sex muab nil buab jaod deb gus laix rongt fouk draod ghob[22]. Dix lous shaib zhit dluad muas[23], nos dob zhit nos tlat mol jeuf yaos aob njeuk deut, njeuk uat dol naf yeuf dlaod ghuad nab ndeuf ndos deb. Dol gud shaib yuad zhit dout lak, jeuf tlat mol taid dol dix lous, let jeuf dout dol naf yeuf zox shad jat.

就这样，两兄弟晚上躲在地边观看，到半夜三更时，看见一个老者，白发苍苍，胡子白得像葱须，穿着一身烂蓑衣，在地里将犁好的地一块一块地恢复起来。大哥忍无可忍，问都不问跑过去就踹两脚，踹得老者在地边打滚。

弟弟看不下去了，就跑去把大哥拦住，救下了老者的命。

Dol yout Fux Gob nos dak: "Naf yeuf, beb nax hnob kud kud shid shid ros, uat jangl gaox yuad sex muab deb fouk draod ghangb?" Dol naf yeuf jeuf deb dak: "God yaos shout ndox Yeuf Shoub[24], yaos sangd duax shaib shaib mex lob shab rongt suk jangl, zos daof ghangb mex muax dlangb zhit bloub ndos uat zhit dout, jeuf duax ntrad god." Jangd haik dangl, naf yeuf gat jeuf zat nchik uat ib dol hnangd dreud jed chaot zaix chaot ndrous, chaot zhox chaot nbuas[25] dous ged nyaot mol leuf.

兄弟质问老者道："老爷爷，我们每天那么辛苦，你怎么还要把地恢复回去？"老者回答："我是天上的尤叟，是想来试试你们的心地怎么样的，以后你们遇到什么难事，可以来找我。"刚说完，就摇身变成一个穿着干净鲜亮服装的老人，慢慢离去了。

Nangs Lol Juax Hnob Juax Hmaot

雨下九天九夜

Muax ib hnob, nangs sob nangs juat[26] chuab uat bod ndox bod hangd, nangs lol leuf juax hnob juax hmaot[27], dlex dlangs bod rox ros, shaib lol zos yuad muab renx yenb yenb dot nongb[28]. Uat zhit dous del, beb muas nol jeuf sangd zos naf Yeuf Shoub, jeuf mol ntrad Yeuf Shoub, guas Yeuf Shoub muab zhud yif.

有一天，刮起了大风下起了暴雨，九天九夜都不停，洪水慢慢涨起来，水势越涨越高将把人间淹没。没办法，三兄妹就想到了尤叟，一起去找尤叟出主意。

Yeuf Shoub boub dol dix lous shab zhit rongt, zhit khat zhenb drout nil. Yeuf Shoub jeuf khat dak: "Gaox draod mol zhed, mol raox ib lob ndrual dongx[29], zos touk dlex dlangs yenb bod ndox, gaox jeuf ngangs mol hod lob ndrual dongx nyaob, zos touk dlex dlangs nghel dangl, gaox jeuf dout jeuf lak." Uat nat dol dix lous jeuf daol dob zhit daol aob dol yout jeuf draod raox rens mol zhed raox lob ndrual dongx leuf.

尤叟知道大哥心不好，没有直接说真话。尤叟告诉他："你到家去制个铜鼓，铜鼓做好后，等水淹上来时，你就进到鼓里躲藏，等水退去后你就有救了。"听到这儿，大哥连弟弟妹妹都不等就匆忙回家制作铜鼓去了。

Yeuf Shoub boub Fux Gob Fux Mef aob dol yout shab rongt, Yeuf Shoub jeuf khat zhenb zhenb nil buab, Yeuf Shoub haik dak: "Mex aob dol draod mol, muab deud nyox mol raox ib lob ndrual ndongt, zos touk dlex dlangs yenb bod ndox, mex aob dol buas dreud rel ghet ghaib[30], zhid ngangs mol hod lob ndrual ndongt nyaob, zos touk muax nenl ngouf hnob, jaod ghet ghaib dlous deuf[31] mid ghaib, mex jeuf hlet lob ndrual deuf duax, mex jeuf dout jax lak." Uat nat Fux Gob Fux Mef jeuf draod mol zhed muab deud nyox raox lob ndrual ndongt.

尤叟知道福哥福妹两人心地善良，尤叟跟他们说真话："你俩回去后，用牛皮去制个木鼓，等洪水淹上来时，你们就带着一窝鸡蛋躲到木鼓里，等到二十天后，鸡蛋孵出小鸡，你们再打开木鼓，就能活下去了。"就这样，他们回去用牛皮制木鼓。

Nad jek yaos hot ngoux nos dak sob muax ghaib lak shik sob muax ghet lob genb guf[32] nid, ghet yaos Fux Gob Fux Mef jaox mol hod ndrual, let buas dlous ghaib deuf duax.

这就是人们在唱歌时，常常问起先有鸡还是先有蛋的缘故，蛋由福哥福妹带进木鼓，才孵出鸡来。

Fux Gob Fux Mef Nyaob Ndrual Ndongt

福哥福妹坐木鼓

Beb muas nol muab ndrual raox dout, but but zos ib dangs hmaot, Fux Mef jeuf ghut dak: “Ek, gangf das sheud, zhit xenx lak! Naf dlex dlangs njet ndox[33] lak, beb yuad uat jangl uat ax?” Uat let jeuf nongs Yeuf Shoub haik let, ngangs mol hod lob ndrual ngouf jat.

三兄妹把鼓都制好，睡到半夜时，福妹叫喊道：“哎，快起来，不行啦！洪水淹上来啦！我们该怎么办呀？”之后便按照尤叟说的，躲到木鼓里去了。

Jeuf uat nat, dol dix lous ngangs mol hod lob ndrual dongx, Fux Gob Fux Mef aob dol yout ngangs mol hod lob ndrual ndongt. Ndrual dongx sex uat sex daos[34], ndrual ndongt sex uat sex ndangb[35]. Ndrual dongx jeuf daos drout hod ghangb dlex lok, drous dex shuab reb shuab angd fouk dangl, dob zhit boub dluat khaod dus leuf.

就这样，大哥赶紧躲进了铜鼓里，福哥福妹躲进了木鼓里。铜鼓随着水下沉，木鼓随着水漂浮。铜鼓沉到最底层，被沙石掩埋，不知道如何了。

Dlex dlangs sex yenb sex sheud[36], yenb leuf nenl ngouf hnob ndaot ndox[37]. Lob ndrual ndongt sex ndangb ndangb mol dif nbongt ndox ot, nghongx[38], draod ndangb ndangb lol zos dif nbongt ndox nat, nghongx. Lob shuab ndraod nghongx hef[39] uat shout ndox Nzux Nyongs[40] lous tlat uat ib pleud pleud[41], nil jeuf kheb lob drongx ndos[42] puab shaib, jeuf ghut dak: “Yot, yuad zhit dout lak, dlex dlangs sheud njet ndox lak. Ek gangd jend zhaot hmod dongx hmod hlout[43] bongb mol ndax deb, muab ngous daot khaod, jat dlex shouk nghel mol.”

Huaf nat dex khaod ndox khaod shouk jeuf yaos touk gak Nzux Nyongs loul zhaot hmod dongx hmod hlout ngous daot let lak!

水越淹越高，水漫齐天二十日。木鼓随着洪水漂到天的那边，撞出“嘣”的响声。又漂到天的另一边，撞出“嘣”的响声。响声“嘣”吓到天上的老祝牛神，他就打开天门来细看，惊讶地叫道：“哟，要不成了，洪水淹上天啦！赶快拿铜钎子、铁钎子把地捅穿，让水落下去。”

现如今大地上的无底洞和落水洞，就是那时祝牛用铜铁钎子戳出来的！

Dlex dlangs shouk nghel mol dangl, lob ndrual ndongt lak leud ghangb ndangb zos bes deb, touk gat lob ghet ghaib lal jangb jangb dlous deuf dol mid ghaib, Fux Gob Fux Mef aob muas nol gus nyaob hod lob ndrual ndongt jeuf haik dak: “Touk Yeuf Shoub jaob jif[44] beb dak, ngangs mol hod ndrual bod nenl ngouf hnob lob ghet dlous, beb jeuf kheb ndrual deuf mol, huaf nat ghet ghaib dlous leuf, beb shif kheb shaib?” Jeuf uat nad, aob dol kheb lob ndrual deuf duax shaib, ndax deb nif muax drongb muax hangd, muax khaod reb muax khaod jangd, muax khaod ndox khaod shouk khaod hangd, zhuak chuad zhit muax renx yenb.

洪水下落完，木鼓也随之着陆，两兄妹带进木鼓的鸡蛋也刚孵出了小鸡，福哥与福妹说道：“之前，尤叟交代我们，进来鼓里满二十天待鸡蛋孵小鸡来，我们就可以打开木鼓了，现在小鸡孵出来了，我们试着打开看看？”就这样，俩兄妹打开木鼓出来，看见天下都变了样，有山有水，有石山有旮旯地，有落水洞有山冲等样样有，只是没有人烟。

Muas Nol Shik Yuad Zhif Renx Yenb

兄妹成婚制人烟

Ndax Deb Duab Nens Duas Dot Nongb

天下人烟灭绝

Hod ndax deb duab nens duas dangl dot

nongb[45], cuat khaod dlangx ghak nzhuad, zhuak chuad Fux Gob Fux Mef aob muas nol, nchait uat zhit dout naox lox. Fux Gob Fux Mef aob dol jeuf dak mol ntrad naf Yeuf Shoub, haik dak: "Duab nens dob zhit muax, beb yuad uat jangl uat?" Yeuf Shoub haik dak: "Zhit muax duab nens zhit muax renx yenb lak, mex aob dol jeuf mol uat zix uat ngeuf[46] zhif renx yenb[47] lak." Fux Mef sangd sangd, haik dak: "God zhit yenf!"

人间的人全被淹死，到处枯黄一片，只剩下福哥福妹，怕做不了什么。福哥福妹就去找尤叟问："人间都没有人烟，我们要怎么办？"尤叟回答说："人间没有人烟，你俩就结为夫妻制造人烟。"福妹想想便说："我不愿意！"

Dlaod Reb

滚石磨

Youf Shoub jeuf haik dak: "Daol gaox dob zhit yenf mek, mex uat nad, mex aob dol mol zhed, mol muab aob shangf reb nghangt mol bes drongb, nyal nyaob nyal ib pangb drongb, ib dol dlaod ib shangf reb, dlaod ndlaos mol ndrangl hangd shaib, yaos dak aob shangf reb dob hof uat get lak, mex aob dol jeuf yuad uat zix ngeuf lak, yaos dak zhit hof uat jek, uat let mex jeuf zhit yuad." Jeuf uat nad, aob muas nol jeuf ib dol nghangt ib shangf reb, nyal nyaob nyal pangb drongb dlaod nghel mol, aob lob reb ndlaos nghel mol hof hlaot uat get. Fux Mef sangd sangd lal zhit yenf!

尤叟补充说道："要是你不愿意，那便这样，你俩回去，把石磨的两扇石抬到山上，一人在一个山头，相对着从山上把石磨滚下去，如果石磨能合在一起，你们就结为夫妻，如果没有合在一起，你们就不用结为夫妻。"而后，两人一人抬一扇石磨，从相对的山坡滚了下来，结果两扇石磨合在了一起，但福妹还是不愿意！

Laif Gongb Sod

丢针线

Fux Gob Fux Mef aob dol draod ghangb mol ntrad Yeuf Shoub, Yeuf Shoub jeuf dak: "Aob pangb reb hof uat get lak gaox zhit yenf mak, uat let uat nad, mex aob dol draod mol, ib dol jaox gongb, ib dol jaox sod, nyal nyaob nyal ib pangb drongb laif nghel mol, yaos dak gongb tab sod qeuk uat get[48], mex jeuf uat nas zid lak, yaos dak zhit qeuk uat get, mex jeuf zhit uat." Aob dol jeuf draod mol, Fux Gob jaox sod, Fux Mef jaox gongb, njet mol bes drongb laif nghel mol, gongb tab sod lal qeuk uat get, Fux Mef sangd sangd, nchait yaos ndox guak uat[49] get let lak, uat let jeuf uat nas zid lak.

福哥福妹再次去找尤叟，尤叟又说："两扇石磨合在一起了你也不愿意的话，那你们回去，一人带针，一人带线，同样各在一个山头相对扔下去，如果线穿在针眼里，你们就结为夫妻，如果没有，你们就不用结为夫妻。"俩人赶紧回去，福哥带线，福妹带针，各在一个山头相对扔下去，结果线穿在针眼里，福妹想了想，这恐怕是天注定，天意难违，俩兄妹便结为夫妻了。

Muax Nyuas Suk Lob Doub

成婚有怪胎

Fux Gob Fux Mef aob muas nol jeuf yos lak dol nyuas, yos dout suk lob doub nghaix[50] let. Uat zhit dout ndox, aob dol jeuf mol nos naf Yeuf Shoub. Yeuf Shoub jeuf dak: "Ek, ndox deb dlot dlad ek, mex uat jangl yos suk lob doub ox? Zhit muax bangf fax ek, mex draod mol, muab lob doub nghaix gat puat uat gouf yif yuab chenx gouf yif juab, puat uat gouf yif dlaif chenx gouf yif zhaif[51]. Laif uat gouf yif fangb dout leuf!

福哥福妹一起生了一个孩子，生下来的孩子像个肉球（团）。没有办法，俩人就去问尤叟。尤叟说道："唉，天地光秃秃没有人，你们怎么还生了个肉球？没办法啦！你们回去，把那肉球切成十八丫，丢在十八地，会成十八家；切成十八块，丢在十八方，会成十八寨。把那肉块乱丢十八方就可以了！”

Nil aob dol hlaik uat ib yangd yangd ib huaf gouf yif dlaif, ib yangd laif ib khaod, muab dex nghaix laif drout shout dex zid keub, zid dluax, baob reb dex nat, muab laif dangl ntraot.

两人回来后，就把肉球劈开，一块一块地切成十八块，一块扔一个地方，把那肉块扔在李子树、桃子树、石头等上面，把所有肉块都扔完。

Muax Renx Yenb Khuat Sod
姓氏源起

Zos dif aob hnob, nil buab sheud lol, kheb hlaot khaod drongx, dex rex raos uat bangt deul nqot raos[52], haid dus dob nqot ros reul, laof ref nzas[53]. Jeuf tlat mol nos yif nbuak nbuak got zid keub, mex yif yaos khuat dlangb zhit? Ieb dak nil yif yaos yif Lif juab; Tlat mol nos yif nbuak nbuak got zid dluax, nil yif deb dak nil yif yaos yif Taox juab. Khaod cuat qeut nos nos dangl, jeuf draod mol nos Yeuf Shoub, Youf Shoub jeuf haik: “God jeuf guas mex aob dol mol zhif renx yenb lak.” Jeuf uat nad, renx yenb bex xenf jeuf muax lak.

第二天，等他俩醒来，打开房门一看，炊烟四起，热闹非凡，便跑去靠近李子树的那家问他家姓什么，那家回答说是姓李（李家）；又跑去问靠近桃子树的那家姓什么，那家回答说是姓陶（陶家）。到处问完后，又去问尤叟，尤叟说道：“我的目的就是让你们去制人烟了！”从此，人烟百（家）姓都有了。

背景介绍

陈述者：罗正荣 Sheuf Chib（1966—），男，文山市小街镇麻栗寨村委会冬瓜林村人，掌握当地苗族婚丧文化。师从本村杨开有（1929—1989）、蔡保珠（1932—）等，蔡保珠又师从本村侯正才 Nblax Yal Dluas（1890—1960）。该故事是杨开有于其母亲处习得，于20世纪80年代中期传授给陈述者。

罗正荣

版本评述：“洪水朝天”故事是人类共同的记忆和永恒的话题，更是苗族神话故事中的重要内容之一。相对其他零散的“洪水朝天”故事，此版口碑古籍系统地展示了“洪水朝天”前后的故事，是文山市苗族神话故事的典型代表之一。

采集整理：罗永洪、熊兴坛、陶永林。

注释

[1] Nyaob Hod Lob Hlit：在月子里面，指坐月子。

[2] Gongx Nzeud：蚂蚱，蚂蚱中的一个种类，善于跳动飞翔。

[3] Cangt Nyax Cangt Gob：金银骨头。

[4] Plik：蜕变，蜕皮。

[5] Drongb Jangx Hloub：小腿。

[6] Nyaob Baik：坐。

[7] Bod Ndox Yenl：满天都是人，指人烟满天。

[8] Zid Gongb：对自己的称呼。

[9] Hlob Shait：长得快。

[10] Rongt Yos Jax：好养育，好养活。

[11] Nghaix Ghangb Rib：蜜肉身，指像蜂蜜一样容易化且甜的肉身体。为故事中“人容易生病会死”的情节做了铺垫。

[12] Shab Rongt Zhit Rongt：良心好不好。

[13] Ndrual Ndongt：木鼓。

[14] Ndrual Dlax：会漂浮的鼓。

[15] Fux Gob Fux Mef：福哥福妹（神名），是苗族传说中兄妹造人烟的两个人。

[16] Shik Hlob Shik Hmaod：相亲相爱。

[17] Uat Nenx Gangx Shab Los：过着幸福的日子。

[18] Uat Lax Uat Deb：种田种地。

[19] Kud Jax Kud Duas：辛辛苦苦，苦死苦活。

[20] Ngouf Duab Rongt：好好藏起来。

[21] Jangs Dlaos：葱须，葱根。

[22] Fouk Draod Ghob：恢复原样。

[23] Zhit Dluad Muas：看不下去。

[24] Yeuf Shoub：尤叟，神名，苗族传说中是无所不知、无所不能的神，苗族传统观念中，遇不明白的事便求问此神。

[25] Chaot Zhox Chaot Nbuas：绸衣缎服。

[26] Nangs Sob Nangs Juat：狂风暴雨。

[27] Juax Hnob Juax Hmaot：九天九夜。

[28] Dot Nongb：绝种，断根。

[29] Ndrual Dongx：铜鼓。

[30] Buas Dreud Rel Ghet Ghaib：抱着一窝鸡蛋。

[31] Dlous Deuf：孵化出。

[32] Genb Guf：根故，缘由。

[33] Dlex Dlangs Njet Ndox：黄河水朝天，黄河滔天。Dlex Dlangs黄河。

[34] Sex Uat Sex Daos：越来越沉（没）。

[35] Sex Uat Sex Ndangb：越来越漂。

[36] Sex Yenb Sex Sheud：越淹越高。

[37] Ndaot Ndox：漫抵天，齐天高。

[38] Nghongx：拟声词，相当于碰撞的声音“嘣”。

[39] Hef：吓，惊吓。

[40] Nzux Nyongs：音译为“祝牛”，掌管人生死之神。

[41] Tlat Uat Ib Pleud Pleud：受惊吓跳起来。

[42] Drongx Ndos：天门。

[43] Hmod Dongx Hmod Hlout：铜钎铁钎。

[44] Jaob Jif：交待。

[45] Duas Dangl Dot Nongb：死光绝种。

[46] Uat Zix Uat Ngeuf：做夫妻。

[47] Zhif Renx Yenb：制人烟。

[48] Qeuk Uat Get：穿在一起。

[49] Ndox Guak Uat：天意。

[50] Doub Nghaix：一团肉，像瓜一样的肉团。

[51] Gouf Yif Zhaif：十八寨。

[52] Bangt Deul Nqot Raos：炊烟四起。

[53] Laof Ref Nzas：热热闹闹，热闹非凡。

九曲龙潭与开化府传说

Juax Qit Bangl Rangx[1] Tab Kaib Huaf Fud

Touk aob xongt ndox dous deb zhous[2], yaos leuf huaf nenx dlangb zhit xeut ndluat[3], nchait yaos leuf gus Qenx Chaox. Huaf gat Shix Leuf Hongx zhenf zhit muax raol, dex rex raol nyaob leuf ndrangl Haik Wek.

或是在天地混沌，或是在人鬼不相混时代，抑或是在前朝。当时的石榴红村还不是村寨，村寨在海尾一带。

Nyaob leuf huaf gat muax ib dol mid Hmongb hot leuf Nox Yaob[4] maox zid ghuad[5] jeuk sangb jeuk suad, nil nyaob ndrangl Haik Wek. Nil dol muaf ghuat leuf Mongx Nzid ndos ndrangl Shend Zux Lous yif leuf, nyaob ndeuf gat zeuf muax lob bangl rangx tab.

那时候的海尾村，有一个相貌平平的苗族小伙子，名叫诺幺。他的妹妹远嫁蒙自城边的某一寨老家，在那里也有一个龙潭。

Nil nyaob ndrangl nat dol box duas leuf, uat nenx muax nzhik bluas, zeuf nax hnob mol juab nzhel uat nenx. Nil zeuf mol ndrangl shout drongb dlob juab nzhel, daol nil dis draod ghangb, nil dol nyuas lab dub zhit nyaob leuf, yaos zhof rangx lous[6] naox leuf. Nil dot shab hend, sangd dak box lak duas leuf, huaf nat nyuas lak duas leuf tab.

时日过去不久，诺幺的妻子不幸去世，从此他生活较贫苦，不得已每日以垂钓为生。有一天，他去往湖里的小黑山上钓鱼，过了大半天，他返回家，发现他的小孩已经被龙王掳走。因为妻儿都离他而去，他伤心至极，也想着投河自尽。

Uat let, nil zeuf duab pleud dout hod bangl dlex, mol zos hod huak zhit yaos dlex, yaos duab lob nax langd nyangb[7]. Nil dous mol leuf ib hnob dub mol zhit tlout, mol dif nat lak yaos nyangb dif ok lak yaos nyangb. Huaf gat nil zhit muax bangf fax lak, zeuf haik dak: “God zhit nzhens lak, zid duax piaod deul dout shaib.”

他纵身一跃跳入湖中，但湖里并不是湖水，而是一张没有边际的草床。他行走一天也走不通，不管走到哪个方向都是草丛。他愤懑道：“我就不信了，放一把大火烧了看看。”

Shuad deul duax zhek, rangx lous zeuf maob rangx lous nzhik bleud, rangx lous zeuf muab Nox Yaob nik dob nik gid uat guat nzuas jeud[8]. Rangx lous maob rangx lous nzhik shab, rangx lous zeuf muab Nox Yaob nik dob nik gid uat khoud zhab. Rangx lous uat jot dut yenl hlut duax mak, nil zeuf zhaot duab biaob deul dout. Uat let zhek lob naf bangl rangx nbout leuf aob beb hnob aob beb hmaot jat let khuad leuf.

熊熊烈火燃起，龙王心疼不已，便将诺幺的孩子做成下酒菜；龙王肝痛不止，便把诺幺的孩子做成过年粮。因为诺幺点火烧龙王，龙潭连续沸腾几天几夜，直至干涸。

Daof ghangb nil nyaob nyaob zhit muax ghangb hout, wef dak zhit dangb box duas leuf, huaf nat hax nyuas duas leuf tab. Nil zeuf zix ndeuf gat mol dout dif dleuf Haik Wek[9] zos leuf Changx Shangb[10] tab Muak Nyangb Dleuf[11], yuad mol leuf nil bel Mongx Nzid[12] dol muaf.

后来的日子，因为没有妻儿，诺幺感觉生活极其无趣。他便上路去往海尾垭口，走向长山和马鞍垭口，只想着去蒙自看望自己远嫁的妹妹。

Huaf mol zos Changx Shangb Dleuf, nyaob

ndeuf gat nzhib drous duab dol naf yeuf. Dol naf yeuf gat dak: "Mid dob gaox yuad mol haid dus?" Nox Yaob deb dak: "God yuad mol leuf Mongx Nzid Shend Zux Lous yif[13], god dol muaf ghuat dout nil yif leuf."

当他去到长山垭口，遇见一位老人。老人问："年轻人，你要去哪里？"诺幺回答："我要去蒙自某寨老家，因为我的妹妹嫁给了那里的一户人家。"

Dol naf yeuf draod dak: "Uat let gaox mol bel Mongx Nzid zhek gaox tab god daf nik zox sod, zeuf haik dak god vangx zhed ndluas dangl guas god dol ncaik voud duax tab god vod zhed." Nox Yaob draod nos: "Uat nad gaox dol voud nyaob dus nuk?"

老人说道："既然你去蒙自，那么请你帮我捎一个口信，帮忙告知我的女儿女婿，我的房子烂了，需要他们来帮忙修补。"诺幺问道："那你的女儿女婿在哪儿呢？"

Naf yeuf dak: "Nyaob bel Mongx Nzid ndos ndrangl, zhit langx ntrad, god muab lob nik ndrual jaok ndris[14] nat dout gaox. Zos leuf bel Mongx Nzid lob ndos bangl gaox zeuf hot dak: *yeuf rangx yeuf jik gus, shait let deuf lol ox, god muax ib lot lol haik gaox.* Uat let zhek, gaox kaob hlaot beb ghuk hot beb ral zhek nil zhef ndeuf lol lak."

老人说道："也在蒙自城边，一个很显眼的地方。我再将这个拳头大小的鼓给你。当你到蒙自城边的那个湖边时，你就这样叫唤'龙王龙爷，快快现身，我有一句话梢给你'。你敲三次，叫唤三声，它就出来了。"

Nox Yaob njet hlaot ged zeuf dous mol Mongx Nzid zhek, nil zeuf tab dol yeuf yix let lenx yeuf shend zux lous houk jeud. houk houk jeud mak, nil zeuf dak: "yeuf shend zux lous, gaox nyaob deb qeut nat nif muax nbet laos, gaox nif zeux ngas uat dlas mak, dangl ngil beb mol dud hot rangx shaib gaox buak hot dout."

听老人说完后，诺幺便赶往蒙自。去到寨老家，寨老款待他吃饭喝酒，喝着喝着，他突然记得上路时老人交代他的事。他说道："寨老啊，你在这个地方名声很大，也是一个聪明之人，今天我们去比赛叫唤龙王看看，谁能把龙王叫出来现身。"

Yeuf shend zux lous dak: "Lak, god mol hot dout mak gaox ndrangl zhed dol zid nyox dlangs[15] zeuf yuad shub god ok, god hot zhit dout god dol paik duf[16] zeuf shub dout gaox."

寨老回答道："好的，如果我能喊出来，那么你家里的黄牛就输给我；如果我叫唤不出来，我的水牛输给你。"

Dangl ngil naox dangl chaik mak, nil aob dos zeuf mol hot lak. Nox Yaob dak: "Gaox yaos leuf zid, gaox sob hot." Shend zux lous zhaot shuab hlaot: "Yeuf rangx yeuf jik gus, deuf lol lox." Hot dangl lak zhit bof rangx lous deuf. "Yeuf rangx yeuf jik gus, deuf lol lox, god muax lot lol tab gaox haik ox." hot dangl lak zhit deuf. Hot leuf beb rangs lak zhit bof deuf.

饭后，两人便去叫唤龙王。诺幺说道："你是长辈，你先喊。"寨老放声叫唤道："龙王龙爷哟，出来现身咯。"龙王还是没现身。再一次叫，也没见龙王现身。直叫唤了三次，还是不见龙王现身。

Shend Zux Lous shaib shaib zhit bof muax dlangb zhit, zeuf dak: Uat let gob Yaob, gaox hot. Nox Yaob dak: Lak jat god hot zeuf god hot.

寨老看看什么也没有，便说："小幺哥，你来叫唤看看。"诺幺说："好，让我来试试。"

Nil zeuf muab lob nik ndrual lol kaob Dongb dongb dongb: "Yeuf rangx yeuf jik gus, deuf lol lok, god muax ib lob mongt keuk gaox haik nat." Vol vol vol, uat let nyongx gheul dif hod ghangb bangl[17] lol.

诺幺拿出那个小鼓来敲“咚咚咚”三声，紧接着说：“龙王龙爷出来喽，我有一个口信要告诉你呀。”而后，便听见“呜呜呜”的声音，从湖底响起来。

Dongb dongb dongb, Nox Yaob draod dak: "Yeuf rangx yeuf jik gus, deuf lol lox, god muax ib lot lol yuad haik khat gaox." Huaf gat zhek zhef gaf uat dlex ndluak ndlongd lod. Hot hlaot beb rangx dangl zhek, deuf bleul duab dos uat qangd chuab faos[18] ax, uat naf dlex faib ndluat deuf lol lak.

“咚咚咚”三声后，诺幺又说：“龙王龙爷出来喽，我有一个口信要告诉你呀。”顷刻间，水浪翻滚。三声叫唤完后，现身一条遮天蔽日的巨龙，湖水也迅速为它让路。

Ghak naf Shend Zux Lous zhek nif nchait lak get ghut get zhid: "Rangx uat jangl yuad zeux deuf lol das lak!" Nox Yaob mak zhit nchait nzhat nzhongd dout. Dangb guas deuf lol mak, yaos leuf ib dos box Hmongb nif rongt rongt ngoux let.

此时，吓坏了寨老，他连跑带叫，大声说着：“这次真是龙王啦！”诺幺则不怕，紧紧盯着。出来现身的，竟然是一个非常漂亮的苗族女子。

Haik hlaot dak: "Yeuf dlangb Yaob ak, gaox duax nox shuat deb daof dous duax ek gaox muax dlangb zhit bloub ndos [19]ak?"

女子说：“诺幺小舅，你从遥远的南方来，唤我出来有什么事吗？”

Nox Yaob dak: "God daf muax ib nzhik bloub ndos nid, god duax Juax Qit Bangl duax zhek, muax ib dos naf yeuf guas god daf lob mongt duax dout nil dol ncaik dol voud dout mol tab nil vod vangx vod zhed[20] nat."

诺幺说：“我有一件事情要告知你，我从九曲龙潭来，有一个老人托我带个口信，叫他的女儿女婿去帮忙修补房屋。”

Box Hmongb dak: "Yid, uat let mak zeuf yaos god zaid lak buk max, god nongs lob nik ndrual gat zeuf yaos god zaid lob let. Uat let mol mol mol, mol zhed naox blual caik dout."

女子说：“咦，那么应该是我父亲了，我听这个鼓声就是我父亲的鼓。走走走，先跟我去吃一顿午饭。”

Nox Yaob shaib lob bangl dlex uat ndluak ndlongd[21], uat del mol deut zhit lol.

诺幺看着水浪翻滚，不知所措。

Rangx lous dol ncaik dak: " Lol lol lol, gaox lol hod god khaod zok[22], god gheuf hlaot gaox zeuf mol lak. Gheuf hlaot hod khaod zok nblox nchik hod zhek, naf ged daot ghak ntraot, mol dout dex sif hox tinb jend[23] nif ndout zheus rongt let."

龙女说：“来来来，来我的胳肢窝里，我把你卷着就可以去了。”下到龙女的住处，道路四通八达，只见到漂亮的四合天井房。

Zhit dout muab lak dlaif puaf nzuad muas nzuad zhek, zhef jaox jaox lol drongx khaod zok daof ndex zhek. Nil shaib bof lak dol ncaik nat rongt ngoux luax dlas zhek zhoud deul uat chaik, nil zeuf mol ib dlet dout lak lob baob dut.

到里面，诺幺还没有用手绢将脸洗净擦干，便被带到厨房用餐。诺幺见到如此漂亮的女人还为自己煮饭，便故意前去搭讪。

Rangx lous dol ncaik dak: "Ad, Yeuf Dlangb Yaob gaox zhit dek uat let zangx zangx muas let."

龙女说：“幺舅，你不要这样，我会害羞的。”

Nox Yaob dak: " Haik dlangb zhit let gat, naf duab nens dub zhit muax."

诺幺说:"你害羞什么呀,人影都没有一个嘛。"

Rangx lous dol ncaik dak: " Ox ox, yaos god zhit dout muab god dlaif puaf dout gaox shaot!

龙女说:"哦哦,是我没有拿手绢给你揩眼!"

Nox Yaox muab hlaot dlaif puaf shaot zhek, luak dex gud dix nif nyaob ndeuf gat nif kuangd dleub nchot dangl let. Uat let Nox Yaob nif zangx muas lok.

诺幺用手绢揩开眼后,就看见一旁有人家的家族兄弟在那里闲聊着。此时诺幺感觉无比害羞。

Naox chaik dangl zhek, Nox Yaob dak: "Uat let zhek, god mol lak."

吃完饭后,诺幺道别说:"感谢了,我要离开了。"

Rangx lous dol ncaik dak: " Yeuf dlangb Yaob gaox buaf yif duax daf ib ras mongt zhek, beb buaf yif ndel ib dos naf box ghaib dout gaox jaox mol duat naox."

龙女说:"幺舅,你帮忙捎信,那么等一下,我们送一只母鸡给你拿去,以后好杀吃。"

Ndel hlaot dol box ghaib zhek, nil zeuf sheud ged, yif lol yif daot daos, dis draod ghangb shaib zhek lob bangl zhef draod ghangb lak max. Shaib hlaot dol box ghaib lak yaos duab dol naf nzhel[24].

拿好母鸡后,他便上路了,道路越走越宽阔,回头一看湖水已经在身后,诺幺已从湖里出来了。他一看才发现抱着的母鸡实际是一条大鱼,原来鱼就是他们的鸡。

Nil zeuf lol zhek, nik zeuf jaox lol dout shend zux lous yif, wef dak shend zux lous zhid lol uat ndex haik dak zid dlangb Yaob drous rangx lous hlut leuf[25] lak. Dol muaf nif ghuax ghuax zhit zhes uat duab dol lis muas jaos[26].

寨老被吓跑回去后,就与人说幺舅被龙吃了。当诺幺赶紧回到寨老家,只见到他的妹妹哭红了眼。

Nil lol zhek, nil haik dak: "Ek nif ghuax ghuax dlas zhat lak?"

他走到一旁说:"你在哭什么呢?"

Dol muaf dak: "God zaid nif dak gaox dub drous rangx lous hlut leuf nat hak, god nif ghuax lak, uat jangl ek rangx lous chat zhit hlut gaox hab?"

诺幺的妹妹说:"我公公说你已经被龙王吃了,所以我才那么伤心哭泣的,你真的没有被龙王吃吗?"

Nox Yaob dak: "End, rangx lous zeuf hlut dus ox."

诺幺说:"龙王怎么会吃我呢,放心吧。"

Nox Yaob dak: "Yeuf shend zux lous, beb aob dos dud zhued nat, gaox yuad dout shub dol paik duf dout god max, god dub hot dout rangx deuf lol."

诺幺问道:"寨老呀,我们是有约在先的,我已叫唤龙王出来了,你输了你的水牛是要给我的。"

Yeuf shend zux lous dak: "Uat let mak, dak dud mak shub zeuf shub lak max! Muab dol paik duf drout gaox leud mol."

寨老说:"可以可以,愿赌服输,现在就把水牛给你。"

Nil leud hlaot dol paik duf lol leuf aob hnob let lol zos bel Laok Wub[27] nat zhek, shaib zhek duab lob naf bangl dlex uat dluak ndlongd zhek hlangt zhit dout hod leuf. Nil zeuf raok raok let zos dif Dleuf Nzhuak[28] nat zhek, dol box Hmongb gus nyaob bel yif chat deuf duax hot nil lok.

诺幺赶着水牛，走了两天才回到了老坞村，看到一个水浪翻滚的湖，已经不能从湖里直接过了。他慢慢绕到高粱地垭口，此时在蒙自见到的龙女早已到这里，还叫住他。

Haik dak: “Yeuf dlangb Yaob, uat nat hnob nat gaox jangd nik lol ad?”

龙女说：“幺舅，今天你才回来的吗？”

Nox Yaob dak: “ God jangd nik lol nik.”

诺幺说：“是的，今天我才到这里的。”

Rangx lous dol ncaik dak: “Ad, uat nat ek huaf nat god naf dub duas leuf, god zaid mex yuad uat blis[29] nat ek, gaox zeux chod ghenx hab, gaox tab beb mol chod ghenx lok.”

龙女说：“原来是我的母亲去世了，现在要筹办回煞仪式，你会演奏笙鼓，要不你跟我回去帮忙咯。”

Nox Yaob dak: “ Chod lak dout, uat let god dol paik duf god zhit muax qeut geut nak. Nyaob lob ndox juak dlaot[30], god zhed nyaob buak ndrangl Haik Wek[31] ot nik.”

诺幺说：“去帮忙吹奏也可以，但我的水牛不知要放在哪儿。把它放在露天之下，很不放心呀，我家在海尾下面。”

Uat zhit dout jangl nik zeuf tab rangx lous dol ncaik hlob mol hod chod ghenx. Nil zhit boub let yaos mol hod chod dout bloub zhib hnob zhek, ndrout nad dub muax bloub zhib lob hlik leuf lox.

不得已，他便把牛拴在此处，随着龙女去帮忙吹奏芦笙。他不知道的是，去里面吹奏四五天，外面已经是四五个月了。

Rangx lous dol ncaik hlob[32] shaib shaib nil ros muak hend[33], zeuf haik dol naf hluak dak: “Naf hluak nzeuf gax, yuad zid dlangb Yaob suangf lak.”

大龙女看着诺幺很勤快，便跟妹妹小龙女（幺女）说道：“幺女啊，你嫁给幺舅算了。”

Rangx lous dol ncaik nzeuf dak: “Dus yuad nil ax, duab dol maox zid ghuad, ghak dlangb ghak nzhuad.”

幺女说：“谁要他啊，相貌不好还有麻子，不合心意。”

Rangx lous dol ncaik hlod dak: “Jat bes gil god bangb nil ib nzhik rongt ndrous duax gaox zeuf nyaf lak.” Dangs ngil zeuf choub duab naf yal dlex, hot dak: “Yeuf Dlangb Yaob gaox duax daof nat, god haik gaox ib lot.”

龙女说：“明早我帮忙让他变得帅气点，那样你就爱了。”第二天，龙女便烧好一大锅热水，叫来诺幺道：“幺舅，你过来这边，我有话跟你说。”

Nox Yaob dak: “ Yuad haik dlangb zhit?”

诺幺问：“你要说什么？”

Rangx lous dol ncaik hlob dak: “God muab gaox uat rongt rongt ndrous jat god dol naf hluak nyaf gaox nat.”

龙女说：“我要把你变得帅气点，那样我的小妹才会爱你。”

Nox Yaob dak: “ Nox Yaob uat shuab mid mid nos: Nat yad uat jangl uat?”

诺幺半信半疑地低声问：“要怎么做呢？”

Rangx lous dol ncaik hlob dak: “ Gaox lol nad, god zheuk lob yal[34] nat.”

龙女说：“你进来我端的这口锅里。”

Nox Yaob dak: “ Od od, yuad hlangb duas nenb baf?”

诺幺惊讶道：“噢哟，会烫死人吧？”

Rangx lous dol ncaik hlob dak: "Hlangb zhit duas, uat jangl duas doul ax!"

龙女说："不可能，怎么会烫死人啊！"

Huaf gat zhek rangx lous dol ncaik hlob muab Nox Yaob nzheuk laos hod lob yal dlex zhek, trot hlaot deuf duax, maok hlaot dex plot maox zid ghuad nad hlet luangf dangl dlot dlad[35], uat duab dos dleub bous ndros fuk rouf zhek rangx lous dol ncaik zeuf nyaf lok.

于是，龙女便把诺幺一把抓住推进热锅里。随后提出来，手一搓，麻子脱落得干干净净，皮肤细嫩润滑。此时，龙王幺女便爱上他了。

Zos daof ghangb zhek Nox Yaob lak boub leuf tab, dangb shik daol dreud zos uat blis, huaf gat naf yeuf rangx yeuf jik gus dol ncaik lab muas yif chat duax ib bus houd khuat, bof drous Nox Yaob zhek yif chat nyaf lak zhit zhaot del lok. Nil zeuf ndlid chuax drout Nox Yaob, uat let Nox Yaob zeuf lak nyaf dol ncaik lab muas leuf.

后来，诺幺也知道幺女爱上他了。但是在回煞仪式上，另外一个龙王的红眼龙女（丑女）也前来上祭，见到诺幺便一眼相中。随后红眼龙女便向诺幺使诡计，让诺幺喜欢上她。

Dangs gil rangx lous ncaik nzeuf[36] haik dak: "Yeuf dlangb Yaob mol naox chaik. Nox Yaob shunf hlaot plot daof. Yeuf dlangb Yaob mol naox chaik nat hak. Nox Yaob shunf hlaot plot daof."

于是，早上小龙女去叫唤诺幺："诺幺小舅，来吃饭。"但每叫一次，诺幺都把头扭向另一边，不予理会。

Rangx lous ncaik nzeuf Draod lol haik dak: "Dangs gil nat naf Yeuf Dlangb Yaob gat, god mol hot nif shunf hlaot plot dout daof ot, shunf hlaot plot dout daof nat let nik." Rangx lous dol ncaik hlob dak: "Nchait yaos naf yeuf rargx yeuf jik dol ncaik lob muas nyaf drous leuf. Aid, god muab nzhik chuax dout gaox jaox mol ndlid dout.

小龙女回来说道："今早我去叫诺幺吃饭，他把头扭向一边，不理会我。"龙王的大女儿说："看来肯定是被红眼龙女爱上了，她一定使用过什么诡计。我这里教你化解。"

Uat let zeuf muab hlaot chuax dout dol naf hluak nzeuf. Daof ghangb draod mol hot hlaot ib shuab: "Yeuf Dlangb Yaob mol naox chaik." Haik hlaot ib shuab zeuf deb leuf, shaib deuf Nox Yaob yif chat draod nyaf lod.

因此，小龙女用姐姐教授的方法去给诺幺化解。过后再去叫唤一声："诺幺小舅，去吃饭喽！"诺幺随即应声，看得出诺幺的心又回来到小龙女身上了。

Jat muab goux vangb goux qangt zhaot dangl leuf, rangx lous ncaik nzeuf zeuf dak: "Ad, Yeuf Dlangb Yaob, god lak dind nyaf gaox, gaox lal nyaf god. Gaox lak ros muak duax chod dout nded nad ghenx, zos muab god naf let blis uat dangl njuat, yaos god dex nenx nol tab god zaid muab nyax muab gob, muab nyox muab nenl dout gaox lak, gaox shab yuad[37]. Nyax gob zhek yaos leuf mex shout yangx let doub youl njoux youl lot, muab nyox muab nenl zhek nenl gus zaix nenl gus ndrous[38], gaox jaox mol zhek gaox zhit dout. Gaox zeuf dak yuad god zaid zhangb nik koub ghenx[39] lob nik koub ndrual[40] ek gaox let yuad dout god gax!"

回煞仪式举行完毕，龙王幺女对诺幺说："幺舅，你可知道，其实你我已经慢慢相爱。通过这段时间，我看到了你的热心肠，愿意来帮忙吹奏芦笙，直到把我母亲的回煞仪式全部处理好。如果我的兄长和父亲拿金银和牛马给你作为酬劳，你千万不要接受。金银你拿回去，会变成葫芦瓢；牛马你带回去，也会变成纸马，你带回去什么都用不了。你就说你要我父亲的破旧笙鼓，这样，你我就能有情人终成眷属啦！"

Nox Yaob huaf mol haik shik njaif zeuf njot rongt dex lol nat, nik haik dak: "Uat let dlex nof[41] lak uat dangl lak, god yuad mol lak."

诺幺把龙王幺女的话记在心上，看着事务也处理完毕，他便前去道别："需要我做的事务，已经处理完毕，我这就要走了。"

Dol zid zeuf dak: "Mid gob Yaob uat let gaox nif zeux chod ghenx luax dlas, gaox duax chod dout nbouf nat hnob nbouf nat hmaot tab beb uat dangl leuf goux vangb goux qangt, uat let gaox yuad nyax lal yuad gob? Yuad nyox lal yuad nenl?"

龙王说道："小幺哥呀，你吹奏芦笙的技艺如此高超，此次你不分昼夜吹奏芦笙帮助我们处理完事务，至于酬劳，你想要金银还是牛马呢？"

Nox Yaob dak: "God haik nchait gaox naf yeuf zhit muab nat buaf. Yaos dak gaox muab nat god daf sangd yuad nik yangf nik."

诺幺道："我说了担心您老人家舍不得给我呀。如果您舍得的话，我想要您家里的一样小物件。"

Rangx lous dak: "Uat let gaox yad yuad dlangb zhit shak?"

龙王问："那么，你想要何物呢？"

Nox Yaob dak: "God yad yuad gaox zhangb nik koub ghenx tab lob nik koub ndrual dlait daof hod zhed chuk""

诺幺说："我想要的东西就是您那挂在厨房里的破旧笙鼓。"

Rangx lous dak: " Yid, lob gat mak god shed zhit doul muab, yaos god dol ncaik jus ghangb[42] god shed zhit doul muab gaox."

龙王便说："吁，那个舍不得给你，因为是我的幺女，我极其爱惜。"

Nox Yaob dak: " Aid, yaos gaox zhit muab zhek, god zeuf zhit yuad lak."

诺幺于是说："啊，如果您真舍不得，那我就什么都不要了。"

Buab nol shaib shaib haik: "God zaid muab dout nil, dangb shik yad yuad nil khat dout beb xangt lenx gud dix ib huaf zeux chod zeux tlat suk let nil!"

各位兄长在一旁，看见这个状况，便说："父亲，就给他吧，只要他能把我们七兄弟教成像他一样精通芦笙技艺！"

Sangd sangd nil zeuf dak: "Uat let mak, zeuf suk buab nyuas haik let, zhuak yuad gaox khat dout god xangt dol dob dub zeux suk gaox, zeuf muab dout gaox jaox mol."

龙王思考许久才说："好吧，就像孩子们说的。只要你能把我的七位儿子教成如你一般精通芦笙技艺，我就把物件让你带去。"

Khat zos daof ghangb, Nox Yaob nyaob ndrangl changd buaf ut choud dout, xangt dol dob tlat lak choud dub zhit lot let.

教授一段时间之后，诺幺看时机已经成熟，便在场院里撒上木灰，想不到七位兄长刻苦学习，已经能做到芦笙技艺表演一点灰都不沾。

Huaf gat nik Nox Yaob zeuf haik dak: "Huaf nat mak, yuad hot mex uat zid dlangb lak, mex buab zid dlangb lak dub zeux leuf tab, ral nat mak god yuad mol lak."

此后，诺幺便说："现在，我应该可以认你们做舅子了，既然你们已经学成，那么我就可以放心离去了。"

Zeuf muab lob nik koub ghenx koub ndrual dout nil jaox lol zhek, lol zos dif Dleuf Nzhuak shaib shaib lob bangl dlex dub nyaob daof baob dut leuf, let boub dak tlout dlex leuf. Shaib huak dol zid paik duf zhenf muax dol nyuas yos yos let dout ndeuf, nil zeuf tab dol nyuas dob gat haik jangb nil dol zid nyox mol lak.

他拿着龙王给的破旧笙鼓，来到高梁垭口，回头一看湖面已经在身后，证明他已经出来了。这时，他突然看到自己从蒙自赶回来的水牛还在吃草，并且还有一个小孩帮忙照看，他前去跟小孩致谢，便赶着牛走了。

Nil zeuf buas zhangb nik koub ghenx lob nik koub ndrual yeux daof gat puab lol, touk naf hangd doux ndout zheus duab let, puab puab lol zos hod nat zhek yaos lob hangd doux, uat jangl dub mol zhit zos ndrangl Haik Wek, zeuf zhouk ndox dout hod hangd doux leuf, zhed lak shuak zhit dout mol lak. Nil ruak hlaot duab naf pongx doux ndangb kit hlaot duab lob naf geuk, but duab yus hod.

他抱着破旧笙鼓，向芦苇荡里走去。但一直在芦苇荡里打转，就是走不到海尾村。一直到天黑，还是找不到回家的路。不得已，他只好卷来一大把芦苇，把上方拴起来下方留空，便悄悄睡去。

Daol nil zhouk ros leuf, lob koub ndrual hlod hlaot[43] uat ib dos duab nens, mol hod dlex hot dout xangt dol nol duax vod vangx vod zhed, uat dout leuf lob sif hox tinb jend, juax daof tinb zhed.

等到他熟睡后，破旧的笙鼓突然变成人，去叫来七位哥哥帮忙建造房屋，建成四合天井、九间房屋。

Daol nil send hlaot, nil ghut leul dak: "But cof Shuad zhed lak! But cof Shuad zhed lak!" Rangx lous dol ncaik nzeuf dak: "Beb lol zos ndeuf nat, gaox nif but xangt hnob xangt hmaot zhit send, god dub mol hot dout buab zid dlangb duax vod dout sif hox tinb jend gaox dub zhit hnaod."

等诺幺醒来，惊叫道："睡到别人家了！睡到别人家了！"龙王幺女赶紧安慰道："你没有睡到别人家里，是睡在自己的家里，我们来到这里，你已经睡去七天七夜，我已经去叫来七个哥哥帮忙把房屋建好，你还醒不来。"

Nox Yaob dak: "God dak nchait gaox zhit tab god lol nat, god lol god jangb god dol duf let sub max, gaox shaib god dol duf zhenf kit ndrangl dlangt dlex."

诺幺说："我还以为你不跟我回来了，我只好赶着水牛走呀，你看牛还拴在下面洼地里玩水呢。"

Uat gat mak, lak dout rangx lous dol ncaik nzeuf leuf tab lak, nil ib hnob zeuf muab lob yenb tongx lol houk shaib nzhongd dol box. Nil dub zhit zeux mol uat nof, dex dob khed[44] muab zhangs lax[45] uat jit nblongf lak nil lak zhit mol shaib. Vangx zhed uat dout zhek, nil lak zhit draod mol nyaob ndrangl Haik Wek lok.

从此，房室已建有，得到了龙王漂亮的幺女做妻子，所以他便逍遥自在，整日抽着水烟筒看着妻子，也不想去做事，就算帮工把田埂修得亮堂堂的他也不想去看一眼。因为在此建有房屋，他也不再回去海尾村了。

Nil dol box shaib shaib zhit dout del[46], zeuf haik dak: "Gaox ib hnob nif shex dek shaib god, dub zhit mol shaib dex dob ros dob khet. Uat nat god huaf ib dos dluab drout gaox ek gaox jaox mol ndrangs, gaox njot nat zhek, gaox shaib god dol dluab ib muas, gaox lak rongt shaib dout dex dob khed uat ros."

他的妻子想这样下去是不行的，就说："你一天对我寸步不离，也不好好监督帮工干活。那么，我画一幅自己的画像给你带去，你想我了就看一眼画，也好看着帮工干活。"

Jaox mol ndrangl deb, nil ib hnob shex njeuk kox kuad dif dex ndos lax, njeuk njeuk draod tlat lol shaib. Wef lax deb ndeuf gat yaos leuf zox ged tlout uat langs uat luaf, dol Shuad Hox Langb jaix nenl tlout ndeuf gat zeuf dak: "Miaox zux daf gob, nik yix tint wat dot shaok chux teut ax?"

带着妻子的画像去地里，他整天一边干

活，一边往返地边看妻子的画像。因为他那块地边是一条商路，一天有个河南生意人从那里路过，问道："苗族大哥，你一天能挖多少锄地呢？"

"Yix tinb wat dot shaok chux wok renf but dex ax." Nil deb haik.

"一天挖地能挖多少锄，我确实不知道。"他说。

Draod lol zhed mak nil qif qif, dol box dak: "Gaox ib hnob mol shaib dex dob khet ek gaox dub qif dlangb zhit nif?"

晚上回到家后，他开始闷闷不乐，他的妻子问："你今天去查看帮工们干活，怎么还不开心了呢？"

Nil dak: "Aid, hnob nat muax dol yeuf Shuad jaix nenl dluat ged nif nos god ib hnob njeuk bek zheus hlout nat, god nif deb zhit deuf muab god nos dul ged[47] hlaot."

他说："啊，今天有一个骑马路过的生意人问我，我一天能挖多少锄地，我被问蒙了，回答不出来。"

"Uat nat gaox zhit zeux dak, god ib hnob njeuk bek zheus hlout god daf zhit boub, gaox dol nenl ib hnob mol bek zheus drox gaox buak boub nid? Dol box khat nil let nad."

"不要气馁，你怎么不这样回答呢？我一天挖多少锄地，我不知道，那么你的马驮着你，一天行走多少步呢？"他的妻子这样教他。

Luf hnob nik, nil yif chat jaox dol box zhangb dluab mol ndrangl. Njeuk njeuk mak naf Shuad yif chat draod lol, Shuad zhit muax luf mak, draod nos dak Nox Yaob ib hnob njeuk bek zheus hlout.

次日，他又带着妻子的画像下地了。挖着挖着，那个路人又来了，他很是无聊，便又问起诺幺一天能挖多少锄地。

Nox Yaob deb hlaot dak: "Wok yix tint wat dot shaok chux, wok renf bot dex. Naf mot, nik nit mak yix tint zeuk dot shaok buf nik gat renf dex[48]?"

诺幺立刻反问他："我一天挖多少锄地，我不知道。那么，你的马整天驮着你，它一天走多少步你知道吗？"

Dol yeuf Shuad sangd snagd haik dak: "Yid, nik jat yeuk daf renx wuf! Nik jat yeuk daf renx wuf! Wok dex kef kangf kangt cax nyangt xent."

那个路人想了想，说道："呀，你家有大人物！你家有大人物！我得去见识见识才安心。"

Haik haik zhek dol Shuad zeuf uat jangl dub yuad lol lak. Lol zos daof khaod drongx nil zeuf ghut dak: "Gaox naf, dol yeuf Shuad lol shaib gaox ib muas nat, gaox khat let dout god haik, naf Shuad nif dak beb yif muax naf duab nens[49] nat."

说着，那个路人无论如何也要跟着诺幺回家。来到家门口，诺幺大声叫："孩子他妈，有个路人要来看你一眼，因为你教我那样说，所以那个人硬说我们家有大人物。"

Dol box haik: "Ad, nil yuad shaib jat nil shaib max, god nchait nil shaib gaf ?"

他的妻子便说："哎呀，他要来就来呀，我怕他吗？"

Huaf gat naf Shuad zhenf nyaob ndrangl naf drongx, rangx lous ncaik nzeuf deuf bleul duax, rongt ngoux ghak shib, jit vuas uat naf Shuad ndlaos ghak lub draod ghangb, uat naf Shuad shaib zhit dout.

这时，那个路人也正在家门口。当龙王幺女一出来，体态轻盈，闪光耀眼地刺向那个路人，让他向后翻滚不止、不能细看。

Shuad dak: "God shaib zhit dout mex muab god kit dout shout dol got njex nat, uat let god let shaib dout."

那个路人说："既然如此，把我拴在柱子

上，这样我就能看了。”

Deuf bleul duax yens hlaot zhuangf gaf, duab dos uat dleub maol jit langf jens ax. Dol yeuf Shuad ghut leul dak: “Wok kangf qent lak, kangf qent lak!”

拴好后，龙王幺女一出来，体态端庄、肤白貌美、靓丽无比。那个路人高呼：“我看清了，我看清了！”

Uat let zhek Shuad zhef njet bel shend zhek, draod mol haik huab daik[50] lok. Nil zeuf dak: “Nik yaof jeuk gof xix fuf deut but rux naf gof Miaox Cux daf got yaof nit naf gof od. Piaof langf lak wok deut kangf bux qent ax!”

那个路人赶紧去往京城，将经历告诉帝王。他说：“帝王啊，您有九个妻子也不如九曲龙潭的那个苗族大哥的媳妇呀，漂亮得我难以形容！”

Nyaob nyaob mak, Nox Yaob zeuf dak: “Beb hot buab nol[51] duax nyaob hnob shaib, njaif nil buab lak dout nded leuf. Buab nol dak muab ghenx lol chod muab ndrual lol ndouk nil buab zeuf duax nat nak.“”

过了一段时日，诺幺便说：“孩子他妈啊，我们叫舅子们来住几天，因为都分别这么久了。舅子们说如果有事，只要吹起芦笙敲起鼓，他们便会到来。”

Uat let zhek zeuf muab ghenx lol chod, muab ndrual lol ndouk. Hod bangl buab xangt lenx nol zhef deuf lol, duax naox nghaix houk jeud[52] dout aob beb hnob.

于是，诺幺便拿起芦笙来吹，拿起鼓来敲。九曲龙潭里的七个舅子就来了，因为高兴，与舅子们一起喝了数天的酒。

Buab nol dak: “Yeuf Yix[53] mak, nof zhit muax ek gaox guas beb duax uat shit nat?”

舅子们说：“姑爷呀，什么事也没有，你是叫我们来玩的吗？”

Nox Yaob dak: “Aid, nof muax zhit muax lak god sangd guas mex buab nol duax nyaob aob hnob mak.”

诺幺答道：“哎呀，不管有事没事嘛，想念你们就叫你们来住几天。”

Buab nol lak nyaob dout nded leuf mak, zeuf draod hod bangl leuf lok. Buab nol khaid nyik leuf[54] mak, naf yeuf Shuad zeuf duax cangd Nox Yaob dol box lok. Dob draos[55] muab dex vangx zhed[56] wex dangl, ndangx hmod[57] yangt luangf dangl, zhaot lol dak zhit jaob deuf lol zhek, yuad muab dex vangx zhed kaob deus dangl.

因为没有什么事，几天后舅子们便回去九曲龙潭了。舅子们前脚刚走，那个路人便带着人马来抢龙王幺女了。军队把房前屋后包围好，弓箭也四处飞来。并发话叫诺幺把妻子交出来，要不然就把他们的房屋全部破坏。

Nox Yaob laob hlaot ghenx ndrual lol chod, buab nol lak zhit deuf duax. Daf zhenb luak dub wex zos ndrout gux zhed lak, uat zhit dout del, nil laob hlaot zhangb nik koub ghenx lob nik koub ndrual lol duab bluad hod tinb jend deus maol nyongk ax. Let zhek rangx lous beb qangd ghenx beb qangd ndrual deus dangl.

诺幺拿起芦笙来吹，拿起鼓来敲，但是舅子们就是不出来。直到军队已经把房屋后全部包围了。紧急时刻，诺幺只有拿起那对破旧笙鼓，往庭院里砸得粉碎。此时，龙王的三间芦笙堂和三间鼓室已被震得破损。

Hod zhek hnaod drous leuf guas gad jend duax wef nil buab dol muaf muax bloub ndos lak, zaif zhit mol nchait yuad zhit chenx lak. Huaf gat cax let deuf duax zhek, dob draos dub wex dangl. Xangt lenx nol let muab dob draos duat duax buab hnend shuaid draod deuf mol draod duat buab dob draos, uat let zhek duas let duas shif tuef let tuef[58].

龙王殿里得知幺女有危难，便匆匆赶来。到来后，看到军队把房屋包围，并且朝房屋里射箭。七个舅子一甩手，便把射来的弓箭挡回去，返回去击败军队，把他们打退了。

Sangd dak, jat aob dos nyaob ndeuf nat zhit dax dol lak, zeuf muab aob dos jaox mol nyaob hod bangl dlex, nyaob mol leuf hod dik shued lob bangl dlex nzhuab.

七个舅子想着，妹夫和妹妹在这个地方难得安宁了，不如把他俩带去九曲龙潭里住算了，于是便去了九曲龙潭最深处的绿茵潭。

Uat let zhek, buab lous nif haik dak touk muax dol naf nzhel luax dol naf nbuat ib hnob uat yox yenl hod.

正因如此，老一辈人说，曾经在九曲龙潭最深处的绿茵潭，有一条大如猪的鱼，整日在那里游着。

Dol ncaik hlob bel Mongx Nzid zhek, jaox lol nyaob dout huaf nat Juax Qit Bangl Bangx luf ib pangb (huaf nat nzuad kuangf let ndrout), buab ncaik senb nzid zhek nyaob dout bel Lox Longb Xenb Had[59], buab ncaik jaox lol nyaob muax aob beb lob mid bangl wex dout shout, buab mid bangl wex sheud lol zhek Juax Qit Bangl Rangx mangd mangd wex chenx.

龙王远嫁蒙自的大女儿，也被舅子们带来住在九曲龙潭一端（即现在挖矿的那边），龙王的外甥被带来乐竜新海。只因把儿女都招来，便形成数个小型的龙潭，各个小的龙潭围起来便形成现今的九曲龙潭。

Rangx lous ncaik nzeuf draod leuf zhek, vangx zhed zhes jat, aob touk lob shix heuf zhek, buab loul lol ntrad drous let dak ndeuf nat dex vangx zhed rongt dlas rongt ceud Bangx Deus Langs[60] lak, let ceud dout ndeuf nat. Let zhes dout leuf dlaif naf pax reb Kaib Huaf Fud... Wef dak duab nens shid dlex yuad mol ndrangl gud langx muab dout zouk shid, let dak uat nat ndrangl muax dlex ndlul zhek zangd mol dout huaf nat ndrangl.

因龙王幺女返回龙潭居住，便留下房屋。那个时候，古人们找到了这个自然地理如此优美的地方，便慢慢形成“蒡箢朗”。因此，也留下石碑“开化府……”。后来，因石榴红村距离九曲龙潭有一段路程，用水不便，考虑到今文山城有河流才搬到现今驻地。

背景介绍

陈述者：陶占宝 Shuad Sif Dlob（1959— ），男，文山市德厚镇湖海村委会石榴红村人，精通当地苗族婚丧文化，擅长苗族古歌。17岁出师，师承于老邬村的外公李氏Yeuf Shend Fuf Jait，其师掌握古歌和芦笙，闻名一方。

陶占宝

陈述场域：此传说不限制场合，但多数在对开化府和九曲龙潭溯源时陈述。

版本评述：该篇传说主要有三个重要价值：一是，此篇可作为文山苗族口碑古籍中为数不多记录有“开化府”的语料；二是，整个传说脉络在兼容其他民间故事版本的同时，是结合石榴红村的自然风貌进行集体创作的智慧集成；三是，古时候的苗族人定居在石榴红村后，面对当地的自然环境，进行无尽的遐想和探索，给石榴红村和九曲龙潭赋予浓厚的历史人文气息。

采集整理：罗永洪、熊文国、熊兴坛。

注释

[1] Juax Qit Bangl Rangx：九曲龙潭。其位于文山市老坞海村委会石榴红村旁，有Juax Tit Bangl Rangx（九曲龙潭）和Juax Qeut Bangl Rangx（九方龙潭）等称呼，流传此处是“开化府故地”，并附有相关传说，一度被文山州内外和海外苗族认为是祖先之地。此外，现今与之相关的口碑古籍，一是当地村民陶占宝传诵有《Lol Ndrual Kaib Huaf（开化传说）》，二是此地附近的麻地村村民王朝洪传诵有《Rangx Lous Ncaik Nzeuf Tab Yaob Lab Muas（龙王女儿和红眼幺）》。

[2] Ndox Dous Deb Zhous：天地混沌。

[3] Nenx Dlangb Zhit Xeut Ndluat：人鬼不相混的时代。苗族传说中人类经历过一个人鬼不分的时代，又跨越到“人鬼分居”的时代。

[4] Nox Yaob：诺幺，人名。

[5] Maox Zid Ghuad：麻子脸，相貌平平，丑陋。

[6] Rangx Lous：龙王。

[7] Langd Nyangb：草铺。

[8] Guat Nzuas Jeud：做成汤下酒。

[9] Haik Wek：海尾，今石榴红村附近地名。

[10] Changx Shangb：长山。今石榴红村附近地名。Changx Shangb Dleuf即长山垭口。

[11] Muak Nyangb Dleuf：马鞍山垭口，今石榴红村附近地名。

[12] Mongx Nzid：蒙自，今天红河州蒙自市。

[13] Mongx Nzid Shend Zux Lous Yif：蒙自寨老家。

[14] Ndrual Jaok Ndris：拳头大小的鼓。

[15] Zid Nyox Dlangs：公黄牛。

[16] Paik Duf：公水牛。

[17] Ghangb Bangl：湖底。

[18] Qangd Chuab Faos：形容怪模怪样的龙头。

[19] Bloub Ndos：事情，事。

[20] Vod Vangx Vod Zhed：筑房盖屋。

[21] Bangl Dlex Uat Ndluak Ndlongd：水波荡漾，水浪翻滚。

[22] Khaod Zok：胳肢窝。

[23] Sif Hox Tinb Jend：四合院，四合天井。

[24] Naf Nzhel：大鱼。

[25] Hlut Leuf：吞了。

[26] Lis Muas Jaos：泪眼蒙眬。

[27] Laok Wub：老坞村，今石榴红村附近村名。

[28] Dleuf Nzhuak：高粱地垭口或喜鹊垭口。

[29] Uat Blis：苗族丧葬习俗中，死后13天进行的烧灵活动，也称“回煞”。

[30] Ndox Juak Dlaot：露天下，指光秃秃的原野。

[31] Haik Wek：海尾，即今德厚镇海尾村。

[32] Rangx Lous Dol Ncaik Hlob：龙王长女。

[33] Ros Muak Hend：肯出力，容易喊。

[34] Yal：锅。

[35] Dlot Dlad：光滑。

[36] Rangx Lous Ncaik Zeuf：龙王小幺女，龙王小女儿。

[37] Shab Yuad：拒绝，不要接受。

[38] Nenl Zaix Nenl Ndrous：花马彩马，纸马。

[39] Koub Ghenx：旧芦笙，破旧芦笙。

[40] Koub Ndrual：旧鼓。

[41] Dlex Nof：事情，工作。

[42] Ncaik Jus Ghangb：小女儿，即最小的女儿，也称Ncaik Drus Ghangb。

[43] Hlod Hlaot：蜕变，变。

[44] Dob Khed：仆人，佣人，帮工。

[45] Zhangs Lax：田埂。

[46] Zhit Dout Del：没有办法，文中此处指腾不出手。

[47] Dul Ged：糊涂，蒙了，没有办法。

[48] 此句是过去苗族人说汉语之典型例子，保留于此以展现汉语未普及时苗族人汉语口音。

[49] Naf Duab Nens：大人，成人。本文指“有本事的人”或“大人物”。

[50] Huab Daik：皇帝，音译为“花岱”。

[51] Buab Nol：舅子们，后家兄弟。

[52] Naox Nghaix Houk Jeud：吃肉喝酒。

[53] Yeuf Yix：姐夫或妹夫。

[54] Leuf：去，离开了。

[55] Dob Draos：军队。

[56] Vangx Zhed：家园，房屋。

[57] Ndangx Hmod：刀枪，指兵器。

[58] Duas Let Duas Shif Tuef Let Tuef：死的死，撤退的撤退。

[59] Lox Longb Xenb Had：乐竜新海，今德厚镇行政区域范围地名。

[60] Bangx Deus Langs：开化城，开化府。

祭鼓鸡来源

Genb Guf Ghaib Nbos Ndrual

Ghenx yaos xongb uat, hot uat jangx xongb jes zeuf[1]. Ndrual yaos ndongt zid mual sod[2] uat, hot uat jangd dlangx jangd dlob[3].

Ghenx ndrual yaos lenx dus mol muab lol let?

Aob xongt nzod, dlex dlangs[4] sheud njet ndox, shued hox[5] sheud chaox dif, nongb xongb nongb ndongt nongb zhangd zhif duas dangl dot nongb hod zhox zhis.

芦笙用竹子做成，叫作“竹之古声”；鼓是香樟树制成，叫作“木之古韵”。

芦笙和木鼓是谁拿来？

从前，黄河水滔天，水河漫过地，天下竹种、树种等万物都灭绝了。

Hox Langs[6] muax zox, nil sangd dak yad mol ntrad lenx dus let mol muab dout ghenx tab ndrual?

Hox Langs mol ntrad dout Box Yas[7] tab Yeuf Yuas[8], nos Box Yas tab Yeuf Yuas dak: “Angd... Box Yas tab Yeuf Yuas ek Box Yas tab Yeuf Yuas, beb sangd touk nzod zox jangs Hmongb lob ndrual nat nik yaos lol haid dus lol let? Dol ghenx zhas yaos lol haid dus lol nik?”

河郎神有文化又有本事主意多，他想天下谁才有本事去拿来芦笙和木鼓？

河郎找到娅婆和亚爷，问道：“啊……娅婆和亚爷呀，远古的时候，人类文化根源的大鼓是来自哪里？芦笙又从何而来？”

Aob xongt, Box Yas tab Yeuf Yuas nchait ndrual blox, muab lob ndrual tab ghenx gud nzheuk[9] dout juax nzhet ndox. Box Yas tab Yeuf Yuas nchait ndrual duas, muab ndrual tab ghenx gud nzheuk dout juax nzhet zhuas.

Hox Langs sangd lox ghak langl yad uat jangd uat let muab dout lob ndrual dol ghenx draod lol. Dol ghenx yaos nblait dongx dlangs[10] tab dol jangx xongb jes zeuf uat.

远古浑水朝天之时，娅婆和亚爷担心木鼓和芦笙消失，他们将木鼓和芦笙藏在九层天之上。娅婆和亚爷担心木鼓和芦笙灭绝，他们将木鼓和芦笙藏在九重丛林之中。

河郎神想方设法要拿到九层天之上的木鼓和芦笙。芦笙是用铜簧片和古竹做成。

Dex gat keuk Dlex Dlangs zhif duas dangl, zhaot lenx dus mol muab?Box Yas tab Yeuf Yuas daf zhaot shout juax nzhet ndox guak, nchait zhit muax lenx dus muab juas. Yad zhaot dlangb zhit mol muab nek? Zhaot dout Nax Bes Yangb[11] tab Yangb Bes Yot[12] yot ndos nzas let mol juax nzhet ndox muab dout jangx xongb jes zeuf tab ndongt zid mual sod jaox lol uat jangd dlangx jangd dlob.

Yad muab uat dout ghenx tab ndrual, zhas yad yuad dol zhit jaox lol uat nbet?

世间万物已被浑水朝天淹没灭绝，芦笙和木鼓虽放在九层天之上，可是要喊谁去拿呢？谁又够得着呢？要喊纳北央和央北岳两个神去，他们速速前往九层天之上，拿来古竹和古木，制成芦笙和牛皮鼓。

制成芦笙和木鼓后，又将拿什么来取名？

Yad muab dol ghaib uat lob nbet jaox lol nbos ndrual nik cax let hot dout ndrual tab dol ghenx lol uat ib zis, let bongb dout hod lob dangs zhed, muab ndrual jaox lol dleuk uat jangd let ndlous lenl lol ndruab dangs, nif nad let muax ngoux bongb dangs ngoux bongb zhed, ghenx tab ndrual let uat get ndlous lol uat ib beus ib zis uat ib ged, let lol tab dol jangd dlangx jangd dlob pef dout dol duas nyaob hod zhed.

要拿鸡来取名，有名才能喊来木鼓和芦笙成双对，才能让它们在堂屋中响亮又悦耳，才会有现在的扫堂古歌，芦笙和木鼓才会在一起、放一堆、走一道，搭配了才会来屋中陪伴逝者。

Huaf gat zhas hot dol dus lol uat? Yad hot dout dol dob zeux dob ngas[13] draod xof ghenx.

芦笙和木鼓制成后，由谁去操持运用？要喊来那睿智者和能人学芦笙。

Rangx ghenx lob nbet hot uat nad: Nil naf yos nil, nzhex muas shenb yaof rongt shenb yaof ruas, nil hlob ndaot ndrous yad mol xof ndrual; Nil nzhex muas shenb yaof linx, nil hlob ndaot ndrous yad zhaot mol geuf ghenx. Nil muab ghenx tab ndrual geuf draod lol zos, nil yad uat ghenx laif lal draod dif daox, dangb gof lenx naf lenx zid ib jif naox, uat ghenx laif lal draod dif drongb, dangb gof leuf nil lenx naf lenx zid ib jif ghongb.

芦笙内容这样说：他娘生育他，他面貌俊俏又清秀，长大后学会敲木鼓；他娘生育他，他面貌俊俏又聪明，长成后学会吹芦笙。他学成归来，他将技艺展示在那山坡，却错过了与他父母一起耕种一季庄稼；他展示技艺在那山头，却耽误了他与父母一起耕种一季粮食。

Dol naf dol zid kud kud zhit doul, dol zid sangd lox langl jek tab dol naf dak: “Gaox naf gaox naf gaox shaib, god lenx dob Yaob[14] geuf ghenx geuf ndrual draod lol jek uat laif lal draod dif daox dif drongb, gaox bof zhit bof huak?” Dol naf dak: “Gaox khuak khuak gaox shad duas, nil nif muab god jif denx ghongb jif naox muab dangb gof leuf, god nif kud kud yad duas gaox dob zhit boub!”

父母劳苦年年岁岁，父亲思来想去与母亲说：“孩子他妈，你看看我这幺儿，学成芦笙和打鼓，技艺高超舞动在那山头和山坡，你看见没有？”母亲生气地对父亲说：“你再夸夸你那幺儿，他这样跳下去，将要把我的一季季粮食耽误了，还要让我们辛劳一辈子！你知不知道？”

Dob Yab geuf dout ghenx ndrual jek, nil muab dout dol ghaib jaox lol uat nbet. Nil buas dout dol ghaib, muab dol njex ndrual zhangt rongt kit rongt (yaos box duas jek ndel loud ghaib lol nbos ndrual[15], yaos yeus duas jek yad ndel dol box ghaib lol nbos ndrual, buas dol ghaib yad hleud xangb cok shout lob ndrual) jek, yad kheb shuab lol hot ngoux.

幺儿学会芦笙后，他用鸡来为笙鼓取名。他抱来一只鸡，将那鼓柱立起来（如果逝者是女性，则拿公鸡来祭祀；如果逝者是男性，则用母鸡来祭祀。同时还要抱着鸡烧香，将香插在木鼓上），便开始唱丧歌。

Ngoux yaos:

唱词如下：

Hox Langs Hox yad Hox Langs Hox let luas[16],

Uat jangl Hox Langs ek nyaob Hox Langs sheud let muax zox[17] uat?

Uat jangl Box Yas tab Yeuf Yuas it,

Nil uat nenx nyaob nchait ndrual blox nat,

Let muab dout ndrual lol yad nzheuk ndos zhis draod leuf juax nzhet ndox[18] yad yax.

河郎神呀你本有自己的幸福生活，

为何你逍遥自在却还要来做仪式？

那娅婆和亚爷呀，

他们担心木鼓消失，

才将木鼓藏到九层天去啊。

Hox Langs Hox let luas Hox Langs Hox let los nad ax,

Hox Langs hox let los et,

Jat Box Yas tab Yeuf Yuas nchait ndrual blox ek yax,

Box Yas tab Yeuf Yuas yad nchait ndrual duas ek,

Muab dout ndrual nzheuk dout leuf juax nzhet zhuas nat ak.

河郎神本有幸福生活他却要来到这里，

他来到这里，

是那娅婆和亚爷担心木鼓消失呀，

娅婆和亚爷害怕木鼓灭绝，

他们才将木鼓藏在九重丛林中啊。

Jat et ndox los zhas yat et ek,

Jat Huangx Hox lol sheud chaox tinb shued hox lol let sheud chaox ndox nat,

Yad muab nyaos dout renx yenb lol ndros dout dex zid mual sod dlangx lol yad zhif dot genb guas,

Yad muab nyaos dout zid mual sod dlangx tab jangx xongb jes zeuf lol yad zhif dot zhangd guas.

Jat Hox Langs et let ndoux deut let lal,

Let mol ntrad dout Box Yas Yeuf Yuas,

Let dak Box Yas tab Yeuf Yuas it ax,

Beb sangd ndros mex shik haik shik khongd[19] ek!

在远古的时侯，

浑水滔滔朝天水河漫漫淹没大地，

人烟和那黄香樟树灭绝，

黄香樟树和那古竹绝种。

河郎神赶忙前往，

才找到娅婆和亚爷，

对娅婆和亚爷说，

想与二位商量啊！

Uat jangl yaos dout jangd dlangx tab jangd leuf dlob et ax,

Beb sangd yuad nil lox ros draod mol ndros beb nyaob leuf njex shik ghangb zhed zhox nad ax!

Uat jangl beb sangd langl zhit muax shik zox nad ax!

Beb sangd langl yad muab nyaos dout dex jangd dlangx jangd dlob tab jangx xongb jes zeuf yad jaox mol ndros dout jangd dlangx jangd dlob mol nax ib zis,

Yat ndros dout jangd dlangx jangd dlob tab jangx xongb jes zeuf yad bongb ghak ngouk duax ndruab zhed nad yax Box Yas Yeuf Yuas!

那木之古韵啊，

想借它的力量随我们到世间的屋里帮忙！

我们思来想去没有名分哟！

要拿木之古韵和竹之古声配成对，

让木之古韵和竹之古声落在高堂呀，娅婆和亚爷！

Jat Box Yas Yeuf Yuas let dak:

Ndox yos!

Mid dob Yaob lik kangd guas.

娅婆和亚爷答道：

天哪！

幺儿你真会说啊。

Dleub Lol:

道白：

Dol Blox Blos[20] nik yad haik dak: “Dol Box Yas Yeuf Yuas nik, daf yaos hot Box Yas Yeuf Yuas, nil mol ntrad Nax Bes Yangb Yangb Bes Yot nik, mol ntrad ntrad dout dex ghenx tab ndrual.” Jek zhas yad nos dak: “Uat let gaox jaod gat zhas mol haid dus muab?” Nil dangb zhos haik mol dout dlex dif ot[21], zhaot dout box ghaib tab ok mol muab lol.

博落神便说道：“你两个有名字叫作娅婆和亚爷，喊来纳北央和央北岳，让他们去寻找芦笙和木鼓。”之后又问道：“你这些东西又从哪里拿来？”他们便说放了一只母鸡和鸭子渡过河，去那边拿来的。

Haik zos nad jek zhat nos dak: “Uat let dol Nax Bes Yangb Yangb Bes Yot let naf tab zaid zhat hot jangl nik?” “Zhit boub lak, zhos boub hot blox blos zhit muax dangl leuf ek, beb zos dak haik Nax Bes Yangb Yangb Bes Yot nat.”

当问到这些地方时，那么，纳北央和央

北岳的父母又叫什么名字？”博落神回答说：“不知道了，我们只知道博落神他消失得无影无踪后，如今知道的都是由纳北央和央北岳说起的。”

Huaf nat god zhos mol muab dout nongb xongb nongb ndongt, Box Yas Yeuf Yuas ndrual tab ghenx jaox mol nzheuk juax nzhet ndox nzhet zhuas nek, huaf nat mex guas beb mol ntrad buab nik, huangx hox sheud chaox tinb shued hox sheud chaox dif ek, cuat yangf cuat zhangd zhif dob genb dangl lak, zhit boub lak! Zhos boub dak “Blox Blos” zhit muax dangl lak. Huaf nat jaox dout jaod nik nat lol jek nchait yat zhes uat nongb lak. Muab dout dex nat jaox lol jek let lol uat dout lob ndrual tab ghenx nat huak.

现在，我只知道竹种和树种是纳北央和央北岳拿来，娅婆和亚爷将笙鼓藏在了九层天之上和九重丛林之中。你们要叫我们去找这些根源呀，但浑水滔滔朝天，水河漫漫淹没大地，天地万物灭绝了，不知道是怎么回事啦！只知道博落神消失得无影无踪了，最后留下的一点点，恐怕要留做种子了，拿着这一点点，制成了今天的笙鼓哦。

Nax Bes Yangb Yangb Bes Yot Draod Haik:

纳北央和央北岳唱道：

Jat Nax Bes Yangb let zhaot njoux[22] ndos nzhis draod juax nzhet zhuas,

Yad mol muab dout ghenx tab ndrual ek,

Let ndoux deut yenl yad mol muab dout dex ghenx tab ndrual draod lol juas!

Let ndoux deut lex ghak nzhis draod ndox shik blos[23],

Let mol muab dout ghenx tab ndrual draod shik zos!

纳北央才放心返回九重丛林，

拿到笙和鼓，

让笙和鼓在人间相会！

急急忙忙返回到天际，

带着笙和鼓返回到世间！

Keuk ngouk dex jongx jib[24] sheud lol yot[25],

Yot raos dout ghenx tab ndrual draod duax ndruab zhed zhuat[26],

Jat ghenx lol yad lol uat ndrual luas,

Jat ndrual lol yad ndros ghenx lol yad uat mol nax ib zis yak Hox Langs Hox yak!

捡起旺公鸡来召唤，

召唤那笙和鼓来到石岩屋中，

让芦笙和木鼓做伴，

让木鼓与芦笙在一起哟！河郎神呀！

Dleub Lol:

道白：

Muab dol ghaib jaox lol lob ndrual ndeuf ib nik yaos, muab dol xangb caik dout. Muab ghaib duat puat uat aob shangb jaox lol nbos shout lob ndrual.

拿鸡在木鼓边上轻轻一晃，将香点燃插在木鼓上，随后将鸡宰了剖开两半，拿来盖在木鼓上。

Nad yaos qeut souk (daof ghangb muab dol ghaib faib uat aob shangb, ib shangb muax doub hout, ib shangb muax dut, zid ghenx tab zid ndrual draod ghangb ib dol dout ib shangb, haik let jek jeuf yaos dak muax qid muax souk nat). Nad haik dangl jek zid juab zhangd muab lais, dol zid ghenx muab zhenx ndeus mol zhangt sheud lol jaox mol ruf cax njet nenl, zos chod rangx ghenx ruf cax.

到这里便收尾了（将鸡宰了剖成两半，一半留有鸡头，一半留有鸡尾。芦笙师和鼓师一人分得一半，这个寓意办理丧事要有头有尾）。说完之后，祭师就开始祭献酒食，芦笙师吹起芦笙将逝者引入棺木之中。

Zaik rangx Ghenx:

续吹奏芦笙道：

Sheud duax beb mol lenx dob duas,

Beb yad jaox dout ek lenx dob duas yad mol yeuk yaod yeuk yaod[27] it ek,

It yad jaox dout ek lenx dob duas yad mol drox dlens ghak yenl[28] duax ndeuf it shob lak.

Lens lox zol las dent deut leut zol lual dlongx las,

Das longt lol zhas lad,

Zhas lad dlut zhas lad zhas lad dlut zhas at lat las nyox it lad,

Nyox lad deut leut box ghak lad dit lad ghens lat.

逝者，起来我们走了，

我们要掀开床被将逝者抬入棺材，

要快快把逝者抬上马。

棱咯嘬啦登逗喽嘬嘞咙啦，

哒咙咯咋啦，

咋啦嘟咋啦咋啦嘟咋啊啦啦牛咿啦，

牛啦逗喽博嘎啦滴啦笙啦。

Beb yad jaox dout lenx dob duas,

Sheud mol yeuk yaod yeuk yaod it ek,

Yeuk yaod yeuk yaod yeuk ndeuf deut ek,

Beb yad jaox dout ek lenx dob duas yad mol ntrad qeut ndeuf deut ek!

Ndeuf deut et!

Beb yad jaox dout ek lenx dob duas,

Yad mol ndeuf ndeus shob lak,

Lenx dob duas yok lens lol zol lent deut leut zol!

Zol lal dlongx las longt lol zhas lad,

Zhas lad dlut zhas lad.

我们将带着逝者，

起来去掀床被抬着啊，

掀床被抬到芦笙所指的地点，

我们带着逝者去找芦笙所指的地点！

所指的地点呀！

我们将带着逝者，

去那祭祀的地方，

逝者哟，棱咯嘬棱嘚喽嘬！

嘬啦咙咯咋啦，

咋啦嘟咋啦。

Jaox dout ek lens dob duas,

Sheud mol yeuk yaod yeuk yaod lad,

Beb yad jaox dout ek lens dob duas,

Yad mol ntrad dout ek lenx dob duas dex qeut nyaob dex qeut ntrad nat lak!

Dob duas yok lenl lol zol lens deut leut zol lal dlongx las,

Das longt lol zhas lad,

Beb yad jaox dout lenx dob duas,

Yad lol ntrad dout ek lens dob duas dex qeut nyad!

我们带着逝者，

掀开床被啊，

我们将带着逝者，

我们将带着逝者找到居所！

逝者哟，棱咯嘬棱嘚喽嘬啦咙啦，

哒咙咯咋啦，

我们将带着逝者，

去找到往后祭奠逝者悲哭的地方！

Dleub lol:

道白：

Zos nad jek yad daof shunf njis bod juax zhuangf dangl ngouk jek dis hlaot got deut duax ib huaf hox zas, nghangt dol duas mol ruf cax lak.

Ruf cax dangl jek draod souk ghenx.

到这里要围着木鼓倒转、顺转各三圈共六圈，转完便伸脚去踢一下棺材，随即便抬起逝者尸体入殓。

入殓完笙曲便可以收尾。

Ghenx souk dangl jek, zid yil dak hot chod rangx ghenx bongb blangs.

芦笙收尾结束，祭师便接着要求吹扫堂笙曲。

Zhal lab das lal lal lad dal lent zhal lab das lat lat dit lad,

Duas las nyox it lad lens dob duas yad,

Dob ghak langs it lol bongb dangs,

Lol deut leut lol longt lol!

Deut leut lol ongt leut it,

Deut leut dos ghak it las nyox it lad lad ghens lat,

Box it lad,

Deut leut haid zos leuf haid it lat dol ghak lol it lad!

咋啦哒啦啦啦哒楼咋啦哒啦啦滴啦，

死啦牛咿啦棱逝者哟，

孤儿们咿咯来到堂上，

咯㖞喽咯咙咯！

㖞喽咯嗯喽咿，

㖞喽那一个啦那牛啦啦笙啦，

那妇人啦，

㖞喽嗨嘬喽那边啦哚嘎咯咿啦！

Dleub Lol:

道白：

Muab sob chod dangl jek dis draod lol haik nbet.

将芦笙曲芦笙铺调片段吹完后，便吹下面的辞。

Zad lens dob duas yad!

Zox maob ghak ris zhit ndroux zangs,

Mid maob ghak ris ek zhit ndroux qeut shob lak!

Lens dob duas yad!

Lens dob lens git yad lens gud lens dix yad,

Ndoux ghak ris yad lol jaox dout ek lens dob duas.

Yad duas ndeuf dangs shob lak!

Dob duas yok lens lol des lol zol,

Deut lal dol ghak lens lol des lox zol!

喳棱逝者呀！

病痛不止不离床，

小病不断不离铺啦！

逝者呀！

儿孙和家族兄弟们呀，

簇拥着似乎要来带走逝者。

逝者死在堂上啦！

逝者哟棱咯㖞咯嘬，

逗啦哚嘎棱咯㖞咯嘬！

Dleub Lol:

道白：

Nad yaos ib nik ndid[29], yad chod aob ndid dangl let hot ngoux. Uat huaf gat ib ndid dangl zid ngoux yad lol das ngoux.

这是芦笙辞中的“一指”，要吹两指之后方可开唱扫堂古歌。这里在吹完“第一指”后，歌师则要唱隔笙古歌。

背景介绍

罗正荣

陈述和唱诵者： 罗正荣Sheuf Chib（1966—），男，文山市小街镇麻栗寨村委会冬瓜林村人，掌握当地苗族婚丧文化。师从本村杨开有Hangf Yeus（1929—1989）和蔡保珠 Chongf Dluas（1932—）等。蔡保珠又师从本村侯正才 Nblax Yal Dluas（1890—1960）。

版本评述： 该口碑古籍内容丰富，陈述木鼓和芦笙起源的同时，生动展示和描述了苗族文化体系中，众多的远古神话人物，是系统的阐述性口碑古籍语料。

采集整理： 罗永洪、熊兴坛、陶永林、熊文国。

注释

[1] Jangx Xongb Jes Zeuf：竹之古声，译为“发源在久远的古老竹子”，指芦笙和芦笙文化。
[2] Ndongt Zid Mual Sod：香樟树。
[3] Jangd Dlangx Jangd Dlob：木之古韵，译为“黄色黑色的古老木头”，指木鼓和鼓文化。
[4] Dlex Dlangs：黄河。
[5] Shued Hox：水河。
[6] Hox Langs：河郎，苗族传说中的神。
[7] Box Yas：娅婆。
[8] Yeuf Yuas：亚爷。
[9] Nzheuk：藏，塞。
[10] Nblait Dongx Dlangs：黄铜簧片。
[11] Nax Bes Yangb：纳北央，苗族传说中的神。
[12] Yangb Bes Yot：央北岳，苗族传说中的神。
[13] Dob Zeux Dob Ngas：睿智者和能干人。
[14] Dob Yaob：名叫“幺”的幺儿。
[15] Nbos Ndrual：盖鼓，指用鸡来祭祀木鼓。
[16] Luas：乐，笑，高兴，伴，指河郎神的幸福生活。
[17] Muax Zox：有文化，有技艺。
[18] Juax Nzhet Ndox：九层天，九重天。
[19] Shik Khongd：意思不明，疑是“说道”“商量”之意。
[20] Blox Blos：博落，苗族传说中的神，另有别称Blox Blongs。
[21] Dlex Dif Ot：河那一边，河对岸。
[22] Zhaot Njoux：放口，开口。
[23] Ndox Shik Blos：天际或天尽头，指无限远之天际。
[24] Jongx Jib：公鸡，指发旺的公鸡。
[25] Yot：召，召唤，招引。
[26] Ndruab Zhed Zhuat：在石岩房子（疑为正房）。
[27] Yeuk Yaod Yeuk Yaod：掀开。
[28] Drox Dlens Ghak Yenl：快快行动。
[29] Ndid：指。此是芦笙辞中的第一指，即Ndid Dut。苗族芦笙所谓三指，即Ndid Dut、Ndid Zos和Ndid Luad三个笙管的名称，其音律以Dut、Zos和Luad为标志。

悲歌起调“卯卯嘚啪”来源

Ngoux Maol[1] “Maol Maol Del Nblax” Uat Jangl Lol

Aob xongt nzod, zhit muax ngoux. Ngoux yaos congx ndox das deb zhouk[2] ot dex nenb lol. Ndox das deb zhouk jeuf yaos Huangx Hox sheud chaox tinb dex huaf gat dex nenb duas dangl, nongb ndongt nongb xongb nongb zhangd[3] zhit muax dangl. Congx ngeuf muas nol zhif renx yenb[4] lob ndox deb muax cuat yangf cuat zhangb lol, yaos dex nenb tab Maol Hlob[5] xof lol let, jaod ngoux duas hot uat Ngoux Maol nat. Nil nat lob shuab ngoux gus “maol maol del nblax” jeuf yaos dex huaf gat lol lak.

在混沌时代，是没有悲歌的。悲歌是产生于天地混沌的时代。这里所谓的“天地混沌”是指黄河水滔天导致人烟和万物灭绝的时代，自兄妹造人烟，有世间万物后，古歌起调“卯卯嘚啪”是人类跟人猿学习得来的。今天在苗族古歌中“卯卯嘚啪”的起调，就是那时候人们跟人猿学习而来的。

Touk nzod ot, dex nenb zheus, zhax ghok ndout, dex nenb uat naox hnangd dit got rongd, muax dex hax uat nof dit bel dex rongd nox zhens ghak shab[6]. Dex nenb mol uat nof jek kend muab dex nyuas zot zhaot ndeuf dex ndos deb ngouf nzongt, dex mid nyuas lal kend tlat mol dex ndos deb ngouf changd uat shit tab, dex naf dex zaid mangx uat nof jek zhit boub dangd dus dex zhax ghok muab dex nyuas dof naox nghangt leuf.

从前，人口少，动物多，人们种地搞生产的土地周边大多是原始森林，有的土地还在森林中央。人们去干活时常带着娃娃去，天气热了就把娃娃放在地边乘凉，大点的娃娃也是就跑到地边上躲凉玩耍，有时父母忙着干劳动，不知道娃娃什么时候被动物咬伤、咬死甚至叼走。

Maol hlob jaod zhax gat nzhet hend, nyaf naox nghaix job jeud[7], uat nax kend uat duab yus duax muab dex mid nyuas nyaob ndos deb dof duas nghangt leuf, hait mol jek kend zhes jat lux nyaod let naox. Dex nenb uat nchait ncut[8] zhot zat[9] hend. Dangb guas maol hlob lob shuab rongt nongs zeux hot ngoux, naox dangl dex nghaix job jeud jek ib nbaox nbaox jeuf nyaob bel dex got rongd ghuak hangd hot ngoux ghut ib shuab shuab rongt nongs hend.

人猿这种动物聪明且奸诈，还喜欢吃人的腐肉，经常偷偷摸摸将地边的娃娃咬死后拖走，储藏起来，等到肉将腐烂之时食用。人们对它除了恐惧还十分气愤。但是，人猿善于唱歌，且歌声悦耳，经常隔着山发出像今天人们唱歌一样好听的声音。

Touk gat muax ngeuf nas zid Hmongb mol uat nof bel ndos rongd, nil buab muab dol nik nyuas zhaot daof ndos deb ngouf nzongt, uat uat nof jek mol shoux dol nyuas zhit bof leuf, aob dol dous dous shaib huak yaos maol hlob nend jek, dol zid dol naf lob shab bual dangl. Dol zid lob shab sangd dak nchait yat mol muab dex maol hlob duat dangt.

有一对苗族夫妇在靠近森林的地里干农活，他们将娃娃放在地边乘凉，做着地里的农活，没有注意看管，等回过神来娃娃不见了。俩人找了半天，发现有人猿的脚印，确定是被人猿咬死拖走了。夫妇俩很是绝望，于是，丈夫便要找人猿们算账。

Dol zid gat nyaob zhed uat dout jaod nik jeud maol[10] ghangb ghangb let drik drangb las jek jeuf njet bel got rongd mol ntrad maol hlob. Nil muab jaod jeud maol juab[11] bel rongd nox zhens shab zhaob got ndongt hod ghangb, nil njet shout got ndongt ngouf jat. Hnob gat jaod maol hlob jek jeuf lol lak, ib dol dol nyaob ghangb got ndongt keuk jeud maol naox, maol hlob get naox get haik dak: “Ghangb! Ghangb...” Naox naox houk houk dangl jek jaod maol hlob jeuf nyaob ghangb got ndongt hot ngoux louk. Dol zid yeus gat ngouf duab yus shout got ndongt nongs, get nongs get xof get sangd dak uat jangl let hob dout jaod maol hlob duax hot ngoux, ndout ndout uat ib beus rongt muab duat dangl dangt.

夫妻回家后，丈夫做了甜白酒，带着甜白酒背上一把弯刀便上山找人猿去了。他将甜白酒放置在一棵大树脚下引诱人猿，然后爬到树上躲起来。这天，那群人猿便一个跟着一个地来吃甜白酒了，人猿们边吃边说：“甜！甜……”吃喝完了，人猿们便在树脚下放声唱歌。躲在树上的丈夫便一边听一边学着人猿唱歌，也一边想着如何才能将这些人猿引诱来全部杀死，为死去的儿子报仇。

Teux hnob jek, nbaox maol hlob naox zhout houk zhouk hot hot ngoux jek mol leuf. Dol zid yeus gat zhas draod lol zhed uat dout jaod jeud maol tab jeud nzhif[12]. Luf hnob zhas nghangt mol bel got rongd, muab zeub hod houd boul ndongt, nil zhas njet shout ndongt ngouf jat. Uat ib huaf jek nbaox maol hlob ghut ghut zhas lol lak. Lol jek dex naf maol hlob mid maol hlob nyif uat del uat deut keuk naox keuk houk, muax jaod ghous jeud jek kheb shuab hot ngoux, muax jaod jek get naox get houk zhit zeux ghous[13], muax jaod jek get ghous get mol get duax suk gangd gab.

第一天，那群人猿吃饱喝足后唱着歌走了。丈夫回家又做了很多甜白酒和辣酒拌在一起，第二天带到山上的老地方引诱人猿，他爬到树上躲起。一会儿这群人猿就相互召唤着来了，大大小小的人猿便不管不顾地吃喝起来，有的很快喝醉唱起歌来，有的边吃边喝不会醉，有的边醉边走还不断引来新的人猿，就像赶街一样。

Dol zid yeus gat nyaob shout ndongt get xof ngoux get sangd mol duat nbaox maol hlob. Dangb guas nbaox maol hlob mol let mol leuf duax let duax jek uat zhit dout del[14], nil daol daol zos zhouk ndox jek jaod maol hlob mol dangl leuf. Dol zid yeus Hmongb nbout deul uat zhit dout ndox. Shaib shaib chuad ib nik dol mid nyuas maol hlob ghous leuf mol zhit doul, dol zid yeus hmongb let ndel dout muab duat kit shout lob houd boul ndongt. Nil sangd zos yol dol nyuas keuk maol hlob hait mol leuf lob shab zhit duas[15].

丈夫在树上边学边模仿人猿的歌声，边盘算着如何才能杀死成群结队的人猿。可是，这群人猿边走边来，他总等不到下手的机会，他很生气却也没办法，等到天快黑了，人猿都走完了。他从树上下来在地上找了半天，只看见一只小人猿因为喝醉了没有走。于是，他用刀把这只小人猿杀死了拴在树脚，但想起自己的孩子，仍然不甘心。

Hnob ghangb nil zhas nghangt jaod jeud nzhif zuaf jeud maol[16] zhas njet bel got rongd.

第三天，他又带上甜白酒参杂辣酒再次上山去。

Nbaox maol hlob zhas lol zos hod ghangb got ndongt lak, rongx bof kit shout got ndongt dol nyuas maol hlob jek, nbaox maol hlob get keuk naox houk dex jeud maol get zhaot shuab uat nyad leul. Muax jaod get nyad get xangb del mol jangb dol nyuas maol hlob caik del, bof dol nyuas zhit ndit jek nyif nbuax del drout dol nyuas lob doub hout uat ndraod nblax[17]. Jaod maol hlob get nyad get jangb get nbuax del dol nyuas lob doub hout. Nyad leul uat ib hnob hnob shex dek zhit zeux ghous jeud jek, dol zid yeus ngouf shout ndongt sangd nghel lol duat, dangb guas zhit gangd nghel lol jek uat zhit dout del, lob shab nbout duab yus huak lak ndel zhit dout ib dol.

那群人猿又来了，它们看见绑在树干上的小人猿，边吃边喝还边号哭起来，有的还边哭边伸手去拉扯那只已死去小人猿的手，有的见拉不动喊不醒则伸手轻拍小人猿，发出“啪啪”的声音。人猿们边号哭、边拉扯、边拍打着死去小人猿的脑袋。人猿号哭一整天也喝了一整天的酒，但都没有醉。躲在树上的丈夫仍然没有机会下手，他心里只能暗暗生气却也无可奈何。

Nbaox maol hlob ndroud rous dol nyuas maol hlob nyad nyad, duat zhit dout jek, dol zid yeus lob shab nbout yus guak,dangb guas nil keuk dout jaod maol hlob lob shuab nyad shuab ngoux leuf. Zix gat lol dol yeuf Hmongb zhit mol duat maol hlob leuf, dis draod jaox dex shuab lol khat ndlax deb duab nens yongs maol hlob hot ngoux.

那群人猿围着小人猿哀哭如唱歌一样，一直乱了一整天，让丈夫无从下手，虽然留有很多遗憾，但是他却意外学会了人猿们的哀哭。从那以后，这个苗族人放弃了要杀死人猿的念头，还将人猿们的这种哀哭声音传授天下，让人们能够像模像样地传唱开来。

Huaf nat nyaob shout ndenl blox ndenl duas[18] dex nenb kheb shuab hot ngoux said ngoux duas lob shuab gus “maol maol del nblax” jek yaos yongs maol hlob lob shuab nyad tab nbuax del ndraod “nblax” lob shuab guak.

现在，在丧葬礼俗场合中人们常常唱的起调“卯卯嘚啪”，就是人模仿人猿的哀哭声音和拍打发出“啪啪”的声音。

Suk ndrangl ghangb nat:

悲歌唱词如下：

Ghenx ndrual ndraod muax nbet,

Maol maol del nblax at ak shit yot nblas maol sib yak yot hluak at des,

Uat jangt cuat nax draod cuat let xongt,

Jat mol nax draod touk lik ot et yax,

Jat ek dex ghenx lol ndraod nzhenl lol zhit muax shik nbet?

Jat ndrual ndraod nzhenl duax lol yad zhit muax shik dluab ek?

笙韵与鼓调响起有名分，

卯卯嘚啪啊啊诗哟啪卯诗呀哟嘞啊嘚，

在往年往日，

在那遥远的过去呀，

为何那芦笙响起来没有名称？

为何那木鼓震颤来没有“影”哟？

Jat dol ghenx lol ek ndraod nzhenl zhat ndros zhit dout dex ndrual uat mol nax ib zis?

Ndrual ndraod nzhenl zhas yat ndros zhit dout dex ghenx lol uat mol nax ib buas guak ak?

Jat dex ghenx lol ndraod nzhenl yat zhit muax shik rangs angx?

Ndrual ndraod nzhenl zhuak zhit muax lot?

Jat dex ghenx lol ndraod nzhenl zhat yat ndros zhit doul dex ndrual uat mol nax ib buas draod nghel dex ghangb zhed job ax?

Nad sod yas del...

为何芦笙响起不能与木鼓音同调？

为何木鼓震颤也不能与笙歌共鸣啊？

为何芦笙响起却没有节奏？

为何木鼓震颤天际也没有旋律？

为何那笙歌悠扬呀却不能与木鼓的韵律在家中火塘同频共振？

哪哨呀嘚……

Jat nax xongt zhas yad dangl ntreud xongt lis nat,

Jat dex ghenx lol zhak yat ndraod ndros nzhenl lol yad muax nbet et ek?

Ndrual ndraod nzhenl duax lol yad nghel muax rangx ak?

Jat dex ghenx lol zhas yat ndraod nzhenl ndros dout dex nik ndrual uat mol nax ib zis?

Ndrual ndraod nzhenl duax lol zhak yat ndros dout dex nik ghenx lol uat mol nax ib beus duax ndruab dangs yat nil sob yak ax des!

Maol maol del nblax at ak shit yot nblas maol sib yak yot hluas at des.

时至今年结束哟，

为何那芦笙响起来却有名称哦？

为何那木鼓震颤呀却有韵律啊？

为何那笙歌和那鼓韵呀配合得那样紧密有韵味？

那鼓调与那笙韵有节奏地回荡在堂屋中！

卯卯嘚啪啊啊诗哟啪卯诗呀哟嘞啊嘚。

Dleub lol:

道白：

Huaf nat shout nghait nad jek muab ghenx tab ndrual hot dout lol, jeuf yad lol hot dout dol ghenx tab ndrual lol uat get nyaob hod dangs zhed, juas gus[19] uat ngoux uat ndrous. Zaik dout hot:

现在，已将芦笙和鼓喊到和喊齐，下一步便祈求笙和鼓来到主人家的堂上，让它们如恋人一般密切配合并深情演奏。继续唱诵道：

Jat dex ghenx lol zhat yat ndraod nzhenl duax lol nyik zhat yat mol muax shik lot ax,

Ndrual ndraod nzhenl lol zhat yat muax shik rangx.

Jat dol ghenx lol zhas yat ndros dout ndrual yat mol uat nax ib beus drout ghangb zhed job ax,

Ndrual ndraod nzhenl zhas yat ndros dout dex ghenx ndraod nzhenl draod mol uat leuf nax ib zis duax ndruab dangs it sob yat ax des.

当笙曲取上名字响起之时，

木鼓就有节奏。

当笙曲与鼓点紧密配合响彻堂屋，

鼓声与笙韵震颤在堂屋中。

Jat dex ghenx lol zhat yad shend yenl zhat yat jaox nyaos dout Lis Zit[20],

Ndrual yat ndraod nzhenl yat shend mol jaox dout Lis let Jangs[21] ax.

Jat dex ghenx zhat yat jaox dout dex box nas mex let dex shik jed zhas yat draod nghel duax bongb dex shik dangs (box duas lak yad hot box, yeus duas lak yad hot yues[22]),

Jat ghenx lol let ndraod nzhenl lol let muax shik rangx ek,

Ndrual ndraod nzhenl zhak yat mol muax shik lob ax.

当芦笙挂上理兹之名它才会响起，

当木鼓被赋予理姜之源它才会有声色。

芦笙才带上逝者身躯到堂屋中，

笙曲悠扬起来才会有韵律，

木鼓震颤起来才会有节奏。

Ndrual ndraod nzhenl zhat yat jaox nyaos dout dol naf box nas[23] mex gus zhat yat bongb nbluad[24] draod mol njes dex ghangb zhed job ax.

Jat ghenx lol let ndraod nzhenl duax lol let muax nbet,

Let jaox nyaos dout dol naf box nas it sheud nghel duax bongb nbluad draod nghel duax ndruad zhed sob nik yas ax des.

木鼓震颤起来才能引领逝者到堂屋中。

芦笙响起之时才有名头，

才能带领逝者到堂屋上。

Jat dex ngoux lol zhat yat zeux dangl zhit zeux souk,

Souk mol rox raos draod mol daox shik sib[25] ak.

Jat naf box nas mex gus zhas yad duas dangl,

Zhat yad zhes dout dob langs[26] draod ncaik lis[27].

Nil zhas yad nyaob ex zhas yat draod bof dout nil naf box nas mex gus,

Nil zhas yat bof dout nil zox nik dlangb nbout shuad sheud mol duax shik nzhib.

那悲歌即将结束却不会收尾，

将收在那棕树坡。

逝者已离去，

留下那孤儿寡女。

他们活着想念逝者呀，

只有在梦中来相会。

Jat dex ngoux lol zhat yad draod zeux dangl zhit zeux souk,

Souk mol rox raos draod mol daox shik zhuas[28] ak ax,

Jat at dex box nas gus blox ghous zhat yat duas dangl ntreud zhek,

Zhat yad zhes dout dob langs draod ncaik lis et ek,

Nchait yat uat dangl zox dlangb nbout shuad draod nghel duax shik juas[29] nat nik sob yat ax des.

Maol maol del nblax at ak shit yot nblas maol sib yak yot hluas at des.

那悲歌即将结束却不会收尾，

将结束在那杂草坡。

逝者已离去，

留下那孤儿寡女。

他们活着想念逝者呀，只有在梦中来相逢。

卯卯嘚啪啊啊诗哟啪卯诗呀哟嘞啊嘚。

Dleub lol:

道白：

Nad yaos aob nik nghait, muab ghenx ndrual lob nbet dik dangl jek dout leuf.

Dangl nad jek ndrangl ghangb draod juab dout ghenx chaik ghenx hmaot det.

这是两个小段落，只要将芦笙和木鼓之名取上即可。

此段唱完后，可以紧接着奏早餐或晚餐芦笙曲调了。

背景介绍

陈述和唱诵者： 罗正荣 Sheuf Chib（1966— ），男，文山市小街镇麻栗寨村委会冬瓜林村人，掌握当地苗族婚丧文化。师从本村杨开有 Hangf Yeus（1929—1989）和蔡保珠 Chongf Dluas（1932— ）等。蔡保珠又师从本村侯正才 Nblax Yal Dluas（1890—1960）。

罗正荣

版本评述： 该篇传说主要有三个重要价值：一是，该故事清晰地讲述了苗族丧葬古歌中较为固定的调“Maol Maol Del Nblax”（卯卯嘚啪）的来源，是古代人类模仿大自然才得以进步的生动实例。“Maol Maol Del Nblax”是苗族古歌较固定的一种起调，一般只在丧葬场合运用，其他场合则不能唱。与之相关的唱作有“Maol Maol Nblax”。二是，苗族古歌中常常说起的“Ngoux Maol”便来源于此，然广大唱诵者均不知其来源，或者说人们对“Ngoux Maol”说不清道不明，是因为传诵越来越少的缘故。今在文山市域苗族乡野重拾起来，可谓难能可贵。三是，此版本口碑古籍在解释概念的同时，虚拟场景与动态仪式相互交替演绎，展现出了苗族古歌的生动性。

采集整理： 罗永洪、熊兴坛、陶永林。

注释

[1] Ngoux Maol：悲歌，悲苦之歌，指专用于丧葬的歌。

[2] Ndox Das Deb Zhouk（或Zhous）：天地混沌。故事背景延伸：苗族人认为此时期的人类处于蒙昧状态，无任何礼仪之说，人死了还分人肉吃，由此，产生了“Zik Genk（子庚）”以牛肉代母亲肉分给人们吃的故事。再由此又产生了吹一管“Drangx（笛或萧）”到六管合起来吹变成“Ghenx（笙）”故事。Ndox Das Deb Zhous期间，还有说到，天地混沌、浑水朝天和万物灭绝，再拷问先有蛋还是先有鸡等关于万物从何来的问题，鼓笙来源、人与动物学习各种生存技能，模仿各种声音等信息。这些说明一个问题，Ndox Das Deb Zhous期间是人类从蒙昧状态到半蒙昧、半文明的过渡时期。这个故事正是人模仿动物声音的一个生动实例。

[3] Nongb Ndongt Nongb Xongb Nongb Zhangd：树种竹种和万物种源。

[4] Zhif Renx Yenb：制人烟。

[5] Maol Hlob：人猿或类人的猿。文中暂译为人猿。

[6] Rongd Nox Zhens Shab：原始森林。

[7] Nghaix Job Jeud：腐肉。Job蒸。

[8] Nchait Ncut：害怕，恐惧。

[9] Zhot Zat：生气。

[10] Jeud Maol：甜白酒。

[11] Juab：设圈套。

[12] Jeud Nzhif：辣酒，白酒。

[13] Zhit Zeux Ghous：不会醉，不会倒。

[14] Uat Zhit Dout Del：没有办法。

[15] Shab Zhit Duas：不甘心。

[16] Jeud Nzhif Zuaf Jeud Maol：辣酒杂（混）甜白酒。

[17] Ndraod Nblax：“啪啪”的声音。

[18] Ndenl Blox Ndenl Duas：丧事。

[19] Juas Gus：就如什么，和什么一样。

[20] Lis Zit：理兹，系音译，即道之父，道理之父，道之源，道理之源。疑为苗族传说中制造芦笙的第一人扎理Zax Lis的别称。

[21] Lis Jangs：理姜，即道之根，道之源，道理之根源。疑为苗族传说中制造牛皮鼓的第一人柏理Nplaib Lis的别称。

[22] Box Duas Lak Yad Hot Box, Yeus Duas Lak Yad Hot Yues：此是区别逝者性别，前者为女性称谓，后者是男性称谓。

[23] Box Nas：博娜，与“博理娜”同意，是对女性逝者的称谓。此文以女性逝者为例。

[24] Bongb Nbluad：滑落。

[25] Daox Sib：棕树坡。

[26] Dob Langs：孤儿。

[27] Ncaik Lis：孤儿（女），年少的女儿。

[28] Daox Shik Zhuas：杂草坡，丛林坡。

[29] Juas：相会，相遇。

恶人冉的故事
——回音是怎么回事
Rangb Deus Blangb
——Shuab Ghos Uat Jangl Lol

Touk nzod, muax dol mid hluak hot uat Rangb[1], chenx hnob chenx xongt zhit uat nof, ngenl dlangb ngenl duas, dlangb zhit zhit uat.

很久以前，有一个名叫冉的小伙子，整天游手好闲，无所事事，而且还很懒，什么事也不想做。

Muax ib hnob, Rangb naf hot nil mol njeuk deb, hnob gat changd ndox gob gob, rab dout Rangb muab zhit zhuf. Rangb naf guas duax ndrangl ghangb deb njeuk njet daox, dangb guas, Rangb sangd dak, duax bel houd deb njeuk rongt njeuk, zheus zos shad. Rangb tab Rangb naf aob lenx wef duax haid dus njeuk duax ntet juaf. Rangb lob shab dlob[2], Rangb sangd dak: God muab naf cheub ndlaos daox duas dangt, ndlaos daox duas dangl zhit muax nenb boub, lal zhit muax nenb zib nil uat nof, nil lob nenx jeuf uat dout changd ndox nzhis[3]. Sangd dangl, Rangb muab naf cheub ndlaos daox duas leuf.

有一天，母亲叫他一起上山去挖地，太阳很大天气很热，冉觉得很受不了。母亲叫他从下往上挖，冉认为从上往下挖更省力。双方发生矛盾，于是冉起了坏心，想着要是我把母亲推下山坡摔死了，没有人会怀疑是自己害死的，而且从此不会再有人指使自己干活，就可以自由了。而后，冉实施了他的阴谋把母亲推下山坡摔死了。

Naf duas dangl daof ghangb, Rangb yif huab zhit dout liaok zhit uat nof, nax hnob but, hmaot ndox dous ged, qib box leud ncaik[4], rex raos lenx lenx zhot zat[5].

Muax ib hnob, Rangb mol bel drongb uat shit. Nyaob ndrangb ged, nil nzhib drous ib dos zid zhod, nil rongx[6] bof zid zhod lob nongb ghet lox. Rangb sangd duab yus, yaos muab dout zid zhod ngeuf nongb ghet lol jit naox jeuf nzid dout god lob blangb chaib lak. Ndouk rongt zhud yif, Rangb jeuf uat ndex mol tab zhod haik: “Dix lous zhod, beb muab aob lenx lod nongb ghet jit naox, shaib yaos lenx dus let zhut ghangb[7] rongt naox?”

从此，冉就变本加厉，更加无所事事，声色犬马样样不学好，村里人人对他恨之入骨。

这天，冉上山去游玩。路上碰到一只公虎，看到公虎的两个睾丸特别大。他打起主意，要是能把它拿来吃掉，不正好可以填饱自己饥饿的肚子！于是冉就走上前去和老虎打招呼：“虎哥，我们两个来换睾丸烧吃，看看是谁的香？”

Zid zhod shaib shaib Rangb let nongb ghet haik: “Gaox lob nik mid ghuad ghuad, god dob zeux shaib nyaos njet muas[8]? Gaox zhit lol ndeuf nat hunb haik.” Rangb sangd, zhod haik let muax jait[9].

老虎看了看冉的，不禁嘲讽道：“你也不看看自己的有多大，就来胡说八道。”冉想了想，公虎说的有道理。

Rangb teux ras let sangd huax uat zhit chenx, dangb guas Rangb shab zhit khuad[10]. Rangb dis daof ghangb rongx bof ib zhaob zit uat nzhut ndrenl[11] luax ndris uat bloub nyaot[12] let zid ghaok shuat. Rangb njet mol dlet lak aob lob lox lox lol muab dlait drout nil hod aob jes, draod lol zid zhod shob ndlas zhuat jes zhual haik: "Dix loul zhod, beb aob dos boud nongb ghet jit naox, shaib lenx dus let ghangb, uat jangl?"

冉的第一次阴谋失败了，但他不甘心。冉转身看到一棵梭衣树，上面结满如拳头大、毛茸茸的果子。冉爬上树摘下最大的两个。他把两个梭衣树果子拴在自己的胯下。再次来到公虎面前张开胯道："虎哥，我们两个换睾丸烧吃，怎么样？"

Zid zhod uat nchangb muas let dak: "Gaox lob tangf hak yout nox, uat jangl huaf nat draod lox duax? "

Rangb deb dak: "God lob nad yad yaos buat boub cait let shaib deuf lol, tangf haid[13] yaos shif gaox ib huaf shaib gaox gab muax shab, nuaf gaox hax shik muax, huaf nat[14] god muab lob zhenb drout gaox shaib, hlod zhit hlod shak?"

公虎很吃惊地说："刚才还小，现在怎么就长大了？"

冉回答："我这个东西要识货的才会明白，刚才只试一下你，看来你还是有诚意的，所以把真实的给你看啦，你看换不换啊？"

Rangb get shaib dol zhod get haik: "Uat let god shob hlaik god lob jit dout beb naox."

冉边看公虎边接着说："为表示我的诚意，我先把我的割下来烧了给你吃。"

Hax zhit dout daol dol zhod deb njoux[15], Rangb dob muab dlait dout hod aob jes lob zid ghaok shuat hlaik nghel lol. Zid zhod sangd, Zhos muax las nchait god let, hax nchait drous gaox nik Rangb? Caix yaos lob nik nongb ghet, naox jeuf naox max, lenx dus nchait lenx dus.

还没等虎反应过来，冉已经把那两颗梭衣果从自己的胯下割了下来。公虎想只有别人怕我的，我还怕你冉不成？吃就吃，谁怕谁。

Zid zhod deb njoux lak, Rangb rongx dout hod khaod muas ghangb dout hod lob shab.

Jit naox dangl njuat ntreud, Rangb dak: "Gaox dib gaox zhes jat, naox leuf nchait gaox zhif kuib." Zid zhod haid dus nongs doul Rangb haik dex lol nat. Hax zhit dout daos Rangb haik dangl, zid zhod dob muab nongb ghet hlaik nghel lol.

Jit naox dangl njuat ntreud, Zhod nos Rangb dak: "Uat jangl gaox lob yaos ab let zhit muax god let ghangb?"

公虎不得已答应了下来，冉看在眼里乐在心中。

冉和公虎吃完后，冉说道："我不吃了，你的你留着吧，免得你吃亏。"公虎哪里受得了这等耻笑，说时迟，那时快，公虎已经割下了自己的睾丸。

烧吃完后，公虎起了疑心问道："你的吃起来有点苦味，和我的味道不一样，怎么回事？"

Rangb luas luas dak: "God let rab zhit drous changd ndox, zhit suk gaox hnob hnob but rab changd[16]."

冉笑笑答道："我的是因为晒不到太阳，不像你天天都是躺着晒太阳，给太阳晒少了嘛！所以我的有点苦，就没有你的香了嘛。"

Rangb zaik dout zhas haik: "Beb aob dos ngangs ib huaf shaib, lenx dus let hlob dout shait?"

冉又说："来吧，我们一起再爬坡比比，看谁的睾丸长得快？"

Rangb jeuf tab zid zhod ib dos ndex ib dos ghangb shik ngangs, ngangs lak ib huaf zid zhod zhangt hout mol shaib Rangb lob aob jes, rongx bof Rangb let nongb ghet hax nyaob.

于是，冉和公虎一前一后去爬坡，爬着爬着，公虎抬头朝冉的两胯看去，突然发现冉的睾丸还在且完好无损。

Zid zhod boub njet ndangk[17], tlat mol dof Rangb. Nzod boub zid zhod zeux nzend muas[18], Rangb zhef lad zhaot del zhid, zid zhod nbout deul zhit doul[19] tlat bangx beus[20] nbob ghangb.

公虎知道上当了，就扑向冉。事先有准备的冉躲过公虎的攻击，公虎气急败坏紧追不舍。

Rangb zhid zos bel got rongd, nzhib drous hod raol ib dos hax zaf hlaik zas[21] let guk ndongt[22], Rangb sangd zhid ngouf[23], dangb guas zhit rongt haik zid zhod nbob nil dex bloub zal[24].

冉跑到深山老林中碰到一个本村正在做棺木的木匠，他想躲避在这里，但冉又不愿说自己被公虎追赶的事。

Rangb tab hlaik zas dol guk ndongt haik: Dix lous, god shaib gaox hlaik let zas rongt hend, god but ngangs mol hod tab gaox rongx ib huaf haid dus bof ged gab hof rongt?

于是上前与木匠说："大哥，我看你这棺木不错，让我躺进去帮你看看哪里合得不太好还会有光线？"

Guk ndongt zhit uat lol。

木匠没有说话。

Nyaob hod hox zas Rangb nchait zid zhod ntrad dout, Nil sex dik ghut guk ndongt haik dak: Hox zas haid nad bof ged, haid ot bof ged, hof zhit rongt!

冉躺进去后特别怕公虎找到，于是就不断大声对木匠说："你这棺材这里合得不好，那里有光线！"

Guk ndongt zhit uat lol, zhos yaos nongs dout Rangb let lol hlad nzat[25] nzat jend nzat hof nzat ndof. Daof ghangb, Rangb dak ib nzhik zhit bof ged lak, guk ndongt hox zas nzat dout uat zhuax ndrenl[26].

木匠不说话，只顾听冉的指挥，削了木楔拼凑上。冉又说："你这棺材那里又合得不好，有光线。"于是，木匠又削了木楔拼凑上。最后，冉终于没有看到棺材内有光线了，棺材也合得严丝合缝。

Zid zhod nbob zos, nongs guk ndongt dak: "Dix lous, gaox bof zhit bof Rangb tlout ndeuf nat?" "Zhit dout nak." Guk ndongt deb dak.

公虎赶到后，问木匠："你看到冉了没有？"木匠回答说："没有。"

Guk ndongt njoux haik zhit bof, dangb guas, chaik del deut lak deut hox zas.

木匠嘴说没看见，但却指了指棺材。

Huaf gat, ndrangl ghangb drongb rongd gob nyab[27], hluad deul hleud daox jis rox ros dit hox zas. Zid zhod tab guk ndongt luas uat nbuaf des ncak[28], zhid leuf.

此时山下烧起了大火，大火烧得快要靠近棺材了。老虎和木匠相视大笑后，就都跑了。

Hluad deul hleud got rongd, hleud dangl hof zas, Rangb hleud dout gob nyab ched suk dol dled duas[29]. Lob blangb suk lob ndrual deus chet, draox nchangd zhuas cit daox drongb houd bel[30].

大火来了，燃烧了森林，也烧了那副棺材，冉在棺材里被烧得像条死狗。肚子暴裂，血污飞溅，沾满四野荒坡。

Rangb duas lak, Rangb shab zhit khuad, dex duab nenl naf shuab haik lol, nil hax zeux ghos[31] dex shuab uat ndangt yenl[32] dif dex zhuat[33].

就这样，冉死了。但他仍不甘心，每当人

们大声说话，他还要模仿人说话的声音——这就是人在山间大声说话会有回音的来历。

Rangb, jax jat deub nenb nzob[34], duas lak zhit xof rongt.

冉，活着时无耻得让人讨厌，死后仍然不学好。

Haik zos Rangb let lol ndrual[35], yad khat dout nbaox Hmongb zox ged uat nenb uat naox uat houk.

冉的故事，告诉人们只有勤劳、友善、诚信，才是做人的正道。

背景介绍

陈述者： 侯志文 Shix Dluas（1966—），男，文山市小街镇老君山村委会二河沟村人。

侯志文

流传地： 文山市、马关县、屏边县等地。

采集整理： 罗永洪。

注释

[1] Rangb：冉，人名，一个道德品质败坏的人。苗族传统观念认为，模仿人说话或呼喊有回音就是"冉"在作怪，是苗族人对"回音"现象的原始探索。

[2] Shab Dlob：黑心，狠心，歹毒。

[3] Changd Ndox Nzhis：阳光灿烂。

[4] Qib Box Leud Ncaik：调戏妇女。

[5] Zhot Zat：恨，生气。

[6] Rongx：看，看见。

[7] Zhut Ghangb：香，香味扑鼻。

[8] Njet Muas：上眼，看上。

[9] Muax Jait：有道理，有理。

[10] Shab Zhit Khuad：不甘心。

[11] Nzhut Ndrenl：成串的。

[12] Uat Bloub Nyaot：毛茸茸的。

[13] Tangf Haid：刚刚，刚才。

[14] Huaf Nat：现在。

[15] Deb Njoux：答应，允诺。

[16] Rab Changd：晒太阳。

[17] Njet Ndangk：上当，受骗。

[18] Nzend Muas：反目，翻脸。

[19] Nbout Deul Zhit Doul：异常生气，火气异常大。

[20] Tlat Bangx Beus：飞跃地，跳跃地。

[21] Hlaik Zas：做棺材。

[22] Guk Ndongt：木匠。

[23] Ngouf：躲，躲藏。

[24] Bloub Zal：事情。

[25] Hlad Nzat：削木楔。

[26] Zhuax Ndrenl：稳固，牢固。

[27] Gob Nyab：着火，烧糊。

[28] Luas Uat Nbuaf Des Ncak：相向两哈哈，拍手笑着。

[29] Dled Duas：死狗。

[30] Daox Drongb Houd Bel：四野荒坡。

[31] Ghos：模仿，效仿；跟随。

[32] Uat Ndangt Yenl：（声音）回荡。

[33] Zhuat：石岩，岩子，山崖。

[34] Nzob：讨厌，恨。

[35] Lol Ndrual：故事。

访谈语料荟萃
Lol Zhes

婚姻礼俗访谈实录
Dous Nos Chongb Gol Keuk Zhes

（一）说亲礼俗

1. 开联姻之口

女方父母兄弟经过“寻女（leud ncaik[1]）”环节或男方儿子已告知女方父母才将其女儿带去，男女双方的父母已在私下对接好说亲时日和准备相关事宜。但是，男方代表[2]到女方家说亲当晚，女方代表[3]则装作不知道，等待男方代表开口。原则上，男方代表需要唱诵“祈桌歌（ngoux daix drongx[4]）”以祈求上桌，若不会，可以用礼节性口语进行祈求。

2. 上待客之桌

女方代表在上桌之时，会在桌子下放置一把扫帚，此时男方代表需要往桌子上放一些钱币作为礼节应答，此即“扫桌礼（zax qeb drongx[5]）”。女方代表见状便拿走扫帚，并将“扫桌礼”一同收走。

3. 探说亲之愿

说亲之前需要试探女方是否同意联姻说亲，女方代表将桌上的扫帚和“扫桌礼”收走后，男方代表再向桌子的四个角放上四分钱。若女方父母同意说亲，会收走一分，男方代表将另外三分拢到桌子中央；若女方不收走其中一分，则是不同意。在同意的情况下，女方代表会将拢起来剩余的三分钱，大致平分给男女双方代表。

4. 引说亲之题

因为男方主动联姻，所以男方代表会主动引出说亲话题，一般如下：我们这方的父母啊，我们吃父母的饭，说父母的话。在这个祥和之夜，我们在男方父母的委托下，要来叨扰你们说一桩好亲事。俗话说，儿女要踏上“条条通畅、万年百岁”的大道，这里需要你们父母开个好门。在这里，就请你们告知家里的舅舅（大媒公）是哪个？家里的叔伯（二媒公）又是哪个？好让我们四人进行对接，以代表双方父母来说亲。

5. 行说亲之礼

女方管事分别指出女方的大媒公和二媒公后，若说：“我们在火塘旁‘烧灰豆（jit douf choud[6]），即可。”意为不用上桌，只要男方代表主动倒好酒水在火塘旁说亲即可（管事谦语，通常不会在火塘旁进行，需要男方多次邀约）。若不说，则表示直接上桌说亲。

男方代表在明确接亲父母（naf zaik zid zaik[7]）的身分后，开始按礼仪发烟，其顺序是：四个代表（发给女方的大媒公和二媒公，再按礼仪自己发给自己）—父母（父母不会抽烟也要恳请收下，以表主动联姻一方的情谊）—到场的成员（为表示敬意，到场成员不分大人小孩都需要发放到位）。

发烟完毕，开始给在场的成员倒酒，倒好后，男方代表邀约并以酒致敬到场的成员。饮毕，男方代表需要给桌子上的酒杯再倒一次酒，礼俗上称“压杯酒（jeud nak nkaob）”。

6. 垫说亲之言

男方代表需要做自谦铺垫，以便圆说。其倒好“压杯酒（jeud nak nkaob）”后，男方代表说道：我们此方的父母啊，男方父母虽然委托我们来办一桩好亲事，但我们是“老的瓜嫩的籽”，吃完吃尽，难学完学尽。礼俗杂礼仪多，所以我们难免会有行不通的；礼仪杂礼俗多，我们难免会有不掌握的。若是我们有哪里做得不恰当，恳请父母、叔伯、舅舅及其家族兄弟，像开家庭会议一样不吝批评。若是我们哪里做得不对，我们可以现请教现学，再次进行。

7. 提姻亲之价

男方代表为说亲事宜进行自谦铺垫后，并以酒水致敬再次邀约。说到婚价时，男方代表通常说道：我们此方的父母啊，请你们开个“盘口（pangx keud[8]）”。此时，女方代表会说：我们只能说一点“母亲辛苦孕育费（nghet mis[9]）”。（注：传统婚俗中，“盘口”包括母亲辛苦费，谈到“盘口”则不会再谈辛苦费；当前谈了“盘口”，仍再说辛苦费。原则上，要谈“母亲辛苦费”，需要嫁女没有儿子。当前不管有无儿子，都要谈辛苦费）

8. 定姻亲之价

女方代表提出来后，男方代表会结合男方父母承诺的价位恳请女方代表再让一让。当僵持不下时，又再邀约喝一口酒。女方代表也会以借口离开，实则是与女方父母进行交流，确定最后能接受的婚价。婚价定高者，需要女方父母允诺给女儿买陪嫁品（传统是牛犊、缝纫机和衣柜等，当前则多是摩托车、汽车等物品）；婚价定低者，称为包干，女方父母一般不再以婚价名义给予陪嫁品。在此环节，男女双方代表会约定好在举办婚礼之时，男方需要承担几百斤猪肉和多少斤酒水，还会约定好说亲当晚男方需要承担几对鸡给在场的客人享用，并允诺次日买多少斤酒肉来给女方办“拼伙饭”。

9. 交姻亲之礼

确定婚价后，双方都皆大欢喜，男方代表会根据实际，礼节性支付给女方代表婚价，以便开展后续的接亲事宜。男方代表大多是支付婚价的50%，或者婚价的50%偏下。也不排除留有零头的，因为苗族喜欢以“六”作为婚价的尾数，故多留有此吉祥谐音数。未支付的，均等到接亲环节再进行支付（存在终生拖欠或拒绝全额支付的情况）。

10. 用联姻餐

说亲当晚，不管是女方父母不乐意而僵持至通宵达旦，还是称心如意数小时就谈好婚价，最后一个环节的“用联姻餐”都必不可少。

所谓“用联姻餐”就是将男方代表当晚带来说亲的数对鸡杀了供在场人享用。就传统礼俗而言，当晚男方需要提供一对“接话鸡（ghaib zuak lol[10]）”，女方需要提供一对“应亲鸡（ghaib bob chongb[11]）”，现已经全部由男方家提供。

其中，若女方代表论及“欲成婚男女班辈不对”，则男方需要补充一对“解辈鸡（ghaib dleuk ndrangt[12]）”；若女方代表论及双方没有联过姻，则男方需要补充一对“开姻鸡（ghaib luax get[13]）”；若女方代表论及“男的偷偷将女儿蒙走”，以致女方父母没有脸面，女方真计较起来，则男方需要补充一对“去羞鸡（ghaib nzuad muas[14]）”。

11. 吃拼伙饭

次日，进行吃“拼伙饭”环节。吃“拼伙饭”，顾名思义，男方根据允诺提供酒肉，女方提供菜饭锅灶，较前一晚更大范围的家族亲戚共用婚餐，以证实联姻成功。用毕，新娘随新郎和大媒公、二媒公返回新郎家。至此，说亲圆满完成。

（①当前，说亲当晚还存在带着一对“回门鸡（ghaib huex menx）[15]”的情况，说好婚亲之后，若女方允许“回门”，就把“回门”环节处理了；若不允许，则鸡在女方养着，等到接亲的时候再“回门”，再宰杀。②说亲的过程中，因为男方主动联姻言辞表达必须合乎礼节，若有不当，则会被罚一对鸡来杀给大家享用，以表歉意。③当说亲事宜进行到半程，男方代表真有不恰当之处，有女方代表批评，则需要借助说亲前的自谦铺垫来圆说：我们已经说过，“伶俐女会缝错一针，智慧男会说错一句”，哪里做得不对的，我们愿意修正。）

（二）接亲礼俗

1. 管事交接

女方管事需要在门外摆桌接客（男方代表），客人上桌完毕，均需要唱诵婚礼古歌，以表诚意。其次，当管事敬烟酒时，也要以歌传意。

若是女方条件允许，管事会端起木盘，以歌传意。端来的木盘中要放置一碗刀头肉，且按照当时季节采摘一朵花，插在刀头肉之上。若是没有花开的季节，则需要将大蒜染红，插在刀头肉上。

男方代表闻歌回礼，按照礼仪来对歌，且往盘里放礼钱，管事将礼钱端过去分给两个厨官，管事向两个厨官传达道：这是男方代表慰劳诸位劳苦之师的。两个厨官切好萝卜和猪心，并放置碗内，端出来以歌致谢。

2. 探问烟草之源（第一轮）

女方管事交接各种事宜之后，再次发烟给客人。此时，男方代表会质问烟草从何处而来，即“询问烟种（nos nongb yenb）”。

女方管事回答道：

Naf zid ndrangl daof nat nil zhux chongb jaox zhux gol, nil zhit zeux uat langx uat luaf mol nax Mangb Mid Shuad gab, nil zhuak yaos ndouk dlangl muas ros let mual dout Nax Mangb Mid Shuad gangb bangx yenb chab.

我们的父母沿袭传统礼俗来建立联姻事宜，但他们不会在“蛮刷”街贸易，他们只会出卖力气才买到“蛮刷”那支新烟草。

Nil mol uat langx uat luaf dout nax Mangb mid Shuad Lox Zheub langs[16], ek nil let mual dout gangb bangx yenb dlangs. Ek uat let leuf jed dout god, god let dout jaox jed dout mex lak max.

后来，他们在那蛮人刷的罗州城做买卖，才买到那支黄烟草。这才把烟拿给我，我才有烟发给大家。

3. 追究酒水之源（第二轮）

女方管事回答烟草的来源之后，再次端着盛好酒的木盘，再次敬给男方代表，以表示喜迎他们的到来。

女方管事唱道：

Huaf dex nat ek god haik mol let nad god bloub lens zid ruas minx gongb lol zid zhenf lik nat ek, uat let jangd suk ghak dout ex, mex duax zos duab ghak njuat ex, suk ghak dout naf tab zid nox ndrangl dex ot jek, luak zhas yuad nghangt dout lob pangx[17] gus uat dout let gus suk let gus nax Mangb mid Shuad dex bangd lax nquad ex.

在此，我将要告知我的四位媒公和证礼人，为何在此时呀，你们辛苦到来好久了，像男方的父母呀，能抬得起木盘子一个，就如人家那肥沃的田一样水满溢出并倾泄而下。

Suk gus beb dex dob Hmongb lol nenx zhangt nat jek dlangb zhit lol zhit muax, nghangt lak nghangt lob pangx khuad nix. Suk let gus luak dex ot zhek luax zhuak yuad zeux uat nenx zhek luak uat chongb uat gol luak nghangt dout lob pangx bangx dout nax Mangb mid Shuad dex bangd lax ndlul ek.

像我们这边的亲朋，什么也没有，端也只

能端个空盘。像他们其他人在举行婚姻礼俗之际，能抬得起花盘子一个，如别人家那肥田沃土流水溢满荡漾生花。

Suk let gus beb dex dob Hmongb lol nenx zhangt nat jek uat chongb uat gol lak dlangb zhit lol zhit muax ek, nil zhuak yuad nghangt dout lob pangx gus dlaot leuf dex duab ghak nzhus nat! God bloub lens zid duaf minx gongb lol zid zhenf lik!

像我们这边的亲朋，在筹办婚姻礼俗之际，什么也没有，他只能抬着个空盘子！我的四位媒公和证礼人！

男方媒公应答道：

Uat let dex lol god haik mol let nad nix mex ngeuf fux yens mol zid guangd sif ex, uat nit ex suk ghak dout beb nbaox khuat lol zaik chongb, Beb duax zos leuf gus juax jous juax pangb daox lak beb yuad saot leuf yif del fut lol zhit guas gos, nchait naf zid ndrangl daof nat ngeuf fux yens zid guangd sif yuad duangb raos lol chuax pangx gus nyaob duax zos!

正如我说的这些话呀，你们两位迎福管事爷，像我们这群接亲客哟，我们一路跋山涉水过了九十九个山坡，我们汗流浃背擦无数次，还未擦干呀，你们两位迎福管事爷就端着茶盘在等待！

Uat nit jangl ek suk daf dout beb nbaox khuat zaik chongb, zhas yad duax dout juax jous juax pangb daox saot raos yif del fuk lol zhit guas khuad. Uat let mex ngeuf fux yens zid guangd sif zhek yuad duangb raos lob chuax pangx gus nyaob duax zos njuat nat nix!

正像我们这群接亲客哟，我们一路翻山越岭过了九十九个山坡，我们汗如雨下擦了无数次，还未擦干呀，你们两位迎福管事爷就端着茶盘来问候！

Uat chuax naf[18] sob muax lob nbet khat, chuax zid[19] lak sob muax lob qeut jat nix. Mex yuad qenx zhenb lol haik khat god ek, god let rongt yenx ndox ghak shuat nbaox khuat lol zaik chongb uat naf zid nox ndrangl daof nat ib lob zhous nix!

那么请告诉我们这茶水代表什么，这茶的来龙去脉又是什么。你们要情真意切告知我，我才好作揖回礼，告知我的一群接亲客，才好致谢我这方父母呀！

女方管事唱诵道：

Uat let dex lol god haik mol let nad nix, mex bloub lens zid ruas minx gongb lol zid zhenf lik. Uat let suk ghak dout mex yad nos dout chuax naf lak shob muax lob qeut jat, chuax zid lak shob muax lob nbet khat nix.

正如我说的这些话语哟，你们四位媒公来做证礼人。既然你们要问这茶代表什么，这茶的来龙去脉是什么。

Uat let yad suk ghak dout ex, god naf tab zid nox ndrangl daof ghak nat jek, nil juax hnob shat ghak qid yuad pus chongb, yif hnob shat ghak qid yuad pus gol.

那么，要先述说这儿呀，我这边的父母，他们九天来想结亲，八天来要联姻。

Nchait god naf tab zid nox ndrangl daof let nat jek, nil yad yos dout ib dol xaok xaok lox zid jox gangk xif hat hat sif liangk jeuk. Ek nil yuad keuk nghouk nenl hluat taof nenl njoux, keuk nghouk nenl enb drout nenl toux ek. Ndouk duab ghak ndreud duax zos Guangd Nangx huak, let mual dout lob rongt chuax pangx nix. Let ndouk duab ghak ndreud duax zos Bex Jenb let mual dout lob chuax pinx ax!

怕我这边的父母哟，他们养了一头小小的骡马，脚杆细得只有四两九。他们拾起马绳兜马嘴，捡起马鞍装马背。快马加鞭来到“广南”，才买到个茶盘；快马加鞭来到北京城，才买到个茶瓶啊！

Muab chuax pinx toux lol zos ek naf ndrangl daof nat, nil zeux xend ek xenk dout ib ngeuf zid guangd sif ek, zid guangd sif yuad xend dout ib ngeus zid chuax guangb. Zid chuax guangb duax zos ek nil yad muab dout dex chuax gus hlid raos ndruab yal dongx ek yal dongx let nbout ghak vongl huak, hlid raos ndruab yal hlout, yal hlout nbout ghak vout.

把茶瓶驮到家中来，他们来挑选，选了一对管事爷，管事爷才选出一对掌茶官。掌茶官来到之后，才把茶叶倒进铜锅中煮涨，才把茶叶倒进铁锅中烹煮。

Let jaox lol hlid raos dout ndruab chuax pinx, let jaox lol yenx zos ghak shuat mex yenx qenb lol zid yuaf tinx nbaox khuat lol zaik chongb ex. Ral nat mex yad lol yenl ghak shuat lol houk dout naf zid nox ndrangl daof nat ib lob shuangb beb lol jeud chuax nix!

然后倒在茶瓶里，拿来迎接你们迎亲客和登门者呀，我的迎亲宾客们。此次你们才能喝得上我们这边父母的一个双杯茶酒呀！

4. 对歌之后，管事再次敬酒

两个管事一人在前端盛酒水的木盘子，一人紧随其后倒酒，敬完一遍，将盘端回家中，便邀约客人入屋。此时，家中摆好桌椅，邀请男方代表上桌，再发一次烟，再次倒酒水，但此过程不再唱古歌。

饭熟后，新郎在女方管事的指引点名下，对女方的亲友贵宾进行拜谢。紧接着共进晚餐，餐后洗漱完毕，再次摆上一张干净的桌子。舀上一碗冷水一碗饭，放在饭桌上，拿上一把小勺，便邀请祝老（叔伯）。男方为客在上桌，女方为主在下桌。

管事拿好勺子递给男方大媒公，邀约道：“大媒公啊，请用午餐啊。” 大媒公推辞说：“管事爷呀，请您先食用。”管事再请：“今日到来为客，客者为大。”

管事紧接着递给二媒公，以及前来围观的客人，均一一认同来者为客，需要男方大媒公先食用。

男方大媒公便拿起勺子舀上一点饭，再添一点水，低头作揖开始祭神灵（ndouk dlangb shenb[20]）。

男方大媒公唱诵道：

Des yuas nenx huak shik luak haib, huat haib shik lout lais ex.

喁呀呢呢哗嗜咯祭，哗祭嗜喽祭献。

Suk let gus cuat nax let dak nyaob cuat hnob, beb lak zhit yuad drongx zid[21] let ros huak, drongx zid ndlous ghak let lens[22] let lens dout ndrangl dol, drongx zid lol zhit zos.

Cuat let nax gus nyaob cuat let hnob, beb lak zhit yuad drongx zid let ros huak, drongx zid ndlous ghak let lens let lens draod ndrangl dol, drongx zid lol zhit zos.

像往常往日，我们不需要这婚桌之神的力量，婚桌之神它在那荒郊野外，它不会到来。

在往常往日，我们不需要婚桌之神的力量，婚桌之神它在那荒山野岭，它也不会到来。

Hnob nat zhek beb yad yuad drongx zid let ros huak, drongx zid ndlous ghak let lens let lens draod ndrangl drongb, drongx zid yad lol bongb.

Hnob nat zhek beb yad yuad drongx zid let ros huak, drongx zid ndlous ghak let lens let lens draod ndrangl dol, drongx zid yad lol zos.

今日呀，我们需要婚桌之神的力量，从那山头上下来，婚桌之神才来到。

今日呀，我们需要婚桌之神的力量，从那原野中赶来，婚桌之神才前来。

Drongx zid lol bongb zhed, drongx zid lol zhif dout ngoux ghaib jed nit.

Drongx Zid lol bongb dangs, Drongx Zid lol zhif dout ngoux ghaib langs.

Suk let gus Qix Yenx[23] muab dout dol loud ghaib lol duat ndud, Souk Yenl[24] lol muab dout dol loud ghaib lol duat ntaot.

婚桌之神来到家中，创造了母鸡身。

婚桌之神来到正堂，创造了母鸡形。

正如“奇元”把公鸡杀掉，“寿元”把公鸡杀死。

Jangl nghaix ghaib ndangb let nblaos let nblaos dout ndruab dail, jeud dend let las let las dout ndruab kaob.

Nghaix ghaib ndros lol muax dout naox, jeud dend ndros lol muax dout houk.

鸡肉晃晃荡荡飘盆里，美酒流光溢彩杯中聚。

鸡肉美味又可口，酒水香醇又甘甜。

Nghaix ghaib muax dout trot[25], cangd ghaib muax dout lod[26].

Beb yad lod dout dex cangd ghaib daot let pluad mol gouf aob zob[27], trot dout nghaix ghaib nkouk let vaos suk nzhik nyox gob.

鸡肉可以拿，“鸡脉”可以折。

我们要测出脉象十二步，拿出鸡肉弯曲犹如牛角尖。

Hmaot nad mol leuf gus lob ndox zhouk, jat bes gis gangx ndos drout shangb ged.

Beb yad dous dout ngoux nyangb ndrous lik voud ndros beb kuax let gus mol leuf let ncob let ncob huak.

今晚夜已黑，待到明日天明时。

我们将带着新娘新郎沿着婚姻之礼俗悄无声息地返程。

Des yuas nenx huak shik luat haib, huat haib shik louk lais!

嘚哟呢哗嗜咯祭，哗祭嗜咯献！

Suk let gus luak zeux haib luak zeux lais zhek, luak yuad lais dout ghangb lik drongx gus buab lik njeud, houd lik drongx gus buab let njens.

God zhit zeux lais zhek god yuad lais dout daof ndex lak chent ghak nyaot, daof ghangb chent ghak ndeud, suk let gus maox zhus[28] doux ghuad hleud nix.

像别人会祭又会献，他们要祭满桌，桌面堆不下。

我不会祭，往前祭了诚惶诚恐，往后祭了战战兢兢，犹如燃烧着的芭茅草下受到惊吓的毛鼠。

Des yox nenx huak shik louk haib, huat haib shik louk lais!

嘚哟呢哗嗜咯祭，哗祭嗜咯献！

5. 交儿女仪式

祭献完毕，将冷水饭分两分，一分倒在上桌面（靠近神坛一边）说：“女方祖先的祭餐在这儿。”一分倒在下桌面（靠近大门的一边）说：“男方祖先的祭餐在这儿。”

祭祀完毕，双手作揖态，将勺子反扑，礼貌转至女方大媒公。便说道：“大媒公啊，到你就餐啦。”女方大媒公回复道：“没有吃饱没有吃饱，你继续。”（因为勺子呈反向，对方已经知道躲避不过，便接好勺子）。然后，接过祭献器物，开始祭献……

次日，在早饭前，管事开始上桌进行交儿女仪式。上桌就绪后男方媒公唱诵。

男方媒公唱诵道：

Dangs gil nat gangx ndos shangb ndos gangx, loud ghaib ghuat zhit nyaos dos zheus rangx. Dangs gil nat gangx ndos ghangb ndox nzhuab, loud ghaib ghuat zhit nyaos dos zheus shuab.

今早天拂晓，公鸡叫不了几遍；今早天放亮，公鸡叫不了几声。

Ngoux hnob jit lik ongt draod ndrangl drongb, ndrous hlit jit lik ongt duax ndrangl dol. Nchait yuad laox lef mex ngeuf guangd shif tab beb muab ngoux hnob leud lol bongb, Ndrous Hlit leud lol zos.

太阳妹妹亮堂堂挂在山头，月亮哥哥亮堂堂悬在原野。恐怕要劳累你们管事爷把太阳妹妹请来，把月亮哥哥邀来。

唱毕，敬一杯酒给管事，并劳烦管事邀约女方父母前来。管事邀请女方父母来后，男方媒公再唱诵：

Ngoux hnob jit lik ongt draod ndrangl drongb, ndrous hlit jit lik ongt duax ndrangl dol. meb ngeuf guangd shif daof tab beb muab ngoux hnob leud lol bongb, ndrous hlit leud lol zos.

太阳妹妹亮堂堂挂在山头，月亮哥哥亮堂堂悬在原野。你们管事爷倒是帮我们把太阳妹妹请来，把月亮哥哥邀来。

Suk let gus luak dex Shuad nik, luak uat chongb uat gol luak daof zeuf nos bend lax tab bend tud. Ek suk let beb buab dob Hmongb nenx zhangt nad jek, uat chongb uat gol zhek zhit zeux nos bend lax tab bend tud zhuak zeux nos zid zhenf renx tab zid zhenf zhud. Ek zid zhenf renx yaos lenx dus? Zid zhenf zhud chat yaos leuf buab dus?

像其他民族呢，他们举行婚俗则会刨根又问底。像我们这些苗家人举行婚姻礼俗不会刨根问底，只会询问证礼人和主事爷。那么，证礼人是哪位？主事爷又是哪个？

6. 收尾

唱毕，管事指出来是某某某……

交接仪式完后，开始用早餐，用餐完毕又摆上桌子再进行“祈伞（daix gouk[29]）”仪式。

（陈述此类习俗古规穿插古歌形式的内容，在此村寨已经没有几个人能陈述得如此完整，讲述者建议先将以上的部分陈述给整理组，陈述者要暂时保留缺少部分，做授徒之用。）

背景介绍

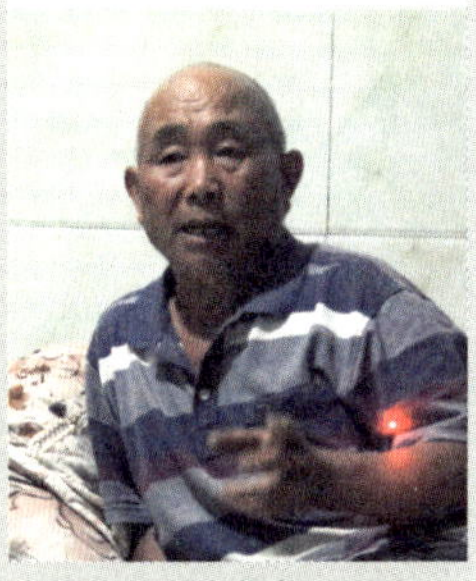

熊光寿

陈述者：熊光寿 Dend Dlob（1957— ），又名陶在权，男，文山市古木镇纸厂社区红石洞居民小组人，精通丧葬婚礼程式和古歌。25岁学成丧葬婚俗歌，多担任苗族婚丧事务中的管事一职和媒公一职。在古木镇黑山红石洞村，其古歌造诣常被村人大赞。

古歌师承：丧葬古歌是年少时结伴求学于本村的Zhangd Ncaik Hmaob；婚礼古歌是年轻时与文山市芭蕉冲Shuad Hox兄弟经常来往，在共同宿夜时互相教学后习得，后师从其舅舅旧城村的王祖卫。出师后，共教授有四个徒弟。此外，家庭熏陶也对熊光寿的古歌成就有一定影响。先辈辗转多地，接触过多地的古歌。其家族迁徙路线大致是：先到界牌三道关，迁猴子路，再迁至牛滚塘，后再迁藤子冲、锅千岩、以诺等地。

版本述评：此片段为黑山红石苗寨的婚俗中“说亲、接亲”程式，并配套有相应古歌套曲。由于传统程式使用减少，新程式（简便）频繁使用，故在描述之时存在新旧程式和套曲交叉的现象。新旧程式结合陈述，灵活运用，可作为黑山红石洞村苗族婚姻礼俗的口碑语料样板。

采集整理：罗永洪、熊文国、杨贵。

注释

[1] Leud Ncaik：寻女。在男子将女孩带去男方家之后，尽管先告知于女孩家人父母，男方一家也会安排报信者快马加鞭告知于女方父母。此时，女孩父母兄弟会到男方家进行寻女。

[2] 男方代表：男方的媒公即男方代表，男方大媒公由新郎的舅舅来担任；男方二媒公由男方的叔伯来担任。

[3] 女方代表：女方管事和媒公即女方代表。管事是操办婚礼的职称，女方父母提供资金，全盘由管事操办；女方大媒公由女方的舅舅担任；女方二媒公由女方的叔伯担任。

[4] Ngoux Daix Drongx：祈桌歌。男方代表去到女方家说亲之时，因为主动联姻处于被动地位，因此需要主动唱诵婚礼古歌祈求女方上桌以便商谈。

[5] Zax Qeb Drongx：扫桌礼。上桌之后，女方故意在桌子上方放置一把扫帚，此时需要"扫桌礼"以回礼。

[6] Jit Douf Choud：烧灰豆。是选择说亲方式的委婉表达，此处译为在火塘旁说亲。

[7] Naf Zaik Zid Zaik：父接母接。由男方提供，是新郎的堂叔伯及其堂叔伯的配偶担任，只需要亲近辈分对应，不需要是特定叔伯及其夫人。与之对应的是父送母送（Naf Sangt Zid Sangt），由新娘的堂叔伯及其堂叔伯的配偶担任。无论接亲父母还是送亲父母，都需要原配夫妻，一方若有离婚和丧偶均不可担任。

[8] Pangx Keud：盘口，即婚价，源自"盘缠（Pangx Changb）"。

[9] Nghet Mis：孕育费，指母亲喂养女孩的孕育费和辛苦费。

[10] Ghaib Zuak Lol：接话鸡。由男方提供，为了和女方进行说亲的一个引子，可以见鸡论鸡，以引申至说亲事宜。

[11] Ghaib Bob Chongb：应亲鸡。女方应对男方提供的"接话鸡"而表示的回礼。

[12] Ghaib Dleuk Ndrangt：解辈鸡。苗族喜论辈分，会从男女的远亲近邻渊源论起，若是辈分不对，需要"解辈鸡"来解除。

[13] Ghaib Luax Get：开姻鸡。按苗族礼俗喜"亲上加亲"，若双方没有联姻过，则需要"开姻鸡"来开联姻之路。

[14] Ghaib Nzuad Muas：去羞鸡。男子悄悄将姑娘带走，是忽视女孩父母的行为，让父母脸面蒙羞的行为，说亲之时需要"去羞鸡"来弥补。

[15] Ghaib Huex Menx：回门鸡。用于办理婚姻结束，"新娘新郎"双双自男方家返回娘家最后使用的鸡。

[16] Lox Zheub Langs：罗州城，系苗族婚礼古歌地名。

[17] Pangx：盘，是婚丧宴席上上菜的四方木盘，常用于苗族婚俗程式礼节中。

[18] Chuax Naf：茶之母，茶的源头。

[19] Chuax Zid：茶之父，茶的源头。

[20] Ndouk Dlangb Shenb：祭神灵。此处指祭祀祖先。

[21] Drongx Zid：桌父，桌子的父亲，指创造婚姻礼俗中婚姻桌椅之神。

[22] Ndlous Ghak Let Lens：滑落。

[23] Qix Yenx：奇元，苗族传说中的神。

[24] Souk Yenl：寿元，苗族传说中的神。

[25] Trot：拔，拿。

[26] Lod：掰，掰。

[27] Gouf Aob Zob：十二眼，十二桩。

[28] Maox Zhus：毛鼠。

[29] Daix Gouk：祈伞。祈求女方一家赠予遮伞，接亲之时由男方带来，女方保管，男方返途至家中需要伞遮新娘进家门。故苗族婚俗中有"Gud Gouk Yend（文雅词撑遮阳伞）"的场景描述。

祭门猪神

Uat Nbuat Drongx

一、祭祀动因

其一，立新房子满三年后，第四年必须操办活动；其二，诸事不顺，家庭不安，饲养六畜不旺。

二、活动筹备

顾名思义，“祭门猪”是与猪相关的活动。此活动在正月初举行，在腊月需把祭祀物品准备好。需准备一头满月及以上的纯黑毛色的小猪。在腊月中下旬，须将祭祀时间确定，并陆续通知整个家族，以方便前往参加。

除了准备所需的小猪以外，还需准备好日常生活所需，因为举行活动当晚整个家族欢聚一堂，进行正常吃喝。主要工作由举办活动的主人家操持，其余会安排一些次要工作给家族中的成员。另外，主人还会提前通知非同一个家族但关系融洽的朋友或是远房亲戚，在当天前来帮忙，以便活动的顺利进行。在活动进行当天，人们会准备好用竹子制成的杯子，另外准备好一束栗树枝叶，一个用小型葫芦自制的勺。

三、祭祀时间

活动集中在正月初进行，主要定于正月初二、初四或初六的某个夜晚进行，取双数日子。一般不会拖到初八之夜，因为操办的主人家认为，往后拖得越久越难得到神灵的庇护。另外，在举办活动当天，正式祭祀时间一般以天黑始，以凌晨零点终，不得超过零点。

四、仪式规程

祭祀活动当天，趁天还未黑，原先通知好的外姓帮手会到家中将猪宰杀处理好。活动场地选择在主事者一家的正堂进行，正堂若是没有可以煮食的灶，会提前制作一个简易的灶，用于宰杀小猪。小猪宰杀的方法很讲究，不能随意宰杀，必须在猪的脖子下方胸口上方用匕首插入，将其杀死。在清洗到煮熟使用的过程中，不得随意破坏猪各个脏器的完整性。处理完毕后将猪放置正堂灶上，用水慢慢蒸煮后，等待家族人员到达进行活动。

一般在当天十八时左右，家族成员就陆续进入操办者一家的房屋正堂等待祭祀活动开始，十九时许正式进行。活动进行前，将所需的生活器具全部搬至正堂中，也将活动进行所需的器材搬至家中。一切准备就绪，参与人员聚集完毕，举行活动的一家之主会大声通知各位准备好，因为会在正堂内进行几个小时的活动，中途不得开门外出。待准备就绪，主人在德高望重的族中老者或族人公认有威望的人的指导下进行第一项议程。

第一项议程：通知屋内人员不得胡言乱语，不得说苗语以外的语言。若是有不掌握苗语的人员参与，会提前通知其在祭祀期间需要操持的苗语。其次，活动进行期间，不得以任何借口中途外出。主人拿着提前准备好的树枝叶关门。

关门时，念道：Geut maob geut nzhangx，geut keud yangx keud yul，geut keud said keud lol；Zhit geut blis ghongb blis longt，zhit geut blis dob blis gid...（关病关痛，关口是心非，关流言蜚语；不关粮食魂，不关子孙魂……）

第二项议程：将已经煮熟的小猪从锅里拿出来，备好九个盛具，按照程序庄严地进行分割，将猪分成九分。分别是猪的头、胸、腿、尾巴、心、肝、胃、耳朵、脖子。而后以特殊的手型（双手交叉，中间隔一盛具，依次放置），放置于各个盛具内。每放置一次，主人家会在灶前用自制的葫芦勺往锅里舀一次汤，按顺序在九个摆好的竹杯上倒过。

接着念道：blis los，blis los...（魂来，魂来……）

完毕后又念道：Houk guat nzud，houk guat nzud...（饮用鸟肉汤，饮用鸟肉汤……）

直至进行九轮后，此项程序才算结束。

第三项议程：将猪肉分割细小至方便食用，便放回锅中煮沸，邀家族成员进行食用。原则上，当夜必须食用完，表示收获到最大的祝福。

第四项议程：食用完后，进行开门仪式。

东道主念道：Kheb maob kheb nzhangx，kheb keud yangx keud yus，zhit kheb blis ghongb blis longt，zhit kheb blis dob blis git...（开病痛，开流言蜚语；不开粮食魂，不开子孙魂……）

念诵完毕后，方可开门。

第五项议程：活动完成后，从第二天算起，要禁忌三天。当晚没来参加活动的家族成员或家族外人员，在祭祀活动后三天不得进入家中。三天内，主人一家必须在举行活动的正堂内用餐，三天后才算完成此项活动。而后主人一家就可以喜开房门，迎八方来客。

背景介绍

陈述者： 熊正元 Yaob Hmaob (1950—)，男，文山市古木镇纸厂社区黑山居民小组人，擅长苗族“指路歌”和婚礼古歌。

熊正元

版本述评： 此口碑语料选取古木镇黑山村熊姓“Nqaid Laok”恰老（人名）家为例，整理该家族“祭门猪神”民俗活动是因其在源流上较为清晰，可由如今的口述者熊正元上溯至清末民国“恰老爷”这辈人，口述者至今仍能将“Nqaid Laok”恰老这辈人的祭祀情况以口述方式陈述得清楚明白。为此，通过该仪式的口碑语料，有关清末民国初的“祭门猪”民俗面貌便可窥探一二。

采集整理： 熊文国。

奈何不了的祝牛

Wef Dol Zhit Duat Zhit Dout Nzux Nyos Loul

Dex zox kend haik drous Nzux Nyos Loul shab zhit rongt, wef let jangs yuad haik Nzux Nyos Loul shab zhit rongt ?

问：歌中经常唱到祝牛心不好，为什么要说祝牛心不好呢？

Ghenx ngoux hod muax haik drous, dangb guas, zhit yaos Nzux Nyos Loul shab zhit rongt, yaos nil caof dout dol nongs uab nongs dox[1] shab zhit rongt, muab Nzux Nyos Loul ndax deb jaod nenb let nzhox dluab nzhox blis jaox mol zhuf ghouf ndox leuf.

答：芦笙辞古歌中有说到，但不是指祝牛心不好，而是说祝牛造出来的“乌鸦和夺鸟”心不好，是这两鸟把人们的魂魄勾走拿去填补老天去了。

Dol Nzux Nyos Loul nat shab zhit rongt, wef let jangs hax zhit muab nil duat dangt nid?

问：祝牛心不好，为什么还不想办法将她杀了呢？

Yuad muab dout juax jous juax zhangf ndangx[2], yis jouf yis zhangf mod[3] cax let duat dout dol Nzux Nyos Loul nat, dangb guas, mol khaid dus muab dout juax jous juax zhangf ndangx yis jouf yis zhangf mod ax? shout lob ndax deb nat zhit muax nak, yaos dak muab dout juax jous juax zhangf ndangx, yis jouf yis zhangf mod jek, zeuf duat nyaos dout Nzux Nyos Loul, ndax deb dex duab nens zeuf zhit zeux duas lak. Zeuf dak uat nyaos dout, Nzux Nyos ib druat njoux, dlik njoux did ndox did deb, duat zhit dout nil let. Huaf nat let muax jax duas lak mak.

答：要打造出九十九丈的长刀、八十八丈的长枪才能把祝牛杀死。但因打造不出九十九丈的大刀和八十八丈的长枪。如果可以打造出来就能把祝牛杀死，人们就不会死了。但是，尽管能打造出这样的大刀和长枪，祝牛之口大又大，张嘴上唇便抵天，下唇可贴地，也不能杀死他。因此，如今人们才会死亡。

背景介绍

被访谈者：杨永洪 Baok Yeus（1961—），男，文山市平坝镇石洞门村委会黄石洞村人，师从Yeuf Sif Yeus（汉语姓名不详）。

采集整理：项洪兵、王德静。

杨永洪

注 释

[1] Nongs Uab Nongs Dox：乌鸦鸟和夺鸟。

[2] Ndangx：大刀，长剑。

[3] Mod：长枪。古代一种长柄兵器。顶端装置金属尖头或削木为之。

苗族史前传说访谈实录

Dous Ntrad Duab Nens Jangx Jes Mol Lol Keuk Zhes

2016年8月，在文山市平坝镇吗哩大地村与多位芦笙师和歌师进行交流，闲谈中意外获取史前传说的信息。例如，浑水朝天、人烟灭绝和兄妹造人烟等的史前神话人物名。现将意外收获的史前神话人物名按先后整理如下：

一、前朝

第一代：Dox Lis（夺里）和Blox Blongs（博崩）

第二代：Box Nzaix（博茬）和Yeuf Nzaix（尤茬）

第三代：Box Soub（博叟）和Yeuf Soub（尤叟）

第四代：Pangx Gud Wangx（盘古王）和Zhangb Guk Laok（张古老）

二、后朝

至此，浑水朝天，天下人烟灭绝，古歌中有唱道：

Lenx dus shab dax?
Lenx dus dout nyaob ndrual dlax[1].
Lenx dus shab rongt?
Lenx dus dout nyaob ndrual ndongt.
谁做得公道？
谁就得坐漂鼓。
谁的良心好？
谁就得坐木鼓。

天下胡师哥公道，天下胡师妹良心好。

所以，兄妹二人得坐漂鼓和木鼓漂到天上，祝牛用铁柱和铁枪从天上捅下来，天下浑水才会漏，兄妹二人得救。

第五代：Fux Shib Gob[2]（胡师哥）和Fux Shib Mef[3]（胡师妹）。

得救后的兄妹，为制造人烟，无奈成婚生下似人非人的东西。他们将其砍了抛向十八地和八方。第二天起来便人烟广天下，形成百家姓。从此，便有后朝的发展。

背景介绍

陈述者： 杨忠林Gaob Yeus、罗正喜Nzhuab Baok Chib等艺人，文山市平坝镇锁龙桥吗哩大地村人。

杨忠林

罗正喜

采集整理： 罗永洪。

注释

[1] Ndrual Dlax：会动的鼓，会浮动的鼓。
[2] Fux Shib Gob：胡师哥，系音译，疑为“伏羲哥”。
[3] Fux Shib Mef：胡师妹，系音译，疑为“伏羲妹”。

“Ghenx（qen^{31}）”和“庚”的关系论证语料

Ghenx Tab 庚 Yaos Dol Zhit

“Ghenx（笙）”是什么？很多人认为是个简单的问题，其实这个问题不简单。

“庚”是什么？“庚”的甲骨文如：。其金文大篆如：。《说文·庚部》写作象古代乐器钲和铙的形状，本当作乐器之名。其组词有“年庚八字”和“老庚”等。

“Ghenx（qen^{31}）”和“庚”两个字，看起来风牛马不相及，可是，真的是这样吗？前者即“Ghenx（qen^{31}）”，是“芦笙”或“笙”，后者即“庚”，是什么。诸多名家和经典如今也是莫衷一是，没有最终定论。请看下列四组数字的排列：

“Ghenx（qen^{31}）”和“庚”的关系

天干	甲	乙	丙	丁	戊	己	庚		注：庚，双手奉干；与Ghenx（qen^{31}）音同或近。
苗文数词	ib	aob	beb	bloub	zhib	drout	xangt		注：xangt，数词7和生；笙，生也。
汉字数字	一	二	三	四	五	六	七		注：七，微阴中出也。
阿拉伯数字	1	2	3	4	5	6	7		注：数词。

苗语Ghenx（qen^{31}），汉语读若Genx（标为ken^{31}），与“庚”音同或音近。这里的“庚”如上图排列在天干第七位，与数词排列“七或者7”和苗语数词xangt对应。

天干第七位之“庚”，有的资料认为：“庚”字是某种乐器的象形。其甲骨文和金文大篆，解为“当作乐器之名”，像古代乐器“钲和铙”的形状。

“庚”字最早见于商代金文，象形意味非常重，后期发现的甲骨文则将顶端作分叉状，此后一直到秦代小篆，字形没有大的变化。《说文》小篆将中部分裂为左右两手的形状。秦隶将左右部分变作不对称，右侧的平直化而左侧的不变。发展到东汉时又将上部的两斜笔变为一横，其上再加一点。最后，楷书将“干”形的顶部与左侧的边线整合成“广”字头，中间的竖笔裂开呈“人”字形，就是今天所见的“庚”字。

“七”字，许慎《说文解字》说：“七，阳之正也。从一，微阴中出也”。“七”的甲骨文字形如：十，苗语称数词“七”为“Xangt（标为$ɕaŋ^{44}$）”。

“Xangt（$ɕaŋ^{44}$）”苗语词，有两层意思：一是数词“7”；一是“生”。“七”是“微阴中出”，不就是“生”吗？

“笙”字，许慎《说文解字》说“笙，生也。”

“生”，甲骨文字形，上面是初生的草木，下面是地面或土壤。“生”是汉字部首之一。本义：草木从土里生长出来；滋长。苗语为“Xangt（标为$ɕaŋ^{44}$）”。如Xangt Nyuas即生崽之义。

再来数数天干里的数：“甲、乙、丙、丁、戊、己、庚、辛、壬、癸”之“庚”排列在第七位，与“七”和苗语数词“Xangt $ɕaŋ^{44}$（七和生）”相对应且联系在一起了。

郭沫若《甲骨文字研究》：“庚小篆作两手奉干之形，然于骨文金文均不相类”“观其形制，当是有耳可摇之乐器；以声类求之，当是钲”“钲从正声在耕部，与阳部之庚声极相近”“庚之本义其失甚古，后行之义盖出假借”。按：更种作物之庚，与乐器形，原为两字（《汉语大字典》第370页）。

赵诚老先生在《甲骨文字典》中同样认同郭沫若的说法，即“庚”是一种“用双手捧着”的乐器，这种乐器是“钲或铙”。在这里，我以为郭沫若和赵诚老先生认为“庚”是一种双手捧着乐器是对的，认为是“钲或铙”则是错误的。

为什么？请看：“庚”字的甲骨文字形是“双手奉干（注：郭、赵先生原话）”的样子，即双手捧干的意思，而今苗族芦笙吹奏的样子不就如“庚”，双手捧的样子吗？

再看，苗语的Ghenx（标为qen³¹）的声母“Gh（q）”发音部位是喉部，属于喉音，发音比较难。汉语读苗语Ghenx，很容易读为“Genx（标为ken³¹庚）”了。因此，“Ghenx”与“庚”的读音相近或相同。

从以上各方面看：“Ghenx”与“庚”对，“庚”的甲骨文字形为“双手奉干”，又是一种乐器；苗语“Ghenx（标为qen³¹）”是“芦笙”“笙”；“笙”为“生也”，“生”与“七”对、“七”与“庚”对，七和“Xangt（ɕaŋ⁴⁴）”有“生”之义，“生”与“笙”同。从“庚”字的形、音、义三方面可见，“庚”是乐器“笙”无疑。也就是说“Ghenx（标为qen³¹）”就是“庚”，就是“笙”，就是“Xangt（ɕaŋ⁴⁴）”、即“七”即“生”或“重生”的意思。反之，可见“Ghenx（qen³¹）”即“庚”即“笙”即“生”之义。

苗族人去世，为什么要吹芦笙“Ghenx（qen³¹）”？由“Ghenx（qen³¹）”是“生”或者“重生”义，可见一斑。在苗族生活中的芦笙，是人神对话的重要工具和媒介。苗族为什么要吹芦笙，吹了是为什么？不就是希望亡灵得到超度得到重生且回归故里吗？因此，吹芦笙“Ghenx（qen³¹）”不就是希望死者得到“再生”和“重生”吗！

芦笙“Ghenx（qen³¹）”，杨方刚教授《贵州少数民族音乐文化集粹·芦笙篇·芦笙乐谭》说得最经典，他说“芦笙是一件平凡的乐器，芦笙是一件尊贵的神器，芦笙是一部乐化的史书，芦笙是言情志事的载体，芦笙是一种独特的民族生活方式，芦笙是一个博大精深的文化符号”。上述各方面的文化联系和观点也许可以成为其“博大精深的文化符号”论断的重要支撑点。

附关系图：

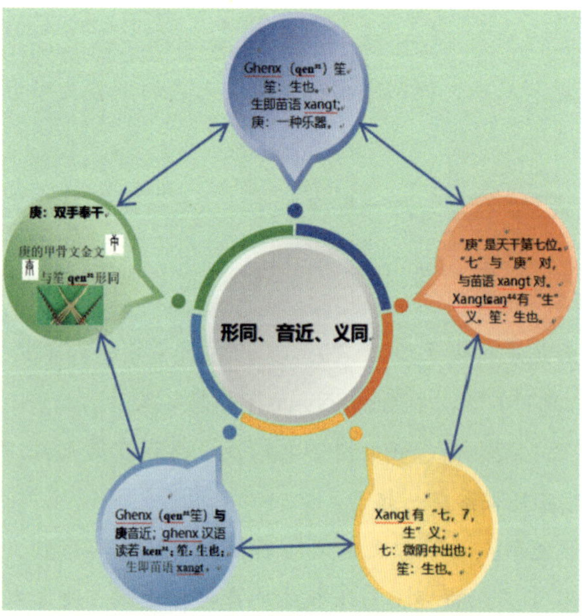

背景介绍

陈述者： 罗永洪。

版本评述： 本篇论证语料仅为陈述者的个人见解和对苗语中个别词及其渊源的探讨。

后 记

Lol Souk

文山市苗学会自2009年成立以来，始终坚持党的领导，遵守国家宪法和法律，充分发挥党委、政府联系苗族群众的桥梁纽带作用，积极引导苗族群众融入新时代中国特色社会主义潮流和铸牢中华民族共同体意识，与各族人民一道共同团结奋斗、共同繁荣发展；同时，积极开展苗族历史传统文化挖掘，为中华优秀传统文化发扬光大不断添光增彩。

为做好文山市苗族优秀口碑古籍采集整理工作，2012年，学会对市域内50余名苗族艺人进行苗文培训，将国家法定苗文教授给他们，艺人们由此学会了运用法定苗文记录自己所掌握的口碑古籍。2016年，学会开展了市域内17个乡镇（街道）的苗族艺人普查，将普查到的363名艺人基本信息进行登记，汇编成内部图书《文山市芦笙师名录》，普查中还同时收录一些代表性口碑古籍，市域内的传承群体和活态内容从此有了目录索引。2019年，学会组织拍摄制作文山市苗族纪录片《花山情》，对苗族盛大节日进行影视采集，一定程度保留了该民俗的活态文化影视资料。2020年，学会组织云南民族大学苗语专业学生共17人对市域内苗族口碑古籍进行较完整、全面和系统的收集采集整理，工作从纲领性把握走向精细化实操。以上作为，均为《文山市苗族优秀口碑古籍选》一书打下了坚实基础。

《文山市苗族优秀口碑古籍选》一百余篇作品来源于17个乡镇（街道）上百个点，涉及上百位艺人。为做好采集整理工作，调查人员常与星月相伴、废寝忘食，调查中有收录不完的经典，整理工作中还有处理不完的音视素材，后期释读中更有做不完的校勘、辑佚和辨伪工作。特别强调并要引起重视的是，8年前《文山市芦笙师名录》登记的363名艺人中，目前已有百余艺人仙逝，活态口碑古籍流失速度之快远超预期，采集整理工作刻不容缓，为此，学会承担起这项重任。

今天，这本承载了文山市苗学会近十年心血的《文山市苗族优秀口碑古籍选》终于问世了，这是学会传承苗族古老文化的硕果，也体现了后人对先祖的尊敬之情和敬仰之意！但由于对口碑古籍研究方法和能力的欠缺，研究水平有限，收录成果在一定程度上还不完整、不全面、不系统，也可能有翻译错漏等问题，同时，还因篇幅有限，部分艺人作品未收录书中，在此，一并深表歉意！这里，诚挚地向长期以来对文山市苗学会工作给予关心和帮助的各级领导和各界朋友表示衷心感谢！向不计名利，参加此次口碑古籍采集整理工作的所有人表示崇高的敬意！

文山市苗学会

2024年10月1日